让我们甲骨文一起追寻

Mediterranean

PORTRAIT OF A SEA

Ernle Bradford

〔英〕厄恩利·布拉德福德　著

杨春景　译

地中海的画像

从文明的起源到两次世界大战

社会科学文献出版社
SOCIAL SCIENCES ACADEMIC PRESS (CHINA)

致 谢

感谢狄波拉 - 罗杰斯公司代表康斯坦丁·瓦菲和辛格普欧罗女士许可引用 C. P. 卡瓦菲《上帝抛弃了安东尼》（C. P. Cavafy, "The God Abandons Antony"）一诗中的内容。感谢麦克劳 - 希尔出版公司（纽约）和泰晤士 - 赫德逊公司（伦敦）许可引用大卫·塔尔博特·赖斯主编的《欧洲文明的曙光：黑暗时代》（David Talbot Rice ed., *The Dawn of European Civilization*: *The Dark Ages*, Thames and Hudson, 1965）中由尼斯·哈伊、威廉姆·库里肯、西里尔·曼戈撰写的内容。感谢柯蒂斯 - 布朗公司（伦敦）许可引用 H. A. L. 费舍尔《欧洲史》（H. A. L. Fisher, *A History of Europe*, Houghton Mifflin Company, Boston, and Edward Arnold Publishers Ltd., London）中的内容。书中引用的罗伯特·格雷夫斯《边疆的胸甲骑兵》（Robert Graves, "The Cuirassiers of the Frontier"）中的诗句转引自罗伯特·格雷夫斯《诗歌选集（1955 年）》（Robert Graves, *Collected Poems 1955*, Doubleday & Company, Inc., New York, 1955），感谢罗伯特·格雷夫斯先生和科林斯 - 诺顿 - 韦英公司（纽约）许可引用相关内容。感谢 ABP 国际公司（伦敦）许可引用 G. L. 迪金森《希腊的生活观》（G. L. Dickinson, *The Greek View of Life*, Methuen & Co., Ltd., London）的内容。书中引用 T. S. 艾略特《荒原》第四部分

“水里的死亡”的诗句引自《诗歌选集（1909～1962年）》（T. S. Eliot, *The Waste Land* , in *Collected Poems 1909－1962* , 1936; Harcourt, Brace & World, Inc., 1963; T. S. Eliot, 1964）。感谢哈考特－布雷斯－乔瓦诺维奇公司（纽约）和菲伯出版社（伦敦）许可引用相关内容。感谢查托－温德斯出版公司（伦敦）和阿尔弗莱德－A. 克诺夫公司许可引用马里恩·I. 纽比金《地中海之地》（Marion I. Newbigin, *The Mediterranean Lands*, Christophers, London）的内容。感谢企鹅图书出版公司许可引用荷马《奥德赛》（Homer, *The Odyssey*, E. V. Rieu trans., Penguin Books Ltd., Harmondsworth, Middlesex, 1946）中的内容，以及希罗多德《历史》（Herodotus, *The Histories*, Aubrey de Selincourt trans., Penguin Books Ltd., the Estate of Aubrey de Selincourt, 1954）的内容。感谢伦敦霍利斯－卡特出版公司和纽约美国爱思唯尔出版公司许可引用E. G. R. 泰勒《发现庇护所的艺术》（E. G. R. Taylor, *The Haven-Finding Art*, Hollis & Carter Ltd., London, and American Elsevier Publishing Company, Inc., New York）的内容。感谢B. T. 巴斯福德公司许可引用奥列弗·沃纳《纳尔逊参战战役》（Oliver Warner, *Nelson's Battles*, B. T. Batsford Ltd., London, 1965）的内容。感谢杜福尔出版公司和豪德－斯托顿出版公司许可引用C. M. 伍德豪斯《纳瓦里诺海战》（C. M. Woodhouse, *The Battle of Navarino*, Dufour Editions, Inc., Chester Springs, Pa., and by Hodder and Stoughton Ltd., London, 1965）的内容。

目　录

第三部

第四部

地图目录

地图说明：

（1）书中地图系英文原书插附地图；

（2）因英文原书最初出版于1971年，所有地图展示的均为1971年以前的情况。

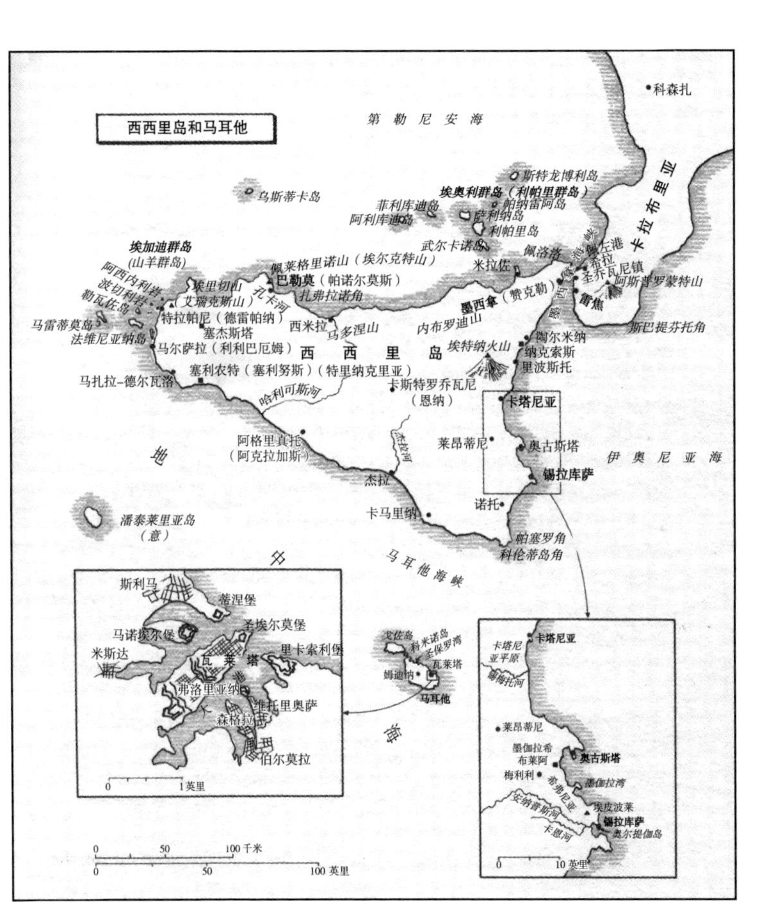
西西里岛和马耳他
第勒尼安海
科森扎
斯特龙博利岛
埃奥利群岛（利帕里群岛）
帕纳雷阿岛
萨利纳岛
利帕里岛
乌斯蒂卡岛
菲利库迪岛
阿利库迪岛
武尔卡诺岛
米拉佐
佩洛洛
墨西拿海峡
希拉
圣乔瓦尼镇
雷焦
阿斯普罗蒙特山
卡拉布里亚
斯巴提芬托角
埃加迪群岛
（山羊群岛）
阿西内利岩
波切利岩
勒瓦佐岛
马雷蒂莫岛
法维尼亚纳岛
埃里切山
（艾瑞克斯山）
特拉帕尼（德雷帕纳）
塞杰斯塔
马尔萨拉（利利巴厄姆）
马扎拉–德尔瓦洛
塞利农特（塞利努斯）（特里纳克里亚）
佩莱格里诺山（埃尔克特山）
巴勒莫（帕诺尔莫斯）
孔卡河
扎弗拉诺角
西米拉
马多涅山
内布罗迪山
墨西拿（赞克勒）
陶尔米纳
纳克索斯
里波斯托
埃特纳火山
西西里岛
卡斯特罗乔瓦尼
（恩纳）
哈利可斯河
阿格里真托
（阿克拉加斯）
杰拉河
杰拉
卡马里纳
莱昂蒂尼
卡塔尼亚
奥古斯塔
锡拉库萨
诺托
伊奥尼亚海
帕塞罗角
科伦蒂岛角
马耳他海峡
潘泰莱里亚岛
（意）
地中海
斯利马
蒂涅堡
圣埃尔莫堡
马诺埃尔堡
米斯达
瓦莱塔
里卡索利堡
弗洛里亚纳
维托里奥萨
森格拉
伯尔莫拉
0 1英里
戈佐岛
科米诺岛
圣保罗湾
瓦莱塔
姆迪纳
马耳他
卡塔尼亚
卡塔尼亚平原
莱昂蒂尼
墨伽拉希布莱阿
奥古斯塔
梅利利
墨伽拉湾
希弗尼亚
埃皮波莱
安纳普斯河
卡恩河
锡拉库萨
奥尔提伽岛
0 10英里
0 50 100千米
0 50 100英里

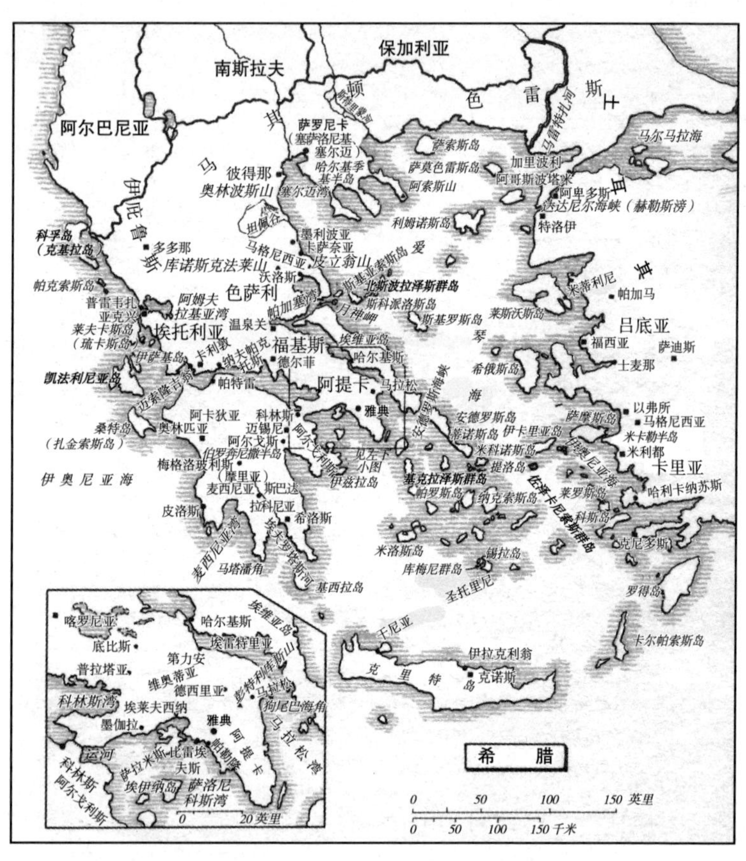

保加利亚
南斯拉夫
阿尔巴尼亚
马其顿
色雷斯
土耳其
斯特里蒙河
马雷特扎河
萨罗尼卡
（塞萨洛尼基、塞尔迈）
马尔马拉海
萨索斯岛
萨莫色雷斯岛
加里波利
阿哥斯波塔米
阿卑多斯
达达尼尔海峡（赫勒斯滂）
特洛伊
哈尔基季基半岛
阿索斯山
利姆诺斯岛
彼得那
奥林波斯山
塞尔迈湾
坦佩谷
伊庇鲁斯
科孚岛
（克基拉岛）
多多那
墨利波亚
卡萨奈亚
马格尼西亚
皮立翁山
库诺斯克法莱山
沃洛斯
斯基亚索斯岛
爱琴海
北斯波拉泽斯群岛
斯科派洛斯岛
斯基罗斯岛
帕克索斯岛
普雷韦扎
亚克兴
阿姆夫拉基亚湾
色萨利
帕加塞湾
月神岬
米蒂利尼
帕加马
莱斯沃斯岛
吕底亚
福西亚
萨迪斯
士麦那
莱夫卡斯岛
（琉卡斯岛）
埃托利亚
温泉关
福基斯
埃维亚岛
哈尔基斯
伊萨基岛
卡利敦
纳夫帕克托斯
德尔菲
凯法利尼亚岛
迈索隆吉翁
帕特雷
阿提卡
马拉松
希俄斯岛
安德罗斯海峡
阿卡狄亚
科林斯
雅典
桑特岛
（扎金索斯岛）
奥林匹亚
迈锡尼
阿尔戈斯
阿尔戈利斯
伯罗奔尼撒半岛
梅格洛玻利斯
（摩里亚）
见左下小图
伊兹拉岛
安德罗斯岛
蒂诺斯岛
伊卡里亚岛
米科诺斯岛
提洛岛
基克拉泽斯群岛
帕罗斯岛
纳克索斯岛
萨摩斯岛
以弗所
马格尼西亚
米卡勒半岛
米利都
伊奥尼亚海
卡里亚
莱罗斯岛
哈利卡纳苏斯
科斯岛
多德卡尼索斯群岛
伊奥尼亚海
麦西尼亚
斯巴达
拉科尼亚
皮洛斯
希洛斯
麦西尼亚湾
埃夫罗塔斯河
马塔潘角
基西拉岛
米洛斯岛
锡拉岛
库梅尼群岛
圣托里尼
克尼多斯
罗得岛
卡尔帕索斯岛
干尼亚
伊拉克利翁
克里特岛
克诺斯
喀罗尼亚
哈尔基斯
埃维亚岛
埃雷特里亚
底比斯
第力安
普拉塔亚
维奥蒂亚
彭特利库斯山
德西里亚
马拉松
科林斯湾
埃莱夫西纳
狗尾巴海角
墨伽拉
雅典
运河
比雷埃夫斯
帕勒隆
阿提卡
马拉松湾
科林斯
阿尔戈利斯
萨拉米斯
埃伊纳岛
萨洛尼科斯湾
0
20英里
希腊
0 50 100 150 英里
0 50 100 150 千米

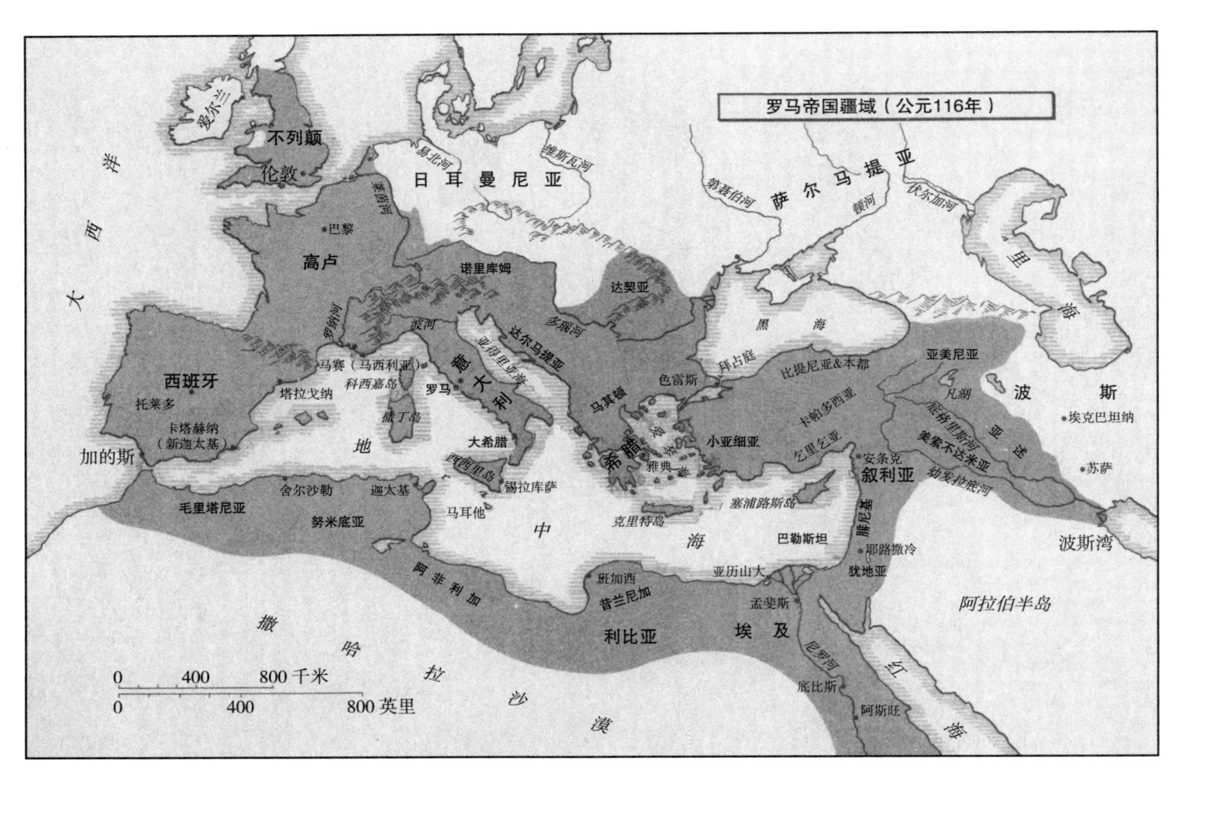
罗马帝国疆域（公元116年）
爱尔兰
不列颠
伦敦
大西洋
日耳曼尼亚
易北河
维斯瓦河
莱茵河
巴黎
高卢
萨尔马提亚
第聂伯河
顿河
伏尔加河
里海
诺里库姆
达契亚
多瑙河
黑海
罗讷河
波河
达尔马提亚
亚得里亚海
西班牙
托莱多
卡塔赫纳
（新迦太基）
加的斯
马赛（马西利亚）
塔拉戈纳
科西嘉岛
撒丁岛
罗马
意大利
大希腊
西西里岛
锡拉库萨
马耳他
马其顿
希腊
爱琴海
雅典
色雷斯
拜占庭
比提尼亚&本都
卡帕多西亚
小亚细亚
乞里乞亚
亚美尼亚
凡湖
底格里斯河
美索不达米亚
亚述
幼发拉底河
波斯
埃克巴坦纳
苏萨
波斯湾
安条克
叙利亚
腓尼基
塞浦路斯岛
克里特岛
巴勒斯坦
耶路撒冷
犹地亚
亚历山大
地中海
舍尔沙勒
迦太基
毛里塔尼亚
努米底亚
阿非利加
班加西
昔兰尼加
利比亚
埃及
孟斐斯
尼罗河
底比斯
阿斯旺
红海
阿拉伯半岛
撒哈拉沙漠
0 400 800千米
0 400 800英里

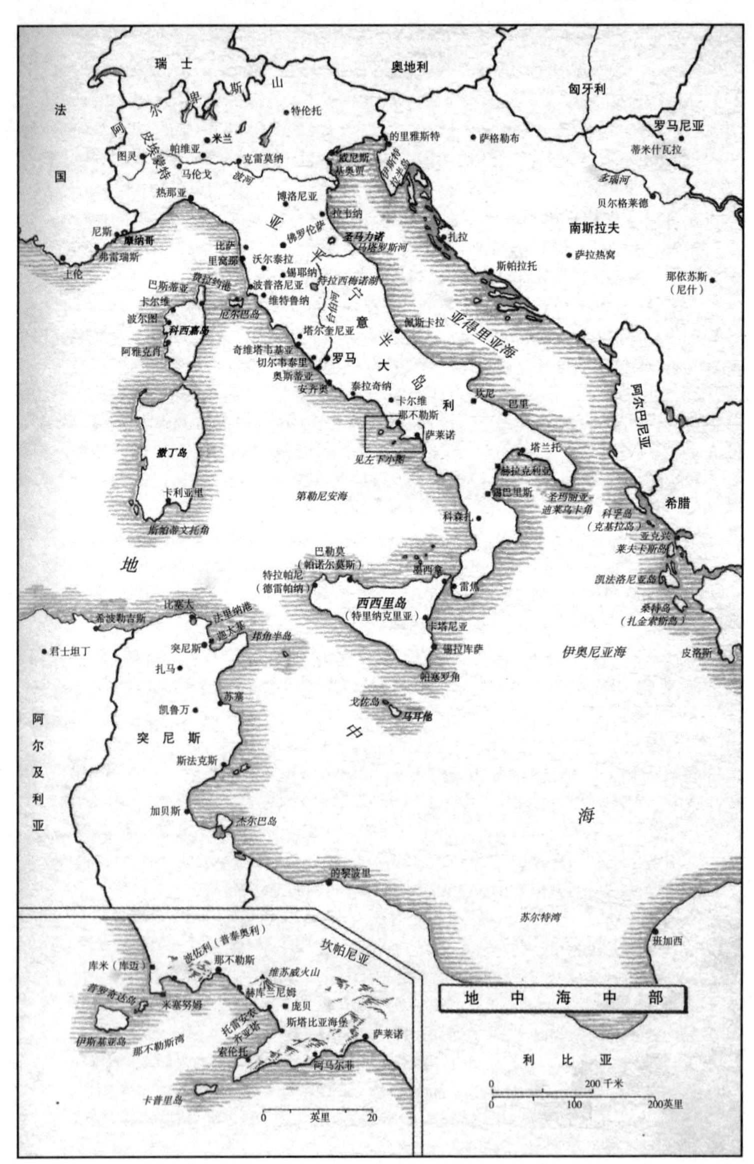

瑞士
奥地利
匈牙利
法国
阿尔卑斯山
特伦托
罗马尼亚
的里雅斯特
萨格勒布
蒂米什瓦拉
米兰
帕维亚
克雷莫纳
图灵
皮埃蒙特
马伦戈
波河
威尼斯
基奥贾
伊斯特拉半岛
多瑙河
热那亚
博洛尼亚
贝尔格莱德
拉韦纳
南斯拉夫
尼斯
摩纳哥
亚平宁
佛罗伦萨
圣马力诺
扎拉
弗雷瑞斯
比萨
马塔罗斯河
萨拉热窝
土伦
里窝那
沃尔泰拉
斯帕拉托
巴斯蒂亚
费拉约港
锡耶纳
特拉西梅诺湖
波普洛尼亚
那依苏斯
（尼什）
卡尔维
厄尔巴岛
维特鲁纳
台伯河
波尔图
科西嘉岛
塔尔奎尼亚
意大利半岛
佩斯卡拉
亚得里亚海
阿雅克肖
奇维塔韦基亚
切尔韦泰里
罗马
奥斯蒂亚
安齐奥
泰拉奇纳
坎尼
巴里
阿尔巴尼亚
卡尔维
那不勒斯
萨莱诺
见左下小图
塔兰托
撒丁岛
赫拉克利亚
锡巴里斯
卡利亚里
第勒尼安海
圣玛丽亚-
迪莱乌卡角
希腊
科森扎
科孚岛
（克基拉岛）
斯帕蒂文托角
亚克兴
莱夫卡斯岛
巴勒莫
（帕诺尔莫斯）
墨西拿
凯法洛尼亚岛
特拉帕尼
（德雷帕纳）
雷焦
西西里岛
（特里纳克里亚）
比塞大
法里纳港
迦太基
希波勒吉斯
卡塔尼亚
桑特岛
（扎金索斯岛）
邦角半岛
锡拉库萨
伊奥尼亚海
皮洛斯
君士坦丁
突尼斯
扎马
帕塞罗角
苏塞
戈佐岛
马耳他
凯鲁万
阿尔及利亚
突尼斯
地中海
斯法克斯
加贝斯
杰尔巴岛
的黎波里
苏尔特湾
班加西
利比亚
0 200千米
0 100 200英里
库米（库迈）
波佐利（普泰奥利）
那不勒斯
坎帕尼亚
维苏威火山
赫库兰尼姆
普罗奇达岛
米塞努姆
庞贝
托雷安农齐亚塔
斯塔比亚海堡
伊斯基亚岛
那不勒斯湾
萨莱诺
索伦托
阿马尔菲
卡普里岛
0 英里 20

地中海中部

地中海西部
英吉利海峡
诺曼底
巴约
鲁昂
博韦
梅吕
巴黎
默伦
埃夫勒
沙特尔
韦桑岛
布雷斯特
南特
卢瓦尔河
奥尔良
塞纳河
图尔
比斯开湾
普瓦捷
法国（高卢）
利摩日
昂古莱姆
克莱蒙
佩里格
奥弗涅
克尔杜瓦灯塔
波尔多
加龙河
图卢兹
卡尔卡松
罗纳河
里昂
卡马格地区
阿尔勒
马赛
土伦
尼斯
热那亚
比萨
佛罗伦萨
卢森堡
联邦德国
莱茵河
多瑙河
慕尼黑
维也纳
奥地利
匈牙利
捷克斯洛伐克
瑞士
阿尔卑斯山
特伦托
米兰
波河
都灵
意大利
罗马
那不勒斯
塔兰托
的里雅斯特
萨格勒布
南斯拉夫
波斯尼亚
萨拉热窝
扎拉
达尔马提亚
亚得里亚海
伊利里亚
科西嘉岛
阿雅克肖
厄尔巴岛
撒丁岛
卡利亚里
第勒尼安海
巴勒莫
西西里岛（特里纳克里亚）
锡拉库萨
雷焦
伊奥尼亚海
马耳他
地中海
拉科鲁尼亚
毕尔巴鄂
比利牛斯山脉
埃布罗河
阿拉贡
巴塞罗那
塔拉戈纳
卡斯蒂利亚
西班牙
马德里
托莱多
伊比利亚半岛
葡萄牙
波尔图
萨贡托
巴伦西亚
巴利阿里群岛
梅诺卡岛
马略卡岛
伊维萨岛
科尔多瓦
安达卢西亚
塞维利亚
格拉纳达
赫雷斯·德拉弗龙特拉
加的斯
特拉法尔加角
格拉纳达
马拉加
卡塔赫纳（新迦太基）
阿尔梅里亚
直布罗陀
直布罗陀海峡
丹吉尔
休达（阿比拉）
梅利利亚
拉巴特
卡萨布兰卡
毛里塔尼亚
摩洛哥
奥兰
阿尔及尔
舍尔沙勒
贝贾亚
吉杰勒
希波勒吉斯（拉纳）
君士坦丁
阿尔及利亚
努米底亚
突尼斯
迦太基
扎马
凯鲁万
苏塞
邦角半岛
杰尔巴岛
苏尔特湾
利比亚
0 500千米
0 500英里

序 言

几年前，我萌生了撰写这本书的念头，当时我在与马耳他 13
皇家大学（Royal University of Malta）的几名学生交谈时，其中有一个学生抱怨说，他只能找到寥寥数本关于地中海历史的综合性著作。事实确实如此，关于地中海盆地周边崛起的国家、艺术和文化各方面的历史学著作可谓汗牛充栋，而且有众多论文详细探讨了从罗马人的船舶索具到伊特鲁里亚的微粒工艺等几乎所有问题；但是，似乎目前还没有一幅具备整体观的地中海“画像”。我试着来填补这一空白。

当然，一幅画像永远不能完整地展示静坐在那里的模特的全貌；实际上，它往往展示出画家自身在他的创作主题中反映出来的秉性。例如，如果一个人去审视在众多艺术家面前端坐的任何一位著名历史人物时，他就会发现所有艺术家共同给出了关于被画像者的外貌甚至本性的一般性观点，但是每一个观点都分别反映了画家的偏见——这种偏见可能就是他对创作主题的兴趣点或感受。

因此，显而易见，我写作的内容中最突出的部分就是悠久的地中海历史中关于海洋、航船以及争夺海上霸权的活动。与此同时，我尝试去审视大量的历史事件并展示文化、种族和宗教是如何相互影响并纠缠在一起的。因为我曾在这些海域游历多年，所以对这片海洋某些方面进行详细描述并不奇怪：首先是因为第二次世界大战；其次是因为热爱，我曾乘坐游艇和其他不同种类的小船畅游这些海域。一个人说热爱某一片特定的海域并不是一种不理智的行为，因为没有人会否认对国家或家庭的热爱是人类前进的主要动力。

19 岁时，我站在“革隆罗伊号”（H. M. S. *Glenroy*）的前
甲板上第一次看到了地中海，当时我们驶出苏伊士运河，进入
一片伸向北方的狭长海域，它在盛行仲夏风的作用下形成
14 （尽管当时我还不知道这一点）。在接下来的四年中，我大部
分时间就是在这里度过的，我先是担任水手，后来成为一名军
官。在那段时间，我逐渐熟悉了整个北非海岸、爱琴海大部分
地区、马耳他、西西里岛，以及意大利、科西嘉岛和撒丁岛海
岸的情况。

有一年，我担任一艘驱逐舰的导航员，对我而言，能够担任这个职位是幸运的，因为这意味着我必须能够对大量的岛屿、海岸线、港口和码头做到如数家珍，后来在心情更舒畅的时候我再次游历了地中海的很多地方。但是，即使战争没有将我带到地中海，我很久之前也已下定决心一有机会就要来到这里。我所接受的传统教育以及年轻时立志成为一名画家或考古学家的志向让我一直以来就关注这个地区。

在亚历山大港（当时它是一个非常国际化的城市）的舰船上度过的数年时光让我认识到了世界残酷的一面。战争也是如此，但它似乎被包在专门的“铁皮盒子”里，与现实生活只有一丁点关联性或者完全风马牛不相及。然而，亚历山大是一个实实在在的世界：与穷人居住在一起的生活经历启发了这个年轻人，他在一个衣食无忧的家庭中长大，曾就读英格兰一家舒适的托儿所。埃及的苍穹之下真真切切的生活与我自己祖

国那种“灰蒙蒙”的生活有着天壤之别，这是人类生活中一种鲜明的黑白色调对比。例如，我看到一个男人倒毙街头，一群穿着长袍的人冷漠地从他身边走过。在拉斯埃丁街（Rue Ras El Tin）[①] 旁边的一条小巷里，我看到一位老妇正在破陋不堪的门道的阴影里帮助一名妇女分娩。就在这同一地区的另外一个地方，我偶然发现街上有一头死驴。一名屠夫正在那里切肉，他赤裸的双臂被血迹染上明艳的颜色，他那两英尺长的屠刀在插入驴身时反光闪烁。生命的起点、终点和生命的寄托都无法躲藏在一张谨小慎微的面具之下。太阳将所有这一切都呈现在时人的眼前。

就好似朦胧的面纱——与经常笼罩在英国乡村的薄雾一样——突然从我的眼前撤去。我在大英博物馆中曾见到的蜜色大理石雕塑，它们沉默不言，远离这个世界的喧嚣。此时我才第一次理解为什么希腊人会将雕塑和庙宇涂上明亮的原色。这里的空气、阳光、天空和海水本身需要侵入一种暴力的光芒，甚至是需要一种来自北方地区的、不甚搭配的粗俗视觉元素。

为了冲淡这个城市带来的某种恐惧，城市的建筑颇有魅 15
力：颜色、灯光和相互碰撞而焕发的蓬勃活力大大超出了我此前的认知。（过了几年后，我才发现很多地中海城市——从巴塞罗那到伊斯坦布尔——在这些方面具有相似性。）在这里，也有爬满炫目白墙的三角梅在傍晚散发出栀子花般的气味。（当一天的炎热渐渐消退，马留提斯湖的潮湿空气会扑面而来。）夏天，从北方吹来的风沙沙作响，它支撑着这座古老城

① 位于埃及亚历山大港，附近有清真寺等古建筑。（本书中所有脚注均为译者注，后文不再特别说明。）

市的人们生活下去。黑夜过后，黎明时分，当从岸上走回来的时候，会发现天空染上了一抹杏黄色，露珠掩盖了城市的气味，我听到了宣礼人颂赞至善真主的声音："唯一的主，永在的主，全能的主。"

我曾经历了一次改变人生的启示时刻。我知道，我要"回家"，不仅仅是回到这座城市或这个国家，而且要回到这一整片海洋。

从那时起，我辗转在许多其他海域和陆上游历和工作，但是在所有离开地中海的日子里，我都是在漫无目的地游荡。用约翰逊博士的话说就是，"一切旅行的宏伟目标都是去欣赏地中海的海岸"，并且他还总结道："如果一个人的爱国热情没有因看到马拉松平原而增强，或者他的虔诚恭敬没有因看到伊奥尼亚的废墟而加深，那么这样的人就没有什么值得羡慕的地方。"

就产生的文化和文明的数量而言，世界上其他任何地区都无法与地中海沿岸相提并论，并且这里的文明通过极少产生潮汐的平稳海域彼此交融。地中海文明的多样性在很大程度上源自这样一个事实，即地中海几乎是被三大洲封闭起来的一片海域，这导致居住在地中海周边的民族一直保持着交流互动。

实际上，在漫长的时间里，地中海地区都处在"休眠"状态，就如同一片休耕的土地一样，但是往往后续会伴随着极度活跃的时期。就在我写作本书的时候，该地区再一次因近东地区爆发暴力事件而出现不安情绪，世界上的两个超级大国——美国和苏联的舰队为争夺在地中海盆地民众中的影响力而爆发冲突。然而，除了国家冲突是地中海的一个特征外，地中海还展示了人类文明的延续性。虽然此时晶体管收音机成了

渔民随身携带的物件，但是如罗马和迦太基的舰队为了争夺世 16
界霸权而鏖战地中海的时代一样，脚踩着中世纪遗迹的渔民们仍旧在用藤条编织容易破损的捕鱼笼。

接下来，我还要感谢诸位亲朋好友，多年以来，他们的学识和热情给了我莫大的帮助。我要感谢伦敦图书馆、马耳他皇家图书馆以及马耳他大学图书馆。我还要感谢斯图尔特·佩罗恩（Stewart Perowne）先生和 A. R. 伯恩（A. R. Burn）先生阅读了本书的手稿，感谢他们对本书的修改和润色，但错误和遗漏仍由我本人负责。最后，我将本书献给旅行家弗雷达·麦克尔弗-雷茨玛（Freda Maclver-Reitsma）女士。正是她在多年前第一次激发了尚且年幼的我立志游历这片海洋并了解这片土地。

1970 年，于马耳他卡尔卡拉

E. B.

第一部

就像此前他们一起捕鱼的时候那样，他们此时交谈起来，言语中流露出他们对富足大海和毗邻土地的羡慕。

——普鲁塔克，《希腊罗马名人传》之“泰摩利昂”篇

第一章　一座海岛

这座海岛突兀地从地中海中破海而出。这是世界上一座 19
无足轻重的小岛，甚至很多西西里岛的居民都没听说过它，它距离狂风肆虐的海峡只有 7 英里远。这座岛的名字叫勒瓦佐（Levanzo），它属于西西里岛西海岸的小群岛——埃加迪群岛（Aegates Islands，由三座大岛、几座小岛和无人居住的礁石组成）。

勒瓦佐岛没有什么东西能够激发人们的兴趣或好奇。岛上光秃秃一片，在春秋两季有野草稀疏的草地，还有苔藓和地衣，这座岛的海拔仅 900 英尺。勒瓦佐岛四周几乎全是悬崖峭壁，岛屿呈梨把儿朝北的梨形。岛上大部分的土地非常贫瘠，但是在山体褶皱背阴处的土地上生长着葡萄树。岛上还种有少量的柑橘树。除此之外，岛上只有一棵珍稀且适应力强的橄榄树，这棵树就像浑身肌肉的摔跤手一般矗立在山脊裸露的土地上，还有一棵有着浓密绿荫的角豆树。岛上贫瘠的山坡上到处都是仙人掌。仙人掌被人们称作“印度无花果”；对于这座岛而言，仙人掌是相对较新的物种。哥伦布发现美洲之后，仙人掌才传到地中海地区；踏上早期冒险航程的海员和商人将仙人掌连同其他用途更广的植物品种带回了欧洲。

勒瓦佐岛最长处仅为 2 英里，最宽处为 1.5 英里。“梨尖”上有一个小村庄，藏在石灰岩山体背风处的山脊下方，这里是整座岛的最高处，大约居住着300名村民。他们属于“陆海两栖”。当冬季来临时，他们与海峡对面特拉帕尼（Trapani）和马尔萨拉（Marsala）之间的联系往往会被切断。他们操着口音很重的意大利方言，自从第一批腓尼基和希腊商人来到这里并将两个小型锚地作为停靠的码头后，他
20 们的生活方式几乎就没有出现过变化。两个港口的名字分别是卡拉冰冻港（Cala Fredda）和卡拉海港（Cala Dogana）。这些词语的含义丰富，因为“cala”是一个阿拉伯词，意思是一处水湾或一个港口；而“fredda”是一个西西里词，意思是“寒冷的”。在整个冬天，强劲的洋流会流经卡拉冰冻港。它还是古代一个渔夫的名字，通过这个名字可以追溯两千年来语言的全部变迁情况。卡拉冰冻港出产高品质的龙虾，并且一直以来都盛产鲻鱼和岩鱼。海关官员居住在卡拉海港一栋狭小的房子里，从那里可以远眺岛上唯一的村庄。卡拉海港的名字有一个相对来说比较近的源起，时间可能不会早于19世纪，往前可以追溯至后加里波第时期和意大利统一之后，当时意大利北部的政府机构在像这个岛一样偏远的地方设置了政府代表。另外，在罗马帝国和平时期，有可能会有一两名海关官员孤零零地在卡拉海港常驻。不管怎样，在这些小海湾名字的背后是两个世界存在“联姻关系”的证据，即东方和西方、阿拉伯语世界和拉丁语世界。地中海是这两个世界相遇的地方。

位于卡拉海港的这个村庄里有三家小商店。其中一家商店里有一个酒吧。这里还有一座天主教堂和一块小墓地。几乎所有岛民都住在这个村庄里，就像这座岛本身一样，这个村庄是整个世界的缩影。

这座岛上有银白色的山坡、风蚀的山脊、葡萄树、橄榄树、贫瘠的土地以及丰富的海产，这些也体现了地中海的特征。岛民人数很少，他们身体里流淌着不同民族的血液，包括腓尼基人、希腊人、罗马人、阿拉伯人和诺曼人。毫无疑问，其他路经此地的水手和旅行者也注入了他们的血脉。

这是一座没有历史的海岛，除非有人记得它属于一个被称作埃加迪的小群岛。“埃加迪”（Aegadian）这个词源自希腊语的“山羊”（Aegates）（如果这一点能算作历史的话），所以这里又叫作“山羊群岛”。在特洛伊战争结束之后，奥德修斯（Odysseus）在长途航行的过程中曾路过山羊群岛。他向地中海西部行进，曾尝试绕过马塔潘角（Cape Matapan）回到他的家乡伊萨基岛（Ithaca）[①]，他首先途经的是突尼斯海岸线外的杰尔巴岛（Djerba）。而后，他转而向北方航行，朝着一直闪烁的北极星方向行驶；在他所处的年代，北极星是人们能够知道的、为数不多的“航海辅助手段”。他途经山羊群岛纯粹是意外。

> 肯定是某位天神引领我们挨过黑暗的夜晚，
> 因为无法看清前方的情况。 21
> 船在浓雾之中航行，
> 头顶没有一丝月光，
> 云层遮挡住了它。
> 在这种情况之下，
> 直到我们的良船搁浅之前，

---

① 又按英语音译为“伊萨卡岛”。

我们之中任何人都看不清这座岛屿，
我们也看不见大大的浪头拍向海岸。

几乎可以肯定，奥德修斯和他的船队发现他们自己所在的岛屿就是位于勒瓦佐岛以南 3 英里处的法维尼亚纳岛（Favignana）。在埃加迪群岛的三个岛屿中，这是唯一有石灰岩壁且沙滩位于南侧的岛屿，奥德修斯正是从南方驶过来的。马雷蒂莫岛（Marettimo）和勒瓦佐岛的地势陡峭险峻，对那些心思粗犷的水手来说，这里不过是一片铜墙铁壁般的海岸。

从勒瓦佐岛往东望去，雄伟的埃里切山［古时称为艾瑞克斯山（Eryx）］如同一个巨人般耸立在西西里海岸上：清晨，当太阳从山的后侧升起时，这里呈现出一片灰蒙蒙的景象；晚上，这里则是一片金色和紫色的景象。这里是独眼巨人基克洛普斯（Cyclops）的土地！埃里切山矗立在西西里岛西部肥沃的平原上，海拔 2500 英尺，完全占据了世界上的这个角落。

勒瓦佐岛的居民将这座山视为他们识别天气的晴雨表，他们可以从云朵的形态——是飘过还是萦绕山顶，又或是蜷缩在山脚——知道一天中将会出现什么样的天气。渔民们在离开海岛打鱼时会将这座山作为他们的地标。毫无疑问，就像在随后几个世纪之中其他无数的海员一样，奥德修斯在沿着这些海岸航行时也将埃里切山的峰顶视作向导和慰藉。

勒瓦佐岛上没有神庙，也没有希腊或罗马建筑，没有证据证明岛上曾存在古典世界的文明。有时候，渔民会在他们的渔网中发现双耳细颈瓶；有时候，农民在翻地时会刨出破碎的陶片。但在地中海地区，这些古时候的证据根本无足轻重。然而，在海峡两岸的人看来，埃里切山阴森恐怖但又使

人感到自豪，它永远在提醒人们，在20世纪之前很久的一段
时间内，这里经历了数个世纪的世事变迁，这里曾生活着其
他的民族，孕育了其他民族的文化。日出后不久，当从勒瓦
佐岛上放眼望去，人们可以看到这座山被侵蚀得像黑色的獠
牙，锯齿状的石墙轮廓则表明诺曼人曾将这个山顶作为他们
在西西里岛堡垒的组成部分。但是，早在诺曼人之前，西西
里岛上的早期人类在奥德修斯驾船经过这片海域之前就已经
建好了埃里切山上宏伟的巨石城墙。腓尼基人在那里为爱情
女神阿施塔特（Astarte）修建了一座神庙；受大地巨大“乳 22
房”的启发，希腊人在这里修建了阿弗洛狄忒神庙，罗马人
在这里修建了维纳斯神庙。此时，在蓝色的海峡和近海岛屿
前方的诺曼大教堂里，海洋之星圣母玛利亚的雕像保佑着敬
拜她的人们。不论何时响起祈祷的钟声，比圣母玛利亚更为
感性的女神后代——圣鸽会突然惊起，成群飞过古老的城墙，
在教堂的塔楼之上盘旋。

勒瓦佐岛和埃里切山之间的海峡一片银光闪闪，其中有福米卡岩（Formica）、波切利岩（Porcelli）和阿西内利岩（Asinelli），当地人会告诉你，这些露出来的礁岩是独眼巨人基克洛普斯从山上开采并掷向奥德修斯的石头。又有谁会责怪基克洛普斯呢？傲慢无礼是奥德修斯最不受人待见的品行。

独眼巨人，
如果有任何人询问你，
你的眼睛看不见，
你如何来到这里；
告诉他，

你的眼睛是被奥德修斯弄瞎的，
这人是城邦的劫掠者，
是拉厄耳忒斯[①]的儿子，
他居住在伊萨基岛上。

埃加迪群岛的第三座海岛——马雷蒂莫岛比勒瓦佐岛面积大，但距离更为遥远且很难登岛。这座岛上没有任何港口、海湾或入口。只有在北部海岸有一个狭小的登陆点可以让游客在天气晴朗时登岛。希腊人称马雷蒂莫岛为“圣岛”，也许是因为在向西到达直布罗陀的长途航程中，这是他们离开西西里岛之后最后一处停留的地方。此外，希腊人对一个地方的“感觉”有着直观的天赋，而这个位于埃加迪群岛最西端的岛屿有一种沉着和纯净的特质，一直以来这种特质就与圣洁相关。在希腊人来到这里之前，腓尼基人已经到过这里，法尔科内山（Mount Falcone）的岩石墓葬可以证明这一点。像马耳他和其他地中海岛屿上类似的岩石墓葬一样，这些沉默的黑暗岩洞是对早期那些未完成航程的航海家的纪念。在提尔（Tyre）、西顿（Sidon）以及迦太基，妻儿们翘首以盼，但那些商人和水手再也未能返航。

勒瓦佐岛小型渔船的船头上仍然绘有“荷鲁斯之眼”（Eye of Horus，拉丁语为 Oculus，又称“鹰头神之眼”）。这也是腓尼基人的遗产，因为是他们最先从东方埃及人那里将这种工具照搬过来。甚至是远远早于腓尼基人学会在这片海域冒险时，上埃及和下埃及王国的人们就已经开始驾驶绘有“鹰头

① 《奥德赛》中的伊萨基国王，是奥德修斯的父亲。

神之眼”的巨型尼罗河驳船，这种船让他们摆脱了母亲河平
缓水流的束缚，载着他们破浪前行。马耳他曾是腓尼基人的一 23
块殖民地，马耳他人此时仍在他们的小渔船上画上眼睛的图案；但是没有渔夫能够告诉你其中的缘由。

尽管勒瓦佐岛偏居一隅，面积狭小且无足轻重，但这座岛也有自己的秘密。在这座岛的西海岸，悬崖几乎直通海面，在悬崖上有几处洞穴。其中一处洞穴足以容纳波吕斐摩斯这样的巨人，当地人认为这里是巨人之家；这些洞穴毫不掩饰对海峡对面埃里切山的“蔑视”。然而，这个巨大的洞穴是不计其数的蝙蝠的家园，有时候农民会将其用作仓库，它几乎对世人毫无吸引力。沿着海岸继续往前走，直到除非借助船舶否则无法再前行时，那里才是真正让勒瓦佐岛声名鹊起的地方。

1949 年，一位在岛上度假的意大利女士听说了关于闹鬼洞穴的故事——“一个真正的鬼洞”，这个故事令她疑窦丛生。这个故事已经流传了很久，但只是在最近有个人养的一条狗在逮野兔的时候闯进了这处洞穴之后，它才重新吸引了人们的注意力。（勒瓦佐岛上体型最大的野生动物就是野兔，岛上贫瘠的山坡甚至都无法维持地中海山羊的生存。）这名旅行者被这个故事所吸引，她找到一个人带她去参观这个神秘的山洞。

她的发现为世界找回了一份散失的宝藏。洞穴的入口位于一处低矮的岩架①下方，因此，人必须趴下，四肢着地，在钟乳石闪闪发光的石牙下方匍匐前进。洞中万籁沉寂，漆黑一片，只有借助火把的光才可以看到悬挂在洞顶上的一排排蝙蝠。当光线照在它们身上时，它们就像干树叶一样不安地发出

① 即悬崖岩石突出部分。

沙沙的声响。随着进一步深入洞穴内，借着光就会发现“鬼魂”。经过色染的石灰石壁在火光照耀下闪现出人和动物的图案。鹿在牛群中奔跑，公牛拱起它们弯弯的、肌肉发达的脖颈，男人们手持长矛追赶猎物或者躺着等待收起他们撒下的渔网。

勒瓦佐岛岩洞岩画与拉斯科岩洞（Lascaux）[1] 岩画、阿尔塔米拉岩洞（Altamira）[2] 岩画相似。显然，猎人都是男性：岩画中的大多数人看起来好像有三条腿。另外还有很多人物看起来更像是偶像（尽管这些人可能是祭司），他们的形象也像古典世界中的任何一位花园之神那样猥琐。在洞穴凹进去的地方，有一个神秘的女性形象，她似乎被涂上了白色的黏土，可能表示她是白色女神或者万能的大地之母，后来对她的崇拜在地中海盆地占据了主导地位。因为女性人物在史前艺术中非常罕见，所以与其他岩洞相比，这是勒瓦佐岛岩洞显得不同寻常
24 的地方。一些男人和野兽的画像也被涂上了颜色，有些人物画像则被石灰石壁切断。艺术家们的笔法虽然粗陋不堪，但对于公牛的轮廓或鹿的奔跑动作掌握得非常到位，只用一笔就可以勾勒出动物整体的线条！

从狭窄的洞口向外望去，崎岖的斜坡向下延伸到波光粼粼的地中海，岩画的真实感给人留下了深刻的印象。如果勒瓦佐岛是如此狭小以至于像此时这样只有野兔生存，那么怎会出现岩画中所有这些公牛和鹿的图像呢？

洞口几乎位于海岛的最高点，这里曾经是巍峨高山的山

---

① 位于法国多尔多涅省，洞中保存有丰富的史前绘画和雕刻，发现于 1940 年，被誉为“史前卢浮宫”。

② 位于西班牙坎塔布利亚自治区，洞中保存有大量旧石器时代晚期的绘画，发现于 1869 年，被誉为“史前西斯廷小教堂”。

顶，大山耸立在富饶的低地上。地中海地区居民的祖先曾将这处洞穴当作保佑他们狩猎和生育的圣地，从这里向下方俯视，他们看到的不是大海，而是一望无际、连绵向南直到非洲的肥沃土地。当时，勒瓦佐岛与西西里岛连在一起，并且西西里岛与意大利连在一起。向那里俯瞰下去，会看见奔跑在一望无际草原上的兽群和狩猎的猎人。

勒瓦佐岛最高点的海拔为912英尺，其下方是洞穴的所在地。勒瓦佐岛与西西里岛之间的海峡平均深度约为20英寻，即120英尺。在海岛的一侧，这座山与埃加迪群岛另外两座岛屿上的山构成了埃里切山山麓的一部分。然而，在海峡的西侧以及直至群岛的南侧地区，海水深度迅速增加至600英尺或更多。洞穴壁画画家们在这些石壁上施展魔法，他们从约1500英尺高的地方望向低地，但实际上他们描绘的是想象中的死亡和生殖场景，在他们看不见的地方，兽群在非洲和欧洲之间自由迁徙。

春天的海岛上仍蕴含着“魔力”。在短短一个月内，所有光秃秃的山坡上甚至是这座古老山丘裸露在外的山顶上都会开满野花。稀疏的青草丛中点缀着雏菊、野兰花、金盏花，还有白色、紫色和淡蓝色的野蓟，四处都是蓝色的牛舌草和小小的野生鸢尾花。地中海的春天是美丽的，但很短暂。酷暑很快来临，天气炎热无云，夏季偶尔刮起的西北风可以让人透透气；但是除非连续几天刮起不常见的陆风和海风才会改变这种天气。无花果树的果实已经成熟，它的根部扎在裂开的岩石缝隙中，为了获得水分，根会越扎越深。仙人掌叶 25
上的深红色、橙色和黄色的“印度无花果”使整座岛屿都变得光彩闪耀起来。

黑色的雨云笼罩在埃里切山的山头，这预示着秋天即将来临。多个月以来第一场雨到来的时间恰好是采摘葡萄酿酒的季节。勒瓦佐岛民都是自己酿造葡萄酒，在一个小山谷上方的农场里，人们用头顶着一篮篮葡萄。妇女们负责采摘和运送葡萄，但在这个时代，神秘的酒神节是男人们才能参加的仪式。一名年轻的男子会跳入一个巨大的酒桶中开始踩葡萄。随后，另外两个人会加入进来。他们除了内裤外什么都不穿，很快男人们的内裤和身体就被气泡染成了紫色。在谷仓的另一个角落里，一台和米底人一样古老的、根据科学原理制造的设备正在工作：一台大型的手动压力机取代了人类跳跃的双脚。每隔一段时间，酒桶里面的一个人就会跳出来，这人会在地板上跑过，站在一条软水管的下面冲洗身体。水不仅可以清除污渍、汗水和葡萄皮，还可以冲掉头上冒出来的汗水。

纯葡萄汁会从桶底的一个龙头里流出来，沿着石头砌成的通道流到地板下面的一个桶中。它的味道香醇，其清爽的涩味中蕴含了所有的光照、土地养分和海风，即使喝一杯也会有明显的通便效用。第二天，男人们会将纯蔗糖放入盛有葡萄汁的大桶，开始进行发酵的工序。此时，男人们在开始踩葡萄之前会在自己身上画十字祈祷。祈祷的对象包括圣母，以前他们是向长发及肩的酒神狄俄尼索斯（Dionysus）[①] 祈求保佑的。但是，酒神狄俄尼索斯也是从东方世界传来的神灵。

在谷仓外面，有几个悠闲的人在角豆树的树荫下休息。在世界的这个角落，角豆树是为数不多的、能够在整个夏天都可

---

① 希腊神话中的酒神，奥林匹斯十二主神之一。人们在敬拜酒神时会陷入疯癫状态，在音乐声中载歌载舞，甚至裸体跳舞。

以遮阳的树种之一。它的叶子是黑色的，油油发亮且四季常青，这对旅行者来说是幸事，它那像皮革一样的棕色豆荚可以用来喂牛和供穷人食用。

败家子喜欢吃这些“荚果”，很可能这就是救了施洗约翰性命的“蝗虫”（locusts）[①]（它也被称为刺槐豆）。角豆树果实（carod）的这个单词衍生出珠宝商使用的计重单位——“克拉”（carat）。古希腊人将其称为“Keration”，它等于三分之一欧布尔（obol）的重量。欧布尔是一种小硬币，人们会在亡者已闭合的眼睑处放上这种硬币作为支付摆渡人卡戎（Charon）[②] 的费用。角豆树是世界上最古老的树种之一。它是自第三纪开始的数个冰河时代唯一幸存下来的树种，源自极为古老的种属。它是卡拉托尼亚属的特有树种。 26

对于渔民来说，勒瓦佐岛的秋天也是一个繁忙的季节，此时他们必须要在冬季肆虐的大风将他们的小船吹到岸上之前尽可能地捕获所有的海货。岛屿四周的海域以及它与西西里岛之间海域的过度捕捞情况已持续了数个世纪之久，这些海域的捕捞量往往少得可怜。但是，没有法律能够阻止那些需要填饱肚子和养家糊口的男人使用他们网眼尺寸很小的渔网，或者阻止他们偶尔用他们的船两侧绑着装满炸药的烟草罐扔进水里或扔到岩礁外侧捕鱼。当这些最原始的深水炸弹爆炸的时候，海水就会晃动起来，被震死的鱼就会鱼肚朝上，漂到海面上来。

一般来说，尽管渔民们为了每天的生计而劳碌奔波、勤恳

---

① 参见《马可福音》1：6，“约翰穿骆驼毛的衣服，腰束皮带，吃的是蝗虫野蜜”。需要特别说明的是，出于权威性的考虑，关于《圣经》的引文全部引自汉语和合本《圣经》，下同。

② 古希腊神话中冥界的摆渡人，他只有在拿到钱后，才会为亡人摆渡。

劳作，但是在岛屿周围有利位置设防的卡宾枪骑兵队士兵能够强制渔民们遵守法律。在秋天的时候，连着虾篓的润木塞漂浮在小海湾中。就像花边一样精致的蜂巢状地中海式虾篓无法经受冬天风暴的摧残，因此每一年的秋天，人们必须要将一年中最后一篓甲壳类海货收上来。

尤年恩（Unione）是一种小型敞篷式动力船，可以进行简单的侧拖，勒瓦佐岛附近就有这种繁忙作业的船舶。其他较小的船只被用来钓鱼。在一些小海湾里，渔民们正在抛下围网，浮子漂在水面上，网垂直撒入海水，人们正在收紧半圆形的渔网收口，将网内捕获的所有渔产收上来。年轻人会潜入海中去抓章鱼，他们伸展开自己的胳膊和腿充当移动的诱饵，吸引那些从水下岩石洞中伸出触须并轻轻舞动的章鱼。他们夹紧的胳膊就像蛇一样绕着章鱼的身体，章鱼不再警惕，这样他们就可以将章鱼带出水面。他们快速扭动手腕，将章鱼裙的内侧翻到外侧来，露出像鹦鹉嘴一样的章鱼嘴，然后将其扔进以海藻作内衬的篮子，而后再一次潜入水中。傍晚晚些时候，他们会朝岩石摔打章鱼，或用石头敲打章鱼的触角和身体，这样可以使章鱼肉变得柔软。

冬天，这座岛和西西里岛之间的海峡碎浪肆虐。秋季，这里盛行柔和潮湿的西洛可风①；夏季非洲“火炉炉口”高温的海洋湿气被风吹到这里；冬季，咆哮的西风和北风则取而代
27 之。虽然渔民们闲在家中无事或坐在一起小酌几杯（或喝几杯放了两三滴茴香油的咖啡），但是农人们会非常忙碌。第一场秋雨过后不久，土地上再次热闹起来，农人在为数不多的种

① 从非洲吹到欧洲南部的热风。

植区内播种小麦和大麦。与北部地区的冬季不同，地中海的冬季是农忙季节。夏天，烈日炎炎，正是土地轮休和农闲的时间。对这里的农人来说，炽热的 8 月就如同北方霜冻和降雪的 2 月，是当地农人赋闲的时间。

即便在冬天，有时渔民也认为值得出动他们的渔船去捕鱼。在 1 月到 3 月之间的十天或更长时间内，海面偶尔会起雾并且风平浪静，像一年中的其他时间一样，这时候仍有鱼可捕。这里与西西里岛之间每周会有三次往返轮渡。小码头上会卸下工业制品、衣服、甜食、肉类、蔬菜以及诸如栗子这样的“小奢侈品”。不过，当海水肆虐着穿过狭窄的海峡时，岛民们就会完全与外界隔绝开来。虽然通过警察发射站可以发出紧急呼叫，但人们在冬天到来之前还是会将病重的病人和即将临盆的妇女迅速送到特拉帕尼。罐装天然气取代了旧的木炭炉或灌木炉；直到最近几年，这些炉子还是岛民们烘烤面包、烤鱼或烤肉的唯一家什。罐头食品是应对严酷和短暂的冬季的有用储备。同时，岛民们可以用晶体管收音机播放大海之外的世界的音乐。

第二章　海洋与陆地

地中海北靠欧洲、南临非洲、东接亚洲，占据了由三块大陆环抱的一道深海沟。地中海最大长度（从直布罗陀到叙利亚）为2200英里，最大宽度（从法国到阿尔及利亚）为488英里。地中海的形状犹如一只横放的海马，依附在地中海东北角的是呈牡蛎形状的黑海。地中海（含黑海）[①]总面积为1158300平方英里。相比于世界上的大洋，地中海的面积并不算大；但是相比于其他任何类似的地区，地中海地区囊括了更多的民族、文化，以及气象学和地理学层面的差异性。

地中海是浩瀚的古海洋——地质学家所谓的特提斯海（Tethys）——现存面积最大的一片残海。特提斯是希腊神话中天神和地神的女儿。特提斯嫁给了伟大的海洋之神俄刻阿诺斯（Oceanus），俄刻阿诺斯被认为环绕着整个地球。从地质学角度来看，特提斯海是一片覆盖了古代世界全部区域或者说接近地球一半面积的大洋，其存续时间从石炭纪晚期一直到第三纪早期。站在埃特纳火山被黑色熔岩覆盖的山坡上，人们可以在高出今天地中海2000英尺的地方发现贝壳化石，证明这里虽然已被抬升为欧洲海拔最高的活火山，但它也曾被淹没在特提斯海之中。随着地壳坍塌，地中海地区向上抬升，许多地

---

① 地中海与黑海通过土耳其海峡连为一体。

方的火山依然在喷发。

地中海有众多不同的“面孔”。地中海面积相对较小，但它的特征与在其沿岸兴起并位于其范围内的文化的特征如出一辙。从地理角度来说，地中海就如双面神雅努斯[①]，可以被划分为两个主要部分，即西部海盆和东部海盆，但它又不止于此。马耳他群岛所在的水下海脊是西地中海（从直布罗陀到 29
马耳他和西西里岛的海域）与东地中海的分界线。此时这片土地已被海水淹没，它此前曾将欧洲和北非地区连在一起；特提斯海水消退后，在很长一段时间内，这片土地两侧可能是两个大湖。人们在加尔·达拉姆洞穴（马耳他语为 Ghar Dalam，意为“黑暗洞穴”）发现了小型象的骨架，这表明两大洲确曾连在一起。马耳他人 J. D. 埃文斯（J. D. Evans）在对马耳他岛史前时代的一项研究中写道：“根据体型大小划分，（这些象）可分为三种。最小的象只有 3 英尺高……与之类似，尽管情况不是完全相同，但在地中海其他岛屿如西西里岛、撒丁岛、克里特岛和塞浦路斯岛的沉积物中也发现了矮象的骨架。在一些分层地块中可以看到，体型较小的象要晚于体型较大的象，因为较小的象骨架是在更上方的沉积层中发现的。对此，一种合理解释就是大量正常体型的动物被困在新形成的岛屿上，因为食物稀缺和环境普遍恶化，所以它们的后代体型变小。这个假设还有一个优点，它可以解释不同岛上发现的矮化动物物种各不相同的问题，其原因就在于尽管这些动物是沿着大致平行的轨迹进化的，但它们的进化是彼此孤

① 雅努斯（Janus），古罗马神话中的门神，有前后两颗头，分别注视着不同的方向。

立的。”

在某一个不为人所知的时间点（但这个时间点一直存在于人类的记忆中），连接非洲和西班牙的直布罗陀海峡陆桥断裂，海水咆哮着涌入，首先进入西侧的湖泊，随后淹没了西西里岛和北非之间的陆地（勒瓦佐、马耳他和戈佐等小岛被海水环绕），最终西侧的湖泊与东侧的湖泊连为一体，形成了今天的地中海。对人类而言，这是一个极为重大的事件，希腊神话《丢卡利翁》就提到了这一事件，《圣经》中挪亚方舟的故事可能也是关于该事件的，“大渊的泉源都裂开了，天上的窗户也敞开了”。[①]

罗马人将直布罗陀海峡称为“赫拉克勒斯之柱”。因为根据希腊神话的传说，英雄赫拉克勒斯使大陆彼此分开。随后，他立了两根“柱子”，即北侧的直布罗陀巨岩和南侧的休达巨岩。

这座曾连接欧洲和非洲的陆桥构成了地中海的一条基准分
30 界线。东部海盆或者更准确地说是东南部海盆包括从叙利亚到西西里岛和马耳他之间的全部区域。圣保罗曾在马耳他岛遭遇海难，从地理学角度来看，圣保罗传记的作者在《使徒行传》中所写的“但遇着两水夹流的地方，就把船搁了浅……”[②] 是准确的。使徒圣保罗搁浅的位置在马耳他东北角、靠近马耳他－戈佐海峡，这里的确是地中海东西“两水”的交汇处。

维也纳著名的地质学家爱德华·聚斯（Eduard Suess）在他的著作《地球的面貌》（*The Face of the Earth*）中提出了一

① 参见《创世记》7：11。

② 参见《使徒行传》27：41。

个关于地中海的定义，他将地中海划分为四个不同的物理区域。除西部海盆外，其他三个区域是亚得里亚海、从克里特岛和塞浦路斯往北穿过爱琴海并包括黑海在内的区域，以及从叙利亚往西并包括苏尔特湾在内的北非沿海地区。

对水手而言，地中海被分为数量众多的小“海”，其中包括位于巴利阿里群岛（Balearics）和西班牙海岸之间的巴利阿里海；位于巴利阿里群岛和科西嘉岛之间，北临法国和意大利海岸的利古里亚海；形状呈三角形，由西西里岛北部海岸、撒丁岛和科西嘉岛东部海岸、意大利西部海岸所环绕的第勒尼安海；位于意大利和南斯拉夫[①]之间的亚得里亚海；还有位于西西里岛、意大利南部和希腊西部之间的伊奥尼亚海；以及位于希腊和土耳其之间、岛屿星罗棋布的爱琴海。

地理学家可以给出这些海域的精确且科学的定义，但是海员们会通过他们的手掌心感知这些不同海域的感觉和属性。的确，地中海的每一片海域都有自己独特的属性，有的海域骇浪惊涛，有的海域安静宁谧，有的海域变化有常但不时也会出现狂风大浪，而有的海域则是险象环生。

例如，当北风席卷利翁湾和亚得里亚海时，这里就会变成危险四伏、波涛汹涌的海域。沿罗讷河山谷呼啸而来的密史脱拉风会掠过整个利翁湾海域，长驱南下直至巴利阿里群岛。即便是大型的现代船舶也会因肆虐的密史脱拉风而陷入危险。从

① 需要特别说明的是，1992 年南斯拉夫解体后已不存在“南斯拉夫”这个国家，但本书仍然保留原作的说法，后文不再特别说明。准确地说，亚得里亚海位于意大利东海岸和巴尔干半岛（现在临亚得里亚海的巴尔干半岛国家包括斯洛文尼亚、克罗地亚、波斯尼亚和黑塞哥维那、黑山和阿尔巴尼亚）之间。

东北方吹来的布拉寒风会导致亚得里亚海灾难频发，其风力可
31 达飓风等级，有时狂风肆虐而过，片叶不留。当布拉风达到最强风力时，政府部门将被迫在的里雅斯特设置救生索，这样走在街上的居民才不会被风卷跑。

伊奥尼亚海是一片相对静谧的海域，它至少一般会在夏季的连续数周内保持风平浪静。正因为如此，希腊人才能够轻松地将文明从希腊本土传播到西西里岛和麦格纳杰拉西亚（Magna Graecia，又称大希腊或意大利南部）。伊奥尼亚海只有在冬季才会出现狂风大浪。肆虐的东北风（又称格雷大风或希腊风）从希腊和南斯拉夫境内的山脉俯冲下来，会将一路卷起的海浪拍向杰尔巴岛和北非海岸。

“变化有常但不时会起狂风大浪”，这一描述对爱琴海而言恰如其分。爱琴海是海员们唯一能够掌握其夏季盛行风规律的地中海海域。这些风往往是从北方吹来的，它们被称为“地中海季风”（希腊语写作“etos”，每一年度的意思，意指每年都有规律性），也俗称为“美尔丹风”（“meltemi”可能是威尼斯方言中“bel tempo”的变体，意指天气好的时节）。

亨利·德纳姆（Henry Denham）是一名航海家，他有在这些海域航海的丰富经验。他在自己的著作《爱琴海》中这样写道：“每天，风可以一直吹到中午，下午时可能会达到5～6级，有时能达到7级，然后到晚上才会停下来。往往是在没有预先警示的情况下，这种风会吹一整夜且风力不会有任何减弱。”尽管大风会持续从北方肆虐袭来，但驾驶小船的水手往往笃信日落之后风力会减弱。

美尔丹风沿着爱琴海和克里特岛南部而下，最远会吹到亚历山大港。美尔丹风促进了希腊航运业的发展，它为商人提供

了有利于在希腊和亚洲之间行船的横风，并且这种风在爱琴海地区内是使人畅快的顺风。随着希腊人贸易的扩大，美尔丹风还使他们能在夏天轻松地航行至埃及。

然后，希腊人需要在亚历山大港或尼罗河河口一直等到春天，之后他们利用风帆和船桨，再次回到希腊及希腊诸岛。然而，尽管爱琴海的夏季风具有可预测性，它“不时也会出现狂风大浪”。在岛屿的背风处，那些对当地情况一无所知的水手可能还期待为他们的船找到一处避风港，但吹来的风并非没有毁坏性作用，而是咆哮着一泻而下。人们容易避开伴有雷暴 32
的黑色狂风，因为人们可以第一时间看到征兆，靛蓝色的云彩笼罩在岛屿上，同时还会伴有闪电，空气也变得清爽。不过，白色狂风更加危险，因为它们来临之前没有任何征兆。它们之所以被称为“白色狂风”，是因为只有它们到眼前的时候水手才会知道它们的到来。美尔丹风从晴朗无云的天空呼啸而来，盘旋在海岛上方，随后会肆无忌惮地袭向毫无防备的水手。

然而，与相对风平浪静的爱琴海截然不同，阿尔及利亚和突尼斯沿海区域是患有“危险的精神分裂症”的海域。从直布罗陀到邦角半岛（Cape Bon）和地中海西部的最东端，北非海岸线一直以来就是无数船只甚至整支船队的“坟场”。当低气压气团向东移动，经过直布罗陀海峡或西班牙南部时，它会在整个非洲海岸区域形成风力强劲的西风或西北风。被困在海上的水手会发现自己处在险象环生的下风岸，而且他们束手无策。当低压冷锋经过阿尔及利亚海岸线时，西风的风力增强至烈风①等级，然后，当其冷锋过后会转换成西北风。在通常情

① 气象学上指蒲福风级为第九级的风，风速可达 75～88 千米/小时。

况下，随着副冷锋临近，整个过程会出现反复。这就是为什么这些海岸到处都分布着从古典时代到今天沉没在此处的船舶残物。16 世纪，西班牙人与穆斯林统治下的阿尔及利亚爆发冲突，他们就是在这些气候条件下葬送了几支舰队。1541 年，一支庞大的西班牙舰队在入侵阿尔及利亚时遭遇了历史上损失最惨重的海难之一，这支舰队几乎全军覆没，正是当时的天气条件导致舰队在阿尔及尔海岸外葬身大海。大量的平底大船以及 150 艘共载有 8000 名士兵的大型帆船连同代表西班牙贵族的花朵一并葬身于这种举世闻名的飓风之中——此后，阿尔及利亚的突厥人将这种风称为“查理大风”。据说皇帝查理五世在想到他的舰队和军队覆灭时，低下头哭喊道：“愿你的旨意成就！”①

因此，这片海域具有不同的“脾气”和各种不同的气候条件，甚至从气象学角度都不容易概括地中海的特点。在一些浅水海域，例如西西里岛 - 马耳他海峡，海峡仅宽 45 英里，最深深度不足 100 英寻，即便是从北方吹来一阵风，在很短的时间内
33 也会卷起危险的海浪。尽管 5 月之后很少吹这种风，但有时还会在夏季出现这种持续时间短暂的大风。1943 年 6 月，第二次世界大战期间的一次暴风就几乎彻底阻断了盟军对西西里岛的进攻。

与这些浅海区域相反，地中海有些海域非常深。克里特岛西侧的海沟是世界上最深的海沟之一，根据回声测深，那里的海沟深 2400 英寻（合 14400 英尺），比高出海平面的埃特纳火山的高度还要多出 4000 英尺。在地中海西部海盆中，最深的海沟位于撒丁岛南部桑达罗角（Cape Sandalo）西侧，深度刚刚超过 1700 英寻（合 10200 英尺）。人们在第勒尼安海的南

① 这是《圣经》中的话，参见《马太福音》26：42。

部、西西里岛和那不勒斯之间，发现了类似的深“坑洞”：乌斯蒂卡岛（Ustica）是一座死火山的山顶，这座火山从深度超过 1000 英寻的海底拔地而起，露出它嶙峋的顶部。

可以通过两个要素来区分地中海与世界上的其他海洋。其中第一个也是最重要的因素就是相对而言整个地中海海域没有潮汐现象。即使少数地区发生潮汐，其强度也非常小，以至于航海家根本就不会注意到。例如，在直布罗陀海峡，大潮或者说最大潮差在极少情况下会超过 2 英尺。位于北非海岸线的吉杰勒（Djidjelli）地区潮差有时会达 5 英尺。但是，在整个中部和东部海域，潮差极小，人们几乎察觉不到。没有潮汐，再加上漫长且平静的夏天，这些无疑是对早期导航员有利的因素。当然，后来证明它对第一批出现的文明最大的好处就是使它们能相互交流。自从人类首次学会在荷马所谓的“鱼仓之海”开展冒险活动以来，地中海周边地区之间民众和文化的稳定交流，在很大程度上都可以归结于地中海不存在潮汐这一点上。

虽然对人类的重要性没有那么大，但将地中海与其他海洋区分开来的第二个特征是地中海的盐度。如果不是因为地中海的海水是从大西洋通过直布罗陀海峡补给的，那么它将会快速变成两个大型的咸水湖，两个湖被西西里岛 - 北非陆桥分隔开
来。直布罗陀海峡最狭窄的地方只有 9 英里——因此大西洋输 34
送至地中海的海水很少。在炎热的夏季，整个海盆会不可避免地出现大量的海水蒸发。因为蒸发量远远超过通过降水量或汇入地中海的河流径流量，所以地中海的海水密度①（从西部海

① 指单位体积内海水的质量，单位为 g/cm^3，海水密度取决于温度、盐度和压力（或深度）。

域的 1.028 到黎凡特海域的 1.03）大于位于其西侧的大西洋（1.026）和东部的黑海（1.012）就不足为奇了。

汇入黑海的河流径流量巨大，黑海通过达达尼尔海峡向地中海输送盐度相对较低的海水。但是，在地中海的另一端，盐度和温度较低的大西洋海水会通过赫拉克勒斯之柱所在地（即直布罗陀海峡）涌入地中海，大西洋的海水会从表层进入地中海。在其底层，密度和盐度更高的地中海海水则流入大西洋。随后，地中海这片陆间海和外部的海洋之间会处于不断交换海水的过程之中。在黎凡特的部分海域，据估计海水盐度高达 39%，而直布罗陀海峡的海水盐度则仅为 37%。[①] 在没有科学仪器的帮助下，来自非地中海地区的游客自己也会发现海水盐度高的证据。在这片温度高、浮力大的海域，人不用费力都可以漂在水面上。在希腊传说中，诗人阿里昂（Arion）被一条友善的海豚带回了他的故乡科林斯，但是对于任何一个游泳者而言，地中海本身就像是一条友善的海豚。

地中海海水表层的温度有时可达 90 华氏度，但是在通常的情况下，温度要低得多；冬季平均温度在 53 华氏度到 57 华氏度之间。通常海水表层温度高于空气温度，冬季尤其如此；但是，在夏季几个月的某些时间，情况则恰好相反。的确，某些岛屿海岸地区 7 月或 8 月的气温可达 80 华氏度，但是海洋的温度则高达 90 华氏度。然而，在冬天的第一次烈风袭过海面之后，温度会急剧下降。虽然外国游客可能仍然喜欢在 11 月底享受海水浴，但是很少有当地人认为 9 月中旬到次年 5 月下旬之间的海水足够温暖。一个希腊岛民曾说：“一个人应该

---

① 原文如此，但海水盐度的单位一般为“克/千克”，以符号“‰”表示。

与大海融为一体，但只有对身体没有冲击的时候才能进入大海。”听说在英格兰和其他一些北欧国家，一些人就喜欢在冬
天沐浴（哪怕为此需要先将湖泊或池塘表面的冰敲碎）时， 35
这个岛民只是耸了耸肩，那架势就好像要摆脱人类身上一些愚蠢的东西一样。尽管他未能做到这一点，但是作为地中海男人，无论来自哪个国家、种族或是信奉何种宗教，他都保持着一种来自中庸之道的真正快乐。古希腊的箴言“避免极端”[①]（以及他们没有能力付诸实践的失败的城邦思想）依旧被珍视为一种理想的信念。

在一年之中的任何时候，地中海东南角黎凡特海域的表层温度始终是最高的，而利翁湾、爱琴海北部和亚得里亚海北部海域的表层温度最低。在整个地中海地区，略低于100英寻深度的海水温度几乎恒定为54华氏度至56华氏度，西部和东部海盆之间仍然存在温差。第二次世界大战期间，潜艇就利用了地中海“分层”为两个基本结构这一点，人们发现偶尔出现的“冷水层”可以使潜艇躲过位于其上方的驱逐舰声呐探测器的探测。

深海区域年度温差变化非常小，温差变化取决于上一个冬季海水的温度情况。事实上，与开放的海洋不同，地中海深海处几乎不存在生命。任何生命在200英寻以下的地中海深海区域几乎无法生存，所有最深的海湾都死气沉沉。尽管地中海不是一片完全封闭的海洋，但是地中海与其他完全封闭的海洋具有类似的特点：含盐量太高（而且浓度更高的咸水显然会沉到浓度较低的海水下方）对生命是有害的。像所有哺乳动物

① 这句箴言是希腊七贤之一——雅典的梭伦（Solon of Athens）的名言。

一样，人类是从浅水区进化而来的；也像所有哺乳动物一样，人类的饮食中必须含盐。但即使是深海鱼类或生物，也无法在盐分过高的地方生存。

作为地中海的延伸，黑海是一片奇怪的附属海域，从深度500英尺的地方到最大深度超过7000英尺的地方，都没有任何形式的有机生命。黑海容纳了许多河流的径流，包括多瑙河、第聂伯河和通过亚速海汇入黑海的顿河。河水地表径流确实含有极少的盐分。虽然这些相对盐分较低的海水通过达达尼尔海峡汇入地中海，但是深海下的咸水会流入黑海。因此，黑
36 海实际上是由两层海水构成的，因为底层的咸水层与大气并不接触，没有氧气，所以无法维持生命的生存。

习惯了风平浪静、盐度较高的地中海的人们可以容易地证明黑海和与之相毗连的更广阔海域（即地中海）之间的差别。无论外部温度有多高，无论伊斯坦布尔的温度波动有多大，博斯普鲁斯海峡的海水总是冷的。这里的海水不仅温度低，而且含盐量也低于地中海。在某些地方，海水只是有点咸味而已；洋流以数节的流速向下方流动：游泳的人很快就会发现这片海域无法让人提起精神来。

在地中海的另一端，大西洋的海水会流向这片陆间海，流入的水量不仅受到狭窄的直布罗陀海峡的限制，而且受到连接两大洲的海底岩架的限制。直布罗陀海峡最深处仅仅刚超过1000英尺，而且大部分地区很浅，这导致海峡只能允许相对少量的海水通过。如果海峡更宽一些，非洲和欧洲之间没有岩架阻隔，那么地中海就会表现出不同的特征，因为大西洋的冷水会自由地来回流动。事实上，大西洋为这片陆间海注入少量的咸海水，而黑海流入地中海的海水盐度较低，正好

抵消了前者。

整个地中海表层环流基本是按逆时针方向流动的。在直布罗陀海峡附近，洋流沿北非海岸流动，从叙利亚向北转绕过塞浦路斯岛，然后沿土耳其海岸逆时针绕过黑海，沿希腊海岸到亚得里亚海，而后回到意大利、法国和西班牙南部沿海。这种简单洋流模式中主要发生变化的地方在苏尔特湾（Gulf of Sirte），洋流途经寸草不生且向外凸出的昔兰尼加（Cyrenaica）时，会回旋涌向加贝斯湾（Gulf of Gabes）和突尼斯东海岸。水手们不应将上述对地中海洋流系统的描述视为普遍情况。关于这一点，《海军飞行员手册》（*Admiralty Pilot*）发出了警告："同时，这片海洋的总体环流具有不稳定性，实际上洋流的情况变化无常。洋流在任何时候都会受到风的极大影响，任何风力强劲且能够持续一个季度的风都会导致临时性的局部环流，其强度足以改变总体环流的情况。因此，在地中海的任何地方 37
都可以找到指向罗盘上任何方向的洋流……"海洋就像女人一般，水手将体验到她"任性"的脾气。

相对不存在任何潮汐意味着风对这片海域的影响比对其他海洋的影响要大得多。表层洋流在很大程度上是因为风力而形成的，但是没有潮汐变化也意味着海水有可能在相对较短的时间内变得波涛汹涌，因为潮汐原本可以抵消风力影响。一次突如其来的雷电风暴，哪怕持续时间不超过半小时，仍然可以改变整个海面此前的模式，形成持续一段时间的涌浪。

在一天的航程中，整个海面的情况可能会发生多次变化。在地中海中部，如果盛夏时节盛行的西北风已轻轻地吹拂了数天之久，在某一天的清晨，水手会发现西北方向出现了明显的涌浪。他马上就知道他的船在一直向东南方向航行。在一座岛附近，他可能会遭遇一场迅速出自海上的雷暴，但是雷暴反过来又会在风暴经过方向的海域上形成涌浪。下午，在海湾口附近，他可能会发现一股强劲的海风刮来，纯粹区域性的特征完全改变了盛行的西北风，并在海面上形成了另一种模式。到傍晚时分，他很可能会处在风平浪静的环境中，并且三种相互激荡的涌浪会在海水表面产生交互作用。

如果说海洋的情况具有不可预测性，那么可以说地中海的气候模式是大致稳定且相对单一的。在整个地中海地区，夏季炎热高温，冬季往往温和清爽但时间非常短暂。可以根据公式 M / R 比值尝试去描述地中海气候：R 等于夏季 6 月、7 月和 8 月的总降水量（毫米），而 M 等于最炎热的一个月中平均最高温度（摄氏度）。据说在真正的地中海气候地区，该公式的比值会小于 7。

如果一个人看到当地有橄榄树生长，那么这就确定地表明他处在地中海地区。诚然，橄榄树可能不是地中海地区土生土长的植物，而是从东方传来的，但它此时已经遍布整个
38 地中海地区，无论哪里生长着橄榄树，都可以说那里的气候就是真正的地中海气候。圣栎和地中海白松是另外两种表明当地气候属于地中海气候的植物。有橄榄树生长也表明地面极少会结霜，因为橄榄树在低于 38 华氏度的环境中是无法存活的。

整个地中海地区年降水量适中，平均约 24 英寸。虽然科孚岛的降水量可达 45 英寸，但是奥兰（Oran）的降水量可能仅有 15 英寸。自 1870 年以来，马耳他群岛就一直保存着精确的统计数据，平均降水量约为 20 英寸，但是在一年或两年的例外期间，降水量会增至 39 英寸，有时甚至会低至 10 英寸。

虽然平均数值与英格兰东南部的数值没有太大差距，但是地中海地区的降雨主要集中在秋季；即便如此，地中海大部分时间以晴朗天气为主。下雨的时候，雨量会非常之大。有记录显示，在10月的某一天，马耳他降水量达到了11英寸，而此时直布罗陀地区每天的降水量为8英寸。整个地区从未出现过北方地区那种长期天空阴沉、细雨蒙蒙的天气。24小时内的降水量可能达数英寸之多，但是随后天会放晴，雨云远去，阳光再次照耀大地。

地中海大部分地区的雨季始于9月，而且会出现强雷暴天气。第一场秋雨过后，11月和12月相对没有降雨，直到次年1月和2月才会有第二次降雨。地中海大多数地区7月和8月完全没有降雨，有些地方可能6月也不会出现降雨。正如奥列格·波卢宁（Oleg Polunin）和安东尼·赫胥黎（Anthony Huxley）在《地中海花卉》（*Flowers of the Mediterranean*）一书中所说的那样，“每天平均光照时间超过10小时……这个炎热的季节非常适合地中海地区各样著名的水果迅速成熟”。

> 在这个炎热的时期，大多数植物会停止生长，并且只会在第一场降雨到来时才会再次开始生长……有些植物在深秋和初冬开花，有些植物在冬季都从未停止过快速生长。大多数地中海多年生植物会在早春开花，到4月底花
> 期最盛，此外平原和山坡上到处是各种一年生植物。到了 39
> 6月，花期就会结束，很多植物都开始播撒种子，开花的植物只剩下蓟科和薄荷科（唇形科）植物。

8月平均温度在75华氏度和80华氏度之间，但是白天温

度通常高达 90 华氏度。港口或城市地区的情况可能会对夏季温度产生很大影响，夏季温度在很大程度上取决于一个地方可以感受到海风的程度。例如，突尼斯相对处于避风处，这里的温度会超过 90 华氏度。但是北非沿海可以感受到海风的地方的温度很少超过 85 华氏度。夏季，地中海西部地区夜间温度通常会降至 60～70 华氏度，但是中部和东部部分地区夜间温度通常不会低于 75 华氏度。

在 7 月到 8 月间，来自世界其他地区的旅游者和观光客会涌入地中海地区，大多数地中海本地人非常不喜欢这两个最炎热的月份。他们的生活方式被打乱，胃口不好；孩子们变得无精打采、烦躁不安；苍蝇、蚊子和高温会对夜晚睡眠造成干扰。有钱人家往往会到北方地区消暑，而北方人则刚刚离开那里，去南方度假。除了在进行了空调改造的现代化建筑中，午睡对人来说是必需品而不是奢侈品。此时大多数商店、办公场所和其他商业部门在清晨开门，即在阳光充分照射之前凉爽的时候开门。它们中午关门，然后下午 4 点前后重新开门，一直营业到晚上 7 点或 8 点。虽然午睡打乱了一天的安排，但是工作时间与一年之中的其他季节是一样长的。然而，雇主和雇员都知道盛夏时的工作数量和质量都低于平均水平。在巴勒莫（Palermo）和其他城市，社交生活从晚上 8 点前后开始，鸡尾酒会结束后，可能会在 10 点 30 分举行晚宴，人们午夜时还会去看电影。仲夏时节，最佳的工作时间是在日出到上午 10 点之间，当时正值热量开始从海洋和岩石返上岸来。在凉爽、安静的时间段内，疲惫的土地仍饱含夜间潮湿的气息，当土地、海洋和建筑物的颜色变得清晰而充满活力（它们将在中午消失得无影无踪）时，一个地中海地区的人会以最高质量完成

他的工作。外国游客会在稍后看到这个地中海地区的人在角豆
树的树荫下睡了过去（旁边放着一些葡萄酒以及一块包着面
包、橄榄、大蒜、西红柿或半个黄瓜的手帕），与自己在北方 40
的喧嚣生活相比，外国游客可能会嫉妒这样的生活，显然这是
一种慵懒的生活方式。他们并不知道这已经睡去的劳动者可能
在凌晨 4 点之前就已经起床，步行 1 小时或更长的时间来到他
的田地里，甚至是在这名游客喝完一杯早餐咖啡之前就已经劳
作了 4 小时之久。

今天，来到地中海地区的游客必须牢记一点，他几乎根本看不到古人曾见到的东西。举一个简单的例子，龙舌兰、仙人掌、柑橘、桉树、枇杷和棕榈树此时都被认为是典型的地中海植物，但它们都是从域外引进的：其中一些来自中国和其他东方地区，另一些则来自美洲。土地本身的面貌同样也发生了变化。直到 17 世纪还是森林茂密的群岛此时都变成了光秃秃的“骷髅”。曾经是麦穗沙沙作响的肥沃土地现已变成了一片荒漠，整个地区因为火山和地震作用发生了改变。正是这种地表的变化会让学者或历史学家在尝试重现古战场遗址或找寻古典作家提到的港口时遇到非常大的困难。一方面，人类的活动导致许多地区发生了改变；另一方面，地中海是地球上相对而言年代较新的一部分，此时它仍处于变化的过程中。虽然西方人天然就有将地中海地区视为“古老”地区的倾向，但是从地质学角度而言，它是一片非常年轻的海域。

随着人类来到这里，这片陆地自身的演化进程发生了改变。首先，野生植物开始覆盖地表上贫瘠的地区。鸟类的粪便或风将这些植物带到了这片陆地上。腐烂的植物逐渐形成了腐殖质，这是一种深褐色物质，是生物循环和有机物分解的产

物，也是对土地有益的物质。经过鸟类粪便的进一步“施肥”，土地变得更为肥沃。随着土壤厚度增加且变得肥沃，动物会被吸引到这里繁衍；动物又会在地上留下肥料，动物死后，它们的身体和骨骼会提高土地的肥力。人自己就是这些动物中的一个物种。最终，出现了生态学家所称的“顶级”（climax）群落，即一种相对稳定的植物群落。在地中海地区，这是树木开始在该地区蔓延繁殖的时刻。在世界的这个地区，常绿植物迅速繁衍，它们坚韧的叶片能够抵御夏天的炎炎烈
41 日，它们有能从地下深处汲取水分的根系，可以一直维持树木的生命直至冬天的降雨到来。

对地中海而言，第一个重要阶段就是常绿森林在该地区扩张繁衍的阶段。如果人类没有来到这片土地，那么这片原始森林就会被保存下来。但是，人类改变了这一切。在以捕猎者的身份来到这里时（远早于人类转变成以农耕为生之前），人类就开始砍伐树木，将树木烧毁从而获得大片空地。后来，随着农业的发展，这种活动进一步加剧：在人类捕猎时，林地是动物的庇护所；后来林地变成了人们养殖动物的一种障碍。（最近，在意大利西部的喀耳刻山地区发现了一片残存的原始森林。）

随着森林树木被砍伐殆尽，整个地理景观都发生了改变。人类通过使用工具和驯养动物（特别是啃树苗的山羊）很快就启动了这一改变景观的进程，除非进程中断，否则土地将会变成荒漠。常绿森林消失后，留下的就是马基亚群落（maquis）。马基亚群落是一个关于地中海地区植物的典型术语，所有参观过科西嘉岛的人都很熟悉这个术语。马基亚群落由灌木丛组成，有时该群落内的植物高度可达 5 ~ 6 英尺，主要

是金雀花和岩蔷薇。在所谓的“高”马基亚群落中，还会有桃金娘①、欧石南②、圣栎和地中海白松。在“低”马基雅群落中，根本没有树木，只有杂乱生长的迷迭香和鼠尾草等草本植物和其他低矮的灌木，其中没有任何一种超过3英尺的植物。

在马基亚群落灭绝之后（人类用它们来烧木炭、制作树脂和纤维），就是毁坏森林的第三个阶段，这时就出现了另一种景观类型——常绿矮灌木丛。这个术语意味着土地已经沙化但尚未完全荒漠化。在布满碎石和干燥的地面上，零星散布着小型灌木丛，它们顽强地生长在山坡和岩石高原上。像马基亚群落一样，常绿矮灌木丛中生长着散发香味的香料植物。常绿矮灌木丛植物几乎是所有可用于烹调的植物的亲本。迷迭香、薰衣草、百里香、鼠尾草、香薄荷、蒜苗和芸香都生长在这布满碎石的荒地上，似乎因为周围土地上不生长其他的植物，它们“混杂着记忆和欲望”的气味便更加浓郁。春天，常绿矮灌木丛会突然都开出花来，因为在这些遍布碎石的高地上生长着数十种球茎和块茎观赏植物。

如果说常绿矮灌木丛是欧洲人大多数药草的来源，那么除 42
此之外，它里面也生长有郁金香、鸢尾、番红花和风信子的野生祖先种属。春天，到处都是盛开的伯利恒之星，微型鸢尾花和贝母在风中摇曳，还有野韭菜盛开的白花。但是花期是短暂的。在几周之内，炎热的土壤看上去似乎将永远不会留住任何生命，更不用说能有像早先那种五颜六色的地表了。

地中海所有地区都有常绿矮灌木丛，并且常绿矮灌木丛是

① 桃金娘科植物，植株可达2米，分布广泛。

② 杜鹃花科植物，植株矮小，多分布在地中海、南非等地。

许多岛屿的典型特征，因为几个世纪以来人类的无知已经使土壤裸露出来，土壤变得非常贫瘠，只有这些顽强的多年生植物才能生存下来。除了常绿矮灌木丛之外，最边缘处就是干草原，这里的土地几乎已经完全被毁，只有深根系的植物才能在这里存活下来。草原上也生长着一些蓟草、野草和多年生植物（如海葵和鸢尾花）以及一些球茎植物。人们可以在西西里岛、马耳他和戈佐岛这些贫瘠的高地上看到最为独特的草原，草原上只有长着巨大肿块茎的金穗花。或许不仅是因为金穗花的花朵显得凄凉苍白，还因为它生长的环境，古希腊人将这种植物与地狱联系在了一起。根据荷马对大片“金穗花的原野”的描述，很可能是诗人对贫瘠草原的记忆才使他认为亡者就居住在这种草原上，除了立着的金穗花花头像很多裹着尸布的尸体一样摇摆，一切都显得非常荒凉。

如果对土地进行合理利用或人类因某种原因被迫离开该地区，那么这种从常绿森林转变成沙漠的地中海景观模式就会出现逆转。但是，一旦该进程发展程度较深，那么只有付出巨大的努力来重新培育土壤后才能将景观恢复到与原先相似的原始状态，并且在许多地方土地的肥力根本无法恢复。现代人对希腊形象的全部认知就是荒凉且光秃秃的岛屿，这里也曾覆盖着森林并且生长着可以抵御冬季雨水的耐寒植物。如果一个人去寻找古典作家提到的泉水和溪流，那么他可能会无功而返。诚然，它们曾经位于某处，但是随着森林的砍伐和土壤的流失，泉水已经干涸，溪水也早已不见踪影。秋天，雨云曾在圣栎林
43 或橡树林中飘来飘去，此时雨云顺风匆匆飘过，导致的唯一结果就是贫瘠的石灰岩斜坡上会突然洪水泛滥。

如果说陆地地貌发生了变化，那么水手在黎明——当大海

开始从炮铜色变成青灰色，再到抛光银色时——向前方望去的时候，他看到的与他之前的数百万水手们所看到的是同一个世界。他利用和之前同样的星星来导航，呼吸着腓尼基人曾经呼吸过的海风，并且受相同天气的影响。然而，就连大海也发生了变化：地中海不再是荷马时代的“鱼仓之海”，像土地被过度开垦一样，海洋也被过度捕捞了。

几乎地中海盆地的每个角落都有撒开渔网在捕鱼的渔船。白天，每个海湾、小海港和小岛旁都会有渔民，他们或拖网捕鱼或垂钓；夜里，碳化物和气体照明弹发出的光“项链”环绕着岛屿，这种光可以将鱼引到渔网中来。地中海的土地需要养活越来越多的人口，如果许多地方贫瘠的土地不利于农作物生长或放牧，那么海洋就必须来弥补“亏空”。尽管事实上因为人类的无知和人类生存所必需的条件缺失，地中海地区出现了大幅度的人口缩减，但是地中海仍为生活在周围地区的人们提供了大部分的食物。

金枪鱼是鲭鱼家族中体型最大的鱼，有的金枪鱼可长达10英尺，重达1000磅。金枪鱼是地中海一种重要的渔产品。新鲜或罐装的金枪鱼在西西里岛和其他岛屿的渔业经济中占据重要地位。同样，渔民们也会带上鱼叉，乘坐一种特殊的船前往墨西拿海峡（Strait of Messina）以北海域捕捞箭鱼，这种船是专门为捕捞箭鱼而设计的。箭鱼是另一种美食，但是很少有工人吃得起这种鱼。

地中海地区捕捞金枪鱼和箭鱼的方法非常奇特，值得描述一番。9世纪和10世纪，西西里人可能是在阿拉伯人占领西西里岛期间学会了这种特别的金枪鱼捕捞技术。但这一时间也可能远远早于阿拉伯人征服西西里岛，因为根据记载，腓尼基人在西班牙海岸建立了一个金枪鱼渔场，在加的斯（Cadiz）和喀提亚（Carteia）的腓尼基纪念章上还可以看到金枪鱼的图案。后来晚些时候，盐渍金枪鱼成为罗马人最喜欢的一道菜，罗马人将其称为“saltamentum sardicum”。

44 利用金枪鱼在靠近海岸的某些地方产卵的知识，渔民们从岸边撒开一张能直接延伸到海床的狭长渔网。在金枪鱼碰到这个障碍物并朝着海洋的方向游去以绕开渔网时，它们就会进入第一间“房子”。这是一种方格渔网，海面上的木船支起渔网的四角。金枪鱼在进入第一张网之后，会发现自己被封了起来，于是会朝着渔网唯一朝向海洋的开口游去，那样它将会被无情地收入第二张网。随后，渔网的另一个开口处会诱使这条大鱼游向自由的大海，这时它就落入了第三张网，也是最后一张网，即“死亡之屋”。“死亡之屋”类似之前的方格渔网，不同之处就是它的网底非常牢固。金枪鱼这个时候就完全乱了阵脚，在封闭的渔网中毫无目的地乱撞。因为它的本能始终是要从海岸游向大海，所以它不会原路返回从渔网中逃离出来而重获自由。

在捕捞金枪鱼的季节，工头（rais，这是一个阿拉伯词语，意思是“工头”，它已经成为西西里方言中的一个词）每天都会在撑着“死亡之屋”渔网的驳船上通过底部装有玻璃的桶来察看网中捕获金枪鱼的情况。当他对渔网中已捕获了足够多的鱼而感到满意时，他会宣布开始“宰杀”（mattanza）金枪鱼。“mattanza”这个词揭示了西西里岛的另外一段历史，即西班牙人在数个世纪的漫长时间中对这座岛屿产生的压倒式影响。这时，大量的渔民会被派到撑着第三张网的四艘渔船上去。通常人们会在清晨（避免白天烈日的曝晒）牵住渔网的下方将这张四面环绕的渔网拉起来。只需要一会儿的工夫，鱼就会感觉到它们所在的水下世界开始收缩。它们盲目地转圈，接着惊慌失措，绕着收缩的渔网加速转圈。捕捞上来的不仅有金枪鱼，有时候还包括巨蝠鲼，这种鱼在跃出海洋的时候就像一个黑色噩梦一样，然后它会像喷泉水一样跳回海洋里。有时网中也会有鲨鱼，还有许多其他较小的鱼会在不知不觉中跟随着“大海之王”（鲨鱼）而一起被捕获。当渔网底部仅位于海水表面之下几英尺的时候，人们会收起驳船上撑住“死亡之屋”圆形护柱的主绳索。工头发出信号之后，“宰杀”行动就宣告开始。我的著作《旅行的月亮》（*The Journeying Moon*）中对此进行了描述：“一排排金枪鱼，黑色的鱼身辉映着洒满阳光的海水，男人们只经过短短一秒钟的准备，然后就像是不约而同一般向下叉去。在那个明亮的清晨，我看到他们的巨型 45
鱼叉上下翻动，喷血的鱼在激烈地挣扎，人们将鱼拖到驳船的两侧，然后用一把巨型的弯鱼叉将它们翻过身来扔进货舱。当一条巨大的金枪鱼从驳船的一侧翻进货舱时，其中一个人会将手放在它的眼睛上，鱼在看不见的时候会减少挣扎。有时候，这个姿势会表现出一种怪诞的怜悯之心，当他们扔进鱼舱中的鱼死掉后，他们会轻轻地拍打鱼身闪闪发亮的那一侧……”

捕捞箭鱼的技术也很特别。西西里人用于捕捞箭鱼的是一种特殊的渔船。今天，这些渔船上都配备了柴油发动机，但仅仅是在 25 年之前，这种渔船大多数还是悬挂着大三角帆的帆船。它们与世界上其他任何渔船的区别在于它们的船头非常大，上面高耸着细长的桅杆，船头顶部是驾驶处。船体长约 40 英尺，船首斜桅长 60 英尺，桅杆高 80 英尺。以前，桅杆和船首斜桅并不像现在这样长，因为当时它们都是木制的，但是现在它们由铝合金制成，长度可以进一步增加。舵柄和发动机的控制装置位于桅杆顶部，船长和负责观察的船员在这个位置可以驾驶渔船并开船紧随在箭鱼的身后。从他们所处的高度，他们可以往下方清楚地看到他们渔船前方的情况。当发现一个箭鱼群时，鱼叉手会跑到船首斜桅尾部，而船长则会将船开到合适的位置。有时候，鱼叉手在投掷鱼叉几秒之前才发现他的目标；也有时候，鱼叉手在完全忽视船长高喊的指示时也能取得不错的战绩。

在西西里岛和意大利之间的墨西拿海峡，沿岸作业船的捕鱼方式几乎与这片海域一样有着悠久的历史。没有记录表明这种捕捞箭鱼的方法是从何时演化出来的，但是它很可能在古代就已经出现。毫无疑问，荷马也了解墨西拿海峡地区的捕鱼活动。在描述这个地区的危险情形［漩涡怪卡律布迪斯（Charybdis）和海怪斯库拉（Scylla）］时，荷马曾告诉我们斯库拉是如何捕食的，“（她）在岩石周围搜寻她可能捕获到的海豚或箭鱼，或者生活在咆哮海洋中的……任何更庞大的怪物”。

撇开《奥德赛》对卡律布迪斯的描写（其他地方也有描
46 写），对斯库拉捕食活动的描写具有重要意义。墨西拿海峡是地中海中唯一存在大量箭鱼的地方。这里是伊奥尼亚海和第勒尼安海海水交换的地方，海峡地区的潮汐以及海水的不断晃动会将箭鱼吸引到地中海的这个区域并使这里成为箭鱼青睐的产卵区。在6月的一个清晨，海面波光粼粼，船只在海峡中蜿蜒前行，它们只是在重复古老的捕鱼方式，只不过现在借助了发动机提供的动力。对于来自卡律布迪斯漩涡对面西西里岛上的村庄甘兹里（Ganzirri）的渔民，以及来自根据荷马描述的怪物命名的意大利海岸村庄西拉（Scilla）的同行而言，他们都可以自称他们所在的地方是世界上最古老的渔区之一。在一个阴暗的冬日，当从北方吹来的风与海峡中的洋流交汇时，因为风和海浪冲向岩石根部的岩洞隆隆作响，如同咆哮一般，人们仍然可以听到斯库拉“怒吼”的声音。

与西西里岛附近的沿海地区不同，目前地中海大部分地区，如伊奥尼亚中部海域、科西嘉岛以及撒丁岛以西的海域的捕捞活动极少。与英吉利海峡截然不同——英吉利海峡这道狭窄的海域隔开了两个拥有大型现代化捕鱼船队的国家——地中海周围有众多国家，很多海域主要是沿海水域作业小船在开展捕鱼活动。这一事实确保（虽然没人能说可以维持多久）虽然某些地区被过度捕捞，但是整个海洋仍然能够维持平衡。

《粗心的盖伦特之歌》（“Careless Gallant’s Song”）会让人联想到食用海产品特别是贝类的一个好处，数千年来备受人们的青睐（即使从科学的角度来讲并不准确）：

> 鱼宴让男人像跳蚤一样跳来跳去，
> 爱情女神维纳斯出生在海洋之中；
> 她和酒神巴克斯陪伴在我们身旁，
> 我们会心生情愫，
> 因为在百年之后，我们将会逝去。

这位未留下姓名的英国诗人可能会从某些鱼类的名字、壮阳药或其他东西中找到了更多的灵感，这些鱼在岛屿斑驳的浅水中游来游去，或是藏在地中海主要海盆中狭长漆黑的区域。根据一本关于地中海中部地区鱼类的指南，仅该地区就有900

多种鱼，这说明这片古老的海洋有着丰富的渔业资源。

这里还有长鳍金枪鱼、琥珀鱼、天使鱼、鮟鱇鱼（也称为圣彼得鱼）、鲂鱼和大西洋鲣鱼。然而，海神波塞冬也喜欢长得古怪又凶残的生物：这里有不会伤人的姥鲨，以及牙齿长而锋利的博马里斯鲨鱼。（有人说这片海域中没有鲨鱼，这是酒店经理和旅游机构在胡说八道。）这里还有黑腹鳐鱼、东波鲥、蓝雀鲷、棕锦鱼和鲭鱼，还有能放电形成危险电击的电鳐、长鼻子的管鱼、魔鬼鱼以及性情温和的海豚和鲷鱼。此外，还有长相丑陋且味道不佳的带纹狗鱼、扁头鲻鱼以及优雅俏皮且闪闪发光的飞鱼（通常将飞鱼放到煎锅中时，它会弓起背跳起来），还有些稀奇古怪的鱼类，如带斑虾虎鱼和扁舵鲣。张嘴鲻鱼（又被称为鲻鱼之王）也会游入渔网，还有玉骨雀鳝以及海明威《老人与海》中提到的鲥状褐鳕。这里既有双髻鲨和外形精致的马头鱼（又称海马），还有像猎狗（有的凶残，有的温顺）一样跟着它们的斑条隆头鱼、无鳔石首鱼和七鳃鳗（又称吸石头鱼），它们长着原始鱼类才有的下颚，这种鱼因为挑剔的罗马人偶尔也会沉溺于它的美味不能自拔而闻名于世。条纹拟唇鱼、长鼻鳐鱼、蝠鲼（因为它令人恐怖的角和鞭尾而被称为“魔鬼鱼”）、贪婪的鮟鱇鱼、颌针鱼、斑点猫鲨、盔姥鲈、以珊瑚为食的鹦鹉鱼、斑鱼、魟鱼、细鳕、鼠鲨和嘟嘴鱼全都慌乱地撞入网中或成群结队地游进渔网，有些鱼被放生，有些鱼被扔到以海藻做里衬的船舱中或敞舱船褪色的船板上。聪明人会对鞭尾黄貂鱼敬而远之，但对红鲷、鲂鱼或鲻鱼则不需要这样害怕，所有这些鱼都可以成为那不勒斯和意大利南部菜品意式海鲜汤的配料。在厚唇鲻鱼和短鳍三须鳕鱼群中，玫瑰色的鲷鱼、旗鱼、灯鲂鮄、圆小沙丁鱼、黑腹鳐鱼、单臂鳎和圆鳍双斑鱼是警惕性更高的鱼类。还有生活在杂草和石头缝隙深处的蟾鱼、东波鲷、双斑亚口、鲈鱼、哨鱼、宽口鱼、土耳其隆头鱼、多锯鲈鱼和黄鱼。我们对鱼类名称的罗列到此结束。

地中海分布范围最广、品质最优良的鱼都可以在三个最重 48
要的“海门”处找到。这些“海门”就是直布罗陀海峡、墨西拿海峡和博斯普鲁斯海峡。因为大西洋温度较低的海水会流入地中海，直布罗陀海域是这片陆间海和大西洋交汇的地点，这里不仅物种丰富，而且鱼类种类也很多。同样，温度较低且盐度相对较低的黑海海水会注入地中海海域，这里的鱼类品质要优于在温暖、无潮汐、盐碱度较高的东部洋盆地区的鱼类品质。但是，墨西拿海峡完全是另外一种情形，它也是唯一存在两种截然不同的半日潮的一处海域。也就是说，每个太阴日都有两次涨潮和两次退潮。

《海军飞行员手册》叙述了狭窄的墨西拿海峡是如何出现这种效应的：“在海峡北部入口处的佩洛洛角（Capo Peloro），这里的潮汐像第勒尼安海的潮汐；从佩措角（Punta Pezzo）向南的海域，这里的潮汐就像伊奥尼亚海的潮汐。虽然这两种潮汐同属一种类型，但是这个海峡涨潮和退潮的时间大约相差6小时。因此，在佩洛洛角涨潮时，距离南方海域只有3英里的圣乔瓦尼镇（Villa San Giovanni）的水位较低；反之亦然。因此，每个太阴日会形成两次北侧水位到达海峡最高水位的潮汐，同样也会发生两次南侧水位最高的潮汐。虽然水平高度差很小，相当于涨潮时高出不到1英尺的高度，但是因为在如此短的距离内集中产生潮汐，所以在涨潮时海水的流速会达到4节/小时。”

这个海峡的另一个特点是，由于伊奥尼亚海的海水比北部的第勒尼安海的海水温度低且盐度高，密度差会导致出现双重洋流，其中一股洋流在海峡表面向南流，而另一股洋流在深度略低于 15 英寻的海下向北流。这两股洋流在连接西西里岛与意大利南端的海底大陆架处交汇，这样就产生了荷马描述的“在黑水中肆虐的卡律布迪斯”，自那以来，这个大漩涡就让人胆战心惊。因为 1783 年大地震之后海床结构发生了变化，卡律布迪斯漩涡已不再像古典时代那样令人恐惧。然而，直到 1824 年，海军上将威廉·亨利·史密斯（William Henry Smyth）在《西西里岛及其群岛》（*Sicily and Its Islands*）中指
49 出：“即使是在今天，它有时还是会威胁到小型船舶；我曾看到几艘战舰甚至一艘 74 炮舰在海面上来回打转。”

除了潮汐和洋流之外，这个海峡与其他海峡的不同之处在于这个地区生长着大量不常见的鱼类和海洋生物，除非人们在深海用拖网将这些生物捕捞上来，否则很多人从未见过它们。由于海底大陆架将岛屿与大陆连为一体，深水流会冲击这个障碍物并向上方偏转，这往往会将那些在白天光线下看不到鱼类和其他生物带到海水上层来。保罗·扎尔（Paul Zahl）在 1953 年 11 月的《国家地理杂志》上刊发的一篇文章中描述了每月两次涨潮时的情况：“墨西拿海峡表层海水中有活着的或半死半活的生物，它们生长的区域通常都是黑暗无光且没有风浪的地方，但是一阵强风吹过大地后，我看到墨西拿海峡沿岸的海滩上堆满了成千上万已死去或正在垂死挣扎的生物，其景象甚至会让画家达利不忍直视。”

“气象海啸”（marrobbio）是西西里岛特有的另一种海洋气象，但有时也会出现在马耳他群岛。在这种气象条件下，海

面上会出现单个或一连串的波浪或涌浪，最高可以将海水抬高 4 英尺。气象海啸事前没有征兆，出现这种天气时，人们可能会发现一艘停靠在港口的船突然被系泊绳索紧紧地拉到码头边。这种水位变化情况出现最频繁的地区是西西里岛西南部的港口。特拉帕尼、马尔萨拉以及马扎拉－德尔瓦洛（Mazara del Vallo）渔港最易受到气象海啸的影响，它在一年之中任何风平浪静的时期都可能出现。

一直以来，人们对这种海平面出现奇怪变化的根源争议不断：一些权威人士认为它与东部或西部海盆长时间的盛行风具有关联性，其他一些权威人士则将其归因于整个海域气象条件的突然变化。后一种理论似乎得到了最近研究的支持。西西里岛南部和马耳他群岛出现气象海啸的原因可能主要是：地中海东部或西部海盆气压的显著变化，导致海水从一片海域波涛汹涌地流向另一片海域。在浅水区以及连接西西里岛与北非的陆 50
桥被淹没的区域可以最为真切地感受到这种情况。

海水不仅会在没有征兆的情况下突然且神秘地晃动，陆地本身也容易因为剧烈的“阵痛”而分离、裂开、抬升、下沉以及颤动。墨西拿城曾两次被地震摧毁，一次是在 1783 年，一次是在 1908 年。阿尔及利亚海岸也曾经历地震：在 1716 年的某一个月中，这里几乎天天发生地震。从那不勒斯（此处的活火山维苏威火山的火山灰喷向蔚蓝的天空）向南穿过利帕里群岛（此处有喷发汹涌的斯特龙博利活火山）直到西西里岛的埃特纳火山，地壳层的这片区域出现了巨大的“断层”。

这一断层从埃特纳火山一直向东延伸并横跨伊奥尼亚群岛，导致莱夫卡斯岛（Levkas）、伊萨基岛和桑特岛（Zante）

极易遭受地震灾害。南斯拉夫、希腊本土和土耳其的大部分地区受到地震的侵扰。位于西西里岛北侧的乌斯蒂卡岛（Ustica）、南侧的潘泰莱里亚岛（Pantclleria）和爱琴海的圣托里尼岛（Santorin）等岛屿都是从海床上隆起的火山岛。虽然前两个岛上的火山已经死亡或休眠，但是圣托里尼岛上的火山仍然非常活跃。在圣托里尼岛大海湾的中心地带，一个新的火山岛正在“吞云吐雾”，淌出来的熔岩在蓝色的海水中变成了浮石。

希腊神话中的海神波塞冬也被称为“震地之神”。在对他的描绘中，他使用的三叉戟与希腊渔民仍用来在浅滩中捕捞比目鱼的三叉戟一模一样。但是，当波塞冬将他的三叉戟带上岸并插在地上时，他就可以被恰当地奉为劈山破岭之人和城市毁灭者。作为海洋暴力活动的一种必然结果，希腊人意识到他们所居住的土地具有危险的不稳定性。即使在他们殖民扩张的高峰时期——当他们扩张到北非、意大利南部的西西里岛和现在属于土耳其但当时被称为伊奥尼亚的小亚细亚的那部分土地时——他们也从来都不知道还存在不受突然地震侵扰的土地。

维苏威火山是欧洲大陆上最大的活火山，至少在历史上它似乎一直处于休眠状态，直到公元 63 年才爆发。伟大的希腊地理学家斯特拉波（Strabo）在公元前 30 年曾观测过这座火山，他认为这座火山毫无疑问就是火山的源头，因为他评论说，这座山“熔渣四散，仿佛被火焰吞噬了一般”。但是直到公元 79 年，对于那不勒斯人或其山脚下很多村镇的人而言，
51 这座山的真实属性表现得并不明显。公元 79 年，维苏威火山大爆发并完全掩埋了庞贝城（Pompeii）和赫库兰尼姆城（Herculaneum）；斯塔比亚城（Stabiae）遭到严重损坏，罗马

作家兼海军上将老普林尼（Pliny the Elder）也因火山爆发而命丧斯塔比亚城。

他的外甥小普林尼（Pliny the Younger）在写给历史学家塔西佗（Tacitus）的一封信中形象地描述了他的舅舅去世时的情景：

> 那时他正在米塞努姆（Misenum）指挥他的舰队。8月24日，大约下午1点，我的母亲让他注意观察一片大小和形状看起来非常不寻常的云彩。他刚刚在太阳底下转了一圈，冷水沐浴后吃了一顿清淡的午餐，又回去写书：他立即起身并站到一块高地上，从这里他可以更好地观察这极其罕见的景象。因为距离的原因，无法准确看清那片升起的云下面是哪座山，我无法给诸位一种更为精确的描述，它像一棵伞状的松树，喷薄而上，升得极高，像是一根很高的树干，其顶部展开巨大的树冠。这是种偶然吗？我想这或者是因为一股突然迸发出的空气推动它上升，随着它往上喷发，力量会减小，或者云朵本身是因为其自身的重量而压向后方，向外展开成为我所提到的样子。根据其中含泥土量和灰烬量的不同，有时候它是明亮的，有时候它是黑色和有斑点的。对于一个像我的舅舅这样具备卓越才识和研究精神的人而言，这种现象是值得进行进一步研究的。
>
> 他命人备好一条小船，并说如果我想就可以陪他一起去。我说我想继续做我的功课，那天恰好他让我做一些书面作业。正当他走出住处的时候，他收到了塔斯克斯的妻子丽克蒂娜带来的一个口信，说她面临紧急危险，这引发

了她极大的恐慌：因为她的别墅就位于维苏威火山的山脚下，除了从海上逃命之外别无他法，所以她恳求他去救她。他当即改变了最初只是想进行一番研究的初衷，油然迸发出一种高贵慷慨的精神。他命令战舰起锚出海，自己登上战舰，他的目的不仅是去救援丽克蒂娜，而且要救援
52 美丽的海岸线一带人口非常稠密的其他几个城镇中的人。之后，战舰匆忙赶到从最恐怖的地方慌忙逃命出来的其他人所在的地方，他指挥着他的舰队到最危险的地方；他的心思是如此沉着冷静，从而可以观察和记录下这可怕的景象变化和发生的所有情况。

他此时已经距离火山非常近了，他越是接近，灰烬变得越是浓密和灼热，灰烬落到了船上，其中还伴有浮石和黑色的燃石碎片；他们也深陷险境，不仅是因为海水退潮导致战船搁浅，还因为从山上滚落的巨大石块，并且这些石块阻塞了全部海岸地区。在这个地方，他停下来考虑是否需根据他的领航员的建议再次返回，他说："幸运之神保佑勇士。我们向庞波尼亚努斯（Pomponianus）所在的地方驶去。"

庞波尼亚努斯当时在斯塔比亚［即现在的卡萨拉玛］[①]，那里被一个海湾阻隔，这个海湾是由于海岸出现数次几乎觉察不到的蜿蜒曲折之后形成的。庞波尼亚努斯已经将行李放到了船上，尽管那个时候他还没有处在真正的危险之中，但很清楚的是他的情况已岌岌可危；如果形势发展得并非如此危急，那么他决定在海风平静

① 直接引文中的括号内为本书作者添加的说明，后文不再特别说明。

时驾船出发，但海风此时正吹向死亡海岸。不过，这风向有利于我舅舅到达处于极度恐慌之中的庞波尼亚努斯那里；我舅舅温柔地拥抱了他，鼓励他打起精神起来，而最能够安抚他的是我舅舅表现出来的镇定自若。我舅舅命人给他准备沐浴的东西，在洗完澡之后，他坐下来愉快地吃了晚餐，或者至少从表面上看起来是愉悦的（这同样是一种英雄气概）。

同时，许多烈焰从维苏威火山喷发出来，黑夜被映照得更加明亮清晰。但是我舅舅为了安抚他那位惊慌失措的朋友，和他保证说这是村子失火，是村民们放火烧了村子。随后我舅舅回去休息，最为肯定的一点是他基本上毫无忧虑地深睡过去，因为他身材臃肿，呼吸声音沉重且浑厚，外面的随从都能听得到。通向他房间的院子中堆满了灰烬和石块，如果他再多睡一会儿，那么他就没有办法出来了。因此他醒了并起床后，就到庞波尼亚努斯和他那些 53
因为太过恐惧而无法入睡的同伴们那里。他们在一起商讨是否应当心那些房子，此时它们的地基已经不再稳固，房子剧烈晃动、来回摇晃；还有那些飞到空地上来的火山石和火山灰，虽然它们重量轻，但是数量极多，如瓢泼大雨般落下来，造成破坏。面临这些危险，他们决定到空地上去，这个决定是我舅舅在其他同伴因恐惧而慌忙进入房屋时，经过冷静思考和深思熟虑的结果。他们离开房屋时用餐巾把枕头绑在头上，这是他们为了避免被石雨砸到的所有防护措施。

此时其他地方都还是白天，但这里比最漆黑的夜还要漆黑；但是，火炬及其他的光亮在一定程度上冲淡了这种

> 黑暗。他们认为应沿着海岸朝下游驶去，看一下能否安全出海，但是他们发现浪头依然又高又急。我的舅舅躺在为他铺好的帆布上，要了两次凉开水；当他喝水时，突然有带着浓烈硫黄味的火焰蹿过来，众人四散而逃，他被迫起身。在两名仆人的帮助下，他站起身来，但是他又立刻倒了下去，而后与世长辞；正像我推测的那样，他的喉咙一直以来就患有疾病，经常被感染，他是因为吸入粉尘毒气而窒息并最终去世的。当天空再次明亮起来的时候，这件让人心痛不已的事情已经过去了三天，人们找到了他的完整尸体，尸体没有遭到任何损坏，他仍然穿着他倒下时穿的衣服，他看起来就像是一个睡着的人，而不是一个去世的人……

准确地说，小普林尼关于维苏威火山这次著名喷发的文章可以被视为现代科学火山学的开端。他对在维苏威火山上方升起的云的描述已经变成了一种科学术语，今天这种类型的火山喷发被称为“松树状喷发”（意大利语“pino”，即“松树”）。然而，他的舅舅不太可能是因吸入“粉尘毒气”而去世的，因为其他人成功逃过了这一劫。他肥胖的身躯给我们提供了一个线索。他更有可能是因心脏病发作而去世的。他洗过澡并且
54 美美地吃了顿饭，然后被迫向前走了一段距离——所有这些再加上因吸入有毒气体而导致的呼吸困难，最有可能引发致命的冠状动脉病变。

维苏威火山最近一次大规模喷发是在1944年，当时那不勒斯到处都在传言盟军为了吓唬德国人而故意将炸弹投入火山。然而，因为盟军在意大利政府的配合下已经牢牢占领了这

座城市，所以这个传闻和其他许多通过火山攻击盟军的传闻都不攻自破。维苏威火山的此次喷发尤其引人注目，虽然它造成的伤亡人数极少，但是大片盛产葡萄的葡萄园变成了不毛之地。任何见过这种情形的人都不会忘记。在火山喷发的第一天，烟雾迅速变成了典型的普林尼式松树状，随后形成了一个包含灰尘和灰烬的巨大烟团。透过烟团若隐若现的阴影可以看到巨大的岩石块和浮石碎片飞向空中。无论是夜晚还是白天，巨大的云层都会带来猛烈的雷电暴雨。在一片漆黑之中，熔岩从四侧流下，这使情况显得更为恐怖。这次火山喷发彻底改变了维苏威火山的样子，如穹顶般洁净的火山顶峰被削平。火山喷发带来的影响使人感到不舒服，其影响最远波及卡普里岛（Capri）地区，因为一股盛行的东北风将灰烬和灰渣吹到这座岛上，落在很多狭窄的街道上，街道上积压了几英尺深的灰渣层，现在这些街道成了受游客欢迎的热门景点。

为什么人们在一个世纪以后重新在火山下方危险的山坡上定居？这是一个让很多外国人感兴趣的问题。其实原因很简单，火山灰在某一个时期会分解为可供耕种的土壤，火山土非常肥沃，最重要的是火山土非常适宜葡萄树的生长。种植在黑色或深棕色的粉状土壤上的葡萄藤生长非常迅速，维苏威火山和埃特纳火山的山坡上出产的葡萄酒是地中海地区最优质的葡萄酒。这片火山土中含有丰富的硝酸盐，很少有农民能够抗拒丰产带来的诱惑。

从那不勒斯向南大约 140 英里就是散落在海洋中的火山群岛——利帕里群岛：西边是阿利库迪岛，北边是斯特龙博利岛，南边是武尔卡诺岛。罗马人用火神和铁匠之神伏尔甘（Vulcan）的名字来为武尔卡诺岛（Vulcano）命名，这也是遍

55 布世界各地的“火山”的英文“volcano”的源起。从远古时代一直到19世纪末期，武尔卡诺火山的确是地中海地区最活跃的火山。但是，自1890年以来，武尔卡诺火山一直没有喷发，“运动能量”转移至斯特龙博利火山。今天，利帕里群岛还存在大量的其他火山现象，如温泉、间歇泉、硫黄喷泉口以及海底泉和熔岩喷发。

朱迪教授在关于利帕里群岛的一篇文章中，描写了利帕里群岛的白石场（Campo Bianco）火山锥，尽管这些文字对科学家而言富有诗情画意，但是并没有夸大其词：“浮石般的锥体雪白无瑕、高大雄伟，熔岩损坏了它们巨大的陨石坑，表层被涂上了红棕色的颜色，它从地中海的蓝色海水中突兀地耸起，呈现出清晰的轮廓和艳丽的色彩，几乎只有热带地区的天空才能散射出这样的光辉，它们形成了令人叹为观止的瑰丽奇景——它留下了让人生无可恋但又无法忘怀的印象……”

当然，极少会有人质疑这一点，即当喀耳刻向游历四方的奥德修斯提供“航行指示”，帮助他回到希腊的故乡时，她提醒奥德修斯注意的正是地中海的这处海域。关于她提到了哪一个火山岛尚存在合理争议，但这座岛可能就是利帕里群岛中的某一座。关于这处海域，喀耳刻说：

> 蓝眼睛的安菲特里忒，
> 发出她那如同毁灭者一样的雷鸣之声，
> 飞鸟无法安然飞过。
> 即使是为父神宙斯运送仙露的羞怯白鸽，也不例外，
> 每次它们飞过陡峻的岩壁时都有一只白鸽殒命，
> 父神宙斯会另派一只来补齐。

凡人的海船临近这个地方，
根本无处可逃。
大海的狂风巨浪和猖獗肆虐的烈火会毁坏船板，
吞噬船员。

武尔卡诺岛和斯特龙博利岛都符合这段描述，即飞鸟无法
安然飞过。从火山性质上来说，这两座火山岛与维苏威火山或
埃特纳火山存在明显差别。它们与众不同的地方在于其喷发活
动异常猛烈：在它们喷发时，巨大的灰烬“炸弹”和熔岩碎
石会猛烈地喷向空中。岩浆从四侧流入大海，这可以很容易地
解释荷马关于火焰吞噬了船只和人们的描写。在古代，斯特龙
博利火山被水手们称为“地中海灯塔”。现在这种称谓仍然是
准确的，因为火山山顶在夜晚会间歇性地闪闪发光，确实就如 56
同一座巨大的灯塔，它时而黑暗无光，时而闪闪发亮。即便是
在 20 世纪，在配备了所有现代化导航设备的情况下，在路过
这个古老的“海洋路标”但不使用罗盘的情况下，也极少会
有海员迷路。很可能奥德修斯就是在它的指引下一路向南航
行，并进入墨西拿海峡的。

公元前 7 世纪或公元前 8 世纪的犹太法律书《申命记》中描述了一座火山的情况，与荷马的描述相近：“那时你们近前来，站在山下；山上有火焰冲天，并有昏黑、密云、幽暗。”[①] 这些描述与位于西西里岛东海岸的埃特纳火山的情况也十分契合。对于埃特纳火山而言，最为重要的一点在于它是一座“山”。它的海拔一度超过 17000 英尺，它的体积巨大无

① 参见《申命记》4：11。

比，它从卡塔尼亚的沿海平原隆起并占据了这个地区全部的陆地和海域，这些都是将它与西西里岛崎岖不平的内陆火山区分开来的标志。与所有的火山一样，经过数个世纪之后，它的高度已经发生了很大的变化。1950 年，埃特纳火山喷发之后，它的中心锥体部分已经不见踪影，海拔减至 9000 英尺多一点。

埃特纳火山的名字源自希腊语中的“燃烧”一词，自从希腊人在西西里岛殖民以来，这座火山就已经开始活跃喷发。希腊神话中有不同的说法，但是根据品达（Pindar）和埃斯库罗斯（Aeschylus）的观点，宙斯将巨人堤丰（Typhon）囚禁在这里。后来，拉丁作家们将这个故事中的巨人换成了另外一个巨人——恩克拉多斯（Enceladus）。不管是在哪一个故事中，两个巨人都被视为大地和冥界之子，他们鲁莽冒失，向众神发动战争。众神打败他们后就将其掩埋在大地之上不同地方的山脉之下。

希腊哲学家恩培多克勒（Empedocles）认为宇宙是由四种原始力量构成的，即火、气、水和土，传统观点认为他自己跳进了埃特纳火山的山口，他这样突然间莫名其妙地消失会让他的同胞们一直尊敬他，尊奉他为神性之源。但是，他的凉鞋被抛在了火山口，这说明他不过是一个凡夫俗子而已。

马修·阿诺德（Matthew Arnold）的一首诗作《在埃特纳火山上的恩培多克勒》（“Empedocles on Etna”）描写了这位哲学家为自己寻死而所做的准备：

57 我一生中曾游历过很多城市
美景应接不暇使我眼睛生疼，

我无疑将会再次与它们相逢；
你们知道我是一个老流浪汉。

（恩培多克勒是转世的信徒。）后来，在他纵身一跳赴死之前，他或许也表明了他的希冀，就像他的哲学一样：

啊，我就像这高山一样熠熠生辉！
啊，我的心随大海的起伏而澎湃！
啊，我的魂像星星一样光明永在！
啊，它像空气一样在世界上激荡！

即便是在今天，当人们走近这些孤零零的山坡时，无论是从里波斯托（Riposto）的渔港还是从因工艺高超而闻名世界的陶尔米纳（Taormina）望去，这座山都会展现出它的瑰丽壮美。在春天或初夏，当高处的皑皑白雪仍映照着湛蓝的天空时，刚冒出嫩芽的葡萄树和花草呈现出一片新绿，它们攀附在大地上，油然生出一种对埃特纳火山灰的敬畏之情。如果山顶的喷发形成一朵长时间还未散开的“云朵”，顺着风吹的方向飘向大海，即便是那些最平庸的人也会理解因为这座山触景生情所吟诵的诗篇。

在这座山山脚沿海的低洼区域，巧克力色的土地上生长着茂盛的橄榄树、桑树、金合欢、圣栎、枣椰树以及细长的葡萄树。柏树如同黑黑的长矛矗立在这片土地上，就像是向肥沃富饶的大地和辛勤劳作的人类致敬。刺梨树开的黄花就像蜡烛一样，道路旁是黑色的火山石砌成的围墙，路旁是一簇簇天竺葵。地上到处都是米迦勒雏菊，九重葛紫色的花朵在阳光里摇曳。在这里，土地和阳光共同作用，在其他地方上需要“小心翼翼”才能确保生存下来的植物，在这里像野草一样疯狂生长。在这里，只有藤蔓需要小心谨慎地照料——喷水、修剪并精心地用围墙围起来，保护它们不被从海洋吹来的咸湿海风摧残。

在海拔更高的山上，植物生长模式开始出现了变化：这里是一个更加残酷无情的世界。连绵不断的熔岩将易碎的火山土
58 冲得支离破碎。在某一个地方，有很大一片凝固下来的黑色玄武岩区域，它可以追溯至17世纪的一次火山喷发。在这片黑色的景观中，只生长着金雀花，它的花朵在幽暗的环境中显得愈加鲜艳耀眼。金雀花和少数生命力强的杂草已经启动了一个进程，这种进程终究一天会将这片不毛之地变成葡萄树可以茁壮成长的土地。

在树线以上，旅行者会进入一个荒凉的世界。但是即使在这里，之前熔岩流形成的扭曲纹理也具有一种朴素的美感。在火山裂缝式喷发的地方分布着次级锥体或火山坑，形成一种环状分布的模式，具有顽强生命力的金雀花零星地点缀在这种类似月球地貌的环境中。皑皑白雪照亮了所有海拔较高的斜坡，滑雪者滑出的蜿蜒雪道说明现代人在他们的祖先永远都不愿意来冒险的地方享受着乐趣。春末的上午，人们可以在埃特纳火山体验高空滑雪；下午，人们可以在山脚下的海边游泳和享受日光浴。

当地人将这座高山称为“Mongibello”，这个名字可能源自“monte bello”，其意为“美丽的山峰”。一种更为直白的解释就是这个词不过就是意大利语中的“monte”和阿拉伯语中的“jebel”的组合，这两个词的意思都是“山”，可以放在一起

使用。

永远都不要低估阿拉伯语在西西里岛的影响力。阿拉伯人占据这座岛的时间长达数个世纪，他们在这里留下了他们民族的印记，西西里方言中存在大量的古阿拉伯语词。精耕细作的农业技术将埃特纳火山的低坡变成了一座果蔬园，此外精心设计的灌溉系统得到了广泛的使用，这应该归功于阿拉伯人和当地的西西里－意大利人。

埃特纳火山即使处于技术层面上的休眠期，其活跃的火山口也会定期猛烈喷发：喷发位置不是山顶，而是较低处的侧面通风口。之后，在晚上，尘云间伴着阵阵闪电，贫瘠的高地流淌着正在燃烧的火山岩浆。这提醒人们，这座火山蕴藏着爆发的能量。这种情况可能会持续一两天，随后火山会恢复平静，只剩下一柱温和的烟雾，这表示这座火山内部仍在积聚爆发的火焰。

1952 年，伊奥尼亚海东侧的伊萨基岛和桑特岛遭遇严重地震，大量房屋被毁。瓦西港（Port Vathi）码头区的旧威尼斯式景观变得面目全非。圣托里尼岛位于更东侧的爱琴海，它 59
是世界上最有意思的一座破火山[①]之一。“Caldera”（葡萄牙语，意为“大锅”或“水壶”）这个词就是源自葡萄牙加那利群岛上呈碗状的凹陷地带。在典型的火山口形成过程中（如圣托里尼岛的火山），火山会逐渐从海床上抬升。有时候，通过这种过程形成的山体会出现沉降，在发生沉降的时候，它的火山口就会被填平。随后，凝固的岩石和石块就会封住岩浆的通道，而从地球内部形成的炽热岩浆正是通过岩浆通道流出来

① 指火山口由于后期自然或人工的破坏而变得不完整的火山。

的。在经过特定的一段时间之后，这种作用就会对位于下方的旧火山口形成巨大的压力，可能会导致火山喷发，使整座岛的中心区域裂开。火山爆发之后会伴有沉降现象发生，这时海水会涌进来并且形成一个巨大的内部海湾。

几乎可以肯定，圣托里尼岛的火山爆发就是这种模式。一些地质学家和学者猜测，圣托里尼岛在前古典时代的爆发可能与克诺索斯王宫的突然坍塌、米诺斯文明的消失存在某种联系。当形成这种尺寸的火山坑时，会引发巨大的潮汐，就如同1883 年位于爪哇岛和苏门答腊岛之间的巽他海峡的喀拉喀托火山喷发的情形一样（掀起了从喀拉喀托到合恩角的一排巨浪，长达 7818 海里）。圣托里尼岛位于克里特岛北面，二者仅相距约 60 英里，如此大规模的火山爆发不仅会摧毁克里特岛上几乎所有的建筑物，而且会淹没所有港口和码头。

火山坑坍塌之后立刻就会被海水淹没，经过数个世纪之后，位于中心的火山口再次抬升并高出海平面。圣托里尼岛就是这种情况，位于炫目的蓝色港湾中间的小岛屿［旧岛（Palaea）、新岛（Mikra）和新火焰岛（Nea-Kaümene）］都是火山新锥体被抬升而形成的一部分。在古代，斯特拉波曾记录了公元前 196 年圣托里尼岛发生的一次大火灾。1570 年发生的地震形成了旧岛，1707 年发生的地震形成了新火焰岛。陆地仍处于变化过程之中，几年前一次剧烈的地震摧毁了今天圣托里尼岛的首府希拉（Thera）的大部分地区。

地中海地区，至少地中海中部和东部的大部分区域，是当今世界上仍处于变化中的地区之一。时间和人类都在通过不同
60 的方式侵蚀和改变着这片陆间海周围的土地。但是其他巨大的结构性变化是由自然力量引起的。今天，这些进程在很大程度

上已经为人们所了解，但是火山和火山引发的灾难对这片海洋的传说和历史产生了巨大影响，这并不会让人感到惊讶。希腊人和罗马人以及其他地中海地区的人民会将这些活动剧烈的火山锥体、这些突如其来的骇人震动、这些毁灭性的爆炸归咎于超人类力量，这也并不令人感到惊讶。正如 A. K. 汤姆森（A. K. Thomson）在《奥德赛研究》（*Studies in the Odyssey*）中所指出的那样，“然而，人类和超人类、物质和非物质的极限在一种冥冥之中成为现实”，像武尔卡诺岛和斯特龙博利岛这样的岛屿，以及像维苏威火山和埃特纳火山等地区必然被人们认为是可以居住的地方：如果那里不是住着神灵，那至少住着暴虐成性和极具破坏力的巨人。再次引用 A. K. 汤姆森所说的话，“每一条溪流、每一棵橡树和每一条山脉都是精灵的居所，他们的自然属性处于人和神之间的分界线上，并将两者区分开来”，人则是通过祈祷和供奉祭品来敬拜这些神灵的具现。

直到今天，位于埃特纳火山和维苏威火山斜坡小路旁的教堂中仍有大量的许愿牌，上面写满了人们在火山爆发时逃命出来后写下的感恩之语。今天为圣母和圣婴供奉着蜡烛和焚香的地方，在此之前曾经供奉着其他神灵，包括史前人类、腓尼基人、希腊人和罗马人所供奉的神灵，这些神像从这里凝视着在缭绕烟雾中匍匐下拜的敬拜者。太平洋可能是所有海洋中最为恒久不变的海洋，但是地中海展示了人类持续发展的特征。

第三章　早期航海家

61 在史前时代，人类曾划船到达过地中海的一些地方。人们在土耳其东南部、希腊、意大利和西西里岛发现了距今年代久远的一种陶器，上面装饰着烧制之前刻在土坯上的图案，“给人留下了深刻的印象”。但是他在马耳他也发现了类似的陶器，这证明人类早在公元前4000年就已经穿过了马耳他群岛与西西里岛之间宽度为60英里的海域。

J. D. 伊万斯（J. D. Evans）在他关于这座岛考古历史的著作中指出：“诚然，西西里人在马耳他群岛进行殖民不是偶然事件……西西里岛呈三角形，在晴朗的日子，可以从它东南角的帕塞罗角（Cape Passero）看到远处海上的马耳他岛和戈佐岛。那些第一次渡过海峡的农民十分渴望获得土地，他们非常明确地知道自己想要什么，并且他们肯定对探险活动进行了周密的计划。他们和自己的家人一起来到岛上，还必须将家畜和种植作物的种子也运过来。显然，为了做到这一点，他们肯定使用了某种特殊的船，但这种船的精致程度不一定胜过木筏或独木舟。我们对他们船只的情况一无所知，只能进行推测，因为没有找到这种船的残骸或图像，而差不多是同时代地中海东部地区的工艺图像（诸如在希腊和基克拉泽斯群岛发现的陶器碎片上的划痕）对此也没有任何帮助，因为地中海西部地区较原始的民族使用的船只可能更为粗糙和简单。”

这些对船舶最早期的描绘与人们将会在埃及发现的、曾经在长达数个世纪的时间内航行在这片陆间海的船舶存在明确的关联性。其中有些船的历史可以追溯至公元前3000年之前，这种船是专为在尼罗河航行而设计制造的，而其他种类的船则是为了在红海航行而设计制造的。这些船运送的货物主要是 62
牛。两种船都是靠帆和桨航行的桨帆船。由此，就存在两个非常明显的特征：早期的船舶是靠划手持的宽叶短桨而不是划固定在船边的单侧长桨来行驶的；最初，桅杆都分为两部分，二者相互分离，在顶部会连在一起。从远东地区一些非常原始的船舶类型中还可以找到类似的桅杆，高大的竹竿代替了西方船舶那种单根的木头桅杆。埃及地区基本上没有林木分布，正是出于这个原因，尽管埃及人取得了辉煌的技术和文化成就，但是他们在地中海地区的冒险活动一直发展缓慢。

一些浅浮雕刻画了20个或更多的桨手，并且值得注意的是所有人都朝向船头。实际上，他们是在划宽叶短桨，而不是划单侧长桨。单侧长桨本身的形状也像宽叶短桨一样，外观与槟榔树的叶子非常相似，它们可能就是模仿了这种叶子的形状。划宽叶短桨是一种比划单侧长桨时代更早的行船方法，对划船的人来说，他们自然希望看向他们船的船头，看清他们的行进方向。

直到今天，亚洲和太平洋的部分地区往往还是采用划宽叶短桨而不是划单侧长桨的方式来行船。宽叶短桨是一种简单、天然并且人们最初就开始使用的工具，人们靠它在水上行船。划单侧长桨的方法则是经过复杂的发展过程才出现的。它要求提供船只动力的人做好准备，根据上司的命令划船而不仅仅是“用肌肉机械式地”划船，通过这种方式朝他们看不见的目的地行进。在早期的埃及象形文字中，有一个描绘了两只手臂抓住船桨划动的图形，这种象形文字比海上船舶的图像出现的时间要早数个世纪。

在埃及后来的历史进程中，人们发现了划宽叶短桨和划单侧长桨的图像。再到后来，所有船员都朝向船尾方向。他们在划船的时候不看方向，而是从位于船尾的长官那里接受划船的指令。

塞西尔·托尔（Cecil Torr）在他的专著《古代船舶》（*Ancient Ships*）中写道："这种方式［划宽叶短桨］可能在公元前 2500 年之前就已不再使用了，尽管发现了当时的文物证据。在公元前 1250 年前后的文物中，船员们协同一致地向前划船，他们的脸朝向船头，但是仍然以划宽叶短桨的姿态握住他们的单侧长桨……"很明显，当时同时存在两种行船方法。
63 但是当走向广袤的海洋之后，人们需要更大的船舶，他们发现划宽叶短桨无法充分利用杠杆原理来使他们有效地驾驶船舶穿越海洋。

根据埃及浮雕上雕刻的图像，20 名男子负责在尼罗河航行的船舶上划宽叶短桨或单侧长桨，而在红海上航行的船舶似乎至少需要 30 人。但是，这种描绘可能并不准确，因为无论是当时还是现在，艺术家们都倾向于根据画作尺寸和审美感受调整细节部分以达到平衡。然而，从早期的这些图像中可以发现后来制造的一种船舶样式的极佳创意。

这种船似乎就是现代水手们所说的"艄艉同型船"。也就是说，它们的船头和船尾的形状几乎没有区别。如果说有什么区别的话，那就在于船尾有一个平台，供舵手和船长指挥船只前行。因为有这个平台，造船商就必须加宽和加厚船尾。船头通常会向船的中心线处弯曲。它的形状如同圣莲一样。在埃及，这种莲花被称为水百合，又名齿叶睡莲，它不同于荷马时代的枣莲。枣莲是一种果实像黑刺李的灌木，果实可用来制作面包和发酵饮料。

有些船只的船头非常脆弱，船头以及长而精致的悬挂物显然并不是为了在大洋上航行而设计的。尽管在红海上航行的船只肯定源自内河居民的创造，但是这些船只被设计得更稳重。通常情况下，当时的桅杆看起来像是一根直愣愣的树干，被固定在底座上，并通过打上重结的绳索绑在船体上。桅杆相对较短，约为船长的一半，但挂在桅杆上的单横帆直通上下，降下来时几乎与整条船的长度相同。挂上这种类型的横帆，船只除了顺风行驶外，很难有其他作为。这种船适合在红海地区航行，因为该地区盛行南风和北风。但是，在情况更加复杂的地中海地区，这种巨大的低矮横帆会变得毫无用处，尤其对于埃及人来说，当地盛行的风是从克里特岛和北方吹来的，到了尼罗河三角洲地区已经是强弩之末了。

这些早期的埃及造船厂制订了一种方案，解决了船体中间
位置发生“扭曲”或下沉的问题，因为船体的龙骨还没有坚 64
固到足以支撑船体重量。他们用一条又长又粗的绳索绕在船头
和船尾上，通常是拴在船体两端吃水的部位，即水线以上
“悬空”的地方。船体中心有一个Y形叉子式的巨大支架，高
出船头的高度，这根大型绳索便从支架上穿过、打结并被拉
紧。这样做的效果就如同是在支架上搭起一根巨大的晾衣绳。
通过这种方法，船首和船尾处可以保持相等的张力，并且大部
分张力源自长龙骨部分。

在所有早期的航海船舶上，人们都是在船尾凸起的平台

处，通过悬在船体一侧并且固定在甲板中心位置的一支船桨（或多支船桨）操控方向。早期船舶的船尾处并不设有中舵。这里有一个非常奇怪的事实：即便在罗马帝国时期，大型的航海船舶在经常往来的航线上航行时依然是通过船桨调整航向。直到 14 世纪，人们才开始大量地使用轴向铰接的中舵调整航向。在地中海海域，整个古典时代都使用双转向桨来调整船舶航向。后来，在北欧地区，早期挪威水手们驾驶的长船一般是在右侧船舷处安装转向桨，因此这一侧船舷又被称为“操纵舷”或“右舷”。

尼罗河三角洲地区的人们最先种植亚麻，并掌握了制取亚麻纤维以及将其纺成亚麻布的技术。埃及人很可能也是世界上第一个建造大型且高效船舶的民族。古典文献中有许多地方都提到了埃及人制造的优质亚麻产品，包括服装材料和船帆。古代很大一部分桨帆战舰和商船的船帆是由埃及人制造的。

早期的横帆位于下帆桁和上帆桁之间的位置。似乎很早以前，人们就已经开始使用下帆桁，因为埃及的象形文字体现了这一点。但是，大约公元前 1000 年的一块浮雕记录了埃及海军赢得了一场针对亚洲敌人的海战，从浮雕中可以发现下帆桁已经消失了。

65 帆下方的底角此时是由绳索控制，通过绳索可以将船帆沿桅杆聚拢到上帆桁。在战斗时，当桨帆战舰靠桨手划桨前进时，船帆总是被升到桅杆上以防遮挡视线。在有些战舰上，战舰指挥官会站在桅杆顶的桶形桅楼中。指挥官从这个有利位置可以指挥战舰，通过向舵手发出手势指挥其进行转向。

夏季，由于船舶主要是依靠划桨在地中海航行，因此寻求获得海上霸权的国家就希望在船上配备尽可能多的桨手。但是，因为船舶不可能无限加长以配备数量越来越多的桨手，所以合乎逻辑的方法就是开始将桨手安排在两层或三层的船舱中，一层压在另一层之上。至于是谁最先发明了双层桨战舰尚不确定，但很可能是腓尼基人。

亚述人属于内陆民族，他们只熟悉在他们区域内的两条大河上航行，即底格里斯河和幼发拉底河。公元前 9 世纪，亚述人征服了腓尼基人居住的地区。从那时起，亚述雕塑中就出现了腓尼基船舶。公元前 700 年前后完成的一件浮雕作品上就雕刻了腓尼基双层桨战舰；但是毫无疑问，这种船舶在数个世纪之前就已经投入使用。

腓尼基人是地中海的“老海员”，这个民族给人们留下了深刻印象，相比于历史上对他们的传统定位，他们应该享有更高的评价。不幸的是，虽然我们的字母表源自腓尼基人，但是腓尼基人自己的文献已经全部佚失。只有从希腊人和罗马人与腓尼基人的大人物之间爆发的冲突中才能发现记录腓尼基的文献，并且这些文献留给我们的印象基本上就是腓尼基人作为敌军总是被歼灭。

公元前 1 世纪（迦太基灭亡后约两个世纪），希腊历史学家普鲁塔克（Plutarch）在其著述中将腓尼基人描述为“一个粗鲁而忧郁的民族，他们对统治者俯首帖耳，对被统治的人专横残暴，面对恐惧时会感到绝望自卑，被挑衅激怒时则会凶残刚戾，固执己见，对于一切娱乐或文雅的生活都显得木然呆滞
且格格不入”。在一个世纪之后，亚历山大时期的历史学家阿 66
庇安（Appian）写道，腓尼基人残忍且霸道，“只有逆境能使他们低下高昂的头颅”。另外，几乎是与普鲁塔克在同一时间，

罗马地理学家庞波尼乌斯·梅拉（Pomponius Mela）指出："腓尼基人是一个聪明的民族，不管是在战争还是和平时期，这个民族都欣欣向荣。他们擅长艺术、写作和文学，并且善于海战和管理一个帝国。"这种评价更为宽容，可能也更为准确。

腓尼基人被称为"Phoenicians"，这是源于希腊人对他们的称呼"Phoinikes"，它可能来自希腊语中的"phoinos"，意思是"血红色"。这可能是指著名的腓尼基紫色染料，人们因此称腓尼基人为"绛紫色民族"，即他们是从事绛紫色染料生意的民族。另外还有一个希腊词语叫"phoinix"，从这个词语中有人得出了腓尼基人称谓的来源，这个词的意思是"棕榈树"，人们通常认为是腓尼基人将椰枣树引进地中海周边地区。

他们是闪族人的一个部族。他们来自迦南分支，因而有时自称迦南人。在《旧约》中，他们因主要居住在西顿城而被称为"西顿人"。腓尼基人来自阿拉伯半岛或波斯湾地区，定居在叙利亚海岸。他们背靠雄伟的黎巴嫩山脉，因此这个民族必然就需要通过海洋为他们的产品寻找出口地。

我们对腓尼基人的真正了解始于公元前16世纪，当时埃及人征服了叙利亚。从那一刻开始，埃及文献中就提到了提尔和西顿这两座大城市，以及他们的手工业者及其手工制品。希伯来先知以西结在预言提尔陷落的哀歌中描绘了这座城市开展商业和海洋活动的画面：

> 你的境界在海中，造你的使你全然美丽。他们用示尼珥的松树作你的一切板，用黎巴嫩的香柏树作桅杆，用巴珊的橡树作你的桨，用象牙镶嵌基提海岛的黄杨木为坐板。你的篷帆是用埃及绣花细麻布作的，可以作你的大

> 旗。你的凉棚是用以利沙岛的蓝色、紫色布作的。西顿和亚发的居民作你荡桨的。推罗啊，你中间的智慧人作 67
> 掌舵的……①

之后，以西结列举了一个清单，提到了与提尔开展贸易的城市和民族，这座城市通过与它们的贸易积累了自己的财富。以西结提到这座城市从事银、铁、锡、铅、马匹、乌木、象牙、细麻布、紫色布绣货、珊瑚、蜜、乳香、油料和宝石的贸易。先知总结道："这些商人以美好的货物包在绣花蓝色包袱内，又有华丽的衣服装在香柏木的箱子里，用绳捆着与你交易。他施的船只接连成帮为你运货，你便在海中丰富极其荣华。荡桨的已经把你荡到大水之处……"②

除了利用他们处于叙利亚海岸的地理位置之外，腓尼基人还将其雄心投向了黎巴嫩山脉茂密的森林。虽然黎巴嫩雪松举世闻名，但是腓尼基人也利用了更常见且同样实用的松树、冷杉和柏树木材，他们的土地上生长着大量这样的树木。

以西结提到的"巴珊的橡树"被用来制造战船的龙骨而不是船桨。人们必须定期将战船拖到岸上，确保它们不会腐烂和被虫蛀，并且不会被水草缠绕，因为速度对战船来说是至关重要的；而商船通常数月之后才会驶入造船厂进行维修。因此，坚硬的橡木龙骨对军舰来说就非常重要。商船往往会安装松木龙骨，因为这样费用较低；但即使是这样，通常还会安装一块橡木做的龙骨护板，以确保在船只滑行过程中可以保护质

① 《以西结书》27：4－8。

② 《以西结书》27：24－26。

地较软的松木。后来，在希腊和罗马时代，经常在科林斯地峡航行的商船往往会安装这些橡木做的龙骨护板。尽管腓尼基人的雪松供应非常充足，但是用这种木材造船的成本过高。当然，他们并没有将雪松用于制造桅杆（像以西结所说的那样），因为它本身不适合用作桅杆。腓尼基战船和商船使用的桅杆很可能是用冷杉木或松木制造的，船桨也一样。

比布鲁斯（即今天的朱拜勒）是腓尼基人最早的定居点之一。传统观点认为它是腓尼基人来到这片新土地时建成的第
68 一座城市。事实可能确实如此，因为历史上希腊人将比布鲁斯崇拜的生育和谷物之神称为阿多尼斯（Adonis）。谷物神必然是农人供奉的神殿中的重要神灵。因此，比布鲁斯当地民众对他的崇拜表明这个城市是在贸易和航海尚未成为主要的收入来源时建成的。

另外四座城市与腓尼基历史密不可分。这些城市包括艾尔瓦德（Arvad）、提尔、西顿和的黎波里（Tripoli 是希腊语名称，腓尼基语名称已不可考）。四座城市全部分布在海岸地区，只有西顿完全位于大陆上，其他城市要么位于小岛上要么在与海岸相隔不等的海岬地区。艾尔瓦德位于一座小岛上，这座小岛长度略微超过 800 码，宽度则更小一点。马里恩·I. 纽比金（Marion I. Newbigin）在《地中海之地》（*The Mediterranean Lands*）一书中写道："事实上，艾尔瓦德看上去的确就像一个避难所，仿佛大一号的皮尔塔，后者位于英格兰和苏格兰旧边界处。艾尔瓦德人在内陆拥有土地并建有定居点，这些土地可供耕种，并且这些定居点中开设了集市。但是，如果他们的顾客突然转向喜欢抢劫而不是以物易物的交换，那么他们就可以藏身于海岛上的堡垒之中并等待更好的时机……"

马里恩·I. 纽比金进一步丰富了希腊地理学家斯特拉波对艾尔瓦德的描述，她描写了岛上特有的供水系统：“在远离地中海石灰岩海岸的地方，很容易发现水源，这些从山丘的多孔岩石渗出的水在陆地上找不到出口，因此就会从海底向上喷涌，如同一个强力喷涌而出的泉眼一样。水压会确保这些水不会在短时间内与周围的海水混合。这种泉源位于艾尔瓦德和大陆之间。将一个铅制半球放在这个泉源上方就可以收集淡水，然后将一根皮管与半球相连，水就可以流出来。水压会确保淡水通过皮管向上流，皮管则连接到停泊在现场船舶的蓄水装置内。这种装置体现了细致观察、心灵手巧和相当先进的技术，可以帮助我们了解腓尼基人已达到的文明程度。”

提尔是一座比艾尔瓦德稍微大一点的海岛，长度约 1 英里，它与大陆之间是不足半英里宽的浅海。海角上是一座现代化的城市。公元前 332 年，亚历山大大帝攻陷提尔，之后修建 69
了一条连接海岛的堤道；自此之后，经过数个世纪的泥沙淤积，这座古老的小岛此时已经与海岸连为一体。与艾尔瓦德的情形相同，供水系统展示出了腓尼基人的技术水平。因为提尔岛上没有泉水，所以人们将位于陆地上的一处水源通过狭窄河道下方的潜水渡槽引到海岛的中心区域。显而易见，这里和其他主要的腓尼基城市一样，从事商业活动的海上民族总是处在大陆邻居的威胁之中。他们不是战士。他们只有在自己的船上才能找到唯一的安全保障。

西顿被称为“伟大的西顿，艾尔瓦德和提尔的宗主城”，这座城市位于大陆上。但是一条岩石带和海岸外的一座小岛决定了这座城市所处的环境，它们形成了从南至北分布的大量隐蔽锚地。的黎波里位于一处海角上，朝向海洋的一长排岩石和礁石链也构成了两处互相隔开的锚地。

唐纳德·哈登（Donald Harden）在《腓尼基人》（*The Phoenicians*）一书中指出："当他们后来开始进行殖民活动时，腓尼基人总是寻找与之类似的地点，并在地中海的一些最优良和最著名的要塞和港口地区开拓殖民地，如西班牙的加的斯、马耳他的瓦莱塔、突尼斯的比塞大、撒丁岛的卡利亚里和西西里岛的巴勒莫。"

腓尼基人以他们的四个主要城市为基础，逐渐在今天的叙利亚、黎巴嫩和以色列海岸建立了其他类似的贸易站点和城镇。从北部的塔尔苏斯到南部的安提阿[①]、比布鲁斯、贝鲁特、雅法直至加沙，这些商人和水手强化了对海洋的控制。从某种意义上说，他们从来就不是通常意义上的"民族"。他们没有建立真正的"国家"。

虽然他们的语言和文字类似，但他们唯一的共同兴趣是开展贸易。一个腓尼基人可以是提尔、西顿或其他地区的公民，这一点要远早于他有了自己属于任何某个特定祖国的概念之前。王国和公国可能会兴亡交替，文化可能会盛衰轮回，但是腓尼基人的商品市场和技能都将始终存在。

可能就是因为这个民族没有经历历史变迁，许多古代作家厌恶腓尼基人。从公元前 6 世纪的以西结到公元 1 世纪的普鲁
70 塔克，他们对腓尼基人的批评似乎如出一辙："除了知道这些人爱钱之外，别人对他们一无所知。"实际上，即使是他们最伟大的后代迦太基人被罗马人征服之后，似乎也没有理由怀疑这些有着腓尼基血统的商人只是继续在做他们的生意而已。幸

① 即今天的安条克。

存下来的腓尼基人以及他们的大量子孙后代仍居住在这片陆间海地区。

一个腓尼基人也许曾经是商人、工匠甚至农民，但是通常情况下他长大之后不会远离海洋。无论是出生在建有防御设施的海岬或小岛上，还是出生在岩石海岸边，这个腓尼基人的整个本性早就受制于海洋这一因素，他必须自己亲自或委托别人去出售他制造的商品或货物。腓尼基人成为最早的航海者一点也不奇怪。从许多情况来看，克里特人和迈锡尼人的航海活动要早于腓尼基人。事实上，迈锡尼水手和商人（他们被新来的希腊入侵者驱逐出爱琴海地区）可能是腓尼基人第一次向西方进行扩张的诱发因素。

公元前5世纪，希罗多德描写了腓尼基人与一群原始人进行交易的方式，这些人可能居住在今天的摩洛哥："他们与住在利比亚的赫拉克勒斯之柱外侧的一个民族进行交易。他们到达这个国度之后，卸下货物，沿海岸将货物陈列放妥后，便登船并点起冒烟的火把。当地人看到烟后便到海边来，放下换取货物的黄金，然后与摆放货物的地方保持一段距离。随后，迦太基人下船检查黄金：如果他们认为黄金数量对他们的货物来说价格公道的话，他们就会收下黄金然后离开；如果他们觉得不公道的话，他们就会再到船上去等待，而对方便回来添加更多的黄金直到船上的人满意为止。双方交易诚实不欺；迦太基人直到黄金和他们的货物价值相等时才会去取黄金，而那里的人也只有在船上的人取走了黄金后才会去取走货物……"

一本公元前4世纪的希腊《航行手记》（*Periplus*，或者说《海员指南》）描述了腓尼基人到访一座岛的情形，今天很多权威人士认为这座岛位于塞内加尔河河口的外围。腓尼基商人

用玻璃器皿（腓尼基人善于制造玻璃产品）、希腊陶器和药膏
71 换取了当地的美酒、动物皮毛和象牙。事实可能是腓尼基人的大部分贸易是与那些处在茹毛饮血阶段的民族进行的，对于这些民族来说，金钱是毫无用处的，他们只会易货贸易，这延迟了腓尼基货币的发展。虽然在公元前 6 世纪波斯和希腊已经普遍用金钱进行贸易，但人们发现最早的腓尼基硬币是公元 5 世纪中叶在提尔铸造的硬币。在之后的腓尼基城市中发现了一些硬币，其正面栩栩如生地展示了一艘破浪前行的桨帆战舰。

有证据表明腓尼基商人活跃的区域最远曾到达非洲西海岸（直到 15 世纪欧洲人才发现了非洲西海岸），这证明其船舶优良的适航性和他们高超的航海技术。从黎凡特到马耳他、西西里岛、迦太基、巴利阿里群岛和西班牙海岸，当他们在地中海地区建立起贸易站时，他们似乎一直使用两种基本样式的船舶。那就是用于商业活动的“圆船”和用于战争和保护贸易的“长船”。根据浮雕上的描绘，商船的船头和船尾向上翘起，看起来几乎对称，只有位于一端的转向桨能够指明哪个是船尾。除了悬挂单横帆的桅杆外，这种船还有两排船桨。桨帆战舰很容易分辨，在船首处是又长又尖的撞锤。士兵的盾牌悬挂在桨手上方的甲板上，战船属于双层桨战船。这些船就像法老尼科（Pharaoh Necho）统治时期（公元前 609 年至公元前 593 年）腓尼基航海者与西非开展贸易时所使用的船只一样，他们驾驶着这种船舶绕整个非洲大陆航行。

希罗多德讲述了他们是如何在海上航行了近三年的故事：他们每年秋天会上岸种植谷物，然后等待来年的丰收；他们知道一个事实，即“非洲除了与亚洲相连的地方以外，四面环海”。然而，他并不承认腓尼基人所说的就是真相。水手们坚

持认为，当沿着非洲南部海岸向西航行时，他们会发现太阳在他们的右侧，即太阳在他们的北面。因为他们当时位于赤道以南的海域，所以这就是他们所观察到的现象。作为一个地中海人，希罗多德自然无法相信这一事实。

对早在公元前 6 世纪就已经环绕非洲大陆航行的民族来说，他们能够做到对地中海的各个角落都了如指掌，这是不足为奇的。对那些横穿比斯开湾北部甚至发现了亚速尔群岛的水手而 72
言（正如 18 世纪在科尔沃岛[①]发现的一些硬币证明这些水手曾经到过该岛），这片陆间海中不太可能还有任何他们未曾到过的区域。传统观点认为，公元前 12 世纪，他们在加的斯建立了殖民地，而似乎在公元前 9 世纪之前，腓尼基人就已经在马耳他和撒丁岛上建立了定居点。公元前 750 年前后，腓尼基人建立了迦太基城。随着迦太基成为腓尼基世界的主要城市，建立殖民地而不是单一的交易中心变成了一项经过深思熟虑的政策。

就像多个世纪之后英国人的做法一样，腓尼基人刚开始是贸易者和商人，后来他们发现为了保护自己的交易站，需要建设一支常备陆军、海军并配备管理人员。与最终击败迦太基人的罗马人不同，迦太基人是出于偶然的因素才建立了一个帝国。贸易推动迦太基人开启了自己的帝国时代。罗马人本质上并不是一个航海民族，随着他们征服的土地不断扩大，最后他们发现自己也必须走向海洋才能控制地中海的贸易路线。

毫无疑问，腓尼基人的航海知识是从他们的邻居那里学来的，即亚述、波斯和埃及这些天文学高度发达的国家。从本质

① 位于北大西洋东中部，属于葡萄牙领土，距离葡萄牙约 1500 公里，该岛是亚速尔群岛中最小的岛屿。

而言，腓尼基人是一个讲求实用的民族，他们在科学或艺术方面没有什么真正的天赋。虽然天文学家研究的抽象事物似乎与日常生活风马牛不相及，但导航员是讲求实用的海员，他会利用天文数据和概念，但往往很少知道这些数据和概念是如何获得的。腓尼基人极其强大的航海能力应被视为源于他们周边那些并未从事航海的民族所具备的天文知识。腓尼基人是以这些天文学家的知识指导实践的水手。

E. G. R. 泰勒（E. G. R. Taylor）在她关于航海导航史的《发现庇护所的艺术》（*The Haven-Finding Art*）一书中对腓尼基人在这个领域取得的成就进行了总结：“在荷马所处的时代，在克里特岛海上霸权被消灭之后很长的一段时间内，人们所知道的历史上能力最强和最活跃的航海民族就是腓尼基
73 人……其中西顿人被认为是技术最高超的一群人，西顿海员被选派来执行困难或重要的任务。希腊作家称腓尼基人是海洋的主人，他们还教会了希腊人利用小熊星座而不是大熊星座（北斗七星）来辨识北方这一更好的方法。正如斯特拉波所说，“直到腓尼基人为了导航而［将小熊星座］指示给希腊人之前，希腊人对它一无所知”。诗人阿拉托斯（Aratus）也认同这一点，他在公元前 276 年至公元前 274 年创作的描述星空的诗作《天象诗》（*Phaenomena*）中写道：“两侧轴线以两极为终点：但是其中一个是看不见的，而另一个是朝向我们所在的北方，远高于海洋。两只熊将其包围在一处……人们将其中一个称为小熊星座，另一个称为大熊星座。亚该亚人［希腊人］通过辨识大熊星座来掌握他们航船的方向，不过腓尼基人在大海上航行的时候则根据另一个星座。然而，小熊星座是晚上最早出现的星座，明亮且易于辨别，大熊星座则亮度较

弱，因此海员更适合利用小熊星座，因为小熊星座的所有星星都按照一个较小的轨道运行。靠着它的指引，西顿人在驾驶航船的时候能够选择最便捷的航线航行。”

除了他们的天文知识外，腓尼基海员在航海过程中融合了生在海边、长在海边的人们的直观感觉。他们熟悉当地的风和天气情况，如果将要吹南风，那么他们可以根据船帆或缆绳的湿度来预测天气，今天地中海成千上万的渔民也可以靠这些预测天气。他们通过头发和额头上感受到的清爽感觉就会知道夏季地中海中部开始盛行西北风了。

15 世纪，德国修士菲利克斯·法贝尔（Felix Faber）曾前往埃及，他描述了腓尼基人、迈锡尼人、希腊人和罗马人都非常熟悉的引航方法，在两千年间，海洋环境和航海技术并没有发生太大的变化。“除了领航员之外，还有其他学识渊博的人、占星家和预言家会根据星星和天空的迹象判断刮风的情况并告诉领航员。他们在通过观测天空来预测天气是狂风暴雨还是风平浪静方面是行家里手；此外他们还会将海洋的颜色、海豚和鱼类游动、烧火起烟以及当船桨浸入水中时激起的浪花情况纳入考量范围。晚上，他们根据对星星的观察来确定时间。” 74

虽然这些早期的航海家可以进行超长距离的航行，但他们大多沿着海岸航行。只要有可能，领航员就会引导航船从一处海岬航行至另一处海岬，确保航船能够在看得见陆地的范围内航行。在相对狭窄的地中海水域中，这种沿海岸航行的方法在许多贸易路线上是具有实用性的；但即便是在这片海域，也会出现连续航行好几天都看不见陆地的情况。正如所有航海家都知道的那样，对于一艘建造精良的船而言，开阔的海域才是安全的地方，靠近海岸地区的礁石会损坏船舶。在古代，当靠近陆地时，一名领航员会使用一种非常重要的导航仪器（可能是世界上最早的导航仪器）帮助他引导船舶安全入港。这种工具就是测深锤，这种工具可能是埃及人发明的；可以肯定的是，迈锡尼人和腓尼基人都曾使用过这种工具。公元前 2000 年绘制的一幅埃及壁画就展示了一些测量员使用打结绳索来测量深度的画面，并且埃及建筑师们一直以来都在使用铅垂线，铅垂线是测深锤必备的组成部分。

希罗多德描述了当他访问埃及时看到人们用测深锤来测量水深的场景：“如果你从海洋向陆地方向航行，在距离陆地还有一天航程时，你放下测深锤，测深锤就会把海底的淤泥带上来，你会知道那里的水深是 11 英寻，这说明河流的泥沙沉积到了这一深度。”从这一点可以很明显地看出，航海家（即便在今天也是如此）使用测深锤不仅可以探测海水的深度，而且可以确定海底的情况。将测深锤的底部掏空并放入一小块牛脂，当它触及海床底部的时候，就会将淤泥、沙子或砾石带上来。

就像挪亚放出一只鸽子去找寻土地一样，人们也在船上饲养鸽子或其他鸟类，然后放它们出去并看它们朝哪个方向飞行。波利尼西亚的一些水手仍在使用这种方法。

另一种具备悠久历史的仪器是测量杆（rod，又被称为 quant)，这种仪器仅可在浅水区使用。埃及早期的绘画作品中也出现过这种仪器。其中有一幅画是公元前 1500 年前后绘制的，画上描绘了一艘埃及红海商船正在靠近陆地，站在船头的领航员的一只手中正拿着他的测量杆。他通过指挥舵手来操控船只。在他身后，水手站在横帆边上，随时准备好根据领航员
75 的命令拉帆、转向或扬帆起航。此外，根据《奥德赛》中的描述，奥德修斯乘坐的船上有一根“长杆”。

在早期，没有航速表或其他方法来计算船的航速。但是，计算航速的作用并不是特别重要，因为通过熟悉自己所驾驶的船舶情况，海员就会知道船舶在白天靠划桨或挂帆航行的情况下的航行距离。根据《奥德赛》中所描绘的情形，我们可以知道在天气晴好的情况下一艘荷马时代的桨帆战舰一天所航行的距离。假扮克里特岛海盗的奥德修斯描述了从克里特岛南部到尼罗河河口的一条假想的通道："……我们踏上了行程……伴着清新的北风顺风而行，这让我们的行程变得如同沿河流顺水而下一样轻松……第五天，我们到达了埃及的大河……"假设他可能是从位于克里特岛南部的梅萨拉湾（Messara Bay）出发的，从那里到尼罗河河口的距离大约是 300 英里。如果奥德修斯在有利的航行条件下航行，那么他每天航行的距离会超过 60 英里或者速度达到大约 3 节。当然，他乘坐的船与腓尼基人的巨型双层桨战舰相比显得比较简陋，但即使在顺风的情况下，这些双层桨战舰能否达到超过 6 节的船速也是值得怀疑的。

在爱琴海，当夏季开始出现美尔丹盛行风的时候，商船就会沿着爱琴海群岛顺风而下抵达克里特岛，或者驶过克里特岛抵达埃及。在抵达埃及之后，他们就需要等到开始从南方刮起酷热的坎辛风（Khamsin）时才会返回希腊，这种风是从沙漠和尼罗河三角洲地区吹过来的。然后，这种强劲且闷热的风会使他们的船顺风而上，返回克里特岛的故乡和地中海北部地区。

少数保存下来的证据可以证明当时的人们对地中海的各种风进行了仔细研究，其中之一就是建于公元前 1 世纪的雅典风之塔（Tower of the Winds）。可以肯定的是，雅典风之塔所蕴含的知识不仅仅是希腊人所独有的，也不仅仅属于修建风之塔的世纪。需要记住的重要一点在于，单纯就该建筑而言，在磁铁指南针出现之前，我们此时所理解的“方向”是指风向。的确，通过太阳升起和落下的方位可以确定方向：从冬至日到夏至日之间，地中海地区的太阳方位在不断变化。但是，除此
76 之外，航海者在白天唯一可以用来辨识方向的就是风。因此，在像爱琴海这种整个夏季都有盛行风的地区，根据相关知识可以相对容易地确定每个岛屿的位置，例如从帕罗斯岛航行到纳克索斯岛，风会吹向船的左船舷，因为纳克索斯岛实际上位于帕罗斯岛的正东方向。公元 1 世纪，老普林尼在谈及罗得岛时写道：“从卡尔帕索斯岛顺着非洲风（Africus，即南风）航行 50 里就可以到达罗得岛。”这也就是说，一名水手想要从位于南爱琴海的卡尔帕索斯岛航行至罗得岛的话，顺着非洲风航行 50 里就可以到达他的目的地。非洲风就是指从南方利比亚沙漠吹向海洋的风，这种风肯定会吹着他的航船沿东北偏东方向（航船需向该方向航行）从卡尔帕索斯岛航行到罗得岛。

希腊天文学家安德罗尼库斯（Andronicus）建造完成了雅典风之塔。它的外形呈八边形，在这八个面中，每一个面的顶部都有一个人物代表来自该方向的风。北风神玻瑞阿斯（Boreas）代表从北方吹来的寒风，他披着厚重的斗篷；南风神诺特斯（Notus）则是一副懒洋洋的样子。对于古典时代在欧洲和非洲之间从事贸易的航海人员来说，这两种风是最重要的风。南风和北风在风向盘上占据了主要位置，但是也存在其他风，如东风和西风，它们对位于地中海东西两端的海员来说非常重要。人们会再一次注意到东北风和西北风在给人的感觉和触感上存在的差异，西南风和东南风也是如此。这些风也有自己的名字并用它们来指示方向。基本上来说，在整个古典时代，8 点风向

标可以为大多数水手的航海活动提供帮助。后来演化出现了 12 点风向标，后来用“恒向线”表示风向，32 点风向标覆盖天空 360 度的范围。风之塔的屋顶上是一尊手里握着测量杆的特里同（Triton）铜像，风吹来时，铜像就会转动并指向风吹向的方位。实际上，这尊特里同铜像是世界上所有风向标的始祖。

按时间顺序来讲述地中海地区人类的历史就意味着在一开始就需要提到米诺斯人在地中海的活动。但是，因为人类在水 77
上航行的技能和造船技术似乎大部分源自东方，所以首先讲述一下腓尼基人做出的贡献似乎是合情合理的。直到最近，人们对克里特岛海员的活动都还知之甚少。米诺斯人是阿瑟·埃文斯爵士（Sir Arthur Evans）对他们的称呼，他在克里特岛的发掘工作首次揭示了这一早期和古典时代之前的希腊文化的存在，米诺斯人是伟大的商业和航海民族。然而，尽管线性文字 B[①] 已经由已故的迈克尔·文特里斯（Michael Ventris）破解，但是我们对米诺斯人建造的船舶仍然知之甚少，甚至一无所知。这些克里特海员的航海技能和航海生活并没有被记录下来，他们在很久之前就已经到达了地中海地区的很多地方，早于腓尼基人好几个世纪。

即便是在克里特海洋霸权崛起之前，考古发现位于地中海东部基克拉泽斯群岛上的居民就已穿梭于地中海两端，开展贸易活动。A. R. 伯恩在他的《希腊史》（*History of Greece*）中将这些基克拉泽斯贸易商开始开展贸易活动的时间确定为公元前 2500 年。“后来，那些寻找金属矿藏的人员进行的长距离航行和敢于冒险的精神令人叹为观止，尤其是在人们发现了锡矿

① 早期希腊语的文字表现形式，是迈锡尼人使用的文字，在 1900 年被英国考古学家阿瑟·埃文斯发现。

的重要性之后，基克拉泽斯群岛居民在海上的航行时间似乎可以持续数周之久。众所周知，‘船在海上的航行路线’不会留下痕迹，靠岸过夜的宿营地少之又少；但是，实际上他们可能最远曾到过西班牙。皮戈特（Piggott）教授指出，在阿尔梅里亚‘建有护城墙防御设施的小型居住区与基克拉泽斯的城镇规划细节是相互吻合的，陶器和衣夹的样式再次表明地中海的两端曾相互联系在一起，放射性碳数据表明，这些文物属于公元前 2500 年之后不久的时期’。”

克里特岛和位于希腊本土的迈锡尼是地中海周边出现的第一个文明社会，即一个海洋帝国或海权国家。根据考古发现可以得知，在阿美尼法亚特统治时期（公元前 1929 年至公元前 1895 年），克里特岛出产的产品就曾被运至叙利亚和埃及。在这个时期前后，克里特岛出产的陶器曾被运至那不勒斯湾的利帕里群岛和伊斯基亚岛（Ischia）。

在伟大的克里特文明灭亡之后，位于希腊内陆的迈锡尼成
78 为整个爱琴海地区的主要势力。后来，大约在腓尼基人向地中海扩张的时候，亚该亚人到达希腊，这导致之前安全的海上贸易遭到了破坏。迈迪耐特哈布（Medinet Habu）神庙墙上关于纪念拉美西斯三世的碑文记载：“这些小岛动荡不安，彼此侵扰……”在这段烽烟四起的时期，希腊与地中海西部的贸易实际上处于停止状态，这促使腓尼基人在位于地中海另一端的巴利阿里群岛和西班牙建立了贸易港口。

我们第一次真正了解希腊航海者是根据荷马的两部伟大史诗《伊利亚特》和《奥德赛》，它们成书于公元前 8 世纪的某个时期。有件事是显而易见的，这些地中海未来征服者的桨帆战舰与腓尼基人做工成熟的双层桨战舰存在巨大差别。最接近

荷马时期这些船舶的是1500年后北欧地区维京人驾驶的长船。诗人用于描述这些战船的形容词包括“空心的”（无篷）、“速度快的”、“平衡的”和“黑色的”。几乎可以肯定，“黑色的”是指它们被涂上了焦油，以预防腐烂和地中海地区特有的蛀船蠕虫贪婪地啃噬船体。

塞西尔·托尔（Cecil Torr）在《古代船舶》（*Ancient Ships*）一书中评论说：“整个船体用一层沥青或蜡，或二者的混合物进行保护。蜡必须用火融化，直到柔软到可以用刷子刷蜡油为止。人们通常情况将有些油漆与蜡放在一起融化，从而使船体呈现一层迷惑人的蜡画色。”这也许可以解释为什么奥德修斯的船有时被描述成“蓝色”的船。很久之后，普林尼记录了多达7种不同的船漆颜色。但是，荷马时代早期的船似乎基本上是黑色的，有时船首会被涂上蓝色的迷惑性涂料。

在荷马时代，希腊人的桨帆战舰要比腓尼基双层桨战舰大得多，希腊人的战船只有一排船桨。它们的桨叶数量可能不超过20片，每侧有10支桨。它们所搭载的海员数量可能是腓尼基战船搭载海员数量的两倍，一艘战船会配备20支船桨，可搭载50人左右。所有海员都是具有自由身份的希腊人，经过很长一段时间之后才出现了靠奴隶划桨的战船。此外，从北欧萨迦长篇故事中可以发现与荷马所描述的战船、人物和生活方式最相近的实例。希腊人本身就是来自北欧地区的一个民族。 79
在思考为什么他们对世界文化的贡献远大于斯堪的纳维亚海盗的贡献这个问题时，不仅要考虑到他们的本土性，而且要考虑到他们所占据的富饶土地和地中海地区的宜人气候。

尽管我们知道腓尼基人（毫无疑问还有米诺斯人和迈锡尼人）早在希腊人之前就已经利用星星来导航，但是历史上第一个利用星星实现导航这一目标的人是奥德修斯。荷马在《奥德赛》中描述了这位英雄离开卡吕普索岛后如何乘坐自己建造的帆船重返希腊故土的故事。

神样的奥德修斯高兴地迎风扬帆，
靠自己的驾船技术，掌舵让船直行。
他坐下来，从未闭上双眼酣睡一场，
注视着昴星座和慢慢降落的大角星，
以及绰号唤作“北斗”的大熊星座。
它绕同一区域运动，遥望着猎户座，
它是唯一从来不在银河沐浴的星座。
神女中的女神卡吕普索谆谆叮嘱他，
渡海时要始终航行在这颗星的左侧。

事实上，奥德修斯为了回到希腊一直确保航行过程中小熊星座在他的左手侧。这证明他是向东方航行。因此，卡吕普索岛位于伊萨基岛以西的某个地方，可能就是马耳他群岛中的某个岛屿。

荷马描写奥德修斯曾到达“费埃克斯人的土地”，这进一步证明了荷马时代希腊人使用的船与腓尼基人的巨型桨帆船相比是一种技术落后的船舶。描写费埃克斯人及其船只的诗句表明，诗人或是听说过古代米诺斯人船只的情况，或者是了解腓尼基人精湛的技巧和造船技术。

在荷马写作的时代，提尔和西顿是繁荣且强大的城市。的确，费埃克斯人的首都听上去很像一座腓尼基人的城市。这座城市是一个巨大的海港，建在一个海岛上，并通过堤道与主海岸相连。在堤道的两侧，有两处港口（腓尼基人一般将其用作码头），船东在这个地方建有自己的私人船台。船只本身远超希腊人的认知范围，并且水手和导航员的操控技能看上去似乎如有神助。奥德修斯返回家乡所乘坐的船配备了 52 支船桨， 80
这种船是荷马熟悉的船，类似于希腊人使用的船体更小的桨帆船，这一点令人难以置信。但是，这一时期费埃克斯人的双层桨战舰在船舷每一侧确实配备有 26 支船桨，每一层有 13 支船桨。国王阿尔基诺奥斯的夸赞之词也体现了费埃克斯人高超的航海技术："我们的船只本能地知道它们的船员在想什么，它们熟悉每一座城邦、每一片肥沃的土地。"

然而，《荷马史诗》中提到腓尼基人的具体内容几乎全部使用了不讨人喜欢的语句。比如，说他们是一群贪婪成性、欲壑难填、不可信赖的海盗，和他们开展贸易就如同被盗一样。但是，在诗人写作的过程中，希腊人已经与腓尼基人在爱琴海和黎凡特的贸易线上爆发冲突。希腊人是一个性格顽强且天性好战的民族，他们从以山地为主的半岛和岩石遍布的岛屿开始向外扩张。另外，腓尼基人则不是一个天性好战的民族。即使在伟大的迦太基时代，他们的军队也主要是由雇佣兵组成的。公元前 8 世纪，当希腊人开始挑战腓尼基在地中海东部的贸易霸权时，越来越多的腓尼基人开始在地中海西部开展贸易并建立了殖民地，而希腊人几乎还未渗透到该地区。

在地中海历史上，我们已经可以看到一种模式，这种模式在未来几个世纪中会经常重复性出现。首先，在一个或另一个领域中出现了一些文化或技术方面新的进步，在当时的情况下就是指航海和造船领域；经过一段时间之后，来自这片陆间海其他地区的国家会受益于邻国取得的进步，然后对它们进行改进并开始挑战这些邻国。将人们联系在一起的贸易也会导致冲突。同时，人们在贸易过程中的冲突和融合促进了知识的交流。创造腓尼基字母表的人们主要是将它们单纯地应用于贸易事务，公元前8世纪，希腊人改编了腓尼基字母表。它迅速传播至岛屿和欧洲大陆。但是，希腊人最初可能仅仅将它作为促进商业发展的手段之一，在希腊字母的帮助下，希腊人创造了世界上最光辉不朽的一些文学作品。

正如表层洋流不断地围绕地中海流动一样，通过贸易、思
81 想和文化传播，国家间的冲突产生了一股“洋流”。最初，腓尼基人是一个在内陆地区从事农业生产的民族，他们先是因为人口压力或敌对邻邦的驱逐而打算在叙利亚海岸定居。他们从那里开始在整个黎凡特地区开展殖民和贸易活动。后来，从事航海和好战的希腊人到来之后，他们被赶到了地中海西部，而他们此前就已经到达过这个地区并开展了收购西班牙金属的冒险活动。几个世纪以来，来自希腊的压力越来越大，此时已经将北非的迦太基作为主要城市的迦太基人被赶到更遥远的地中海西部和北部地区。西西里岛曾经是他们无可争议的贸易基地，而希腊人也开始在其东部海岸地区建立殖民地。于是，这群人再次撤退——他们退到利利巴厄姆（Lilybaeum）和莫特亚（Motya）的最西边，紧靠埃里切山地区。他们在某一个时间点参与地中海西部盆地的事务主要是由希腊人在地中海东部地区所施加的压力引起的，这将导致迦太基和罗马之间爆发巨大的冲突。

马修·阿诺德（Matthew Arnold）在《吉卜赛学者》（“The Scholar Gipsy”）一诗中设想了一名提尔商人是如何自海上而来的：

远眺日出，船首破浪而出，

悄然带出了那冷色的水草，
在朝南的舷梯上坠着穗饰，
正行驶在爱琴海群岛之间；
他欣喜地看到一艘希腊商船，
满载着琥珀色葡萄和赤岸酒[①]，
胀开的青色无花果和浸盐的金枪鱼；
他知道入侵者洗劫了他的古老故乡……

在地中海西部和东部盆地的交汇处，邦角半岛的大角岬从非洲海岸凸向地中海。西西里岛距该地仅约 80 英里。半岛控制着整个东西向的海上贸易路线。它不仅为西西里岛，而且为意大利、撒丁岛和科西嘉岛提供了一个良好的船舶起锚地。它为目的地是远在地中海西部的西班牙的船舶提供了一处优良的中途停靠地。难怪之前腓尼基商人和海员在划着他们的船绕过这处海角的时候，会将船舶停靠在他们所发现的这第一处适宜的天然锚地中。在避风港的深处，西侧是法里纳角，东侧是邦 82
角，这里正是他们梦寐以求的港口。

根传，在罗马人尽皆知的艾丽莎［Elissa，又被称为狄多（Dido）］和一群提尔贵族以及年轻的妇女们来到这里，就购买土地与当地的利比亚人讨价还价，后来这里成为古代世界最伟大的城市之一。传说利比亚人只同意他们购买一张牛皮所能覆盖的土地。他们将牛皮裁成丝带状，用生牛皮圈起一块足够大的土地，建成了一座城市并围建起一座港口。迦太基就这样横空出世。

---

① Chian Wine，希俄斯岛上盛产的一种美酒，是古典时代最昂贵的酒种之一，也是世界上第一款红酒。

第四章　伊特鲁里亚人和希腊人

83 伊特鲁里亚人是另一个在地中海历史上留下浓墨重彩的民族。自从希罗多德描述了他们如何从小亚细亚的吕底亚（Lydia）迁居以来，人们关于他们起源的猜测已有数百年的历史。根据希罗多德的记载，这片土地上爆发了持续 18 年之久的饥荒，“……国王便将吕底亚人分成两拨，通过抽签决定哪一拨人迁徙出去，哪一拨人留在故土。他任命自己来统治抽签后留下来的那部分人，他的儿子第勒赛诺斯统治迁徙出去的那部分人。抽签之后，应当移居的人们就来到士麦那（Smyrna），他们在那里建造了船舶，把他们一切可以携带的日常用品放到船上，起程到其他地方去寻找生计。他们途经多个国家，最终到达了意大利北部的翁布里亚，在那里定居下来并一直生活到今天。在这里，他们不再称自己是吕底亚人，而是以他们当时的首领即王子的名字第勒赛诺斯称自己为第勒塞尼亚人”。第勒尼安海也是以这位传奇王子的名字命名的。

长期以来，人们认为希罗多德关于这个神秘民族起源的描述是准确的。但是，后来，公元前 1 世纪希腊历史学家哈利卡那索斯（Halicarnassus）的狄奥尼修斯（Dionysius）完成了二十卷本的罗马史，抨击了他的前辈（希罗多德）的说法。他坚持认为，伊特鲁里亚人绝不是移民，而是意大利土生土长的一个民族。狄奥尼修斯的理论仍然有追随者，但是正如 D. 兰道尔 - 麦克维尔（D. Randall-Maclver）在《不列颠百科全书》中关于伊特鲁里亚人的一篇文章中所指出的那样："语言问题是一个无法克服的困难。如果伊特鲁里亚人真是意大利原住民，那么他们肯定会说在某种程度上与奥古斯都时代［狄奥尼修斯撰写他的历史学著作时所处的时代］真正的本土意大 84
利人（即处于石器和青铜时代的民族）后裔仍在使用的某种方言具备关联性的语言。然而，正如狄奥尼修斯本人所说，他们的语言完全是一种独特且特别的语言；现代语言学家完全同意这一点。狄奥尼修斯的理论可能包含一些正确的内容。此时，考古学家得出的结论认为伊特鲁里亚人本来就是移民，他们具备一个规模非常小的统治架构，他们权力的支柱是他们所征服的本土民族：他们的居民、农学家、技术工、士兵和工匠几乎都是意大利人。"

伊特鲁里亚人所有最早期的定居点都位于意大利西北部沿海地区，这一事实表明，这个民族乘船来到这里，他们先是征服了沿海部落，然后又迁往内陆地区。考古活动证实了这一点，因为所有内陆地区城镇和居民区所处的时代都晚于沿海地区城镇和居民区所处的时代。维图隆尼亚（Vetulonia）是最早的定居点之一，它似乎是在公元前 800 年前后建成的。

现代研究从一个方面证实了希罗多德记载的内容，即伊特鲁里亚人是一个东方民族或半东方民族，因为他们的早期艺术和宗教崇拜形式明显源自东方世界。可以肯定的是，他们来自叙利亚和赫勒斯滂之间的某个地区，并且他们是最早定居在意大利西海岸的古代海洋民族之一。他们当然不是腓尼基人，尽管他们的文字字母是在公元前 700 年前后从希腊人那里或是直接从腓尼基人那里学来的。维吉尔（Vergil）在《埃涅阿斯纪》（*Aeneid*）[1] 中关于特洛伊英雄埃涅阿斯传说的记载可能与事实相去甚远，这位罗马的缔造者，或者至少说意大利本土一个文明王国的缔造者，是一个来自小亚细亚地区，甚至有可能是特洛伊附近的难民。

到公元前 7 世纪，伊特鲁里亚人已经控制了意大利北部的大部分地区，他们控制的范围往南最远到达坎帕尼亚以及那不勒斯和萨勒诺地区。在切尔韦泰里、沃尔泰拉、泰拉齐纳和塔尔奎尼亚地区，他们的城邦是一片欣欣向荣的景象。对那些技艺熟练的金属工而言，他们幸运地拥有了所需的全部铁矿石。这是从厄尔巴岛上开采出来的矿石，该岛距离他们许多城镇所处的海岸线仅有几英里的距离。厄尔巴出产的木材（此时已
85 不复存在）被用来加热熔炉。当这些木材耗尽之后，他们转而去砍伐位于内陆地区坎皮里斯山（Campigliese hills）的森林，为他们位于波普洛尼亚的铸铁厂提供燃料。

毫无疑问，他们的技术和技能是从东方带过来的。当然，即使在伊特鲁里亚人到达这里之前，该地区已经有自己的铁匠，本地铁匠的技艺也无法与伊特鲁里亚新移民的精湛工艺相提并论。伊特鲁里亚宝石匠的技艺可谓巧夺天工，直到今天，他们制作的花丝金饰的精美程度仍无人能比。伊特鲁里亚人擅长将金银颗粒图案焊接到物品表面的制粒工艺。

---

① 维吉尔（公元前 70—前 19），古罗马著名诗人，被誉为荷马之后最著名的史诗诗人，代表作有《埃涅阿斯纪》《牧歌》《农事诗》等。《埃涅阿斯纪》主要讲述英雄埃涅阿斯在特洛伊被希腊军队占领之后流亡国外，并最终在意大利建立功勋的故事，情节曲折动人，语言凝练，在古罗马诗歌历史上占据重要地位。

有更多的证据表明他们是从东方学会了如何制作这种手工艺品的，例如人们在埃及装饰品和珠宝中发现埃及人使用了制粒工艺。《技术史》（*A History of Technology*）一书中收录的赫伯特·马里昂（Herbert Maryon）和 H. J. 普伦德利思（H. J. Plenderleith）撰写的标题为《精致金属加工》的文章，描写了伊特鲁里亚碗所使用的制粒工艺："图案的线性尺寸[①]超过 860 英寸，使用了 137000 多个粒体……进行这些粒体的排列和如此大量精细的焊接，并且焊接后粒体没有溢出或凝结，这需要非常熟练的操作技术。"这确实是一种高超的技艺，尽管 19 世纪意大利人曾下大力气去复制和复兴这种失传的手艺，但是仍然无法达到伊特鲁里亚金属制品那种高超的技艺。

罗伯特·勃朗宁（Robert Browning）在《指环与书》（*The Ring and the Book*）中的诗句也体现了赶超伊特鲁里亚金属制品工艺的渴望：

> 你看到这枚指环了吗？
> 罗马工艺，与众不同
> （卡斯特拉尼仿制品）
> 找到了伊特鲁里亚环饰，
> 愉悦的清晨，在即将来临的四月；
> 在尚未开垦的丘陵上，
> 发现还存活着如火花般的无花果树根，
> 丘西的古墓顶：
> 你看，多么细腻柔滑，

① 指两点之间的距离。

> 划上去却像切割宝石一样清脆……

他们的艺术品也体现出了他们的生活品质。在 D. H. 劳伦斯（D. H. Lawrence）的《伊特鲁里亚人的灵魂》（*Etruscan Places*）一书中，他自己醉心于追求“美好生活”；毫无疑问，他将自己的很多梦想放到了伊特鲁里亚人的身上。但是，雕刻在石棺上的很多已婚夫妇的形象说明，古代伊特鲁里亚妇女的
86 地位和文明程度要高于当时的希腊或腓尼基女性。这些夫妻的形象表现了男女之间的脉脉温情，这在希腊或罗马艺术中是十分罕见的。

公元前 6 世纪，“维阿的阿波罗像”（Apollo of Veii）落成，雕像表现出的“古时的微笑”可能源于希腊的艺术并受其影响，但是与希腊艺术存在巨大的差别。这尊神像完全是伊特鲁里亚人的样子。著名的塔尔奎尼亚墓壁画表现出了一种伊特鲁里亚人特有的欢乐和对生活的热爱，它与任何其他古代民族的艺术都不一样。伊特鲁里亚人汇入了罗马的洪流，丧失了自己的特有身份。然而，尽管他们的船在许久之前就已经沉入海底，但是他们的艺术依然光彩夺目、引人驻足。

劳伦斯写道：“伊特鲁里亚人的绘画有种让人难以忘怀的东西，那些向外伸着长长舌头的斑豹，那些腾飞的海怪，那些张皇失措、腰部以及颈部被咬住的梅花鹿，都闯进了你的想象世界，不会再消失。我们还看到了波浪起伏的海面、跃起的海豚、跳入蔚蓝大海的潜水者，以及急切地尾随他爬上岩石的小男子汉，然后是靠在宴会床上满脸胡须的男子，他们是怎样举着那枚神秘的鸡蛋啊！还有盘着锥形螺髻的妇女，她们又是如何热切地前倾着身体、脸上带着我们无法理解的关爱表情！裸

体的奴仆们欢快地弯身去取酒瓶，他们的裸体便是他们自己的服饰，但要比服饰简明亮丽得多；他们四肢的曲线显露出生命的纯真愉悦，这种欢乐至今仍深藏于那些舞者的肢体、张开的又大又长的手掌、其全身直至手指尖的每个细胞都投入的舞蹈之中。这种舞蹈源于心灵深处，犹如大海中涌动的洋流，犹如某种强有力的、独特的、流过他们全身的生命之流，与今天我们浅浮的生命大不一样，他们似乎是从更深的地方吸取了生命的能量，我们在那里却遭到了排斥。”

一个技艺如此纯熟的民族也有优秀的海员，这一点不足为奇。他们的祖辈就以海为生，与东方以及科西嘉岛和撒丁岛进行的贸易过程需要海员参与。在数个世纪之中，当希腊人占领了爱琴海、腓尼基人沿着北非海岸向西推进时，整个地中海中部地区到处都是伊特鲁里亚的桨帆战舰和商船。

伊特鲁里亚人和腓尼基人一样，我们从罗马人那里只能了解到极少关于他们的情况，罗马人与他们的战争持续了数十年之久并最终征服了他们。劳伦斯总结道：“伊特鲁里亚人是‘邪
恶’的。我们都知道这一点，因为他们的敌人和灭绝他们的人 87
都这样说，这正如我们所知的最近一次战争中我们敌人无法用语言表述的深奥理论一样。对于敌人来说，谁不是邪恶之人？对诋毁我的人来说，我是个彻头彻尾的恶魔化身……然而，那些纯洁无瑕、生活严谨、心灵纯净的罗马人，他们攻陷了一个又一个的国家，灭绝了一个又一个的民族，麦瑟琳娜（Messalina）①、

① 她于公元38年嫁给罗马皇帝克劳迪亚斯一世。她一生荒淫放荡，晚上会扮成妓女勾引男人，最后被发现与人私通而被处死。据传她曾向罗马名妓挑战接客数量，最终她因与25名男人发生关系而赢得比赛。现在，女子色情狂被心理学家命名为“麦瑟琳娜综合征”。

赫利欧伽巴路斯（Heliogabalus）[①] 和类似荒淫无道的人是他们的统治者，他们居然说伊特鲁里亚人是邪恶之人。”

在大约150年的时间里，这些极具天赋的民众似乎在意大利最美丽富饶的地区一直安居乐业，他们没有受到侵扰，金、银、象牙和青铜制成的精美手工艺品点缀了他们的生活。此时，他们的文化大部分受东方文化的影响，而且他们肯定定期与腓尼基人进行接触。随后，在公元前7世纪末，横扫意大利南部和西西里岛的希腊人开始影响伊特鲁里亚人。这一时期，从伊特鲁里亚人手工艺品的形式、图案和设计样式中可以明显地看出希腊人对他们的影响。此后，伊特鲁里亚人努力维持对意大利西部及其毗邻海域的最高统治权，两个海上强权爆发了冲突，而希腊人则从南部推进，逐渐摧毁了这个建立已久的强大国家。

风平浪静的伊奥尼亚海是从伊奥尼亚群岛和希腊西部到意大利本土相对便捷的通道，长期以来希腊人一直对它垂涎三尺。从科孚岛北部出发，随后抵达一座孤零零的小岛即法诺岛，然后向西驶过亚得里亚海与伊奥尼亚海交界处的狭窄海域，水手在宽度最多只有60多英里的开阔水域航行，看不见陆地的时间非常短暂。今天，圣玛丽亚－迪莱乌卡（Santa Maria di Leuca）是意大利的一个小港口，这里是一处十分便利的船舶休整场所，并且在它的右侧就是意大利南部的整个海岸线。即便是结构非常简单的船只也可以完成这段旅程，而公元前8世纪希腊舰队在开始向西扩张的时候，他们使用的是一

---

① 即埃拉伽巴路斯，罗马皇帝，218～222年在位。据史书记载，他是一位荒淫无道的皇帝，荒诞行径数不胜数。他妻妾成群，日夜行淫，并且还喜好男色。据记载他还有异装癖，遍寻医生来帮助他变性。

种单层甲板大帆船，这种船十分便于在海上航行，由经验丰富的水手驾驶，希腊人在与东方民族的接触过程中学到了航海知识和新的造船技术。

根据希罗多德的记载，最早出海远航的希腊人来自小亚细亚沿岸伊奥尼亚地区[①]最北端的福西亚。据说他们是最早在亚 88
得里亚海沿岸和第勒尼安海开展探险的希腊人。他们甚至可能是远航到西班牙的第一批人，尽管这一尊荣会受到来自伊奥尼亚附近的库米人（Kyme）的质疑。据称，一位名叫米达克里托斯（Midacritos）的库米船长从地中海西部的一个“锡岛”（Tin Island）上运来了锡矿石，传说这个“岛”就是西班牙，尽管这个岛也可能是伊特鲁里亚的厄尔巴岛。

最早期的希腊航海家有可能来自小亚细亚海岸而不是希腊本土，这看上去是件奇怪的事情。但是，伊奥尼亚的居民常常遭受敌邻的侵扰，这促使他们将眼光投向大海。此外，他们日渐繁荣，再加上与腓尼基人等东方民族的熟悉，他们可能比希腊本土人更具优势。同样，很早之前，来自像鱼的形状一样的狭长海岛——埃维亚岛的希腊人就已航行到地中海西部地区。埃维亚岛上的两个城镇哈尔基斯（Chalkis）和埃雷特里亚（Eretria）与库米人建立了贸易和殖民关系，在那不勒斯湾建立了一个永久性总部和贸易站。该殖民地建于公元前750年，以其宗主地库米命名。后来，它的拉丁文名称“库迈”（Cumae）知名度更高，维吉尔曾经在《埃涅阿斯纪》中提到过它，这里是最早的女预言家或女先知的故乡。

---

① 古希腊时代对今天土耳其安那托利亚西南海岸地区的称呼，即爱琴海东岸的希腊伊奥尼亚人定居地。

库迈似乎并不是特意要建成像“殖民地”这个词后来意味的那种形式，而是一个高级贸易站，使希腊人可以向北部的伊特鲁里亚邻居出售货物并购买原材料。毫无疑问，最初伊特鲁里亚人在这种看似方便的安排中并没有发现自己受到了任何伤害。当时，对于一个如此繁荣的民族来说，这似乎无足轻重，但是之后让他们后悔不迭。

在接下来约 30 年内建立的其他希腊城邦才属于真正意义上的殖民地。希腊人开始如饥似渴地占领土地。有关意大利南部和西西里岛上肥沃土地的消息在希腊人中不胫而走，各大城邦自然派出一批批男女去建立新的城镇，并占领他们周边肥沃且适合耕种的土地。许多个世纪之后，欧洲列强通过同样的方式在整个美洲（从波士顿到布宜诺斯艾利斯）建立了自己的殖民地。

哈尔基斯是库迈人最先建立的三个定居点之一，它是希腊早期殖民城市中最繁荣的定居点。哈尔基斯人建立了四个重要
89 的城市：位于意大利“脚趾头”位置的利基翁（Rhegion，即今天的雷焦），这里位置优越，可以控制穿越狭窄且风险重重的海峡的贸易路线；纳克索斯，在稍微往南一点的西西里海岸上，靠近今天的陶尔米纳（Taormina）；卡塔尼（Catane，即今天的卡塔尼亚），这里沿一处优良的港湾呈弧形分布，肥沃的卡塔尼亚平原就位于其后方；以及莱昂蒂尼（Leontini），位于卡塔尼亚平原的尽头。所有这些都是符合逻辑的渐进式殖民形式。西西里本地人说的语言是拉丁语的一个分支，他们还是处在青铜时代的原始农民，这一事实表现得非常明显，因为他们根本不敌那些手握铁剑、身披铠甲的希腊人及其处于更高发展阶段的文明。这是一个令人悲伤的事实，人类的文明甚至人

类的文化都要靠手中的武器来进行传承。

距离出现争斗的氛围不久之前，无法精诚合作的情形在整个希腊城邦史中早已司空见惯，这导致埃雷特里亚与哈尔基斯之间爆发了一场战争。在随后的战争过程中，希腊其他多个城邦也参与进来，科林斯的崛起势头日益明显。科林斯人是一个优秀的航海民族。他们居住在一个繁荣的城邦之中；他们是希腊技艺最高超的工匠之一（当时他们的陶器已经出口到了伊特鲁里亚）；而且他们的地理位置极其优越，可以开拓与西方的贸易和联系。离开科林斯和帕特雷海湾，他们的桨帆战舰和商船可以经由一条便捷的路线通往西方；经过凯法利尼亚岛（Cephalonia）、伊萨基岛、帕克索斯岛和克基拉岛（即今天的科孚岛）之后就可以进入伊奥尼亚海。他们早就对克基拉岛垂涎三尺，但是那里居住着埃雷特里亚人。埃雷特里亚和哈尔基斯之间的战争为科林斯人提供了他们梦寐以求的机会。他们横扫富饶繁荣的克基拉岛，战胜了埃雷特里亚殖民者，并使该岛变成自己的一块殖民地。此时，他们已经准备好稳步向西扩张。

公元前734年，科林斯人在西西里岛的锡拉库萨（Syracuse，又译叙拉古）建立了殖民地。由此，他们为锡拉库萨在之后成为西西里岛上最繁荣的希腊城市奠定了基础。的确，锡拉库萨是古代世界最富足的城市之一。他们选择了非常有利的地理位置。锡拉库萨的地理位置甚至胜过卡塔尼亚或纳克索斯，它拥有由奥尔提伽岛（当时与陆地并不相连）和该岛后方的弧形大海湾形成的一处天然良港。奥尔提伽岛（又称“鹌鹑岛”）的北端与西西里岛的大陆中间隔着一条狭窄的水道。早期，这 90
里与大陆通过桥梁连在一起，城市通过这里向内陆扩展。

这座岛的地理位置可谓得天独厚。岛上不仅有一眼淡水泉——阿瑞塞莎之泉（The Fountain of Arethusa）[①]，而且安纳普斯河（Anapus River）及其支流库卡恩河（Cyane River）都汇入西侧的大海湾。岛上的防御工事易守难攻，并且岛上永不枯竭的泉水确保了在被围困的时候守卫人员不会因为缺水而死。守卫人员也不会被饿死，因为周边的乡村可以收获充足的粮食。

考古证据表明，来自哈尔基斯的船员曾到过这处港口，毫无疑问，哈尔基斯人已经想到要将锡拉库萨变为他们的下一批殖民地之一。但是，由于他们陷入了与埃雷特里亚的战争泥潭，科林斯人从埃雷特里亚人手中夺取了克基拉岛并获益颇丰，他们认为也可以通过从哈尔基斯人手中夺取锡拉库萨而获益。奥尔提伽岛的西库尔人[②]定居点被一个新建立起来的希腊小镇所取代。奥尔提伽岛北边朝向陆地的斜坡在埃皮波莱高地（the heights of Epipolae）下方，是那些勤劳农民的定居处，科林斯人的船舶在这里有两处极好的抛锚地点：一处位于岛屿的北部，另一处位于大海湾的南部。锡拉库萨注定会成为世界上最富裕的城市之一，而这座城市的历史将比大多数城市的更血腥。

起初，伊特鲁里亚人对希腊人不断骚扰意大利南部或西西里岛并没有做出任何反应。他们肥沃的土地、丰富的铁矿、他们的技术以及在意大利本地人中建立的统治地位似乎可以保证他们的安全。他们与腓尼基人没有冲突，后者的利益主要集中在非洲和地中海西部。他们还没有意识到这些在这里殖民的希腊人对他们的海上贸易所构成的威胁。

---

① 阿瑞塞莎之泉是西西里岛上的主要淡水水源。阿瑞塞莎是希腊神话中的女神，她为躲避河神阿尔菲斯（Alpheus）的追逐，化为一眼清泉，即阿瑞塞莎之泉。

② 古西西里人部落，生活在西西里岛的东部。

第五章　战争之岛

在古代，西西里岛又被称为“特里纳克里亚”（Trinacria，意思为三角形的土地，源于这座岛的形状），它是地中海面积最大的岛屿之一。希腊人横渡伊奥尼亚海并在这里建立定居点时，掠夺了原住民的土地。当时的西西里岛树木茂密，土壤十分肥沃。物产丰饶的西西里岛让希腊人赞叹不已，他们曾习惯于自己贫瘠的土地，即便是在早期，他们也不曾吹嘘这块“新发现的土地”的丰饶。后来，正如 E. H. 布莱克尼（E. H. Blakeney）在他的《简明古典词典》（*A Smaller Classical Dictionary*）中对西西里岛的描述那样，这座岛“出产大量的小麦，罗马人在很大程度上以这些小麦为生。甚至在早期，它就因出产谷物而闻名于世，它是奉献给德墨忒尔（Demeter）[①]的圣岛，这里是这位女神最喜欢的地方……除了出产谷物，西西里岛还出产优质的葡萄酒、藏红花、蜂蜜、杏仁和其他欧洲南部地区的水果。早期，为了开展商业贸易，腓尼基人在西西里岛的四面海岸上都建立了定居点”。

实际上，腓尼基人从来都不关心西西里岛东部地区的情况，按照他们“能忍则忍，直到忍无可忍”的总方针，在希腊殖民者开始在该地区有所行动之前，腓尼基人就撤出了该地

---

① 古希腊神话中掌管农业的女神，奥林匹斯十二主神之一。

区。他们保留了位于西西里岛西部地区的主要城镇和利益。不管怎样，吸引他们的是这座岛的西海岸能为往返西班牙的船舶提供港口和码头，而且最靠近腓尼基人最大和最重要的殖民地迦太基。

激烈的西西里岛争夺战持续了近500年的时间，从公元前700年前后一直持续到公元前221年，最终西西里岛被罗马吞并，成为罗马的一个行省。尽管经历了掠夺和征服，但西西里岛此时不仅是地中海最富饶的岛屿之一，也是地中海最美丽的
92 岛屿之一。在古人的眼中，西西里岛就像一颗宝石。穿过平坦肥沃的平原和山谷，地中海沿海地区一片郁郁葱葱，这里有可供停靠航船或建设城镇的海角、岬角和海湾，海浪不断涌向岸边。在将原住民西库尔人赶到内陆地区之后，腓尼基人和希腊人在这里建立了自己的城市，并且他们之间也爆发了战争。在这座岛上，希腊人建立的城市与相邻城市之间爆发了战争并发生了大屠杀，同室操戈的情景更为惨烈。最终，罗马人在西西里岛打败了迦太基人并征服了希腊人，“罗马和平”（Pax Romana）降临西西里岛，尽管“罗马和平”带来了很多好处，但它无一不是建立在其他民族、文化和自由的“尸首”之上的。

从腓尼基人在西海岸的港口和殖民地——莫特亚到东边的卡塔尼亚（Catania），西西里岛宽约150英里。从希腊殖民地迈利（Mylae，位于墨西拿稍微往西一点）一直到帕塞罗角［Cape Passcro，即古代的帕奇努斯角（Pachynus）］，西西里岛最长处约为100英里。西西里岛是一个高度多元化的海岛，在希腊人和腓尼基人建立殖民地时必然呈现出更加多元化的格局和外在形式。如今，那些光秃秃的内陆山脉阴森恐怖，夏季时就像月球地貌一样，那里曾经生长着茂密的森林。当时的河流

数量要远远多于今天，现在山脉两侧山谷中的土地十分贫瘠并且表层土壤已被过度耕种，那里曾经是一片沃土。

腓尼基人、希腊人和罗马人在西西里岛上的历史在很大程度上就是一部海洋活动和海战的历史，因此西西里岛海岸线轮廓的简图可能暗示这里就是西西里大戏上演的舞台。西西里岛北部海岸崎岖不平，风光旖旎。巨大的悬崖直插入大海，悬崖后方就是内布罗迪山（Nebrodi）和马多涅山（Madonie）高耸的锯齿状山峰。西西里岛有很多优良港口，其中条件最好的海港是巴勒莫（Palermo）。这里古时被称为帕诺尔莫斯（Panormus），是迦太基人在这片土地上最重要的殖民地之一。西边是佩莱格里诺山（Mount Pellegrino）的主峰，东边是扎弗拉诺角（Cape Zafferano），这个大海湾各方面都很安全，唯一的不利条件是会受到北风侵扰。腓尼基人有两个港口，分别位于城镇的两翼，它们为腓尼基人的船舶提供了全年都可抛锚停靠的锚地。城镇的后方是一条庞大的半环形山脉，肥沃的巴勒莫大草原就位于这个区域。这个区域被称为“金色贝壳”，是 94
西西里岛上最富饶的地区之一。从巴勒莫向西沿海岸往北就是伊利米人（Elymi）的居住地，他们也许就是早期的黎凡特殖民者。腓尼基人在这片土地上的殖民方式和希腊人不同。他们唯一感兴趣的是在口岸和港口与当地人开展贸易、进行休整并修理他们的船舶。

西西里岛西海岸地区主要被埃里切山脉占据，最西端是特拉帕尼的一个海角，从这里经过埃加迪群岛就能到达开放海域。附近是腓尼基人的贸易站莫特亚，后来这里成为迦太基人发动西西里战争的主要基地。它位于一个圆形小岛上，在另一个狭长的小岛环护之下与大海相隔开。一条人造堤道将莫特亚与西西里本岛连在一起。位于小岛和陆地之间的潟湖是大多数运输船舶的安全锚地，但腓尼基人还是在莫特亚当地建造了一个小型内港（或称为人工港口），供他们的桨帆战舰进行修理和保养之用。

西西里岛的西南海岸是一片低地，后来希腊人在这里建立了他们的殖民地塞利努斯（Selinus）[①]、阿克拉加斯（Acragas）[②]、杰拉（Gela）和卡马里纳（Camarina）。如果南风带来非洲炎热的空气，那么该地区几乎就不存在隐蔽的港湾，只有马扎拉－德尔瓦洛地区一条径流量大小不定的河流河口处能够提供有限的庇护。南部海岸的山丘海拔要低于北部和西部的山地海拔，并且距离海洋更加遥远。沿海地带的土壤非常肥沃。

岛的最南端是帕奇努斯（Pachynus），古代水手在这里看到的是一片岩石海岸，几乎没有锚地或海港，直到来到锡拉库萨巨大的环形海湾时才能找到锚地或海港。从这里往北不远处是一片深入陆地的海域，被希弗尼亚（Xiphonia）海岬围绕。奥古斯塔湾距离锡拉库萨非常近，这导致它在古代世界中的地位并不那么重要，尽管如此，巨大的奥古斯塔湾还是在该岛东海岸航线上提供了一处适宜船舶修整的场所。附近是公元前700年前后建立的希腊殖民地墨伽拉希布莱阿（Megara Hyblaea），这里居住着来自希腊中部地区的移民。从这里开始，埃特纳火山宽阔的山肩占据了整个海岸线，它的山顶云烟弥漫，成为远处航海者的灯塔。

盛夏时节，当水手驾船穿越平静的伊奥尼亚海时，他

① 今塞利农特。

② 今阿格里真托。

首先看到的就是西西里岛上这座令人敬畏的山峰，赫菲斯
托斯（Hephaestus）[①] 和他的独眼巨人随从掌管闪电，当秋季
暴风雨来临的时候，宙斯就会四处巡走。在这座巨大山峰的庇 95
护之下，狭长的卡塔尼亚平原上肥沃的土地向南部延伸，受到
锡梅托河（Simeto River）的惠泽。西西里岛的面积为 9800 平
方英里，其中埃特纳火山占据了 400 平方英里。

从希腊引进的葡萄树很快就在黝黑松散的火山土中扎下了根，埃特纳火山两侧的山坡上散落着小型的农业定居点。卡塔尼亚位于埃特纳火山的南侧，纳克索斯则位于稍微偏北的地方。再往北就是后来由纳克索斯殖民者建成的赞克勒（Zancle，今天的墨西拿市）。它守卫着西西里岛墨西拿海峡的一侧，为穿越波涛汹涌的海域向北或向南航行的水手们提供了一处避风港。

> 哦，帕尔赛弗涅（Persephone）[②] 的歌手！
> 在那幽暗、荒芜的牧场，
> 你是否还记得西西里岛？

在维多利亚时代晚期，奥斯卡·王尔德（Oscar Wilde）唤起人们对岛上最伟大的诗人忒奥克里托斯（Theocritus）的精神的回忆，后者在公元前 3 世纪曾写道：“我，忒奥克里托斯，写下了这些诗歌，我来自锡拉库萨，我是人民之子……”田园诗的开山鼻祖用一种优美和高雅的面纱掩盖了农民和渔民

---

① 希腊神话中的火神、砌石神、雕刻艺术神和铁匠之神，奥林匹斯十二主神之一。

② 古希腊神话中宙斯和农业女神德墨忒尔的女儿、冥王哈迪斯的王后。

的辛劳，忒奥克里托斯一直在歌颂这座岛。

在崎岖不平的地形、光秃秃的丘陵和山脉、稀少的河流和沿海分布的平原的表象之下，仍然依稀可见当初那个让希腊人、腓尼基人和罗马人都惊叹其富饶的西西里岛。

希腊人在新殖民地的土地上辛苦培育的橄榄树和葡萄树与希腊本身一样，都成了西西里岛的象征。从希腊人和腓尼基人在西西里岛定居的时代一直到今天，这两种植物对地中海人的重要意义是不容低估的。马里恩·I. 纽比金（Marion I. Newbigin）在《地中海的土地》（*The Mediterranean Lands*）一书中写道：

> 由于夏季缺少牧草，典型的地中海的土地上很难收获动物脂肪制品，尤其是黄油。尽管橄榄油缺乏黄油中包含的某些成分，但是通过压榨橄榄得到的橄榄油是令人垂涎的替代品，尤其当橄榄油与绿色沙拉搭配在一起时更是如
> 96 此。地中海人尤其需要像橄榄油这种可消化的脂肪，因为地中海人的饮食中通常极少包含肉类尤其是鲜肉。
>
> 葡萄酒在食谱中的地位与橄榄油不同，但几乎同等重要……恰恰在降水量稀少或完全没有降雨的时候，葡萄开始灌浆。但是，即将干涸的溪流导致人们在最容易口渴的时候很难获得纯净的饮用水。显然，此时喝一杯葡萄榨的果汁就能解渴，由此可以看出，从根本上说，葡萄藤是一个“有机泵”，它能将水从底土层运输到人们能够获取的深度范围。但是，众所周知，摘下的葡萄表面有一层“白霜”。这种蜡质的“白霜”含有一种酵母，如果它在压榨过程中与果汁混合在一起，果汁就会“自动”发酵，

> 从而将糖转变成酒精。因此，酿酒源自一种纯粹的自然进程。大部分地中海葡萄酒属于“淡酒”，即酒精含量低，这种淡酒虽然不能当饭吃，但是对于以素食为主的地中海人而言，它是食物的一种重要补充。如果没有葡萄酒，面包、豆类、沙拉和油类就无法完全出味。因为人们还必须喝大量的饮品，并且在早期还没有出现咖啡和茶，所以与入口温和但可能不洁净的淡水相比，葡萄酒是一种更安全、更适合的饮品。

与希腊一样，能否在西西里岛建立一座城镇或一个港口完全取决于在这个地方能否获得天然水源。尽管锡拉库萨是一个良港，但是如果没有阿瑞塞莎之泉和环绕西西里岛的两条河，锡拉库萨将永远不会发展起来。值得注意的一点是，荷马在《奥德赛》中对奥德修斯和他的伙伴们曾经在一处锚地度过的一段时间进行了细致描述，其中提到了水源供应的特点。例如，在山羊岛，他们发现“在海港的尽头，有一股淡水从隐藏在白杨树丛中的山洞中流出来”。奥德修斯还提到他在喀耳刻的魔法山中杀死了一只长着鹿角的大雄鹿，将其作为自己和伙伴们的食物。当时这只鹿忍受不了太阳的灼热，“从丛林中出来，在一条溪流前喝水。当它从河边上来，我出手击中它的中背部位”。后来，当奥德修斯独自一人（他的伙伴都已去世）被卡吕普索幽禁在她位于希腊西面的偏远岛屿时，他并没有忘记提到“在她的山洞口周围缠绕着一棵大葡萄藤，上
面长满了一串串上等的成熟葡萄；四条明亮的溪水处有四个泉 97
眼，水流遍布大地”。

西西里岛是一块宝地：适宜种植葡萄和发展农牧业，拥有

水源、港口和可供开采的石料，岛上树木可提供燃料和造船原料，崎岖的山地可供放牧羊群。那些无法种植谷物或葡萄的地方，可以种植适应能力强的橄榄树。在人类占据并破坏西西里岛之前，这里是一个伊甸园，它位于意大利南部的海域，架起了欧洲与非洲之间沟通的桥梁。第一批来到西西里岛的人，在从希腊向西或从非洲向北迁徙的途中，看到它出现在黎明或日落时分的海平面上时，内心肯定兴奋不已。

西西里岛上的腓尼基人和其他地方的腓尼基人一样，都在寻找易于防卫且能够为其与内陆的贸易提供良好基础的据点。希腊人与他们的对手腓尼基人一样，在区位的选择上同样务实，但他们还不满足于以上条件。例如，莫特亚位于一座地势平坦、位置隐蔽的小岛上，它被另一座小岛包围着，俯瞰着一处毫不起眼的海岸，尽管这非常有利于实际防卫，但是希腊人并不满意。它的区位并不优越，而且缺乏自然景观。希腊人有能力利用丘陵形状、陆地和海洋景观来建设一座壮丽且繁荣的城市。

公元前 1 世纪，当时锡拉库萨只是罗马西西里岛行省的一个小镇，伟大的罗马演说家、作家西塞罗（Cicero）曾经写道：“锡拉库萨是希腊所有城邦中面积最大的城邦，也是所有城邦中最美丽的城邦……无论从陆地上还是海洋上眺望，它所处的自然区位和引人注目的外观都使其成为一座强大的城邦。”

不单单是锡拉库萨，希腊人在西西里岛上建立的所有主要城邦不仅防御工事完备，而且风景宜人。希腊人在选址上富有天赋，他们是那个时代的幸运儿，因为当他们来到地中海世界时，这些土地还未被破坏。他们也没有现代建筑师所面临的问题，即现代建筑师需要在以前的建筑、道路、公共设施以及投机建筑商留下的杂乱无章的工地的基础上修建建筑物或建筑群。像意大利南部一样，西西里岛是一片未经开发的处女地。赞克勒和卡塔尼亚的海湾非常漂亮且干净透明，那里没有几个 98
世纪留存下来的杂乱堆砌和断壁残垣。城邦的建筑师可以准确确定主要广场、各大庙宇、国库和卫城的位置，以及应在哪里建造船坞、船舶的滑道和造船工人及其他工匠居住的区域。

杰拉位于西西里岛南部的低矮丘陵地区，它俯瞰大海和杰拉河，拥有一片肥沃的沿海平原。阿格拉加斯是从杰拉城邦分出来的一个城邦，也是依海而建，卫城距离海岸线 2 英里，但是其主要建筑物散布在距离其围墙很近的内部区域。这种情况令人感到吃惊。塞利努斯也是如此，这座城邦的废墟仍然是西西里岛所有希腊城邦中给人留下最深印象的。它有一座港口（港口已经淤塞了很长时间），从卫城向北坐落着宏伟的庙宇，与肥沃的耕地交相辉映。希腊化的塞杰斯塔（Segesta）位于该岛西北角，由伊利米人建立，尽管与海岸有些距离，但它是希腊城邦中选址最佳的一个。它的背后是一大片土地。当你向远方望去时，仿佛透过枪支的瞄准器一般，视野中就是第勒尼安海长长的蓝色海岸线。

西西里岛是一座大舞台，大自然使西西里岛成为地中海地区环境最为宜人的地区，而人类利用聪明才智在这里建造了世界上规划最好的一些城市。然而，在这里上演的是嫉妒、战争和征服的悲剧。

第六章　希腊人、腓尼基人和伊特鲁里亚人

99　西西里岛绝不是希腊人向西扩张的终点。公元前6世纪中叶，福西亚（靠近小亚细亚库米①的一处海港）的居民被波斯人逐出家园，被迫另寻居住地。他们早已到达过西班牙，并在西班牙建立了两块殖民地中的其中一块，但他们最为人所知的成就是在公元前600年建立了马赛城。希罗多德说，他们往往“不是在商船上而是在桨帆战舰上旅行”，不久他们就陷入了与腓尼基人和伊特鲁里亚人的冲突。

据我们所知，福西亚人最西端的哨所是位于布拉瓦海岸上的安波利亚（Emporiai，即“贸易站”的意思）。他们还在科西嘉岛上建立了类似的定居点，但最终在公元前535年前后被迦太基和伊特鲁里亚的联合舰队赶出了定居点。当时，伊特鲁里亚人和腓尼基人才意识到希腊人在地中海西部产生的威胁日益增加，于是建立了防御联盟以阻止新来的人。正如A. R. 伯恩在他的《希腊史》中所评论的那样：“从那时起，在西方日益蔓延的敌对情绪中，希腊人当然不是无辜的一方；他们的敌人成功地限制了他们的扩张。”

---

① 与后文提到的亚平宁半岛上那不勒斯附近的库米（即库迈）并非同一个地方。这里是伊奥尼亚的希腊人建立的十二座城市中最大也最重要的一座。

希腊人绝不是“无辜的羔羊”。事实上，伊特鲁里亚人和腓尼基人本来可以容忍希腊人占据爱琴海地区、意大利南部大部分地区和西西里岛东部。但是，希腊的众城邦并不满足于占领这些领土，出于财富和人口的驱动，他们需要扩大他们在地中海中部和西部的地盘。在所有驱动因素中，是财富促使科林斯以及之后的雅典扩大贸易路线并寻找更远的原材料产地。从 100
另一方面来说，有一些城邦是迫于外国的压力而对外移民，另外一些城邦是因为自己本土的贫瘠而对外扩张。

希腊人是一个才华横溢的民族，他们的文化比地中海地区的其他任何民族都要发达；希腊人也是一个好斗且好战的民族。在随后的几个世纪中，欧洲学者、诗人和历史学家有时给希腊人蒙上了浪漫色彩。愚蠢至极的是，在赞扬他们在艺术、哲学、数学和社会组织方面的贡献的同时，人们假装认为希腊人彻头彻尾的侵略并不属于横扫整个地中海地区火箭般行动的一部分。毫无疑问，这种紧迫的驱动力也激发他们取得了自身的文化成就。

根据传统的观点，公元前 814 年是希腊人和腓尼基人冲突史上的一个重要节点，这一年是迦太基建城元年。这个新的非洲殖民地很快成了腓尼基世界的领军者。迦太基位置优越，向西可控制与西班牙和不列颠的锡矿贸易，并且它与西西里岛和撒丁岛西部的殖民地之间的海上航程较短，能够有机地结合在一起。到了公元前 6 世纪，我们听到的是迦太基人的活动，而不是腓尼基人的活动。宗主国被附属国赶超，这种情况屡见不鲜。

大约在公元前 580 年，一群来自罗德岛和尼多斯（Cnidus）的希腊人试图在利利巴厄姆建立一个殖民地。这里是西西里岛最西端的海角，位于迦太基殖民地莫特亚的南部。利利巴厄姆提供了一处极为优良的港口（即今天的马尔萨拉所在地），并且这里是西西里岛距北非邦角半岛和迦太基城邦最近的地点。迦太基人不允许莫特亚及其主要贸易路线受到威胁，迅速做出反应。这些将要成为殖民者的希腊人遭到驱逐，被迫乘船离开。他们向北方进发，最后定居在利帕里群岛最大的岛屿——利帕里岛。

不论何时，腓尼基人都一贯尽可能地采取避免冲突的做法。有大量证据表明，在此期间，他们的定居点和殖民地与希腊人开展贸易，并部分地被希腊化。腓尼基人几乎没有种族或宗教偏见，并且只要像往常一样能够“正常开展商业活动”，
101 他们便乐于与希腊人共处下去。直到感到自己的贸易路线受到严重威胁时，他们才会诉诸武力。

公元前 600 年，迦太基试图阻止福西亚人在马赛建立自己的据点。他们担心希腊人在法国海岸存在的原因仅仅与贸易相关，其中最重要的是金属锡的贸易。约翰·博德曼（John Boardman）在他撰写的关于希腊殖民的《海外希腊人》（*The Greeks Overseas*）中写道：“从不列颠群岛出产锡矿的岛屿到西班牙南部的一条陆上的替代路线是横跨法国。在法国南部路线上，来自希腊东部的商人似乎主要是福西亚人，他们必须面对来自腓尼基人的竞争，甚至他们在科西嘉岛、撒丁岛和巴利阿里群岛的基地都不安全。但是，只要伊特鲁里亚人与他们友好相处，他们就可以将安全的海岸线推至法国以及腓尼基人尚未开展活动或者至少未占优势的另一条锡矿贸易路线。按照他们在其他地方的做法，他们会通过建立殖民地来保护他们的贸易活动。”

腓尼基人试图阻止希腊人进入马赛的行动以失败告终。越

来越多的“忧心忡忡的提尔商人”被迫将他们的锡矿石供应转向依靠西班牙和通过比斯开湾到达不列颠群岛的海上航线。

六十五年前，希腊的福西亚人在马赛成功抵制了迦太基人的驱逐行动；而此时，他们在科西嘉岛附近的海战中遭遇惨败。当时他们已经在科西嘉岛定居长达三十多年，但是他们的生活习惯以及对伊特鲁里亚和迦太基贸易的干涉最终促使这两个大国结为联盟。公元前 535 年，伊特鲁里亚人和迦太基人的联合舰队进攻福西亚人并将其击败。希腊人被迫撤离在科西嘉岛和撒丁岛建立的小型殖民地。伊特鲁里亚人和迦太基人划分了他们在这部分海域的势力范围——伊特鲁里亚人保持对科西嘉岛的控制权，而迦太基人则保持对撒丁岛的控制权。

希腊人此时或多或少地被禁止插手地中海西部的贸易路线，马赛的殖民地变得对他们的经济更加重要。锡矿在古代世界中的重要性（与铜混合可制成青铜）可以与现代世界中的燃油相提并论。锡矿贸易路线就像今天的石油贸易路线一样，
是一国经济的“阿喀琉斯之踵”。对锡矿的需求成为各国爆发 102
冲突的主要原因。

公元前 515 年前后，来自斯巴达的另一批希腊殖民者入侵迦太基领土，当时他们试图在艾瑞克斯山地区建立定居点，并对莫特亚和利利巴厄姆虎视眈眈。迦太基人及其当地的盟友伊利米人再次将希腊人驱逐了出去，继续保持对西西里岛的统治。就在几年之前，意大利的伊特鲁里亚人意识到希腊殖民地对意大利本土的威胁，并袭击了希腊人位于那不勒斯湾的定居点库迈。但是，这次袭击以失败告终，从这一刻起，伊特鲁里亚人的实力开始衰弱。

希腊人在第勒尼安海海域日益活跃。迦太基人控制了几乎

所有通向地中海西部地区的贸易路线；在伊特鲁里亚的身后，罗马人开始崛起。

唐纳德·哈登（Donald Harden）在《腓尼基人》（*The Phoenicians*）中写道："伊特鲁里亚人的实力正在衰弱。公元前510年，罗马驱逐了伊特鲁里亚国王塔克文（Tarquin），成为一个独立的共和国。第二年，罗马与迦太基缔结条约，确定了双方的势力范围。毫无疑问，尽管迦太基人还没有预见到未来即将爆发世界大国之间的激烈竞争，但是迦太基意识到这个新兴的国家可能会崛起。迦太基真正的敌人仍然是希腊人。"

与个人之间的友谊不同，国家之间的联盟完全是以各自利益为驱动的。希腊人被认为属于对付古老的伊特鲁里亚的拉丁同盟。同样，在波斯和希腊之间的冲突中，腓尼基人为波斯舰队提供了很大一部分战船也就不足为奇了。

公元前524年，在波斯与提尔结盟之后，所有腓尼基人的故土都处于波斯人的统治之下。这成为引发迦太基对外扩张的一个因素。但是，腓尼基人非常乐意提供其舰队来对抗希腊人的真正原因是争夺西西里岛以便控制地中海中部和西部地区（更何况他们此时是波斯帝国的臣民）。16世纪，意大利人马基雅维利令人信服地指出"君主的义务就是信守承诺"，公元前6世纪的人们对此有深刻体会：只要能够获利，就没有义务
103 可言。对联盟的怀疑态度并不是一种偏执的现代产物，它与人类的历史一样古老。

就像在为其城邦选址的时候一样，希腊人在一片空空如也且尚未开发的土地上苦心经营，就他们经营和管理这些城邦的方式而言，他们是精明的实验者。此时，他们以全新的政治思想为基础，尝试采用从独裁到民主的所有体制模式，

甚至在利帕里群岛尝试采用了一种共产主义体制模式。在荷马时代，他们受国王或首领统治。例如，迈锡尼国王是阿伽门农（Agamemnon），伊萨基岛及附近的伊奥尼亚群岛的领导人是奥德修斯（他更像是一位苏格兰首领而不是国王）。

在希腊进入殖民扩张时代很久之前，这种早期的主权模式就已开始瓦解。G. 洛斯·迪金森（G. Lowes Dickinson）在他的研究专著《希腊的生活观》（*The Greek View of Life*）中阐述了希腊政治实验的主要模式："希腊的大多数城邦处在不断变化的状态之中，变革以迅雷不及掩耳之势接连而至。我们看到的真实情况是他们不停地从一种模式转向另一种模式。"

正如20世纪所发生的事件充分证明的那样，这种无休止的政治模式转换是希腊人一直以来的特征。在他们的整个历史中，他们经常抛弃民主，转而支持寡头政治甚至独裁政治，即由一个"僭主"（tyrant）进行统治的体制，但"tyrant"一词与现代英语中的含义并不完全一致。

G. 洛斯·迪金森还说："亚里士多德考察了希腊各城邦后认为，存在三种主要的〔政府〕模式：一个人的政府、少数人的政府和多数人的政府。每一种模式又可分为两种形式：一种是好的形式，即这种政府注重全体民众的福利；另一种是坏的形式，即这种政府只关注管理者少数几个人的福利。所以，其结果就是存在六种政体：其中有三种是好的，即君主制、贵族制，以及一种他称为最好的'政治'；有三种是坏的，即僭主制、寡头制和民主制。在希腊的历史中，我们都可以找到相应的例子，并且还可以大概地看出哪些国家是从哪种政体演变而来的。但是，历史上最重要的两种政体是寡头制和民主制。这两种政体重要的原因在于它们大致对应的是富人的

104 政府和穷人的政府。亚里士多德指出，‘富人和穷人确实是一个国家中互不相容的两个部分。因此结果就是当时的政体性质只是取决于两个阶级谁胜过谁，并且人们一般认为有且只有两种政体，即民主制和寡头制’。……换言之，贫富之间的社会差别在希腊被放大为政治对抗。每个城邦都存在寡头派和民主派。他们之间的对抗如此激烈，以至于我们几乎可以说，每个希腊城邦都处于长期的内战状态，正如柏拉图所说，它已经不是一个城邦而是两个城邦，‘一个城邦由富人组成，另一个城邦由穷人组成，他们生活在同一片土地上，而且总是密谋相互对抗’。”

在争夺西西里岛的过程中，希腊殖民地内部一直处于动荡中。一个城邦的寡头政权不仅有可能被民主政权推翻，也有可能反过来被一个“僭主”推翻。各个城邦之间也战争不断。只有在极少数情况下，各殖民地才能形成足以抵抗任何迦太基威胁的同盟。正如纳撒尼尔·李（Nathaniel Lee）所说的那样：“当希腊人与希腊人联合起来后，那就是一场拉锯战。”

从长远来看，正是由于无法形成统一的国家和民族，希腊及其殖民地才陷入被罗马统治的境地。古往今来，希腊人就是一个推崇个人主义的民族。他们宁愿孤单地走向灭亡，也不愿在任何时候同仇敌忾或屈服于一个城邦或国家的全面统治。希腊人只有在“国家紧急情况”下才会抛却私人恩怨而团结在一起，比如在波斯人侵希腊人的家园时，他们就是这样做的。即使在那时，仍有一些城邦和岛屿出于不同的原因而准备帮助波斯人，而不是与他们的希腊同胞共度时艰。在雅典帝国时期，希腊人在一个比城邦更大的实体中通力协作，取得了伟大的成就；后来在马其顿国王亚历山大大帝的领导下，希腊人的团结协作更为有效。

另一方面，腓尼基人和迦太基人似乎对政治理论并不感兴趣。他们重视实践的品格体现在，只要商业不受干扰并且能够繁荣发展，他们就不会过问政治。早期，他们像希腊人一样曾 105
是各个城邦的统治者，即使世代相传的王室在腓尼基人的古老城邦中消失，它仍然统治着迦太基。直到公元前 6 世纪和公元前 5 世纪，马贡家族（Magon family）的后裔——例如著名的哈斯德鲁巴（Hasdrubal）和哈米尔卡（Hamilcar）——都被称为“国王”。这里的“国王”也许只是首席元老的意思，头衔很可能只是约定俗成的称谓而已。无论如何，民主的概念对迦太基人和他们的腓尼基人祖先没有太大用处，他们对自己的邻国希腊的这套制度再熟悉不过了。

迦太基人在满足人们政治需求方面所采取的方法就是寡头政治，即由一些最有权势的家族掌握政府的主导权。这绝不是一种不受约束的政体，并不是将所有权力交给少数几位可能不负责任或平庸的无能之辈。迦太基式的寡头政治似乎是从提尔人那里演变而来的，最高统治者是两名执政官（magistrate），行使国家行政职权。他们被称为“苏菲特”（Suffete），这近似于现代社会中首席行政官的概念，执政官每年选举一次。主要的统治机构是一个由 300 名成员组成的元老院，元老院成员实行终身制，他们均来自有钱有权的家族。在他们之下或者与他们一起（很难分辨）的是一个由 104 名成员组成的终身制团体，负责国家或城邦的安全事务，以及任命负责国防事务的将领。将领们必须就其采取的军事行动和海军事务向该机构汇报。迦太基体制的最低层级是公民大会，公民大会的意见在大多数情况下会得到采用，但是如果它的意见与元老院的意见相左，那么就会被忽略。现代民主国家在某种程度上复制了这一体制，在该体制下，执政者一旦顺利当选，就可以或多或少地忽略公民的意见，只有在即将进行另一次选举之前才会重视公民的意见。迦太基元老院和公共安全委员会比较幸运，它们不必参加任何竞选活动，从来不需要为保住自己的职位而用甜言蜜语去逢迎巴结民众。

一般来说，迦太基或其任何殖民地城邦的真正权力似乎都掌握在富商阶层手中。唐纳德·哈登表示：“至少在公元前6
106 世纪之后，执政官和元老院成员似乎主要是根据财富的多寡而不是世袭资格来进行选拔……在东方或西方，我们均未听说发生大量内部动荡和不同社会阶层之间竞争的事情，这与希腊各城邦或罗马频繁发生的现象有所不同。”

在西西里岛和第勒尼安海的战场上，迦太基人、伊特鲁里亚人和希腊人之间的争斗并不涉及宗教或意识形态方面的冲突。这种冲突发生在很晚以后的地中海历史上，那是因为基督教引入了一种观点（古代人很难理解这种观点），即其他所有宗教都是虚假的，必须予以消灭。贸易路线和土地是导致这三个古代民族之间爆发冲突的简单原因。只有在希腊城邦中才爆发了围绕政府理论的内部冲突。通常这些理论观点不过是掩饰个人及相关团体真正利益的烟幕弹，而他们通常关心的都是权力和财富。

在三股势力围绕这座三角形岛屿角力的同时，一股影响这片海域历史的新势力开始崛起。当腓尼基人因为希腊人的入侵而被驱赶到地中海西部的时候，波斯的势力像旋风一样席卷整个地中海东部和黎凡特地区。

第七章　波斯人和希腊人

“看哪，有一种民从北方而来，并有一大国和许多君王被激动，从地极来到。他们拿弓和矛，性情残忍，不施怜悯，他们的声音像海浪砰訇。巴比伦城啊，他们骑马，都摆队伍如上战场的人，要攻击你。”① 犹太人的先知耶利米预言米底人（Medes）和波斯人将会出现，并且他因为预见到俘虏犹太人的巴比伦王国即将覆灭而兴奋不已。

果然，公元前538年，居鲁士（Cyrus）大帝率领他的军队从北方横扫巴比伦，冲破了尼布甲尼撒（Nebuchadnezzar）在底格里斯河和幼发拉底河之间筑起的围墙。巴比伦被征服四方的波斯人攻陷。犹太人俘虏憎恨这座令人骄傲的城市，它注定只不过是庞大波斯帝国中某一个行省的首府。当时，居鲁士的儿子冈比西斯（Cambyses）被任命为巴比伦国王。从刻有楔形文字的居鲁士圆柱上可以看到这位征服者所说的话：“我是居鲁士，世界之王、伟大之王、强大之王、巴比伦之王、苏美尔和阿卡德之王、天下四方之王，我的子孙也将世代为王。”

波斯帝国在其稳步扩张的过程中不可避免地与伊奥尼亚地区的希腊人爆发冲突。伊奥尼亚地区距离希腊大陆本土仅一步之遥。人们对波斯与希腊的战争情况了解得非常详细，这要归

① 《耶利米书》50：41－42。其中“巴比伦城啊”的“城”原文作“女子”。

功于哈利卡那索斯的希罗多德。他是欧洲第一位历史学家，人们通常称他为“历史之父”。

此时，希罗多德的《历史》（*The Histories*）一书仍然是所
108 有西方文学的基础之一，它不仅是一部引人入胜的历史著作，而且具有娱乐性和可读性。希罗多德在开篇阐述了他的雄心壮志：“这本书是我探寻历史的成果，在书中，我希望做两件事：第一，记录我们自己和亚洲民族取得的丰功伟绩，保存对过去的记忆；第二，也是更具体的一点，就是展示这两个民族是如何爆发冲突的。”

A. R. 伯恩在《波斯和希腊人》（*Persia and the Greeks*）一书中指出了希罗多德的重要特点之一：尽管他可能没有意识到导致希腊与波斯冲突的经济和物质原因，但是他确实意识到了东西方之间存在深层次的冲突，这在历史上一次又一次地改变了地中海盆地的整个生活方式。

> 对于波斯战争的起因，他［希罗多德］实际上并没有提出任何真知灼见。他本人的主要观点之一仍然是比较粗浅的，他没有探究比主要参与方的欲望更深层次的历史原因。但是他确实展示了……在他的时代……生活在地中海两端的人们是如何产生了一种观念上的鸿沟，它导致了长期且悲剧性的后果，即便是在罗马统一了地中海世界很久之后仍然如此。

希腊人和腓尼基人在黎凡特的商业竞争导致作为闪族人一支的腓尼基人被逐渐赶出了故土，这是即将在地中海上演的那场大戏的序幕。首先，序幕就揭示了这出戏的主题：东西方之

间的冲突。在这一整出戏中，有时候会出现较长的和平时期，这可以被称作双方的“联姻期”，但是和平总会被打破，另外一场争斗将要上演。同时，不管东方和西方之间是否存在差异，总归会有一个稳定的相互作用的过程，这将极大地丰富地中海的面貌和整个西方世界的文化。

注重武器改良、城邦防御工事和战船制造技术的战争也不是没有最终的好处，那就是对提高战争速度的技术提出了需求。无论是和平还是战争时期，神话、宗教、语言和文化都在这片陆间海上编织了一张错综复杂的文明网。虽然有时候，就像佩涅洛佩（Penelope）① 纺织寿衣一样，“编织工作”时进
时退，但是，经过几个世纪的缓慢发展，最终成形的“挂毯” 109
的丰富多彩和华丽壮美令人赞叹不已。

如果腓尼基人在希腊人扩张前的撤退是序幕，那么第一幕的第一场戏就是希腊人、腓尼基人和伊特鲁里亚人在地中海中部地区爆发的冲突。这反过来又预示了这出戏的下一幕。尽管这场斗争仍然在舞台的背景处继续上演，但是此时波斯和希腊之间的冲突成了舞台的前景，这对欧洲的未来是至关重要的。

很多个世纪之后，当奥斯曼土耳其冲出亚洲，兵临拜占庭帝国时，位于亚洲大陆上的希腊城邦和殖民地首先陷落。这预示了未来的趋势，即波斯人的铁锤首先摧毁了古老的伊奥尼亚地区的城邦。希腊人之间无休无止的仇恨和派系斗争意味着在许多情况下波斯人无须展开围攻或征服希腊的城邦。相反，他们的居民往往乐于被波斯人统治。有时，也有一些希腊人与波斯人里应外合，

---

① 《奥德赛》中的人物，奥德修斯的妻子，她以纺织寿衣为借口，拖延与求婚者结婚，实则在夜里将白天编织的寿衣拆掉。

将自己的城邦拱手相让，以换取被任命为新的领导人的条件。

即使在希腊与波斯的斗争最胶着的阶段，在波斯人的军营中也总是可以找到希腊人，他们或是要找自己同胞报仇的流亡在外的希腊人，或是为追求权力而故意叛变的希腊人。就像权力政治史上出现的情况一样，双方都愿意利用对方阵营的叛徒。叛国者或满腹牢骚，或深信身居埃克巴坦那王宫的波斯国王所开创的事业要胜过希腊人的事业。其中一些人在波斯国王的阵营中担任顾问，其他一些人则在入侵希腊本土的军队或战舰上服役。

公元前 513 年，大流士一世（Darius Ⅰ）巡视了他统治下的帝国全境，并拓展了疆域，除了西北地区，那里是亚洲大陆距离希腊最近的地方，两者间仅有博斯普鲁斯海峡和达达尼尔海峡相隔，他决定征服这个地区并确定其帝国的北部边界。当时，波斯人已通过惯用的手段将希腊人的重要岛屿萨摩斯岛纳入自己的统治；爱琴海东部的其他主要岛屿——莱斯沃斯岛和希俄斯岛的情况也相差无几。

当大流士向北进军，直指狭窄的博斯普鲁斯海峡时，这位波斯国王在伊奥尼亚地区的所有希腊盟友都不得不将舰船交由
110 他指挥。来自希腊萨摩斯岛的技艺高超的工程师曼德罗克勒斯（Mandrocles）在这里建造了一座由战船连接而成的“船桥”。建成这座桥之后，这支庞大的部队就不会出现行军延误的情况，军队可以轻而易举地挺进色雷斯北部。希罗多德描述了后来曼德罗克勒斯要求绘制的一幅画，其制作费用是从大流士赏赐给他建造这座桥梁的金钱中支付的。这幅画“展示了在海峡上架桥的全过程，大流士本人坐在他自己的宝座上，军队正横穿海峡”。

根据希罗多德的记载，当时有 600 艘船驶入黑海，根据这

一事实我们可以判断出当时波斯人的海军实力。同时，据称大流士麾下 70 万人组成的军队穿过色雷斯，并向北挺进被称为斯基提亚（Scythia）的地区。

当时的斯基提亚被认为大致包括东南欧地区喀尔巴阡山脉和塔奈斯河（即今天的顿河）之间的全部区域。希罗多德记述了斯基提亚大草原地区游牧民族的生活和习俗，其中有些是准确的记载，有些则是想象出来的故事。他们身强体壮并且十分好战，没有任何修建了防御工事的城镇，他们居住在马车里，每当部落迁徙时，整个家庭就跟着一并迁徙。他们是背着弓箭、骑在马背上的战斗民族，他们鄙视农业生产，赶着大批牲畜迁徙到可供放牧的地方。

“至于战争，”希罗多德指出，“斯基提亚人的习惯是每一个士兵会喝下他所杀死的第一个敌人的血。他会将在战争中杀死的所有敌人的首级带到国王面前；首级是士兵是能够获得他的那份战利品的凭据，没有首级就没有战利品。”

他们会剥掉死者的头皮，然后将头皮挂在缰绳上，剥头皮最多的战士被人们奉为最勇猛的战士。这是一个令人毛骨悚然的民族：“他们会用一种特别的方法来处理头骨……他们会锯掉眉毛下方的部分，在清理干净残余物后，在其周围绷上一层生牛皮。一个穷人会对这样处理感到满意；但一个富人还会进一步加工，将头骨内侧镀金。无论是哪一种情况，头骨都可以用来做饮水的容器。”

因此，甚至大流士和他的大军都对这样的敌人心生畏惧也
就不足为奇了。此外，斯基提亚人善用游击战术，他们不会站 111
在那里和敌人展开一场常规性的搏斗。斯基提亚人像几个世纪之后的俄国人一样，他们会毁坏牧场并越来越深入内陆地区。

他们像野牛一样冲进行军缓慢的步兵队伍，不断地骚扰他们，在真正开始战斗之前又骑上快马飞驰而去。

如果大流士进军斯基提亚的行动从某种意义上说是一种失败，那么他远征色雷斯的行动则取得了巨大的成功。整个巴尔干半岛南部直至马其顿的地区都被纳入了波斯的统治，马其顿国王将正式称臣的信物交给了波斯国王。波斯人和内陆地区的希腊人之间将不可避免地爆发冲突，而此时战争已是一触即发。

因为并非所有希腊人都愿意屈服于波斯人的统治，在大流士从斯基提亚和色雷斯撤兵并回到波斯的十二年之后，小亚细亚地区的伊奥尼亚希腊人爆发大起义。但是，在公元前 494 年取得海战大捷之后，希腊人就再没有在伊奥尼亚进行抵抗的心思了。当时波斯海军控制着黎凡特和爱琴海东部地区，他们完成了一次对这些岛屿的“扫荡”行动。希罗多德说，米利都（Miletus）“居民被屠杀殆尽”。在伊奥尼亚的内陆城市和岛屿上，波斯人“挑选出长相俊美的男孩并将他们阉割，使他们变成太监。最漂亮的姑娘……被送进大流士的宫廷。同时，城镇……被烧成一片焦土”。

公元前 491 年，波斯人第一次尝试征服希腊人。这次行动失败了，因为从北部席卷而来的强风暴困住了正在绕行阿索斯山的波斯舰队，并且入侵舰队的很大一部分战舰在半岛背风的海岸处葬身大海。大流士似乎没有受到这次灾难的干扰，他此时命令帝国的全部兵力参战。伊奥尼亚的希腊人和腓尼基人也收到了类似的命令：“让世界上最强大的舰队做好准备！准备运送我的军队去征服希腊。”

腓尼基人可能会因为看到恨之入骨的希腊人好景不长而欢

欣雀跃，愿意贡献他们的技术、船舰和船员。许多伊奥尼亚希
腊人对雅典、斯巴达和其他希腊城邦的同胞倍感失望。毫无疑
问，他们会有这样一种情绪，即如果伊奥尼亚的城邦此时向波 112
斯俯首称臣，那么雅典和其他希腊内陆的城邦就没法继续享受
它们的自由。在这个历史时期，希腊人首先是特定城市或小城
邦的公民；尚未出现希腊人这种“民族”的概念。

公元前 491 年，大流士的传令官正式前往所有爱琴海岛屿要求他们投降。接受招降的程序是，如果大部分公民同意这一要求，那么他们就会奉上土和水，以此为他们此时称臣的标志。据我们所知，分布在爱琴海的所有岛屿都知道它们自己的装备是何等落后，根本无法抵抗强大的波斯军队，他们都向大流士俯首称臣。希腊本土的很多城邦也接受了招降。在拒绝波斯国王投降要求的城邦中，主要就是希腊城邦的两只领头羊——雅典和斯巴达。

在这场战争中，人类在历史上第一次使用登陆艇作战。它们是专门为波斯军队运送马匹而设计的。尽管米诺斯人、腓尼基人和希腊人长期以来一直用他们的船来运送牲畜，但是之前并没有专门为这一目的而制造的这种专用船舶的记载。公元前 490 年第一次出现了运输马匹的船舶，当时波斯舰队正启航奔赴希腊。根据希罗多德的记载，这些工具是在一年前从波斯的附属国征用来的。这种工具似乎源于腓尼基人，当时腓尼基人仍是技术先进的造船商和海员。此外，腓尼基人在地中海的远程航行已有悠久的历史，来自巴比伦尼亚和埃及的马匹很可能就是被他们带到地中海西部殖民地的一种牲畜。

数千年来，这种运输方式几乎没有发生变化。早在罗马人、拜占庭人和中世纪的十字军发动的战争中，类似类型和大

小的战舰就已得到运用。这些马匹和部队运输工具不是长战舰，而是更类似用于运输普通货物的腓尼基“圆船”。然而，它们并不是仅仅依靠帆航行（即使在夏天的爱琴海，这也是不可想象的)，而是配备了一层船桨。它的设计原理与双层桨战舰相同，船桨固定在较低处，划船的水手则在马厢内。这种
114 船长约 120 英尺，船宽约为其船长的五分之一，吃水深度也差不多是船长的五分之一。真正的“圆船”的宽度超过其长度的四分之一。

公元前 490 年，准备工作就绪，波斯军队从亚洲大陆上位于塞浦路斯北边的西里西亚出发，经萨摩斯岛，一路顺利横穿爱琴海。在途中，他们攻占了纳克索斯岛，该岛在几年之前曾抵抗波斯人。波斯人没有占领太阳神阿波罗的出生地——圣岛提洛岛（Delos)，因为波斯人将阿波罗视为他们自己的神阿胡拉·马兹达（Ahura Mazda)[①]。基克拉泽斯群岛的所有岛屿，即位于爱琴海南部、环绕在提洛岛周围的岛屿，此时都处于波斯人的控制之下。这片岛屿密布的古希腊海域曾被称为“王国之海”，此时只不过是波斯境内的一个湖泊而已。

整个行动是在夏季完成的，因为不可能让大量的士兵和马匹组成的进攻部队在一年中的其他任何时间冒险横渡险象环生的爱琴海。但是，爱琴海的夏天是美尔丹风风力最大的时候。因此，波斯指挥官需要找到一个安全区域，在军队下船后供其舰队停靠。他们沿位于阿提卡东北海岸附近的埃维亚岛行进。埃维亚岛背风处的居民为波斯人提供了良好的服务，因为这里也非常靠近他们的主要敌人之一——雅典。尽管斯巴达和雅典

① 波斯拜火教中的光明之神。

都决心守卫希腊大陆，但是波斯人已经意识到，只要消灭了雅典及其舰队，爱琴海定会成为他们的囊中之物；之后他们在方便的时候就可以收拾位于内陆的斯巴达。

波斯军队在埃维亚岛南部一个避风港湾登陆，不久之后就占领了附近的村庄并包围了埃雷特里亚。附近哈尔基斯的雅典殖民者奉命驰援该城邦，因为雅典人不敢置自己军队所驻扎的领土于不顾。但是这座城邦在援军到达之前就已沦陷，所有百姓沦为奴隶，被入侵的舰队俘虏。至此为止，波斯军队主帅达蒂斯（Datis）的策略似乎实施得非常顺利。他为船舰建造了安全的锚地，并消除了他身后所有潜在的危险。此时，他为下一步横扫雅典的行动做好了准备。

达蒂斯并没有计划让军队在雅典所在的萨洛尼科斯湾 115
（Saronic Gulf）登陆，因为他很清楚自己会遭遇顽强抵抗，而且聪明的主帅也不会命令军队在防守坚固的滩头登陆。在向北方进军前往埃雷特里亚的途中，他肯定注意到了马拉松湾（如果他确实没有注意到，那么高级将领中的雅典叛徒也会提醒他）。一条狭长的海角（被称为“狗尾巴海角”）保护海湾免受东北风的侵扰，而海湾后面则是开阔的马拉松平原。从马拉松这个地方开始，群山和大海之间的沿海地带向南延伸至雅典，二者相距仅 26 英里。

显然，达蒂斯打算让他所有的部队在这里登陆。当然，他对这次无人阻挠的登陆充满信心，并且他随后可以沿海岸线攻入雅典城。狭窄且平坦的沿海地带非常适合他的骑兵向前推进。因为他掌握着制海权，所以他拥有主动权，可以在他认为合适的地方发动进攻。他还相当肯定地认为，直到他明显已经完成登陆并兵临雅典城下之前，雅典人不敢弃城市于不顾而冒然出征。当他们意识到这一点并开始向他进攻时，达蒂斯预计他的部队已经完成登陆并走在攻打雅典人的行军路上。

与此同时，当波斯舰队准备从埃维亚岛起锚并沿海岸直赴马拉松时，雅典人对于如何迎敌仍存在分歧。但是，他们一致决定了第一步棋该如何走。这步棋就是要将消息告诉斯巴达人，通知他们波斯人即将进军阿提卡。雅典立刻派出长跑健将斐迪庇第斯（Pheidippides）前去送信，要求斯巴达人遵守两个城邦之间的约定，为雅典提供帮助。斐迪庇第斯跑过两个城邦之间的崎岖山路、羊肠小道和乡间小路，在跑了大约 140 英里之后于第二天到达斯巴达：不管以任何标准来评价，他都是一名出色的越野比赛选手或“马拉松”比赛选手。

斯巴达人立即同意向他们的盟友提供帮助，但是表示他们要等到满月之时才能出兵。当时，他们正在庆祝阿波罗节，在此期间出兵将违反他们的法律。（这绝不是一个借口。在古代，许多战斗和战役中看起来不切实际的行为往往要根据当时
116 的宗教仪式和礼节规定进行理解。）但是，拒绝立即进军意味着斯巴达人在一周之内都不会向雅典人派出援军。尽管希罗多德对此未做任何记载，但很有可能达蒂斯的行军速度是基于他知道在一周内不会遭遇任何抵抗，他认为在不与斯巴达人交战的情况下，一周之内就可以征服雅典人。他手下有大量的希腊幕僚，他们知道斯巴达人不会在每年的这个时间参战。

当时，雅典的一些领导人赞成躲在城墙内忍受围城之苦。他们有信心可以坚持到斯巴达人出兵，那时波斯人将会腹背受敌。但是，包括著名的统帅米太亚德（Miltiades）在内的其他人都反对任何类似的提议。米太亚德知道，这个城邦内有一个亲波斯派系正准备背叛城邦。对希腊来说幸运的是，米太亚德

及其追随者的意见占据了上风。因此，他们决定，一旦雅典得到波斯人登陆的消息，他们就会派出全部兵力迎战波斯人。

与此同时，达蒂斯将他的舰队停靠在狗尾巴海角的背风处并命令部队登陆。在大本营组建一支庞大部队所存在的技术和管理困难导致所需的时间可能超出了他的预期。不管怎样，他没有立即控制从南部进入平原的入口，这一延误足以使雅典的1万名士兵向北进发，并在他之前控制了要害之地。

几乎就在波斯人登陆后的几分钟之内，雅典人就看到了横亘在马拉松平原上的彭特利库斯山（Mount Pentelikon）山顶点燃的烽火警示信号。当时来自小城邦普拉塔亚的一支军队加入了雅典的队伍。这个城邦位于阿提卡的边境地区并且三十多年来一直接受雅典的保护。普拉塔亚人派出了他们的全部兵力——大约600名士兵参战，即便是在雅典帝国的顶峰时期，雅典人都没有忘记普拉塔亚人的“滴水之恩”。

希腊人此时所处的防御位置极佳，他们切断了波斯人的沿海通道并且控制了一条返回雅典的狭窄山路。达蒂斯因为无法掌控的因素或过分自信而丧失了战术上的优势。他可能认为，在马拉松平原上，他的骑兵和弓箭手（波斯人因善于骑射而 117
举世闻名）将会干净利落地击败身穿笨拙盔甲、手持长矛和利剑的希腊步兵。

此时希腊人对波斯军队的数量进行了估算，认为他们有10万名步兵和1万名骑兵。正如古代历史上许多这种估算数据一样，这个数字可能被夸大了。几乎可以肯定的是，运送如此大规模的军队超出了大流士时代波斯帝国的能力。但是，如果我们接受最为合理的估算，波斯人似乎是希腊人的四到五倍。当然，他们一直持续的海上航行对步兵来说并不是最佳的“滋补品”，更不要说骑兵了。他们也面临侵略军队通常面临的问题：他们远离故土，因此尽管有获得战利品和征服的欲望，但是他们的决心比不过那些妻儿就在身后几英里远的人。

波斯人在长约 6 英里的平原北部安营扎寨，其左侧是他们的舰队和大海。他们的背面和右侧是一片广阔的沼泽地。两军驻扎，彼此对峙，均按兵不动，这种状态持续了好几天。他们有点像两名拳击手在等待宣布比赛开幕：两位指挥官都久经沙场，他们不会贸然发起攻击，因为这样可能使他们遭到致命打击。

最终决定揭开战争序幕的是波斯人。在满月之后的第二天，正如达蒂斯所知道的那样，斯巴达人开始向北进军，驰援雅典，于是他命令麾下一部分部队发起攻击，引用 A. R. 伯恩在《波斯和雅典人》中的话说就是：“他军队中的骑兵相对较少，其中大部分注定要从帕勒隆（Phaleron）疾驰而来。”显然，他的意图是利用掌握的制海权在希腊人后方登陆的同时，切断雅典人与他们驻扎在马拉松的部队的联系。

面对波斯舰队向南越过他们在海洋一侧的侧翼的情况，希腊人别无选择，只能立即投入战斗。但是，为了迎战波斯人铺开的更长战线，他们必须拉长自己的战线，而这意味着在整条战线或某个特定点的兵力都会被削弱。希罗多德认为这些刚开始的行动只不过是偶然事件，而它们本来可能就是偶然的。同
118 时，鉴于米太亚德和他的指挥官们为人所知的军事指挥效率，功劳可能应归功于希腊情报部门。以下是希罗多德给出的解释：

> 雅典军队战前部署的结果之一就是他们努力拉长战线以应对波斯人的整条战线，这样就削弱了他们的中央方

> 阵。两翼战斗力非常强，但是中央方阵只有几列纵深。这种布阵以及刚开始出现的伤亡却意味着后续将取得的成功。下达冲锋的命令之后，雅典人冲向距离他们不足1英里的敌人。波斯人两翼遭到攻击，他们原本认为可以轻松击败雅典人，因为在他们看来，雅典人在没有骑兵或弓箭手的帮助下，用如此小股的兵力对他们的两翼发起攻击无异于自杀性的疯狂之举。好吧，这就是他们的想象。尽管如此，雅典人还是挺身迎战，一直在与敌人的整条战线进行近距离作战，并以一种不会被人遗忘的方式展开了战斗。据我所知，他们是第一批冲锋陷阵的希腊人，也是第一批英勇无畏的希腊人，他们直视波斯式盔甲和穿着它们的人：因为直到这一天到来之前，希腊人就连听到波斯语都会感到心惊胆战。

如果中央方阵较弱的希腊战线不是有意采取的策略，那么这就是一次让人提心吊胆的碰运气行为。如果希腊人加强他们中央方阵的力量而使他们的两翼较弱，那么他们可能会击穿波斯军队的中央方阵。但是，即便如此，他们所处的形势也没什么值得艳羡的，因为这样一来波斯的轻甲弓箭手和轻骑兵就会紧贴他们的侧翼发起攻击。毫无疑问，希腊人的侧翼会被撕成碎片。此外，波斯人的中央方阵是战斗力最强的本国部队，因为他们的标准战术是在敌人进攻阵列中打开一个缺口。波斯人的两翼由来自波斯占领地区的军队组成，包括希腊在小亚细亚的前盟友的军队。他们在与希腊进行战斗时不可能是拼杀最勇猛的士兵。

随后发生的事情完全符合预期。波斯人的中央方阵冲破了希腊人的中央方阵，然后穷追不舍将他们驱赶到内陆远离大海的地区。此时，一侧是雅典人，另一侧是普拉塔亚人，他们击溃了与他们对峙的波斯人，攻破其侧翼。当位于中央方阵的波
119 斯军队看到发生了什么情况时，便放弃了追赶，惊恐万分地冲向大海。此时，希腊人的两个侧翼呈对角之势发起进攻，最终汇集成一支战斗力极强的铁甲部队。希腊人的中央方阵已经被击溃，正被驱赶回南部希腊军营所在的方向，但是他们与已经合兵一处的两翼部队围困了波斯人的中央方阵，切断了波斯人的两翼，而两翼的波斯军队已然溃不成军、迅速撤退。希腊人转过身来，开始对位于他们后方的波斯人展开屠杀，毫无疑问，他们自己的中央方阵已经集结起来为他们提供支援。波斯军队被切为两段。

公元前 490 年 8 月 12 日，当这一天结束时，波斯第一次入侵希腊的战争宣告终结。不仅冲破了希腊中央方阵的波斯军队被撕成了碎片，而且他们中的很大一部分人也被驱赶到了北部的险恶沼泽中命丧黄泉。大约有 6500 名侵略者被杀死；雅典人阵亡人数不足 200 人。没有史料记载了普拉塔亚人以及作为希腊军队一部分的奴隶士兵的伤亡数字。这是一次辉煌的胜利，也证明了纪律严明的勇敢战斗和卓越的领军才能胜过单纯的人数优势。在一支由 2000 名斯巴达人组成的军队（可能是一支先遣部队）赶到时，战争已经结束。无论他们的感受是什么，他们都不是无动于衷的斯巴达人，他们立即向雅典人和普拉塔亚人所取得的辉煌胜利表示祝贺。

即使到最后阶段，这次行动仍可能以希腊人的失败告终。达蒂斯余部从马拉松战场撤出后，立即向南航行并试图从海上进攻雅典。雅典人不得不匆忙撤回军队，向雅典的帕勒隆港口

进发。当波斯人的舰队抵达近海时，他们发现刚刚击败自己的雅典人已经在祖国种满橄榄树的山坡上严阵以待，准备迎战。这次入侵就此落下帷幕。

斐迪庇第斯是雅典的长跑健将，后来他讲述了在向南方奔跑去将波斯人入侵的消息传递给斯巴达的过程中在阿卡狄亚山脉遇见潘神（Pan）的情形。潘神唤着他的名字并责备他，尽管潘神一直对雅典人很友好，但是在雅典极少有人或根本没有人崇拜潘神。当斐迪庇第斯告诉雅典人他遇见阿卡狄亚神的事情后，雅典人立即在雅典卫城修建了潘神殿，此后每年都为潘神举行一次祭祀仪式。在希腊人定居此地很久以前，这位古老 120
的地祇就一直受到人们崇拜，但只不过是一个地位卑微的邪恶之神。从此时开始，潘神成了一个重要的神灵，在后来的西方文学以及神话中都占据了重要地位。他会引发异象并让人做梦。潘神会像所有牧羊人一样中午休息，而且不喜欢在午睡时被打扰。根据源于罗马皇帝提比略统治期间流传的一个故事，潘神是最后一个死去的旧神。根据后来基督徒的说法，潘神是在基督出生的那一刻死去的。

公元前 490 年，这场战役以希腊人战胜了当时所向披靡的东方帝国军队而告终。马拉松战役成为雅典历史上最重要的事件之一，其重要性堪比几个世纪后滑铁卢战役对英国的意义。它似乎在某个时刻已经诞生了一种精神，这种精神不仅可以给雅典人而且甚至可以给所有希腊人带来力量，以此展示他们的团结，并维护其民族和文化中独有的优秀品质。不幸的是，在几个月之后，希腊人中间出现了分歧。他们赢得了一场战役，但是没有赢得战争。那些曾经在马拉松平原上奋勇杀敌的人将生平第二次面临波斯帝国的考验。

第八章　船与人

121　在刚刚见证了有史以来最庞大的舰队撤退的海域，出现了一艘让人胆战心惊的新型强大战船。当三排船桨划过夏日平静的海面，三层桨战舰破浪而出。这种船在腓尼基人建造的双层桨战舰的基础上进行了加长，至少使希腊人在一段时间内掌握了地中海的制海权。

修昔底德（Thucydides）是提供有关三层桨战舰及其起源信息的第一人。“据说科林斯人是第一个对最接近现代海军事务进行管理的民族，三层桨战舰最先在希腊科林斯开始建造。”他接着指出：“西西里岛的僭主和克基拉人最早拥有庞大数量的三层桨战舰。”

修昔底德记录了从公元前 490 年雅典赢得马拉松战役到公元前 480 年波斯人第二次入侵这十年间的历史。当然，此前并没有关于三层桨战舰的记载。但是，这本身就说明当时这种船的数量相对较少，因为在当时的历史时期几乎没有任何文字证据可以证明存在这种特定类型的战船。诗人和历史学家曾谈及“船和运输”，但他们撰写的文章中并没有杂乱无章地掺杂关于这些战船的建造方法、建造时间和地点的描述。此外，也没有关于三层桨战舰的图像记载。这些船本身是用木头建造的，与古代世界的木质家具一样，它们已经彻底不复存在。即使在艺术品中我们也找不到关于三层桨战舰外观的可靠证据，因为至今都没有发现这种战船的详细图纸或雕塑。

我们掌握的关于三层桨战舰以及其他战船构造和布局的证据主要源自后来的古典作家，如塞西尔·托尔、朱里安·德·拉·格拉维埃海军上将（Admiral Jurien de la Graviere）以及《水手之镜》（*The Mariner's Mirror*）的撰稿人这样的专业人士拼凑起来的证据。甚至如何操控三层桨的问题仍然是一个备受 122
争议的话题。也许相对最新的水下考古会发现足够多的古希腊三层桨战舰残骸，从而解决一些存在争议的问题。不幸的是，因为地中海的船蛆和古老淤泥的腐蚀作用，这里不可能存在像著名的维京船——古科斯塔德船（Gokstad）那样保存完好的文物。

但是我们可以很清楚地知道：公元前490年至公元前480年，整个希腊和黎凡特掀起了一股造船热潮。如果没有造船的庞大支出，波斯就不可能发动第二次大规模入侵希腊的行动；如果想抵抗入侵，雅典海军也需要同样庞大数量的木材和其他材料。地中海东部大部分地区的森林砍伐甚至早于古典希腊的黄金时代，早于伯里克利在雅典的执政，而且远远早于罗马帝国的崛起（人们常常因为无知而将森林砍伐仅仅归咎于近两千年后统治这里的土耳其人）。

此时，当水手沿着山脉和岛屿荒芜的一侧航行时，他们看到的是冷冰冰的石灰石。这里曾经覆盖着枝繁叶茂的林木，森林经过雨水的冲洗，树底的腐殖质日渐肥沃，溪流滋养了山谷。此时这些溪流已经干涸了数个世纪之久，在造船工还没有意识到他手中斧头的力量已经开始改变世界的面貌之前，这里还是呈现一派柔和的自然景象。随后，雅典人对森林资源丰富的色雷斯、马其顿以及呈三叉戟形状的哈尔基季基半岛进行的森林砍伐，只能用城市对木材的需求来解释。古时和现在一样，希腊的房屋大多是用石头建造而成的，而对大海的无限渴望导致人们对木材产生了极其迫切的需求。船舶不仅会在战斗或遭遇航海事故时毁损，大海也会无情地吞噬它们。很少有海洋像地中海这样贪得无厌地腐蚀船只，因为地中海的盐度和空气湿度都非常高，温暖的海水适宜船蛆生长。

B. W. 巴思（B. W. Bathe）在《船舶模型》（*Ship Models*）中勾勒出标准的三层桨战舰的轮廓，它曾统治这片海域长达300年。“［它］通常有170片桨叶，分为三层排列，其中最上层两侧各有31片桨叶，而中下层两侧各则有27片桨叶。根据
123 比雷埃夫斯造船厂的存货清单来看，似乎没有长度超过14.2英尺的桨叶；而从热阿港（harbor of Zea）仍然保存下来的滑道尺寸来看，三层桨战舰的长度大约为150英尺，舷外支架的宽度约为19英尺，船体宽度约为16英尺。”

这种战舰船身很窄，显然被设计为只在风平浪静的夏季出海航行。实际上，这种桨帆战舰一年之中只有四个半月到五个月的时间可以用于作战，并且航行时还存在一定的风险。在古代，人们不会在粮食丰收的季节进行战争，因为这时一个国家的大多数人在忙于确保粮食供应，不仅如此，古代战争能否进行还取决于这样一个事实，即只有在风平浪静的时候才能运送军队、维持驻军或是进行海战。

除船桨外，三层桨战舰在有利的航行条件下（顺风航行）可以凭借在相对较短的桅杆上安装简易方形帆航行。可以在巡航或者在具备远途航行可能性的情况下使用这种帆。但是，作战时，首先被送上岸的是桅杆、船帆，随后是索具。最重要的一点是，希腊三层桨战舰是一种“动力军舰”（powered warship)。经过了数个世纪之后，生活在地中海周边的人们才发现利用足够多的帆来彻底取代船桨的方法。

这一时期，军舰的主要武器就是军舰本身。三层桨战舰、双层桨战舰甚至单层桨战船在冲向它的对手时，就如同射出去的箭或投出去的垒球一样。最终的目标可能是登上敌舰并使用冷兵器与敌人展开搏斗，但战船本身至关重要。船头的巨大水下撞锤相当于在数个世纪之后才出现的火器、大炮和火枪。

为了准确地了解撞锤的工作原理，以及该船如何做到足够坚固，以保证在冲撞另一艘船时自身不会沉没，必须要研究这一时期建造三层桨战舰的方法。与任何船舶一样，三层桨战舰的船体主干是长龙骨，它通常由橡木制成。在龙骨处安接了肋拱，肋拱在水平方向上为木板做成的船体外壳提供支撑。这些木板通常是松木板，木板按照轻快帆船的组装方式拼接在一起：每一块木板与相邻的木板水平放置在一起，而不是相互重
叠。三层桨战舰的木板平均厚度约为 3 英寸。用木销钉或金属 124
钉将木板固定在肋拱上，青铜钉是首选，因为它不会像铁钉一样在海水作用下被腐蚀。

与宽度相比，这种战舰的船体实在是太长了，以至于有必要通过用重木舷板在木板外侧进行固定以加大纵向的强度。在航海术语中，这些质量重且起加强作用的零部件称为“横撑”，它们位于船体外侧，一直从船头到船尾，其主要目的是防止船首和船尾塌陷。一艘三层桨战舰的船体横撑可能多达四个，其中位置最低的横撑将发挥另外一种作用。它被切割成块并加以固定以便向船首位置倾斜，并与龙骨的向前凸出部分拼接在一处。它被牢牢地固定在这个位置，从一侧绕到另外一侧。在它前方伸出来的是一个巨大的青铜撞锤。因此，当战舰

撞向对手时，位置较低的横撑为整个前部区域提供了额外的支撑力。

因为在撞击敌舰时会产生巨大的结构性冲击力，所以船匠们会在船体纵向拴上一组缆绳（亚麻绳）来进一步加固船体。这些重型绳索从船头到船尾将整个船体缠绕起来。船上肯定会安装某种起锚器，可以根据需要调节张力，因为绳索会由于潮湿而自然收缩，而经过夏天阳光的暴晒又会膨胀。

除了撞锤导致的冲击要求对船体进行如上加强措施，还需要记住的是船体侧面有下面两层桨座的舷窗，从而大大降低了外板的强度。

船桨以木桨座为支撑来摇动，用皮革或绳索环固定在桨座上，这与今天地中海划艇的工作原理是一样的。为了防止舰船在航道航行时位于下面两层的桨手被水雾浸湿，舷窗口会用皮革袋保护起来。即便如此，在天气恶劣的情况下，三层桨战舰仍会进水，因为希罗多德曾说过，桨口足以让一个人将头伸出去。

由于三层桨战舰的船首和船尾呈弯曲状，因此桨手无法从头至尾排满整艘船。他们坐在长方形的箱体内，这个箱体占船
125 长的三分之二。桨手分坐在三层的座位里，这些座位像台阶一样从两边向中间逐渐变高。下两层的桨手可以在他们上方桨手的双腿下方自由地划桨。显然，在下面两层划桨的桨手划船时并不困难，但有时船会遭遇事故，那么最下层的桨手就无法逃命了，因为要花很长时间才能从舷梯来到上层的甲板。阿里斯托芬还曾开玩笑说，如果上一层的人大小便，那么下面一层的桨手可能就遭殃了。

按照今天的标准，桨手的生活是无法想象的，但他们不是

奴隶。雅典三层桨战舰内的桨手是自由公民，一艘三层桨战舰和另一艘三层桨战舰的桨手之间可能会存在竞争，就如同今天两艘八人赛艇的桨手一样。他们能否高效和迅速地执行船尾指挥官的命令，决定了他们的城邦和家园是否安全。

三层桨战舰用砂砾和石头压舱，这些砂砾和石头装在货舱底部的木箱里，木板条可以拆除，以便在必要时调整压舱物。三层桨战舰在使用撞锤时可能需要将船头稍微下压，而如果前方遭遇恶劣天气时，船头需要抬起来。在压舱物下方，船舱本身会因舱底水而出现倾斜，必须经常用皮桶将水排出去。后来，在商船和其他大型船只上，似乎是采用阿基米德螺旋泵通过人工或踏车将船底的水排出来。

希罗多德指出，一艘三层桨战舰可配备 200 名船员，由此判断一艘船上配备 170 名桨手的说法是可信的，剩下的 30 人是弓箭手，手持武器的士兵，只负责桅杆、帆桁、船帆作业的水手，以及导航员。根据其他的记载来看，似乎 200 名船员是三层桨战舰的标配。早期的三层桨战舰配备的船桨不超过 150 支，每侧每层共 25 支船桨，因此每层有 50 人负责划船和战斗。

早些时候，希腊人还没有学会在海战中正确操控三层桨战舰的技巧，往往会携带大量全副武装的士兵和重装步兵，与位
于上层甲板的敌人交战，并负责登陆作战。在雅典舰队中，当 126
雅典人完全掌握了撞锤技术和战术之后，这种在军舰上进行陆战的事倍功半的做法就一去不复返了。

正是战舰的前部起决定性作用，因为斜挂在这里的水下撞锤从横撑上摆出去，能将敌舰的船体撞出洞来。撞锤安装在木芯上，一般是由青铜制成。从著名的雕塑《萨莫色雷斯的胜

利女神》[①]（Victory of Samothrace，创作于公元前300年前后）雕塑的船头部位可以看出有时它是由三部分组成的，就像一个三叉戟一样；大约在同一时代，比锡尼亚硬币上也有一个三叉戟形状的撞锤图案。一旦主撞锤在水下击中了敌船，从水上的船尾部位抛出的抛掷物可以视为另一种“撞锤”，可以击毁敌船侧面。除此以外，当撞锤刺穿敌船的时候，从舰船船首部分两侧伸出来的大量木棍（又称为船首锚架）可以为前桨提供保护。在三叉戟形状的撞锤击穿敌船一侧的同时，船首锚架还可以击毁敌船水线以上船体部分的设施。

可能三叉戟形状的撞锤只是一种精心制作的装饰。公元前6世纪和公元前7世纪具有代表性的战船撞锤是简单的长刺状，超出水下船体很长一段距离。这种单刺型的长撞锤的缺点是容易在撞向敌船船侧的时候被折断。当撞锤击中敌船的时候，它自然会对发起进攻的舰船的肋材造成“损伤”，并有可能给水线之下的船体造成灾难性破坏。

如果对敌船的攻击是成功的（撞击到敌船的船侧），那么除了撞锤会损坏敌船的船体之外，船首部位还会横向击打敌船，给敌船造成巨大损坏。舰船可沿着敌船侧面行进，就像折断火柴棍一样折断敌船的船桨。像织机一样排列的船桨随后会弹回到那些可怜的桨手身上，导致桨手残废或死亡。三层桨战舰随后会向后退，而它的对手已经丧失了战斗能力。完成这一任务后，成功发动攻击的战船可以向后退出，并向敌船发起正面进攻的致命一击，呈直角地撞向敌船的船侧。战船海战的惨

① 著名的古希腊雕塑，该雕塑展示的是萨莫色雷斯岛海边悬崖上的胜利女神振翅欲飞的形象，雕塑的底座是战船的船头。该雕塑现珍藏在法国卢浮宫，被誉为镇馆之宝。

烈程度并不亚于在海上发生的其他任何形式的战斗，人类用在战争上的不正当的智慧已经被开发出来。

一个城镇、城邦或国家的公民可以定做和购买三层桨战舰，承担战船运行维护的费用并在船上配备人手。有时，富人会自掏腰包购买三层桨战舰上的设备。希罗多德提到克莱尼亚 127
斯（Cleinias）之子——阿尔西比亚德斯（Alcibiades）曾承包了一艘三层桨战舰，“他在他自己的船上服役，船上配备了200名船员，所有开销均由他自己承担”。

当雅典舰队不得不在第二次波斯入侵之前迅速扩大规模时，伟大的军人政治家地米斯托克利（Themistocles）制定了一项海军法案，该法案指定某些富人每个人都要拿出可供建造一艘战船的钱，这笔钱是以当时“恰巧”在苏尼恩（Sunium）附近发现的一处富含银矿的国有矿山作为担保而进行的贷款。这些三层桨战舰的舰长（*trierarch*）和所有者经常互相攀比，看谁制造出了最好的舰船，配备了最优秀的船员。他们之间的竞争非常激烈，对于那些被认为取得了杰出成就的人来说，所给予的奖励就是一个简单的桂冠（*stephanos*）。像其他时代的勋章一样，桂冠虽然本身没有什么价值，但被人们认为是最高荣誉的标志。

从公元前490年至公元前480年，整个地中海中部和东部地区的造船厂到处都回响着斧头劈砍时的沉闷响声、锤子敲打金属紧固件的叮叮当当声，以及绳索厂和索具店店员的喊声，他们忙着把加热的沥青和防污材料填入船板的缝隙，许许多多的造船工在从事造船工作。在迦太基，迦太基人正在扩大他们的舰队，用于保护他们在西西里岛的其他殖民地。锡拉库萨是这座麻烦不断的岛屿上最大的城市，在这座城市中，僭主革隆

（Gelon）是希腊世界中最有权势的人，他正在监督舰队的建设并训练部队，目的是成为西西里岛一切事物的主人。希腊大陆及其岛屿、伊奥尼亚海沿岸、提尔和西顿的船坞——所有人都知道这件大事的重要性远远超过历史上其他任何活动。这片陆间海笼罩在战争的阴影下，东西方的冲突一触即发，这不是第一次出现这种情况，当然也不是最后一次。

第九章　第二次入侵

马拉松战役结束不久，米太亚德当之无愧地成为当时的英 128
雄人物，他认为雅典下一步该采取的行动是夺回基克拉泽斯群岛。这些岛屿曾经心甘情愿或迫不得已地与波斯人合作，雅典要确保自身城邦的安全，就必须要确保这些岛屿的安全。这是一个明智的结论，因为基克拉泽斯群岛就如同爱琴海的盾牌或外围壁垒，保护着阿提卡和伯罗奔尼撒的大陆海岸。

出于种种原因，包括雅典人不愿意在刚耗费了巨资之后再拿出很多的钱，雅典议会只是敷衍地表示将支持这一行动。但是，米太亚德承诺他可以设法招募一支远征军并承担相应费用。他将眼光投向了富饶的帕罗斯岛。他满怀信心，如果能拿下具有最重要地位的基克拉泽斯群岛，那么他将可以从波斯人那里获得足够多的利益，从而使雅典受益，这可以支持他开展之后的竞选活动。不幸的是，他进攻帕罗斯岛的行动以失败告终，他自己也身负重伤，回到雅典后被人们指责为造成巨大开支的始作俑者。他的伤口生了坏疽，公民大会的所作所为对他是一个沉重的打击，不久之后他就去世了。那时候的雅典和此时一样，是一个沉迷于政治的危险城市。

雅典人选择地米斯托克利来领导希腊抵抗波斯人的第二次入侵。他是一位才华横溢的政治家和具有远见卓识的现实主义者，见证过雅典的虎口脱险及其扩张最终定格在海洋上的过程。他最有竞争力的政治对手是阿里斯提德（Aristeides），后者因为廉洁奉公（这在希腊政治生活中实属罕见）为人们所熟知，被称为“正义之士”。由于一项奇怪的雅典制度，即选
129 民每年会在陶片上写下他们认为国家最讨厌的人的名字，阿里斯提德最终被放逐。如果一个人得到足够多的票数，那么他将会被流放十年。根据记载，倒霉的阿里斯提德帮助一个目不识丁的公民在陶片上写下了自己的名字，但是他禁不住问这人为什么选择放逐阿里斯提德。出人意料的是，这人回答，“因为我听到他被人称为‘正义之士’就感到恶心和厌恶”。

地米斯托克利和他的政党取得了胜利，这是雅典之幸。他们属于“海军党”，而这正是雅典以及整个希腊在即将爆发的冲突中所需要的。

A. R. 伯恩在他的《希腊史》中写道：“穷人比富人更欢迎地米斯托克利发展海军的政策，因为富人需要为这项政策买单。”在古希腊，正是因为这个原因，“海军党”通常被认为代表了民主。与此相对，“陆军党”的领导人通常是富人，因此“陆军党”一般被认为是代表富人的政党，如阿里斯提德就属于“陆军党”。富人自己提供盔甲，不需要报酬。因此，到军队服役被认为是成为“绅士”的一个要素。海军则需要大量的穷人和工人阶层的积极合作，以便建设和维持军队，显然它更像一个“民主”体制。

地米斯托克利所在的政党胜出，再加上在城邦银矿山中发现的储量丰富的新银矿这一意外之财，使雅典得以建立庞大的三层桨战舰海军舰队。这就是德尔菲神预言的“木墙”，它是雅典最好的防御措施，地米斯托克利曾明智地将其解释为具有重要意义的战船。在公元前 480 年波斯人入侵前的三年间，雅

典海军拥有的三层桨战舰已经增加到200艘。如此大幅的增长必然导致战船质量和人员素质的下降。希罗多德在对新战船的描述中说，它们比敌船更“重”（这并不是优势），并且“后者在航行方面更胜一筹”，但是在即将到来的实战检验中，这种质上的“稀释”并没有使它们的战斗力严重下降。事实上，雅典海军由雅典人建立并且操控舰船的也是雅典人，与波斯海军的联合舰队相比更具优势，波斯战船大部分由腓尼基人建造，并且船上配备的人员来自许多不同的民族和盟友。

公元前486年，大流士的长子薛西斯（Xerxes）继承了他 130
父亲的王位，成为新的波斯国王。尽管希罗多德说薛西斯早已决定进攻希腊，但是此时他还无法立即付诸行动。波斯人统治下的埃及爆发了严重的叛乱（他继位后的第一年就果断粉碎了这次叛乱），导致他无暇进攻希腊。随后不久，在巴比伦爆发的另一次叛乱再次吸引了他的注意力。他再一次残酷地镇压了这次叛乱，巴比伦古都的寺庙化为一片焦土，财宝被抢劫一空。然而，尽管这些军事行动牵扯了他的精力，但是他仍然成功地让波斯帝国准备好发动针对希腊人的战争。他下定决心确保不会因准备不足而失败（他和他的幕僚认为准备不足是马拉松战役失利的原因），将帝国的所有资源用来建造战舰，以及让当时世界上最大规模的入侵部队备战。

经过整整三年的时间，驻扎于当地的一支波斯军队在无数被奴役的希腊人和其他种族民众的协助下，在阿索斯山地峡上挖开了一条运河。尽管希腊人认为这简直是异想天开，但这是非常明智的行动。薛西斯不希望自己的舰队途经十年前波斯舰队的伤心地。波斯军队行军路线将要经过的地方都修建了大型的仓库，并在仓库中备好粮食。一位希腊作家说，行军沿途所经之地也储备了大量咸肉。尽管军队实际到达时会大肆践踏土地，就像蝗虫吃庄稼一样，但是也需要通过一种有效的方式来维持军队的生存。

包括希罗多德在内的希腊人后来都将所有这些准备工作视为薛西斯狂妄自大的证据，这一事实无非表明他们自己无法理解庞大国家和帝国运行的复杂性。希腊城邦往往是吃了上顿没下顿。直到马其顿帝国崛起和亚历山大大帝征服四方之后，希腊人自己才不得不面对组织和官僚主义的问题，这是帝国统治的组成部分。

另外一项伟大的工作是搭建著名的“船桥”，后来希腊人还对其嗤之以鼻，但这是非常实用的。实际上，波斯人搭建的
131 不是一座桥而是两座桥。它们都建在赫勒斯滂（Hellespont）[①]的狭窄区域，军队通过船桥可以向前行进。希罗多德记载，桥梁由 674 艘战船组成，“为了减小缆绳的张力，他们让战船正对洋流方向停泊，与他们实际支撑的‘船桥’呈直角方向。尤其是在洋流上游和下游都下了重锚，投在战船东侧的船锚是为了抵御从黑海方向吹向海峡的风，而向西方和爱琴海方向投下的船锚是为了抵御西风和南风。他们在三个地方留下间隙，这样可以让其他船舶自由出入黑海”。

似乎没有理由怀疑，除了一些来自小亚细亚的希腊工程师以外，这座超乎寻常的海上桥梁的首席建筑师就是腓尼基人。即使在这段时间里，希腊人已经证明了自己在海上的实力，但提尔人和西顿人在海洋建筑、绳索缆线方面的知识仍然比地中海周边其他任何其他民族都要先进。的确，希罗多德谈到了横

---

① 意为“赫勒之海”，是达达尼尔海峡的古称。

跨阿索斯山地峡的运河，在那里从事这项工作的工人都犯了一个错误，那就是将运河的顶部与底部挖掘成相同的宽度，结果是两侧都出现了塌陷。唯一没有犯这个错误的民族就是腓尼基人，他们挖掘的运河顶部宽度是底部宽度的两倍。正如希罗多德所观察到的那样，“就像在其他所有实际问题中，腓尼基人……通过这件事……展示了他们的技术”。如果入侵希腊的行动最终以失败告终，那么当然不应归咎于希腊人自古以来的宿敌——腓尼基人犯了错误。

到公元前 481 年，即使是希腊大陆上最偏远的希腊村庄或伯罗奔尼撒半岛都不可能还没有听说过波斯人正在进行的准备工作。建设舰队、集结军队、挖掘运河以及搭建令人惊叹的赫勒斯滂“船桥”，这些行动令整个地中海东部地区都感到震惊不已。当时人们所知的最伟大的帝国只有一个目的：征服和统治希腊人。

西西里岛的僭主革隆愿意提供帮助。他表示愿意提供 200 艘三层桨战舰（相当于雅典新建成的舰队中战船的数量）、2 万名配备铠甲的步兵、2000 名骑兵以及同等数量的弓箭手和弹弓手来帮助其母邦。作为提供如此庞大军队的回报（他同 132
时还愿意在战争期间向希腊军队提供西西里的粮食），革隆要求拥有所有军队的领导权。毫不意外地，斯巴达和雅典均不接受这一提议。作为历史悠久且地位尊贵的城邦，以及在即将开始的战斗中必然会首当其冲的城邦，他们根本无法容忍这个殖民地的暴发户掌握最高指挥权。他们可能甚至怀疑革隆的动机并非毫无私心的。如果在他的帮助下战胜了波斯人，他们很可能会发现自己摊上了一个无法摆脱的麻烦人。对于古希腊来说，西西里岛拥有丰富的可耕作土地、森林、金属和矿产资源，发展潜力巨大，其地位相当于许多个世纪后美国相对于欧洲的地位。对于这样财大气粗的“远房亲戚”的帮助，无论他说得何等天花乱坠，总会令人怀疑，这种帮助明显附带了太多的条件。无论如何，革隆很快也将自顾不暇。当波斯人组织好军队并准备向希腊进发时，迦太基决定在地中海西部发动一次大规模的军事袭击。迦太基人异想天开地认为希腊人在他们的本土将不堪一击，因此，这似乎是对他们的主要殖民地发起攻击的绝佳机会。

公元前 480 年，对希腊及其文明的未来是一个具有决定性意义的年份。尽管没有证据表明波斯和迦太基已经结盟，但是当波斯对希腊发动进攻时，迦太基人对西西里岛的希腊人发动了一次大规模袭击，这似乎并不是偶然事件。迦太基的行动可能纯粹是投机行为（就像第二次世界大战期间日本人在远东袭击美国人和英国人一样）。尽管革隆统治的领土及其首都锡拉库萨都非常富裕，但革隆还是被迫需要征收沉重的战争税。他的王后戴玛瑞特（Demarete）将自己的珠宝捐给了国库，后来多个世纪的皇室贵妇们也沿袭了这种做法。一些铸造最为精良且最有名的 10 德拉克马货币上就刻了她的名字。战后在锡拉库萨铸造的这些货币被称为戴玛瑞特币。

公元前 481 年春，“薛西斯国王，万王之王，全地之王，大流士之子”指挥部队离开波斯出征。古代人从未见过如此庞大的军队。即使考虑到希腊人易于夸大军队人数的倾向，与
133 当时的世界人口相比，这支军队的人数也肯定是令人难以置信的。伟大的薛西斯国王任命了 29 名将军，每人指挥 6000 名士兵，这样就是 174000 人。我们根据希罗多德和其他资料的记载，还知道有大约 8 万名骑兵，以及来自印度和利比亚地区的

战车、来自埃塞俄比亚的野战步兵和波斯帝国的精锐部队“长生军”[①]。我们再次引用希罗多德的话：“攻打希腊的不是一个国家，而是整个亚洲；除了大江大河，其军队所到之处的溪流均被其喝干。”

面对这种看似不可抗拒的力量，许多较小的希腊城邦已经准备接受薛西斯的统治就不足为奇了。伯罗奔尼撒地区的一个大城邦阿尔戈斯（Argos）并不愿束手就擒，克里特岛则在整个战争期间维持中立。

即使在这一刻，希腊人之间仍然存在巨大分歧。受斯巴达人保护的一些沿海城邦不愿接受雅典的指挥。地米斯托克利认识到团结才是最重要的。如果团结意味着由斯巴达海军上将指挥整个雅典舰队，那么他也会同意这样做。为此，他在国内受到了大量批评，但他的行动是明智的，并且类似政治家的手腕。革隆收回提供军队的提议之后，希腊的防御工作落在了雅典、斯巴达、少数几个岛屿以及伯罗奔尼撒地区的斯巴达盟友身上。当薛西斯完成准备工作并集结部队进发时，希腊人只有大约 12 个月的时间来解决他们的分歧并完成海军和军事训练。

公元前 480 年 5 月，薛西斯国王命令军队从萨迪斯（Sardis）出兵，那里是小亚细亚地区一座古老的城市，他曾在那里过冬。1 万名士兵组成的“长生军”护卫着薛西斯，随后是包括他自己的兄弟和表兄弟在内的波斯贵族，薛西斯肯定对他们能战胜希腊胸有成竹。即使按照最低数量估计，他的军队也拥有大约 20 万名士兵，并且还有随行的舰队。希罗多德估计舰队的桨手、水手和海军士兵的数量大约有 50 万（毫无

---

① 又译“不死军”。

疑问他高估了）。薛西斯在古老的特洛伊城稍做停留，为特洛
134 伊的雅典娜祭献了1000头牛。显而易见，他的目的是让雅典娜保佑他成功攻打希腊，数个世纪之前，希腊人已经抛弃了她所属的这座古城，特洛伊人也已流落四方。

> ［抵达赫勒斯滂的阿卑多斯（Abydos）之后］薛西斯此时想检阅自己的军队。在附近的一个土丘上，阿卑多斯的百姓根据他的命令准备了供他使用的白色大理石宝座。国王坐在宝座上，向海岸俯视的时候就可以一眼看到整个军队和海军舰队。当他检阅军队的时候，他突然想欣赏一下舰船竞赛。于是舰船开始比赛，结果来自西顿的腓尼基人获胜，他观看了比赛，检阅了军队，这让他兴致高涨。这时，当他看到他的舰船布满了整个赫勒斯滂海峡，阿卑多斯的整个海岸和原野都挤满了他的军队时，他先是为自己感到自豪，而后却潸然泪下。薛西斯的叔父阿塔巴努斯（Artabanus）曾经直陈己见，劝说薛西斯不要征伐希腊，他此时就在薛西斯身侧。他注意到薛西斯在哭泣，就对后者说："国王陛下，您此时的举止和你刚才的举止反差真的是太大了！您刚说您是幸运之人，此时您却又悲泣起来。"
>
> 薛西斯回答说："刚才我在思考的时候，一个念头跳入我的脑海，人生苦短是一件何等令人伤心的事情，这里成千上万的人中没有一个人能活上一百岁。"

这件事展示了这位伟大国王身上散发出的人性光辉。希腊作家常常将他描绘成一位典型的东方专制者。只有希罗多德展示了薛西斯身上人性化的一面：他对敌人的宽容、他的慷慨大

度和对自然之美的热爱。尽管希腊人通常称波斯人为“野蛮人”（barbarian），但“barbaros”（野蛮的）一词只不过是指那些不讲希腊语的人，因为希腊人认为其他语言就像绵羊发出的叫声一样令人难以理解。实际上，在他们当时所处的历史阶段，波斯人可能是世界上文明程度最高的民族。他们有强烈的荣誉感和正义感，并且非常热爱自然和体育。如果说他们有一个主要的弱点，那就是他们的“绅士法则”，这导致他们普遍鄙视商人、工匠和商贸活动。另外，希腊人是“小店主之国” 135
（a nation of shopkeepers，后来英国人也被这样称呼）。对于一名绅士应该如何生活，只有斯巴达人与波斯人的想法相近。因此，波斯人尊重斯巴达人。薛西斯当然不是野蛮人。他所信奉的琐罗亚斯德教远比希腊人的众神教先进。

在薛西斯的部队通过船桥渡过赫勒斯滂后，他们步步为营、向西进军，穿过色雷斯，一直抵达斯特里蒙河，这里的工程人员已经完成了桥梁的搭建。波斯使者已经被派往希腊所有主要城邦，要求这些城邦缴械投降。许多城邦特别是希腊北部的城邦纷纷表示愿意投降。但是，没有使者前往雅典和斯巴达，因为他们故意杀死了之前由薛西斯的父亲大流士派来的使者，这让雅典和斯巴达在希腊城邦中尤其显眼。

即便在当时的历史阶段，人们也早就认识到使者是神圣不可侵犯的。因此，雅典人和斯巴达人的行动必然被解读为如果波斯人胆敢进犯，那么只管放马过来的意思。（斯巴达人将使者扔进了水井，并且说井底有波斯人希望得到的水源和泥土。）[①]

---

① 在那个时代，投降一方交出水源和泥土代表真心诚意投降之意。

当舰队驶过横断阿索斯山地峡的运河时，当一艘又一艘战船划破圣山背风处的平静水面时，陆上的波斯军队无情地横穿整个半岛北部。陆军认为帖撒罗尼迦（Thessalonica）[①] 在他们的攻打下只能坚持一天的时间，于是计划在塞尔迈湾（Gulf of Therma）与海军会师。那时攻打希腊就万事俱备了。

希腊人的战略是尽可能在距离城邦最远的地方开战，即阻止敌人进入其最北方的领土，他们已经派出一支由斯巴达人和雅典人组成的军队前往坦佩的沿海要塞。地米斯托克利本人指挥雅典军队，还有一名斯巴达指挥官指挥伯罗奔尼撒军队。

从理论上说，坚守坦佩沿海的关卡是明智的决定，但实际上这被证明是不可能做到的：当地的塞萨利人渴望投入波斯的
136 怀抱，而位于希腊半岛南部的希腊人又沮丧地发现波斯人可以经由他们一直以来忽视的内陆通道绕开坦佩的海岸线。因为当地人乐意将这些道路“卖给”波斯人，再加上当地居民对他们存在敌视情绪，以致他们很难驻扎下来，雅典人和斯巴达人决定撤军。他们重新集结舰船，再次向南航行。

地米斯托克利可能从未支持过这次行动，他很高兴能回来指挥他在雅典新组建的海军。然而，作为军事强国的斯巴达，知道对波斯人的战争必须首先取决于在陆上的战争。地米斯托克利则具备海员的直觉，他认为一支强大的入侵部队返回自己的国家时需要借助战船，那么对敌人的致命打击就是摧毁其舰队。

随着波斯军队的逼近，整个希腊陷入了沮丧和迷茫。甚至德尔菲神谕（德尔菲神庙的祭司有可能已被波斯人用黄金收

---

① 今塞萨洛尼基，后文提到的萨罗尼卡、塞尔迈也是同一个地方。

买）似乎也只是一条不痛不痒的建议，即希腊人的抵抗是毫无希望的。对于他们接下来该怎么办，各城邦一致给出了令人沮丧的反馈意见，其中只有两个似乎有望最终实现。一个是德尔菲神庙的祭司向人们提出的建议，即“向风祈祷”；另一个包含了大量晦涩的表述，其中有一条是“人们将会在神圣的萨拉米斯遭受沉重打击”。由于萨拉米斯湾是地米斯托克利和他的朋友计划保卫自己城邦的地方，所以这些话让人有些吃惊。假定德尔菲神谕是针对希腊人的，许多人认为这是指希腊舰队将受到“沉重打击”。然而，地米斯托克利是个乐观主义者。他相信自己对神谕的解释是正确的：将被摧毁的不是希腊人，而是波斯人。

整个希腊位置最重要的地点就是月神岬（Strait of Artemisium），这个海峡因一个供奉阿尔忒弥斯女神的小神庙而得名，这座神庙坐落在埃维亚岛北端的岬角上。在大流士发起的第一次入侵希腊的战争中，这个岛发挥了举足轻重的作用，避免了阿提卡和希腊其他地区遭受来自北方的入侵。很少有海军指挥官会如此轻率地冒着舰队东部暴露无遗的危险南下，尤其是在吹北风的时候。很明显，他们应该穿过月神岬，沿着阿提卡和埃维亚 137
岛之间狭窄的水道向南航行。由于战船大部分时间需靠划桨行进，因此很容易预测入侵舰队（速度可能受到限制，仅为1.5节）会尽量保持行驶在埃维亚岛的背风处。因此，月神岬是整个海战战局的关键所在。希腊人派出200艘希腊三层桨战舰，分别由雅典人和伯罗奔尼撒人率领100艘，守卫着海峡的入口。

希腊人被迫从坦佩的要塞撤出后，此时在月神岬的阵地遭受来自北方的严重威胁。希腊大陆上还有最后一个地方，在那里希腊军队可以阻击入侵的波斯军队。那就是狭窄的塞莫皮莱

（Thermopylae）山口，即温泉关。如果波斯人想要占领阿提卡，并且切断在月神岬的希腊舰队与其基地的联系，那么这里就是他们的必经之地。

和上一次波斯人入侵时一样，此时又恰逢斯巴达人需要等待满月之时方可出兵的时节。但这一次，斯巴达人意识到波斯人对整个希腊形成了巨大的威胁，以至于即便是宗教仪式也无法约束他们。然而，他们准备仅派遣一位国王（斯巴达实行双君主制）和有限数量的军队参战。列奥尼达（Leonidas）将另一位国王留在斯巴达，率领 300 名王家护卫队的斯巴达士兵和大约 2000 个奴隶（不具有选举权的国家底层成员）向北进军。列奥尼达还从阿卡狄亚招募了另外 2000 名士兵，并从维奥蒂亚（Boeotia）招募了 700 名士兵。斯巴达国王打算用大约 4000 人的兵力坚守温泉关。

在斯巴达人抵达温泉关并安营扎寨后不久，已经在希腊全境都安插了间谍的薛西斯国王派出一名探马前往温泉关，去打探温泉关共有多少兵力驻守以及兵力部署情况。探马回来禀报情况后，薛西斯惊讶万分：驻防的希腊兵力如此之少，别说试图抓捕这个探马了，他们根本就没有注意到他。探马说："有些人裸身操练，其他人则一直在梳头！"薛西斯起初认为这个人一定是在撒谎或开玩笑：希腊人面对东方强大帝国的态度怎会如此轻率？希腊叛徒德马拉特斯（Demaratus）赶忙向他解释说，这是斯巴达人典型的表现。

138 他说："他们是为了阻止我们占领这个关口而来的。他们正在为即将来临的战争做准备。斯巴达人习惯在上战场前梳头发。"

薛西斯还是无法相信他说的话："人数如此之少的军队怎

么可能和我的大军对抗呢?”

德马拉特斯回答说:“如果事情不是这样，就骂我是一个骗子吧。”A. E. 豪斯曼正是根据这个著名的故事才写下了以下诗句:

拥有东方一半土地的国王，
他从那日出之地远征而来。
他们的战士把河水都喝光，
竖井的水被他们全部用完;
他将白白死去，
无法返回故乡。
斯巴达人坐在海水打湿的岩石上，
梳着他们的头发。

当薛西斯的军队长驱直下对温泉关发起攻击时，他的舰队从其锚点塞尔迈启航。此时已经是8月下旬，爱琴海偶尔会遭到来自北方大风的侵袭。在整个盛夏季节，所有地中海地区的温度都在缓慢升高。大气压力的微小变化足以打破平衡:随后，热空气会突然之间像一个巨大的气球一样从海面上升起，而来自北方的冷空气会咆哮着奔向南方，将热空气取而代之。这就是德尔菲神谕所说的“向风祈祷”，而希腊人的祈祷将会得到回应。

从塞尔迈出发，他们航行了一天，波斯舰队的大部分战船沿着贫瘠且荒凉的马格尼西亚（Magnesia）海岸航行。他们前方是塞皮亚斯角（Cape Sepias），在它的对面是斯基亚索斯岛（Skiathos），这座岛就像在有风的海面上盘旋的海鸥。如今，人们将斯基亚索斯岛与邻近的斯科派洛斯岛（Skopelos）之间的海域称为“风之门”。

波斯舰队的船长们未能在日落之前绕过塞皮亚斯角，他们无法确保月神岬的安全，因此被迫不情愿地在海上抛锚。航行在前方的舰船可以将其船尾迅速地靠近陆地，但是其他舰船几乎找不到合适的海滩空间，只能就地抛锚。

139 希罗多德写道：“第二日，黎明时分，天朗气清……”这种令人愉快的平静往往预示着将会刮起东北风。密史脱拉风（maistro），以“暴饕之风”（master wind）的名字为人所知，通常是在万里无云的情况下突然就狂风大作。这种风刮起来之前，不会出现预示狂风将起的雨云，也不会有先飘过来的高层云为水手提前预报。这一天，波斯舰队正准备沿海岸航行。从东北方肆虐袭来的狂风将波斯人的数百艘战船困在海岸背风处。“他们当中那些预料到风暴即将袭来，以及正好停靠在有利位置的人设法将舰船停在海滩上，在战船被损坏之前上岸，这样也保住了自己的性命；但是，那些在海上遭遇风暴的舰船，有的被卷到岸边，有的被卷到皮立翁山（Mt Pelium）山脚下所谓的‘烤炉’附近，有的搁浅，有的被卷到塞皮亚斯角附近，还有一些在墨利波亚城（Meliboea）和卡萨奈亚城（Casthanea）附近被风暴摧毁。据估计，这场灾难至少导致400艘波斯战船被毁，造成的生命和财产损失更是无法估量。”

根据希罗多德的说法，雅典人在埃维亚岛背风岸观察到即将起风的时候，便向北风之神波瑞阿斯（Boreas）祈祷。北风之神眷顾他们。狂风持续了三天，这有点反常，因为在8月这种大风通常最多只持续24小时。［战争结束之后，雅典人没有忘记他们对北风之神的感恩之情，在伊利苏塞河（River

Ilissus）河畔修建了一座北风之神的神庙。]

希罗多德可能夸大了损失，就像他也夸大了波斯舰队的战船数量一样，但是毫无疑问，波斯人在这场灾难中损失了十分之一的战船。但希腊战船安全地挺过了这场风灾，它们撤退至埃维亚岛的背风岸并一直等到大风停下来。然而，当希腊人再次向北进军收复他们的军营时，他们惊讶地发现竟然有数百艘波斯战船幸存下来，并悄悄地驶入海峡入口以北的帕加塞湾（Gulf of Pagasae）[①] 的安全区域。希腊人成功围截了 15 艘战船组成的小队，这个波斯舰船小队的指挥官犯了一个不幸的错误，他误认为在月神岬之外的希腊舰队是波斯舰队的组成部分。波斯人的另一支舰队后来被派往南部，绕向埃维亚岛并控制了安德罗斯海峡（从而切断了希腊人与他们的大本营之间的联络），这支舰队又被另一场风暴困住，在天气恶劣的埃维 140
亚岛一侧被摧毁。截至此时，海上诸神似乎都更偏爱希腊人一些。但是，希腊人即将面临来自陆上的巨大考验。

薛西斯麾下的米底人部队开始进攻希腊温泉关的要塞。薛西斯无疑确信他指挥的庞大军队将会打败镇守这处狭窄通道的人数较少的军队。薛西斯以及他手下的将军们可能不了解，在像温泉关这样狭窄的地方，相比于那些杂牌军，具有优势的是训练有素的精锐部队，他们会谨慎地选择他们防守的位置。米底人军队付出了高昂的代价，最后以失败告终，随后薛西斯派出“长生军”与希腊人开战。即便是“长生军”也没有取得更大的战果。

希罗多德提到了斯巴达人先进的训练和武器。他还提到了一种战术，即转身佯装撤退，斯巴达人通过这种战术多次戏耍

---

① 即今天的帕加西蒂科斯湾。

敌人。遇到这种情况，波斯人会立刻“大声呼喊，认为取得了胜利”。但是，这时候斯巴达人会突然转过头来冲向他们，在敌人还沉浸在乐观的情绪中时，经过严格训练的他们会精准地砍倒敌人。需要特别提到一种武器，这种武器就是强大的长矛，它们比敌人的长矛要长一半。

在整整两天里，波斯军队不断朝希腊人的防线发起进攻；但是在整整两天里，除了失败他们一无所获。希腊人没有因为敌众我寡而闻风丧胆。希罗多德引用了迪埃尼斯（Dieneces）[①]的话来说明在面对庞大的波斯军队时斯巴达人采取的“简单”的应对方式。在战斗之前，一个见过波斯军队的人曾警告说，他们有数量众多的弓箭手，以至于他们射出去的箭可以遮天蔽日，迪埃尼斯只是说：“这是一个陌生人……带给我们的一个令人兴奋的消息：因为如果波斯人遮蔽了阳光，那么我们将在阴暗处战斗。”因为希腊人的这种精神，波斯人不可能轻轻松松取胜。据说在战斗的前两天里，薛西斯曾经有三次因震惊于自己军队遭受的损失而从座位上跳了起来。

141 第三天，为了减轻陆上军队的压力，同时寄希望在海上取得的胜利可以让陆地上的希腊人陷入被包抄的绝望境地，整个波斯舰队从帕加塞湾出动。希腊舰队的三层桨战舰立即迎战，双方展开了持续一整天的激战。在这场名为“月神岬战役”（即阿尔特密西昂战役）的战斗结束时，双方都伤亡惨重。雅典人损失了将近一半的战船，波斯人也遭受重创，以至于“当战斗在日落时分结束时，双方都松了一口气”。在海上第一场重要的

---

① 或称迪埃尼克斯（Dienekes），是一名斯巴达战士，战死于温泉关一役，被赞誉为这场战役中最勇敢的希腊人。

战斗打响之时，位于温泉关的斯巴达人已经不堪重负。用现在几乎每一种语言中都有的一个短语来说就是“要塞已丢”。

前一天晚上，希腊叛徒埃菲阿尔特斯（Ephialtes）来到波斯国王的帐中，告诉波斯国王他知道这座山上有一条小路，这条路通往主峰两条主山脊之间的一条狭长的山谷。一旦有一支部队到达那里之后，他们就可以绕到希腊人的后方，轻而易举地包抄希腊人。薛西斯和他的顾问大臣决定派遣“长生军”前往，因为这是一支比其他任何部队都更加纪律严明的部队，而且波斯人无一例外地擅长在山区作战。列奥尼达一直意识到己方有可能被敌人包围，因此派出由 1000 名福基斯（Phocian）战士组成的盟友部队来镇守这座山。但是，正如希罗多德所说的那样，“波斯人在向山顶进发时发出的声音被山上生长的橡树林掩盖住了，直到他们登上山顶的时候，福基斯人才发现他们；因为当时没有一丝风，行军时脚踏在落下来的树叶上会出现颤动和发出沙沙的响声”。面对波斯人不计其数的箭雨攻击，福基斯人大惊失色，撤退到更高的位置并誓死保卫这个制高点。他们认为自己是波斯人进攻的目标，但是他们大错特错了。波斯人根本没有将他们放在眼里，而是用最快的速度迅速下山。黎明时分，波斯人到达海岸，从侧翼对希腊人进行包抄。

列奥尼达知道决战的时刻已经到来。他让所有的伯罗奔尼撒盟友都撤退，只留下他的王家护卫队和奴隶，以及维奥蒂亚的士兵。后者在北方的家园已经沦陷，可以合理地推断他们将与斯巴达人一起战斗到生命的最后一刻。在这一天，当波斯舰队和希腊舰队在海上的主要战役中鏖战之时，岸上的这一支小 142
型部队已经做好了慷慨赴死的准备。

列奥尼达和他的士兵们都知道，在战争开始之前德尔菲神谕就已经提到，如果能阻止敌人入侵他们的祖国，那么必然会有一位斯巴达国王殉国。当列奥尼达在准备发起最后一次进攻时，他很有可能已经考虑到了这一点。他的幕僚中有一位预言家叫美吉司提亚斯（Megistias），根据察看祭祀动物的情况，美吉司提亚斯已经预见到所有守卫温泉关要塞的希腊人都难逃一死。虽然列奥尼达已命令他撤退到安全地带，但是他宁愿与国王一起战斗到最后一刻。

日出时分，薛西斯祭酒之后准备拔营向前进发。他知道，只需要几个小时，“长生军”就会像潮水一般涌来，完成对希腊人的包抄。但是，列奥尼达和他的斯巴达战士并不只会坐以待毙。他们从狭窄的关隘中倾巢出动，冲向敌人铺开的长距离战线。

直到最后一刻，波斯人都对这些希腊人的举动感到十分惊讶，即使在他们当天取得了阶段性胜利的时候，他们也震惊于自己军队的伤亡情况。军队的指挥官被迫用鞭子抽打他们的士兵去抵御希腊人最后发起的疯狂进攻。成千上万的人陷入一片混战：位于前方遭受严重攻击的士兵在面对向前冲锋的希腊盔甲部队时，试图转身逃跑，却被后面的人踩踏在脚下。其他有些人跳入海中溺亡。用希罗多德的话说就是：“死者不计其数。”

最后，希腊人不可避免地以战败告终。列奥尼达本人也陷入绝境，身受重伤；最终希腊士兵设法将他带回原来他们准备决一死战的地方。最后的一个防御点就是在温泉关的“窄脖子”处，一堵墙将这里堵死，希腊军队残部在这里进行了整编。他们奋战到了最后一刻，长矛被折断后就用利剑战斗，利剑没了就用石头战斗，甚至他们赤膊上阵，用牙齿去咬敌人。

从战斗的结果来看，希腊人在温泉关战役中失败了，但是

他们获得了精神上的胜利。尽管斯巴达国王和他的斯巴达先遣 143
队战死沙场的消息传来时，整个希腊都感到不寒而栗，但是后来人们注意到波斯国王为他的胜利付出了如此高昂的代价时，他们这种恐惧感则烟消云散。此外，在月神岬海战之后，尽管希腊人遭受重创，但是波斯舰队因丢失了塞皮亚斯角和埃维亚岛东海岸而导致了更严重的损失。希腊人从月神岬经埃夫里普海峡返回雅典。他们的后方是友好的邻邦，他们有时间和设施对船舶进行认真维修。另一方面，波斯人被困在海上，他们的敌人则坚守在海岸上。

此时已是夏末，如果在希腊一直纠缠到冬季，那么这支庞大的军队的供给就是一个大问题。薛西斯和他的指挥官们毁掉了福基斯和埃维亚岛的海岸地区，显然这是一条能让他们通往希腊的路，这一点值得他们自己庆贺一番。但是，他们只赢得了一场代价高昂的战斗，并没有赢得一场战争。

温泉关战役成为一个传奇。这可谓实至名归，尽管在经过分析后，似乎可以在这里更明智地部署军队。或许应该在福基斯后援部队中增加一些斯巴达战士，因为训练有素的斯巴达人不会让他的部下在守夜时因为发现敌情而感到惊恐，也不会做出错误的判断而让“长生军”轻易地绕过。列奥尼达和他的战士们的墓地上立着一块墓碑，上面刻着一段恰到好处、波澜不惊的墓志铭：

> 过客啊，告诉斯巴达人：
> 我们执行了他们的命令，长眠于此。

此时雅典人已经匆匆撤出雅典，只有一支自愿留下的卫戍部队镇守雅典卫城。同时，希腊联合舰队屯兵萨拉米斯湾。波斯人如果想要占领整个希腊，就必须要在这个海湾取得决定性的胜利。此时，一支来自伯罗奔尼撒的大军已经在科林斯地峡安营扎寨，他们做好了准备，阻止敌人进入希腊南部地区。只要希腊海军在海上依然是一支强大的力量，那么波斯人就不敢在这支部队的后方驻扎军队。在改变地中海局势的历史战役中，一切都取决于海洋本身和对海洋的控制力。

144 卫城防御战和斯巴达人防守温泉关战役一样可歌可泣，经此一役，雅典最终沦陷。这使波斯人向前推进的时间推迟了几周，让斯巴达人和他们的盟友有时间修好战壕，坚守科林斯地峡。同时，这还让海军能够有一点富余的时间来修理他们的战船，从而为接下来必然会采取的行动做好准备。

这次喘息之机对希腊而言至关重要，因为波斯舰队此时已向帕勒隆大举进军，他们此前一直待在海上，而海上的情况非常凶险。与雅典人及其盟友相反，波斯舰队没有任何设施可以对战船进行维修、润滑、防污处理以及对船员进行进一步的训练。古时候，战船老化速度非常快，长期未经实战的船员士气消沉的速度往往比他们的战船船身和船上纺织物的老化速度还要快。此外，正如历史上的战争所表明的那样，入侵者越是远离自己的家园，就越是容易丧失在入侵时的决心。

萨拉米斯岛长约 10 英里，宽 10 英里，位于埃莱夫西纳湾（Bay of Eleusis）南部。它在雅典以东 5 英里处，向南可以控制整个萨洛尼科斯湾（Saronic Gulf）直至伯罗奔尼撒半岛的区域。它像盾牌一样漂浮在埃莱夫西纳湾上，保护着科林斯地峡狭窄的“咽喉”部位。雅典被舍弃之后，雅典人撤退到了这个岛上。随着军队撤退的还有雅典的地方官员和其他上层公民。也正是在萨拉米斯岛，雅典人决定以岛为根据地继续战斗，这就像后来温斯顿·丘吉尔决定的那样，如果英国落入敌手，那么他将在 1940 年从加拿大对德国人发起攻击。

萨拉米斯岛是薛西斯最重要的目标，他迅速集结陆军在海岸朝向海岛的一侧建造了一处人工海角。毫无疑问，他的意图是从海角建造一座船桥并入侵该岛，就像他穿过赫勒斯滂一样。但是季节对他不利。冬天快到了，雅典人在薛西斯建造桥头初期就一直让弓箭手对波斯人进行侵扰。

这场战斗似乎不是在萨拉米斯岛的东端进行的，而是在位
于萨拉米斯岛和阿提卡海岸之间的狭窄区域。岬角处有一座古 145
代威尼斯人留下的瞭望塔可以俯瞰海湾，这里很可能就是薛西斯登临观战的地方。在这里，他被幕僚和群臣簇拥着，决定在这座巨大的看台上欣赏这部戏的最后一幕。他对战争结果充满信心。希腊联合舰队主要由来自雅典、斯巴达、墨伽拉(Megara)、科林斯和埃伊纳岛的战船组成，数量不超过 200 艘。希腊人的战船比敌人的战船更重，操作起来可能不是那么快，所以必须用能够“化劣势为优势”的方式来操纵战船。

地米斯托克利先是狡猾地将薛西斯引入了陷阱。即使在希腊历史的这一时刻，希腊人仍处于分歧重重的状态。就地米斯托克利自身而言，他清楚地意识到，希腊内部的亲波斯派一直将这些内部问题悉数告知薛西斯。有些人认为应将舰队撤退到更南侧作战，还有一些人则认为雅典人想在萨拉米斯岛开战的唯一原因是这代表了雅典的“最后一搏”。地米斯托克利本人甚至因为是“一个没有城邦的人”而遭到嘲笑。他必须指出，如果他撤出雅典舰队，那么其他舰队根本就没有任何获胜的希望。(实际上，他的确用了一些简单的敲诈伎俩，他声称人们

必须支持他在萨拉米斯岛的战斗，否则他将撤出所有雅典人的战舰和部队，然后航行到意大利或西西里岛，建立一个新的雅典。）地米斯托克利知道薛西斯了解希腊内部的分歧情况，于是向薛西斯派出一个使者，说他和他统治的雅典人准备叛逃到波斯。他说希腊人已经乱成一团，薛西斯最好派遣部分舰队封锁海峡西端，即萨拉米斯岛与大陆之间的区域，防止希腊人通过那里逃脱；同时，薛西斯应该大胆地向东侧进军，越过正在修建的防波堤。

薛西斯上当了。他将舰队兵分两路，派他麾下最强大的埃及舰队向萨拉米斯岛西部进发，派其他战船横穿狭窄的海峡口。这次海战的作战条件最适合更重的希腊船只。希腊人身后
146 的萨拉米斯岛像锚一样，他们缓慢绕岛行进，就这样筑起了一道坚不可摧的战线来防卫波斯人。同时，地米斯托克利诱敌深入，让他们满怀自信地认为进入海峡后会遇见一支四分五裂或七零八落的希腊舰队，地米斯托克利将波斯人围困在希腊人半月形船头的战舰和阿提卡暴虐无情的海岸之间。

尽管这次战斗是海战并且经过了精心计划，但是作战方式类似为期三天的温泉关战役。波斯人再一次因为人数而受到限制，希腊人的严明纪律再次证明了它的价值所在。薛西斯坐在他位于海峡一侧高处的宝座上眼睁睁地看着他所有的希望全部破灭。一阵西风吹来，被打得落花流水的波斯舰队才得以借助风力再次回到帕勒隆湾。

希腊人损失了 40 艘战船，摧毁了 200 艘敌船。根据传统的观点，埃斯库罗斯曾参加了月神岬战役和萨拉米斯岛战役，他在自己写的戏剧《波斯人》（*The Persians*）中栩栩如生地描写了这场战斗。其中一段总结道：“希腊人娴熟地操纵战船围

绕着我们，一直朝着中心驶来，因为海上漂着鲜血和破损的战船，您无法看见海洋。每一处海滩和礁石上都散落着尸体。我们波斯舰队的所有战船只顾努力逃命。但是反观希腊人，他们像用鱼叉捕捉搁浅的金枪鱼或其他鱼类一样，用桨和其他木块刺伤并杀死我们的士兵，哀号声回荡在海洋上，直到夜幕降临。”

事实上，整场战斗就像捕杀金枪鱼一样。希腊人像往常一样，将敌人诱入萨拉米斯岛和阿提卡大陆之间的“渔网”。他们“收了网”，对挣扎的敌人展开肆意的屠杀。

随着冬天来临，舰队战船不断减损，波斯人再也没有机会重新获得优势。薛西斯听从马尔多纽斯（Mardonius）将军的建议，匆忙撤回波斯。根据马尔多纽斯的建议，他本人率领一支精锐部队留在了希腊。他可能觉得如果国王不插手，事情会更容易处理。虽然他手上的兵力只够打一次战役，但是他自信 147
能在第二年征服整个希腊。

在萨拉米斯战役取得胜利的同时——后来传说是在同一天——西西里岛革隆统治下的希腊人在西西里岛北部的希梅拉河（the River Himera）附近大败迦太基人。希腊世界的东部和西部地区都幸免于难。在接下来的50年中——这段时间堪称西方文明的春天——雅典艺术和文化取得了非凡的成就，也许这也可以被视为在洒满了大量鲜血和付出了艰苦努力的土地上取得的成就。这里培养了经受严酷考验而变得意志坚定的一群人。

公元前479年的春天，马尔多纽斯指挥的部队在色萨利（Thessaly）熬过了冬天后，再次发起进攻，但是以失败告终。在具有决定性意义的普拉塔亚战役中，波斯人遭遇大败，马尔多纽斯本人也被杀身亡。这就是波斯大入侵的结局。在普拉塔亚战役取得胜利后不久，雅典人和斯巴达人组成的舰队越过爱琴海，将萨摩斯岛从波斯人手中夺了回来，然后在萨摩斯岛对面、位于伊奥尼亚大陆海岸上的米卡勒（Mycale）与敌军舰队遭遇。尽管此次战役的记录不如战争中此前几次战役的详尽，但是米卡勒海战几乎全歼波斯舰队所有残部，这一点意义重大。这样至少在当时确保了希腊人可以在爱琴海自由航行，并且引发了伊奥尼亚的希腊人反抗波斯统治者的起义。

到公元前479年年底，希腊摆脱了被波斯统治的威胁。此外，希腊还在很大程度上将波斯和波斯盟军的舰队从自己的“王国之海”中驱逐出去。对于更西边的西西里岛，锡拉库萨的革隆取得希梅拉大捷（对迦太基的实力和威望造成了巨大打击），打压了布匿人①的士气。即使在迦太基这座伟大的北非城市，也有大量传言称希腊人即将入侵迦太基领土，甚至有可能攻打迦太基。西西里岛成功抵御了迦太基人和伊特鲁里亚人（在西西里岛受到希腊威胁的两个国家此时已成为盟友）的进犯，这当然要归功于西西里岛的希腊人，但是其他希腊人在萨拉米斯战役中获得的胜利也具有同样重要的作用。

148 尽管这场战争的全部历史记录几乎源于希腊（带有天然的反波斯倾向），但是很难说如果波斯人取得胜利，地中海的文明将更加发达。从近东地区形势的发展结果来判断，波斯政府的官僚主义是最为糟糕的，这会阻碍思想自由或文化进步。

---

① 即迦太基人。后文也将提到，罗马人一般将迦太基人称作布匿人。

不过有可能的是，如果波斯人征服了希腊，那么之后波斯人不可避免地会扩张到西西里岛和意大利，这很有可能导致西方世界信仰琐罗亚斯德教而不是希腊和拉丁的宗教。经过多个世纪的变迁，这种宗教对宇宙富有洞察力且合乎逻辑的解释可能日臻完善，从而使它成为整个地中海世界信仰的宗教。

第十章　战后复兴

149 在西西里岛，希腊人对迦太基人的压倒性胜利使希腊殖民者几乎占据了除最西侧之外的整座岛屿。只有在帕诺尔莫斯以及艾瑞克斯山脉山阴的莫特亚和利利巴厄姆才能看见腓尼基人的踪影。他们的商船和他们曾经如日中天的双桅帆船往返于迦太基和撒丁岛之间，小心翼翼地驶向远离希腊势力范围的西西里岛西部港口。

迦太基人与希腊人之间的战争仍在西西里岛上继续（公元前 408 年，迦太基人甚至夺回了希梅拉并摧毁了这座希腊城市），但是迦太基的实力在逐渐衰弱。迦太基人越来越多地将目光投向西方、赫拉克勒斯之柱、大西洋的贸易路线以及非洲内陆地区。在这些年里，迦太基人第一次开始在他们的城邦范围之外进行扩张，并在突尼斯肥沃的地区占领了广阔的内陆领土。迦太基此时需要土地来养活不断增长的人口，还需要非洲内陆的居民成为在其雇佣军中服役的士兵。

如果不是因为希腊的压力，迦太基不会让自身成长为强大的帝国。迦太基人像他们的祖先腓尼基人一样，满足于在没有殖民地的情况下继续发展，但是其贸易站点遍布整个地中海地区。此时的情况和他们的整部历史一样，他们的主要兴趣就是国际贸易，除此之外别无其他。然而，希腊的扩张导致他们丧失了许多东部市场，而此时则是失去了西西里岛的市场。当时，正是希腊人在无意中迫使迦太基不再局限于一个伟大的商业和工业城市。他们迫使迦太基成长壮大为一个帝国，并且在北非地区占领了大片腹地。

同时，伊特鲁里亚人遭到了希腊人进一步的打击。锡拉库 150
萨人占据了那不勒斯湾的希腊殖民地库迈，伊特鲁里亚人被围，被迫从意大利南部撤出。他们的势力范围迅速缩小到其早先位于大陆的城市伊特鲁里亚、科西嘉岛、厄尔巴岛以及其他偏远的地区和岛屿。

当伊特鲁里亚被蚕食的时候（直到公元前309年，罗马统治了整个伊特鲁里亚时，伊特鲁里亚才最终丧失了独立地位），雅典的橄榄树已经落地生根，开花结果。尽管科林斯和斯巴达提出了反对意见，他们坚持认为雅典人重建自己的城墙是一个危险之举（因为如果波斯人卷土重来，波斯人可能会将这里作为要塞），但是雅典人拒绝接受这一忠告。这座城墙以伟大的爱国者地米斯托克利的名字命名，所谓的“地米斯托克利城墙”成为雅典的内部护盾。在城墙之内，雅典可以免受波斯人的任何进一步的攻击以及雅典邻邦的觊觎；在城墙之外，战船组成的“木墙”已经帮助希腊人在萨拉米斯拯救了希腊。

在肃清了希腊北部的通敌之人后，希腊人面临的是小亚细亚的问题。这个问题直到20世纪才得到解决。在米卡勒取得海上大捷之后，他们集中精力来解决这个问题。不幸的是，斯巴达指挥官保萨尼亚斯（Pausanias）很快失去了伊奥尼亚人对他的忠诚，伊奥尼亚人此时已经准备好重新回到希腊的怀抱。最大的问题是，如果波斯人决定重新占领希腊人在大陆上的城市时，该如何保护伊奥尼亚人。这件事从未得到彻底解决，而且保萨尼亚斯和他的斯巴达军队贻误战机，很快导致爱琴海的霸权转移到了雅典手上。尽管地米斯托克利战绩卓著，但他并没有官复原职，幸运的是，雅典召回了之前遭到流放的阿里斯提德。

战争结束三年后，战争时期的“希腊联盟”宣告解散。斯巴达人在自己的故土伯罗奔尼撒遇到了麻烦；然而不管出现什么情况，斯巴达人很少愿意远离自己的家园。因此，雅典成为希腊全方位的领导者，希腊与其盟友一起组建了提洛同盟（Delian League）。米太亚德的儿子因在第一次希波战争中为雅典立下赫赫战功而成为同盟的统帅。同盟几乎完全由
151 海军组成，雅典提供了舰队的主要战船，负责筹集资金并制定策略。像所有联盟一样，它经受了许多压力和负担，特别是来自那些较小地方和岛屿的人，他们觉得自己被迫为雅典更辉煌的荣耀打工，而这对自己却没有任何好处。尽管如此，它仍然是希腊最接近以“希腊性”（Greekness）为基础而结成的真正联合体。

提洛同盟成为雅典霸权的基石，雅典在接下来的50年中将以此为基础，树立起全世界到现在为止仍难以企及的文明丰碑。50年，弹指一挥间，但就是在这个时期内，雅典人在艺术、文学、哲学和数学理论领域取得了丰硕成果，其中很多智慧和审美方面的形式、术语和概念成为西方世界相关学科的基础。

H. D. F. 基托（H. D. F. Kitto）在《希腊人》（*The Greeks*）一书中对萨拉米斯战役和普拉塔亚战役后的这段时间进行了总结：“在贸易和制造业方面，雅典正在迅速迎头赶上那些很早之前就已经从事相关贸易和制造业的其他希腊城邦；雅典的阿

提卡式风格和智慧，再加上雅典处在正中央的位置、优良的港口以及它此时在海上的压倒性霸权地位，这些结合在一起令人望而生畏。除此之外，雅典和伦敦一样，由于其诚实守信以及采取的是常识性方法而具备某些不可估量的优势。在艺术层面，雅典人开辟了一个全新的世界。雅典人长期接触青铜和大理石，这使建筑和雕塑达到了一种古典式的完美境界，雅典艺术家的作品将伊奥尼亚的优雅与多利安的力量结合在了一起。雅典的陶艺家和画家正在登上辉煌的巅峰：悲剧是最具雅典特色的艺术形式，它一年比一年更趋完善，更有趣味……”

波斯撤出爱琴海是地中海历史上的重大事件。正如爱德华·迈耶（Eduard Meyer）在《不列颠百科全书》中所写的那样：“萨拉米斯战役和普拉塔亚战役引发的灾难无疑减损了帝国的进攻力量。世界历史的重心已经从苏萨（Susa）[①] 和巴比伦转移到了爱琴海；波斯人意识到，尽管他们英勇无比，但是敌人仍然在武器和智力方面胜过他们，敌人不愿向他们屈服。”

宫廷之内的钩心斗角、国家内部的自相残杀以及政治权术 152
的阴险狡诈（这为后世数百年埋下了祸根），所有这些都导致波斯国力及其文明水平开始走下坡路。尽管如此，波斯仍然不断涌现出英勇顽强和值得尊敬的人物，虽然希腊人想弥补自己的损失，但发动针对波斯人的军事冒险，或至少在他们本国领土附近挑起争端是不划算的。从公元前 460 年到公元前 454 年的六年战争中，雅典人企图通过其强大的舰队从波斯人的手中

① 古波斯首都。希罗多德曾说，“谁要是占有苏萨的财富，谁就可以和宙斯斗富”，这成为当时西方最崇拜这座城市的写照。

夺取埃及，不过最终以彻底失败告终。雅典人在这次冒险行动中大约损失了200艘战船及全部船员，腓尼基人仍然是波斯海军的中坚力量，从某种程度上说，这使波斯人报了在萨拉米斯战败的一箭之仇。

波斯继续统治近东地区，直到亚历山大大帝的到来才改变了这里的局势。希罗多德以一个故事为他的著作《历史》的结尾，这清楚地表明他（可能还有许多其他聪明的希腊人）仍然非常尊重波斯的品质。有一天，一个家财万贯且颇有威望的波斯人来到伟大的居鲁士大帝面前，建议说：因为波斯此时是世界上最强大的国家，波斯人完全可以离开他们贫瘠的山区故土，去占领一些富裕且土地肥沃的低地，这不啻为一个好主意。“居鲁士并没有考虑这个建议，他回答说，如果他们愿意的话，他们可以付诸行动，但是又补充道，如果这样做，那么波斯人必须做好不再统治别人而是被别人统治的准备。他说道：‘软弱的国家培养出来的是怯懦的男子。极其优良的作物和出色的士兵也不是从这样的土地上成长起来的。’波斯人不得不承认这是真的，居鲁士比他们要明智。因此，波斯人辞别他，他们宁愿选择居住在崎岖的土地上统治别人，也不愿在肥沃的平原上耕作而成为奴隶。”

波斯人最终忘记了居鲁士所提倡的节俭和阳刚的美德。后来，斯巴达人也丧失了这些美德。同时，正是雅典人凭借对生活的热爱和敏锐的视觉感受改变了世界。但是，最终斯巴达人让雅典人俯首称臣。“万物有度”是描绘理想生活的一句希腊格言，希腊人非常推崇这一条格言，因为这与他们激情四射和凡事过分苛求的本性相距甚远。

第二部

我越是思考古往今来的历史，越是感知到所有人类活动中无处不在的荒谬。

——塔西佗（Tacitus）《编年史》（*Annals*），第三卷第18章

第十一章　女神和海岛

女神的圣林位于高处，对她的崇拜就是对生命本身的崇拜。她一直是地中海民众的女神。生育女神是最古老的神，最初是她统治着整个海洋。在近东地区和爱琴海，她一直是人们信奉的最重要的神。在克里特岛，米诺斯人将其尊为月亮女神、灵蛇女神、狩猎女神和野生万物的保护神。自新石器时代以来，马耳他群岛的人们就敬拜这位女神。她身材丰腴，温婉安静，佑护着人们传宗接代、六畜兴旺、土地肥沃。她是一位和平女神。在马耳他群岛的人们没有间断地敬拜这位女神的一千年内，农业定居点之间没有发生过战争。在这段时间之内，刀枪入库，马放南山；更重要的是，在任何供奉她的神庙中都未发现人为破坏的迹象。

北方民族（包括多利安人和伊奥尼亚希腊人的祖先）对地中海的入侵改变了这里人们的生活方式。新来的民族带来了对好战的天空之神的信仰，天空之神手里握着闪电。在这些侵略民族及其以男性为主导的众神之前，在简陋的石器时代被人们崇拜的古老的母神毫无抵抗能力可言。她的影响力在下降，并被其他神灵所吸纳，她在适当的时候以许多其他的名号和不同形式重新出现。最终，她再次以爱神和诞下圣子的圣母的身份重新得到人们的敬拜。

在西西里岛西部艾瑞克斯山的高山之巅，腓尼基人在占领

该岛初期就为她修建了一座神庙。毫无疑问，此前当地居民已
156 经在这里修建了一座供奉母神的神庙，其周围环绕着要塞的巨石城墙（Cyclopean Wall）。此时，腓尼基人几乎完全被限制在该岛的西边一隅，即使在这里，希腊人也开始向他们施压。这些腓尼基人或迦太基人定居点具有重要的意义，它们位于从迦太基到撒丁岛和伊特鲁里亚科西嘉岛北部的贸易路线上。

阿斯塔特女神庙俯瞰着莫特亚镇和近海的埃加迪群岛，它是沿着弯曲海岸线航行的水手们的地标。阿斯塔特女神主管很多事项，其中之一就是守护和保佑水手。正如詹姆斯·弗雷泽爵士（Sir James Frazer）在《金枝》（*The Golden Bough*）中提到的，她也被认为"与金星相似，她从早晨到晚间的变化也被巴比伦天文学家仔细地记录了下来，他们根据她的交替变化和隐没情况得出预兆。因此，我们可以推测，阿多尼斯节（Adonis）① 的固定时间与金星作为晨星或晚星出现的时间是一致的"。

没有比艾瑞克斯山山顶更适合为她修建神庙的地点了。这座山从西部平原拔地而起，无论是夏末高空的高积云，抑或是西洛可风吹来饱含沙漠地区热量的层云，地中海地区掠过这个角落的浮云全都汇聚在这里。因此，这座山的两侧几乎总是被笼罩在炎热潮湿的云层中，形成了一处露天温室，这里成为地中海地区野花长得最多最好的地方之一。

这里适合举行女神的情人塔木兹（Tammuz）② 或阿多尼斯逝世周年的祭奠仪式，野生雏菊、兰花、万寿菊、蓝牛舌

---

① 为纪念希腊神话中的美男子、春季植物之神阿多尼斯的节日。

② 古巴比伦神话中的谷物神，

草、紫蓟和小鸢尾花含芳怒放，如同死去神灵四溅的鲜血。就像在所有敬拜阿施塔特的地方一样，山上有一片圣林，女神的鸽子在天空中悠闲地盘旋。

像这种在山上修建的神庙属于希伯来先知极其痛恨的“邱坛”和圣林之列，也是约西亚国王摧毁之物：“从前以色列王所罗门在耶路撒冷前，邪僻山右边，为西顿人可憎的神亚斯他录［即阿施塔特］、摩押人可憎的神基抹［即塔木兹］、 157
亚扪人可憎的神米勒公［即美刻尔］所筑的邱坛，王都污秽了。又打碎柱像，砍下木偶，将人的骨头充满了那地方。他将伯特利的坛，……那坛，都拆毁焚烧，打碎成灰。”但是，埃里切山上的邱坛却屹立了数个世纪之久。腓尼基人对阿施塔特和她的情人的崇拜在西西里岛的这个角落中持续了一千年，希腊人崇拜她，将其称为阿弗洛狄忒，后来罗马人称她为罗马人的祖先埃涅阿斯（Aeneas）的母亲维纳斯·埃里奇纳（Venus Erycina）。

在接下来充满戏剧性的两个世纪的历史中，这些安静的海岛并没有参与其中。公元前480年，希腊人战胜波斯人，他们同时还在希梅拉战胜了迦太基，西库尔人、贫穷的农民和渔民的生活相对没有受到这场世界灾难所带来的干扰。雅典的光辉岁月、希腊天才们取得的成就并未对那些过着简单生活的边远地区的人产生影响。从公元前5世纪到公元前3世纪，希腊人与迦太基人之间零星爆发的战争几乎没有影响到这些岛上的居民。战船在他们东部的狭窄海峡来往穿梭，埃里切山投下的阴影覆盖着水面。

毫无疑问，在陆地上出售渔获的渔民们有时会带回关于城镇被焚毁、人们四处逃亡的传言。突然之间，公元前398年，即便是世界的这个偏远角落也感受到了震动，锡拉库萨的僭主狄奥尼修斯（Dionysius）夺取了腓尼基人古老的贸易站和海军基地莫特亚。狄奥尼修斯是希腊战争最伟大的领导人和他所处时代最有权势的人物之一，他打算将整个西西里岛纳入自己的统治。

莫特亚是迦太基人很久以前建立的据点，位于今天马尔萨拉以北的一座小圆岛上，长期以来它一直是其母邦与西西里岛及其他北方岛屿之间贸易路线的关键节点。丢失该岛产生了重大影响，但并没有造成灾难性的后果，因为迦太基人立即将剩
158 余居民转移到了附近陆上防守森严的城市利利巴厄姆。尽管如此，此时希腊陆军和海军可以向西西里岛最西面的这个角落发起进攻，这一事实残酷地提醒迦太基：他们对西西里岛西部的控制已经岌岌可危。对于近海岛屿上的少数居民来说，莫特亚被夷为平地的景象一定是非常恐怖的。世世代代，他们对这个地方的情况了如指掌，并在那里出售水产品和农产品。即使此后不久在利利巴厄姆重新建立了迦太基殖民地，也几乎无法消除人们对这一地区的生活模式开始改变的疑虑。然而，几个世纪过去了，迦太基的战舰仍然在勒瓦佐岛和大陆之间的海域炫耀着它们那五颜六色的船体，阿施塔特祭坛上的烟雾在遥远的艾瑞克斯山上徐徐升起。

后来，狄奥尼修斯在对迦太基人的战役（公元前 383 年至公元前 378 年）中遭遇惨败。当时，公元前 480 年希腊人从迦太基人手中夺取的希梅拉城被迦太基人洗劫一空，希腊殖民者被杀害或沦为奴隶。这座被敌人包围的海岛的南部是美丽的塞利努斯城，这座城市也被迦太基人彻底摧毁，城中的希腊居民被卖为奴隶。西西里岛的希腊人被迫承认，哈利库斯河

（River Halycus）以西的所有土地（约占该岛的三分之一）均属迦太基人的势力范围之内，他们对此不持异议。

因此，尽管战争在整个公元前 3 世纪断断续续地进行着，但是迦太基人和希腊人对地中海中部霸权的争夺仍然难分胜负。东西方的冲突几乎从未间断，美丽而不幸的西西里岛则是冲突的交汇点。

同时，西西里岛上的原住民依旧生活在偏远的山区。他们只有在必要的时候才会下山来与迦太基人和希腊人进行贸易。毫无疑问，这些白色的城市会让他们惊叹不已，这些城市代表了文明的力量，但是往往会被夷为平地，这也反映了人类的愚蠢之处。但是，原住民也无法摆脱人类的这一缺点，因为他们也常常爆发部落战争。战败的一方最终会被卖给希腊人或迦太基人做奴隶。

葡萄和橄榄不仅可以种植在肥沃的大陆土地上，而且在这三个外围岛屿上的任何土地上都可以种植。虽然埃古萨（Aegusa，即今天的法维尼亚纳岛）、勒瓦佐岛和马雷蒂莫岛基本上是“山羊群岛”的主体，但是在夏季的几个月里，西 159
西里岛的牧羊人会渡海来到这里居住，并且他们在这些岛上建有一些永久定居点。正如荷马在公元前 8 世纪所描述的那样，埃古萨“岛上林木茂密……山羊成群，这些野山羊从未被人们的脚步吓到，不辞辛劳穿林翻山的猎人们也从未涉足这个地方。这里未曾放牧，未曾开垦，无人耕种，这个人类未涉足的地方成为咩咩叫的羊群的乐园”。荷马或为他提供信息的船长还指出：“这是一片肥沃的土地，在合适的季节可以出产各类作物。沿着灰蓝色的海岸是水源丰足的草地，葡萄藤四季常青，足够广袤的土地可供耕作，因为地表以下的土壤非常肥沃，每一个收获的季节都能有丰厚的收成。”

几个世纪之后，经过农业耕作的改造，这些岛屿的梦想变成了现实。在埃古萨北部安全的港口和勒瓦佐岛的两个海湾中，我们可以看到一些小型渔船，希腊人称这些渔船为“艾派克特拉”（epaktra）。这是一种敞篷船，配备四到八支桨，还有一张辅助帆，每当风向稳定时就可以使用这张船帆。在漫长的夏季，海洋风平浪静的时刻恰好是渔民们忙碌的时刻，他们可以通过睡石将船停泊在海上。所谓睡石就是一个大石块，上面钻有一个孔，用来系绳索。然而，在大多数情况下，他们在夜间会将船拖到海滩上，避免船遭到风吹雨打。当地人可能是用从其邻人迦太基人那里买来的铁钩在水上钓鱼，或者是撒下简单的围网，以封闭其中一个小岛湾的前部来捕鱼。他们进口艾瑞克斯山脚下沼泽地出产的芦苇，制成了迄今为止地中海渔民仍在使用的相同类型的诱鱼器。这些诱鱼器的顶部有一个大洞，足以容纳像金枪鱼、小个头的狗鱼和鲻鱼一样大的鱼。他们在诱鱼器里放了一些动物内脏，或切成薄片的沙蠋和捣烂的鱿鱼块；将一些石头放置在底部将其压住，将诱鱼器带到浅海或近海的渔场；小心地将一块木头或一个充气的猪膀胱和诱鱼器拴在一起，木头或猪膀胱浮在海面上，诱鱼器沉到海床上
160 排成一排。绳索有时是用薄皮条制作而成的，但是迦太基人引入了他们在东方的故乡的亚麻、大麻和纸莎草来制作绳索。此后，岛民们也将常见的地中海无爪龙虾或海螯虾放到用网罩住的诱捕龙虾的柳编笼或木箍笼中。

无人居住且未过度捕捞的水域有着丰富的鱼类资源，只有很少人在岩石遍布的海边安家。青口贝和其他贝壳类动物紧贴在安静的小海湾两翼，而多刺的海胆和美味的橙色海胆卵则聚

在浅滩的壁架上。海水中到处都是沙丁鱼，凤尾鱼一直是标准的穷人食品。大约在两千年后，托比亚斯·斯摩莱特（Tobias Smollett）曾经指出："除了干面包就着一些腌制的凤尾鱼外，[法国南部]沿海的渔民和水手几乎没有其他食物。他们吃完鱼后，会将面包皮蘸着盐汤吃掉。没有什么比油炸的新鲜凤尾鱼更美味的了……"

腓尼基人和希腊人带来的葡萄藤已成为这里不可缺少的一部分。用葡萄可以酿造味道深厚浓郁的葡萄酒，它经过许多个世纪后演变为玛莎拉餐后甜酒。但是这些早期的居民只品尝到了口感粗糙的葡萄酒，这种酒很可能是被泉水稀释了。顽强地生长在这些岛屿丘陵山坡上的橄榄不仅提供了饮食必需的油，而且提供了简易陶器灯用的灯油，这是照亮人们居住的原始石屋唯一的手段。阿施塔特神殿中的水池边上也点着类似的灯，人们以此来敬拜女神和橄榄的恩赐。

当时的世界动荡不安，希腊人和迦太基人陷入了冲突，伊特鲁里亚的势力走向衰弱，罗马的影响力已遍及意大利，然而，偏远的埃加迪群岛的岛民们仍然过着艰辛但简单的生活，极少受到外部世界的影响。即便如此，他们与住在寒冷多雨地区的农民相比还是幸运的。在地中海这片包容的大海和天空之下，即使是清贫的生活也远比欧洲北部地区的生活舒适。在整个相对短暂的冬天，可以储存经过日晒和风干的鱼和山羊肉。秋天的雨水浸润了肥沃的土壤，这时可以种植种类丰富的谷物来制作面包。尽管如今通过后来引进的诸如番茄和柑橘类水果
等增加了地中带地区的饮食种类，但今天地中海地区的饮食仍 161
然以油、鱼和少量肉类为基础。毫无疑问，他们用面粉制作面包的方法与维吉尔在《农事诗》（*Georgies*）中所提到的面包

制作方法完全一致。先将谷物进行烘烤，然后用石头压碎或用杵臼捣碎（*Nunc torrete igni fruges*，*nunc frangite saxo*）。面团很可能是放在平坦或凸起的石头上。把石头放在火上面，用炙热的灰烬盖在面团上面。史前时代的人们就开始制作这种面包，今天近东地区的人们仍在制作类似的面包。

从世界范围来看，即便是在当时的历史时期，取火技术对于早期居民而言也是非常重要的。公元前 5 世纪，希腊人已经非常熟悉取火镜（装满水的球状玻璃器皿），但是西西里岛西部的农民还不太可能知道结构如此复杂的物件。随着铁器时代的发展，直到人们可以广泛使用铁器的时候，敲击取火才成为标准的取火方法。几乎可以肯定的是，埃古萨和勒瓦佐岛的居民使用了古老的摩擦取火的方法：用一块木头来回摩擦另一块木头，或者将一根木棍放在手掌之间旋转，木棍的一端则顶在地上的木块上。地中海地区的人们很幸运，这里的冬天和雨季都很短暂，在大约半年的时间内，除了做饭外，人们不需要生火。

盐是维持人体生理系统的基本要素，在这些岛屿上人们可以很容易获得食盐。斜岩架的石灰石直插入海水，岛民们将它们挖成浅层沉淀池或盐池。他们用相隔几码远的海水填满这些池子，剩下的事情就交给夏日阳光的蒸发作用。地中海地区的农民比他们欧洲北部的同行要更为幸运，他们不仅依靠日晒和风干来制作他们越冬的食物，而且有足够的盐可以来腌制食物：鱼或肉可以用海盐擦洗，然后放在岩石上，几天之内就可以晾干数百条鱼或肉片。埃古萨的软石灰岩（虽然不是硬珊瑚）很容易进行开采和切割，少数岛民建筑无疑采用了大陆城市莫特亚和利利巴厄姆的传统箱形结构。

几个世纪以来，像从巴利阿里群岛到佐泽卡尼索斯群岛（Dodecanese）等整个地中海其他许多岛屿的生活一样，这些 162
岛屿上的生活也发生了显著变化。此后，在接下来的数百年中，岛民们面临的最大威胁来自四处游窜的海盗，海盗的收入主要来自抓获奴隶并将其出售给地中海地区的大城市。通常来说，沿海渔民可以避免暴风雨的侵袭，恶劣的气候条件很少会对农民的日常活动造成干扰。然而，身穿铠甲、手持铁制兵器的劫掠者驾驶着船体狭长的“奴隶贩卖船”到来后，通常就意味着一座岛的荒芜。众神可能会撼动大地并将大城市夷为平地，暴风雨可能会摧毁整个舰队，疾病可能导致作物和羊群死亡；但人类最大的敌人永远是人类自己。

第十二章　希腊硬币的两面

——雅典和斯巴达

163 雅典人在艺术、科学、哲学和政治试验领域取得了辉煌的成就，这些成就是他们在公元前480年击退波斯人不久后取得的。不仅像埃斯库罗斯这样曾参加过马拉松战役、萨拉米斯战役和普拉塔亚战役的人（因此这些人可以从个人经历中重忆当时的辉煌和豪情），而且每个雅典人都因作为城邦的一分子而感受到一种全新的自豪感，这个城邦比其他任何城邦都更有能力战胜世界上最伟大的帝国。民族自豪感，再加上突然到手的新财富，以及伟大的艺术家和艺术形式的出现——这些因素融合为一个让人兴奋不已的结合体。雅典人在利用他们新获得的成就方面并不一直都是明智的。但与此同时，在所谓的“伟大的50年”中，他们确实在人类文化历史上取得了“突破性成就”。他们在各方面都取得了杰出的成就，而且考虑到他们是在极短的时间内做到的，这些成就便更加令人惊叹。

H. D. F. 基托在《希腊人》一书中指出：“公元前480年的雅典与公元1588年的英格兰存在一些相似之处：无论从哪个角度看，人们都看到了令人兴奋的事情，但是雅典人的视野之广甚至超过了英国人。”的确，击败西班牙无敌舰队的伊丽莎白女王统治下的英格兰和击败谢尔克斯家族的雅典城邦具有相似性。然而，英国人的成就主要集中在文学、探险和殖民扩张等领域，雅典人却几乎将所有领域的人类知识和艺术经验推向了新阶段。

雅典人似乎只在宗教领域没有什么建树，他们的兴趣点在 164
于哲学推理而不是像犹太人的那种“神启宗教”。几个世纪后，当圣保罗来到雅典时，他谴责公民们竟如此迷信：尽管整个城邦的祭坛上已然供奉了无数神灵，他还在无意中看到一篇“致未知神”的铭文。人们竖立这块铭文碑是为了防止有些神灵因未被希腊人供奉在万神殿中而被惹怒。然而，可以肯定地说，希腊人尤其是雅典人的投机性在他们崇拜“未知神”这一点上体现得淋漓尽致。正如使徒圣保罗本人所说：“雅典人和住在那里的客人都不顾别的事，只将新闻说说听听。”[①] 但这就是他们力量的源泉，正是这种精神层面永恒的好奇心（就像一个天资聪慧的儿童在第一次面对世界上所有的奥秘和奇迹时所展示出来的好奇心一样）使得雅典人在公元前 5 世纪达到了鼎盛时期。如果闪族人接受“神启宗教”是他们本性的一部分，那么他们可能就不会取得任何雅典式的成就。

时势造英雄。这些英雄人物不是挑起民族情绪的那些人，而是洞悉民族情绪的那些人。伯里克利（Pericles）就是这样一个人物，他的名字与这段雅典历史有着密不可分的联系。H. A. L. 费舍尔在他的《欧洲史》一书中写道：“公元前 462 年以后，雅典的各项事务就掌控在一位颇具远见的天才人物手中。伯里克利是一位民主主义者和帝国主义者，因此他完全支持当时在雅典流行的两种政治思潮。但是，他似乎也具有不同寻常的天赋——无论在政治和经济方面，还是在人们的行为、

---

① 《使徒行传》17：21。

品格和艺术成就方面，他非常明确地给自己的城邦设定了理想目标。他希望扩大雅典的影响力，因此将雅典居民派往各地进行殖民，范围从荒凉的黑海海岸一直到意大利南部能够种植葡萄的丘陵地带。不过，这也是他哲学思想的一部分，他认为母城的公共纪念建筑在宏伟壮丽方面应当占据主导地位。他受此鼓舞，决定恢复雅典和埃莱夫西纳被波斯人损坏
165 的神庙，同时将这种修复行为视为一种示威，这种示威不仅是雅典人的示威，而且是希腊人显示繁荣富强的示威。一位伟大的建筑师和一位伟大的雕塑家为他服务，以实现他的雄心壮志。著名的雅典娜雕像早已被毁，但是我们在大英博物馆中可以看到菲狄亚斯（Pheidias）[①] 制作的带状装饰雕刻，仍然可以欣赏到伊克梯诺（Ictinus）[②] 的天才之作，他设计完成了比例精确的帕特农神庙。”

底比斯人品达（Pindar）将这座城市描述成“一个金碧辉煌的城邦，这里有紫罗兰织成的桂冠，歌谣中广为传颂”，这座城市不仅是艺术上的胜利，而且是政治上的胜利。尽管与该时期的所有希腊城邦一样，雅典的奴隶人口仍占主体，但它拥有真正的民主——至少对雅典公民来说是这样的。G. 洛斯·迪金森在《希腊的生活观》中对这种民主进行了描述：“公民身份扩展到每个阶层和职业。穷人在公民大会上排挤富人、商店主和贵族。皮匠、木匠、铁匠、农民、商人和零售商人与那些家世古老的士绅们会面，就国家大事展开辩论并做出决议。

---

① 菲狄亚斯（公元前480—前430），古希腊著名的雕塑家，伯里克利的艺术顾问之一。

② 伊克梯诺（生卒年月不详），公元前5世纪古希腊著名的建筑师，伯里克利的艺术顾问之一。

正是由于这些不同的因素，大众才能公正地选举出法律官员、税务官员、警察、公路官员、市场和港口官员以及陪审员，这些人当选的依据是其良好的声誉、庞大的财力和过人的生活经历……"

该制度的缺点（就像在此后尝试采用雅典模式的所有民主国家一样）是中下阶层（从来没有像贵族那样接受过良好的教育，并且占有的国家利益较少）可以对政治权力施加最大的影响力。

对于政客而言，更为重要的是“能说会道”，而不是冷静和具备分辨哪些东西对国家最为有利的眼光。那些鼓舌摇唇、八面玲珑和口若悬河的演说家总能够迎合大多数人的需求和偏见，他们往往会压制某一个坚持超越俗世生活中日常冲突原则的人的合理观点。即便是在那些从雅典原始制度演变而来的不同民主国家中，这一问题依旧存在，即如何才能让理性的声音压过粗俗的声音。伯里克利是一个幸运儿，也是一个百年不遇的人物：他在这座城邦建设的伟大时期里主宰着雅典政治，他既是一位贵族，也知道如何迎合普通民众（demos）的想法。 166
这样的人物世所罕见。乔治·华盛顿和威廉·皮特也具有这种品性。

当然，雅典的民主政治和贵族政治之间的激烈斗争常常会导致苦果甚至引发暴动。阿里斯托芬是所有希腊喜剧作家中最伟大的一个，他极少甚至无须使用那些煽动者的口吻。他最大的敌人是著名的克里昂（Cleon），二人看不惯对方，克里昂最初是一个皮革制造商，他在伯里克利逝世后成为最受雅典人爱戴的人。在约翰·胡卡姆·弗里尔（John Hookham Frere）翻译的阿里斯托芬的《骑士》（*Knights*）中，我们可以听到雅典贵族阶层的真实声音。德摩斯梯尼（Demosthenes）是一位出身名门的将军，他正在和一个愚昧无知的腊肠小贩对话。

德摩斯梯尼：傻乐呵的人哟！你还没意识到你光荣的使命。今天你虽然碌碌无为，明天可能就是显赫无比的雅典统治者！

腊肠小贩：好先生，取笑我有意思吗？为什么不让我去洗肠肚，安安静静地卖腊肠呢？

德摩斯梯尼：单纯的人啊，不要有这些想法！洗什么肠肚！朝这儿看！快看！（指向观众）你瞧见那一排排的人了吗？

腊肠小贩（带着淡淡的冷漠）：瞧见了。

德摩斯梯尼：你会变成他们的主人，你是他们所有人的主子和统治者，你是议会和法庭的控制者，你是舰队和军队的统帅。你可以把议院踏在脚底；可以把将军和司令官革职查办；可以将人们拘捕并投入监狱，囚禁起来；还可以在议会大厅里声色犬马，醉生梦死！

腊肠小贩：有什么方法可以将像我这样一个卖腊肠的变成一个大人物呢？

德摩斯梯尼：正因为你是个卖腊肠的，所以你才会变成大人物：因为你出身卑微，生来就是贱骨头并且毫无礼数……就是这些，就是这些，肯定能让你变成大人物。

167 腊肠小贩：我认为我不配。

德摩斯梯尼：唉！你为什么这样说？你有这样的疑虑是什么意思？我从你身上看到了伟大的影子和内在的思想。和我说真话吧，你出身于名门望族吗？

> 腊肠小贩：不，我不是。我出身于底层家庭，比草根还草根。
>
> 德摩斯梯尼：你真真是个命运的宠儿啊！这给了你天大的本钱！这是多么好的基础啊！这将为你事业起步提供信心和帮助！
>
> 腊肠小贩：但是，得了吧！就看看我的文化水平吧！我也就只会认字……还认不全！
>
> 德摩斯梯尼：识字就碍你的事了！识字是唯一能阻碍你的事情。如今有教养的人、正人君子无法成长为一名政治家，只有那野蛮无知、卑鄙低微和缺乏教养的人才行。

雅典社会和政治生活的最大优点体现在，阿里斯托芬的戏剧能够在克里昂权力鼎盛时期创作完成。的确，克里昂掌握了所有具有影响力的资源，费尽心思地剥夺了阿里斯托芬的公民权利并将他流放出去，但是他永远无法让这个说话尖酸刻薄的敌人从雅典人的视野中消失。

公元前 431 年年末，雅典和斯巴达爆发了惨烈的伯罗奔尼撒战争，雅典最伟大的领导者发表了一篇史无前例的雅典赞歌。像大多数战时的演讲一样，这些话也许只是愿景而不是现实的一种证明。然而，演讲能充分表达出这种情绪就已经达到目的了。这些愿景表明即使那不是雅典人的真实生活状态，也是他们追求的理想状态。

在与斯巴达开战后的第一年年末，人们推选伯里克利来为那些在战役中牺牲的人举行葬礼。在葬礼上发表的演说一般是
为了赞颂亡者的英勇无畏和高贵品行，并呼吁其他公民承担起 168
对亡者的义务——不要在接下来的战斗中因为缺乏勇气而让自

己被敌人打败。然而，伯里克利选择用这个机会来提醒雅典人他们之前（或应该）是什么样的民族以及他们所捍卫的是什么样的生活方式。

修昔底德记录了这次演讲的内容：

> 我们的政体形式与他国的制度并非敌对关系。我们并没有模仿邻国，反而是他们的典范。的确，我们被称为一个民主政体，因为是多数人而不是少数人掌握着行政权。然而，法律确保众人在私人纠纷中享有同等权利的同时，也会考虑当事人所立下的卓越功勋。当某一位公民在某一方面表现得出类拔萃时，他会喜欢从事公共服务，而不是享有殊荣待遇，将其作为一种对功绩的馈赠。贫穷不是羁绊，但不管一个人的处境如何，他都可以为他的国家做出贡献。我们的公共生活和私人生活也不例外，我们不应相互怀疑；即便我们的邻居恣意而为，我们也不应感到义愤填膺；我们不应对他怒目而视，因为这尽管于人无害却令人不快。虽然我们在私人生活领域并没有设置任何限制，但是我们在公共事务方面维持着普遍的礼让精神；因为我们尊重权威和法律，所以我们能避免作奸犯科；我们会特别尊重那些被赋予圣职来保护伤者的人，以及尊重将作奸犯科之人判处缓刑的那些不成文的规定。
>
> 此外，我们也没有忘记开展大量的休闲娱乐活动，将我们疲乏的精神从苦累的工作中解脱出来：一年之中，我们定期举行比赛和祭祀，我们把家中装饰得精致典雅，我们从日常生活中感受到的欢欣喜悦驱散了悲痛哀伤。因为我们的城邦是伟大的城邦，整个大地上生长的果实都流入

我邦，所以我们可以像享用自己的商品一样自由地享用其他国家的商品。

其次，我们军队训练的很多方面都胜过我们的对手。
我们城邦的大门向世界敞开，我们从未驱逐过任何一个
外邦人，也从未阻止他观摩或学习任何秘密的事情，即
便这些秘密的事情一经公开就将使我们的敌人从中受益。
我们并不仰赖操纵管控和欺骗伎俩，而是依靠我们的真
心诚意与勤劳双手。关于教育，孩子们从小就必须参加 169
体能训练，这使他们英勇无比；我们在享受安逸岁月的时
候，他们也已经做好了迎接挑战的准备。

如果我们宁愿以轻松的心态而非艰苦的训练来面对危机，宁愿依靠一种源自习惯而不是法律强制的勇气，这难道不是更符合我们的利益吗？尽管当危险来临时，我们可以表现得和那些从不让自己休息的人一样勇敢，但我们从不预支痛苦。正因为如此，我们的城邦无论在和平时期还是在战争时期都令人敬仰。因为我们向往美好，我们品位朴素，我们培育心智而没有丧失果敢刚毅。我们追逐财富，但不是将财富作为夸耀和炫耀的资本，而是将其用在需要财富的地方。我们贫穷困顿并不是耻辱，真正的耻辱是不想陷入贫穷却无动于衷。一个雅典的市民因为关注自身的事务，所以不会忽视城邦事务；即便是我们之中事务缠身的人也会对政治事务有自己的真知灼见。我们不会将一个对公共事务毫不关心的人视为无害之人，而是将其视为一个无用之人。如果我们中的少数人是组织者，那么我们将是某一项政策明智的决策人。我们认为，行动的最大障碍不是讨论，而是缺乏通过讨论准备开展的行动而获得

> 的知识。因为在采取行动之前或采取行动之时，我们有着独特的思考能力，而其他人则逞匹夫之勇且犹豫不决。当然，他们被视为最勇敢的灵魂，他们对生命的痛苦和快乐有着最为清晰的认知，但不会因此在困难面前退缩不前。
>
> 总而言之，我认为雅典是希腊的老师，就每一个雅典人自身来看，他有着最高程度的变通之术和仁爱之心，有能力使自己适应最为复杂多变的形势。这并不是言过其实，也不是虚张声势；而是真理和事实，其证明就是这些特质使我们的城邦崛起并拥有了今天的地位。因为在最终接受审判的时候，雅典交出的成绩单将比同时期的其他城邦更加出色。与它为敌的国家没有怒不可遏，相反，他们支持这样一座城邦；没有国民向他的君主抱怨不值得这样做。我们坚信我们必定会名留青史，我们的力量铸就了丰
> 170 功伟业，这将使我们成为这个时代的奇迹并且流芳后世：我们不需要荷马的赞美，也不需要其他致赞歌的人谱写颂歌，因为他们的诗歌或许会令人愉快一时，其对事实的描述却无法经受时间的考验。因为我们英勇善战，每片土地和海洋都为我们让路，并且我们在各地都播撒了我们的友谊并给敌人留下了无法遗忘的回忆。

不幸的是，这种贵族品质和如此高尚的民主实践观念无法一以贯之。在伯里克利的一生中，毫无疑问，他凭借自己的天才本领设法将这种精神注入整个城邦。因为雅典尽管是一个民主城邦，但是正如修昔底德本人所说的，它是“第一人统治的政府”。

当这个人是伯里克利时，雅典在希腊地区能够独占鳌头。

但是，在其他人接任该职位后，这些人只不过是自私自利的煽动者而已。再次引用修昔底德的话：“伯里克利之后的继任者在能力方面几乎没有什么过人之处，他们在面对平民群起激愤的情绪时，不仅被迫发表演说，而且颁布了相关政策。”

克里昂和其他像他这样的人在相对短暂的时间内就让雅典伟大的梦想堕落成不值一文的敛财政治，并向选举他们的民众妥协。民主政治，至少在其原始形式时，只有在民众选出一个能力卓著和贤良方正之人作为自己的“僭主”时，才能发挥作用。只有在出现具有这种品质的人物时，这种制度才是最好的制度。

在一个世纪内，曾在雅典巅峰时期熠熠生辉的民主政治就沦为赢取选票的煽动政治。德摩斯梯尼这位伟大的演说家和真正的民主人士抱怨道：“公共福利如同昙花一现……在过去，民众有勇气去当兵，因此他们控制了政治家并自行委派国家的所有职务（以他们认为最佳的方式）。任何人都乐于从民众那里得到他的职务、荣誉或利益。但此时则是反其道而行之，政治人物负责委派职务和发放薪酬。一切都是通过他们完成的。同时，你们——广大的民众——逐渐衰弱。在被剥夺了财富和
盟友后，你们已经变成了这些人的从属和附庸，欣然接受他们 171
施舍的剧院门票或微不足道的食物。最可悲的是，你实际上对自己能得到这些自己本该拥有的东西还感激涕零……”这种软弱无力的民主在20世纪的西方世界非常普遍，它让雅典人最终跪倒在专制强悍的马其顿人的铁蹄之下。

另一个分享希腊霸权的城邦是不设城墙、位于幽静的埃夫罗塔斯河谷地区的斯巴达。斯巴达不设城墙是因为它具有让公民为之自豪的利剑和勇气，足以抵挡任何进犯之敌。斯巴达是

希腊政治发展的一个极端，但正如 G. 洛斯·迪金森鞭辟入里的评论所指出的那样，斯巴达“可能最接近独具特色的希腊模式”。事实上，民主雅典与大多数希腊城邦不同，后者如果不是由“僭主”统治，那么往往是被少数富人统治，即贵族政治或寡头统治。斯巴达制度根据统治的必要性完成了它的演化：占相对少数的斯巴达人统治被征服的民众。

A. R. 伯恩在他的《希腊史》一书中指出：“从严刑峻法和‘法西斯主义’的意义来讲，斯巴达并不一直就具有‘斯巴达特色’。但是，从其历史源头来看，斯巴达就是一个军事性组织。它统治着整个拉科尼亚地区，统治着许多村庄和乡镇，有些人在这些村庄和乡镇中以自由民（perioikoi）或边区居民的身份保持着自己的自由身份，而其他一些人则因反抗过于激烈而变成了依附在土地上的农奴（并不是可以被买卖的奴隶），他们被称为‘黑劳士’（Helos，又译‘希洛人’）。据说这个名字源于南部海岸的一个小镇希洛斯（Helos），那里的人就被斯巴达人变为农奴。”以绝对的必要性强加在斯巴达人身上的规则变成了一种生活方式，他们的立法者来库古（Lycurgus）因此而名垂青史。不过，《斯巴达法典》不是一部成文法，毫无疑问，它在公元前 8 世纪（当时来库古还在世）之后的不同时期曾不断被增补和修订。

由于斯巴达人周围恶敌环伺且存在可能叛乱的臣服民族，他们必须做好随时战斗的准备。时刻准备战斗已成为斯巴达人的主要优点，其他一切都服从这一点。斯巴达人严禁奢侈的私
172 人生活，从食物到衣服一切从简，这是一种美德。他们秘密监视臣服民族并通过恐怖手段对他们进行统治，任何可能威胁到斯巴达权力的人都将被暗杀。这里指出了斯巴达制度令人反感

的一面，但无法否认的是，斯巴达制度在很多方面都是其他希腊城邦无比艳羡的。包括柏拉图在内的许多哲学家无一不对如此纪律严明、秩序井然的城邦表达了敬意。

G. 洛斯·迪金森对斯巴达制度的分析是最佳之一：“婴儿的生育和抚养……不是由个人承担，而是由国家进行控制和调节。首先，要求妇女参加体育锻炼，使其可以健康地怀孕和分娩；要求她们像小孩子一样赤身裸体地跑步和摔跤，在公共场合跳舞和唱歌，并与男性自由交往。”

在大多数其他希腊人看来，尤其是在雅典人看来，这即便不是淫荡邪恶的事，也是非常不道德的事。但是，实际上可以说斯巴达是当时唯一实现男女平等的城邦。“仅在人生的黄金时期才被允许结婚；公众舆论鼓励并认可健康男女之间的自由交往。不结婚的男人会被社会和民众认为身体不健全。婴儿一出生，部落长老就会对其进行检查。婴儿如果体格健全结实，就能得到抚养；反之则活不下来。”

通过这种严格的选育体系，斯巴达人有意识且费尽心机地实现了数百年来其他许多民族的梦想——“优等种族”。男童7岁时会被从父母身边带走，并在年长青年的指导下进行分组抚养，整个过程由公职人员（“校长”）监督。我再次引用G. 洛斯·迪金森的话：“他们一整年都只穿一件衣服，没有鞋穿，就睡在自己用双手拔的草铺成的床上。他们的食物很单一，而且常常需要忍饥挨饿。他们每天都要接受检查和监督，因为每个公民都有特权和责任——不仅要训诫和惩罚自己的孩子，还要同样对待他人的孩子。晚饭时，他们需要在长辈坐着的餐桌前等候，回答长辈的问题，忍受对他们的取笑。在大街 173
上，他们被教导走路时要安静，他们的手要交叠着放在斗篷里，眼睛要往下看，头绝不能向右或向左转。”

这样的纪律确实造就了斯巴达式的风格，那些在温泉关战死的士兵就是这样的人。希罗多德写道：“他们一起战斗的时候，就是世界上最优秀的士兵。他们是自由的，但并不是完全自由的，因为他们有一个管理者，这个管理者就是法律，他们畏惧法律的程度要远超过您［波斯国王］的臣民对您的畏惧程度。无论这位管理者下达何种命令，他们都会执行。他的命令永远不会改变：战斗时，必须勇往直前；不论敌我力量何等悬殊，必须坚持战斗，不成功，便成仁。”

斯巴达人的一生是战斗的一生，但是这并不意味着他们完全忽略了艺术。合唱、舞蹈、诗歌以及对简短精妙的至理名言的喜爱从某种程度上弥补了他们在视觉和造型艺术方面的不足，而后者恰恰是雅典人所擅长的领域。运动、打猎，当然还有军事训练，为斯巴达人提供了健康的户外生活，而且他们需要打理好由黑劳士耕种的农场，这也进一步丰富了他们的生活。除了一直以来对战争的重视之外，这些斯巴达贵族的生活与 18 世纪英国乡村绅士的生活并没有什么差别。二者的主要区别在于整个斯巴达城邦是靠被压迫的占人口大多数的臣民的劳作建立起来的。

斯巴达人与伊特鲁里亚人不同，后者最初是作为外国侵略者的身份占领了意大利的部分地区，然后又设法确保与当地拉丁原住民实现相互协作，而斯巴达人则是对其领土内的民众进行恐吓和武力压迫。只是在斯巴达历史的较晚时期，他们才设法在整个伯罗奔尼撒建立起一系列强大的联盟，这维系了它的内部安全。

普鲁塔克在讲述斯巴达国王阿格西劳斯的生平时讲述了一

个最具启发意义的故事，这个故事解释了斯巴达人的心理。斯巴达人的盟友一直抱怨说，在当时他们和斯巴达人一起参加的战争中，他们提供了大部分的军队。因此，阿格西劳斯召开了一次会议，所有斯巴达盟友都坐在一边，而斯巴达人则坐在另一边。而后，他让传令官要求盟军和斯巴达人里面的所有陶工
都站起身来；然后让铁匠、泥瓦匠和木匠也照这样做；直至所 174
有的工匠和商人都站起身来。到最后，盟军中几乎所有的人都站了起来。然而，没有一个斯巴达人站起身来，因为法律禁止他们从事其他任何职业。阿格西劳斯国王笑了起来，他转向盟友说：“你们看，我的朋友们，我们派出的士兵比你们多了。”

贵族阶层对工匠的蔑视是斯巴达体制的弱点，同时也是优点。如果这意味着斯巴达人是他们那个时代最优秀的士兵，那么也意味着在以后的日子里，当斯巴达人夺得海外霸权并与富裕的东方国家接触时，他们的道德品格将迅速蜕化。而且，因为斯巴达人对金融或经济学知之甚少或根本不了解，所以他们在海外冒险时与机智的雅典人是不可同日而语的。希腊人具有敏锐的商业嗅觉，他们取得的成就如同他们的智慧一样光辉灿烂。

第十三章　伯罗奔尼撒战争

175 科孚岛注定是引发摧毁希腊的这场战争的导火索。另外一座岛——西西里岛发生的灾难将导致雅典帝国灭亡。但是，以任何方式暗示科孚岛是雅典和斯巴达爆发这场大战的真正原因都将会使人被误导。因为这两个希腊大城邦秉性不同，而且都雄心勃勃，所以它们之间不可避免地会爆发战争。

科孚岛长约 40 英里，最宽处约 10 英里，岛上林木茂密，土壤肥沃。就它的面积而言，科孚岛可算是一座富庶的小岛，岛上盛产橄榄和葡萄。在伊奥尼亚海中，科孚岛是希腊群岛中最富庶的岛屿，自《荷马史诗》将其描述成费埃克斯人的土地以来，这座岛屿就广为人知，阿尔喀诺俄斯（Alcinous）国王手下那些出色的水手列队迎接遭遇沉船事故的奥德修斯，最终用一艘费埃克斯船将他送回了故乡伊萨基岛。在这个故事中，海神波塞冬对费埃克斯人给他的敌人（奥德修斯）提供帮助非常愤怒，在那条船到达安全地点之前将这艘船变成了石头。

从历史上来看，科林斯人在这里进行殖民之后，科孚岛变得非常重要。科孚岛凭借优良的港口成为通往西西里岛尤其是通往科林斯殖民地锡拉库萨航线上的必经之地，二者间的距离仅约 250 海里。与大多数殖民地虽然独立但通常尊重其母邦不同，不久之后，科孚岛不仅抛弃了科林斯，甚至对其采取敌对政策。结果就是当科林斯和科孚岛爆发战争时，双方都请求雅典介入。

雅典人的脑子里或许只有一个想法，即如果科林斯惨遭羞辱并且海军实力被削弱，他们自己的贸易和商业就可以在重要
的西方市场上占据更高的份额。修昔底德也指出，必须要防止 176
实力仅次于雅典海军的科孚海军落入敌人之手。因此，雅典决定出兵帮助科孚岛，并在科孚岛和希腊大陆之间的狭窄海峡采取行动；在此期间，雅典人袭击了科林斯和其他盟军的联合军队。不幸的是，科林斯及其盟友麦加拉（Megara）均为斯巴达联盟的成员。因此，雅典与受斯巴达保护的城邦之间的战争就不可避免地使雅典和斯巴达这两大城邦陷入了敌对状态。

从本质上来说，当时这场席卷整个希腊世界长达 27 年的战争（中间仅有短暂的和平时期）是利维坦和贝希摩斯之战。利维坦指拥有强大海军和海洋霸权的雅典，贝希摩斯则是指拥有强大陆军和一流军事力量的斯巴达。关于这一点，我们可以在伯罗奔尼撒战争和拿破仑战争之间找到相似之处。两次战争都将地中海世界搅得天翻地覆，并且都是主要的海上霸权国家与主要的陆上霸权国家之间爆发的战争。

正如 H. D. F. 基托在《希腊人》一书中所评述的那样：“这场战争是希腊城邦的历史转折点……希腊世界的几乎所有地区都被卷入战争：整个爱琴海地区、哈尔基季基半岛内部及其周边、维奥蒂亚地区、伯罗奔尼撒沿海地区，以及西西里岛，雅典人的两支强大的远征军在这里几乎全军覆没；还有阿提卡地区，除了城邦和比雷埃夫斯港口依靠单薄的一层防御工事进行抵抗外，其他地方都暴露在斯巴达军队的铁蹄之下，遭到系统性的破坏。”

伯里克利将所有民众撤回雅典城内，拒不迎战斯巴达军队。他的策略是明智的。他知道雅典不会缺粮，因为其舰队掌握着海上霸权，所以可以确保来自攸克辛海（Euxine，即今天的黑海）的粮食供应。同时，他利用海军力量来骚扰斯巴达人：他下令袭击未设防的海岸线，并突袭孤立的要塞和城镇。斯巴达人至少在早期对自己是比较满意的，每年只突袭一次阿
177 提卡，在此期间他们抢夺当地的收成并将乡村洗劫一空。事实就是这两大霸权城邦纠缠在一起，但是它们之间的差异太大，导致这场惨烈的战争持续了如此之久。

根据修昔底德的记载，伯里克利本人认为雅典和斯巴达之间的战争是不可避免的。因此，他故意采取了导致两个城邦陷入冲突的行动策略。尽管伯里克利可以否认对手的诽谤，即认为他通过使雅典参战来巩固自己的政治地位，但是伯里克利确实对战争负有重大责任。在他看来，如果他的政策付诸实施，那么雅典肯定会成为胜利的一方，这将使整个希腊地区形成以雅典为首的联盟。无论在哪个年龄段，他都是一位杰出的政治家，目光长远，希望实现希腊的统一。这完全超出了他统治下的大多数雅典人的理解能力，更不用说让斯巴达人理解了，斯巴达人除了击败他们的敌人这一简单目标之外就没有其他明确的战争目标了。不幸的是，有一个或两个因素是伯里克利无法预见的。

公元前 430 年，在每年一次的斯巴达伯罗奔尼撒人入侵期间，躲在长长的城墙之内的雅典人爆发了一场瘟疫。瘟疫似乎是到访此地的商船带来的；当然，瘟疫几乎未对伯罗奔尼撒半岛造成丝毫影响，因为雅典人的封锁使斯巴达人及其同盟城邦无法与东方开展贸易。在战争的头十 年，瘟疫是雅典人遭受

的最大灾难。它夺走了无数雅典公民的生命，尤其是穷人大批死亡，富人阶层的人数也出现锐减。根据各权威机构的统计，死亡人口占总人口的四分之一至三分之一。修昔底德本人也感染了瘟疫，但是他痊愈了，因此体内具有了免疫力（正如他所说，“没有人会得两次瘟疫”），于是便帮忙看护病人。他对瘟疫的描述引发了医学界的大量争论，但普遍的共识似乎是这种瘟疫可能与鼠疫具有相似性，在随后的几个世纪中，鼠疫曾多次席卷欧洲。

修昔底德对这种病的症状进行了详细描述：“最先是头部出现症状，从上到下遍及全身；即便一个人能从最危急的情形
中幸存下来，这种病仍然会在他的四肢留下印记，因为它会蔓 178
延至生殖器、手指和脚趾，许多人的这些器官坏死，有些人的眼睛则看不见了。还有一些人，在首次康复后，会完全丧失记忆，不知道自己是谁，也不认识他们的朋友。”

最后，他分析了瘟疫对雅典公民道德层面造成的影响。“瘟疫是城邦出现违法乱纪行为的根源……之前他们做有些事情的时候是偷偷摸摸的，不能恣意妄为，此时却明目张胆地铤而走险。因为他们看到世事变化如此无常，有些富人突然暴亡，那些此前身无分文的人却立即继承了他们的财产。因此，他们决定及时行乐、享受人间。他们认为自己的生命和财富将转瞬即逝。”

对于这场瘟疫，伯里克利悲痛地表示“这是他未曾预料到的一件事情”。他也没有预见到自己会染上瘟疫。他的同胞们谴责他采取将所有人集中在长墙之内的政策（这导致成千上万的人拥挤在狭小空间内，鼠疫得以迅速传播），他被迫停职。疾病让他日渐虚弱并最终去世，他对自己深爱的雅典遭遇

如此悲惨的命运而悲伤不已。

然而，尽管发生了这场灾难并且在公元前424年遭遇了军事上的惨败，但是雅典仍旧恢复了元气。它的舰队从未如此强大，它的艺术和科学成就如日中天，城邦的生活充满了活力和明快的氛围，这在希腊世界中是绝无仅有的。在经历战争的所有考验和困难的过程中，令人印象深刻的一点是雅典的盟友极少叛变。雅典的失败当然不应归咎于其各个附属城邦急于切断与帝国的纽带。

必须要提及一个著名的事件，即莱斯沃斯岛及其主要城市米蒂利尼（Mitylene）确实发生了叛乱，由此在公民大会上引发了激烈辩论。相比于斯巴达人来说，雅典制度的优越性可以从以下事实做出判断：即使在一场生死攸关的斗争中，支持方
179 和反对方也可以理智地讨论重大问题并合理地辩论。在公民大会上，有些人赞成通过大规模屠杀来惩罚米蒂利尼的百姓，而其他一些人则呼吁保持理性和克制。克里昂在其演讲的结尾部分简单地概括了第一个提案，他说："我认为，应该惩罚这些人，他们罪有应得，可以以儆效尤，凡是参与叛乱的人都将以他的生命为代价。因为如果他们知道这一点，就不会常常因为和自己的同盟者作战而忽略了他们的敌人。"他的态度不近人情，却合乎逻辑。一个名为狄奥多图斯（Diodotus）的人提出反对意见，他之所以出名，完全是因为他发表了古代社会真正高尚的一次演讲。

他说："我在这里并不是为米蒂利尼人辩护，也不是在责难其他人。这不是一个关于他们罪恶的问题，而是关于我们利益的问题……很多城邦设立了死刑制度，很多罪行可被判处死刑，但是人们因为犯罪就有可能发财的希望而仍在铤而走险。

没有哪个城邦会叛乱，除非它相信自己极有可能成功。人们天生倾向于在公共和私人事务中采取错误的行动，然而无论惩罚多么严厉，却从未使他们不再犯错……我和克里昂一样，不希望你们受到怜悯和克制情绪的影响，但是我希望你们对他们的首领进行公正的审判，而不要惩罚其他人。这样的政策不仅是符合我们利益的，而且是令人敬畏的。因为能够对他的敌人做出英明且审慎决策的人往往要比采取不计后果的暴力行为的人更为强大。”

虽然此时投票已经结束，但狄奥多图斯的辩论赢得人心。雅典人已向莱斯沃斯派出了一艘三层桨战舰，奉命告诉他们的占领军要将岛上全部的男性杀死并将妇女和儿童收为奴隶。然而，在这场辩论结束之后，他们派出另外一艘三层桨战舰去收回原来的命令。希腊人紧急驾驶战船赶去阻止这场大屠杀的发生，正如修昔底德所说的那样，他们如此着急以至于第二艘战船上的水手“一边划船一边吃饭，累得一转身就会睡着”，这样做是为了确保能够赶到第一艘战船前面去。对于第一艘战船来说，“它没有着急去做一件令人作呕的事情”。结果第二艘战船在最后一刻赶到，阻止了这场大屠杀。

不幸的是，随着战争的推进，这种理性的辩论变得越来越少，有计划地大规模实施的野蛮行径占了上风。修昔底德提出
的主要观点之一是，在战争初期，人们可能仍然会尊重甚至礼 180
貌地对待对手。但是，随着战争持续的时间越来越长，双方的仇恨越积越多，直到最后一刻仇恨也没有平息，残忍的暴力行为成为一种公认的事实。在地中海悠久的历史中，这种悲剧性模式一次又一次地重演。

公元前421年，雅典与斯巴达缔结了一项和平协定，实质

上这对雅典有利。伯利克里雅典帝国之梦的基石一度看起来十分稳固，以至于雅典有可能最终统一整个希腊世界。事实却并非如此。正如 H. A. L. 费舍尔所说："要使雅典真正奉行和平思想、避免对主要敌人发起新的挑衅是很容易的。但是，一颗崭新而耀眼的明星已经从雅典的政治舞台上冉冉升起……"

这个明星就是年轻英俊、天赋异禀且野心勃勃的阿尔西比亚德斯。阿尔西比亚德斯是苏格拉底的门徒（苏格拉底曾尝试约束阿尔西比亚德斯的虚荣心，阻止他毫无敬畏地滥用自己的天分，但是徒劳无功），也是西西里岛冒险行动的主要策划者，就是这次冒险将雅典推向了亡国的深渊。

这次西西里岛的冒险行动只能从这座不幸的岛屿上各殖民地之间存在的竞争关系来进行理解。其中一些殖民地是多利安希腊人建立的，其他的殖民地则是伊奥尼亚希腊人建立的，但他们的创始人和居民都是希腊人这一事实无足轻重。伊奥尼亚的雅典人和多利安的斯巴达人之间的竞争和相互厌恶只是被转移到了西西里岛上，这片土地一直都充满着嫉妒和仇恨。

公元前 416 年，西西里岛塞杰斯塔城邦的使臣抵达雅典，请求雅典提供援助。奇怪的是，这座城邦是西西里岛原住民建立的城邦，而不是希腊人建立的城邦。然而，这些年来，它几乎已经完全希腊化。塞杰斯塔与邻近的塞利努斯（多利安人建立的城邦）之间龃龉不断，他们恳求强大的雅典与它的舰队为他们提供援助。从表面上看，这些塞杰斯城邦使者抵达雅典的这一事件并不像 1914 年奥匈帝国的弗朗茨·斐迪南大公遇刺那样具有重要的意义，但是它导致一系列灾难性事件的发生，这些事件对地中海地区的影响就像第一次世界大战对世界
181 的影响一样。雅典人决定援助这个西西里城邦，并为此派出了

陆军和海军。

雅典人这样做不仅是因为羞辱一个多利安人的殖民地将有助于雅典事业的发展，而且还有其他更深远的考虑。雅典人真正的目标是锡拉库萨。这个城邦是由科林斯建立的（毕竟，正是科林斯导致雅典被卷入这场漫长的战争），当时是西方希腊语世界中最好的城邦。锡拉库萨之于希腊众城邦的地位就如同多个世纪之后纽约之于欧洲的地位。锡拉库萨的繁荣富足和宏伟壮丽，以及西西里岛的空气中混杂着的嘈杂之声和暴力行为——就像美洲的情况一样——对本土希腊人产生了巨大的吸引力。然而，锡拉库萨不仅富有，而且是一个伟大的文化中心。公元前 5 世纪，最伟大的希腊悲剧作家埃斯库罗斯和诗人西蒙尼戴斯（Simonides）都曾在赫农（Hieron）的宫廷中任职。抒情诗人萨福（Sappho）[①] 据称也曾在阿瑞塞莎之泉所在的城市居住过一段时间。

显然，锡拉库萨作为西西里岛所有多利安人军队和殖民地的总部所在地将会遭到攻击。不久，雅典人的胃口变得更大了，已经设想自己将成为整个岛屿的主人。（绝不能忘记西西里岛的谷物和木材对希腊经济的重要性，因为战争和军事远征从来不会出于纯粹的利他动机。）如果需要保卫“勇敢的小塞杰斯塔城邦”以防止霸道的塞利努斯对其践踏蹂躏，雅典人必然会注意到这些城邦所在的岛屿特别富饶。他们梦想让锡拉库萨这座城邦成为“西方的雅典”。

公元前 415 年春天，一支由 100 艘船、5000 多名盔甲士

---

① 公元前 6 世纪希腊著名的女诗人，独创“萨福体”抒情诗，被人们称为“女荷马”。

兵组成的庞大舰队，以及由许多其他盟友和近1500名弓箭手和投掷手组成的军队离开雅典，穿过伊奥尼亚海前往西西里岛。尼西亚斯（Nicias）是整支部队的指挥官，他是一位勇敢但保守的雅典上流社会成员。尼西亚斯自始至终都试图劝阻民众不要发兵西西里岛，因为他明智地指出，连年征战是愚蠢的
182 行为，雅典不会从中获益。鉴于人们知道这是他的立场，因此他被选中担任这支远征军的指挥官似乎有些令人惊讶。事实上，他为人公认的领导才能、勇气和能力使他成为最佳人选。随同他一起出征的将军还有阿尔西比亚德斯将军和另一位著名的战将——拉马库斯（Lamachus），二人均接受他的指挥。

在远征军出发前夕，雅典发生了一件事，这件事至今都是重大的历史悬案之一。在整个城邦之中，有一些年代久远的赫尔墨斯雕像。这些雕像是方形石柱，顶部是赫尔墨斯神像，赫尔墨斯神是众神的使者以及贸易商和商人的保护神。有一天晚上，几乎所有这些赫尔墨斯神像被一个或多个陌生人砸碎或污损。亵渎城邦古老的守护神的行径自然引发了愤怒、慌乱甚至恐慌。不管这种犯罪行为是某些人故意为之以打击远征军出发之前的士气（罪犯可能不一定是一个斯巴达人的同情者，而有可能是一个反对发动远征这个想法的人），还是醉酒之人的恶作剧，都无关紧要。很快人们就将怀疑集中到了阿尔西比亚德斯身上。人们知道他没有任何宗教信仰，据说他曾经在一次酒会上嘲笑神圣的厄琉息斯秘仪（Eleusinian Mysteries）[①]，并且他因为是一个不受约束的无宗教信仰人士而声名狼藉。

阿尔西比亚德斯立刻否认了这一指控：在大远征的前夕，

---

① 古希腊人祭祀谷物女神得墨忒耳及冥后珀尔塞福涅的仪式。

他似乎不太可能将他手中的一副好牌打得如此之烂，而他所有的野心就是为了发动这次远征。（实际上，城邦中有数量庞大的赫尔墨斯像且分布极其分散，以至于即便是一个清醒的人也无法在一夜之间将其悉数破坏。）不过，批评他的人拒绝立即审判他，可能是因为他们希望在被指控人及其军队中大量的朋友都离开时才展开他们的调查。因此，远征军如期启航，但是远征军的一位将领面临一项严重的指控。这不是一个好兆头。

远征军刚刚抵达西西里岛，其领导人就开始犹豫不决，他们在目标和意图方面出现了分歧。阿尔西比亚德斯认为他们应当首先看一下能否在希腊人的西西里城邦之中找到盟友。拉马库斯则认为应当立即攻打锡拉库萨，因为考虑到希腊大军的规模和锡拉库萨人还没有做好准备，这一计划很可能会取得成 183
功。军中将领目标不一致，最终拉马库斯说服阿尔西比亚德斯支持他的观点，并否决了尼西亚斯的提议，争论才告结束。这时他们已经在争取当地盟友方面浪费了时间。

此后不久，一艘船带着雅典的命令抵达西西里岛，要求阿尔西比亚德斯返回雅典并接受对他毁坏赫尔墨斯神像和亵渎厄琉息斯秘仪的指控。但他并不是那种任人宰割的羔羊，因为他知道自己国家中的人是何等阴险。他逃到了斯巴达，在随后的三年里费尽心机地将他自己的城邦变成一堆废墟。经缺席审判，他被判处死刑。有一件事是确定的：不管是谁亵渎了赫尔墨斯神（或许是无意之举），这个人都要在很大程度上为雅典的衰亡负责。

阿尔西比亚德斯的离开不仅使雅典人无法利用他的卓越才能，而且让舰队和远征军的指挥权落入了另一个人之手，不管这个人是何等骁勇善战，但是他从根本上反对在西西里岛驻军。在第二年春天，因为没有进一步推迟进军的借口，尼西亚斯被迫向锡拉库萨开战。然而，锡拉库萨人已经有时间做好防御准备，也有时间为敌军围城做好思想准备。

当雅典人正在想方设法地占领城邦北部的埃皮波莱高地时，逃到斯巴达的阿尔西比亚德斯向斯巴达最高统帅提出建议，保证斯巴达人能够马到成功。首先，他们必须派出一名斯巴达将军负责锡拉库萨的防御工作。其次，他们必须重新在阿提卡开战。他建议做到这一点的最佳方法是攻占德西里亚（Decelea）。这里是阿提卡的一处要塞，斯巴达人可以借此切断雅典大部分的本地粮食供应以及雅典的银矿。斯巴达人采纳了这两个建议并付诸行动。

同时，尼西亚斯将锡拉库萨人赶回他们的城邦，并命令他的部队修建了一座围墙，将锡拉库萨与周围的乡村隔离开来。如果他对这个城邦立即发动进攻，可能结果会更好些，但这不符合他的本性。他麾下的将军拉马库斯从一开始就敦促他对锡
184 拉库萨迅速发起进攻，然而，拉马库斯在战斗中被杀身亡，因此没有人在这场战争中发动任何真正的袭击。与此同时，斯巴达将军吉利普斯（Gylippus）率领一小队人马在西西里岛西部登陆。他没有在意锡拉库萨被彻底包围的传闻并向东行进，在途中收编了更多的当地军队。尼西亚斯未能阻止吉利普斯强行攻入锡拉库萨，从那一刻起，这支远征军的命运就已经注定了。雅典人失去了对埃皮波莱高地的控制。此时，他们惊讶地发现，反而是他们在大港口以南的大本营存在被切断和遭围困的危险。

尼西亚斯紧急赶往雅典，并指出只有两种方法可以挽救时局：雅典人要么鸣金收兵（他一直以来都希望这样做），要么

再次尽可能多地增加远征军的兵力。雅典像一个赌红眼的赌徒一样再次下注。雅典派出了73艘三层桨战舰和5000名武装士兵来增加尼西亚斯的兵力，同时派出另外一名将军——德摩斯梯尼来顶替已经战死的拉马库斯。

起初，看起来雅典人肯定会取得胜利。之后，他们接连遭遇挫败。他们重新控制埃皮波莱高地的企图被一次次挫败（如果他们要对这个城镇形成包围之势，那么就必须攻占这处高地），而且军队和水手中暴发的瘟疫正在动摇和重挫他们的士气。更多的增援部队抵达被围困的锡拉库萨，就像通常的情况一样，锡拉库萨人士气提振的程度远远超出了实际兵力增加的程度。

此时雅典人做出了决定，他们唯一的选择就是撤军。但是即使如此，尼西亚斯还在犹豫不决，他认为月食可以合理地推迟撤军的时间。人们一般认为在出现月食的时候不宜采取任何重大行动。而像阿尔西比亚德斯这样不虔诚（或不太迷信）的人，会毫不犹豫地采取行动，而不会考虑那种所谓的“众神的意志”。事实证明，这一延迟导致了致命的后果，因为锡拉库萨人当时知晓了他们的意图。港口内爆发了一场经典的海战，结果雅典惨败：这给自认为在海上战无不胜的雅典人造成了沉重打击。

修昔底德在他最宏大的篇章中描述了雅典人和锡拉库萨人 185
在观看这场激烈战斗时那种希望和恐惧交织的矛盾心情：“当海战处在胶着状态的时候，双方陆上部队的人内心都备受煎熬、忐忑不安：野心勃勃的锡拉库萨人此时希望获得更大的胜利，而他们的侵略者则害怕处境比此时更为恶劣。因为雅典人全靠他们的舰队战斗，所以他们之前从未感受过这种对未来的恐惧；随着战局形势的变化，岸上士兵的情绪也在发生变化。因为战斗近在咫尺，并且所有人并不都是在第一时间看到同一个地方的战局，有些人看到他们的舰队在某次交锋中获胜，就会勇气倍增，并向神灵祈祷保佑他们的安全；而有些人看到他们的舰队在某场较量中被打败，便痛哭流涕地唱起哀歌。他们从自己的视角看到战争形势后表达出来的情绪比那些参战的人还要强烈。还有一些人看到双方相持不下，在战斗仍在持续且没有结果时，他们的焦虑不安会使他们随着自己的内心想法而晃动自己的身体……在同一支雅典军队中，当海战还处在胶着状态时，人们会同时听到各种喊叫声——悲号声和欢呼声，‘我们赢了’‘我们输了’，以及一支庞大军队在非常危险时必然会发出的其他各种感叹。战船上的士兵情绪几乎完全一样。海战持续了很长一段时间，最后锡拉库萨人及其同盟军将雅典人打得落荒而逃，他们相互高喊欢呼着，一直追击雅典人至岸边。”

从各个方面看，雅典人都自认为将成为西西里岛的统治者，这场灾难最终摧毁了他们的精神支柱。尽管他们剩下的三层桨战舰的数量与锡拉库萨人战船的数量一样多，但是雅典水手拒绝上船继续战斗去冲破锡拉库萨人在狭窄的港口入口处用战船紧紧连在一起而设置的封锁。除了试图撤退到西西里岛内陆地区之外，他们没有其他选择。锡拉库萨人当然不想让敌人如此轻易地逃脱——雅典人可能会重新集结并在之后再次发起
186 进攻。雅典人此时发现，撤出锡拉库萨四周肥沃的平原时要经过的每一个关口都在抵御他们。雨季的来临让他们更加沮丧，其间伴有西西里岛早秋时节典型的剧烈的雷暴天气。他们将这些视为甚至神灵都与他们作对的征兆。

雅典人遭到锡拉库萨骑兵的不断骚扰，而且缺粮少水。最

终在锡拉库萨南部海岸路上，当试图渡过一条因新近降雨而水量暴涨的小河时，雅典人被打得溃不成军。尼西亚斯和德摩斯梯尼缴械投降。尽管吉利普斯本来希望留下他们的性命并在凯旋时带他们回到斯巴达，但是他们两人都被锡拉库萨人处死。庞大的雅典军队和舰队此时只剩下大约 7000 名士兵，他们被圈禁在城邦北部的莱托米埃（Latomiae）采石场。雅典人在远征西西里岛的行动中损失了大约 4 万名士兵和 175 艘三层桨战舰。这对雅典而言是致命的打击：伯里克利的城邦（和梦想）从此一蹶不振。

修昔底德动情地描述了少数幸存者的命运：“至于那些被囚禁在采石坑中的希腊人，刚开始他们遭到了锡拉库萨人的虐待。他们被圈禁在一个狭窄的地方，狭小的空间内有大量的俘虏，因为没有任何遮挡，白天时太阳和令人窒息的拥挤折磨着他们，晚上则恰恰相反，秋风瑟瑟，天气寒冷，身体健康的俘虏因为气温变化不久就染上了疾病……”

天气骤变（这在地中海地区是家常便饭）之后，10 月和 11 月仍然比较炎热和沉闷，这让身处采石坑中的雅典俘虏备受煎熬。随后，冬天来临，所有内陆山区深深的积雪对那些半饿半裸的俘虏来说是严酷的考验。“而且，由于空间狭小，他们不得不在同一个地方吃喝拉撒睡。加上因受伤、气温变化或类似原因致死的俘虏尸体被堆积在一起，恶臭难忍；同时，他们要忍受饥饿和口渴的折磨；在 8 个月里，每人每天只有 1 科杜列（cotyle）［略多于英国的 0.5 品脱］的水和 2 科杜列的谷物。”

雅典军队和舰队的鼎盛时期走向终点，士兵们在海岸上的 187
砍杀中惨死，沉尸于锡拉库萨的港口深处，或者因为饥饿和疾病死在圈禁他们的锡拉库萨城邦的采石场中。一些幸存的人被卖身为奴，而另外少数的人活了下来，这并不是因为锡拉库萨人的仁慈，而是因为这些人受过教育并且可以朗诵诗歌。锡拉库萨人非常推崇戏剧作家欧里庇得斯（Euripides）[①]，他们喜欢听这些受过教育的俘虏吟诵欧里庇得斯的长诗。

普鲁塔克告诉我们："西西里岛的希腊人比生活在希腊本土以外的其他希腊人都更喜欢他的诗歌。他们甚至向来岛的陌生人学几段他的诗文，西西里岛上的希腊人喜欢彼此之间交流这位诗人的名句。据说，一些最终设法回到自己家乡的雅典士兵提出要去拜访并感谢欧里庇得斯，因为他们由于熟悉欧里庇得斯的诗歌而获救。"

即便经历了如此巨大的灾难，雅典的精神和物质基础也足以使它在与斯巴达及其盟友的斗争中坚持了超过八年的时间（公元前412～前404年）。尽管斯巴达人在德西里亚修建了要塞，导致德里西亚城邦丧失了许多白银和农产品，但是雅典仍在顽强抗争。有时候，雅典甚至看起来有可能扭转远征西西里的惨剧导致的败局。

公元前408年，阿尔西比亚德斯返回雅典，并受到人们的欢迎。这体现了希腊人的想法和政策频繁改变的特点，这可能是他们与生俱来的品性（也很可能是他的同胞继续爱戴他的原因之一）。

正如阿里斯托芬所说，"他们对他又爱又恨，但是不能没有他"，但是阿里斯托芬也警示道："最好不要在你们的城邦

① 欧里庇得斯（公元前480—前406），希腊著名的悲剧剧作家，代表作有《希波吕托斯》《伊翁》《酒神的伴侣》等。

内养虎为患。但是如果你们这样做了，你们就要容忍他的反复无常。”

这个“天赋异禀之人”的介入似乎一度改变了战势的整体走向。一支庞大的伯罗奔尼撒和锡拉库萨舰队在试图切断连接雅典与其谷物生产地区和黑海的生命线时，遭到雅典人的果断反击。富饶的萨索斯岛和重要的城邦拜占庭都爆发了起义，188
重新回到雅典人的怀抱。但是，德西里亚的失守（阿尔西比亚德斯对此负最主要责任）一直侵蚀着雅典城邦的实力。之后，随着战事的推进，雅典人越来越走向非理性的表现之一就是阿尔西比亚德斯再次遭到指责，被认为无法胜任。他离开了雅典并且再未归来，数年后在弗里吉亚被杀身亡。

阿尔西比亚德斯极具天赋但缺乏原则，在某种程度上他的一生就是这座城邦的历史写照，他增进了这座城邦的荣光，同时又使这座城邦蒙受耻辱。的确，可以肯定的是，如果第一次驱逐阿尔西比亚德斯在很大程度上导致了雅典遭受西西里岛之败及雅典城邦内的混乱，那么第二次驱逐阿尔西比亚德斯则导致了毁灭性的后果。没有人可以取代他，而斯巴达人此时已经找到了一位坚强而干练的战争领袖，这个人就是莱山德（Lysander）。

公元前406年，雅典曾有机会实现和平、保留一些尊严（如果说雅典帝国还有一丝尊严的话），但是它拒绝了，于是悲惨的状态又持续了一年。之后，在赫勒斯滂的阿哥斯波塔米战役（又称羊河战役）中，雅典舰队（雅典称霸海上27年间的所有伟大舰队中的最后一支）被莱山德全部歼灭。即使在这最后的时刻，阿尔西比亚德斯还骑着马来提醒他的同胞他们在阿哥斯波塔米面临的危险处境，但他唯一得到的就是同胞的侮辱。第二年，即公元前404年，伯利克里的雅典饮下了无条件投降的苦酒。雅典海军灰飞烟灭，雅典帝国走向灭亡，此时雅典的城墙被夷为平地。胜利者根据自己的意愿将寡头统治强加在雅典人身上，“在长笛姑娘吹奏的音乐声中，盟友们用鲜花为他们的船编织了花环”。

普鲁塔克写道：“那一天，人们欢呼雀跃，将这一天作为希腊获得自由的开始。”战争结束后的这种乐观情绪在以后的多个世纪里常常毫无理由地反复出现。

人类愚昧的故事漫长悠远且令人伤感，这种故事常常构成了所谓的“历史”，而那些代表人类最美好的事物则很容易被忽略。因此，关于伯罗奔尼撒战争过程的叙述是以恐怖、鲜血和悲惨为结局的，而没有提及当时所取得的积极成就。在雅典
189 与斯巴达漫长的战争进行时，苏格拉底坚持对“人的思想”进行定义和精确描述，这不仅奠定了人类道德的基础，而且为形而上学奠定了基础。他的信条是“美德即知识”。如果说苏格拉底的思想存在缺陷（正如我们从他的门徒柏拉图那里知道的那样），那这一缺陷就如A. R. 伯恩在他的《希腊史》一书中所指出的那样：“一个能强有力地约束自我的人，不会理解使徒保罗的困境，即‘我所愿意的善，我反不作’①。”

当苏格拉底和他的追随者鼓励人们有效地运用自己的思想时，历史上最伟大的诗人之一、理性主义者欧里庇得斯仍在用语言来描述人类在大地之上面临的困境。在战争的第二年，希罗多德完成了他伟大的著作《历史》。雅典灭亡的当年，欧里庇得斯的著名戏剧《酒神的伴侣》正在上演。这些年来，雅

① 《罗马书》7：19。

典人也在观看阿里斯托芬尖锐深刻又粗俗鄙陋的喜剧时认识到自身的许多愚蠢行为并会心一笑。与此同时，其他艺术形式也在蓬勃发展，当时出现了许多著名的雕塑、金属制品、珠宝艺术品和陶瓷制品。

斯巴达人没有留下任何有价值的东西来记录他们的战争或最终取得的胜利，除非普鲁塔克记录的是真实的故事。这至少表明，即使斯巴达人不是创造者，他们仍然能够感知希腊人的天赋所在。雅典沦陷不久之后，一些伯罗奔尼撒盟友提议，他们应该将整个城邦夷为平地，并将所有雅典人卖作奴隶。当时，人群中有人唱起了欧里庇得斯的戏剧《厄勒克特拉》（*Electra*）的开幕合唱唱词："听到这歌声，所有在场的人都感动至极，他们都觉得摧毁一座如此美丽的城邦——一个造就了才华横溢的天才人物的城邦——将是一件骇人听闻的罪行。"

第十四章　希腊和东方

190 雅典演说家伊索克拉底（Isocrates）指出，在这一历史时期，希腊政治的祸根就是对帝国的渴望。毫无疑问，他的观点一针见血。雅典、斯巴达和底比斯一个接一个地想要统治整个希腊，却接连遭遇失败。一旦某一强权似乎取得了优势，它的竞争对手总会与敌人冰释前嫌并结成一个强大的联盟来挑战这更强大的一方。整个欧洲历史，直到20世纪（包括20世纪）都在重复这种模式。希腊小城邦的阴谋诡计、对抗和战争，从微观层面预示着整个地中海地区在数百年中将会不断形成联盟和爆发大规模的战争。

但是，公元前4世纪中叶，希腊短暂地实现了统一，尽管这种统一不是由雅典或斯巴达完成的。统一后的希腊人将注意力转向东方，这成为历史上最具戏剧性的事件之一。H. A. L. 费舍尔写道："希腊问题的解决方案来自一个令人感到意外的区域。在色萨利的北边、塞尔迈湾附近的沿海地区有一群希腊人建立了政权，他们的文明程度不如雅典或科林斯的居民，南部的希腊人看待他们，就像是一个巴黎人看待来自布列塔尼省（Brittany）或朗格多克省（Languedoc）[1] 的乡下人一样。他们就是马其顿人，他们嗜酒如命、勇敢好斗，他们喜欢在自己生

---

① 布列塔尼省和朗格多克省分别位于法国最西部和最南部，属于法国较为落后的农耕地区。

活的山地的森林和河谷中猎捕狗熊和恶狼，他们仍处于荷马时代①的文明程度……”

这些生活在崎岖山地的人经历了在希腊北部生存的艰辛，在一位最为杰出、最有远见的马其顿国王腓力二世（统治时期为公元前 359～前 336 年）的治理下，马其顿成为希腊最强大的城邦。腓力二世不仅是一名出类拔萃的战士，而且是一位足智多谋的政治家，为他的儿子亚历山大大帝 191 （Alexander the Great）建立庞大的东方帝国奠定了基础。为了实现希腊的统一，让他的军队可以自由地在小亚细亚和近东地区进行殖民扩张，腓力二世首先必须消灭希腊大陆内部的所有反对声音。他最终在公元前 338 年实现了这一目标。在喀罗尼亚（Chaeronea）战役中，雅典和底比斯联军被马其顿军队击败。

腓力二世对被征服的城邦采取宽容政策，这在希腊历史上是极其罕见的，同时他还采取了一系列开明的政治政策，设法将生性敏感而四分五裂的希腊各城邦团结起来形成一个联盟或同盟，这个同盟的准则就是所有成员享有自由和平等的地位。即便如此，如果他没有攻打海外的波斯，他的目的可能就会落空。他说：“那里生活着所有希腊人永远的敌人，想想薛西斯的暴行！我们要时刻牢记，只要波斯不仅威胁着我们希腊本土，而且威胁着小亚细亚的伊奥尼亚城邦，那么我们希腊人就永远不得安宁。”

他可能还补充道，他希望建立一个帝国，其范围横跨岛屿

---

① 指古希腊地区公元前 12 世纪到公元前 9 世纪的时期。因为这一时期的历史主要由诗人荷马以史诗的形式进行记录，所以被称为“荷马时代”。

遍布的爱琴海，沃野千里，牧场肥美，商人熙熙攘攘，并将设置大量的管理机构。在希腊人的历史中，他们第一次将自己设想为一个由语言、宗教和共同习俗联合在一起的国家，而不是一群存在永恒分裂倾向的城邦国家。他们意识到，只要能将具有破坏性的相互较劲抛在脑后，那么他们就可以征服东方并将东方的所有财富据为己有。

这是腓力二世的梦想，但是将梦想变成现实的任务则留给了他的儿子亚历山大。公元前 336 年，马其顿国王腓力二世在希腊联军先遣部队进军小亚细亚前夕被杀身亡。

亚历山大做出的第一反应是提醒所有希腊人："除了国王的名字之外，一切都没有改变！"这句话说得豪气冲天，但其实是虚张声势。实际上，他在统治初期要做的是重新确立对希腊至高无上的统治，他的父亲生前已经做到了这一点。就像之前的情形一样，希腊人在认为自己或他们的城邦获益最少的那一刻就出现了分裂。

这位年轻的征服者在准备进军东方之前，已经在身后重新建立了一个统一的希腊，可能需要补充一点，这个希腊只是因
192 畏惧亚历山大的强大军队和天赋异禀才实现了统一。在世界历史上的这一重大事件发生前不久，科林斯发生的一起小事件值得人们铭记。它清晰地阐释了希腊本性中的两个方面——自信的主张和思想的克制，这已经成为整个地中海遗产的一部分。

当亚历山大抵达科林斯的时候，希腊城邦联盟同意由这位年轻的将军担任攻打波斯人的行动和他的帝国的最高统帅。在亚历山大踏上他最为惊险的远征之前，"这位满头金发、年少有为的阿波罗战士"还不到 20 岁。各城邦的贵族以及其他各行各业的名流来到科林斯，承认他至高无上的地位。他们在那

里表示认同他作为统帅去攻打令他们感到恐惧的波斯。但是，科林斯最杰出的公民之一，即著名的“犬儒派”哲学家第欧根尼（Diogenes），却并未向这位年轻的希腊统帅表达自己的敬意。

《不列颠百科全书》对第欧根尼进行了描述：“他生活在一只属于西布莉神庙（temple of Cybele）[①] 的桶中［可能这是当时最大的陶器之一，侧放在地上］，靠桶遮风挡雨。有一次，他看到一个农民的儿子用双手喝水，于是回家后就毁掉了他唯一的一只木碗。在前往埃伊纳岛的航程中，他被海盗俘虏，并在克里特岛被当作奴隶卖给了一位名为色尼亚德斯（Xeniades）的科林斯人。当被问及他能做的营生时，他回答说他除了管人以外不会做其他营生，他希望将自己卖给需要主人的人。作为色尼亚德斯两个儿子的家庭教师，他一生都住在科林斯，全身心地致力于宣扬道德自控的教义……对他而言，德行存在于避免一切肉体上的愉悦；［对他来说］痛苦和饥饿对于追求美德会有所帮助；［并且］……道德意味着回归自然和朴素。”

第欧根尼的老师安提斯泰尼（Antisthenes）是苏格拉底的学生，他认为，人存在的全部目的是美德而不是享乐。由此第欧根尼和其他哲学家推论，财富、野心、权力和名望会腐蚀灵魂，使灵魂脱离对真理的真正追求。因此，就不难理解这个住在桶中的老人不愿起身向亚历山大致敬。但是，亚历山大被这 193
位名人所吸引——他不愿意成为亚历山大的忠实拥护者和祝祷者队伍中的一员——因为无法抗拒这种吸引力，他前去拜访了

① 西布莉是古代小亚细亚地区崇拜的大地母神。

这位年迈的（也许是因为他身上散发的某种气味而让人觉得他年事已高）哲学家。

他们之间的对话十分简短并且开门见山。征服者往往没有太多的时间来发表长篇大论，哲学家也没有太多的时间去进行世俗的说教。

这位年轻的将军来到第欧根尼临时居住的地方，说："我是亚历山大大帝。"

对方回答说："我是哲学家第欧根尼。"他没有被这个身穿盔甲、满头金发、身着红袍的来访者震慑住。

这位未来的东方征服者说："我能为你做点什么吗？"他可能带着一点纡尊降贵的感觉。

第欧根尼回答说："好的，亚历山大。你和你的朋友能不能别挡住我的阳光？"

据说这个机智的回答并没有让这个骄傲自负、雄心勃勃的年轻人感到意外。或许他认同有一种力量促使他追求在外部世界扬名立万，客观世界也促使这位清瘦的苦行僧潜心修行，为了探索内心而放弃了这个外部世界。

据说他后来曾表示："如果我不是亚历山大，那么我愿意是第欧根尼。"两人均于公元前323年去世：亚历山大在巴比伦去世，年仅31岁，当时他已经成为希腊人已知的几乎整个世界的统治者；第欧根尼在科林斯去世，享年90岁。根据一种传统的说法，征服者亚历山大和哲学家第欧根尼是在同一天与世长辞的。这两人都是旷世奇才，也是希腊天才式人物的杰出代表。

征服者比哲学家的知名度更高，这一点在地中海历史上并不罕见。亚历山大的一生影响了许多人，包括迦太基的汉尼拔、罗马的尤利乌斯·恺撒和科西嘉岛的拿破仑，最后对奥地利人阿道夫·希特勒产生了影响。亚历山大征服世界的梦想并不总是出现最正面的结果。然而，必须要在当时的时代背景下去审视它们，因为这是人类历史上确实可以凭借一己之力改变世界的时期。但是，必须永远记住，如果亚历山大不是带着艺 194
术家、建筑师、文化学者和哲学家这些不是战士和征服者的人一起踏上东征，那么他的影响就不会这么大。实际上，这就像第欧根尼和他主人的关系一样。

当亚历山大征战东方去追逐自己的梦想时，地中海本身就从人们的视野中消失了。光复伊奥尼亚之后，他进军叙利亚，在伊苏斯战役中击败了波斯国王大流士，随后对腓尼基发动进攻。因为腓尼基人是波斯舰队的主力，所以亚历山大在进攻波斯之前必须要清除他的海上生命线受到的威胁。

公元前 332 年，亚历山大大军大部分时间在围攻提尔城，提尔英勇顽强地抵抗住了亚历山大长达七个月的进攻，但是最终被亚历山大的海军击溃。提尔城变成了马其顿人的一个要塞，从此提尔舰队再也没有对希腊人的海上霸权发起过挑战。攻陷提尔可能是亚历山大最伟大的成就。但是通过武力完成的壮举常常会带来令人不快的后果。在古代世界，胜利者的合法权利是将战败者当作奴隶进行买卖，城市遭到洗劫和占领之后，成千上万的男女老少被送到奴隶市场。一将功成万骨枯，荣誉勋章的正面可能是风华正茂、鎏金头像的征服者，而反面则可能是骷髅和奴隶堆成的金字塔。

阿里安（Arrian）在《亚历山大远征记》（*Life of Alexander the Great*）① 一书中描述了亚历山大接下来采取的行动。他攻

① 中译本于 1979 年由商务印书馆出版。

陷了古城加沙，这“为进攻埃及做好了准备，埃及是他向南进军的最初目标，离开加沙一周后，大军抵达佩卢西乌姆（Pelusium，尼罗河东入海口），从腓尼基沿海岸随他一同而来的舰队已经在此地下锚停船”。波斯国王大流士任命的埃及总督马查西斯（Mazaces）手上没有可以指挥的当地军队，加上关于伊苏斯战役的战报和大流士为了保全性命做出的令人不齿的行为，以及腓尼基、叙利亚和大部分阿拉伯地区已经落入亚历山大之手的消息让马查西斯放弃抵抗而向亚历山大投降，亚历山大在未遭遇任何抵抗的情况下进入埃及和其城市。

亚历山大正式加冕埃及法老之后，下一步的工作是在埃及海岸线上寻找合适的地点修建一处主要的港口。自从埃及成为
195 希腊世界的一部分后，它必须将目光投向外侧的地中海，而不是像几千年来所形成的习惯那样将眼光投向其内部。亚历山大在靠近尼罗河西河口（即马留提斯湖和大海之间）处找到了一个理想的地点，那里有一个狭窄的基岩岛，岸上有凸出来的岩石，为保护深水港提供了绝佳的基础条件。

E. M. 福斯特写道：“就在此地。”亚历山大是一座宏伟的海港，这里气候宜人，有淡水供应，还有石灰石采石场以及通往尼罗河的便捷通道。亚历山大希望在这里让希腊文化最精华的部分万古长存，为伟大的希腊帝国建造一个大都市。这个帝国不仅包括所有希腊城邦，还要纳入各大王国，甚至应该囊括整个有人类居住的世界。

> 亚历山大建成了。
>
> 发号施令之后，这个年轻人匆匆启程。他从未见到亚历山大城的任何一栋建筑拔地而起。他接下来去参拜了位

> 于锡瓦绿洲（Siwan Oasis）的阿蒙神庙，这里的祭司像对待神明一样对他，自此以后他对希腊的情感渐渐疏远。他几乎成了一个国际化的东方人，尽管他再次与波斯开战，但是他的精神已经焕然一新。他此时想实现世界和谐，而不是将世界希腊化，并且他必然将亚历山大城视为他不成熟想法的产物。然而，他最终还是回到了亚历山大城。八年之后，他在征服了波斯后与世长辞，经过一番周折，他的遗体被带到孟斐斯准备安葬。大祭司拒绝将他安葬在这里。大祭司哭喊道："不要将他安葬在这里，要将他安葬在他在罗哈克提斯（Rhakotis）① 附近建成的城市之中，因为这尸体不管安葬在什么地方，所在的城市就会不得安宁，将会因战事四起而动荡不安。"于是，他的遗体被裹上黄金、装入玻璃棺，由船载着顺尼罗河而下，最终被安葬在亚历山大城的中心——一个巨大的十字路口处，人们将他视为城市的英雄和守护神。

果不其然，亚历山大城后来的历史证明埃及祭司一语成谶，因为无论从地理位置还是思想激荡的层面来说，这座城市在几个世纪之内都是地中海风暴的中心。仅在公元 7 ~16 世纪阿拉伯人占领亚历山大城的漫长时期，它才蜕变为一个相对不重要的海港；在土耳其统治下的两个世纪中，它的重要性进一步下降；20 世纪，它再次成为冲突的中心。伟大的征服者的遗骨早已不复存在。只是他未得安息的精神仍然搅扰着亚历山
大城这个东西方的交汇之地，亚历山大陵墓之上现在矗立着但 196

① 亚历山大城是在当时的罗哈克提斯小镇附近修建而成的。

以理清真寺（Mosque of the Prophet Daniel）。

不管亚历山大“想实现世界和谐，而不是将世界希腊化”的愿望是真是假，事实上他疾风暴雨式的征服行动和他辉煌灿烂的一生最终导致的结果就是，在近东地区强硬加入了这位希腊天才人物的形象和愿景。他甚至比他年轻时的老师——圣人亚里士多德还要聪明一些，他没有犯那种将东方人视为劣等种族的错误。与早期的雅典人不同，他并不认为波斯人的文明程度低人一等。他承认他们在许多方面领先于希腊人。作为勇士之国马其顿的国王，他具有一种贵族的生活观念而不是民主的观念，这一事实也有助于他对东方民族的理解。在后来的几个世纪中，效仿亚历山大的那些人有时会不得不假装他们在听从“人民的声音”。实际上，他们只是这声音的化身。这种推理往往是值得怀疑的，即伟大的征服者从来都不是民主主义者。

亚历山大征服波斯、攻陷印度并横扫阿拉伯半岛沿海地区，他挥师东进，极大地改变了地中海世界。然而，在此之前都是东方侵略西方，此时这些希腊北部的希腊人所创造的艺术和技能成就传遍了雅利安波斯人和闪族人居住的地区。亚历山大的征服活动最终为伟大的东罗马帝国铺平了道路。

他从没有为未来做打算，并且也从没有确定他的继任者。亚历山大是一个由母亲抚养长大的年轻人，可能是个同性恋。他对自己在有生之年无法触及的任何未来的事情都没有兴趣，这必然导致他去世后一整套政策都将统统失效。他征服的王国成为他麾下野心勃勃的将领们争夺的行省，他们所谓的“希腊性”在东方国家的影响下发生改变——并不总是细微的改变。（这与中世纪十字军东征时发生的事情非常类似。）

据说雅典演说家德马德斯（Demades）曾说：“亚历山大

去世了吗？简直是无稽之谈！要是这样的话整个世界都将乱作一团。”然而，亚历山大确实是在 31 岁时因发烧而在他征服的巴比伦城去世。很难界定他留下的遗产，因为从某种意义上 197
说，他所取得的成就远远超过了他继任者能够进行管理的范围。就地中海历史而言，亚历山大大帝建立的伟大基业如流星一般转瞬即逝，其主要影响就是将希腊天才人物的成就传播到了埃及和近东地区，从而确保罗马能在地中海中部地区崛起并占据统治地位。A. R. 伯恩在《亚历山大大帝和希腊化的帝国》（*Alexander the Great and the Hellenistic Empire*）中指出：“如果希腊在向东方扩张的时候没有这样一位拥有超凡才能的领袖，并因此没有如此深入东方世界，那么希腊针对西方的进攻和防御可能将占据更高的比重。如果在意大利成为统一的地中海世界的中心之前，希腊人能够抑制罗马足够长的时间，或者至少足够使罗马文明教化，那么这对人类来说将是何等的幸福。虽然罗马人最后对希腊艺术和思想给予了足够的尊重，但在公元前令人瞠目结舌的最后两个世纪里，在他们——连同维吉尔和奥古斯都——都尚未学会宽恕与征服之时，他们就率先（远远早于其他任何野蛮民族）摧毁了希腊文明的脊柱。”

此外，这种假设对历史研究没有太大帮助。罗马大获全胜并统一了地中海。我们知道希腊人无时无刻不在追求完成共同的事业却因能力不济而无法成就伟业，因此他们能否与罗马人取得的成就等量齐观是值得怀疑的。尽管希腊民族光彩熠熠，或者也许正是因为这一点，他们缺少必要的韧性，而韧性将会使一个民族成就帝王伟业。

如果罗马最终被希腊“文明化”，它的文学、艺术和科学是从希腊人那里全盘借用的话，那么罗马将继承亚历山大和希腊化世界的主要遗产。而希腊民族自身从始至终都未统治过一个如此庞大的帝国。在薛西斯入侵希腊期间，他们不是对薛西斯的庞大工程和后勤组织惊叹不已，而是对其嗤之以鼻。但是，此时他们需要管理波斯、伊奥尼亚、黎凡特和埃及这些面积广大的地区，亚历山大的继承人被迫应付信息数据和组织化的官僚机构。他们发现对于管理国家至关重要的事项在埃及均已具备，正如 H. A. L. 费舍尔指出的那样，“长期以来，人们一直认为精确的知识，尤其有关收入的知识是政府必须具备的工具”。埃及马其顿托勒密王朝接管了那里已在运作的官僚
198 机构。当埃及成为罗马帝国的一部分后，在这样一个恰当的时间点，埃及成为罗马和整个西方世界的榜样。

希腊向东方扩张的另一个重要结果就是，入侵者相对简单的多神教接触到了埃及当地更为复杂且在许多方面更为神秘的多神教。波斯人严格的一神教信仰对希腊人的精神世界没有吸引力，尽管我们可以从犹太教和基督教思想后来的发展中见识到它的影响力。然而，希腊人认为将埃及的无数神灵与自己的万神殿进行调和并不是一件困难的事情，只不过是给那些源自埃及、腓尼基和黎凡特的外邦神灵取了希腊名字而已。因此，提尔的主神美刻尔（Melkarth）变成了希腊的赫拉克勒斯（Heracles），后来又变成了罗马神话中的赫丘利（Hercules）。

亚历山大大帝入侵亚洲的一个出人意料的结果是摧毁了希腊民众对奥林匹亚众神的简单信仰，自荷马描述众神以来，众神一直满足着他们的需求。对于受过良好教育的人来说，明显不负责任和道德败坏的奥林匹亚诸神早已只是一个玩笑而已。哲学杀死了他们。但是，哲学对于未受过教育的民众影响极少或几乎没有任何影响，在整个历史上，这些民众都需要某种形式

的宗教信仰，这给了他们面对日常艰辛生活的希望。他们还需要宗教仪式和庆典，以帮助他们从显然无望的人类现状中超脱出来。

希腊也许已经将科学和哲学知识传播到了亚洲，但是亚洲的神灵和神秘宗教最终取得了胜利。正如威廉·塔恩爵士（Sir William Tarn）在《希腊文明》（*Hellenistic Civilisation*）中所写的那样："对亚洲和埃及的征服……仅仅是利剑的征服，而不是灵魂的征服。"一种源自东方的宗教在其后的多个世纪里一直统治着地中海世界。

从这一点可以再次看出，在地中海这片海洋中的任何一次行动都会引发反应，或者说在一个源头进行施肥迅速变成交叉性施肥。除了宗教思想领域外，奢侈品、织物、埃及的玻璃器皿和提尔的紫色染料也深受东方国家的影响。这些物品的贸易
已经持续了数百年之久，但是相关国家此时被纳入了希腊人的 199
势力范围，这一事实意味着贸易的迅速扩大。从造船到织帆，一切都受到了类似的影响。显然，希腊化时代的大型商船（后来被罗马人采用）源于腓尼基人圆桶状的腓尼基商船"高卢斯"（gaulos），他们自公元前 6 世纪以来就使用这种商船。亚历山大大帝东征就如同神话一般，在某些方面甚至超出了亚历山大大帝的梦想。东征丰富了这片海洋的整个生命。

第十五章　罗马人和迦太基人

200 公元前 3 世纪初，迦太基是地中海地区的商业之都。迦太基的人口估计约为 100 万，这在古代世界是一个庞大的数字。在迦太基的船队支持下，迦太基人的贸易活动遍及地中海，并且最远到达不列颠群岛、亚速尔群岛和非洲西海岸。迦太基的北非腹地为其提供了独立和稳定的粮食，因为突尼斯地区拥有地中海盆地周边最肥沃的土地。

迦太基人不仅是精明能干的商人和技术纯熟的水手，而且从自己从事农业生产的闪族祖先那里继承了东方民族积累的农业知识。在迦太基最终灭亡后不久，罗马元老院下令将迦太基人马戈（Mago）撰写的一部农业巨著翻译成拉丁文。尽管其原著早已佚失，但是拉丁语作者经常将其视为地中海农业方面的标杆之作。如果说罗马人从希腊人那里学到了他们的文化和科学，那么他们从迦太基人那里学到了嫁接、修剪、畜牧、谷物种植以及其他很多农业技能的必要知识。唐纳德·哈登在《腓尼基人》一书中写道："我们从马戈已经佚失的著作的 40 多份摘录文字中发现，其内容涵盖了所有畜牧产品和农产品，包括种植谷物、葡萄、橄榄，放牧和养蜂。如果他没有对布匿人的农业生产进行认真的系统化研究，就不可能完成这部著作。"布匿人中的富裕家族拥有大规模的庄园并进行耕种，迦太基人大量利用奴隶劳动力来进行农业生产，迦太基可能是有史以来首个实现农业产业化的国家。

当然，迦太基海军是城邦的第一道防线。在迦太基与罗马 201
爆发大战时，300 年来一直在这片陆间海占据主导地位的三层桨战舰已被五层桨战舰取而代之。与双层桨战舰最先由腓尼基人制造不同，五层桨战舰极有可能源自西西里岛。

希腊历史学家狄奥多罗斯（Diodorus）在他的著作《历史丛书》（*The Historical Library*）中将五层桨战舰的发明归功于锡拉库萨的狄奥尼修斯，其时代最早可追溯至公元前 398 年。直到大约 60 年之后，雅典造船厂的存货清单才显示他们开始建造四层桨战舰。迦太基人很快建成了五层桨战舰，这种船在即将爆发的迦太基和罗马的战争中成为一种超级战船。

关于在这一时期需要多少船员为这种船提供动力的问题，塞西尔·托尔在《古代船舶》中论述道："公元前 256 年［第一次布匿战争爆发的时间］，在罗马和迦太基舰队的五层桨战舰上，除了参与战斗的人员之外，每艘战船配备 300 名桨手。最底层共有 54 支桨，往上每一层会比下一层多出 4 支桨。一艘五层桨战舰共有 310 支桨，因此大约需要 300 名桨手，可能从精确的角度来说，如果……这个数字是精确的，那么说明某些桨座并没有配齐桨手。后来，这种五层桨战舰上大约有 400 名桨手。"

我们可以合理认为船上一般会配备备用船员（代替生病的船员），因此这一时期迦太基人或罗马人的五层桨战舰上配备人员的标准数量约为 400 人。曾参加第三次布匿战争（公元前 146 年迦太基被攻陷，第三次布匿战争结束）的历史学家波利比乌斯（Polybius）曾指出，在一场战争初期的海战中，有 330 艘罗马战船和 350 艘迦太基战船交战，它们都是五层桨战舰。经过计算，他认为在这次海战中罗马一方约有14万人参战，而迦太基一方约有15万人。这两个敌国的五层桨战舰初期的交战并不是一小群大帆船进行的微不足道的混战，而是大规模海战，涉及数量众多的组织机构、精心设计的信号系统和极其复杂的补给问题，实际上这些都是后来更常见的战争所需的要素。

迦太基的军港，即著名的迦太基巨港（Cothon）[①]，呈圆
202 环形，共设有200多个码头，可容纳至少150艘五层桨战舰。巨港坐落在靠近海岸的迦太基卫城附近，占地面积约22英亩。它通过一条运河与规模更大的商业港口（占地面积达60英亩）相连。在巨港的中心是一个人工小岛。这是迦太基海军上将及其下属员的总部所在地，指挥官在这里可以将整个舰队尽收眼底。

迦太基城防坚固，只能从两个方向对它发起攻击：要么横跨迦太基所在半岛的最狭窄处，要么穿过一片河口沙洲。由于地形的原因，很难对迦太基发动突袭，并且半岛本身最狭窄处横亘着三重高大的围墙（约高45英尺、宽33英尺）。

这座令人自豪的城邦像一把双刃斧一样伸向大海，它是地中海世界中最富有甚至可能是最强大的城邦。环城的高墙每隔一定的距离就建有四层高的塔楼，这样它们就可以相互进行火力掩护。这些建筑的地基深入地面30多英尺，而且根据一位权威人士的观点，墙体下方的拱形地下室内可以容纳300头大象（这是迦太基陆军的“重型装甲部队”）和4000匹马。城墙之间设有可容纳2万名步兵和至少4000名骑兵的军营。整个由城墙

---

① 一种人工建造的、具有防御功能的内港。

围绕的半岛不仅是一个城邦，而且还是一个拥有弹药库、仓库和巨大地下蓄水池的宏伟堡垒。储存的水来自集水区的降雨以及从山后渡槽流下的水。在城邦内还有一处淡水泉，后来被称作“千只双耳罐之泉”（Fountain of the Thousand Amphorae）[①]。只要迦太基掌握着海洋霸权，它几乎就是坚不可摧的。

这座迦太基卫城的名字叫拜尔萨（Byrsa），位于海港北侧一处约200英尺高的小型高地。它曾经是一座坚不可摧的要塞，就像希腊的雅典卫城，如果城墙失守，那么这里就是最后一个防御点。其最高处耸立着腓尼基人信奉的健康和医药之神埃斯蒙的神庙（Temple of Eshmun），这里也是迦太基元老院集会的场所。人们将这座神庙建造在拜尔萨的丘陵上，使整个山丘呈现金字塔的形状。这可能是有意让人联想到那些在中东建造的“山庙”，例如巴比伦供奉巴力的神庙。

卫城下方是供共同讨论或公众集会的场所，这里有大量六 203
层的房屋，房屋与房屋之间有三条狭窄的街道可以直通拜尔萨。这些房屋是卫城重要的外围防御工事。罗马将军西庇阿（Scipio）在攻占迦太基时，发现自己必须逐个攻占这些房屋，然后才可以到达卫城的主墙。在拜尔萨和公共集会场所周围的是西顿神灵的主要神殿、元老院和法院。这座城市的布局成为地中海地区沿袭了数百年的模式。后来，该模式被复制到了整个新世界。笔直的街道往往呈直角交叉的布局形式，因为迦太基是一个精心规划的城邦。它不仅是简单地扩展，而且每一时代的建筑物都在之前的基础上不断发展变化。易守难攻的半岛地区始终是城邦的制约因素。

---

① 因其遗址附近曾出土了约2000只双耳罐而得名。

罗马人曾将迦太基洗劫一空、夷为平地，在其后的无数个世纪里，这座城市又在接连不断来到这里的侵略者手里重新修建起来，在今天突尼斯大量的建筑包围之下，很难从那些极少的废墟中"了解"古迦太基的面貌。我们需要居斯塔夫·福楼拜（Gustave Flaubert）这样的重构式天才为我们勾勒出这座城市的景象，那是它在夏日黎明时分的景象，是它在强大光辉时的样子。福楼拜在《萨朗波》（*Salammbo*）一书中写道：

> ……他们站在平台上，面前一大片黑影在他们眼前展开来，似乎有一大堆东西堆积在里面，就像被凝固的黑色海洋的巨浪。
>
> 但是，此时东方已露出了鱼肚白。在其左下方的远处，花园的绿荫间有一条蜿蜒的白线，那就是墨伽拉运河。七角形神庙的锥形屋顶、楼梯、露台、城墙在晨曦中露出了轮廓。迦太基半岛四周的白色浪花就如同一条飘摇的白色腰带，而碧绿的海水似乎在清晨的凉意中被凝固了一般。之后，玫瑰色从天际渐次铺开，高大的房屋俯瞰斜坡矗立着，它们聚集在一起，仿佛一群下山的黑山羊。冷清的街道笔直向前，棕榈树东一处西一处地探出墙来，错落有致，没有一丝摆动。注满水的蓄水池犹如一面面银盾，四散在院落之中。矗立在赫尔迈乌姆海岬（Promontory of hermaeum）上的灯塔颜色渐次暗淡。在卫城城顶的柏树
> 204 林中，埃斯克姆神的马群感受到了照进来的光线，都将前蹄踢在大理石胸墙上，朝着太阳的方向嘶鸣。

罗马针对这个伟大的闪族人城市及其帝国发动了一次长达

一百多年（公元前 264 ~ 前 146 年）的战争，这次战争改变了整个地中海世界的面貌。第一次布匿战争的爆发是历史上最重要的日子之一。它标志着这片海洋开始走向大一统，这是迄今为止地中海地区唯一的大一统。

尽管（从事后看来）斯巴达与雅典之间的冲突可能是无法避免的，但是人们无法一下子明白，为何罗马和迦太基在遵循各自的方式发展时会爆发冲突。罗马人是一个冷酷的意大利民族，文明发展的程度远不如他们的邻居伊特鲁里亚人（罗马人曾经是他们统治的臣民中的一部分），从表面上看，罗马人几乎没有成为地中海世界未来统治者的潜质。不过，他们的确具备一种素质，即管理的天赋，而希腊人明显不具备这种素质。他们纪律严明，骁勇善战。他们虽然没有希腊人那样的睿智天赋，但具有坚忍不拔的顽强意志。关于希腊人和罗马人脾性的对比，我们可以参照伊索寓言中龟兔赛跑的故事。

到公元前 3 世纪，经过缓慢的政治发展和逐渐的军事扩张，罗马人已成为意大利的主人。北部的高卢人、南部的希腊城邦、伊特鲁里亚人和萨姆尼特（Samnite）山地部落已经屈服于罗马人的刀剑和爱国精神。爱国精神（对国家的热爱及对特定民族的归属感，认为自己比其他所有民族都优越）是罗马人与希腊人或迦太基人不同的一个特点。希腊人可能会觉得自己比所有“野蛮人”都优越，但是即使天赋异禀的亚历山大大帝在进行统治时，仍然是一名个人主义者，他为自己而不是为希腊同胞谋求最大的利益。另外，迦太基人就像他们的腓尼基祖先一样，只要能让他们安安稳稳地开展贸易，他们总会避免发生冲突。如果说希腊人的标志是与众不同的才华横溢，那么迦太基人的标志就是勤劳与贪财。然而，罗马人有的是农人的敏锐和耐力。

205 土壤肥沃、出产粮食和水果的西西里岛再次成为地中海争夺的焦点，对于古代世界经济而言，这座岛屿占据着地理区位主导性的地位并发挥着重要作用。后来，西西里人朱塞佩·迪·兰佩杜萨（Giuseppe di Lampedusa）在《豹》（*The Leopard*）这篇小说中将西西里岛形容为“起起伏伏的山丘如波浪般涌向地平线，没有一点赏心悦目的感觉，毫无章法，没有任何条理可供头脑捕捉，显然是在愚蠢的时刻创造出来的产物”，这里再次成为地中海两大霸权国家的争夺之地。就如同一个引人注目的温柔女子，西西里岛“不加戒备”地躺在这片海洋的正中央，人们为了占有它再次爆发了一场冲突。

这次事件导致地中海两个主要大国爆发的战争与导致雅典和斯巴达在西西里岛兵戈相见的战争类似。伯罗奔尼撒战争的爆发是因为小城邦塞杰斯塔请求雅典出兵帮助抵抗它的邻居塞利努斯。而此时，在公元前264年，一群意大利人组成的雇佣军同时向罗马和迦太基求救——这支雇佣军占据墨西拿城以帮助它抵御锡拉库萨的侵略——导致两大竞争对手陷入冲突。迦太基人首先赶到现场占领了墨西拿，并与锡拉库萨人达成和解。罗马人不愿看到迦太基人控制墨西拿，因为迦太基人控制着西西里岛和意大利之间最重要的海峡，于是罗马派兵登陆西西里岛并擒获了迦太基军队的主将。迦太基人被迫撤退，罗马人无疑认为他们已经攻占了重要的制高点，因为他们已经打算征服整座岛屿。作为对罗马人行动的回击，此前水火不容的希腊人和迦太基人此时在西西里战场上共同抵抗这个新入侵者。锡拉库萨和迦太基签署了一项条约，两个城邦向罗马宣战。

战争初期，即第一次布匿战争，罗马人取得了胜利。他们

以墨西拿为据点抵抗迦太基人的进攻，并同时从敌人手中夺走
了数座城邦。在这场战争的开始阶段，有两个事情显而易见：
第一个是迦太基的雇佣军士兵无法与纪律严明的罗马步兵相提
并论；第二个是只要迦太基控制了海洋，罗马就没有击败对手 206
的机会。

据说，一艘被俘的迦太基五层桨战舰为罗马人提供了战舰模型，罗马人立即以他们通常具备的实践品性和韧劲组建了一支新舰队。罗马人还制作了一些属于自己的物件。他们的天才之处在于能够汲取其他民族的思想、理念甚至实用的发明，加以变通和改进，然后将其投入“量产”。这与多个世纪之后的日本人有一些相似之处。

罗马人对迦太基战船的模型进行了改进，不久之后，他们就建立了一支舰队来挑战迦太基人。罗马人意识到他们无法胜过迦太基的战船和海军将领们（他们在地中海战争中已经积累了数百年的经验），于是决定改变未来战争的整个模式。如果他们必须承认迦太基人是比自己更优秀的海员和船员，那么他们将设计一种海战，在这种海战中，船员和战船操控技术所发挥的作用是最小的。罗马人的发明就是乌鸦吊桥（Corvus）。这种桥非常坚固，以便步兵通过，它被绑在桅杆上，当罗马人的五层桨战舰与敌人战船靠在一起时就会被放下来。吊桥靠在底座上，在发生撞击时，吊桥会迅速落下。它会搭在敌人战船的甲板上，粗大的铁钉会将吊桥牢牢地嵌入敌船甲板。正是因为这个尖锐的“喙”，罗马人将这种桥命名为“乌鸦吊桥”。一旦放下吊桥，罗马士兵就可以穿过吊桥与敌人展开拼杀，就好像在陆地上战斗一样。他们的利剑和长枪更具有优势，并且他们比迦太基人更擅长这种作战方式，因此他们通过这种方式

将他们在水手技能方面的劣势转变成了优势。

在此前的海战中，撞锤是决定性因素，指挥官的目标是要猛撞对手战船并将其击沉；而此时不同的是，罗马人希望确保他们的战船与敌人的战船牢牢地靠在一起。这意味着它们的战船必须建造得更加坚固，即便这意味着放弃可操作性的优点也在所不惜。当时意大利中部森林茂密，坎帕尼亚出产的坚硬橡
207 木为罗马人提供了建造这种新船的绝佳材料。制造这些战船的目的就是要使其经得住迦太基战船撞锤的撞击，并为罗马军团提供一个稳固的战斗平台。

公元前260年，在西西里岛东北部的迈利（Mylae，即今天的米拉佐）海角附近，这种新发明和新式海军进行了第一次全面试验。这个海角位于墨西拿海峡以西约20英里处，该地区一直以来都处于各种冲突中，因为地中海的大部分贸易必须经过连通第勒尼安海和伊奥尼亚海的墨西拿海峡。罗马海军上将杜伊利乌斯（Duilius）坚持采用已制定的战术，避免卷入常规性的舰队海战。他利用抓钩和乌鸦吊桥，迫使迦太基人参加了一场肉搏战。结果罗马人取得了压倒性胜利，对手则遭遇惨败。迦太基人第一次被迫承认第勒尼安海出现了一股新的活跃势力。这是罗马人有史以来第一次海战大捷，人们在罗马广场上竖立了一根撞角圆柱（Columna Rostrata）作为纪念。之所以称其为“撞角”，是因为它用战胜迦太基人当日从敌舰上拆下的所有撞锤（或称为“撞角”）作为装饰。

这场胜利带来的影响就是罗马人控制了整个地中海北部地区和西西里岛，从而可以高枕无忧地控制科西嘉岛。迦太基人被从岛上驱逐，驱逐敌人一度是迦太基人和伊特鲁里亚人的权利。获胜之后，罗马人迅速采取行动，此时整支军队已抵达北

非地区，在迦太基人自己的家园登陆。这次针对敌人的“斩首行动”之所以失败，只是因为罗马人没有给予他们的将军及其部队必要的支持和增援。迦太基人在他们陌生的新盟友希腊人，以及一位能力超群的希腊将领的帮助下，在战场上击败了罗马人并迫使他们撤出。即便如此，罗马人还是能够做到派遣一支舰队前往非洲协助他们的军队撤离，而这支舰队设法使整个迦太基舰队倾巢出动参加战斗。西西里岛战火重燃，罗马人通过海上袭击夺取了重要的迦太基城市帕诺尔莫斯。到这个时候，原先主要参加陆战的士兵已经学会了如何指挥利用他们
的舰队，有些方式甚至连他们经验丰富的对手都没有掌握。 208

罗马人可能并没有什么发明创造，但是他们具备学习和适应的能力，这是他们取得成功的基础。迦太基人凭借全部的经验优势和装备精良的舰队发动战争，不过未能合理地利用这些优势。他们本可以侵扰意大利漫长的西部沿海地区，甚至派出一支海上舰队直捣罗马大本营，然而在风云变幻的地中海战争之中，他们却让自己陷入了防御作战。

攻占帕诺尔莫斯后，罗马人试图从迦太基人的手中夺取此前一直坚不可摧的西西里岛西部要塞。利利巴厄姆是依靠海上活动发展起来的，但是罗马人几乎没有预测到会遭遇利利巴厄姆卫戍部队和这个古老的腓尼基海港居民的顽强抵抗。公元前 249 年，罗马人对附近的德雷帕纳（特拉帕尼）发动突袭并遭遇大败后，被迫撤出舰队。那些长期以来因免受历史动荡的侵扰而感到庆幸的群岛（即埃加迪群岛）再次被迫见证“刀光剑影的激战、火光冲天的城垣、慢慢沉没的战船，以及不停祈祷的双手”。

在西西里岛西部地区随后而来的战斗中，最值得注意的是出现了一位能力过人和胆识超群的迦太基将军——哈米尔卡·

巴卡（Hamilcar Barca）。他也是一位政治家，已经预见到迦太基如果不彻底摧毁罗马，就会永远俯首称臣。他意识到，这些拉丁人对他的城邦构成的威胁远超过希腊人。

在西西里岛，哈米尔卡以圣山——艾瑞克斯山为根据地组织了一次成功行动。最后，他占领了埃尔克特山（Mount Ercte，即巴勒莫附近的佩莱格里诺山），成功对敌人发动了袭击，将战线推进至意大利南部。然而，他在这片土地上的战绩无法扭转战局。公元前242年，罗马人组建了一支全新的舰队，这支舰队取代了他们在西西里岛西部的风暴和海战中损失的舰队，重返利利巴厄姆。迦太基人匆忙集结了一支救援部队并向北方进军，试图打破罗马对这一重要地区的封锁。公元前241年3
209 月10日，双方在埃加迪群岛和德雷帕纳之间的狭窄海峡爆发海战，罗马人再次使用了起决定性作用的抓钩和乌鸦吊桥。结果，迦太基人大败而归，据说西西里岛和埃加迪群岛之间的海水被迦太基人的鲜血染成了鲜红色。

尽管哈米尔卡在西西里岛游击战的战果令人鼓舞，但是此时已经没有任何人可以阻止罗马人征服西西里岛，因为罗马人最终拥有了无可匹敌的制海权。迦太基眼睁睁看着青年才俊葬身海底、海军舰队摧毁殆尽，他们无心恋战，转而求和。这年春天，在远离陆地的山羊群岛沿海地区爆发的海战导致迦太基人丢失了它在西西里岛最后的据点和贸易中心。所有这些地区与利帕里群岛一并割让给罗马，由此罗马人控制了第勒尼安海南北方向的贸易路线。但是，哈米尔卡和他的部队仍然控制着西西里岛的内陆腹地。罗马人没有和哈米尔卡的军队展开有可能会长达数年的游击战，而是允许他们离开西西里岛前往北非，甚至都没有让他们象征性地向罗马人投降。

似乎失去西西里岛还不够倒霉，迦太基人此时面临着在他们本土爆发的一次可怕的战争，即著名的雇佣军叛乱。在迦太基执政的贵族中，有些是哈米尔卡的政敌，他们拒绝向他从西西里岛带回来的军队提供军饷，结果军队爆发叛乱并导致迦太基走向衰弱。（此后爆发的战争是福楼拜的小说《萨朗波》的主题。）最后，哈米尔卡自己平息了叛乱，从此完全控制了迦太基，成为事实上的独裁者。

哈米尔卡耗费了三年来镇压雇佣军起义，而这三年来发生的种种事件证明了他的先见之明：罗马不会仅满足于占有西西里岛。意大利商人向叛乱人员提供食物和武器，一支罗马军队占领了撒丁岛，这是地中海中部地区最后一座由迦太基人占据的岛屿。迦太基人此时丢失了在西西里岛、撒丁岛和科西嘉岛的全部市场，其船只事实上相当于被驱逐出第勒尼安海，因此迦太基面临经济崩溃的危险。

哈米尔卡将眼光投向西方。就像在地中海东部希腊人剥夺了腓尼基人原先的贸易路线时一样，罗马人控制地中海中部盆地导致的后果就是腓尼基人的后代再次向西迁徙。数个世纪以 210
来，他们一直在西班牙拥有贸易中心，甚至有永久性定居点，但他们从未尝试去统治这个半岛并使之成为真正意义上的殖民地。不过哈米尔卡认识到，迦太基想要生存下去，此时就必须占领地中海西部的一块大面积土地，在那里可以建立第二帝国，然后进攻罗马。他对罗马人让迦太基享受太平日子不抱幻想。既然罗马在地中海的北部和中部具备了海上优势，那么迦太基不仅要占据地中海西部盆地，而且要占有西班牙的金属矿藏和农田，这对迦太基而言至关重要。

直到这时，西班牙才在地中海的历史上出现。自迈锡尼时代以来，西班牙只不过是锡和其他金属矿产的来源地，从此时开始，西班牙将会影响这片海洋的发展走向。哈米尔卡只身一人率领一支远征军前往西班牙；这次远征与以前的迦太基贸易冒险行动不同，其目的是建立一个新的帝国。哈米尔卡不仅是一名骁勇善战的士兵，而且是一位精明强干的政治家。在短短的 8 年中，他通过纵横捭阖和武力征服在西班牙南部建立了一个新国家，组建了一支全新的军队，使这里成为一个产生财富的源泉，足以弥补迦太基在第一次布匿战争中的损失。公元前 229 年，哈米尔卡马革裹尸，给迦太基留下了丰厚的物质遗产，以及同样多的恩怨情仇。

在第一次布匿战争结束后长达 23 年的和平时期中，罗马人仍然积极地开疆拓土。他们此时控制了西西里岛、撒丁岛和科西嘉岛，并且将北部边界扩展到了阿尔卑斯山。随着整个意大利的安全得到保障，他们开始将目光投向东方：公元前 229 年，他们首次出兵东方，入侵希腊领土。考虑到伊利里亚（Illyria，后来的南斯拉夫地区）海盗在亚得里亚海的劫掠行动，罗马人决定铲除在东部贸易路线上的威胁。他们向该地区派遣了一支战斗力很强的海军部队，并占领了海盗的主要基地之一克基拉。尽管他们只是将克基拉作为海军基地，使其成为名义上的“自由国家”，但是对于希腊人而言，这就是一面墙。只要罗马人将全部精力用在对付西部的迦太基人身上，他们就可以相对于罗马保持独立。

当哈米尔卡奔赴西班牙履行帝国的使命时，他带上了他 9
211 岁的儿子汉尼拔（Hannibal），这个男孩宣誓他对罗马人的仇
恨将永世不灭。汉尼拔在这种仇恨的氛围中长大，当他的父亲
在与一个西班牙部落的战斗中丧生时，他认识到自己的一生必

须奉献于父亲给他留下的任务。他年轻时曾在其姐夫哈斯德鲁巴麾下的西班牙军队服役，公元前221年哈斯德鲁巴去世后，他自动成为西班牙军队和行省的统帅。当时他才25岁。

此时，迦太基与罗马的冲突已是不可避免，因为汉尼拔决定与他的敌人拉丁人决一死战。很难说他发动这次军事行动在多大程度上是由自己决定的，又在多大程度上是受他父亲的鼓舞，无论如何，在接管军队的两年内，他挑起了与罗马的冲突，第二次布匿战争爆发。毫无疑问，这是整个古罗马历史上规模最大的一次战争，这次战争决定了地中海世界的未来。

战争的直接导火索是汉尼拔袭击了位于埃布罗河以南的城市萨贡托（Saguntum）。其实从技术层面上讲，这座城市属于迦太基的势力范围；但罗马人负责萨贡托的安全事务。古代和现代的历史学家都已充分认识到，罗马与萨贡托缔结安全条约的行动本身确实违反了先前与哈斯德鲁巴达成的协议：埃布罗河以南的整个西班牙属于迦太基的领土。但毫无疑问的是，即便罗马人在萨贡托没有动作，汉尼拔很快也会横渡埃布罗河进入罗马统治的地区。

汉尼拔精心制订了计划，他的全部意图就是发动大规模的战争。加埃塔诺·德·桑克提斯（Gaetano de Sanctis）在《不列颠百科全书》中关于伟大的迦太基人的文章中写道："从政治上讲，很明显汉尼拔通过攻击萨贡托承认自己对战争及其一切后果负责。他这样做是因为他认为有必要维护迦太基的大国地位；与此同时，他认为自己会取得胜利，并未意识到以罗马为中心的意大利联盟如花岗岩般坚固，他希望他的军队重锤出击，让其分崩离析。因此，汉尼拔整个行动的基础存在严重和致命的估计错误……［并且］他也没有足够清楚地认识到，

在与罗马的大决战中取得确定胜利的绝对必要条件就是海军的
212 优势，而且罗马人在第一次布匿战争中取得的统治地位是不可撼动的，而他并没有认真准备尝试对此发起挑战。因此，他并未有效地领导战争。而罗马毫无疑问将在第二次布匿战争中取得最终胜利，其本质原因在于罗马海军自始至终都保持着统治性地位。”

实际上，汉尼拔是一名伟大的将军，不过他在指挥海军方面知之甚少，甚至根本就不了解。对于迦太基人来说，这是极其罕见的，他几乎完全是在父亲和姐夫的训练之下成长为一名战士的，但他似乎忽略了一个事实，那就是让迦太基变得强大的第一要素就是海军。他似乎没有吸取第一次布匿战争的教训，即正是制海权决定了罗马的胜利。

之后，汉尼拔接受了罗马在地中海的统治地位，正是接受了这一点之后，他决定发动一次惊心动魄的远征，穿过西班牙和高卢，翻越阿尔卑斯山，攻入意大利本土。尽管他指挥的军队人数从未超过三万，并且他麾下著名的大象军队中的很多大象在阿尔卑斯山山口死去，但是汉尼拔抵达波河平原让罗马人心生畏惧。

H. A. L. 费舍尔写道：“在战争的战术和战略、指挥骑兵以及激励士兵忠诚的领导才能方面，汉尼拔是无可匹敌的。他似乎被一个神奇的光环所环绕。尽管他没有攻城装备，也永远无法武力占领罗马，但是他使对手产生一种因自卑而麻痹的感觉。”像亚历山大一样，汉尼拔是一位能力卓越的领导者，他身上似乎散发着近乎超人的光芒。然而，与亚历山大不同，他注定要以悲剧和失败收场。尽管两次战役［公元前 217 年的特拉西梅诺湖（Lake Trasimene）战役，以及第二年的坎尼

(Cannae) 会战] 取得的胜利令人赞叹，但是他无法摧毁罗马人的精神。他的确打败了罗马人的军队——据估计，罗马人在特拉西梅诺湖战役中失去了 4 万名士兵，而在坎尼会战中，这个数字几乎翻了一番。不过，汉尼拔一直渴求的目标未能实现。尽管意大利南部大部分地区在坎尼会战后脱离了罗马的控制，但重要的拉丁殖民地和希腊城邦仍然效忠于罗马；虽然一直支持汉尼拔的高卢人重新获得了独立，并且成千上万的高卢 213
人加入了汉尼拔的军队，但是罗马人自己（与过去遭受类似灾难时的希腊人有所不同）并没有分崩离析。罗马贵族和平民之间的争吵不休在过去曾阻碍他们在政策上达成一致，但在面对迦太基的威胁时，他们同仇敌忾。“奋力向前……而不是屈服投降”的坚定决心让罗马共和国空前地团结在了一起。

从公元前 217 年一直到公元前 203 年，尽管汉尼拔在意大利坚持战斗了许多年，这是一项了不起的成就，但是他的这次军事冒险以失败告终。从长远的眼光来看，他不是败在了战场上，而是因为缺乏国内的支持，而且能力卓著的罗马将军昆图斯·费边 (Quintus Fabius) 采取了谨慎的游击战术。罗马人将费边称为“拖延者” (Cunctator)，他时刻警惕绝不给汉尼拔任何与他展开正面对垒的机会。相反，他跟随一路进犯意大利的迦太基军队，从未与其展开大规模的战斗。通过这种方式，他使迦太基人无法占据稳固的永久性根据地。

公元前 209 年至公元前 208 年，汉尼拔的弟弟哈斯德鲁巴率领一支新军团从西班牙出发，沿着汉尼拔之前的行军路线赶来，这支军团在意大利北部的梅陶鲁斯河 (Metaurus River) 被一支新罗马军团击溃，不过罗马军团自身也损失惨重。从那一刻起，汉尼拔的败局就已注定。尽管他和他自己的军队仍继续占领着南部的卡拉布里亚（Calabria），但是他的弟弟已命丧沙场，无法帮助他攻占罗马，这意味着他的希望已经破灭。

同时，罗马人中出现了一名出色的将军，他就是科尔内利乌斯·西庇阿（Cornelius Scipio）。当汉尼拔如入无人之境般横扫整个意大利时，西庇阿袭击了迦太基霸权的新基地西班牙。公元前206年年底，他攻陷迦太基的主要城市新迦太基城（Carthago Nova，即今天的卡塔赫纳），并将最后一支迦太基军队赶出了西班牙。尽管在多个世纪之后西班牙被北非（穆斯林）民族统治了数百年之久，但是西庇阿铸就了西班牙的拉丁性质，它至今仍是一个拉丁国家。在将迦太基人驱逐出西班牙后，他使当时还鲜为人知的伊比利亚半岛逐渐成为将来幅员辽阔的罗马帝国的组成部分。

214 直到公元前203年，意大利土地上的迦太基军队最终被肃清，这只是因为迦太基命令汉尼拔返航回国。在摧毁了西班牙的迦太基帝国后，西庇阿此时又对迦太基在非洲的大本营发起进攻。一年之后，在迦太基领土边界爆发的扎马（Zama）战役中，西庇阿让汉尼拔遭遇了军旅生涯中唯一的大败。第二次布匿战争就此结束。

公元前201年，迦太基与罗马缔结和约，将西班牙以及当时仍在其控制之下的几个地中海岛屿割让给罗马。迦太基人同意在未来的50年内支付巨额的经济赔偿，除少数三层桨战舰外，迦太基人的所有海军战舰被付之一炬；未经罗马同意，迦太基不得实行任何外交政策，并且其中最具侮辱性的一项规定是，如果迦太基人想在他们自己北非的领土范围内进行任何战争，都必须先向罗马人提出申请。

马克斯·卡里（Max Cary）在《不列颠百科全书》中总

结了这场战争的结果：“汉尼拔令人叹为观止的行动以失败告终……这并不是因为他自身出现了任何战略上的失误。罗马人坚忍不拔的意志力导致了汉尼拔的失败，在此期间，罗马人的品性处于最佳状态，失败或战争的打击无法彻底瓦解罗马人领导的意大利同盟的精诚团结。正是因为个人的天赋能力被精诚合作和坚持不懈的努力所击败，第二次布匿战争从而具有了特殊的意义。”

在扎马这个毫无知名度且仍存在地理争议的地方打响的这次战争决定了西方的命运。然而，尽管迦太基遭到了严苛的限制，但是迦太基人的商业韧性使其仍能够在相对较短的时间内全额支付了对罗马的巨额战争赔偿。迦太基的这次振兴在很大程度上是因为汉尼拔本人出众的管理能力，尽管他是一名败军之将，但是迦太基人仍选择由他担任政府首脑。他很快证明自己在行政管理方面和率军征战一样出色。

罗马的敌人迅速恢复元气，并且在很大程度上得益于一个曾经差点打败罗马的人，因此罗马人注意到这一点并不让人感到奇怪。汉尼拔被指控蓄谋破坏和平，被迫逃离他曾为之奋斗 215
的城市和土地。公元前 183 年，汉尼拔在小亚细亚去世。在他有生之年的大部分时间里，他以这种或那种方式与罗马在东方的敌人站在同一立场。尽管人们对汉尼拔的性格知之甚少，但汉尼拔成为历史上能力最为卓著的将军之一。“天才”一词经常被滥用，但是汉尼拔是实至名归。归根结底，他不是在扎马的战场上被击败的，而是被罗马人的品性击败的。

罗马人从未忘记战争留下的伤痕。几个世纪以来，人们一直将这段时间视为最受煎熬的时期，同时也是他们取得最终胜利的时期。在罗马，许多最具影响力的家族，包括西庇阿家族，在随后担任的职位，都可归功于他们的祖先在第二次布匿战争中斩获的战功。在罗马帝国如日中天的时期，一位政治家、作家和演说家希望提醒罗马人：他们有责任记住最终击败迦太基人的英雄事迹、高尚品德和坚定决心。

然而，即使是经历了战争惨败之后，北非的这座伟大城市仍未被彻底摧毁。汉尼拔实施的内政和贸易政策使迦太基走上了振兴之路，而在整个北非和地中海西部，精明能干的迦太基商人仍然非常活跃。很快，作为罗马商人、贸易商和船长的商业竞争对手，迦太基商人对迦太基重新夺回那些他们曾希望自己占据的市场而感到兴奋不已。他们还注意到这个城市是如何从肥沃的非洲农田中发展壮大的，尽管迦太基失去了在西班牙殖民地的权利，但是迦太基人仍在这个地区甚至更遥远的地区开展贸易活动，并且到达了神秘的赫拉克勒斯之柱以外的地区，进入了浩瀚的大西洋。

公元前 2 世纪中叶，尽管迦太基的政治力量已不值一提，但是罗马仍有许多人担心迦太基的商业复兴会威胁到他们的安全。第二次布匿战争后，迦太基通过某种类似联邦德国的模式创造了“经济奇迹”，罗马有些人担心这可能会产生政治或军事方面的影响。但是，第三次布匿战争的起因主要是罗马人的嫉妒和贪婪。在罗马的政客之中，老加图（Cato the Elder）曾以“迦太基必须毁灭”一语结束演讲，他发现很容易就能够激发起人们埋在内心深处的这些情绪。

216 如果第二次布匿战争是以哈米尔卡和汉尼拔为首的迦太基人故意挑起的，那么第三次布匿战争即最后一次布匿战争则完全是由罗马挑起的。在第二次布匿战争期间，利比亚地区著名的领导人马西尼萨（Masinissa）曾站在罗马一边，不断地骚扰迦太基人并侵占他们的领土。毫无疑问，即使罗马并未积极地帮助他，对于他的举动，许多罗马元老院成员脸上满是赞许的微笑并等待迦太基的反应。公元前150年，迦太基拼尽全力对马西尼萨发起攻击，在随后的战争中被干净利落地击败。罗马人已经不再满足于他们的宿敌再一次投降。正如B. L. 霍尔沃德（B. L. Hallward）在《剑桥古代史》（*The Cambridge Ancient History*）的“迦太基陷落”一章中所写的那样：“北非的力量平衡已经打破。努米底亚（Numidia）[①] 威胁要吞并迦太基，建立一个在地中海有利益诉求的强大北非王国。让实力强大的努米底亚人统治迦太基可能会让另一个汉尼拔出现。迦太基带来的危险不是它太过强大，而是它变得过于弱小，而它的弱小可能会使马西尼萨变得过于强大。”

政治和战略方面的考量此时与贪婪一拍即合，罗马元老院再也无法抵制干预迦太基的诱惑。元老院坚持认为，迦太基人无视《扎马条约》的规定，单方面在非洲挑起战争。（在加图和他的党派看来，迦太基人的失败并没有减少他们的侵犯行为。）因此，罗马必须派出一支军队，让迦太基人俯首称臣；当然，除非迦太基人自己准备毁灭并撤离他们所在的城市。这应算作历史上最苛刻的要求之一。

绝望的迦太基人在他们的土地上遭到马西尼萨的骚扰，此时又受到来自罗马及其陆军和海军的威胁，他们意识到自己已经走到了漫漫长路的尽头，从帝国权力之巅坠落下来。他们别无选择，只能拒绝罗马的要求。如果他们抛弃了迦太基，他们又将要去向何方？东方早已对他们关上了大门，西班牙处在罗

---

① 位于今天阿尔及利亚北部和突尼斯地区的古代王国。

马的控制之下，此时所有附近的非洲地区均被罗马人占领。罗马人的提议遭到拒绝，迦太基人靠着最后迸发的勇气和能力组建了一支新军队，为围城战做好了准备。我再次引用 B. L. 霍
217 尔沃德的话：“整座城市变成了一个车间，人们夜以继日地制造新的战争武器，为了制造最佳的弓弦，最高贵和最卑微的妇女都免费献出了自己的头发。”

公元前 149 年，迦太基被围，在整整两年里，这座古老的城市一直想尽方法抵抗罗马人的进攻。海上被封锁，与腹地的联系被罗马军队切断，但是迦太基仍拒绝投降；同时，在迦太基城周围环境恶劣的沼泽地区安营扎寨的罗马军队，一直遭受着疾病和虚弱的侵蚀。但是，小西庇阿的到来预示着迦太基的灭亡。小西庇阿即西庇阿·埃米利安努斯（Scipio Aemilianus），著名的“阿非利加征服者”（African）、曾经征服过这座城市的大西庇阿收养的孙子。这位年轻的将军收紧了对迦太基的封锁，他在这个城市原本的城墙外筑起高墙，阻断了整个地峡，因此没人可以从乡下进入迦太基城。同时，他加强了海军封锁，以至于除了偶尔几艘不屈不挠的小船外，任何船只甚至在夜间都无法进入迦太基城。迦太基人看到缠在他们脖子上的绞索越收越紧，于是发起了最后一次绝望的突袭，这次行动符合自古以来的传统。迦太基人在内港中秘密地建成了一支由 50 艘战船组成的全新舰队，这支舰队将在某一时刻驶出港口进行战斗。罗马人完全没有觉察，如果迦太基人成功发动袭击，他们甚至有可能在最后一刻拯救他们的城市。不幸的是，他们推迟了整整一天才发动攻击，而罗马人永远不会长时间沉浸在震惊的情绪中，他们重新投入战斗，赢得了决定性的战斗。

迦太基的命运已经注定。西庇阿·埃米利安努斯完成了一座防波堤的修建，由此彻底阻止了任何运输工具进入这座在劫难逃的城市。之后，他袭击了卫城拜尔萨。罗马人首先攻陷了市场所在地，但是他们每向卫城逼近一步都需要展开战斗。迦太基人的历史上经常会出现这样的情形：他们缺乏足够的进取心来应付世界上残酷的战斗。他们是从事贸易的商人，他们宁愿撤退到其他地方开展贸易，而不是与敌人面对面地爆发冲突。然而，在过去的数年、数月、数天甚至数小时内，他们发起的抵抗行动就连参与过温泉关战役的斯巴达人也会敬佩不已。他们此时饥饿难耐，他们的人数从 50 万
减少到大约 5 万，所有迦太基舰队中的最后一批都已被摧 218
毁；然而，他们仍在逐条街道、逐个房屋甚至逐个房间抵抗罗马发起的进攻浪潮。

然而，一旦西庇阿打破了卫城的城墙，迦太基的希望就完全破灭了。拥出城来的老人、妇女和儿童被杀戮、奸淫或卖作奴隶，最后一批抵抗者将自己锁进艾斯蒙神庙内自焚身亡。据说小西庇阿本人在看到迦太基被付之一炬时也落泪了，因为他预见到罗马有一天也会遭此厄运。

罗马人的宿敌已经覆灭。寺庙、建筑和城墙被夷为平地，整个迦太基地区被象征性地重新犁开，寓意是这座城市重归于大地，但它无法再次开花结果，因为即便是犁沟之内也被撒上了海盐。在港口之外，取得胜利的罗马战船迎着非洲的风扬帆起航，而在被摧毁的废墟上，熊熊烈火燃烧了十七个昼夜。罗马是在成千上万个城市和帝国的废墟上建立起来的，罗马是征服者罗马（Roma Victrix）。

迦太基全境被宣布成为一个新的罗马行省，名称为“阿

非利加行省”。马西尼萨的子孙统治下的努米底亚王国成为罗马保护下的盟国，并成为保护新行省免受好战的沙漠部落袭击的有效缓冲地带。七个世纪以来一直统治地中海沿岸的伟大的布匿城市被从地图上抹去，就如同它从未存在过一般。甚至现代考古学家的工作也只是设法恢复了那个失落文明的遗迹，罗马对迦太基的毁灭是如此彻底。然而，遗址本身所处的地理位置和优势不容忽视，仅在迦太基陷落一百年之后，一个新的城市就出现了。然而，这是一个罗马人的城市，是幅员辽阔的罗马帝国的行省省会，它不再是强大的闪族人国家的首都。

第十六章　罗马人和希腊人

大规模的征战最终成就了罗马在整个地中海中部和西部地 219
区的霸主地位，与此同时，罗马在东方也进行了类似的扩张。从局外人的角度，希腊人在看到这场巨人之战时，大多希望他们的宿敌迦太基被打败。希腊历史学家波利比乌斯的著作是关于这段历史的主要资料来源，他丝毫没有掩饰对罗马人英勇无畏和坚韧不拔美德的钦佩之情，尤其在布匿战争时期表现得最为明显。

然而，在这个时期的希腊统治者中，有两个人是迦太基人的朋友，即叙利亚国王安条克三世（Antiochus Ⅲ）和马其顿国王腓力五世（Philip Ⅴ）。双方都认为罗马是其统治的主要威胁，并且都试图在罗马对西方的征战中渔翁得利。尽管罗马在布匿战争期间采取的政策是必须避免在两面同时开战，他们的希望和目标就是在东方保持安定，但是安条克和腓力成为罗马人不容忽视的威胁。罗马军团再次证明自己是地中海世界最优秀的战斗军团。公元前197年，腓力五世在马其顿本土爆发的狗头山战役（Battle of Cynoscephalae）中被击败；七年之后，安条克三世在小亚细亚爆发的马格尼西亚战役中被击败。无论罗马希望与否，它都不可避免地卷入地中海东部和与其接壤的国家的事务。

至少从理论上来讲，长期以来一直渴望摆脱马其顿统治的希腊人应该对他们此时已经取得的地方自治感到心满意足。但是，永不知足是希腊人本性的一部分。就像之前一样，希腊人的本性并未改变，当罗马在希腊、小亚细亚以及整个近东地区
220 的影响稳步扩大时，希腊人仍心存这样的念想。尽管罗马人从未说过“分而治之”，但是也许后来这成了罗马帝国的格言，在他们的帝国占领东方世界的过程中，罗马人并不需要将其付诸实践。希腊人却为他们进行了“划分”。

当一位将珀尔修斯（Perseus）这个古老的名字作为自己名字的国王统治马其顿人的时候，故事发展到了高潮，马其顿人再次对罗马人的利益形成了威胁。在公元前 168 年爆发的彼得那战役（Battle of Pydna）中，强大的马其顿最终灰飞烟灭。马其顿分裂为四个国家，马其顿的领导人连同他们在其他希腊城邦中最重要的朋友成为俘虏，被押送至意大利。

希腊人仍然没有意识到他们共同救赎的唯一希望就是接受罗马是地中海霸主这一事实，并且接受这一事实将在最大程度上实现他们的利益，会使他们继续享有自由和独立。罗马与希腊爆发了进一步的冲突，最终罗马人因为希腊的不断抗议和不满而雷霆大怒，通过残酷的手段将希腊人彻底地击溃了。公元前 146 年，罗马人采取与对付迦太基同样的方式来对付科林斯。雅典人的宿敌——哲学家、最具才华的工匠和艺术家的故乡——科林斯被夷为平地。科林斯的男性被屠杀殆尽，妇女和儿童被卖为奴隶，这个富饶文明的城邦数百年来积攒下的艺术品都被运到罗马。取得胜利的罗马将军卢修斯·穆米乌斯（Lucius Mummius）具备真正的罗马人才有的精明，他坚持要求运送这些被掠夺来的艺术珍品的承运人在合同中加入一般条款（就好像运送的货物是牛或成袋的小

麦一样)，即如果任何承运人在运输途中出现丢失货物的情况，则必须以同等价值的其他物品作为补偿。穆米乌斯将科林斯付之一炬，他成为随后数个世纪里最为人所知的人物之一，被称为“胜利的暴发户”。

很少有帝国是有意为之的政策造就的，但是亚历山大大帝、拿破仑·波拿巴和阿道夫·希特勒的帝国除外。就这三个截然不同的“产物”而言，它们的共同点是国祚都不长。存续时间长的帝国似乎就如同橡树一样在成长。它们不是有计划地进行扩张的结果，而是缓慢地通常也是无计划地累积的结果。罗马帝国也不例外：它从罗马城邦的幼苗状态开始非常缓 221
慢地向外生长。罗马帝国不同于大英帝国，后者与迦太基的相似之处在于保护贸易站点的意愿贯穿它的演变过程。而罗马帝国源于一种愿望，即首先要保护自己的国家，然后在安全的情况下，维持国家边界的安宁。罗马人介入希腊人和东方事务就是一个明显的例子。

西班牙变成罗马的一个行省是因为罗马人不得不征服西班牙，以免自己受到在其西方崛起的新的迦太基强权的侵害。北非的迦太基领土成为罗马人的领土是因为汉尼拔的“誓死反抗”不得不让罗马人面对这个问题。希腊及其小亚细亚的附属国向罗马人俯首称臣是因为希腊人之间始终分歧不断，而且希腊的动荡局势威胁着整个罗马与东方的贸易。罗马帝国的贪婪之心并没有那么多——尽管这是所有帝国的一种基因——但是因为以保护自己疆域的必要性为出发点，罗马人发现每次对自己疆域的保护都催生了新的扩张需求。

科林斯灭亡之后，希腊成为马其顿统治之下的罗马保护国。正如威廉·塔恩爵士在《希腊文明》中所写的那样：“除了边界争端，希腊再也没有涉足战争或外国政治。许多城邦建立了有钱人掌权的政府，即施行金权政治，并禁止改变宪制。安提哥那一世（Antigonus Ⅰ）曾经在某些城市‘逮捕并惩罚’那些提出他认为不合时宜的法律的人，但是罗马将提出‘新法律’的人判处死刑，这说明了罗马和马其顿统治之间的区别。然而，罗马共和国确实在一段时间内具有正当性。”事实上，希腊人虽然失去了自由，但是作为回报，获得了他们长期以来一直未曾实现的安定局面。

罗马诗人贺拉斯（Herace）有一句诗，“俘虏希腊的野蛮人反被希腊人俘虏”，事实的确如此。在罗马实际统治希腊很久之前，罗马就受到散落在意大利南部和西西里岛的希腊城邦和定居点的巨大影响。从那不勒斯到锡拉库萨，希腊的影响力
222 占据主导地位。例如，罗马人最早就是从意大利最古老的希腊殖民地——那不勒斯湾的库迈学到了字母表。了解希腊语言、诗歌、哲学、历史和科学理论是成为一名罗马绅士的必要条件。事实确实如此，以至于罗马保守派的代表性人物老加图认为，在传统美德之中，排在第一位的是谦虚、克制和节俭，希腊文化的“新潮”冒犯了罗马的尊严。就像数个世纪以后他们的后代一样，这些罗马清教徒感觉到希腊的艺术、文学甚至道德会使人软弱，于是便退缩了。同性恋长期以来一直是希腊生活中公开的事实，并且是不可或缺的一部分。苏格拉底并没有因为承认他对阿尔西比亚德斯（Alcibiades）的爱慕而感到羞愧，而他的学生柏拉图的全部作品中充满了对同性恋的同情。在希腊，女性地位相对较低，这无疑对认同男同性恋起到了推波助澜的作用，即使在斯巴达这样的军事国家，男同性恋也是很普遍的现象。但是，这并不是唯一在罗马保守派面前遭

受抨击的希腊式道德。因为他们自有一种关于奢侈品和橱柜的品位，他们认为希腊和希腊文化世界中的雕像、陶器、珠宝和纺织品都是腐化堕落的物件。

一直以来，生活在乡村地区的希腊人（今天也是如此）崇尚节俭，几颗橄榄、一片面包、一条鱼和一杯未经加工的葡萄酒就足以满足他们一天的需求。但是亚历山大征服东方后，希腊彻底引入了新的元素。继承了亚历山大的帝国遗产的希腊各城邦的统治者很快就沾染了波斯、叙利亚和埃及的统治者和贵族们的奢华习惯。

M. I. 芬利（M. I. Finley）在《古希腊人》（*The Ancient Greeks*）一书中写道："随着逐渐征服希腊文化世界，希腊思想、希腊艺术品和操希腊语的奴隶在罗马和意大利泛滥成灾。此后，在大多数领域（除了法律、军队和政治管理这几个重要领域），只要谈及罗马人的观点，就不可能不谈论希腊为其提供的模型或灵感。的确，罗马帝国的东部在许多方面到最后仍然是希腊化的世界，即希腊化的希腊（Hellenistic Greek）。"罗马保守派、传统美德的传道者和践行者从未设法去阻止这种希腊化的潮流，更重要的是，希腊和近东文化结合在一起形成了希腊文化（Hellenism）。

除了在艺术和文学方面受到明显的影响外，希腊对罗马世 223
界最重要的贡献可能是哲学。R. D. 希克斯（R. D. Hicks）在《不列颠百科全书》中写道："斯多葛主义的传入是罗马见证的诸多变化中最重要的一个。在政府当局因嫉妒而与之首次爆发激烈冲突之后，它立即被人们欣然接受，并在最高贵的家族中迅速传播。有种观点说得很对，共和国的老英雄们并没有意识到自己就是斯多葛主义者，他们心胸狭隘、严厉朴素、恪尽职守，恰似闪族人对新教义的虔诚一样。在希腊，对艺术知之甚少和不注重生活品质是致命的缺陷；但对那些渴望跻身于律师或法学家之列的精明世故之人并非如此。”

从宗教层面来说，斯多葛主义关于禁欲的内容对罗马人的性格具有吸引力，它满足了人类精神之中最深层的渴望。公元3世纪，希腊斯多葛主义者克里安西斯（Cleanthes）的《宙斯颂》（*Hymn to Zeus*）赞美诗预言了闪族一神教的兴起，这一宗教最终俘获了整个罗马世界。

> 宙斯，您是众神之神，
> 您有众多尊名：万能之神，永恒之神，
> 自然的主宰，您通过用律法约束万物……
> 宇宙之中的所有一切，围绕大地旋转，
> 根据您的指引到达任何位置，并欢喜地接受自己的道……
> 主啊，任何地上的劳作都离不开您，海上的也是一样；
> 您只去拯救那些因为自己的愚蠢无知而作奸犯科的人……
> 父啊，将愚蠢无知逐出他们的灵魂，让他们获得智慧，
> 由此，您靠正义来统治万物。

对希腊人而言，起初他们似乎受益于罗马统治带来的安定，但他们最终被吞并时感受到的痛苦比被罗马征服的其他任何民族都更多。然而，罗马人除了从希腊及其文化中受益之外，几乎没有其他受益的地方。就像在书写美国历史的时候不得不提及其文化的欧洲起源，或者在论述俄国历史时必须指出

拜占庭统治下的希腊对其的影响，所以罗马的整个城邦、国家和帝国在很大程度上必须被视作——至少其思想和艺术形式——希腊的延伸。在很久以后，当最新的东方神秘宗教—— 224
基督教登上罗马舞台时，它披着的是希腊化的外衣。起初基督教是用希腊语向希腊人、希腊化的犹太人和近东地区的民众进行布道的，并以惯常的希腊修辞为框架。早在公元前 3 世纪，《旧约》就被翻译成希腊文，罗马帝国的基督徒熟悉的《旧约》版本就是这个希腊语版本，而不是希伯来语原版，后者除巴勒斯坦地区的人之外，很少有人能读懂。也许更重要的是，所有基督教的神学思想都是吸收了希腊哲学思想的人创建的，他们从柏拉图、斯多葛派和其他希腊哲学家那里衍生的思想和观念模型中打造了这种神学观点和理念。

后来，罗马对希腊的影响变成了悲剧，主要是因为罗马总督在希腊和小亚细亚的残暴行径。在大败迦太基并将科林斯夷为平地之后，罗马在地中海没有了对手。以辛勤劳作的农业社会为基础发展而成的城邦突然间发现自己成为地中海地区最强大、最富裕的城邦。老加图宣扬的传统美德——节俭——再也无法抵御这种突然而来的奢靡影响，而罗马的原始文化也无法抵御希腊和希腊文化的影响。此时，腰缠万贯的元老院成员争先恐后地欣赏夸张的角斗表演，为抢选票一掷千金并且赤裸裸地行贿。金钱是所有这些行为不可或缺的命脉，而金钱最好就从东部领地搜刮而来。

此时，罗马人的贸易活动拓展了地中海的宽度和广度，这些早期的罗马商人与后来战争时期的商人一样都是无良奸商。A. R. 伯恩在他的《希腊史》中进行了描述：“意大利的贸易也扩展到了［罗马各行省的］边界之外；而且，出于自己利益的考虑，罗马决定削弱这些独立的城邦；随之而来的混乱局势反而又促使罗马进一步扩张。”刚开始的偶然事件变成了一种有意为之的政策。就像大型企业一样，帝国的扩张速度往往变得不可控制。

公元1世纪，在小亚细亚进行的战争进入了最后阶段，这场战争的结局就是希腊的沦陷和毁灭。小亚细亚东北部本都国（Pontus）杰出的国王米特里达梯（Mithridates）趁意大利内战
225 的时机，设法占领了整个古伊奥尼亚和吕底亚地区，而该地区之前是罗马的亚细亚行省。希腊人以及小亚细亚和爱琴海地区的其他居民对罗马的所有仇恨促使他们此时都聚集到米特里达梯麾下。

希腊人已经饱受罗马统治者、税官和无良奸商之苦，他们认为此时终于有机会重获自由。虽然罗得岛和其他一些城邦确实履行了他们对罗马的义务，但是大多数希腊城邦公开发动叛乱并加入了米特里达梯的军队。据说仅在小亚细亚，一天就有8万名意大利的男女老幼被屠杀。在爱琴海诸岛中，至少有2万人因仇恨而丧生，这种仇恨突然之间席卷了整个希腊和地中海东部地区。甚至历来受罗马人尊重和优待、几代人都没有参与任何战事的雅典城邦也加入了叛乱之列。圣岛提洛岛曾在某一个时期变成了罗马的奴隶市场，当米特里达梯的军队为了驱逐罗马人并支持希腊人重获自由而横穿大海抵达希腊时，这座岛被其舰队洗劫一空并彻底摧毁。米特里达梯的军队主要由希腊人领导，此时军队占领了雅典，它和阿提卡北部的大部分地区都很欢迎他的到来。随着在小亚细亚击败罗马，整个希腊都有望重获自由，从这一刻来看，亚历山大大帝的帝国似乎将从废墟上东山再起。

但是，正如罗马人在第二次布匿战争中的表现一样，他们

从来都是在逆境中奋发图强的民族。逆境使他们重新获得了顽强坚韧和果敢刚毅的传统品格，之前这些品格曾让他们在地中海世界中名垂青史。名将苏拉（Sulla）率军奔赴希腊。他包围了雅典并发起猛攻（此后，雅典再也未能从罗马军团的破坏中彻底恢复），米特里达梯被击溃。希腊被往来征战的军队蹂躏，一支部队洗劫了德尔菲，另一支军队洗劫了奥林匹亚。与此同时，无政府状态下的爱琴海地区为肆虐的海盗活动提供了“天赐良机”，海盗们肆无忌惮地在岛屿和城市中抢夺劫掠，不管这些岛屿和城市效忠于米特里达梯还是罗马。

最终米特里达梯在公元前 84 年求和，获得胜利的罗马人
同意了他的请求。然而，不久之后，小亚细亚爆发了第二次战 226
争。希腊此时已得到罗马的保护，战场转移到整个爱琴海地区。直到公元前 63 年米特里达梯自杀后，战争才告结束。在汉尼拔以后，米特里达梯在其将近 60 年的统治期间内成为罗马人最警惕的人。的确，他性格中的某些方面让人们回想起了伟大的迦太基人。他不仅是一个军阀，而且是一位精力充沛、能力超群的人物（据说他精通 25 种语言），还是一位精明能干的战略家。在与罗马进行的漫长战争中的某一时刻，他甚至有可能以另一种方式实现汉尼拔的梦想。他打算向黑海北部进发，联合俄国的野蛮部落，鼓动他们揭竿而起，和他一起翻过阿尔卑斯山入侵意大利，进军罗马。

战争结束后，苏拉在整个希腊和小亚细亚地区采取的行动几乎将古老的“希腊荣耀”毁灭殆尽。这片土地上几乎寸草不生，除了满是断壁残垣的城镇和饱受战争摧残、沮丧绝望的民众。希腊人再也没有起来反抗罗马帝国。尽管他们此时为了换取和平而放弃了自由，但在罗马爆发内战期间，他们遭受的

痛苦更令人肝肠寸断。

之前在希腊的两个城邦为争夺希腊世界的统治权而爆发的战争中，西西里岛变得满目疮痍；而此时庞培和恺撒为争夺地中海的统治权而爆发的战争，使希腊变成了战场。在这场争夺世界霸权的战争中，敌对的军队互相残杀，这片土地经历了三次破坏和劫掠。希腊甚至还遭受了西西里岛未曾遭受的苦难。希腊是如此多灾多难，以至于公元前 45 年西塞罗的一个朋友在写信给这位伟大的罗马演说家时说道："从亚细亚返回时，我注视着周围的海岸线。距离埃伊纳岛越来越远，而墨伽拉就在我眼前。我的右边是比雷埃夫斯，我的左边是科林斯。这些都是曾经欣欣向荣且人口稠密的城邦，但此时展现在我眼前的是一片断壁残垣和满目疮痍……"

在这个世纪（公元前 130 ~ 前 30 年）里，希腊成了地中海世界的火药桶。此后，希腊再也未能恢复，再也未能创造历
227 史。许多旅行者认为无情的岁月摧毁了城市和庙宇，而事实上罗马人在 1900 年前途经这里时就将其摧毁了。在耶稣降生之前，许多雕像和建筑就已被破坏或遭到劫掠，这些损失让人痛心。很多纪念柱因为地震而倒塌，但更多的纪念柱则是被突袭的军队掀倒在地。

引用威廉·塔恩爵士说的话就是："整个地区的人口减少了一半。底比斯变成了一个村庄，梅格洛玻利斯变成了一片不毛之地，墨伽拉、埃伊纳岛和比雷埃夫斯变成了乱石堆；在拉科尼亚和埃维亚岛私人所有的大片土地上，也许只有少数几个牧民在放牧；像伊庇鲁斯一样，埃托利亚被永远地摧毁了。"

罗马帝国的基石是皑皑白骨，没有任何地方比希腊更能真切地体会这句话的真意。

第十七章　罗马之海

从迦太基到西西里岛和希腊，再往东到小亚细亚和黎凡 228
特，数个世纪以来，罗马扩张的标志就是运送士兵、马匹和战争武器的船舶数量在稳步增加。地中海本身往往不仅是战场，有时候还是把军队运送至其他战场的生命线。

起初，罗马人是从迦太基人那里学会如何建造可以高速行进的双层桨战舰，随后对布匿人的设计形式进行了改进，后来他们改进了可能源于西西里岛的五层桨战舰。在那个漫长且痛苦的世纪中，交战的军队摧毁了希腊，而小亚细亚也是主要的冲突中心区域，从意大利到东方的海上航线变得越来越重要。随着船舶使用频率和经验的增加，罗马人不可避免地要对船舶进行改动和改进；同时，罗马人将他们天生就具备的建筑才能运用到了建设大型港口和改良交通线隐蔽锚地的方面。希腊人和他们之前的迦太基人对海岸线的自然资源进行了仔细的开发利用，并为他们的桨帆战舰和商船建造了便利的船坞和港口。但是，当这片陆间海的所有商业和管理变成了罗马人的自家之事时，罗马人和他们面临的问题是不一样的。

罗马人凭借一直以来锲而不舍、雷厉风行的作风解决了海洋帝国在不断扩张中出现的问题。希腊人也许曾教会罗马人如何建造精巧的建筑，但是这些来自意大利北部的人一直以来就是建筑方面的能工巧匠，在他们的统治时期内也证明了这一

点。他们的才华在于关注实用性：他们修建的道路至今仍遍布
230 欧洲，这些道路起始于遥远北方的不列颠，横穿欧洲大陆，纵贯意大利，然后遍及整个北非、小亚细亚和近东地区。每条通向某个地中海海港的路的尽头，无论是马赛港还是亚历山大港，又是通往地中海更远地方的出发点。在这里，罗马人通过建成地中海有史以来最高效的码头和港口系统完成了他们道路网的建设。

在罗马帝国时期，地中海盆地实现了大一统，这在很大程度上要归功于其创始人的建设能力。他们的建设效率比人类以往任何时候都要高，不仅包括在陆地上的建设，而且包括海岸地区的建设。如果为了平息叛乱必须在最短的时间内将一个罗马军团从西班牙运到意大利、北非或埃及，那么该军团只是快速抵达登船港口是不够的。到达港口之后，它必须找到已经准备就绪并可以使用的营房、仓库、武器库和粮仓。无论是寒冷的北风侵袭还是潮湿的西洛可风肆虐，高效运转的码头必须要在这里提供庇护所；无论天气如何，港口必须保证停泊在此的大型运输工具及其护卫舰的安全。

与希腊人的贸易和内部战争经常受限于冬季不同，罗马人在管理包括整个地中海盆地区域的帝国时遇到了更复杂的问题。迦太基人像希腊人一样，往往要求在冬季禁航，只在春季天气晴朗的时候才会重新开航。罗马人虽然仍受到天气的限制，但是通常在天气条件恶劣的季节也不得不出海航行。当意大利本土正忍受着冬天恶劣的天气时，巴勒斯坦地区可能会发生叛乱，这时军队必须起航奔赴巴勒斯坦地区。除了采购原材料的活动之外，随着城市的扩大和人口的增加，出现了复杂的食品供给问题，这意味着有时候商船也必须出海航行，这在早

先的几个世纪中是无法想象的。

一个奇怪的事实是罗马人不由自主地成就了海上霸权。他们没有或几乎没有与海洋的天然亲和力，并且在拉丁文学作品中，除了一些毫无情感的描写之外，几乎没有关于海洋的内容。事实上，即便是在荷马时代，希腊文学作品也将海洋生活
描述为尽可能避免接触的对象，但是在希腊文学中，海洋是真 231
真切切存在的，对海洋的描写是写实性的。众所周知，这些作家曾经横穿伊奥尼亚海或爱琴海，他们知道风暴是什么样的，他们知道找到一个安全的港口并且附近有淡水是多么令人欣喜若狂。荷马清楚地了解水手的需求：

> 它还有一处良港，易于海船停泊，
> 不必抛下船锚，也不必系上缆绳，
> 你们所有水手要做的是将船停稳，
> 等到顺风吹起，便可以驾船而去。
> 在海港的最前方，还有一股清泉，
> 从苍翠的白杨遮掩的山洞中流下。

正如J. H. 蒂尔（J. H. Thiel）在他的《罗马海上霸权史》（*History of Roman Sea-Power*）中指出的那样，罗马人关于海洋的画面几乎就只是人们在大海中沐浴的场景。在奥维德（Ovid）①、维吉尔和卡图卢斯（Catullus）② 等人的笔下，海洋

① 奥维德（公元前43—17），古罗马著名诗人，擅长哀歌体情诗，代表作有《变形记》等。

② 卡图卢斯（公元前约87—前约54），古罗马著名诗人，擅长神话诗、爱情诗等，代表作有《诗集》等。

就是可供沐浴的人或度假的人在海边享受的东西。但是，如果一个人不够聪明睿智，或者出于某种原因被迫登上一艘船，那么在他航行前后都必须向海神尼普顿献上祭酒和牺牲。在拉丁文学作品中，最温柔地描写海洋的诗句之一出自佩特洛尼乌斯（Petronius）[1] 写的一首诗：

> 啊，海岸，比我的生命更重要！
> 休假时来到我自己的这些海岛，
> 我是何等欢喜！
> 多么美好的一天！
> 曾几何时，我也畅游大海，
> 每次击水，扰烦那伊阿得[2]！
> 这里是泉水之源，
> 那里是海草翩翩。
> 这是我恬静欲望的庇护港湾。

蒂尔教授指出："在卡图卢斯和其他人的诗歌中都有对大海的描写，海滩上寂寞的人将大海当作抒发情感的对象和排解情绪的传声筒……然而，无论多少罗马诗人用精致微妙和多愁善感的诗句来描写这些事，事实仍然是他们过分流露出的情感只是海滩上的旁观者说出来的话，他可能是孤独寂寞的，但是内心感到安宁舒适，然而这个人不是已经征服了大海的人或是在接连不断的恐怖争斗中与大海分享自身经历的人。"

---

① 佩特洛尼乌斯（27—66），古罗马著名的讽刺作家，代表作有《萨蒂利孔》等。

② 那伊阿得（Naiads），古希腊神话中掌管河水、泉水等淡水的水神。

罗马人（与现代意大利人不同）对海洋以及与之相关的一切都感到厌恶。然而，罗马人率先制定了适用于整个地中海地区的组织化纪律规则，即港口、海港、海关官员、海上保险、泊船费、港口费、码头费和仓储费的规则。实际上，这是 232
一个类似于现代海洋世界的商业和官僚网络。

吉本（Gibbon）评论指出："对罗马人来说，海洋仍然是令人恐怖的事物，而不是引发人好奇心的事物。"这可能是导致他们将海洋视为被人统治的事物，而不是靠它来谋生和受人热爱的事物的原因。正是这种态度使他们能够在这片陆间海强制实施了一种有效的商业系统。为了清剿在亚得里亚海活动的海盗，他们首次在希腊海域实施行动，这是他们对海洋事务所持态度的一个证明。在对海洋的态度方面，迦太基人的身份是企业家和贸易商，希腊人的身份是骑士，但罗马人的身份则是农民，他们只有在必要的情况下才会掺和海洋事务。

佩特洛尼乌斯在《萨蒂利孔》（*Satyricon*）一书中就暴发户特里马乔（nouveau riche Trimalchio）如何收获第一桶金进行了如下描述："我对贸易活动充满热情。我不会让您久等的，我已经建造了五艘船，上面装满了美酒，这批酒在当时和黄金一样贵重，酒将被运往罗马。你可能会认为我搞定了所有的事情。但是，所有的船都失事了；事实上，这可不是虚构的故事。海神尼普顿一天之内吞噬了价值三千万的货物。但你觉得我很沮丧吗？天哪，我可不沮丧，如果这件事从未发生，那我不会将损失货物的滋味埋在我的心里。我打造了另外一支船体更大、性能更好且规模更大的船队。没有人敢说我缺少胆识。你知道，一艘大船具有更大的运力。我装载了另一批酒，以及培根、豆类、香水和奴隶。福尔图娜塔［Fortunata[①]，他的妻子］把她的身家都搭上了。她卖掉了自己所有的珠宝首饰和衣服，将一百块金币放在我手上。这就是让我发大财的发酵剂。当众神都保佑我时，我就发财了。我从一次航行中就赚了一千万。我直接买下了我主人的所有产业。我建造了豪宅，购买了奴隶和牛。我无论做什么生意，都是翻着番地赚钱。当我的财富超过了我出生所在地人们的全部财富时，我不再做投机生意了。我不再从事直接贸易活动，我开始去资助自由人……我只要能将我的产业拓展到阿普利亚（Apulia）[②]，那么这辈子就真是足够成功了。"

佩特洛尼乌斯在讽刺这些新出现的富裕自由人阶层时，同
233 时给我们提供了一幅令人信服的肖像画，这幅肖像画描绘了帝国时代处于罗马贸易中心的那类人，罗马的贸易活动遍及整片海洋。但是船员们呢？罗马人从哪里招揽皇家海军的船员？我们从拉丁文学作品中反复出现的一个短语"海军盟友"（socii navales）中可以找到大概的答案。迦太基陆军主要是雇佣军，战舰船员主要是本国人；与迦太基形成鲜明对比，罗马依靠外国盟友组建海军，而陆军则由罗马公民组成。"海军联盟"这个短语已经变成一种刻板印象，以至于它被用来指代任何船舶的船员，不论桨手还是水手均包括在内。在罗马共和国后期和整个罗马帝国时期，罗马的盟友罗得岛和帕加马（Pergamum）[③]——二者均为海军实力强劲的国家——定期输送了很大一部分海军士兵。

---

① 这个名字的意思为"幸运"。

② 位于意大利东南部，是意大利"皮靴"形轮廓的"鞋跟"部分。

③ 公元前281年至公元前133年在小亚细亚地区西北部的一个小王国。

正如蒂尔教授所指出的那样，罗马人认为在陆军服役直到退伍是“公民的一项荣誉；相反，在海军服役则是一种耻辱……”另一方面，在希腊和迦太基，长期以来，在海军服役一直被视为本国公民的一项职责。（尽管在希腊，一直以来骑兵军官的地位更高。）在罗马，贵族或“骑士”同样也属于上流社会的成员，因为古往今来，昂贵的物品（马匹、盔甲和私人武器）是将上流人士和普通人区别开来的标志。一般来说，普通人只买得起靴子和佩剑，或者只能在船上摇橹谋生。罗马建立在农耕文化的基础之上，它的基础是坚韧不拔、思想独立的小农们，这一事实就是罗马文明将在陆军服役视为天然的义务而将海洋视为一项外部元素的主要原因。

然而，尽管罗马人天生不是海洋民族，但他们的很大一部分商船是在自己的国家建造的。早在罗马崛起很久之前，位于意大利南部的希腊人帮助罗马人解决了船只不足的问题。甚至在迦太基舰队席卷第勒尼安海之前，控制意大利西部沿海贸易的伊特鲁里亚人（他们也不是意大利土生土长的民族）也做了同样的事情。

希腊人甚至迦太基人这些被击溃的闪族人也为罗马提供了大部分船只。引用蒂尔教授所说的话：“直到卡拉卡拉（Caracalla）时代[①]，你会发现海军之中……没有罗马公民，没

---

① 卡拉卡拉（186—217），罗马皇帝，211～217年在位，他的原名为马尔库斯·奥列里乌斯·安东尼努斯（Marcus Aurelius Antoninus），卡拉卡拉是他的小名。212年，他颁布的《安东尼努斯敕令》（*Constitutio Antoniniana*）产生了极大影响，为了达到增加税收和军队服役人员的数量，该敕令规定罗马帝国范围之内的自由人均享有罗马公民权，从而导致公民权泛化，大量非本土罗马人进入政界和军界，这导致罗马帝国由盛转衰。

234 有意大利人，在整个帝国时代，人们认为在海军服役不如在陆军服役。”在这一问题上尤其有意思的是：罗马的两大舰队，一支驻扎在那不勒斯湾的米塞努姆（Misenum），另一支驻扎在亚得里亚海的拉韦纳，这两支保护着罗马本土的舰队主要掌握在外国人手中。很难想象还有其他强大的帝国（例如19世纪的英国）的主要舰队是由外国人控制的。但罗马就是这种情况。

船员分为两种（在腓尼基和希腊时代数个世纪之前就已出现了分类）：水手和桨手。拉丁语中经常会出现一个船员的统称“nautae”，这个词的指代范围宽泛，几乎指船上的所有人，从身份最卑微的甲板水手到船长都叫“nautae”。但是，进行仔细分析后可以发现，它通常指操纵船帆、绳索和其他甲板设备的水手。在任何船舶上，舵手都是重要人物，人们称其为“领航员”（gubernator）可谓恰如其分，英文单词“总督”（governor）就是从这个词衍生出来的。

船只从一个港口航行至另一个港口的过程中，海员们实行四班倒的制度：有两拨人休整，一拨人待命，值班的一拨人负责航行事宜和瞭望台的工作。希腊和罗马商船也往往会在其船只后面拖一艘叫作“scapha”的船，它相当于一艘大型多功能船，在进入港口时会带上船用缆绳，也会运送乘客和货物。一名值班海员通常会坐在这艘船上，大概是为了监控船舶的拖曳情况。有时二等船员会被称作“mesonautae”，字面意思是“半个船员”。这往往表示他们比真正海员的地位要低一等。他们可能相当于一名“普通”船员，而不是一名具备相关技能的船员。

桨手的级别要低于任何位于上层甲板的海员。当然，桨手提供了桨帆战舰行进的主要动力。但是，在罗马帝国时期演变出现的大型商用帆船上，桨手被也被安排到了甲板上。他们的职能是在商船需要拖曳时操控大型的拖船：在进入或离开港口的时候，或者在风平浪静的情况下，将船舶拖曳至有风的区域。除了拖在船尾的大型拖船之外，甲板上还会携带一些小
艇。必要时可以利用所有这些设备将船只拖出港口、操纵缆 235
绳、接送领航员和乘客，以及装卸设备。

斐罗斯屈拉特（Philostratus）[①] 在描写哲学家——提亚那的阿波罗尼奥斯（Apollonius of Tyana）[②] 的生平时为我们展现了一艘船驶离港口的场景。阿波罗尼奥斯希望士麦那的居民能够实现和解（他们与希腊人在关于如何实现城邦最佳管理方面时常产生争执），并将船员在船上的行为作为说明城邦中人们如何协同合作的例证。一艘三桅帆船正在驶离港口，船员们正忙着他们的几项工作任务，阿波罗尼奥斯让那些吵吵嚷嚷的市民仔细听他的讲话。他说："看看那艘船上的船员，你们看到有些人是怎样在小船上准备拖动拖绳了吗？再瞧瞧，有些人是如何起锚并将其固定在船上的，而另一些人是如何准备在起风时扬起船帆的，同时，还有很多人在船尾和船头处履行他们的职责。如果某一个船员未能完成自己的特定工作，或者效率低下且不甚专业，那么所有人连同他自己都会一同遭殃。但是，如果他们之间处在良性竞争之中，并且每个人都努力做到与他旁边的伙伴一样高效，那么这艘船将会顺利登陆，天气也将变得晴和，他们的航程也将一路顺遂……"

---

① 斐罗斯屈拉特（约170—245），古罗马时期的希腊作家，善于创作人物传记等。

② 提亚那的阿波罗尼奥斯（15—100），古罗马时期著名的哲学家，出生于今天的土耳其，属于希腊新毕达哥拉斯学派。

塞西尔·托尔等人列举了古代世界中曾经使用过的 30 多种不同类型的船舶，根据其特定的称谓描述这些船舶不同的特征。其中一些船舶（例如专门在内河航运的河船和驳船）是在陆地水域使用而不是在海洋中航行的船舶，但是可以通过以下简明的清单来了解古代航运的复杂性。

“Barides” 基本上是指从埃及驶来的船舶，它们往往装载着谷物。这个称谓并不代表船舶的尺寸或吨位，而仅仅是因为对罗马人而言，它们是外国船舶。“Camarae” 指小型敞开式划艇，通常可载约 25 人，这种船主要在黑海航行。“Celoces” 是源于希腊的一种快船，它们被用作调度船，用于舰队联络或将高级官员从一个地方接到另一个地方。“Cercuri”（可能最早是在克基拉建造的）是一种桨船，这种船具有足够的宽度和吃水深度，可以用作商船或桨帆战舰。“Corbitae” 是一种大型罗马商船，自公元前 1 世纪之后，这种船就控制了地中海
236 的贸易航线。这些船舶都属于帆船，据记载某些船舶载重超过 1000 吨。公元 60 年，使徒保罗就是乘坐这样一艘大船抵达罗马的，船上共有 276 名乘客和船员。根据记载，另外一艘船搭乘了 600 名乘客。这些大型的客运和货运船舶的雏形源自腓尼基人的圆船（gauloi）。另外一种船就是亚得里亚海盗使用的 “lembi”，它是一种未安装撞锤的小型战船，可以搭载多人和少量马匹。“Phaseli” 是一种专门用于运送乘客的帆船。“Speculatoriae” 是 “间谍” 或 “侦察员” 的意思，它是一种轻便的快船，可以像 “celoces” 一样被用作调度船。到公元 4 世纪，这种船发展成了独特的类型，其用途与拿破仑战争时期的护卫舰有些相似，主要用于跟踪敌人并在舰队的侧翼护卫。公元 4 世纪，罗马作家弗拉维乌斯·韦格蒂乌斯

(Flavius Vegetius)① 撰写了一部关于战争的著作，其中描写了如何精心喷绘船舶以确保它在地平线上时难以被发现。“它们的帆和绳索被染成蓝色，即海水的颜色。甚至舰船上的蜡都涂上了相似的颜色，而船上的士兵和水手的衣服也染了色。”这可能是历史上第一个军用迷彩的案例。最后一种船是“vectoriae”，它与“phaseli”类似。这种船用于运送乘客，但有时候也会用来运送军队。尤利乌斯·恺撒在他的《高卢战记》(*Gallic Wars*) 中提到过这种船。

在这些古代船舶中，有些船舶的庞大体积令人叹为观止。罗马帝国灭亡后，过了很多个世纪，地中海才再次出现这种巨型船舶。例如，卡利古拉皇帝 (Emperor Caligula)② 在其统治时期建造了一艘载重达 1335 吨的船，这艘船将埃及方尖碑运到了罗马。实际上，早在数个世纪之前人们就已经建造了这种巨型船舶甚至更庞大的船舶。公元前 3 世纪，锡拉库萨的统治者希罗二世 (Hiero Ⅱ)③ 建造了一艘船，并将其命名为“锡拉库萨斯亚号”(*Syracosia*)，其载重可达 4000 吨以上。这听上去简直就是天方夜谭，不管从哪个角度来看，这艘船就是耗费巨资但没什么用处的物件。然而，到了公元 2 世纪，从西班牙的港口到亚历山大港和黎凡特，在整个地中海地区随处可见载重 1000 吨以上的船舶。

在罗马帝国时期，标准商船的载重约为 250 吨，总长度约 237

---

① 4 世纪古罗马著名的军事作家，著有《兵法简述》等著作。

② 卡利古拉 (12—41)，原名盖乌斯·恺撒·奥古斯都·日耳曼尼库斯 (Gaius Caesar Augustus Germanicus)，罗马帝国第三代皇帝，37～41 年在位，“卡利古拉”是其外号，意思为“小军靴”。

③ 公元前 270～前 215 年统治锡拉库萨。

90 英尺。在奥斯蒂亚（Ostia）、波尔图和叙利亚沿海地区发现的浮雕提供了充分的信息，以便我们制作精准的船舶模型，而几位古代作家描述的细节可以使画面更为完整。似乎大多数此类船舶有两个桅杆，主桅上悬挂一面横帆，在其上方是一面三角上帆，长度较短的前桅与垂直斜桅大约呈 45 度角，就好像一根严重倾斜的船首斜桅。这种长度较短的前桅称为“斜桅”（artemon），上面悬挂着一面斜杆帆，或者在前帆桁上悬挂一面小横帆。这样会非常有利于提高操纵的便利程度和帮助船舶调转航向。罗马帝国灭亡后，斜桅船消失得无影无踪。直到 15 世纪末，它才以船首斜桅船的形式再次出现。

公元 1 世纪，第一次出现了上桅帆船，这是一次重大创新。经过几个世纪的观察，人们发现船帆升得越高，航行速度就越快。长期以来，人们一般会在大桅下桁处安装一个升降索，在适当的条件下，通过升降索可将主帆升至接近桅顶的位置。但是，随着三角帆的引入——这种帆悬挂在主桅帆桁上方，其底部固定在帆桁上——人们可以进一步增大船帆的面积而不会导致船舶变得不稳定，并且不会过度增大桅杆顶部的压力。有一些大型船舶的船尾处还有第三根船桅。长度较短的后桅上悬挂的船帆类似斜桅杆上悬挂的斜杆帆。直到 15 世纪，欧洲或地中海海域才再次出现行驶速度如此之快的大型货运船，在罗马帝国的鼎盛时期，它们在一个大港和另一个大港之间来回穿梭。

主桅由稍稍向后倾斜的桅杆稳索提供支撑。因为只有风从船尾方向吹过来的时候横帆才会发挥作用，所以就有必要施加一定的压力将桅杆向前方拉动。一条较粗的前桅支索足以保持桅杆的竖直，平衡这些桅杆稳索向后方拉动的力量。

这是一种强大且有效的索具系统，但是它存在一个很大的缺陷。如果风向突然发生改变（雷雨天气中经常出现这种情况）并且从前方吹来，那么前桅支索即使非常结实也通常无法承受逆风航行时的风压。由于桅杆稳索施加向船尾方向的拉力，前桅支索必然会崩断，桅杆就不可避免地倒向船尾。238
甚至早在荷马的《奥德赛》中就有对这种情形的描述。奥德修斯乘坐的船的前桅支索崩断，“桅杆轰然倒塌，所有索具砸向船底，桅杆倒在船尾，砸在舵手的脑袋上，砸碎了他的头骨，让他脑浆迸流”。

在空中支撑主帆的帆桁，由拉至船尾的缆绳固定。可以将缆绳穿过主帆前侧的圆孔，然后将其绑在帆桁上。这些缆绳会从帆桁处拉至船尾，以便根据船长或舵手的命令迅速将主帆升起来。在戗风航行的过程中，帆桁会升半帆，而后根据需要航行的方向摆动位置。因此，在顺风航行的时候，人们会临时将横帆换成三角帆，以便更高效地航行。然而，桶状的船体说明，即便在最有利的航行条件下，这些罗马商船的航行状况也着实糟糕，除非风从船尾方向吹来，而且最好是正后方。

维吉尔在《埃涅阿斯纪》中描述了埃涅阿斯在暴风雨过后是如何驱使他的舰队向前行进的：“他下令迅速竖起所有的桅杆，并将船帆绑在帆桁上。然后，他们一起拉紧拉帆绳［控制船帆的缆绳］，又一起扬起左舷和右舷的船帆。他们一起用力移动那高高的帆桁。此时一阵恰到好处、令人愉快的微风吹来，将这支舰队送上旅程。”维吉尔描写的这段航行被认为是在特洛伊战争之后的一次航行，但他本人当然是按照他所熟悉的公元前 1 世纪末航船驾驶的经验写出了这些内容。

船帆的使用已经有多个世纪的历史，帆是用亚麻和其他纤维制成的。帆的边缘用绳索（螺栓）进行固定，但早期则是用皮革进行固定的。一直以来，水手们非常热衷他们的迷信活动，海豹和鬣狗皮尤其适合制作船帆的边饰，因为人们认为这样就可以躲避闪电。侦察船的船帆被染成蓝色，这样就不怎么显眼。另外，海军上将或皇帝乘坐的船会被涂成紫色或朱红色
239 来作为区分其他船舶的标志。一般来讲，原色的船帆并不少见，尽管也会有条纹帆或拼凑而成的五颜六色的帆，它们从外观上看与现代游艇的大三角帆相似。

帆船上会有装饰物。这会使大型船舶变得更加美观，它们的船尾柱往往被做成弯曲的天鹅颈形状，船尾处有精美的雕饰。在台伯河口附近的波尔都斯（Porto）[①] 发现了一幅石刻画，上面雕刻了一艘商船，这艘商船的装饰可以与欧洲文艺复兴时期任何船舶的装饰相媲美：这艘船的船首位置刻着人物形象；主帆上装饰着母狼给罗慕路斯（Romulus）与雷姆斯（Remus）喂奶的图案[②]；桅顶上是一个吹奏乐器的人物形象；在舵手的后面是硕大的天鹅颈船首；在船尾的位置有另一个人物形象；整个船尾本身就是一件非常复杂的雕刻作品。右舷上有一片大大的舵桨，仅从这一点才可以将这艘罗马商船与17世纪欧洲君主自豪地称为旗舰的舰船区分开来。

根据长期积累的经验，人们发现三层桨战舰以及后来出现的五层桨战舰（就是这种战船在布匿战争的大海战中参加战斗）的航速不及之前的双层桨战舰。正如爱德华·吉本在《罗马帝国衰亡史》（*Decline and Fall of the Roman Empire*）中

---

① 即 Portus，古罗马时期一个巨大的人工港口。

② 罗慕路斯与雷姆斯是建立罗马城的两兄弟，传说由母狼哺育长大。母狼哺乳婴儿像是罗马城的象征和城徽。

所说："经验似乎已经使古代人相信，只要他们的战船超过双层桨或最多三层桨，那么这些船就是中看不中用的。"长期以来，居住在今天亚得里亚海沿岸伊利里亚地区的利布尼亚人（Liburnians）因为他们船舶的航速和适航性而闻名于世，他们建造的船只有两层船桨。罗马人在歼灭亚得里亚海海盗的过程中接触过利布尼亚人，从中受益颇丰；罗马人凭借一直以来就具备的敏锐洞察力，采用了敌人的船舶设计形式。"利布尼亚"（liburna）一词很快成为罗马世界对双层桨战舰的标准称谓，并且在某一个恰当的时刻，这一称谓被用来泛指几乎所有类型的桨船。尽管罗马人的舰队还在继续使用一些三层桨战舰和五层桨战舰，但是在罗马人统治地中海的数个世纪之中，他们海军舰队的主体都是双层桨战舰。

公元1世纪尼禄统治时期，诗人卢坎（Lucan）[①] 在他的
《内战记》（*Pharsalia*）中描述了一艘船航行时的画面，其中 240
提供了船舶根据星辰进行导航的一些证据。船长正在向一名乘客解释他利用哪些星星来进行导航："我们不会跟随着天空中任何运行不规律的星星航行，因为它们是欺骗那些可怜水手的骗子。我们只跟随一直绕着地轴运动的星星航行，即大熊星座和小熊星座中最亮的那颗星。就是它指引着航船。当这颗星在我头顶的天空高高升起并处在帆桁的位置时，我们就会朝着博斯普鲁斯海峡和黑海驶去，那里有斯基提亚曲曲折折的海岸。但是，当大角星从桅顶的位置落下来、小熊星座更靠近地平线时，这艘船就距离叙利亚的港口不远了。"

---

① 卢坎（39—65），罗马诗人，代表作有《内战记》等。《内战记》描述的是庞培和恺撒之间爆发内战的故事。

像大多数诗人一样，卢坎不是一名航海家，但是这段文字的意思非常明确。主要用作导航的星星仍然是（在荷马时代是，甚至在20世纪也是）北极星。当船向北行驶时，它显然会指向北极星，因此人们可以从主桅的长横桁处看到这颗星星。相反，当这艘船驶向叙利亚时，北极星将会隐没到“接近地平线”的位置。然而，其中提到用大角星来导航的内容是一种诗意化的瑕疵，因为在当时的历史时期，向南驶向叙利亚时，大角星会处在高于而不是低于桅杆的位置。不过，主要一点在于当时的舵手和今天的舵手是一样的，他们只是大致测算星星与他的航船桅杆和帆桁的相对高度。即便是在安装了指南针的现代帆船上，也会经常看到人们根据北极星与索具某一部位的相对位置来调整航向，以确保北极星一直相对处在那一位置。

早在公元前2世纪，希腊天文学家和地理学家埃拉托色尼（Eratosthenes）[①] 就确定了这一角度的数值。一旦掌握了这种知识，正如戈登·柴尔德（Gordon Childe）在《历史上发生了什么》（*What Happened in History*）一书中所说的那样：“根据对北极星高度和子午线角度的测量所得出的南北距离的精确度要远高于征战或航海时代计算得出的任何数值。人们将观察到的这些地点的位置绘制在像天空一样通过纬度平行线划分的地球仪上，纬度数值从0到90，以此表示与赤道的角距。‘纬度’只是指‘宽度’，因此这个词揭示了水手对地中海地区的漫长观察如何形成这一体系的过程。”

---

① 埃拉托色尼（公元前275—前193），古希腊著名的地理学家和天文学家，被誉为“地理学之父”。

由于地中海南北两岸距离相对较短，人们可以很容易地计算纬度，而计算经度（地中海东西长度）则要困难得多。的确，直到18世纪末发明了一种实用的天文钟表之后，水手们才真正能够确定他们所在的经度。到公元2世纪，亚历山大城著名的数学家和地理学家托勒密[1]以经度和纬度为框架成功地绘制了一幅地图；毫无疑问，在此之前的很久一段时间内，船长们一直在使用地中海的海图。 241

例如E. G. R. 泰勒在《发现庇护所的艺术》（*The Haven-Finding Art*）中评论道："两千多年前绘制的所有希腊或拉丁语地图或图表都没能够保存下来。而且，自从罗马帝国灭亡之后，是基督教修士保存了我们现在所能看到的古典文献和知识，我们不能指望他们会对水手的技术设备感兴趣，或者保存下他们航向图的复制本。"

但是，我们现在所掌握的就只是古代《航行手记》中记载的少数几个事例。这些事例说明，一旦英里这一单位所代表的准确距离确定以后，人们就可以根据里程和相应的顺风风向给出航行指导意见。古代海图上标有风玫瑰，就像现代海图上标有罗盘玫瑰一样。但是，即使没有海图，海员也可以在晚上通过北极星、在白天通过太阳来测量罗盘基本方位点。古人不仅可以根据日出和日落确定基本的东西方位，而且能够区分冬天与夏天的东西方位。在地中海所处的纬度地区，正午时分，太阳在南方，因此在一天的中午不难推测出船只大概的航行方向。有趣的是，在像马耳他语这样的古老语言中（可能有一

---

① 托勒密（约90—168），古罗马数学家、天文学家和地理学家。他曾长期居住在亚历山大，主要著作有《天文学大成》《地理学》《天文集》《光学》等。

些词汇源自腓尼基语），表示“中午”的词语“noons-n-nhar”同时也表示“南方”。

海上距离的测量在很大程度上取决于船长对他所驾驶船舶的了解程度。我们经常会看到“一日航行”这个词组，但是它没有任何意义，除非领航员极其了解他的船舶，可以区分每天慢速、中速或快速的航行。就像今天一样，了解一艘船的性能是一项基本的要求，如果一个水手无法说出自己的船的性
242 能，那么他就不是一个合格的水手，“我猜测我们船的航速为5节”，这种说法是不正确的。尽管在古代文献中没有提及船舶测速方法，但似乎早期的海员使用一种简单的方法来记录船舶在水中的航速，即“抛木块计算航速法”（Dutchman's log，这是一种包含轻蔑口气的英文表述，大约可以追溯至英荷战争时期）。在上层甲板上确定特定的高度，例如60英尺，然后从船头上扔下一块木头。当木头经过第一点时，将玻璃沙漏倒放，当木头经过第二点时，沙漏记录下中间经过的时间。这样就可以获得船舶在水中航速相对准确的数值。在罗马世界，小时沙漏、分钟沙漏甚至是相当复杂的水钟得到了普遍应用。

英国人对航海事业的第一个贡献是发明了测量船速的计程仪绳，这种计程仪绳在多个世纪之前就已不再使用了，但是人们在古典时代又发明了机械计程仪（mechanical log）。公元前1世纪，维特鲁威（Vitruvius）① 撰写了一部建筑学著作，他在这本书中记载了如何利用一种仪器来测量海上距离，直到

① 古罗马时期的一位建筑师，著有《建筑十书》，该书是现存最古老的建筑学专著。

20 世纪才出现了类似的仪器——“转轮计程仪”（impeller log）。这种仪器包括安装在船体两侧的两个小桨轮。整个仪器可能是亚历山大统治时期发明的，因为亚历山大时期人们非常善于利用水力。从理论上讲，随着船舶向前行驶，这些桨轮就会转动。同时，一组嵌齿轮每旋转四百圈就会有一块石块被扔到青铜盘中。没有迹象表明帆船或桨船上安装了这种“测量仪”，或是两种船上都安装了这种“测量仪”。但是，如果“测量仪”是安装在帆船上的，那么安装两个桨轮的原因就非常清楚了——如果船只发生倾斜，那么其中一个舵轮将无法工作。的确，即使是依靠划桨行驶的船只，风力强劲的横风也足以导致迎风桨无法工作。然而，在风平浪静的状态下行驶的一艘大型帆船，例如它在夏季从克里特岛行驶到埃及时，这种转轮计程仪是非常有用的。对于在夏天风平浪静的地中海中航行的船舶来说，似乎没有理由怀疑安装在桨船上的仪器所记录距离的准确性。

像他们之前的希腊人和腓尼基人一样，地中海的罗马水手 243
们除了绘制航海图之外，还具备少量机械装置和技术知识，并对他们航行经过的地区有深入了解。今天，世界上很多地方从事沿海贸易的商船和渔船的船长几乎都不需要看海图。他们根据经验（由他们的父辈代代相传）已经对岬角的形状和海岸的轮廓了如指掌。他们将海图印在脑海之中，毫无疑问，之前许多押韵助记符帮助水手们记住他们的上岸地点。现代社会那些“识字”的人时常会遗忘一点，那些从未学习过读写的人（许多早期海员就属于这种情况）比那些识字的人具有更强大的记忆力。对于那些不认识印刷文字的人来说，他们大脑的视觉记忆能力更为发达；对于那些过着简单生活的人来说，他们的感觉同样也更为敏锐。

任何曾经在小船上生活过一段时间的人都知道，即使在睡觉的时候，身体也会感觉到风向已经改变或港口的涌浪有所变化。这种节奏变化会让水手立刻醒来，而城市的居民几乎肯定对此毫无觉察。同样，今天许多农民和渔民已经掌握了气象学的实用知识，而不需要使用现代仪器。我认识一个西西里渔夫，他可以“品尝”风的味道，并且判断风向是否会改变以及新风会从哪个方向吹来，其准确度非常高。同样，一个马耳他农民通过观察秋季特定的天气模式，可以对未来三个月的天气进行准确的长期预报。罗马时期的船长和航海者可以利用所有这些从前人那里传承下来的关于地中海的知识。同时，他们也受益于一些经过改进的技术仪器。

纵观地中海的整个历史，特别是在海军尚未对贸易路线进行严格控制的时期，地中海一直以来就是海盗的出没之地。星罗棋布的爱琴海岛屿、希腊和伊利里亚漫长曲折的海岸、从“食莲人之岛”杰尔巴到赫拉克勒斯之柱的北非海岸、人迹罕至的撒丁岛和科西嘉岛、巴利阿里群岛，所有这些地方
244 都曾为抢劫运输路线上的船舶的海盗提供了庇护之地。很早之前，爱琴海地区的海盗就非常猖獗，每当希腊因无休止的内战分裂时，驾驶船体狭窄的小船的海盗就会活跃在这些海岛周围。

在公元前 67 年，由于深受海盗之苦，元老院将“清理”地中海的任务交给了“伟大的”庞培。庞培是一位著名的历史人物，之后他与尤利乌斯·恺撒爆发的冲突导致罗马世界陷入了战火，他通过一系列成功的反海盗行动履行了他的使命。当时的形势非常严峻，因为来自埃及的大型谷物船屡遭抢劫，

导致罗马的谷物供应受到严重威胁，首都的粮食供给成本变得非常之高。庞培从直布罗陀海峡开始开展了一次有组织的肃清行动，他在大约九个月内完成了任务（之前估计，他将耗费三年的时间）。据说他们在这次战斗中共摧毁对方1000多艘船，成功将几百艘船带回了罗马，成千上万的海盗被杀或是得到优厚的条件以便在小亚细亚地区重新安置。

在当年年底之前，罗马的谷物价格已经稳定，整个地中海地区的贸易生命线的安全得到了保证。这次肃清行动可能是罗马历史上取得的最伟大的海上大捷。尽管在后来的战乱时代，海盗再次兴起，但是庞培为根治长期困扰地中海地区的“疾病”做了大量工作。此时，海洋被划分为多个行省，每个行省被分配给一个陆地上的行省，该行省的总督在此后将负责其所在地区的海上安全事务。

在罗马帝国时代，贸易路线变得越来越固定化。小型船只或近海贸易货船有无数条商业路线，但主要的路线相对比较容易确定。在遥远的地中海西部，赫拉克勒斯之柱外侧是大型港口和贸易中心加的斯。在地中海内部，西班牙东海岸是迦太基人建立的新迦太基城。在地中海北部，利翁湾北面是纳博讷（Narbonne），另一侧是古希腊人建立的马西利亚（Massilia），这里是法国和地中海北部所有地区的主要港口、工业和通信中心。从这里往东的贸易路线直达罗马的港口城市奥斯蒂亚，另
一条路线向南直达重新建成的迦太基城。从迦太基城和奥斯蒂 245
亚出发，这两条最重要的路线向东延伸至亚历山大港，所有北部和东部的航运船舶都会汇聚到那里。从亚历山大港出发，运输路线会远达黎凡特和小亚细亚，再往北到希腊港口，再到帖撒罗尼迦，而后会到达地位越来越重要的拜占庭——经由锡诺

普（Sinope）[1] 来到这里的购货商会收购来自黑海周围土地出产的谷物和原材料，陆上来的商队也会抵达亚历山大港，他们带来了来自阿拉伯和美索不达米亚地区的香料和奢侈品，以及停靠在红海港口阿尔西诺伊（Arsinoe）[2] 和贝雷尼塞港（Berenice）[3] 的印度商船卸下的货物。

因此可以看出，地中海商业活动有两大核心地区。如果说条条大路（以及所有海运路线）通罗马，它当时是世界上最大的市场，那么可以说地中海东部核心城市亚历山大就是主要物资的供应源。这里汇聚了来自亚洲和欧洲北方的原材料，以及来自东方的精美奢侈品。随着罗马帝国征服了东方帝国，罗马帝国的利益越来越向东方倾斜。东方的古代文明、宗教、奢侈品和文化对罗马帝国产生的影响就如同罗马人对马其顿人的影响一样明显。

---

① 位于黑海沿岸的土耳其城市。

② 即今天的苏伊士地区，古埃及重要港口。

③ 位于红海西海岸的古埃及港口，距离苏伊士约 800 公里。

第十八章　一座城市的画像

公元前1世纪初，位于东西方各港口中心位置的亚历山大 246
成为地中海东部最具吸引力的城市。在这里，欧几里得在托勒密一世统治时期（公元前323～前285年）构建了系统化的几何知识并建立了亚历山大数学学校。针对托勒密一世提出的一个问题，即是否可以对几何学进行简化，欧几里得回答说：“一视同仁，无捷径可走。”同样是在这里，在公元前280～前265年，萨摩斯岛的数学家和天文学家阿利斯塔克（Aristarchus）提出了一种理论，即宇宙的中心是太阳而不是地球，这种观念被人们忽视了许多个世纪（后来甚至消失得无影无踪）。同样是在亚历山大，也是在同一个世纪，埃拉托色尼成功地测量出了地球的周长。有人曾经告诉他，在夏至当天，阳光可以直射进阿斯旺（Assuan）地区干井的井底。也就是说，太阳处于垂直上方（这说明阿斯旺地区位于回归线上）。之后，他也是在夏至日当天在亚历山大测量了垂直木杆投下的阴影长度，由此发现了两座城市之间距离所对应的角度，即相当于大圆周的1/50。据此，他计算出了地球的周长。即使使用这种原始工具，他的误差也不会超过10%。埃拉托色尼是一个博学多才的人，他是亚历山大文化蓬勃发展时期学者和科学家的代表人物之一。他几乎在所有的知识分支领域都有所建树，如天文学、几何学、地理学、历史学和语法学。

“百科全书”（encyclopaedia，为所有学习领域提供指导）一词可能就起源于尼罗河三角洲上这座伟大的希腊城市。

亚历山大是最令人向往的地中海城市。在这里，东西方交
247 汇融合，形成了一个独特的组合体。然而，正因为是这些元素的组合体，亚历山大城具有不稳定的缺点。吉本在他的《罗马帝国衰亡史》一书中对亚历山大城进行了描述，这一描述提供了亚历山大城全景式的画面：“这座壮丽且规整的伟大城市仅次于罗马，其周长为15英里，居住着30万自由民，还有至少同等数量的奴隶。在这里，与阿拉伯和印度的贸易活动利润丰厚，通过亚历山大里亚港可以将货物输送到罗马帝国的首都和各地方行省。这里没有游手好闲的人。有的人被雇去吹玻璃，有的人去织亚麻布，还有的人去造莎草纸。无论男女老幼都有机会从事手工业生产，甚至有适合盲人和腿脚残疾者的工作……但是，流淌着多个民族血液的亚历山大人既像希腊人一样虚荣和反复无常，又像埃及人一样迷信和倔强。一件鸡毛蒜皮的小事、临时无法买到肉或豆、习惯称呼上的礼数不周、在公共浴室错乱了辈分尊卑，或者甚至是宗教问题上的一点争吵，这些在任何时候都足以在广大的百姓之中引发一场骚乱，这些人怒火中烧，难以平复……”孟斐斯的大祭司曾预言，无论亚历山大大帝的尸首埋葬在什么地方，那里都将不得安宁、战火连绵，可谓一语成谶。亚历山大城一直处于撕裂之中。

托勒密王朝在亚历山大建造了两座宏伟的建筑，即皇宫和缪斯神殿［Mouseion，今天的“博物馆”（museum）一词就源于此］。这些希腊法老的宫殿花团锦簇，用威廉·塔恩爵士的话来说，宫殿很可能就是“很多并排建造的殿堂和起居室”。

宫殿位于东部港口南侧的海角位置，与主要的商业港口相距甚远，与缪斯神殿直接连为一体。E. M. 福斯特曾经这样评论亚历山大城："正是在这个地方的花园和柱廊之间形成了亚历山大文化。宫廷提供资金并掌握主导权，缪斯神殿则提供想象力或知识……"托勒密王朝的统治者如果对艺术无动于衷，那么将毫无建树，他们的名望主要就在于他们鼓励发展的文化，以及接受过他们资助的艺术家、科学家和其他学者所取得的成就。

宫廷把控一切——这既是缪斯神殿的弱点所在，同样也是 248
它的力量源泉：缪斯神殿的艺术家、诗人、数学家和其他学者都会从宫廷领取退休金，但需要回应统治者的要求。我们再次引用 E. M. 福斯特所说的话："胜利的颂歌、葬礼的挽歌、婚礼的赞歌、家谱、医疗处方、机械玩具、地图、战斗武器……无论宫廷统治者需要什么，只要知会缪斯神殿一声，这些领取补贴的工作人员就会立刻开始工作。"

这样的体制产出的二流作品多于一流作品，这一点是不可避免的：因为艺术家和服务人员被迫在满足宫廷统治者要求的框架内开展创作。尽管如此，亚历山大学派取得的成就，尤其是在文学艺术领域内取得的成就，为地中海文化做出了不可磨灭的贡献。在一座规模庞大的图书馆中，图书馆员对希腊文学进行分类并对手稿进行修改，为托勒密王朝的统治者用希腊语誊写了所有重要著作的副本；也正是这些图书馆员第一次将古典文学作品划分为具体的"卷"，划分的依据取决于纸莎草纸卷的长度。

可以预见，在这种宫廷赞助的环境下完成的文学作品辞藻华丽，但不是原汁原味的表达；属于修辞的堆砌，但无法成为史诗。的确，我们现在可以看到阿波罗尼奥斯撰写的一部史诗《阿尔戈船英雄记》（*Argonautica*），但是正如人们所料想的那样，尽管他模仿《荷马史诗》创作了这部作品，却没有荷马那种才华横溢的天赋。爱情是亚历山大派诗人最重要的创作主题，在宫廷奢华的俗世生活中，有一位爱神名叫厄洛斯（Eros）。我们只知道有一位伟大的诗人曾在缪斯神殿工作过，那就是忒奥克里托斯。他是一个土生土长的锡拉库萨人，他一生中的大部分时间是在西西里岛度过的，他在缪斯神殿静谧的氛围和尼罗河三角洲热烈的情绪中加入了一股西西里风格的新鲜空气和一种真正的乡村气息。对于生活在亚历山大的希腊人来说，他们往往会梦想能够享受海岛上简简单单的生活方式，也许正是基于这样一个事实，忒奥克里托斯的创作迅速走红。他创作的田园诗描写了牧羊人之间的爱情，开创了一种新的潮流，这种潮流在欧洲反复出现，甚至直到凡尔赛的田园风格装饰都受其影响。的确，他所描绘的世界是一个具有弗拉戈纳尔和华多风格[1]的世界，但这是一种真正的西西里风格。

249 在他的《田园诗第十五》中，描写亚历山大本身的内容显得非比寻常。我们从中可以听到从古典时代传来的真实声音——直到最近的现在，一个亚历山大人仍然可以在很多希腊式客厅中听到这种声音，而这些客厅都坐落在远离熙熙攘攘、人来人往的埃及街道的郊区。

一位名叫戈尔戈（Gorgo）的女士走进屋来，问道：

---

[1] 让·奥诺雷·弗拉戈纳尔（Jean Honore Fragonard，1732—1806），法国著名的洛可可艺术风格画家。让·安东尼·华多（Jean-Antoine Watteau，1684—1721），法国著名的洛可可艺术风格画家。

“普拉克西诺（Praxinoe）在家吗?”

普拉克西诺：“哦，亲爱的戈尔戈，您来到这里已经有很多年了。我在家呢！您此时才来我家！（唤女佣）尤诺娅（Eunoe），给太太拿一把椅子，在上面放张垫子。”

戈尔戈：“啊，真的好漂亮！”

普拉克西诺：“请坐吧！”

戈尔戈：“普拉克西诺，我已经精疲力竭了，我能活着到这里来就已经不错啦……穿过那些拥挤的车流……还碰到了穿靴子、裹大衣的士兵，走过一眼望不见尽头的街道才来到这里，你真是住得太远了。”

普拉克西诺：“这都怪我那疯狂的丈夫。我们把这间小屋建在了兔子都不拉屎的地方，这屋子还不能被称为房子，我们哪还有邻居！没有别的，他就是嫉妒别人。这和以前没什么两样！”

戈尔戈：“但是，亲爱的，当着小孩子的面，可不能这么说你的丈夫，他可是在瞧着你呐！（对小男孩）你真可爱啊！没关系，她不是在说你爸爸。”

普拉克西诺：“天哪，孩子明白的。”

戈尔戈：“多么帅气的爸爸！”

普拉克西诺：“前几天，他爸爸去巴卡尔那边买碱面，我们似乎每隔两天就得买一些，他误把盐巴带了回来，盐巴颗粒可比碱面大多了。”

戈尔戈：“和我们家那位一模一样！”

卡里马科斯（Callimachus）是另外一位更有代表性的亚历山大派诗人，可能曾经担任图书馆的负责人。他主要是因为一首诗和一句格言“大书，大恶”（A big book is a bad thing）而被人们所熟知；在很多个世纪之后，美国诗人埃德加·艾伦·坡（Edgar Allan Poe）也对这个观点表示赞同，他认为只有短小精悍的诗歌才是真正的诗歌。卡里马科斯最受英国读者推崇的诗作是他在听到他的朋友赫拉克利特去世的消息后写下的诗歌。这首诗的英文版由威廉·科里（William Cory）翻译完成，学者们对译文颇有微词，认为科里将希腊语的简洁明了变得冗
250 长拖沓（总共六行），并在其中加入了维多利亚时代的情感。但是，就像菲茨杰拉德（Fitzgerald）翻译奥马尔·哈亚姆（Omar Khayyám）的《鲁拜集》（*Rubáiyát*）译本一样，该译本可能比语言准确度更高的版本更能经受时间的考验：

他们告诉我，赫拉克利特，
他们告诉我你已去世。
他们给我带来的消息，
使我伤心不已，让我痛哭流涕，
我一边悲伤哭泣，一边痛苦追忆，
多少次你我促膝长谈，直到太阳将西，落下天际，
我亲爱的老卡里亚客人啊，现在你已经长眠大地，
一抔灰烬，已久久未曾燃起，
你那悦耳的嗓音，如夜莺般从未沉寂，
死亡可以带走一切，却无法把它们带去。

不幸的是，赫拉克利特的“夜莺”（即他的朋友希望让他永垂青史的诗作）早就失传。只有这首挽歌让他的名字及关于他的回忆保留下来。

但是，亚历山大学派的主要成就是在科学领域，特别是天文学和数学领域，因为在科学的范畴内托勒密王室的尊严不会受到冒犯。在王室或国家的支持下，科学领域取得了长足进步，而统治者则掌管如何利用科学的权力。另一方面，艺术创作需要呼吸自由空气，并且它们常常会对当前的制度提出批评意见。(20世纪，俄国统治者推动了科学进步而没有促进艺术的发展。) 这说明了一个事实，艺术在亚历山大只是一种“装饰”而已。当然，鉴于宫廷与缪斯神殿之间的这种关系，哲学也成为一个受害对象。在托勒密王朝统治时期，统治者并不鼓励自由思想，直到伟大的亚历山大“神秘”学派的哲学家时代，他们才鼓励自由思想的发展。

与通常的情况一样，这些文化活动只存在于被贸易商、制造商和商人活动滋养的地区。在托勒密王朝的统治时期，亚历山大是一座富庶的城市，人们在满足了温饱需求之后还有能力追求奢侈品。这座城市承继了提尔的贸易活动，成了罗马统治下的新欧洲和东方古老土地之间的联系纽带，迦太基的灭亡也使这个城市受益匪浅。数个世纪以来，所有贸易活动都是由腓尼基人或迦太基人的商船完成的，所有的仓储、船舶和商业保险都成了亚历山大人遗产的一部分。在不到一个世纪的时间
内，亚历山大变成了一个规模比迦太基还要大的城市。在人口 251
数量和繁荣富庶方面，只有罗马可与之相匹敌。亚历山大港不仅是转口贸易的中心，而且是一座重要的制造业城市。H. I. 贝尔（H. I. Bell）在《剑桥古代史》中写道：“亚历山大既是制造业中心，又是商业中心，埃及的出口商品中很大一部分必须在那里进行生产……除了翡翠外，埃及还出产其他几种石材，特别是在国外非常昂贵的斑岩和花岗岩……根据斯特拉波

的记载，埃及的出口额实际上超过进口额，通过对进出亚历山大港的船舶提单进行比较，就可以直观地发现这个事实。”

埃及（也可以说是亚历山大）彻底垄断的一个行业就是纸莎草的制造。纸莎草又称莎叶草，生长在尼罗河三角洲地区，是古代世界主要的书写材料，没有纸莎草，诗人、作家和各级官僚将不复存在。在提比略皇帝统治时期，埃及纸莎草歉收曾导致庞大的罗马帝国行政和官僚机构陷入瘫痪。这种植物用途极其广泛，全身是宝。纸莎草的茎可制成书写用纸、船帆、垫子、布和绳子；内河船只也是用它建造的。希罗多德曾经提到，纸莎草的髓部可作为一般食品食用，并且纸莎草可用于编织祭司穿的凉鞋。普林尼列举了用纸莎草制成的各种书写材料，并描述了用纸莎草制作古代世界纸张的“编织层”的方法和过程。

亚历山大出产的另外一种主要产品是玻璃制品。长期以来，埃及玻璃制造工人就以其高质量产品闻名于世，丰富的玻璃砂床矿藏使埃及人成为世界上最先拥有高度发达的玻璃制造工艺的民族之一。在罗马帝国时期，亚历山大制造的玻璃产品尤其珍贵。并非所有这些玻璃制品都达到了艺术品的品质，并且绝大部分产品只是为了满足罗马和其他主要地中海城市广阔市场的需求而设计的价格低廉且大规模生产的商用玻璃产品。

252 亚历山大还是珠宝（翡翠、紫水晶、黄玉和玛瑙）、药品和商业染料的主要交易中心之一。纺织品贸易（其中大部分承继了古城提尔的贸易）促进亚历山大经济进一步发展。头脑灵活的亚历山大人预见到纺织行业是另外一个会在现代社会开始大规模生产的行业。F. 厄尔特尔（F. Oertel）指出，这里出产的衣服是根据每一个民族的穿戴风格精心裁制的，“蛮族服饰是专门为阿克苏姆人、萨巴人和索马里海岸的原住民量身裁制的，而一种特制的有袖子的成衣则是在阿尔西诺伊（苏伊士附近）制造的”。在高端市场上，还有价格昂贵的埃及亚麻布和其他布料，它们是用印度的棉花和中国的生丝织成的。

这座城市“从大海边拔地而起，令人叹为观止，它展示了一千年前人们所渴望得到的一切……”希腊化的亚历山大和后来罗马人统治下的亚历山大——这座城市确实是一座具有独特特质的“双重面孔”的地中海城市，它既朝向东方，也朝向西方，无论从哪个方面来看，它都最为完整地展示了这片海洋的历史。罗马永远是意大利人的罗马，雅典永远是希腊人的雅典，而迦太基则一直是北非地区闪族人的贸易中心。但是，唯独亚历山大城是伟大的征服者亚历山大大帝建立的众多城市中的一座，它连接了东方和西方，并且后来在东西方互动的过程中，这里出现了一些最被世人崇拜的宗教思想。

亚历山大是古代世界最早按照“规划”进行建设的大都市之一，具有规整的几何形状。它的主要街道——东西向的卡诺皮克（Canopic）大街与索马（Soma）大街（亚历山大墓地所在地）垂直相交，而其他所有街道都与这两条大街中的一条街道平行。这里的街道不像雅典和罗马的街道那样进行过延伸或是逐渐修建而成的，它们是由亚历山大大帝的建筑师狄诺克拉底（Deinocrates）在几乎最原生态的土地上铺设而成的。像纽约一样，亚历山大气势恢宏，但是有一点情感上的欠缺：甚至这里街道的名称也只是用希腊字母来表示。同时，这种宏伟壮丽的特点在大多数古代城市中并不罕见。将法罗斯岛和陆地连在一起的海波塔斯塔堤翁（Heptastadion）大堤是这座城市留给人最深刻印象的特征之一。后来，堤坝淤塞，今天这里变成了一条狭窄地带，将这座城市和现在的拉斯埃丁（Ras-el-

Tin，意思为“无花果岬角”）地区连在了一起。最重要的一点在于，这是一座敬献给水神的城市。海波塔斯塔堤翁大堤两
253 侧有两个巨港，就如同地中海柔软的双臂一样；南部是马留提斯湖。今天，这个湖泊已基本淤塞，地位不再重要，但是在古典时代，这个湖泊是亚历山大城能够存续的主要原因之一。马留提斯湖和尼罗河之间有一条运河，运河上可以通航大型的尼罗河船。这些船只可沿尼罗河一直抵达孟斐斯，然后可以驶入与红海相连的另一条运河。亚历山大港不仅是这片漫长的荒凉海岸上最优良的深水港，而且与可以抵达阿拉伯、印度和远东的交通路线直接相通。它不仅是古希腊主义的中心，而且是犹太主义的中心，之后它还成了当时世界上最大的犹太城市。

法罗斯灯塔（Pharos Lighthouse）是世界奇迹之一，它坐落在法罗斯岛的东部。在所有的地中海灯塔中，法罗斯灯塔得到了如此广泛的认可，以至于法语中的“灯塔”一词就写作“phare”，意大利语中的“灯塔”一词写作“faro”。这个工程学的杰作高 400 多英尺（可能是 500 英尺），由希腊建筑师索斯特拉图斯（Sostratus）在公元前 3 世纪托勒密·斐勒达奥弗乌斯（Ptolemy Philadelphus）统治时期完成设计。它矗立在柱廊围成的院落之中，有四层，灯塔内安装了当时用于保护航运和预告天气的所有机械装置。灯塔顶部有四座雕像，其中一座用以指示太阳的运行轨迹（即便我们相信后来阿拉伯人征服过这座城市，阿拉伯人也无法维持这座雕像或法罗斯灯塔的运作），另一座随着风向转动，还有一座雕像会报时，最后一座雕像则用来在发现敌人舰队时发出警报。这种说法并不是空穴来风，因为亚历山大人非常热衷于机械玩具，而缪斯神殿的科学家完全有能力制造出如此精妙的自动机械仪器。

法罗斯灯塔的工作人员的房间位于方形塔基上，据说塔基拥有300多个房间。燃料通过液压机械装置运输至顶部的大型灯塔。八根石柱支撑着一个圆形塔顶，其下方是一大堆含有树脂的木头熊熊燃烧。各方观点都认为，人们似乎使用镜子反射并加强了火光的亮度，镜子可能是玻璃制成的，但更有可能是金属抛光制成的；但这一点尚未令人信服。有种说法甚至暗示亚历山大人发明了望远镜，因为它提到一个人坐在神秘的玻璃 254
镜前，借助它可以看到肉眼看不见的海面上的船舶。或许我们可以相信亚历山大的数学家和熟练的玻璃工人确实发明了透镜，但即便如此，公元641年阿拉伯人征服亚历山大城后不久，灯塔倒塌，所有这些知识都失传了。

公元前51年，埃及艳后克莉奥佩特拉（Cleopatra）登基时还是一个17岁的年轻女子。她的父亲托勒密十三世去世之时，埃及几近亡国。托勒密十三世曾被驱逐出埃及，然后在罗马人的帮助下复国，但是为了完成复国大业，他与罗马人之间进行了艰难的讨价还价，最终被迫向埃及人征税，以偿还欠罗马人的债务。无论如何，埃及长期以来一直受到罗马的影响，而且由于罗马吞并了亚历山大大帝在东方的其他所有土地，显然，埃及成为罗马的一个行省也只是时间问题。克莉奥佩特拉不仅拥有迷人的外表，而且足智多谋又不择手段，毫无疑问，她希望罗马在吞并埃及之前就分崩离析。在地中海的另一端，为争夺整个罗马世界的统治权，恺撒和庞培之间爆发了残酷的战争，在旁观者看来，罗马会在战争过程中自我毁灭。根据希腊托勒密王朝（它既继承了埃及王位和王国，也继承了埃及法老神圣的乱伦习俗）的习俗，克莉奥佩特拉嫁给了她的弟弟托勒密十四世，与他共同统治埃及。她天生心机极强，密谋推翻他弟弟（也是她的丈夫）的统治，却被他驱逐到叙利亚。正是在这个时候，被恺撒打败的庞培逃到埃及，希望他曾经保护过的这个托勒密王朝此时反过来保护他。但他一到埃及就被密谋杀害，可能是他的守卫被煽动后将他杀害，这些人除了自己的性命之外，毫不顾惜其他。另一位来到亚历山大城的统治者是尤利乌斯·恺撒，他刚刚取得胜利并成为世界的统治者。他很快就拜倒在克莉奥佩特拉的石榴裙下。之后，在埃及人爆发反抗罗马人起义的冲突中，克莉奥佩特拉站在罗马人一边，而托勒密十四世则支持埃及人的民族起义。在尼罗河卡诺皮克河口附近的一场战斗中，托勒密十四世被恺撒击败并溺水而亡，他的军队被歼灭。埃及和克莉奥佩特拉变成了恺撒的所有物。

255 尽管克莉奥佩特拉此时与另一个年龄更小的弟弟结婚，但她很快就用毒药毒死了他。克莉奥佩特拉随同恺撒前往罗马，以情妇的身份与恺撒公开同居，并为他生了一个儿子——恺撒里昂（Caesarion）。对于罗马人来说，她是集罗马人对东方骄奢淫逸和道德低下的不信任感于一身的化身，在恺撒被谋杀之后，埃及艳后非常聪明机警，她迅速返回埃及。无论她对恺撒的真实情感是什么，她都不允许任何悲痛阻止她采取最符合埃及利益的政策，当然也包括她自己在内。她再次在亚历山大城旁观下一场罗马人的对决——马克·安东尼（Mark Antony）与恺撒的谋杀者之间爆发的冲突。可以预料，在这样一场对决中，她自然会站在安东尼一边，但是她此时对能够保持中立感到满意。托勒密王朝以亚历山大化文化为内核，经过了强调精致机敏和温文尔雅的希腊文化长达三个世纪的熏陶，人们可能会怀疑她觉得所有罗马人都是粗鄙之人，但是除了用自己的肉体去勾引他们并在可能的情况下将其击败之外，她手无寸铁可用。

屋大维（Octavian，即后来被封为“奥古斯都”的统治者）和马克·安东尼划分了地中海世界的统治范围，后者统治帝国的整个东部地区。安东尼遇见克莉奥佩特拉之后，像已经去世的恺撒一样，立即被她的魅力迷倒。在她之后的生命中，尽管只是安东尼的情妇而不是妻子（至少根据罗马法律不能算作妻子），她与她的保护者共同统治着帝国的东部地区，而亚历山大仍旧是他们的首都。克莉奥佩特拉为安东尼生了三个孩子，而她的儿子尤利乌斯·恺撒里昂被封为托勒密十六世。似乎没有理由怀疑，他们度过了一段幸福安宁的日子。置身于亚历山大的温柔之乡，单纯的“玛尔斯之子”安东尼似乎开始丧失他的精气神和阳刚之气。克莉奥佩特拉神化了安东尼并为他建造了一座圣殿，其中竖了两块著名的方尖碑，即克莉奥佩特拉方尖碑。阿谀奉承的美酒令人迷醉，公元前39 年，安东尼访问雅典时饮酒过度；根据一个评论者的说法，他通过“一种最为奢靡浮华的方式，继承了酒神狄俄尼索斯的全部特点”。

同时，头脑冷静且理性的屋大维正在为再次统一罗马世界而秣马厉兵。安东尼深陷在克莉奥佩特拉和亚历山大城的温柔之乡不能自拔，按照自己情妇的喜好处理王国和行省事务，由 256
此逐渐疏远了他在罗马的支持者。屋大维关注着局势发展并静待时机。公元前 32 年，元老院决定剥夺安东尼的权力，屋大维此时向克莉奥佩特拉宣战。公元前 31 年 9 月 2 日，亚克兴（Actium）战役爆发。亚克兴是位于希腊西部阿姆夫拉基亚湾入口处的一个海角，屋大维麾下约 200 艘战舰与安东尼和克莉奥佩特拉指挥的同等数量的战舰在此遭遇。在这场战斗的关键时刻，克莉奥佩特拉不知出于何故率领 60 艘埃及战舰夺路而逃。东方世界奢靡安逸的生活让安东尼的军队士气低落，他最终溃败并随情妇一起走向屈辱和毁灭的境地。

莎士比亚借安东尼的朋友斯卡勒斯之口说道：

她刚刚调转船头，
中了她魔法的安东尼已无心恋战，
像一只被宠溺的水凫，
拍打着它的翅膀，
远离战场，追随她前去。
我从未见如此厚颜无耻的行径，
老练沉稳、英雄气概以及名誉荣耀，
统统抛弃殆尽！

二人逃到埃及并在亚历山大再次站稳脚跟，他们似乎没有为抵抗追击他们的屋大维做任何准备。相反，他们约定在屋大维攻打到埃及后毒死彼此，然后在浮华奢侈的亚历山大城再一次陷入你侬我侬的爱河之中。传说安东尼在他们这段日子里曾经听到之前庇护并保佑他的赫拉克勒斯神在亚历山大城留下的长笛声和美妙歌声。20 世纪的亚历山大希腊诗人 C. P. 卡瓦菲受这件事的启发，写下了他最优美的诗歌——《上帝抛弃了安东尼》。

子夜时分，
突然之间，

听见神秘的唱诗班在歌唱，
伴随着优雅的乐声和嗓音，
不要悲伤哀叹你命运不济，
你毕生的事业被付之东流，
你的规划被证明虚幻一场。
而是，
要学那随时待命的大丈夫，
要学那英勇无畏的大丈夫，
离别亚历山大， 257
向她挥手再见。
至少，
不要再自欺欺人，
不要说美梦一场，
是你的耳朵骗你。
莫让空洞的希望羞辱自己。
要学那随时待命的大丈夫，
要学那英勇无畏的大丈夫，
要学那配得上这座城市的大丈夫，
脚步坚定，来到窗边，
心潮澎湃，认真倾听，
而不是如同懦夫一般，
满心哀怨，牢骚怨言！
(啊！心中一阵狂喜！)
倾听那些讯息，
倾听那神秘唱诗班的美妙乐声，
离别亚历山大，

> 向她挥手再见。

在赢得亚克兴战役的将近一年后，屋大维抵达埃及。他和克莉奥佩特拉似乎已经有过沟通，无论她如何深爱安东尼，她都更爱惜自己和埃及。她是最后一位马其顿法老，也是埃及最后一位希腊女王；她崇尚权力，视成功高于一切。她先是押宝在恺撒身上，希望成为整个罗马世界的女皇；恺撒死后，她转而看中安东尼，认为他将在之后成为地中海的主人。随着安东尼的衰落和实力下降，出于她的本性，她再次尝试通过她的聪明才智和美妙肉体来吸引罗马世界新的统治者。

安东尼从令人绝望的萎靡状态中重新振作，但是他只在亚历山大的卡诺皮克门对高奏凯歌的屋大维进行了毫无效果的抵抗。在屋大维无坚不摧的军团面前，安东尼的军队四散而逃，世界抛弃了安东尼。他认为克莉奥佩特拉信守了他们定下的自杀约定，他退回这座城市，拔剑自刎。

即使在这最后的时刻，克莉奥佩特拉仍然觉得自己在颓势之中尚可有所作为。当她用地毯将自己卷起来奉献给恺撒的时候，恺撒坠入了她的温柔之乡；当她第一次在镀金的驳船上见到安东尼时，安东尼沉溺其中不能自拔；或许屋大维也会很容易上钩？为了勾起他的同情心而不是撩拨他的肉体感官，她自己来到了屋大维的住处，正如 E. M. 福斯特所说的那样，这
258 是“通过诱惑使别人忘记悲伤”。但是，屋大维异常冷静，以至于除了对这个女人感到厌恶之外，他没有任何其他情感；从他挑剔的本性而言，这个女人只不过是一个与人通奸的妇人——她身上具备萎靡懒散的东方世界的所有特征，这恰是屋大维深恶痛绝的。

克莉奥佩特拉终于意识到一切都已结束，如果她苟活下来，那么就只会出现在屋大维横穿罗马的凯旋仪式中，成为众人嘲讽讥笑的对象，而罗马人早就对她表现出厌恶之情。根据传统的说法，公元前 30 年 8 月 29 日，克莉奥佩特拉在自己胸口放上了一条眼镜蛇，自杀身亡。她被埋葬在安东尼为他们准备好的坟墓中。至此，从伟大的征服者建成亚历山大到克莉奥佩特拉女王最终丢掉这座城市，亚历山大王室作为希腊人独特的产物寿终正寝，即使暂且不对她的道德品质进行评价，她的肆无忌惮和野心勃勃也都无法与亚历山大本人同日而语。

用屋大维自己的话来说，此时他是“万物之主”。王室的一个管家被任命来治理亚历山大城。埃及和其他诸多古代王国一样，变成了罗马帝国的一个行省。然而，作为行省的省会、港口和贸易中心以及罗马的主要粮仓所在地，亚历山大城很快就重新展现了它的重要性。在奥古斯都时代，亚历山大城的人口（不包括大量的奴隶）约为 30 万，它仍然是地中海第二大城市。此时，它的主要成就体现在哲学和宗教领域。公元 45 年，可能就是圣马可将基督教引入了亚历山大城。亚历山大城被海洋和沙漠所包围，马克·安东尼被神化了，自此赫拉克勒斯神终于被移除出这座城市，后来亚历山大城成为基督教教义的起源地之一。

第十九章　罗马人、犹太人和基督徒

259 在向东扩张的进程中，罗马人不可避免地要收拾亚历山大建立的马其顿帝国留下的残局，并与犹太人爆发了冲突。犹太人是这样一个民族，他们固执地认为只有自己是上帝特选的子民，而其他所有宗教都是虚假的宗教，注定会遭到迫害。犹太人是闪族人中一个著名的分支，他们并不认同古代世界中对另一个种族的神灵或对另一个国家万神殿的包容态度。最后，正如历史充分证明的那样，一种不宽容总是会滋生另一种不宽容——后者通常比前者更加令人恐惧不安。

长期以来，罗马人力图避免与这个人数较少的被征服民族爆发正面冲突。然而，事与愿违。不仅因为犹太人不肯妥协，而且因为接连统治他们的几位罗马总督都效率低下且贪污腐败，最终犹太人与罗马人之间爆发了战争，犹太历史学家约瑟夫斯（Josephus）以编年体形式对战争进行了详细记载。犹太行省的骚乱日益加剧，这种情况在这一时期的罗马帝国并不常见；最后，罗马人被迫采取行动。公元70年5月10日，维斯帕先（Vespasian）皇帝的儿子提图斯（Titus）包围了耶路撒冷。耶路撒冷的围城战打得十分艰难，并且持续了很长一段时间。詹姆斯·帕克斯（James Parkes）在《犹太民族史》（*A History of the Jewish People*）一书中写道："通过这座城市位于石灰岩悬崖处的许多秘密通道和出口，犹太人不断地烧毁或摧毁侵略者的器械设备，或者将外面的食物带进城来。但最后提图斯还是站在了圣殿的墙体前，向抵抗者发出最后通牒。虽然犹太人拒绝投降，但他还尽力避免毁坏神殿。毕竟，那是他父亲统治的帝国东部最著名的建筑。但是，他的努力是徒劳的；8 月 29 日，圣殿被付之一炬，夷为平地。在整座城市的废墟 260
之中，抵抗力量仍然继续进行小规模的战斗，直到 9 月 26 日，历时 139 天的围城战终于结束，罗马军队占领了整座城市。”

此后，与地中海的历史一样，犹太人悲壮的历史构成了世界历史的一部分。罗马帝国特意制定了一项政策，成千上万的犹太奴隶被贩卖到帝国的各个角落，以此防止他们团结成一个民族。但是，即便施行了这项政策之后，巴比伦的犹太人和仍居住在犹太古国范围内的犹太人接连不断引起动乱、暴动和明目张胆的叛乱，向罗马人发起挑战。在哈德良皇帝（他因为提议在犹太人古圣殿遗址上为朱庇特建造一座神庙而激怒了犹太人）统治时期，这一问题最终得以解决。在这个动荡的世纪中，巴尔·科赫巴（Bar-Cochba）是当时出现的众多弥赛亚之一，在犹太人对罗马统治者的最后一次拼死抵抗中，巴尔·科赫巴是犹太人的首领。战争持续了三年之久，但是耶路撒冷在公元 135 年再度沦陷，位于耶路撒冷西南部的最后一个犹太人据点贝塔尔（Bethar）也一并沦陷。

罗马人很早之前就已经得出了一个结论，即将敌人斩草除根是唯一的解决办法。拉丁语中“耶路撒冷”的名字被抹掉，这座城市遭遇了与迦太基同样的命运，它被夷为平地，而一座新的罗马城市——爱利亚 - 卡皮托林纳（Aelia Capitolina）在这里诞生。犹太国本身则更名为巴勒斯坦（Palestina），毫无疑问，罗马人再次驱逐犹太人，而这次驱逐或多或少具有决定性作用。罗马人在圣殿的遗址上修建了一座献给哈德良大帝的神庙，这一有预谋的侮辱行为引发了犹太人最后的起义。这座神庙还供奉着酒神巴克斯、爱神维纳斯和埃及人信奉的死神塞拉皮斯（Serapis）。统治者宣布犹太人永不得进入新建成的城市爱利亚－卡皮托林纳。作为对犹太人最后的侮辱，这座城市的南大门上方悬挂着取得战争胜利的第十军团的标志——一头野猪的图案。①

意味深长的是，在此次起义中没有站在犹太人一边的基督徒（当时分属众多派别）被允许进入新城。由于基督教对罗马世界的影响标志着地中海地区的宗教气氛出现了重大变化，因此有必要对他们最初如何战胜了旧异教世界进行一些说明。尽管吉本用一种讽刺的口吻掩饰了他所持的敌意，但是他准确地记录了为什么这个正统犹太教派的分支取得了成功而作为其起源的犹太教却失败了。

261 > 神恩的应许不再仅限于亚伯拉罕的后裔，而是对自由人和奴隶、希腊人和野蛮人、犹太人和非犹太人的普遍应许。基督教会的成员仍享有全部特权，而且这种观念深入人心，即信教者可以从俗世荣升天堂。这种特权可以提升教徒的虔诚、赋予他幸福感，或者甚至能满足那种虔诚的幌子之下秘密的骄傲；但是，与此同时，它容许甚至邀请所有人都来分享这一光荣的特权，这种特权不仅被视为人们得到的恩惠，而且被视为一种强制性的义务。因此，一个新皈依教徒最神圣的责任就是在亲朋好友中间传扬他获得的无法估量的幸福，

① 需要特别说明的是，猪是犹太人的禁忌之一。

> 告诫他们千万不能拒绝接受它，否则他们将因罪恶地违背了仁慈且万能的神的意旨而受到严厉惩罚。

事实上，基督教与犹太教不同，而且与古代世界无数的其他宗教也不尽相同，它是一种旨在改变人的宗教信仰的宗教。圣保罗在他的著述和旅行中为此指明了道路，并为犹太人和外邦人指明了道路。他一生都在宣称“基督教是世人的宗教”。正是基于这一事实，基督教在整个地中海地区逐渐散布开来。基督教从其根源上就具备很强的传播性。它宣称自己是为穷人、奴隶以及所有没有指望或希望的人创立的宗教。

如果说罗马人在宗教事务上明显具有宽容性，那么为什么基督教在罗马人手中遭受了如此巨大的苦难？答案是罗马人会给予宽容，但条件是相应的宗教团体同样也需要具有宽容性。基督徒不具有宽容性。犹太人深信他们的民族和宗教信仰使他们成为上帝的选民，而基督徒却决心改变所有他们能够改变的人，从而使后者从异教的精神死亡中解脱出来。

正如R. H. 巴罗（R. H. Barrow）在《罗马人》（*The Romans*）一书中所指出的那样，还有其他一些因素：“首先，基督教特别容易被曲解；其次，基督徒经常有意让别人来迫害自己。在当时的罗马人看来，基督徒似乎是讨厌人类的。他们期待着基督早日回到世间，那时除了他们自己以外的所有人都将因为邪恶而被火焚烧。在这场让‘永恒罗马’和全人类都绝望的灾
难中，他们似乎因此享受了荣耀。在公元 2 世纪及以后，这种 262
心态通过不同的方式表达了出来。基督徒肆无忌惮地挑起事端，这样他们就可以赢得殉道的美名。那时候的基督徒来自社会的底层，他们布道的目的似乎是发动一场特殊的革命。”

他们不在公开场合祷告，这一事实不可避免地使他们容易被人指控为在做不道德的行为甚至是吃人。一个见多识广的罗马人会如何理解圣约翰的下面这段经文呢？

> 耶稣说，我实实在在地告诉你们，你们若不吃人子的肉，不喝人子的血，就没有生命在你们里面。吃我肉喝我血的人就有永生，在末日我要叫他复活。[①]

偶像破坏者、拒绝承担大量家务劳动的奴隶、不愿在部队中服役的公民，文明的罗马人怎么会造就这样的民族？对罗马人来说，他们就是对国家的一种威胁，并且是对罗马人所代表的一切的威胁。毫无疑问，早期基督徒确实在许多方面对罗马帝国和罗马人的生活方式构成了威胁。耶稣说过，“该撒的物当归给该撒”，但是他的追随者甚至都不愿向罗马和皇帝表达崇高的敬意，而其他所有宗教派别也都准备效仿。值得注意的是，犹太人每年代表皇帝在耶路撒冷的圣殿里献祭。

在耶路撒冷第二次沦陷时，基督教与犹太教之间的冲突几乎全面爆发。在犹太人反抗罗马人的民族起义中，基督徒没有施以援手，这一事实加剧了他们相互之间的仇恨和分歧。一段相当长的时间以来，犹太教的传教活动几乎已经停止，基督教的传教活动则几乎全都指向外邦人的世界。虽然犹太教被拉比们保存下来，他们在一个名为亚夫内（Jamnia）的小镇上建立了一个保留犹太教古老传统的中心，但是犹太人分散在整个帝国疆域内。

---

① 《约翰福音》6：53—54。

亚历山大是他们的主要定居点之一，这里成了一个宗教哲学中心。詹姆斯·帕克斯写道：“说到这种犹太哲学，就不可避免地要提到一个名为斐洛（Philo）的人，他相当于那个时 263
代的拿撒勒人耶稣。……他的重要贡献是将神启置于理性之外，将神启作为人类思想体系的基础。他完全采用寓言和象征的手法来解释‘摩西五经’，但是坚持认为接受‘摩西五经’的神圣权威是合理的，因为其内容为普遍性哲学奠定了坚实的基础。因此，它与希腊哲学家关于对生命本质和我们所生活的世界的最深刻的理解是兼容的。”

亚历山大的基督徒从斐洛的著作中汲取营养，并在他奠定的基础上进一步发展，后来的穆斯林也是如此。在亚历山大城，《圣经》第一次被译为希腊文，亚历山大城成了基督教重要的中心之一；正是从这里开始，早期基督教会沿地中海海路开始传播基督教。由于水手在工作时面临着生命危险，一直以来，水手们不但迷信，而且非常虔诚。当然，基督教早期的象征——“鱼”肯定吸引了他们。它源自希腊文 ΙΧΘΥΣ，即“鱼”的意思，在希腊语中是“耶稣基督、圣子、救世主”首字母的组合。此外，《新约》中很多内容对水手很有吸引力。《圣经》中有许多关于捕鱼和海洋的内容，如加利利湖上的风暴、基督在水上行走以及捕鱼神迹，最重要的是彼得本人就是渔夫，这一事实肯定对那些体会过海洋生活艰辛的人具有吸引力。此后，在从亚历山大向罗马输送大批货物过程中，船员、统舱乘客肯定都携带了大量与基督教相关的物件。

基督教最终战胜了古代世界的其他所有宗教，也许这一点是令人惊讶的，因为它远不是唯一的东方神秘宗教。与基督教存在竞争关系的密特拉教（Mithraism）[1] 一度胜出，并且显示出与基督教存在明显的亲缘关系。对太阳神密特拉（Mithras）的崇拜起源于波斯，并于公元前 1 世纪率先传播至罗马世界。像基督教一样，它在较贫穷的阶层中尤为盛行。另外，它在罗马军队中也非常受欢迎。

密特拉被认为是一个出身神圣的青年，他在杀死了一头神公牛之后首先在大地上创造了生命。他的信徒称为萨克拉蒂
264 （Sacrati），共分为七个等级，这有点类似共济会。第三等级称为迈尔斯（Miles，即士兵），这个等级是修为尚不深厚的信徒和更高等级的信徒之间的分水岭。对于那些更高等级的宗教神秘主义信徒而言，他们的圣餐包括面包、水和葡萄酒（象征神公牛的血液）。

最高等级称为佩特（Pater，意为“父”），基督教也将这一称呼用来指代自己的祭司，即“神父”。佩特是一名神秘的修行者，他终其一生都在兢兢业业地指导信徒。圣杰罗姆（Saint Jerome）在一封书信中指出，在要求神父独身这一点上，密特拉教与基督教类似，这样这个群体就与上帝一样会获得永生，从而可以过上纯洁且高贵的生活。当然，对密特拉的崇拜似乎要求其信徒要具备很高的道德水平，而迈尔斯这个概念类似于后来的“基督斗士”。毫无疑问，正是这种士兵与邪恶力量斗争的想法使密特拉教在罗马军团中备受青睐。

对密特拉的崇拜呼应了士兵天性中的斯多葛主义思想：他保护的文明有可能让他极度失望；但与此同时，他可以与他的同伴一道，凭借勇气和耐力找到一种有意义的生活方式，通过

---

① 又译拜日教。

信仰他的宗教信仰获得希望。

罗伯特·格雷夫斯的诗歌《边境的胸甲骑兵》细致入微地描绘了士兵的这种情绪：

这里就是边境，
这是我们的军帐和营地，
这是煮豆的锅，
这是喂马的草，
这是罗马兵器。
我们严阵以待，
我们中的一人
疾驰飞奔而过，
弓弦贴在他的耳边，
射出他的沉箭，
刺穿波斯人的盔甲，
而后掷出我们的长矛——
它凝聚着我们的挚爱，
帝国的灵魂不是城邦，
而是我们这群人：
一棵朽坏的树，
只有树皮光鲜。

从最北面的伦敦，到法国、西班牙和意大利全境，再到小亚细亚和北非，罗马帝国全境都发现了崇拜密特拉神的证据。士兵们崇拜密特拉神，在军团行军时也要敬拜密特拉神。也许正是这一事实，使这种宗教在某种程度上只是在军队范围内传

265 播，从而阻碍了其更广泛地传播。无论是哪个国家的平民，都可以从在边境保家卫国的士兵身上找到值得崇拜的美德，但是崇拜不同于热爱。就像后来的帝国（例如英国）的情况一样，被殖民者认识到，殖民国和保护国所具有品质都优于自身，即便是他们的宗教也不例外。但是，从长远来看，为了维护自己的自尊心，他们几乎必然会拒绝接受这种品质或宗教，抑或同时拒绝两者。

密特拉教最终败给了基督教还有其他原因。虽然密特拉教在很多方面像具有普适性的宗教，但其缺点在于这种宗教的核心人物是一个神话人物，而不是一个历史人物。与许多其他神秘宗教一样，它灌输给人们一种美好的生活愿景，并提供了永生的希望，不过其核心是神话而不是现实。耶稣可能已经变成了一个半神半人的人物（他有各种“神迹”的加持，如是由童贞女玛利亚生下的，以及他的肉身升入了天堂等），但是从根本上来说，历史上确有耶稣其人。密特拉教的另一个弱点是女性毫无地位可言，她们似乎完全被排除在宗教仪式之外。另一方面，基督教充满了女性的影响力：从圣母玛利亚本人，一直到福音故事以及整个教会的早期历史中都有女性的身影。

排斥妇女的宗教永远不会对地中海世界的居民产生吸引力。他们对母神的记忆深深地扎根于本性的核心之中。甚至作为男性神灵宙斯和朱庇特的神庙，以及其他希腊和罗马的万神殿也不得不为女性神灵留出很大的空间。密特拉教的另一个弱点是事实上它向多神教妥协了。与此相对，基督教的彻底不妥协性是其力量的一个重要来源。罗马帝国的皇帝对密特拉教青睐有加，因为密特拉教是他们军队中士兵最崇信的宗教。密特拉教还（以一种波斯式的方式）维护国王和君主的神圣权力。然而，公元 3 世纪末，密特拉教在与基督教的竞争中败下阵来。公元 4 世纪，君士坦丁大帝成为一名基督教徒，这敲响了密特拉教的丧钟。此后不久，基督教成为罗马帝国的国教。

第二十章　罗马和君士坦丁堡
——转向东方

266 罗马是古代世界的首善之城，也是幅员辽阔的罗马帝国的心脏；一直到它沦陷的时候，罗马依然基本上是一座内陆城市。罗马背对大海而建，坐落在台伯河口东北 17 英里处。从本质上说，这个城市是在伊特鲁里亚王子和原本居住在这里的农民建造的基础上发展而来的，从来就不是一个像那不勒斯、雅典、锡拉库萨和亚历山大这些真正意义上的地中海城市。罗马是世界霸权的中心，这个霸权国家位于地中海地区，但是这座城市本身及位于城市中心的庙宇、宫殿、渡槽、浴室、圆形剧场和宏伟的纪念碑从本质上说明这个帝国是一个内陆帝国。之前是条条海路通迦太基，但此时是条条大路通罗马。

爱德华・吉本怀着一种怀旧式的情绪回顾了公元 1 世纪和 2 世纪安东尼王朝的“黄金时代”，那是意大利的军队、技术工艺和希腊罗马文化将西欧地区罗马化的时期。在 1 世纪末图拉真皇帝统治时期，罗马帝国的疆域面积最广。吉本的名著《罗马帝国衰亡史》的序言部分会让人联想到当时的地中海风情：“在基督时代的第二个世纪，罗马帝国是地球上最光彩照人并且是人类最文明的地区。古代那些威震四方、纪律严明的军队守卫着漫长的君主制帝国边境。罗马法律和礼仪的影响如春风细雨但又非常有力。各行省组成的联盟逐渐得到巩固。它们统治下安居乐业的子民们纵情享受、挥霍着财富和奢侈品。
自由宪制的地位得到了应有的尊重：罗马元老院似乎把持着主
权权力，并将所有政府的行政权力移交给了皇帝。在持续四十 267
余年的盛世之中，内尔瓦、图拉真、哈德良和两位安东尼皇帝
凭借其高尚的品德和卓越的能力来治理国家。”

但是，即使在这样的盛世之中，整个帝国的组织架构也出现了不祥之兆。帝国的扩张已经超出了它的实力所能控制的范围，土生土长的意大利人是它真正的实力所在。早在奥古斯都时期，意大利的出生率就一直在走下坡路。维持帝国的需求意味着必须从非罗马民族中招募越来越多的兵勇，这些作为兵源地的部落不久之前还是罗马的敌人。

H. A. L. 费舍尔指出：“无休无止的战争、杀婴行为、生活日益奢侈放纵、科学无力应对大城市的卫生问题等都是导致地中海两个主要国家（意大利和希腊）人力资源枯竭的原因。”实际上，导致罗马帝国分裂为东罗马帝国与西罗马帝国的原因是多方面的。然而，其中重要的一个原因自然就是边界的扩张，这要求国家维持一支常备军，而其规模太过庞大以至于土生土长的意大利人根本无法掌控。

常驻在不同行省的军队中有来自当地的士兵，这会导致军队中出现一种敌对性的竞争。他们更多的是效忠来自他们本地的将领而不是效忠远在千里之外罗马帝国首都的皇帝。这样一种情感就导致出现了悲剧式的局面，即罗马帝国的财富被浪费，罗马帝国的权力被侵蚀：整个地中海地区陷入各地将军混战的局面，有的军队辅佐皇帝登基，有的军队逼迫皇帝逊位。

3 世纪与之前的时代形成了可悲的对比。除了剑拔弩张的罗马军队之间爆发了充满血腥的战争之外，帝国越来越感到了

另一个对自身整体结构的严重威胁。从 3 世纪中叶开始，哥特人就开始如黑云压城一般陈兵罗马帝国北部边界。最初这些条顿人似乎是从斯堪的纳维亚半岛东部边界迁徙而来，他们像旅鼠[①]一样向太阳和海洋的方向即南方迁徙。他们长驱直入，践踏了整个欧洲大陆，向南抵达多瑙河下游，最终罗马帝国不得不
268 放弃达契亚省（Dacia，即今天的罗马尼亚）。251 年，罗马皇帝德西乌斯（Emperor Decius）为了将哥特人驱逐出巴尔干地区而参加战争，兵败被杀。在他去世的当年，哥特人袭击了黑海地区；大约在十年之后的 263 年，他们袭击并洗劫了雅典、科林斯和斯巴达。小亚细亚以弗所著名的阿尔特密西昂神庙被付之一炬，整个帝国的东部地区都笼罩在被肢解的阴影之中。因此，毫无疑问，随着东部地区变得越来越令人关注，罗马世界的重心开始转移。

即使考虑到罗马帝国日益关注东部地区，但是如果罗马帝国西部地区的行省没有遇到麻烦，那么罗马帝国也不会如此急遽地分裂。但是，在 3 世纪，似乎整个欧洲都处在动荡之中。例如，日耳曼的阿勒曼尼人（German Alemanni）不断入侵罗马人统治的地区，有一次他们甚至直接入侵意大利，几乎兵临罗马城下。同时，另一个日耳曼人部落大规模入侵西班牙，攻陷了位于伊比利亚半岛东北海岸的塔拉戈纳。R. H. 巴罗在《罗马人》一书中评论道："因此，毫不奇怪，帝国的各组成部分只顾自保，它们建立了自己的城市和军队，蔑视中央政府。"285 年，罗马帝国不列颠舰队的总司令卡劳修斯（Carausius）自立为王，宣布不列颠独立。鉴于动荡不安和自

---

① 旅鼠是一种北半球高纬度地区的鼠类，繁殖能力极强。在其大量繁殖并达到一定种群密度之后，它们会变得非常焦躁并极具攻击性；同时为了寻求食物，它们会快速进行迁徙。

我毁灭式的局势，戴克里先皇帝最终将整个帝国分为西部和东部两部分。[1]

如果元老院像罗马共和国时期那样真正将权力握在手中，那么实际上罗马仍然可能是帝国权力的中心。但是，由于行政权被委托给皇帝行使，因此凡皇帝所在之处即罗马帝国之所在，或者可以说，凡皇帝所在之处即代表除了罗马城本身之外的罗马帝国的一切。

关于罗马，多年前尤维纳利斯（Juvenal）[2] 写下的讽刺诗流传至今：

> 再见，罗马！
> 我把你留给那些卫生工程师和市政建筑师，
> 留给那混淆黑白和手握利润丰厚契约的人，
> 比如修建新神庙，给沼泽排水， 269
> 建港口、清河道，承揽大量工程，
> 之后，就把钱揣进了腰包之中，
> 接着，瞒天过海申请自己破产……
> 四轮运货车隆隆而过，
> 穿过狭窄曲折的街道，
> 夹杂着祈祷者的祷告，

---

① 需要明确的一点是，286 年，罗马皇帝戴克里先将罗马帝国分为东西两部分，他自封为罗马帝国主皇帝兼东部罗马主皇帝，他的战友马克西米安担任罗马帝国副皇帝和西部罗马主皇帝。此时，罗马帝国虽然分为两部分，但仍归于统一的罗马帝国之下。真正出现东罗马帝国和西罗马帝国则是在 395 年，当时狄奥多西一世临终之时将罗马帝国分给两个儿子，从此之后出现东罗马帝国和西罗马帝国，统一的罗马帝国不复存在。

② 尤维纳利斯（60—127），古罗马著名的讽刺诗人。

道路被堵得水泄不通，
仅仅这些就已经足够，
让皇帝最慵懒的海牛，
永远都能够保持清醒。
如果是商业业务洽谈，
那是富商巨贾在召唤，
他会急匆匆赶来赴会，
穿过茫茫无边的人海，
背后留下了狼藉一片。
里面还有巨大的空间：
他可以阅读并做记录，
或是慢跑时瞌睡不断。
最易让人酣然入睡的，
是那些拉下来的窗帘。
……
环顾四周，试着挑选，
值得让你倾心的女人。
把城镇上所有剧院每一排座位都看遍：
座上是否有女子让你无拘无束去爱恋？
娘娘腔的梅塞纳斯①与勒达②起舞翩翩，
那些意大利面条和香肠真是让人垂涎，
看那些妇人们，其中有一个失禁小便，

① 巴西路斯（Bathyllus，公元前70—前8），奥古斯都时期的一位舞者和默剧表演者。

② 勒达（Leda），希腊神话中的美女，她在河中洗澡时被宙斯看到，后者为她的美貌倾倒，于是化作天鹅与她共浴，并使她怀孕。

另一个在狂喜中呻吟如高潮来临一般。
乡下姑娘全神贯注，她很快通晓周全。
……
富太太派人找弗里吉亚先知来供使唤，
攫取了卜星师们积累下来的心血经验，
或是挑选智慧的老者，能够中止雷电，
马戏团的表演和护坡堤岸，
主宰越来越多平民的命运，
在系船柱和公众看台旁边，
老妓女身穿礼服，露着肩，
戴着那细金项链，
她们来征求意见：
是应该抛弃那个酒馆老板，
还是应该嫁给那个旧货贩？

就是这座罗马城，尤维纳利斯（他对罗马十分了解）用尖酸刻薄的文字刻画出了它的形象；就是这座罗马城，吉本（从一种安全的距离）将其描述为属于“人类最幸福、最繁荣”的时期和地区，而且会存续数个世纪之久。直到 476 年，罗慕路斯·奥古斯都（Romulus Augustulus）被蛮族国王废黜，有人告诉在君士坦丁堡的东罗马帝国皇帝：西罗马帝国灭亡了。

但是，早在罗马沦陷之前，罗马就已经不再是罗马帝国权
力的中心。甚至在罗马帝国分裂之前，罗马皇帝往往是在亚得 270
里亚海以东的地区，而不是在意大利或地中海西部地区。君士坦丁本人出生在纳伊苏斯（Naissus，即位于南斯拉夫境内的

尼什)，他早在登上皇位初期就曾考虑将帝国首都迁往他的出生地。但是，最终促使罗马帝国选择在拜占庭建立新首都的原因是，在君士坦丁和他的妹夫李锡尼（Licinius）为控制帝国而进行的斗争中，李锡尼以拜占庭为主要的根据地。君士坦丁注意到整个罗马帝国依靠并控制这座城市后获得了发展。李锡尼兵败之后，君士坦丁皇帝同时成为罗马帝国东部和西部的皇帝，他决定以拜占庭为中心建立新的罗马帝国。

除了政治上和军事上的原因，君士坦丁关于建设新首都的决定不仅仅是出自人本性中的骄傲情绪，而且有宗教方面的考量。君士坦丁皈依基督教的契机是一个引人注目的异象：一天中午，他看到天空中有个“燃烧的十字架”，旁边还写着“因这征兆，战则必胜”。君士坦丁在战争中大获全胜，因而皈依成为基督徒。作为他新信仰的象征，他希望为罗马帝国建立一个信仰基督教的首都，将基督教奉为国教。

拜占庭曾经是古多利安人的殖民地，由希腊商人于公元前650年建成，希腊商人早已意识到位于博斯普鲁斯海峡南侧的拜占庭占据了得天独厚的位置。它位于从海峡的欧洲一侧向亚洲一侧延伸出来的丘陵海角上。南面是马尔马拉海，北面是博斯普鲁斯海峡的巨大入口——金角湾（Golden Horn），这里有将近7英里长的深水港。除了拥有一流的港口设施外，这里还是一座天然的要塞。正如亚历山大·范·米林根（Alexander van Millingen）在《不列颠百科全书》中所描述的那样：“这里难以接近或进行围攻，对兵败之人来说就是一个几乎坚不可摧的避难所，溃不成军的军队在这里可以集结起来力挽狂澜。要想包围它，敌人必须具备在陆地和海上的强大实力。博斯普鲁斯海峡、马尔马拉海和达达尼尔海峡合抱而成的护城河会阻

挡横穿小亚细亚敌军的前进，这里可以与敌人保持相当远的距离，避免遭到敌人的攻击。无论这座城市的北部还是南部，狭 271
窄的海峡作为连接地中海与黑海的水路将会导致敌人舰队无法从任一个方向靠近它，而在陆地一侧，防御线非常短，以至于可以设置坚固的防线，并以较小的兵力抵抗数量庞大的敌军。的确，自然不会免除人们承担聪明才智和英勇果敢的义务，但是，对于君士坦丁堡陆地和海洋奇妙的构造，自然用尽最大的努力确保人类利用技艺和勇气可以在那里建成一个辉煌灿烂且安定稳固的伟大帝国。”

最初的希腊殖民者早已意识到了这样一个事实，即它的位置意味着谁占据此地谁就将控制黑海的谷物贸易。在古代世界，黑海地区是谷物的主要来源地之一；直到今天，面包仍是地中海饮食的基本组成部分。在这一点上，还有另一个地理因素在很大程度上决定了君士坦丁要以这里为基础建设一座大都市。博斯普鲁斯海峡的狭窄区域是欧洲和亚洲陆路商队路线的主要过境地。这座城市不仅扼住了黑海和俄国最重要的谷物贸易大门，而且还是欧洲、亚洲和远东地区的通衢之地，优越的地理位置使这一地区成了规模庞大的商业、制造业和贸易地区。

鉴于拜占庭所占据的自然和地理优势，似乎很难理解为什么直到李锡尼将其用作军事基地、君士坦丁决定将其作为首都之前，它在古代历史上所发挥的作用相对有限。但是，早在罗马帝国面临北部和东部的威胁之前，拜占庭位于北方这一点区位因素就已经是个缺点了：它并不属于地中海生活的主流地区。正是这种不利的地理区位因素让人们一直以来就对这座城市充满好奇，仿佛它根本不属于地中海世界一般。

拜占庭地处北纬 41 度，东经约 29 度，气候条件恶劣。夏季，环绕这座城市的三个海域释放出的水汽令人昏昏欲睡；冬
272 季和春季，这里盛行从冰天雪地的俄国刮来的寒冷北风。一年之中，几乎没有任何季节的气候可以被称为真正宜人的，而享受着世界上最宜人气候之一的地中海人不太可能选择拜占庭作为定居点。海船船长、谷物商、贩卖裘皮和波罗的海琥珀的商人，所有这些人都可能会选择到北部的城市去做生意，但是即便夏天的金角湾和博斯普鲁斯海岸呈现出一派最宜人的景色，那些富商巨贾和见多识广的人也基本上不会因为这一点而在此地定居。

“新罗马”的建成标志着地中海历史开启了新纪元。从这一刻起，罗马帝国东西两部分渐行渐远。虽然罗马帝国西部地区在日耳曼人连续入侵的重压下最终亡国，但罗马帝国东部地区则一直延续到 13 世纪，这里寄托了罗马之前的所有梦想并成了曾经在整个罗马帝国占据主导地位的希腊罗马文化的传承者。另外，教会挽救了西罗马帝国灭亡时所有可以挽救的东西，这不可避免地通过其自身的方式改变了罗马帝国的血统。

N. H. 贝恩斯（N. H. Baynes）在《剑桥古代史》中写道：“324 年 11 月，拜占庭开始转变为君士坦丁堡。有人提出反对意见，认为君士坦丁堡被建成了一座基督教城市的观点是错误的：确实，异教徒的庙宇没有被夷为平地，就像罗马信奉自己命运女神——福尔图娜（Fortune）一样，罗马帝国东部地区自然也会供奉这位命运女神，之前就是如此；同样，异教徒的雕像也从四处搜集而来并放在君士坦丁堡作为城市的装饰，但是当所有这些行为以及更多的行为被认可之后，事实上

最重要的异教徒崇拜行为就是崇拜献祭，而君士坦丁堡则禁止异教徒献祭。因为君士坦丁堡是基督教徒的‘罗马’这一事实，这种策略具有重要意义。从一开始，它的命运就已注定。”还需要提及，君士坦丁非常敏锐地意识到对异教徒进行迫害只会让他们焕发新的活力。（事实证明迫害基督教并没有让基督教一蹶不振，反而让它更具韧性。）对于他本人而言， 273
他对异教徒行为仍然持宽容态度，他肆无忌惮的嘲讽可能要比采取行动更让异教徒备受煎熬。

传说基督亲自确定了城墙的走向路线。当皇帝正用手中的长矛去划定他的新首都的区位时，一位大臣问他：“我主陛下，您打算建多大的城?”君士坦丁回答：“直到在我之前的人停留的地方为止。”当然，新城墙所围绕的区域远远超出希腊贸易口岸拜占庭的面积。根据古代的权威观点，朝向内侧的墙线位于老城区所在地以西 2 英里处。即便是这样，在其建成之后的 80 年内，相比于人口的增长，这座城市显得太过狭小，城市必须进一步扩大，另一道防御墙拔地而起，城市占据了更大面积的土地。

为了装饰这座新城，庞培与恺撒爆发战争期间遭受严重破坏的希腊神庙和城镇再次遭到洗劫。就像菲利普·谢拉德（Philip Sherrard）在《君士坦丁堡》一书中所说的那样：“以弗所的阿尔特密西昂神像、罗得岛林多斯神庙中的雅典娜神像、多多纳宙斯神庙、卡斯特和帕勒克的雕像、德尔菲的阿波罗神像、赫利孔的缪斯女神像、基齐库斯[①]的瑞亚神像、罗马

---

① 原文为 Cyzicene，是 Cyzicus 的形容词形式，后者又译为塞西卡斯、库齐库斯等。

守护神像、利西普斯[1]的四匹马雕塑（被安放在威尼斯圣马可教堂的外墙一侧，后被安放在凯旋门并保存至今）、青铜鹰和卡吕冬野猪[2]、德尔斐的三足青铜柱（上面刻着公元前 479 年击败波斯国王薛西斯的普拉塔亚战役中希腊 31 个参战城邦的名称）：这些是君士坦丁搜集过来用以装饰新首都的部分装饰和雕塑。”这就是君士坦丁的品位。在皇宫的入口处，悬挂着一幅皇帝的蜡画，他头顶十字架，脚下有一条蛇（象征邪恶）。另外，在城市的巨大广场——君士坦丁广场上竖立一尊君士坦丁大帝的雕像似乎也不是不合时宜的，君士坦丁大帝立于巨大的斑岩柱顶上，仿佛阿波罗神一般。

274 君士坦丁堡建立在罗马和基督教的双重传统基础上，这种西方和东方的奇怪融合（军事霸权和苦行者的禁欲主义）给这座城市打上了烙印，从其建立到最终覆灭。这座城市的装饰不仅包括异教徒的古代雕像，而且有无数基督教留下来的物件，笃信宗教的信徒们已经开始搜集不计其数遗存下来的物件。除了两个叛徒将基督钉死的十字架外，还有挪亚用来造方舟的平头斧以及基督喂饱 5000 人的面包碎屑。还有，不要忘记智慧女神帕拉斯·雅典娜（Pallas Athene）的古老神像，埃涅阿斯原本将其从特洛伊带到意大利，此时它又从罗马来到了这个新址，这里距离它在小亚细亚的最初所在地并不遥远。

君士坦丁堡横跨博斯普鲁斯海峡，这座城市就像亚历山大

---

① 利西普斯（Lysippus，生卒年代不详），古希腊著名的雕塑家。

② 古希腊神话中的怪兽。传说卡吕冬国王忘记给狩猎女神阿尔特密西昂献上祭祀，女神因而发怒并派出一只凶神恶煞的野猪去骚扰卡吕冬地区，后来希腊各地英雄群起围猎并将野猪杀死。

城一样，也是由一个伟大的征服者经过精心规划后修建而成的，以彰显统治者的英名，并成为行政中心以及陆军和海军总部。与罗马不同，首先这座新首都是一座沿海城市，这是一个巨大的海港以及拥有庞大舰队的港口。此时，海上希腊人的资源和技能将极大增强拜占庭的帝国海军力量。

君士坦丁皇帝未预料到的一个怪异事实是新罗马最终以希腊语为官方语言；实际上，它将成为一个希腊帝国而不是拉丁帝国的首都。拜占庭人一直称自己是罗马人（Romaioi），但是他们在很大程度上属于希腊血统，他们说的是希腊语。另一方面，罗马之所以丧失了至高无上的地位，部分是因为与异教徒的交往，而极具讽刺的是，它却最终成了基督教世界的首善之城。

第二十一章　地中海的肚脐

275　有时岛屿比城市更能窥见历史的缩影，位于地中海战略十字路口的马耳他群岛就是一个极好的例子。这个规模较小的群岛由马耳他岛、戈佐岛、科米诺岛和两个无人居住的小岛组成，总面积略超过120平方英里。但是，土地面积可以忽略不计并不总是意味着它在文化、政治或战略方面也无关紧要，因为这些方面在很大程度上取决于地理位置。例如，爱琴海的提洛岛就没有自然资源。

马耳他群岛位于西西里岛以南70英里处，它到地中海东端塞浦路斯的距离和到另一端直布罗陀之间的距离几乎是相等的；马耳他群岛控制着西西里岛、意大利和北非之间的南北方向贸易路线，以及大部分的东西方向贸易路线。因此，从早期到20世纪，在地中海的大部分历史上，马耳他群岛的影响力与其领土面积完成不成正比。由于几乎所有统治或试图统治地中海的大国都利用了马耳他优良的天然港口，马耳他的历史在许多方面代表了这片海洋的历史。

公元330年，君士坦丁大帝在博斯普鲁斯海峡的岸边建立新都，当时马耳他是一座繁华的罗马自治城镇。别墅、浴室和文物遗迹表明，在罗马的统治下，这个小岛和它更小的姊妹岛戈佐岛上的生活非常安逸。这并非常态。在公元前1世纪，当时臭名昭著的韦雷斯（Verres）担任西西里岛和邻近岛屿的总

督，他搜刮了所有可以在马耳他岛找到的艺术品，尤其是存放
在著名的庙宇（建于希腊和腓尼基时代）内的艺术品，这些
庙宇中的艺术品是水手在还愿的时候献上的。后来，这些岛屿
得到了理智和谨慎的管理，马耳他的主要港口——格兰德港成 276
为在地中海中部地区开展业务的商船和桨帆战舰的重要的仓
储、贸易和维修中心。布匿战争期间，马耳他体现了作为海军
基地的价值，但是这些岛屿早在爆发这一冲突的数千年之前就
在地中海历史上发挥了作用——至少在数个世纪间决定了这片
陆间海的势力平衡。

在公元前 4000 年至公元前 3000 年的某个时间点，这些岛屿第一次被殖民。直到不久前，人们还认为人类第一次登上这个群岛是在大约公元前 2500 年，但是最近的碳 14 分析确认了人类早在公元前 3800 年前后就已出现在岛上的事实。这些最初的居民很可能来自附近的西西里岛，他们要么乘坐独木舟要么借助用皮革包起来的小圆桶抵达这里。马耳他岛和戈佐岛距离西西里岛非常近，以至于在天气晴朗的时候，从西西里岛南部的山脚眺望过去，就可以看到这些海岛如同浅色秋叶一般漂浮在海面上。第一批渡过海峡、渴望找到土地的定居者发现了一个面积虽然狭小但土壤肥沃、林木茂盛的地区，并且有充足的水可以满足他们的需求。新石器时代的人类定居在这些岛屿上，他们似乎带来了一种生殖崇拜和母性崇拜。与其他原始种族一样，他们的观念中可能完全忽略了男性所扮演的角色。这很可能导致了母神的出现，这个神秘的女性是“所有生命的源头”，后来马耳他当地所建的神庙都被用来供奉这位神灵。

大约在六百年之后，越来越多的移民抵达马耳他岛和戈佐

岛，带来了更为先进的红铜文明。正是在这将近一千年（约公元前 3000 至公元前 2000 年）的时间里，用岛上原生的石灰岩建成的宏伟庙宇如雨后春笋般出现在岛上，考虑到当时岛上的条件只可以供少量的人类居住，这一现象是令人惊奇的。布莱恩·布卢埃（Brian Blouet）在《马耳他的故事》（*The Story of Malta*）中推测："如果将绝大部分可利用的土地进行耕种，那么这些岛屿在红铜时代大约可以养活 5000 人……"

有人推测，在这一千年里，马耳他群岛可能已成为古代世
277 界的"卢尔德"（Lourdes）[①]，但很少有证据表明，在此期间来访者是从地中海的其他地区来到这个群岛的。更有可能的情形是，居住在这些富饶岛屿上的这一小部分人可以享受到华美的建筑和精心设计的宗教仪式带来的奢华感。在母神仁慈的庇护下，岛民们形成了自身平和与精致的文化。他们似乎与欧洲的所有部落活动都毫无干系，也没有证据表明他们曾经与谁发生过战争。

光辉灿烂的神庙文化消亡了。在公元前 1800 年之前不久，这些神庙的建造者仿佛被魔术变没了一样。他们突然消失的原因可能是人口超过了岛屿的自然资源承受限度或因某种疾病而死亡，又或是气候条件的变化（很可能是在公元前 2500 年以后发生的）导致他们无法继续在岛上生活。这些岛屿，即使不是荒凉一片，也是人烟稀少的，直到青铜时代来自西西里岛的人进一步入侵这里后，人类的足迹才又重新遍布这些岛屿。此时的文化比以前的文化逊色不少，并且伴随着青铜时代后期

---

① 法国南部的一座城市，靠近西班牙，每年有大量来自世界各地的天主教徒前来朝圣。

的入侵者不断增加，这种文化持续了一千年之久。

公元前 146 年，迦太基灭亡；公元 476 年，西罗马帝国的最后一个皇帝罗慕路斯·奥古斯都被蛮族人废黜——这两件事情间隔六百余年。公元前 478 年，雅典进入鼎盛时期并勉强维持了五十年。时间具有相对性。即使用圣母玛利亚来代替古老的母神，许多马耳他农民的生活与早期在岛上耕作的人的生活仍然没有什么不同，他们在简单平静的生活中世代繁衍。

大约公元前 1000 年，随着腓尼基人的到来，马耳他站上了历史的舞台。很有可能迈锡尼人早在向西航行之时就已经到达过该群岛，因为公元前 2000 年到公元前 1000 年间，当地神庙的装饰风格出现了变化，明显受到了迈锡尼的影响。但是，即便这些地中海最初的伟大海员确实曾经抵达马耳他，他们似乎也没有留下曾经到访的痕迹。然而，从公元前 1000 年前后开始，有许多证据表明腓尼基人曾到达这里。新移民似乎使用的是南部的马尔萨什洛克（Marsaxlokk）港口，而不是格兰德港。即使他们曾经将船舶停靠在格兰德港并在港口附近的地区建造船舶——就像他们后来做的那样——证据也早已被数百年 278
来不断堆积的建筑深深地压在地下。在任何情况下，马尔萨什洛克港都是水手们从非洲向北方航行时经过的第一个港口。这些早期的腓尼基海员很可能并没有在该岛上进行殖民，而是经常性地使用这处港口。海员们可以在这个贸易站和避风港休整或维修他们的船只。

迦太基建立后，这个处于北非与西西里岛之间航线上的小群岛获得了十分重要的地位，迦太基人在这里建起了一个永久性定居点。D. H. 特朗普（D. H. Trump）在《马耳他考古》（*Marta's Archaeology*）一书中写道："我们也可以看到其他势力对这个群岛的影响。贸易带来了一些来自埃及和希腊的货物，尽管这些岛屿从来没有被埃及人或希腊人占领过。”红陶石棺证实了埃及对这里产生的影响，而我们在一些腓尼基人的坟墓中发现了希腊器皿，其中有一只非常漂亮的罗得岛“鸟碗”，出产于7世纪中叶；还有一只科林斯杯（基克拉泽斯杯）。实际上，马耳他见证了自公元前1000年以来地中海地区发生的部分事件。造船匠来到这里，使这片陆间海的文化出现了交融。马耳他群岛长期以来与外界隔绝的事实最终对这里的建筑产生了独特的影响。像其他岛屿一样，马耳他也卷入了地中海的历史——不同群体和国家为了统治整个地中海盆地而展开的争夺。

“马耳他”这个名字源自腓尼基语的“malat”一词，意为“港口”“避风港”“避难所”。对于早期的航海者而言，“马耳他”可谓名副其实：孤独的航海者在地中海中部发现这座海岛，它恰处在贸易路线的十字路口，并且位于东地中海盆地和西地中海盆地的分界线上。水手们将它的姊妹岛戈佐岛称为“Gaulos”。在腓尼基语中，这个词是指“桶”或任何圆形的容器，因此被用来指称腓尼基人的圆形商船和戈佐岛，因为这座岛几乎就是圆形的，从海面上望去，有点像是倒放的圆桶。

与公元前7世纪地中海的其他地方一样，紧随腓尼基人之后来到这里的是他们在商业上的竞争对手——希腊人。在马耳他，希腊人和腓尼基人似乎可以相安无事、和平共处。腓尼基人在马尔萨什洛克为他们信奉的神——美刻尔建造了一座神庙，在两根柱子上用希腊语和腓尼基语篆刻了献词。（正是在
279 17世纪发现了这些石柱之后，一位法国东方学者才得以据此

破译腓尼基人的文字，即所有欧洲字母的母体。）希腊人和腓尼基人似乎在马耳他问题上并未爆发冲突，原因可能是该岛在希腊人抵达之前就已经是迦太基的殖民地了。布匿文化已经在此扎下深根，希腊人无力挑战他们对手的霸主地位。

希腊人称该岛为“梅利塔”（Melita），这个词源于希腊语中的“meli”，即“蜂蜜”的意思；早在远古时代，马耳他就因出产蜂蜜而闻名于世。但是，这个词很可能只是腓尼基语“malat”的变体，希腊人将这个词与他们自己语言中最为相近的词语关联在了一起。

希腊文学作品中第一次提到这个小群岛可能是荷马的《奥德赛》。英雄奥德修斯在海上漂流时，他的船沉没在一个名为卡吕普索（Calypso）的女神统治的神秘海岛附近，女神的家乡被称为“大海的肚脐”。对马耳他而言，这个描述恰如其分。实际上，地中海的其他任何地方都担不起这个称谓。数千年来，马耳他一直就是女神崇拜的中心区域，而这种崇拜不可能在荷马写作的年代就消失得无影无踪了。英雄与“女神”居住在一起的七年旅居生活也许不过是指“神圣国王”与代表女神的女祭司一起居住的“七年规则”。人们认为荷马提到的这个岛屿就是马耳他的另外一个线索就是女神自己的名字。“Calypso”在希腊语中的意思是“隐藏”或“躲藏者”，荷马笔下卡吕普索居住的岛屿名为“Neesos Kalupsous”，翻译后的最佳表述就是“藏身之岛”（Island of the Hiding Place）。实际上，这个称呼只不过是将该岛的腓尼基语名称翻译为希腊语而已。

如果说希腊人和腓尼基人在马耳他实现了和平共处，那么迦太基人和罗马人就没有做到这一点。在布匿战争期间，整个地中海地区陷入了迦太基舰队和罗马舰队的战火，曾经一片祥和的岛屿不可避免地卷入了这场战争。像其他中世纪的民族一样，迦太基人也曾将他们的舰队和桨帆战舰停靠在这座岛屿优良的海港之中。第一次布匿战争期间，马耳他是迦太基的海军基地，罗马人意识到了它的重要性，入侵并占领了这座岛屿。在两个相互敌对的大国爆发的第一次战争期间，这座岛屿曾经
280 数次易主。公元前 241 年哈米尔卡签订协议之后，尽管西西里岛被割让给了罗马，但马耳他仍然是迦太基的殖民地。毫无疑问，罗马人认为如果他们拥有位于地中海中心的这座大岛（即西西里岛），那么他们可以接受将这个小群岛（即马耳他群岛）留给手下败将。然而，在第二次布匿战争期间，他们意识到了自己的错误。公元前 218 年，腓尼基人对该岛八百年的统治历史画上了句号，罗马执政官塞姆普罗尼乌斯（Sempronius）占领了马耳他岛和戈佐岛，将其置于罗马的统治之下。

统治者先是腓尼基人、希腊人，然后是罗马人——这个小群岛反映了众多大城市和国家的命运。但是，腓尼基人漫长的统治和迦太基人的影响已经给马耳他打下了烙印，人们的语言和文化在罗马人统治的七个世纪里基本上没有什么变化。公元前 146 年，罗马人就是利用了马耳他的港口大举进攻并毁灭了迦太基。马耳他人被罗马人视为同盟者，之后马耳他岛和戈佐岛都成为自治城镇，享受着一定程度的地方自治权。在罗马统治时期，这些岛屿重归和平与繁荣，这一点似乎是无可置疑的。当时马耳他仍然是郁郁葱葱且富饶肥沃的岛屿。尽管在之前的两千年里，一定有大量的森林被砍伐，并且导致了水土流失，但是公元前 1 世纪的诗人奥维德在作品中仍然将其描述为

“富饶的马耳他岛，这里掀起了利比亚海的波澜”。岛上的树木砍伐活动（导致后来荒地和沙漠景观的出现）发生在罗马统治结束至 16 世纪初期医院骑士团[①]到来的这段时间内。在这一千年之中，马耳他发生了天翻地覆的变化，以至于圣约翰骑士团的司令官在勘察了这座岛屿后将其描述为“仅是一块砂岩，其表面覆盖的土层基本上不足 3 英尺，土壤坚硬，非常不适合种植谷物或其他粮食作物”。

马耳他群岛保存下来的罗马时期的遗迹表明，这里的农业主要以谷物生产和橄榄种植为基础。马耳他还因为出产蜂蜜和纺织品而闻名于世。腓尼基人是古代世界最重要的制布商之一，很可能在他们统治马耳他期间就建立了纺织业。在 281
“罗马之海”繁荣的商贸活动的推动下，港口继续呈现一派繁荣景象，而行政首都则位于该岛的中心位置，即一块岩石高地上，从这里几乎可以俯瞰整个地区。在这里发现的基督教地下墓穴遗迹提醒人们，马耳他是地中海最早被基督教化的地区之一。

公元 58 年，圣保罗和圣路加在前往罗马的途中在马耳他因飓风友拉革罗（Euroclydon）而遭遇海难。几乎可以肯定，这是一股东北风，现在这种风在冬天仍会侵扰这些岛屿。《使徒行传》第 27 ~ 28 章中如此描述这些事件：

> 到了天亮，他们不认识那地方，但见一个海湾，有岸可登，就商议能把船拢进去不能。于是砍断缆索，弃锚在

---

① 其全称为“耶路撒冷、罗得岛及马耳他圣约翰主权军事医院骑士团”，又称“圣约翰骑士团”（见下文）。

> 海里，同时也松开舵绳，拉起头篷，顺着风向岸行去。但遇着两水夹流的地方，就把船搁了浅。船头胶住不动，船尾被浪的猛力冲坏……我们既已得救，才知道那岛名叫马耳他。土人看待我们，有非常的情分，因为当时下雨，天气又冷，就生火接待我们众人。①

在希腊语中，马耳他的居民被称为“异族”（barbaroi），因为他们既不说拉丁语，也不说圣保罗和他船上乘客说的希腊语。几乎可以肯定的是，他们仍在说腓尼基语的一种方言，这是他们在几个世纪的迦太基人殖民时期学会的语言。尽管经历了两百多年的罗马统治，但是毫无疑问，天性保守的农民中很少有人讲拉丁语。实际上，希腊历史学家——西西里的狄奥多罗斯（Diodorus Siculus）在马耳他岛和戈佐岛成为罗马帝国的一部分的很久之后还称其为“腓尼基殖民地”。

通常被视为圣保罗沉船所在地的遗址位于马耳他东北海岸附近的一个小岛上，它位于海湾的入口处，至今这里仍以使徒的名字命名。在两位使徒留在马耳他首都的三个月中，圣保罗（除了行其他奇事）还治愈了岛长部百流（Publius）父亲的病
282 症。毫无疑问，在此期间他向当地人传了福音，甚至使部百流皈依了基督教，似乎还成为岛上的首位主教。由此，马耳他群岛成为罗马统治下的地中海地区最早的基督教中心之一。即使在这一早期阶段，马耳他人的基督教信仰仍可能带有轻微的圣母崇拜（Mariolatry）色彩，在这座岛之后的宗教历史上，这种崇拜成为一种鲜明的特色。在这些岛民的宗教中占统治地位

① 《使徒行传》27：39—28：2。

达数千年之久的母性崇拜不太可能会彻底消失。在地中海的许多地方，大地母亲只是变成了以其他名字命名的女神，但是她仍然会出现其他转变（同样也是经过精心设计的转变）。

当君士坦丁大帝在罗马帝国东部建立新都时，马耳他正处在一片祥和安宁之中。马耳他群岛的历史准确地反映了数百年间的地中海历史。它在公元前第三个千年间被北方的欧洲人占领，随后被地中海盆地中不断爆发冲突的种族争来抢去。马耳他人流淌着闪族人、拉丁人、希腊人以及其他航海民族的鲜血。他们的语言是闪族人的语言，但是其法律和习俗在很大程度上来自罗马人，而其宗教又起源于闪族，后来我们将被希腊罗马文明转变为混杂着哲学和启示宗教的结合体称为“基督教”。与整个地中海地区一样，东西方相互融合产生了后来被称为欧洲文明的独特产物。

330 年，随着罗马帝国的新首都——一个基督教的首都在博斯普鲁斯海峡的岸边建立，从表面上看，地中海世界归于平静。法律实现了统一，地中海中的船舶“在其符合法律的条件下”可以通过，一种宗教开始整合地中海地区的各个种族和国家。在许多地方，例如在马耳他这样的小群岛，似乎在物质与精神之间、东方神秘主义与北方实用主义之间，以及这片陆间海的不同血统之间达成了和解。万物都将改变。操纵人类事务的神秘钟摆即将摆动起来。征服者将被征服，被征服者将翻身做主；艺术、科学、语言和文化将重新洗牌。在这片海洋中永远奔涌不息的洋流将再次搅动所有的海域。

上图：大约公元前 1300 年的埃及古船复制模型
(Science Museum)

下图：里卡（Riqqah）出土的珠宝胸饰
(Manchester Museum)

上图：出土自马耳他岛
(National Museum of Malta: photo Malta Government Tourist Office)

下左：出土自基克拉泽斯群岛
(Ronald Sheridan)

下右：出土自克里特岛
(Mansell Collection)

上图：米诺斯文明晚期的鱿鱼纹饰
(Mansell Collection)

下图：哈吉亚-特里阿达(Hagia Triada)出土的“收割者之瓶”
(Mansell Collection)

左图：一尊巴力青铜像
(Ashmolean Museum)

右图：尼尼微的西拿基立（Sennacherib）宫殿墙壁上的浮雕，描绘了公元前701年提尔和西顿国王卢利（Luli，在希腊语中为Elulaios）从提尔逃离的景象
(British Museum : photo P. J. Davey)

上图：墓室壁画：花园中的演奏者
(Mansell Collection: photo Alinari)

下图：罗马附近的切尔韦泰里墓葬群
(Italian State Tourist Department)

上图：奥德修斯被绑在桨帆船的桅杆上，以免受海妖塞壬的蛊惑
(British Museum)

下图：6 世纪的货船（左）和战船（右）
(Mansell Collection)

上图：帕特农神庙的带状装饰雕刻，展示了拉皮斯人和半人马交战的情形
(British Museum : photo P. J. Davey)

下图：提洛岛的石狮
(National Tourist Origanization of Greece: photo Yannis Scouroyannis)

上图：塞杰斯塔的希腊神庙
(Italian State Tourist Department)

下图：埃特纳火山鸟瞰图
(Paul Popper)

上图：硬币上的尤利乌斯·恺撒（左）和马克·安东尼（右）肖像
(British Museum : photo P. J. Davey)

下图：罗马舰船，截取自奥斯蒂亚浮雕
(Mansell Collection: photo Alinari)

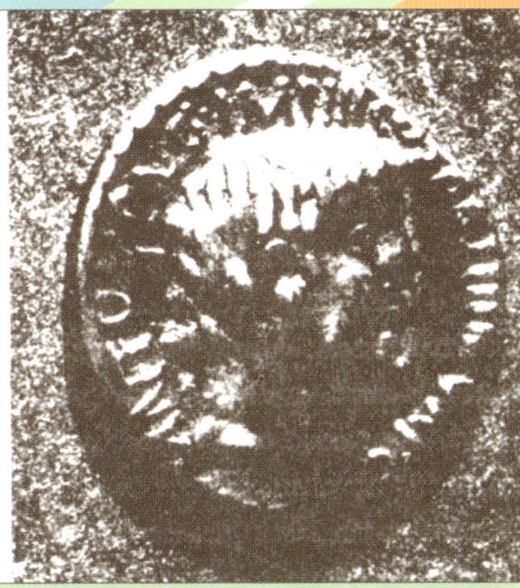

亚历山大城的庞贝柱
(A.F. Kersting)

上图：布匿硬币，正面可能是汉尼拔的肖像，背面有一匹马和一棵棕榈树
(British Museum；photo P. J. Davey)

下图：罗马版本的奥德修斯和塞壬的故事（突尼斯）
(Bardo Museum, Tunis)

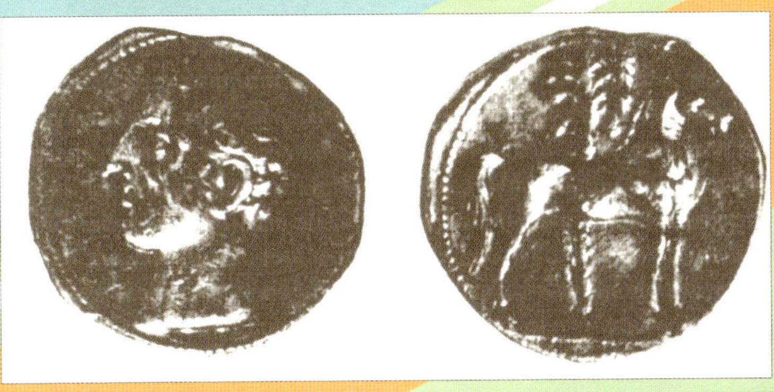

上图：奥古斯都头像
(Mansell Collection: British Museum)

下图：阿尔勒的露天圆形剧场
(A. F. Kersting)

上图：古罗马广场遗址，18 世纪由帕尼尼 (Panini) 绘制
(Detroit Institute of Arts)

下图：斯普利特 (Split) 的戴克里先宫殿遗址，
由 18 世纪罗伯特·亚当 (Robert Adam) 绘制
(RadioTimes-Hulton Picture Library)

上图：切法卢大教堂内的马赛克镶嵌画《全能者基督》
(Mansell Collection: photo Alinari)

下左：6 世纪的巴贝里尼象牙雕塑上的查士丁尼皇帝
(Mansell CollectionLouvrephoto Giraudon)

下右：西西里诺曼王国统治下的巴勒莫的巴拉蒂娜小教堂 (CapellaPalatina) 内景
(A. F. Kersting)

上图：威尼斯硬币上的丹多洛总督肖像
(British Museum : photo P. J. Davey)

下图：19 世纪的君士坦丁堡城墙
(Courtauld Institute)

上图：圣马可教堂外安放的铜马，它们是从君士坦丁堡带回的战利品
(Mansell Collection: photo Anderson)

下图：守卫罗得岛港口的威尼斯城堡，上面修建了了一座现代灯塔
(A. F. Kersting)

上图：奥鲁奇和海雷丁（即巴巴罗萨）
(National Gallery)

下图：海军上将乘坐的一艘桨帆船
(National Gallery)

海军上将纳尔逊勋爵，他是尼罗河河口战役的胜者，由比奇绘制
(National Portrait Gallery)

19 世纪早期的直布罗陀

(Mary Evans Picture Library)

1798年金字塔战役中的拿破仑

(Mansell Collection)

纳尔逊的旗舰“胜利号”
(National Maritime Museum)

上图：坦尼尔(Tenniel)对迪斯雷利关于苏伊士运河的妙计的著名评论
(Mansell Collection)

下图：1869 年苏伊士运河开通
(Mansell Collection)

上图：加里波利战役：登陆苏弗拉湾，
1915 年由诺曼 · 威尔金森 (Norman Wilkinson) 拍摄
(Imperial War Museum)

下图：护航体系：马耳他护航船队中的“俄亥俄号”(*Ohio*) 油轮，
1942 年由诺曼 · 威尔金森拍摄
(Imperial War Museum)

地中海在 20 世纪成为休闲娱乐的场所，
照片中央是一艘停泊在帕特莫斯岛附近海域的游轮
(A. F. Kersting)

第三部

我感觉到苍穹已经贴近大地，我在天地之间，透过针眼呼吸。

——664 年，征服埃及的阿拉伯人
阿穆尔临死前在病床上的遗言

第二十二章　混乱之海

5 世纪，日耳曼人对地中海沿岸国家的入侵达到了高潮。 285
在当时众多军团的领导人之中，最为杰出的领导者就是“英勇之王”阿拉里克（Alaric the Bold）。这位杰出的条顿酋长首先攻打的是东罗马帝国，但是君士但丁堡似乎坚不可摧，他便转而向西进发。在横扫整个希腊之后，他三度围攻罗马城，最终在 410 年占领并洗劫了这座城市。

同时，在西部的高卢行省，其他条顿人的部落始终让罗马帝国感到压力。这些军团是从围攻不列颠的军团中撤出的部队。阿兰人（Alans）和汪达尔人（Vandals）从比利牛斯山脉向南进入西班牙，而匈奴王阿提拉和匈奴人短暂地控制了从莱茵河到乌拉尔山脉的整个地区。罗马和君士坦丁堡的君主一度只不过是傀儡，屈服于这些落后但强大的酋长和野蛮的士兵。在此过程中，许多入侵者被罗马化，甚至皈依基督教。他们对希腊罗马文化优越性的尊重意味着他们时常会成为盟友，或者在确保其体制架构的范围内形成联盟，这种情况与罗马帝国悠久历史中的许多其他民族一样。

H. A. L. 费舍尔评论说：“到这个时候，罗马世界对日耳曼军团的士兵、宫廷中的日耳曼投机分子和田地里的日耳曼移民非常熟悉，以至于人们全都没有意识到 5 世纪所发生这些事件的真正发展趋势。”“这些事件的真正发展趋势”是不断的

入侵和西罗马帝国的分裂，分裂出来的不再是罗马的行省，而是哥特人、西哥特人和其他北欧部族统治的国家，这彻底摧毁
286 了帝国的体制架构。在此一个世纪之前，当君士坦丁大帝在博斯普鲁斯海峡建立他的新罗马帝国时，地中海世界仍然是大一统的局面。这种大一统很快就不复存在了。

奥古斯都曾将拉韦纳作为罗马舰队的主要基地之一，如今这里成了西罗马帝国实际意义上的首都。404 年，霍诺留斯（Honorius）皇帝对阿拉里克在意大利北部地区的扩张极为警惕，将他的宫廷和行政机构迁到了这座海滨城市。据说，这座城市的海湾可停泊 250 艘船，而波河的一条支流被改道后横穿城市中心，这样小船就可以在其城墙的掩护下安全行驶。淡水通过一条将近 20 英里长的渡槽引入城中，这座城市因为出口阿尔卑斯山的木材而繁荣起来。拉韦纳以东的大片松树林提供了优良的造船材料，而后来最后的罗马统治者们发现只要依靠一座海边的城市或是以海洋为基础的城市，他们就可以维持一种权力的表象或稳定的政府。从 404 年到 476 年西罗马帝国灭亡，拉韦纳实际上就是西罗马帝国的首都。

穿过拉韦纳中心的那条运河也被分流成无数的沟渠和支运河，而规模庞大且蓄满水的堤坝环绕着陆地上的城市。交通几乎完全依靠船舶或桥梁，如果北部侵略者企图横穿这座城市，那么就可以拆毁连接该城市和腹地的主要堤道来阻止他们，沼泽地几乎无法通行。在地中海地区，没有任何地方像 5 世纪的拉韦纳，直到多个世纪以后在亚得里亚海同一片海域上繁荣发展起来的威尼斯出现。甚至西罗马帝国首都的房屋桩基都是建在水下的。就其防御和选址方面来说，拉韦纳可能是这一时期最安全的罗马城市，唯一的例外就是君士坦丁堡。

只要进犯西罗马帝国的侵略者仍然是陆军（手持利剑的条顿士兵或骑马的匈奴士兵），那么罗马帝国的残部仍然可以在沿海地区得以维持。如果可以维持对海洋的控制，那么就有可能最终抵挡住侵略者连续不断的侵略浪潮，并且将其罗马化，帝国从而就能够再次焕发生机。

在东罗马帝国，君士坦丁堡固若金汤的城墙确保了首都仍 287
旧是一个名副其实且渗透到各个领域的权力中心。即便东罗马帝国皇帝经常不得不屈服于条顿或蒙古入侵者，但是他们的海军控制了邻近海域这一事实意味着，他们可以继续与黑海周围地区以及南部重要的粮仓——埃及开展贸易。从另一方面来说，拉韦纳虽然防御位置极佳，但意大利的土地将其与地中海西部盆地分割开来。它的舰队可以确保亚得里亚海的安全，不过在保护到非洲的谷物贸易路线，以及意大利西海岸或西西里岛方面，这个选址是有瑕疵的；更不用说巡视巴利阿里群岛和西班牙的海上联络线，在奥古斯都帝国时代，这属于罗马帝国驻扎在那不勒斯湾的米塞努姆和普罗旺斯的弗雷瑞斯的西方舰队的职责。但是，此时罗马帝国的西方舰队已经名存实亡了。

将5世纪称为“民族大迁徙”的时期可谓恰如其分，其间汪达尔人到达地中海这一事件带来了最大的冲击。汪达尔人并不是一个海洋民族，而是一支来自匈牙利平原的骑马民族。5世纪初，他们与苏维汇人和阿兰人这两个部族一起进入西班牙。与之前已经占据此地的西哥特人爆发流血冲突后，汪达尔人及其盟友成了伊比利亚半岛的主人。到425年，他们已经控制了几乎整个西班牙地区，而当卡塔赫纳和塞维利亚落入他们的手中时，他们确立了统治地位。这是西班牙南部罗马政权的最后两个堡垒。此时，西罗马帝国已经丧失了这个富裕且重要的行省的全部土地。如果汪达尔人满足于现状，那么他们最终可能会被帝国的组织架构同化。但是在占领卡塔赫纳和其他港口的过程中，他们还收编了一支舰队。来自平原的骑兵变成了水手。

他们占领的西班牙地中海沿海地区停靠着从亚历山大港等东部港口来到这里开展贸易的船只，这些商人在毫不知情的情况下驶入已被汪达尔人占领的港口后就会被控制住。然后，汪
288 达尔人扩大了征服范围：他们驶过直布罗陀海峡，袭击了富裕的罗马行省毛里塔尼亚（今天的摩洛哥和阿尔及利亚西部地区）。几乎整个西班牙都变成了他们的领土，人们可能认为他们会满足于在此地定居，但这些游牧的骑兵并不是农民。一旦他们铆足了劲向西欧发起大举进攻，除了掠夺和抢劫之外，他们再也没有其他的生存方式。像几个世纪之后的土耳其人一样，他们所建立的霸权完全是基于不断的征服。

428 年，令人敬畏的盖塞里克（Gaiseric）就任汪达尔国王，地中海历史翻开了新篇章。盖塞里克是那个动荡时代中最杰出的人物之一。他在就任国王时大约 28 岁，因为曾从马上摔下来而变成了一个瘸子，并且身材矮小。6 世纪的历史学家约达尼斯（Jordanes）曾撰写哥特民族史，但是他描述的这个最著名的汪达尔人并不讨人喜欢。他“老谋深算，沉默寡言，不喜欢享乐，容易暴怒，热衷于征服并且狡猾地在国家之间挑拨离间，使国家之间相互征战”。他还是一位冷酷无情、多谋善断的战略家和战术家。他是改变地中海西部面貌最多的人。

盖塞里克不满足于征服毛里塔尼亚行省，因此决定攻入北非并占领这片土地。在他就任国王后仅一年，即 429 年，他带

领他的民众（有文献记载大约共有 8 万人）驶向北非。原本应守卫毛里塔尼亚和努米底亚（阿尔及利亚东部地区）的西罗马帝国的舰队早已不复存在。摩尔人公开发动起义反抗罗马人的统治，阿非利加（今天的突尼斯和利比亚）军事总督与当时在拉韦纳的皇帝爆发了冲突。甚至有人认为就是这位总督——伯尼费修斯（Bonifacius）向汪达尔人敞开了进入北非的大门。然而，几乎可以肯定的是，这个故事是后来拉韦纳宫廷捏造的，目的是抹黑伯尼费修斯，因为事实上他竭尽所能去拯救这个行省。但是，汪达尔人在刚刚登陆时完全没有遭到抵抗，他们席卷了毛里塔尼亚的海岸线。西罗马帝国已经丧失了西班牙，而意大利最重要的谷物来源此时正被这些像蝗虫般的汪达尔人吞没。第二年，即 430 年，当汪达尔人入侵努米底亚时，伯尼费修斯召集了他所能召集的部队，并试图抵抗他们。结果盖塞里克大获全胜，此时整片开阔的乡村 289
地区都已向他投降。

仅有少数几座建有护城墙的城市，包括君士坦丁和迦太基仍掌握在罗马人和帝国政府的手中。在这些城市之中，有一个城市坐落在撒丁岛南侧的北非海岸线上，即希波城（又称希波勒吉斯，后称邦纳，今天的安纳巴）。这里有一个老主教名叫奥勒留·奥古斯提奴斯（Aurelius Augustinus），现在全世界的人将他称为圣奥古斯丁。410 年，哥特人阿拉里克攻陷罗马后不久，奥古斯丁着手撰写基督教历史上最伟大的著作之一——《上帝之城》（*De Civitate Dei*）。罗马蒙受的灾难给奥古斯丁带来了极大的震撼，多少个世纪以来罗马一直被视为全人类权威的中心，被认为是世界的精神之都，奥古斯丁竭力表明，人只有在上帝的“永恒之城”中才能够获得救赎。430

年，即罗马沦陷之后的第 20 个年头，希波城遭遇了同样的厄运，盖塞里克和他率领的汪达尔军队围攻希波城并攻陷了这座城市。圣奥古斯丁在围城期间去世，他祈祷上帝救助他的教会，祈求上帝让他自己摆脱这种尘世间生命的痛苦。

此时正在酝酿之中的宗教冲突和与野蛮民族之间的冲突在导致地中海世界分崩离析的过程中几乎可以平分秋色。盖塞里克本人并不是异教徒，他是基督教会阿里乌斯教派的狂热信徒，愤怒地迫害其他教派的基督徒，这出自他对教派的狂热盲信和对掠夺的贪欲。

阿里乌斯异端教派是以传教人阿里乌斯（Arius，他是 4 世纪初亚历山大城的一个并不知名的助祭）的名字来命名的，该教派认为圣子、耶稣基督与圣父并非等同或永恒存在的，而仅仅是寿命有限的众生中最重要且地位最高的人。325 年，君士坦丁大帝召集的尼西亚宗教会议对阿里乌斯教义进行了批判，在三位一体中三人的绝对统一和平等被宣称为基督教信仰的组成部分。然而，阿里乌斯异端教派继续在帝国的部分地区保持着相当大的影响力。亚历山大城本身就是宗教教派的温床，这里是异端邪说的主要中心之一。它在日耳曼部落中几乎就是一个“民族性”的宗教品牌，并且在以后的几个世纪中，
290 汪达尔人都像任何路德派一样狂热地反天主教。据说盖塞里克发兵征讨海盗时，引水员问他要去哪里。他回答说：“要攻打所有让上帝发怒的人。”

只过了很短一段时间，盖塞里克和他率领的汪达尔人就被在拉韦纳的皇帝（名义上统治当时仍属于西罗马帝国的一部分领土）接纳为盟友。为了让自己成为北非真正的主宰者，他亲自出征，对北非沿海地区的最后一个重要的罗马城市发起

进攻，这座城市就是古老的迦太基城。439 年，在没有遭遇任何抵抗的情况下，汪达尔国王攻陷迦太基。迦太基是帝国的第三大城市，如今成了罗马人劲敌的首都。盖塞里克建立的汪达尔王国存在了 95 年，它破坏了地中海的贸易活动，并阻断了意大利大部分来自非洲的谷物供应。

盖塞里克知道位于拉韦纳的帝国政府将拼尽全力将入侵者驱逐出这个富裕的行省，于是立即在迦太基建立了一支庞大的舰队，十分明智地将攻击作为最好的防御方法。在占领这座城市不到一年的时间里，他控制了地中海中部的海路。他在几乎没有遭遇任何抵抗的情况下于西西里岛登陆，汪达尔人横扫整个岛屿，这个不幸的岛屿再一次遭到抢掠和摧毁。从那时起，汪达尔舰队统治了地中海的中西部地区，它们袭击了撒丁岛和科西嘉岛，并切断了意大利大陆的几乎所有补给路线。最终，东罗马帝国皇帝的舰队试图通过挑战汪达尔人的海上霸权来扭转局势。但是，拜占庭人仅仅在西西里岛外侧海域亮相后就不得不鸣金收兵，因为波斯人和匈奴人正威胁着他们的东部和北部边境，而这次亮相毫无意义。从那时起，盖塞里克无可争议地成为几乎整个地中海地区的主人。

确实，来自匈牙利平原的骑兵已经变成了征战海上的战士，他们给西罗马帝国造成了无法弥补的伤害。拉韦纳的那位无能皇帝束手无策，只得向征服者求和，并努力争取尽可能有利的条件。442 年，盖塞里克被公认为北非最富有地区的独立统治者。天主教神职人员被驱逐出教堂，迦太基城和希波城的 291
主教也被驱逐出教堂，阿里乌斯教派的牧师占据了他们的位置。汪达尔人仍然控制着直布罗陀海峡，而且此时还控制了地中海中部和西部的所有要所。甚至亚历山大城也感到自身受到了威胁，只有在爱琴海地区，拜占庭舰队仍维持着霸主地位，持续了近一百年的海盗劫掠行为终于有所收敛。445 年可能是盖塞里克的丰功伟绩达到巅峰的一年。就在当年，他在罗马附近的意大利海岸登陆，踏入这座曾是世界上无可争议的世界之都的城市。教皇利奥一世在城门迎候他，据说教皇说服他不得纵火和屠杀，只允许他的军队抢夺财物。引用路德维希·施密特（Ludwig Schmidt）在《剑桥中世纪史》（*The Cambridge Medieval History*）中所说的话："汪达尔人在罗马停留了两个星期（直到 455 年 6 月），这段时间已经足够长，他们可以带走西哥特人在 410 年留在罗马或从那时起罗马重新积聚起来的所有财富。首先，皇家宫殿被拆毁，那里的一切被搬到了船上，去装饰迦太基的皇家宫殿，包括代表帝国尊严的徽标。朱庇特神庙的大殿也遭遇了同样的厄运，其中甚至一半的镀金屋顶都被抢走了。在抢夺来的财富中，所罗门神庙的器皿（原先由提图斯带到罗马）最引人注目。"可以说，这是迦太基的洗劫者西庇阿·埃米利安努斯所说的悲凉预言变成现实的时刻。罗马并没有像迦太基那样被烧成一堆焦土，但是它的帝国气度几乎被彻底摧毁，其财富也化为乌有，仿佛是一群行军蚁（driver-ants）① 洗劫了罗马城。迦太基在大约六个世纪之后最终报复了罗马。

为了避免罗马报复自己的王国，盖塞里克带走了罗马国王的寡妇欧多克西亚（Eudoxia）和她的两个女儿。这些人质很有价值（他让欧多克西亚嫁给了他的长子），直到 477 年去

① 行军蚁是亚马孙河流域一种特有的蚂蚁，从出生开始就不停迁徙，从不筑巢，在发现食物后会蜂拥而上，之后会再次迁徙寻找下一个猎物。

世，盖塞里克无疑都是地中海舞台上最重要的人物。他最终证明了地中海统治者永远不能忘记的事：与地中海盆地接壤的任何王国除非拥有控制海洋的能力，否则都不是绝对安全的。迈锡尼人、腓尼基人、希腊人、迦太基人和罗马人逐一认识到，只有保持海军的优势才能确保自己国家和贸易的安全。此时是 292
汪达尔人从桨帆战舰的船首凝望着被征服的这片海洋，并且他们知道除了拜占庭帝国以外，与之接壤的所有土地都是他们将要袭击和掠夺的目标。

尽管“汪达尔”一词已成为肆意抢夺和野蛮破坏的代名词，但是没有理由仅将这种谴责标签贴在特定的民族头上。在这个充满悲伤的世纪之中，当匈奴人、西哥特人和哥特人在地中海盆地周围攻城略地的时候，他们都是一样的残酷无情。从某种意义上说，“汪达尔人”的起源主要基于这样一个事实，即汪达尔人信奉阿里乌斯教派，即使他们没有积极地迫害天主教徒，天主教徒也往往会朝他们“泼脏水”，而根据天主教派作家的描写，我们对这个战斗民族的了解也都是负面的。的确，他们在文化上似乎基本没有留下任何东西，他们没有留下什么能够清晰辨认的具有汪达尔风格的教堂、艺术品或手工艺品。在非洲发现并认为是汪达尔人制造的一些珠宝散发着奇特的原始魅力。但是，其中很大一部分可能是从其他民族那里掠夺而来的，不能肯定它们是这些骑兵兼水手制造的。

从盖塞里克攻陷迦太基之日算起，他建立的王国一直延续到 533 年。533 年，拜占庭皇帝查士丁尼麾下最伟大的将军贝利撒留推翻了非洲的汪达尔王国和意大利的哥特王国。汪达尔人就这样从地中海的舞台上消失了，没有给人们留下什么，除了他们的名字。这个民族是对罗马强加给地中海周边国家的大一统局面的最大破坏者。但是贝利撒留的胜利并不符合当时看似至高无上的利益。不论汪达尔人有什么过错，他们都已经是基督徒并且在很大程度上已经被罗马化。在北非汪达尔王国后期，甚至出现了罗马诗歌的复兴和很小程度上的罗马建筑复兴。然而一旦汪达尔王国被推翻之后，地中海南部海岸的所有地区都处于类似真空的状态。最终，这种真空将由从东方侵入的阿拉伯人来填补。

第二十三章　拜占庭帝国与地中海

君士坦丁大帝建成的城市在帝国东部保留了罗马文明，它 293
的存续时间超过了1000年，不仅是这座城市独特的防御地形为这座城市提供了庇护，并且其宏伟的陆上和海岸城墙也保护了这座城市。尽管存在这样一个事实，即拜占庭文明一直受到威胁并且经常被袭击，但是其存续下来的唯一原因就是新罗马帝国的君士坦丁堡一直控制着与之毗连的海域。盖塞里克彻底扰乱了地中海西部地区的秩序，甚至对地中海东部地区也形成了威胁，但是他从未对位于黑海和爱琴海交界处的君士坦丁堡形成严重威胁。拜占庭帝国海军在当时的地中海历史中发挥了重要作用，尤其是在被称为“黑暗时代”（很大程度上是因为我们忽略了这段时间发生的大量事件）的时期发挥了重要作用，这段时间大约为500年。

对于航海科学本身，拜占庭的贡献似乎是微不足道的。E. G. R. 泰勒在《发现庇护所的艺术》中总结了神权社会中数学未能发展起来且仍然处于停滞状态甚至日渐衰弱的原因：“当教育最初几乎完全落入神职人员手中时，这一点不足为奇。在修道院学校和教会学校中，教学范围十分受限，仅仅为男子进入教会或参与管理和组织工作做好准备。他们所需要的所有数学运算知识就是足以持家和管理财产账目的知识，并具备充分的天文学知识来计算日历……即使在希腊化的拜占庭帝国，像科斯马斯·印第科普莱特斯（Cosmas Indicopleustes）这样的人也可以将亚历山大天文学家托勒密的观点信手拈来，数学和其他科学研究大部分归功于叙利亚人。高高在上的教士对之前异教徒的学识进行了批判，但是叙利亚人已成为基督教教派的异教徒，也许这（以及他们遵从的腓尼基人的古老传
294 统）就是为什么他们将更重要的希腊文献翻译成了叙利亚语，而我们也应当将有关天体测量的最古老的著作归功于他们［或许最早用来测量行星和恒星高度的工具也应归功于他们］。”阿拉伯人是一个具备数学思维能力的民族，他们在7世纪初占领了叙利亚，并将希腊知识“掠夺过来”，而当时希腊知识已在这个国家扎下根来。正是因为阿拉伯人，航海科学才出现了第一个重大进展。的确，颇使人怀疑的是，拜占庭人是否拥有奥古斯都帝国时代罗马船长所掌握的那种精确的海洋知识。

但是，在造船业方面，君士坦丁堡人掌握了他们之前希腊人的所有知识，并且获得了希腊北部色雷斯地区森林茂密的地区。拜占庭海军的战船中很大一部分是改装过的经典双层桨战舰。7世纪，教皇利奥六世撰写的一篇文章清晰地描述了德罗蒙船（dromon，即快速大帆船，这是拜占庭对军舰的通称）。没有理由认为他所处那个时代的船舶与几百年前的船舶之间存在巨大差别。德罗蒙战舰直接起源于公元前1世纪罗马人的“利布尼亚”，这是罗马人将亚得里亚海利布尼亚海盗使用的便捷实用的船只改造而成的一种战船。

拜占庭德罗蒙船在很大程度上保护了君士坦丁堡和帝国的安全，这种战船可以分为两大类。体型较大的德罗蒙船（可以被称为战船）可搭载200~300人，其中有50个或以上的水

手和士兵。在战斗的时候，当德罗蒙战船与敌舰靠近时，上层桨可能就无法使用；这一排桨手会转而与登上战船的敌人展开拼杀。这些大型的德罗蒙战船一般配备 100 支船桨，每一侧 50 支，每支桨由一人操控。体型较小的德罗蒙船似乎有大约 100 名船员，它的任务与现代巡洋舰或重型驱逐舰差不多。与今天的做法相反，拜占庭海军将军会在这些小型德罗蒙船上悬挂他的帅旗。它们更易操控，在海军还在使用很原始的方式发信号的时候，海军将军必须能够从一个地方迅速转移到另一个地方，以确保他的命令能够得到执行。

通信船或侦察船是单排桨船，它们属于战船。这种战船配 295
备 50 名或 60 名桨手，至少在拜占庭海军建立初期，在一般军事行动中看不到这种战船的身影。在之后的某个时期，所有的单排桨战船都被称为“galea”（即欧洲人所说的“galley”，也就是桨帆船）。但到那时，经过改进后的机械装置使单排桨战船具备了德罗蒙战船或双层桨战舰同等的速度和推进力。然后，在之后出现的战船中，舱内船桨部分长短不一。这时，桨手会分作数排，每一支桨需要由好几个人来操控，有时人数会多达五六个。

拜占庭人作战时的呐喊声“十字架已征服敌军!”（“The Cross has conquered!”）是 5 ~6 世纪的海军与地米斯托克利时期海军的唯一区别。拜占庭德罗蒙战船的可操作性（大大优于之前的三层桨战舰和双层桨战舰）意味着撞锤这种装置一直被完好地保留至中世纪晚期。不过，相比他们之前的所有人，拜占庭人具有的一个巨大优势就是他们著名的“希腊火”。

在战争中使用这种可燃烧的液体已经有数百年的历史。公元前 424 年，修昔底德在描述公元前 424 年围攻第力安城

（Delium）时就曾经提及这种可燃烧的液体：将盛放着沥青、硫黄和燃烧的木炭的大锅放在城墙边，通过风箱将其吹出火焰，火苗通过一段中空的树干喷薄而出。在接下来的世纪中，关于一场海战的记载中有这样的描述：装满了沥青、硫黄、木炭和麻屑的木桶被点燃后扔到敌船的甲板上。4 世纪，韦格蒂乌斯在其军事专著中提到了希腊火的多个配方，其中除了前面提到的成分外，还有石脑油。后来其他的配方中还添加了硝石、松节油、树脂、硫和牛脂。

然而，拜占庭人使用的正宗希腊火（不仅配备在战船上，而且还用来保卫君士坦丁堡的城墙）似乎是 7 世纪希腊统治下的叙利亚建筑师卡里尼科斯（Callinicus）发明的。卡里尼科斯在之前配方的基础上添加了生石灰，当它碰到水时会变得非常热。在此之前，根据记载，这种火是“通过虹吸管吹出
296 去的”，毫无疑问，正如手稿插图和文学作品所描述的那样，拜占庭人通过风箱将火苗从金属管中喷射出去。在君士坦丁堡，这些金属管布设在沿海而建的城墙上，就像排雨水的排水管一样。有一次，伊戈尔王公率领一支俄国舰队不知天高地厚地袭击君士坦丁堡宏伟的马尔马拉海海堤。俄国编年史学家记录了他们的舰队开战的情形，“安装在低矮城墙上的长管道将可燃烧的液体喷射到我们的战船上……希腊人点燃的火焰就像天空的闪电一般。他们将火焰射向我们，我们被烧着了，这样一来我们就无法征服他们了”。

另一方面，拜占庭舰队似乎使用了两种不同类型的希腊火。第一种类型类似早期的混合燃料，用投石车投向即将靠近的敌人或者在战斗的最后阶段装进锅里用手投掷出去，在撞击时会裂开并爆炸（这是手榴弹的鼻祖）。但是，现代喷火器的

鼻祖是拜占庭德罗蒙战船船尾的金属管，这种金属管可以喷出生石灰、沥青和硫黄的混合物。这对俄国人、阿拉伯人和其他试图与拜占庭海军交战的军队士气的影响可能与其物理效果几乎一样大。在随后的几个世纪中，在与阿拉伯人的战争中，整个拜占庭帝国是否安全常常取决于是否使用这种武器。

希腊火混合物的确切成分是一个受到严格保守的秘密，在海战时这种配方一般被称为“湿火”或“海火”。14 世纪的一份手稿描绘了一艘拜占庭德罗蒙战船船尾的金属管射出火焰攻击一艘敌舰的情形。值得注意的是，这些液体在与海面接触之前，在管口处就已经被点燃了。拜占庭的机械师们完全可以做到将其与风箱连在一起，在虹吸管的管口处安装一个水压机，泵出这种混合物，这样就可以使已经被点燃的液体从管口处喷射出去。在此之后经过了一段很长的时间（十字军东征期间），一支曾劫掠了一些希腊群岛的波斯舰队被一名拜占庭海军上将率领的舰队所击溃，拜占庭人的战船“船头上是由黄铜或铁制作的狮子头或其他陆上动物的头部，嘴部张开，并且全部镀金，其外观令人恐惧不安。他用来攻击敌人的火焰就是通过这些‘兽头’嘴中的金属管喷射出去的，看上去就好 297
像是狮子和其他猛兽在吐火一般……”

尽管根据情况进行了不同的部署，但是拜占庭海军主要以君士坦丁堡为基地，有一部分驻扎在小亚细亚和佐泽卡尼索斯群岛，西部海军舰队则驻扎在树木茂盛的凯法利尼亚岛深海港口。当然，在不同的时间点，根据威胁东罗马帝国不同敌人的情况，舰队的部署会有所变化。在阿拉伯人对东罗马帝国发动进攻的时候，克里特岛成为一个重要的基地；11 世纪，在塞尔柱土耳其人入侵小亚细亚之后，位于爱琴海的萨摩斯岛也成为舰队的避风港。

海军士兵主要是来自小亚细亚和爱琴海诸岛的希腊人。这些渔民出身的海员在古希腊舰队中曾扮演重要的角色，后来他们成为罗马帝国海军的主体力量，此时他们再次受到东罗马帝国的青睐。在那个时代，他们凭借坚韧不拔、自力更生和祖祖辈辈传下来的技能在随后的多个世纪中凝聚了罗马东部的海军力量。在《奥德赛》成书 1500 多年之后，希腊人仍然展示出他们是地中海地区最重要的海员。如果说君士坦丁堡及东罗马帝国的存续时间超过了罗马城，那么这一定要归功于希腊的水手。

第二十四章　西方与东方

随着西罗马帝国灭亡，加上一直面临来自东方的威胁，君 298
士坦丁堡和它所统治的地区都在为生存而拼尽全力。然而，在6世纪的某一个时刻，罗马帝国分裂成的两部分出现了重新统一的希望。这个时刻出现在查士丁尼皇帝统治期间，查士丁尼皇帝于527年即位。他在45岁时还是一个马其顿农民，之所以能够被选作皇帝，是因为他的叔叔——上一位皇帝（同样也来自希腊北部的同一个地区）——去世时没有留下子嗣。

与大多数拜占庭统治者不同，查士丁尼皇帝是一位具有“罗马思维”的皇帝。据说他讲希腊话时带有蛮族口音。当然，整体上他的性格还是拉丁人的性格，他的兴趣同样偏向西方。作为一个有着雄心壮志的人，他在地中海历史上理应占据重要的地位，这不仅是因为他所取得的丰功伟绩，而且因为他为之奋斗的目标。

查士丁尼渴望光复地中海西部地区，并将该地区和西方教会置于同一个皇帝的统治之下，这一点是可以理解的，确实值得赞扬；但是，这看起来不可能实现。然而，事实是在532年，他成功维护了国内的安定并与波斯人达成和解，之前东罗马帝国与波斯人交战多年，难分胜负。能够在冲突四起的君士坦丁堡实现国内安定从来都不是一件容易的事情，在这里爆发的种种与基督教相关的冲突，很可能都伴随着人类各种各样的贪婪和野心，再加上不同种族混居在这个东部帝国的首都，更加剧了复杂形势。532 年，君士坦丁堡因为尼卡暴动（Nika riots）而几乎被夷为平地，这场暴动最初是因为竞技场上两个
299 互相敌视的团体（即蓝党和绿党）出现争执而引发的。英勇果敢的查士丁尼得到了妻子狄奥多拉（Theodora），以及他手下杰出的将军贝利撒留的支持，他的铁血政策震慑了两个党派（以及城市本身），让它们陷入恐惧和沉默。狄奥多拉原是一个来自塞浦路斯的妓女，但也是一位聪明的皇后，她在这时似乎表现得比她丈夫更勇敢，她的丈夫一度准备逃离君士坦丁堡。

她说："我始终认为，即便有安全保障，此时弃城而逃仍然是错误的。一个人一旦来到世上，死亡就是不可避免的。但是皇帝变成一个苟且偷生之人是一件令人无法容忍的事情……紫袍是最美的裹尸布。"听到她的这些话，查士丁尼备受鼓舞，果断采取暴力手段进行镇压，君士坦丁堡数千人丧命，但是这确保了君士坦丁堡在很长一段时间内的安定，使他能够放手处理地中海西部地区的事务。同年，波斯统治者霍斯劳（Chosroes）同意休战，这确保了帝国东部边境的安宁，查士丁尼能够集中精力去处理他认为最值得关注的事。

他从亚洲事务和帝国东部事务中抽身而出，转而力图在西罗马帝国的废墟上建立丰功伟业——对于 6 世纪的这位拜占庭皇帝的智慧，世人可谓众说纷纭。人们对其政策的优缺点一直争论不休。西里尔·曼戈（Cyril Mango）在他撰写的《黑暗时代》（*The Dark Ages*）一书中对这些争论进行了简要总结："人们通常会谴责查士丁尼为了自己的野心而消耗了帝国的资源，并因着手重新征服西方而忽略了在东方的真正利益，而在

西方取得的成就注定转瞬即逝。不可否认的是，查士丁尼极其忠诚于自己的使命；但是以这种方式对他求全责备则是要求他具备政治人物从未具备的先见之明。实际上，当我们看一下 6 世纪初西方的政治局势，我们就必须承认查士丁尼相当明智地对局势进行了判断。当时西方陷入一片混乱，查士丁尼可能注意到了现代历史学家们已经注意到的一件事，即统治北非的汪达尔人、统治意大利的东哥特人、统治西班牙的西哥特人，甚至征服了高卢的法兰克人，都只是蹲踞在罗马文明的废墟之上……”

也许可以补充一点，从事后看来，人们很容易会说查士丁 300
尼应该集中精力巩固他位于东部的边境地区并且将西罗马帝国的事情搁在一旁，并且他应该意识到他无法永远持有他索要回来的东西。但是，没有理由认为，查士丁尼在他的一生中似乎完全不可能重新引入法律和秩序，甚至无法光复古老的西罗马帝国首都并再次将整个地中海地区置于一位君主的统治之下。的确，在对蛮族人的第一次战斗中轻松取胜肯定强化了查士丁尼的这种信念，因为如果可以如此轻松地收复领土，那么守卫领土也将同样易如反掌。

在贝利撒留的指挥下，西罗马帝国的大部分领土被收复，镇压尼卡暴动和针对波斯人的行动已经证明了贝利撒留的价值。他被派往非洲去驱逐汪达尔人，到 534 年，他取得了彻底的胜利，攻陷了迦太基城并将整个地区纳入拜占庭的统治范围。不幸的是，摩尔人和柏柏尔人并不容易控制，他们曾经给汪达尔人带来了最大的考验。

从长远来看，整个北非地区会再次脱离帝国的统治。但是，就此时来看，没有什么能够阻止查士丁尼推进他的其他计划：肃清西西里岛和意大利的哥特侵略者。贝利撒留和他率领的拜占庭步兵和骑兵几乎未遭遇反抗就占领了西西里岛。意大利的情况则不一样。尽管最初这位伟大的将军似乎已经大获全胜——他在夺取迦太基后六年内又攻陷了罗马城——但是随后爆发了持续数年的冲突。拜占庭的交通线已经超负荷运转，哥特人杰出的首领多迪拉（Totila）的到来意味着战火重燃。然而，在540年，查士丁尼的梦想似乎已经变成了现实。非洲大部分地区处于拜占庭王朝的统治之下，甚至帝国恢复了对西班牙南部的统治，贝利撒留及其军队进驻罗马城。拜占庭舰队此时几乎完全控制了地中海地区。自盖塞里克进军北非后近一百年来，这是第一次整个地中海海域的正常贸易有可能恢复。即使查士丁尼的野心超出了帝国的承受能力，但是除了那些思想最为偏激的人之外，其他所有人必须承认他取得了惊人的成就。

301 查士丁尼对地中海世界的另外两个主要贡献是编纂了罗马法以及在君士坦丁堡建造了圣索菲亚大教堂。整个欧洲和东方的许多其他建筑的灵感就来自这座大教堂。然而，在查士丁尼的一生中，正是因为对卷帙浩繁的法律进行重新编纂和简化，他才在后来数百年的历史中获得了最当之无愧的声望。

然而，查士丁尼在西方采取的军事行动带来的巨额支出，导致税收大幅增加，以至于拜占庭税务官员成为整个东方帝国中令人憎恨的人。在西方尤其如此，他们之所以对皇帝和拜占庭的仇恨如此之大，是因为此时西西里人和意大利人的税负极重。这些古罗马地区的民众后来没有再与拜占庭人一道同心同德地对抗伦巴第人（Lombards）——条顿人得以在最后一波入侵的浪潮中征服了意大利的大部分地区，在某种程度上要归因于拜占庭税务官员或者派遣他们来征税的皇帝和大臣。正如后来的几个世纪所表明的那样，税负过重的人失去了增加个人财产和提升发展的动机，更容易敌视政府，并消极应对外国侵略。

圣索菲亚大教堂是查士丁尼统治时期的成就之一，至今它仍矗立在那里，令人眼前为之一亮并振奋人们的精神，它也让人们记住了这位皇帝，尽管他在扩张领土方面犯了错，但他仍然是那个时代最杰出的人物之一。在尼卡暴乱期间，原本位于君士坦丁堡的教堂已经变成了一堆废墟，查士丁尼下定决心为自身的壮大和最近饱受冲突折磨的城市打上和平的印记，他认为新的大教堂应该胜过基督教世界中的其他所有大教堂。拜占庭历史学家普罗科匹厄斯（Procopius）指出："之后，皇帝不计成本地加快修建大教堂，他从各地招募工匠。特拉勒斯的安特米乌斯（Anthemius of Tralles）是当时技艺最高超的建筑师，而且其技艺水平超出了他之前的所有人，他也为皇帝急切想建成的这座建筑物服务……与他一起从事这项工作的是另一位来自米利都的建筑大师伊西多鲁斯（Isidorus）……"圣索菲亚
大教堂耗时六年竣工，"伴随着铰链的嘎吱声，新建教堂的大 302
门缓缓打开，邀请皇帝和民众走进来。当太阳的光辉与圣殿的荣耀交相辉映时，所有人内心的悲伤都会散去"。据说查士丁尼举起手对着天空喊道："荣耀归于上帝，上帝认为我应当建成这座教堂。所罗门王，我胜过你了！"

565 年，查士丁尼去世，享年 83 岁。他曾经努力想让整个地中海世界归于一位统治者的统治之下，但事实证明这是不可能完成的任务。如果说这是一个过于宏大的梦想，那至少也

是一个崇高的梦想。然而，在他去世数年之后，拜占庭人再次与波斯人重燃战火。尽管刚开始拜占庭人取得了一些战役的胜利，但是波斯军队后来攻陷了帝国古老的行省，甚至北上攻陷了安纳托利亚行省。同时，好战的游牧部落阿瓦尔人（Avars）南下横扫匈牙利平原，在此建立了自己的统治，这导致此后的历代皇帝为了让他们撤出帝国的领土而被迫向他们纳贡。

伦巴第人被阿瓦尔人从之前居住的土地上驱逐出去之后，入侵了意大利，查士丁尼在意大利取得的丰功伟绩此时已荡然无存。到6世纪末，他们占据了意大利半岛超过一半的土地。拜占庭人有得有失，有时候波斯人在东方取得胜利，有时候拜占庭人收复了更多的土地，诸如此前丢失的埃及、叙利亚和小亚细亚的部分地区。海军舰队再一次完全掌握了君士坦丁堡和帝国的命运。626年，君士坦丁堡受到来自阿瓦尔人、斯拉夫人和保加尔人的联合威胁，而波斯军队则占领了博斯普鲁斯海峡对面的卡尔西顿（Chalcedon）。只有帝国舰队保持显著优势，拥有更优良的战舰、具备更高超技术的水手和“秘密武器”希腊火，这样才能阻止这个强大的联盟彻底摧毁东罗马帝国。

在波斯人和阿瓦尔人大举进攻君士坦丁堡后不久，皇帝希拉克略（Heraclius）扭转了局势，并在一定时期内确保了帝国东部边界的安定。他深入波斯中心腹地，在波斯古都尼尼微附近的一次战役中歼灭了波斯军队。第二年，即628年，波斯国王被谋杀身亡，波斯萨珊帝国灭亡，希拉克略有理有据地认
303 为，他已经光复并守卫了拜占庭帝国，使这个帝国的疆域达到了查士丁尼大帝统治以后从未达到的地区。他的成功弥补了之前数年的所有损失。他将小亚细亚、埃及和叙利亚从波斯人手

中抢了回来，使其重新归于拜占庭帝国的统治之下。耶路撒冷得以光复，最为珍贵的文物——圣十字重回古老的故土，这使新罗马基督教帝国看上去似乎最终实现了地中海东部地区的稳定局面。

629 年，希拉克略取得的胜利无可非议，他回到位于博斯普鲁斯海峡的“上帝守护之城”，此时君士坦丁大帝的梦想似乎的确触手可及。尽管整个西罗马帝国早已沦为废墟并被野蛮人占领，但是在地中海东部，一个团结的东罗马帝国仍然保持其全部的实力和荣耀，抵抗住了亚洲民族、阿瓦尔人和俄国地区原始部落的攻击。当圣索菲亚大教堂的所有灯火都被点亮时，人们聚在一起感谢上帝保佑他们的皇帝在战场上取得胜利，就连沉默者保罗（Paul the Silentiary）为赞美这座建筑而创作的诗歌也无法企及现实：

> 一缕光，
> 穿过这座宏伟的教堂，
> 驱散让人忧郁的乌云，
> 使人心中充满了喜悦。
> 神样的光芒鼓舞众生：
> 即使是在大海狂风巨浪之中驾驶船舶的水手，
> 也将暴怒的海神蓬托斯掀起的恶浪抛在身后，
> 沿着那溪流和岩石之间蜿蜒曲折的水路前行，
> 又或许会担心夜间行船的时候可能遭遇危险——
> 也许他已驶离爱琴海，
> 逆着赫勒斯滂的洋流，
> 驾驶着船舶向前行进；

紧紧拉起那前桅支索，
等待非洲暴风的狂袭，
来指引他货船行进的，
不再是北极星的星光，
或绕着大熊星座行驶，
而是教堂神祥的光芒。
它像非洲海岸法罗斯灯塔射出的光，
它不仅仅指引了商人在夜间的航行，
而且为通往永生的上帝指明了方向。

希拉克略的成功以及拜占庭军队在东方取得的胜利带来的希望注定会被浇灭。波斯霸权最终覆亡，在波斯人和希腊人持续数个世纪的所有重大冲突中，希腊人最终笑到了最后。但是，一个崭新的甚至是更为致命的敌人此时正在从人烟稀少的阿拉伯半岛腹地崛起，这个敌人将会威胁君士坦丁堡、罗马人的统治以及整个基督教欧洲。

304 从 614 年开始，直到希拉克略在 627 年获得胜利，波斯人和拜占庭人之间的争斗处于来回拉锯状态，在此期间，一位即将惊天动地的历史人物日渐成长起来。570 年，在查士丁尼大帝去世五年后，穆罕默德生于麦加；622 年，他因与崇拜偶像的麦加民众爆发冲突而逃离麦加。这一年，希拉克略与波斯人的战争刚刚打响。但是，这一年在历史上更广为人知的意义是伊斯兰教纪元元年（Hijrah，意为“飞行”），这标志着一个新时代的开始。后来又以“迁徙之年”（Anno Hegirae）首字母缩写 A. H. 来加以区分，从这一年开始，全世界有数以百万计的人据此来记录所有发生的事件。与彻底改变地中海盆地周边国家面貌的大规模军事挑战相比，这种纪年方法对基督教历法——以“公元前”（Before Christ）或“公元”（In the Year of Our Lord）纪年的方法——构成的挑战可谓不值一提。

第二十五章　阿拉伯入侵

305 在多方面因素的共同作用下，尤其是因为穆罕默德传播的宗教，阿拉伯的对外扩张获得了火箭般的助推力，这在历史上可以说是空前绝后的。在短短 50 年内（630～680 年），阿拉伯人占领了地球上的大片土地，并改变了中东、黎凡特和北非地区民众的生活方式。在黎凡特和中东，拜占庭与波斯之间激烈的争斗导致双方两败俱伤，尽管最后拜占庭的胜出为争斗画上了句号，但是面对真正兵强马壮且野心勃勃的敌人的进犯，拜占庭人再也无法保卫他们东部的领土。对于波斯本身而言，萨萨尼亚霸权的瓦解导致政治上出现了危险的真空状态，这一真空状态很快就被填补起来。

乍看起来，即便阿拉伯人没有在一夜之间通过令人瞠目结舌的战争式扩张冲出阿拉伯半岛，我们也很难理解寸草不生且农业生产并不占据重要地位的阿拉伯半岛为什么会在世界上扮演重要角色。但是，正如提洛岛或规模较小的马耳他群岛的情况一样，地理区位的优势常常弥补了物质或矿产资源匮乏的劣势。约翰·格拉布爵士（Sir John Glubb）在《阿拉伯大征服》（*The Great Arab Conquests*）中指出：

> 那么，就像今天一样，阿拉伯半岛的影响力和重要性在很大程度上是因为它的地理位置，它位于印度洋、南亚

> 与地中海、欧洲的中间位置。与东方国家开展的贸易活动在6~7世纪对拜占庭帝国的重要性就如同在20世纪对西欧的重要性一样，无论在阿拉伯和红海地区的任何势力发挥影响力，都会促进或阻碍这种贸易活动。
>
> 自从公元45年希腊水手西帕路斯（Hippalus）发现了季风的秘密之后，印度和罗马帝国之间保持着活跃的贸易活动，船舶直接从孟买甚至从印度南部海岸起航……

众所周知，红海海域海盗活动猖獗，而且水中分布着的大 307
量礁石导致航行存在风险，因此在与东方国家开展贸易的过程中，大部分货物会在亚丁或也门海岸卸下来，然后通过陆运抵达阿拉伯红海沿岸主要的分销点埃拉特（Eilath）。正是这条陆路商队路线凸显了阿拉伯对地中海世界特别重要的意义，因为从埃拉特到埃及和叙利亚的贸易路线呈扇形辐射开来。亚历山大港是地中海地区运输东方国家商品的主要港口。

货物从大马士革运到加沙和其他沿海港口，或通过陆运到卡尔西顿，再到君士坦丁堡。在20世纪，阿拉伯和波斯湾的石油运输路线对欧洲和地中海的经济具有十分重要的意义，但是在之前的历史时期，来自印度和东方的商品对欧洲和地中海的经济具有重要意义。横跨阿拉伯半岛的敌对势力可以切断所有与东方人的贸易联系。

632年，当穆罕默德去世时，他的影响力基本没有超出汉志地区［Hejaz，大致是从北部的埃拉特到麦加南部红海海岸的哈利角（Hali Point）］。然而，他点燃了沙漠民族心中的熊熊烈火，这团火燃烧了数十年之久，他们不仅要改变数百万人的宗教信仰，而且要改变地中海南部和东部的整个架构。伊斯兰教（Islam，阿拉伯语即“顺从”真主的意思）作为一种新的宗教信仰，本身并不具有彻底的革命性。它结合了犹太教和基督教的元素，以及以前在阿拉伯半岛流行的、历史悠久的多神教的特征。同时，它自称先知的圣训弥合了这些信仰的冲突之处并将其彻底改变和净化。基督教教会通过同样的方式纳入了希腊哲学和其他东方神秘宗教，并将某些异教节日纳入它的节日，因此先知所宣扬的宗教并没有否认之前的情况。它改变了这些信仰，或者自称已经改变了这些信仰。它与基督教和犹太教的不同之处在于它是一种面向士兵的宗教。穆罕默德自称他在沙漠中冥想时天使长加百列传给了他简明扼要的启示，这对于仍处在部落发展阶段的游牧民族贝都因人（Bedouins）而言是可以接受的。他们领会到了《古兰经》如下劝诫的真意：“你们当为主道而抵抗进攻你们的人[①]……你们在那里发现他们，就在那里杀戮他们；并将他们逐出境外，犹如他们从前驱
308 逐你们一样，[②]……战争已成为你们的定制，而战争是你们所厌恶的。也许你们厌恶某件事，而那件事对你们是有益的；或许你们喜爱某件事，而那件事对于你们是有害的。真主知道，你们确不知道。[③]”

同时，伊斯兰教本质上不是一种劝人皈依的宗教。阿拉伯人并不是为了使别人皈依而从自己的家园对外扩张。的确，在他们征服的国家中，他们对犹太人和基督徒的宗教习俗表现出了相当大的容忍度。阿拉伯的经济状况以及其他任何因素似乎都促使这些顽强的骑兵对拜占庭的东部领土发起了一系列掠夺

---

① 《古兰经》第 2 章第 190 节。

② 《古兰经》第 2 章第 191 节。

③ 《古兰经》第 2 章第 216 节。

性的袭击。然而，新信仰赋予他们重要的一件事就是彼此之间的精诚团结。在荒漠之中，一个部落与另一个部落战斗了数个世纪之久，而此时他们被这种新的狂热一神宗教团结在了一起。

在拜占庭皇帝希拉克略统治的后期，他对波斯人取得的胜利完全成为过眼云烟。636 年，他被阿拉伯军队击败，东罗马帝国丢掉了叙利亚。第二年，阿拉伯入侵者占领美索不达米亚；639 年，阿拉伯人挺进埃及边界。642 年，阿拉伯征服者阿穆尔占领亚历山大城。伟大的征服者亚历山大大帝建成的独一无二的亚历山大城体现了混乱的秩序、神学的冲突以及近六百年来如此之多的基督教思想的调和。随着拜占庭人的离去，亚历山大这座伟大的埃及灯塔之城陷入了长达一千年的衰落。

穆罕默德传布的宗教与亚历山大和拜占庭等城市中信奉的基督教之间存在一个重要的区别。困扰无数基督徒并在很大程度上将他们划分为不同教派的问题是“人类如何与上帝建立联系?”正是如何通过耶稣与上帝建立联系，以及之后在较低的程度上通过圣徒与上帝建立联系的这个问题，即“天地之间的梯子”问题，在旧基督教会之中导致了大量狂热的分裂活动出现。E. M. 福斯特（E. M. Forster）在《亚历山大》一书中指出:“可能有人认为必须由所有具备宗教意识的人提出这个问题，在这方面亚历山大学派并没有什么特别的建树。但事情不是这样的，这问题根本不需要问；伊斯兰教从来不会提出这个问题，正是这种信仰将这座城市从物理上和精神上扫入 309
了地中海的波涛之中。伊斯兰教的教义说:‘万物非主，唯有真主，穆罕默德是真主的使者。’穆罕默德被选定来告诉我们真主是什么样子以及他想得到什么，所有的组织机制均被一扫而空，让我们直接面对我们的造物主。”

直到今天，穆斯林（无论是土耳其人、阿尔及利亚人、阿拉伯人还是巴基斯坦人）都不需要作为中间人的牧师为他代祷，他甚至都不需要到清真寺来表达他对造物主的尊敬：沙漠中的祈祷垫、小屋内的地面或城市公寓内的地板就足以满足他的需求。穆罕默德所信奉的真主安拉是握有权柄的主，而不是充满慈爱的主。他可能会在无情的审判中展现自己的仁慈，但在基督徒看来这不是“慈爱”。他与信众的联系不是一种慈爱，而是要求他们顺从的必要条件。我再次引用福斯特所说的话：“伊斯兰教通过摒弃了慈爱思想而变得强大，这种体系是这座城市［亚历山大］无法接受的。它没有留给这座城市应对这种局面的机会。它的标志、它的幻象和漫长时代的演变，它信奉的各种基督教宗派、东正教、阿里乌斯派、基督一性派、基督一志论派，都被伊斯兰教当作无用的糟粕摒弃，这些确实稀释了它真正的信徒们对上帝的尊敬。”

先知所传布的宗教认识到了生命残酷的一面，它从未宣称这种残酷性是可以改变的，或者说以慈爱为基础的行为准则将改变世上不可逆转的规律。与基督教相比，这是一种更简明、更实用的宗教，在很大程度上这是其优势所在。对于这个宗教的创立者，爱德华·A. 弗里曼（Edward A. Freeman）在《萨拉森人的历史和征服》（*The History and Conquests of the Saracens*）中写道：“我们称其为先知、改革家或苦行者、麦加的赶骆驼人、麦地那的征服者，对于东方历史而言，这个人比其他任何人的历史地位都要高。在世界历史上，我们无法找到这种强大的影响能够直接归功于一个凡夫俗子身上的情况。”

阿拉伯人是一个沙漠民族，他们对海洋并没有天生的喜好。起初，他们征服了沿海地区和城镇后，似乎怀疑整个海洋是无法征服的。正如征服亚历山大的阿穆尔在有人建议他建造一支舰队时所说的话："如果一艘船静止不动，它会使人心痛。如果它启航了，它将使人的想象变得恐惧。人的力量一旦被削弱，那么遇见灾难的可能性就会增加。这就如同抛到海水中的圆木里面的蠕虫，如果圆木滚动起来，那么里面的蠕虫就会被淹死。"尽管厌恶海洋，并且对海洋的确存在一种敌对情绪，但是阿拉伯人（像汪达尔人以及其他马背上的民族一样） 310
最终还是融入了海洋并成为经验丰富的航海家。

就像罗马人利用希腊人的海军资源和指挥技能来促进罗马帝国的进一步扩张一样，阿拉伯人也在埃及和叙利亚招募了一批准备接手这项工作的海员。他们还购买了商船、桨帆战舰和船坞，并从拜占庭人和罗马人那里继承了海事管理系统。在相对较短的时间内，海洋霸主拜占庭迎来了阿拉伯强大海军的挑战。阿拉伯人利用被占领的塞浦路斯和罗得岛作为侵扰爱琴海贸易的前哨基地，阿拉伯人在地中海大片的海域占据了统治地位。

凭借拜占庭舰队高超的技艺和希腊火，君士坦丁堡数次转危为安。地中海东部的贸易中断，加上丢失了重要的埃及行省，这意味着此时拜占庭帝国将会永久性地处于防御状态。N. H. 贝恩斯（N. H. Baynes）和 H. St. L. B. 摩斯（H. St. L. B. Moss）在《拜占庭》一书中写道："面对入侵的压力，拜占庭帝国变成了中世纪的国家形式，这也是帝国最终的国家形式。新罗马帝国作为陆上强国的时代已经一去不复返了。除了小亚细亚地区和首都腹地之外，拜占庭的领土实际上缩减至地中海北部海岸的边缘地区。在 7 世纪，在它统治下的边疆地区西班牙被割让给西哥特人，而西北非洲则被萨拉森人攻陷。

西西里岛和意大利南部地区（即古典时代的大希腊城邦区）仍效忠于操着一口希腊语的拜占庭统治者；拜占庭帝国仍然统治着那不勒斯、威尼斯和伊斯特拉半岛，并且牢牢控制着罗马和拉韦纳，前后两个地区通过一条狭窄的通道连在一起，新罗马帝国成功地阻止了伦巴第人彻底征服意大利……”

然而，从此以后，君士坦丁堡和东罗马帝国即便不是处于被围困的状态，也将永远处于一种被围困的心态之中。入侵东罗马帝国的斯拉夫部落成功地在巴尔干半岛建立了自己的据点，罗马和希腊平民被赶到亚得里亚海沿岸的小岛和设有防护措施的城市中。因此，东部的新罗马帝国与意大利之间的陆上交通动脉已经被切断。只有拜占庭帝国的海上力量才能确保帝
311 国的两个支离破碎的组成部分之间维持着联系。不久之后，随着阿拉伯入侵者掌握了之前不熟悉的技术，这种联系也将受到威胁。

到 7 世纪末，当一个来自亚洲的民族——保加尔人涌进多瑙河地区并开始侵扰现在以其名称命名的地区时，对君士坦丁堡的威胁又增加了一种。尽管君士坦丁堡四面楚歌、险象环生（即便并未遭到直接攻击），而且内部冲突不断，很多统治者碌碌无为，但是君士坦丁堡仍延续了多个世纪。但是，为了生存，政府上下必须时刻做好防御战的准备。小亚细亚、希腊、大小诸岛屿、意大利和西西里岛各行省变为“军区”（Theme），由军事总督进行治理，这些总督同时还承担民事行政官的职责。军队需要一直维持小亚细亚和色雷斯北部领土边界的安全，主要是从身强体壮的安纳托利亚农民中招募士兵。在拜占庭悠久的历史中，海军一直由希腊本土人和爱琴海岛屿的岛民组成。丢掉塞浦路斯和罗得岛是对拜占庭命运的沉重打击，这

不仅导致君士坦丁堡丧失了两个重要岛屿，而且失去了来自两座岛屿的经验丰富的海员。帝国领土一分为二、逐渐疏远的一个主要结果就是君士坦丁堡的拉丁元素逐渐淡化。君士坦丁大帝作为奠基人的新罗马帝国越来越像一个希腊城邦了。希腊人的文化“同化”了古罗马帝国，而充满讽刺意义的是，最后，古罗马的法律和帝国的理念竟然得靠在小亚细亚和爱琴海地区的希腊人组成的军事力量来延续。

如果伊斯兰世界本身没有分裂为两个具有深层差异的分支，那么拜占庭帝国很可能在阿拉伯入侵者面前就已缴械投降。7 世纪下半叶，穆罕默德建立的伊斯兰世界围绕领导继承人问题爆发了冲突。最终，伊斯兰世界出现了什叶派和逊尼派之间的严重裂痕（至今仍然存在），这种分裂迅速将思想家、政治家和民众分裂为两个相互敌视且不可调和的派系。叙利亚和埃及主要以逊尼派为主，伊拉克和阿拉伯半岛本身均以什叶派为主。直到 7 世纪末，即 692 年，首都设在大马士革的倭马亚家族哈里发才在伊斯兰世界建立起至高无上的统治，并实现了穆斯林世界的重新统一。但是，两个派系之间的内战给拜占庭提供了喘息之机。当伊斯兰世界重新统一后，权力中心开始向东方转移，312
最终权力中心移至巴格达，这无疑在很大程度上有利于信奉基督教的欧洲生存下来。如果君士坦丁堡被攻陷，伊斯兰教极有可能在保加尔人和斯拉夫人中迅速传播开来。如果是这样，那么地中海北部的整个地中海文明格局将发生不可逆转的变化。

阿拉伯人对地中海世界的最大威胁发生在 8 世纪初，当时倭马亚王朝集全国之力进攻君士坦丁堡。君士坦丁堡和拜占庭帝国非常幸运，在当时物资困乏和充满绝望的年代里，出现了一位自希拉克略以来首次出现的极为贤能的皇帝。那就是利奥三世（Leo Ⅲ），他来自叙利亚北部的伊苏里亚（Isauria），因此被称为伊苏里亚人利奥（Leo the Isaurian），他建立的王朝以其出身地为名。利奥是一个亚洲人，据称还能说一口流利的阿拉伯语，在君士坦丁堡历史上一个最危急的时刻，他从一个羸弱无能的前朝皇帝手中夺取了君士坦丁堡的王位。阿拉伯统帅马斯拉马（Maslama）率领 8 万名士兵穿越小亚细亚，越过色雷斯后，对君士坦丁堡发起围攻。阿拉伯军队在城墙之下安营扎寨，准备对君士坦丁堡进行长期包围。他们甚至带来了谷物种子，耕种土地，必要时准备围城整整一年，一直待到来年的收获季节。他们的军队在观察形势并等待发起进攻时，阿拉伯舰队则试图破墙而入。他们未能闯进金角湾，因为拜占庭人在君士坦丁堡和佩拉北岸拉起巨大的锁链将金角湾封死。金属管喷射出的液体燃烧剂将阿拉伯人从城墙边赶跑，拜占庭人对阿拉伯舰队发起攻击，阿拉伯舰队陷入彻底的混乱状态。在某个特定的时间点，希腊人降低了通往金角湾入口的链条高度。希腊舰队全速前进并对敌人发起进攻。希腊火再一次打击了进攻军队的士气，并将其彻底歼灭。

在这场攻城战的第一场战斗中，拜占庭人凭借其先进的战舰和高超的技术为利奥三世干净利落地赢得了胜利。约翰·格拉布爵士在《阿拉伯帝国》（*The Empire of the Arabs*）一书中写道：“‘寒冬大将’赢得了第二场战斗的胜利。716 ~ 717 年的冬天异常寒冷，这是对阿拉伯人特别不利的因素，厚厚的积
313 雪覆盖了他们的营地三个多月之久……”入侵的阿拉伯人遭受了沉重打击，尤其是因为其舰队被击溃之后无法为他们从叙利亚和埃及运送粮食和增援部队。然而，当春天到来的时候，他们重振士气并开始高度重视对君士坦丁堡的进攻。但是，拜

占庭人仍然牢牢掌控着制海权，因此他们在获得所需的全部储备和援军方面依然困难重重。同时，利奥三世利用巧妙的外交手段成功说服了保加尔人从多瑙河沿岸的定居点撤走，并从后方进攻阿拉伯军队。阿拉伯人不仅被迫双线作战，而且此时他们原本希望从乡村搜罗供给的计划也落空，其军队开始土崩瓦解。

到 718 年，阿拉伯人的大举入侵已经结束，马斯拉马撤出了他的残部，沮丧地返回叙利亚。拜占庭帝国在阿拉伯人实力最强大且扩张势头最猛的时候经受住了他们倾注全力的攻击，拜占庭帝国取得了胜利。如果君士坦丁堡沦陷，那么阿拉伯军队和穆斯林信仰毫无疑问将席卷东欧地区。

拜占庭帝国守住了地中海的东大门，并成功地遏制了阿拉伯势力在整个地区的扩张，而北非此时已经完全被掌握在阿拉伯人手中。柏柏尔人之前曾分别与迦太基人、罗马人、汪达尔人和拜占庭人爆发冲突，证明了自己是一个战斗民族；但他们最终被阿拉伯人驯服，只剩下山地地区零星的组织在抵抗伊斯兰军队。经过阿拉伯军队的突袭，西班牙早已俯首称臣。718 年，穆斯林军队越过比利牛斯山脉攻入法国，直至卡尔卡松（Carcassonne）和纳博讷（Narbonne）。732 年，法兰克国王查里·马特尔（Charles Martel）击败阿卜杜勒·拉赫曼（Abdul Rahman）率领的一支阿拉伯大军，普瓦捷战役限定了阿拉伯扩张的最大范围。当时恰好是穆罕默德逝世一百周年，这是地中海历史上最让人瞠目结舌的世纪之一，这个世纪给地中海及其周边陆地和文化的面貌带来了翻天覆地的变化，自此之后再未出现过同样的情况。

穆斯林信仰和阿拉伯文化仍然在整个北非沿海地区占据主导地位，并渗透到非洲大陆的腹地。地中海东部盆地和黎凡特

314 仍然在很大程度上留下了阿拉伯人曾大举入侵的印记，而西班牙地区的整个艺术和建筑特征也留下了穆斯林统治数个世纪的深深印记。这是地中海这片海域有史以来最大规模的交叉渗透进程之一。现在，我们对其可以不加偏颇地进行审视，而不仅仅是从一个受到威胁的基督教世界的角度进行考量，这样才能够对这个进程所带来的益处进行更为公正的评估。

正如威廉·库里坎（William Culican）在《黑暗时代》中所写的那样："伊斯兰的入侵使西班牙在欧洲历史上具备了一种全新的重要性……尽管基督教此时处于防御状态，但是伊斯兰统治下的西班牙不仅容忍了基督教，而且为基督教欧洲的艺术和文化做出了重要贡献。在科学、数学、医学和天文学方面，伊斯兰世界传授给欧洲的内容比它向欧洲学习的内容要多得多，穆斯林工匠将之前通过从东方的萨珊王朝的进口货物才为人们所知的编织、金属铸造、镶嵌和雕刻的技艺引入了欧洲。在穆斯林的统治下，西班牙本身取得了长足进步：利用从近东引进的灌溉方法，土地的肥力大大提高（尤其是在安达卢西亚地区）。西班牙与北非、埃及和叙利亚的贸易发展迅速，其中很大一部分贸易由犹太人控制，而犹太人此时不再受基督教的镇压和征税的束缚。财富和战争带来了新的产业：托莱多（Toledo）生产制作精良的武器，科尔多瓦（Cordoba）成为丝绸织造和皮革制品中心，长期依赖针茅纸浆出口的阿尔梅里亚（Almeria）成为琉璃制品的制造中心，并且成为地中海最富有的城镇之一。"

7～8世纪的地中海历史散发着一种独特的迷人气质，这主要是基于这样一个事实，即两个明显矛盾的力量在相互发生作用。在地中海东北部地区和爱琴海地区，古希腊罗马文化在

经受住波斯人、亚洲民族、斯拉夫人和北部各部落的不断入侵
后被保存了下来。拜占庭人的宗教、建筑和艺术正在对这些不
断威胁着他们的“野蛮人”和“半野蛮人”产生巨大的影响。
同时，在地中海最西端，阿拉伯人的文化和宗教给人们留下
了最深刻的印象。从东方出现的一种新催化剂再次使整个地
中海地区重新崛起。自古希腊时代以来，知识被局限在叙利
亚范围之内，亚历山大帝国的科学知识，以及波斯和古代巴
比伦的数学家和天文学家的知识，借着穆斯林信仰的“火
药”被喷射出去，其轨迹沿北非地区向上弯曲，最终在西班 315
牙半岛遍地开花。

从某种意义上来说，在西方罗马帝国崩溃之后就如一潭死水的地中海被来自东方的狂风掀起巨浪。当风暴平息之后，这片被炽热的沙粒侵袭过的大海再次变成蓝色时，许多以前熟悉的地标永远地消失了。曾经经受了时间无声无息侵蚀的城市和文化，在阿拉伯人的大举入侵之下改头换面。

第二十六章　阿拉伯人和维京人

316 阿拉伯人征服了叙利亚，其结果就是大量叙利亚版本的希腊著作或希腊语原本著作被翻译成阿拉伯语，这可以被视为阿拉伯人随后进行海上扩张的基石。阿拉伯人天性喜好数学，不久之后，他们制造出了巧夺天工的数学仪器，这与他们对天文学的热爱不无关系。有一点几乎是毫无疑问的，阿拉伯人首先将磁石或磁罗盘引入地中海地区。指南针的发现应归功于谁仍然存在争议，但是它肯定来自远东地区，印度或中国应该是它的第一故乡。毫无疑问，阿拉伯人在顺季风穿越印度洋的航行中了解到了指南针的用处。

13 世纪末的一份阿拉伯语手稿中提到了磁石的使用。“在漆黑的夜晚，来自叙利亚的船长们看不见给他们展示四个基点位置的星星，他们在容器中盛满水，走进船舱去躲避狂风。他们拿起一根针，将针扎进一小段金合欢树脂或稻草秆中，使二者呈十字形，然后放到水里。接着，船长拿一块大小足以用手握住的或更小的磁石。他们将这磁石靠近水面，并自右向左做圆周运动，针便会绕其旋转。然后他们突然将磁石撤走，针就会指示南北方向。我在 1242 ~ 1243 年从叙利亚的黎波里前往亚历山大的航程中亲眼见识过这种事情。”

我们掌握的第一份磁罗盘使用报告应该是来自叙利亚的黎波里的一个乘客，这种说法是恰当的，的黎波里是伟大的腓尼

基航海员建立的古老城市和港口。从大量的早期参考文献中可以明显看出，在早期使用的原始罗盘中，针头是凭借小木棍或
稻草秆浮在水面上的。奇怪的是，关于指南针的第一份书面材 317
料是 12 世纪英国修士亚历山大·尼卡姆（Alexander of Neckam）的作品，尽管英格兰并不是宣称拥有这种极为重要的导航设备的国家之一。他写道：

> 对航海者而言，当白天乌云密布遮蔽了阳光，或在夜晚的黑暗中迷失了航船所在的方位信息时，他们就会使用磁铁碰触指针，绕其一直转动，等到停止运动时，指针的针尖就会指向北方。

在地中海地区，阿马尔菲（Amalfi）海港后来声称指南针是在这里“发明”的。意大利诗人帕诺尔米塔（Panormita）[①]曾指出：“阿马尔菲最先让水手们使用磁铁。”但是，还有许多其他类似的提法，这些大可以忽略。到 13 世纪，阿马尔菲已成为东方重要的贸易站，并且在文艺复兴的意大利之外，它一直与亚历山大港和阿拉伯人在黎凡特拥有的大港口保持海上交通联系。

阿拉伯地理学家伊德里西（Edrisi，生活在 1100 年前后）曾经提到过一种令人疑惑的磁罗盘。在此之前就没有其他提及磁罗盘的欧洲文献了；而且很显然的是，在整个古典时代，人们对指南针一无所知。指南针的阿拉伯语名称是 dairah 和 beit

① 即安东尼奥·贝卡德利（Antonio Beccadelli，1394—1471），意大利诗人、教会法学家、学者、外交官和编年史家。

el-ibrah（即圆圈和指针盒的意思），至今红海地区的人们仍在使用这一称谓。

旋转式指南针很可能是欧洲人改进后的形式，因为皮埃尔·德·马里古（Peregrinus de Maricourt）[①] 在 1269 年撰写的《磁铁论》（*A Book about the Magnet*）中第一次提及指南针。他描述了如何将一根针插入可转动的枢轴，并将其放置在一个盖子透明的盒子里的情形。直到 14 世纪才有文献记载了指针可以安装在磁铁上并随其旋转的罗盘，这也许确实是阿马尔菲人的改进。在此之前，人们似乎已经将磁铁与古老的“风玫瑰”结合起来使用，从而辨识八种主要风向，数个世纪前的雅典风塔上就曾描绘了这八种风向。

因此，必须要承认是阿拉伯人最先将磁针引入了这片陆间
318 海。自前古典时代发现北极星具有相对固定的位置（这也很可能是源自巴比伦人的天文学知识）以来，来自东方的指南针是首个重大的航海技术进步。几个世纪以来，西方在造船、划桨组织和航行技术方面进行了大量改进。然而，地中海航海方面的数学和科学进步似乎全部源自地中海盆地的东端。人类在征服海洋方面的另一个进步就是发明了卡玛尔这种天文导航设备。尽管水手使用的指南针很快成为在地中海地区开展贸易的船舶上必备的设备之一，但是在从红海向南航行至印度和远东的海员不仅需要了解航向，还需要了解纬度。就地中海本身而言，由于地中海海域相对狭窄，了解纬度的用处不大。北极星与桅杆和索具的相对位置差不多是固定的，直到指南针问世

① 即 Pierre Pelerin de Maricourt，13 世纪的法国学者，此处使用的是其拉丁语名字。

之前，北极星足以满足船员的需求。但是，在浩瀚的印度洋地区，了解纬度确实非常重要。尽管对于地中海西部地区和濒临北海或大西洋的欧洲国家，航船在航行时在很大程度上仍取决于风向，但是东方世界则出现了六分仪的雏形。

卡玛尔（在红海海域航行的帆船现在仍然使用这种仪器）是已知最早的确定恒星高度的简单仪器。我引用 E. G. R. 泰勒所说的话，它基于“我们熟悉的原理，根据一个固定长度的物体与眼睛之间的距离来测量任何地平线之上天体的高度”。卡玛尔的基本构件只是一块小木板，一条绳子穿过其中心位置并打上绳结。绳子上打了很多结，这些结对应各个港口已确定的恒星高度。毫无疑问，这样必然存在视差误差，因为绳子应当处于观察者眼睛的正中心位置，这样可以确保观察结果更为准确。导航员将绳子的末端放到自己的嘴里，然后将木板举起，让地平线和他正在参照的某一颗星星都处在视线范围内。根据从嘴里伸出的绳子长度，按照规则的间隔打结（称“isbas”，对应 1 度 36 分）进行标记，由此他可以计算出一颗星星的高度。在红海航线上，人们在很早之前就已经计算出一 319
个港口与另一个港口之间的恒星高度差，因此有可能当时就是使用了一种简单的卡玛尔仪器，仅仅根据代表这些特定港口纬度的长度在绳子上打了结。虽然这种方法原始，并且考虑到北极星并不是一直处在极点指向的固定位置而是在旋转的事实，但对于在红海航行的导航员而言，毫无疑问这种方法已经足够精确，在航行中他会自动地或多或少地偏向南方或北方航行。类似的，在地中海地区，虽然此前人们在地中海沿岸航行了数百年之久，从来没有享受过任何这类仪器的好处，但这种仪器必然为往来南部（阿拉伯人控制的地区）和北部海岸之间的航船进港提供了极大的便利。

此后，阿拉伯人借助指南针的帮助，开始在当时一直处于拜占庭人统治之下的海域进行探险活动。他们还使用卡玛尔测定恒星高度（但我们已无从知晓他们具体从何时开始使用这种仪器）。就像此前诸多个世纪之中所有其他地中海航海家一样，他们也得益于地中海没有潮汐这个事实。在欧洲北部地区，一直以来，斯堪的纳维亚、英国、法国和荷兰的航海家发现他们的主要问题在于潮汐和潮汐流。刚来到地中海的阿拉伯水手可以只专注于航向和风向，而不必担心船舶因为潮汐的影响而向某个方向偏移。

先知本人甚至还祝福保佑阿拉伯人入侵地中海。他在《古兰经》中写道："他为你们创造诸星，以便你们在陆地和海洋的重重黑暗里借诸星而遵循正道。我为有知识的民众确已解释一切迹象了。"[1] 阿拉伯人很快就掌握了这种知识，其结果就是他们的舰队很快就在这一整片海洋频繁活动起来。只有爱琴海和位于君士坦丁堡北部地理位置偏远的黑海海域仍由拜占庭帝国的舰队控制着。

除了导航方面的进步外，阿拉伯人对航海科学的另一个主要贡献是发明了大三角帆船（lateen sail）。尽管"lateen"的意思是"拉丁"（好像意味着这种帆船起源于拉丁世界一样），但是就像许多其他物件一样，在水手的世界里，它确定无疑属于东方的贡献。同样，对于它的确切来源一直以来都存在一些疑问。它可能是阿拉伯人的一项发明，或者可能是阿拉伯人从
320 印度学来的。当然，地中海地区与大三角帆船的演变没有丝毫

① 《古兰经》第 6 章第 91 节。

关系，大三角帆船与古典时代的帆船一点都不像。

无论大三角帆船是印度人还是阿拉伯人发明的，事实就是阿拉伯人最先将这种帆船带到了地中海。这是有史以来航行速度最快的一种帆船，直到多个世纪之后欧洲北部出现了航行速度更快的纵帆船。横帆船只有在后侧有风的情况下才可具备较高的航行速度；与横帆船不同，大三角帆船最大的优点就是在逆风的情况下也可以快速航行。从本质上来说，这种帆船悬挂了一张三角形的船帆，最先触风的帆缘绑在长帆桅杆上。帆桅底部通过滑轮组固定在桅杆前方的甲板上，这样就提供了一个枢轴点。支撑船帆和帆桅的桅杆长度较短，但是高桅杆可以将船帆恰好升至桅杆顶部上方的位置，因此可以在逆风的条件下在海面上快速航行。这种帆船的纵帆被拉紧的程度可以与很久之后出现的斜桁帆船和百慕大帆船相当。的确，直到斜桁帆和百慕大帆船出现之前，大三角帆船是世界上逆风航行速度最快的帆船。阿拉伯独桅帆船与现在仍在尼罗河、红海和印度洋上航行的单桅三角帆船类似，相对数量较少的船员就可以操控较大面积的船帆。对于更大型的船舶而言，船上有两根桅杆，在逆风航行的情况下，这种帆装形式同样可以做到快速航行。两张大帆从相反的两侧伸出，这样船就像挥动“鹅翅膀”一样航行。

“戈佐船”是阿拉伯人占领马耳他岛后留下的遗产。尽管这种船的船体形状在很大程度上与16世纪至18世纪的欧洲战舰类似，但是它们的帆装形式与阿拉伯独桅三角帆船几乎完全一样。两张大三角帆分别悬挂在前桅和主桅上，前桅比主桅略短一些。这些大三角帆又被称为“settees”，悬挂在前桅大帆的帆桁上，而主帆桁则安装在主桅的右舷侧。如此一来，当它们从相反的方向伸向外侧时，就会为船提供平衡的拉力。同时，无论向哪个方向航行，当有风吹来时，两张帆中总有一张可以最有效地发挥作用。另外，为了使单桅帆船最先着风的帆缘可以
321 有效发挥作用，在调转船头的时候，习惯上（现在仍然是这样）会将大三角帆的帆桁底部从桅杆的一侧移到另一侧。

之所以认为大三角帆船是阿拉伯人对地中海世界的贡献，其中一个原因就是很长一段时间以来这种帆船被公认为是一种典型的红海船，并且现在仍有这种帆船在这个海域航行。与地中海不同，红海明显存在盛行风。北部海域盛行北风和西北风，而中部海域风向不定，南部海域则盛行东南风和东风。然而在夏季，从 6 月到 8 月，整个海域主要盛行西北风。因此，对于水手而言，他们可以轻松地从北向南穿越红海海域，但是当他们想返回位于红海海域北部的港口时，因为是逆风航行，他们不得不接二连三地调转航向。因此，阿拉伯海员们首先在这里建造出一种可以在逆风时高速航行的桅帆船的这种假设似乎是合乎逻辑的。另一方面，在地中海地区，每当风持续稳定地吹向目的地方向时，人们都会使用横帆。但是，当在逆风和漫长夏季里无风的大海上航行时，船舶的主要动力仍然是桨帆船的长桨和桨手的力量。

阿拉伯人将地中海桨帆船的船体运用到大三角帆船上。一直到 17 世纪，正是桨船和大三角帆船组合而成的船舶在地中海海域占据着统治地位。阿拉伯人最先征服的海域是地中海东部，这一事实也促进了这种新帆装形式的推广。从爱琴海向南至亚历山大，再到整个黎凡特海域，直至塞浦路斯东部地区，至少在整个夏季都盛行地中海季风，这种航行条件与在红海中的航行条件并没有太大的差别。阿拉伯人在其扩张之初就占领

了罗得岛和其他岛屿，这一事实可能部分归因于组成海军的战舰的航速。毫无疑问，在亚历山大，大三角帆船在很多个世纪里享有盛名，但这种船似乎在很大程度上是因为尼罗河和运河贸易而闻名于世的。直到新来的征服者学着克服对海水的厌恶并投入大海的怀抱之后，他们才发现凭借大三角帆船可以在地中海纵横驰骋。

虽然阿拉伯人的伟大征服以及源自东方国家的新知识和 322
新文化思潮的影响将会一直影响地中海的历史，但是在 9 世纪，人们突然感受到了一种不同寻常的力量。一个与阿拉伯人同样吃苦耐劳的海上民族，从欧洲的最北端开始通过两条截然不同的路线进入地中海，在关于这个民族的全部文献中都记录了他们对战争异乎寻常的狂热，即“恶徒式狂暴”（berserksgangr）。尽管维京人，或者说诺曼人，几乎没有对地中海文化留下什么影响，并且尽管与阿拉伯人相比，他们存在影响力的时期似乎相对不怎么重要，但他们是不容忽视的。除了汪达尔人以外，他们是在地中海留下船舶龙骨痕迹的第一个北欧民族。与汪达尔人不同，它们带来的船舶和文化完全是自己首创的。他们是数量众多的北欧战士、船长和商人中的先驱者，在接下来的 10 个世纪里，他们向南方的地中海地区进发并试图占领这些土地。

维京人早已在爱尔兰、英格兰和法国打上了自己的印记。到了 9 世纪末，努瓦尔穆捷（Noirmoutier）的埃尔门塔琉斯（Ermentarius）甚至指出：“船舶的数量在不断增加：维京人源源不断，人数从未停止增长。到处是遭到屠杀、焚烧和劫掠的基督徒受害者。维京人按照自己的计划征服四方，没有人能够抵抗他们：他们占领了波尔多、佩里格、利摩日、昂古莱姆和图卢兹。昂热、图尔和奥尔良被攻陷，无数的舰船驶入塞纳河，卑劣的恶行在整个地区不断蔓延。战争摧毁了鲁昂城，城市被洗劫一空并烧成一堆焦土。他们攻占了巴黎、博韦和莫城，默伦固若金汤的堡垒被夷为平地。他们占领了沙特尔，洗劫了埃夫勒和巴约，并包围了所有的城镇。几乎没有一个城镇、一个修道院能够幸免。所有人都四散而逃，很少有人敢说：'为了我们的土地、孩子和家园，留下来，去战斗吧！'他们还没有觉醒，他们不是拿起利剑与敌人战斗来保卫自己，而是送给敌人赎金，这导致基督徒的王国走向了灭亡。"

毫不奇怪，西方的一些礼拜堂中出现了一句特殊的祷告词：主啊，求你将我们从诺曼人的暴怒中拯救出来！（A furore Normannorum libera nos，Domine！）北欧人和西欧人感受到了维京人利剑的寒气，而且当这些地区的人们在河中航行或在长途航行的过程中船舶搁浅在沙滩上时，他们一听到维京人的号
323 角声就会胆战心惊。不仅如此，随着维京人涌入地中海，地中海地区的人们也将体会到“诺曼人的暴怒”。维京人在某一个夏天穿过赫拉克勒斯之柱，对阿拉伯人统治下的西班牙门户地区发起了攻击。

在这片海洋的历史上，第一次出现了真正对海洋本身充满激情的海洋战士。总体而言，在所有的世纪中，地中海人走向海洋是一种必然。甚至希腊人也将航海视为一种必要的罪恶，即一种实现贸易和海外殖民的手段，而罗马人则非常不喜欢与水沾边。即便是在荷马所写的《奥德赛》这部被称为“地中海最伟大的史诗”的著作中，也没有一行诗句能够说服人们自告奋勇驾船出海。地中海这片蔚蓝的海洋几乎总是被描写成灰暗阴沉且一片荒凉的景象。诸如“我们用桨搅动灰色的海

水，怀着沉重的心情航行”这样的诗句比比皆是。然而，来自北方的新移民对航海有着真正的热爱，这是北欧特色，地中海沿岸的居民从未感受过这种激情。

从 8 世纪的盎格鲁 - 撒克逊史诗《贝奥武夫》中，我们可以听到一种永远不会从南方的地中海地区传出的声音。在接下来的几个世纪中，人们将一遍又一遍地听到这种声音。首先是古代挪威人，之后是诺曼人，后来英国人来到这片古老的航海故乡挑起战争或开展贸易。

一个老练的水手，
带领他们登了岸。
经过了一段时间，
大船劈波又斩浪，
小舟停在峭崖旁。
战士们急切地希望出发征战。
波涛汹涌激荡，冲向了沙滩。
船上战士胸前的铠甲和装饰，
看上去金光闪闪，鲜艳璀璨。
勇士和英雄推开紧箍的木船，
他们是心甘情愿来冒险征战。
这条贴着波浪在行驶的战船，
恰似一只水鸟借着风力向前，
待到次日，这条曲颈的木船，
已行很远，水手望见了海岸，
海边的峭崖，一片光亮闪闪，
还有陡峭的岬角、开阔的海角。

维京人驾驶船舶从格陵兰岛和冰岛航行至西班牙、西西里岛和意大利，他们的船舶在许多方面与荷马时代的希腊人早期驾驶的船舶具有相似性。它们在结构方面的一个主要区别在于
324 船侧纵向船板是相互重叠放置的（“船板塔接法”），与地中海船舶的拼接法（或船板合缝对平）截然相反。（迄今为止，在地中海可以看到的唯一采用船板塔接法建造的木船也来自欧洲北部地区，当地还是采用拼接法来建造船舶。）这种长船有一根主桅，船上只悬挂一张简单的横帆，这一点又与早期希腊人驾驶的船舶相似，并根据船舶的大小在一侧配备 10～13 支船桨。维京人的航海活动完全不适合采用古典时代的双层桨战舰和三层桨战舰。它们主要依靠风力载着维京人穿越危险重重的区域，例如波涛汹涌的北海和寒风刺骨的北大西洋。从各方面来看，诺曼人的长船是迄今为止同类船舶中设计最为精良的船舶。

霍尔格·阿尔布曼（Holger Arbman）在《维京人》一书中对著名的古科斯塔德船进行了分析，这成为我们关于维京船知识的基础。但是，我们需要牢记的一点是古科斯塔德船并不是诺曼人在长途航行时使用的典型船舶。它的设计更多像一种桨船而不是帆船。“古科斯塔德船总高度为 76.5 英尺，船宽为 17 英尺，船体吃水不足 3 英尺（方向舵的位置低于该吃水深度），干舷为 3 英尺 9 英寸……船桨绝不是某些人曾设想的那种狭长而沉重的船桨。它们仅有 16 英尺长（尽管在船首和船尾，舷墙在吃水线以上，但是舷墙的长度更长一些），其长度不会超过现代救生艇的船桨长度，而且重量较轻，桨叶较窄。”

古科斯塔德船的一个重要特征（这是大型帆船必定会具备的特征）就是船体中部的龙骨要比船尾深 1 英尺。维京人

已经意识到，要想让船舶轻便地航行，就必须让侧向阻力集中于这个区域。他们的船舶只悬挂横帆，但是船速比早期地中海船舶的船速要快得多。维京船长们用一根木帆桅（Beiti-ass）撑开原本松散的主帆底侧。在两侧的舷墙中，于桅杆前方的位置插上一根又沉又重的木质甲板横梁，上面有两个角度略微不同且向上方开口的孔。根据船只逆风行驶的情况，水手们会将木帆桅插入其中一个孔中。因此，他们可以将船帆最先着风的帆缘绷得足够紧，从而做到逆风航行。它的速度比不上阿拉伯人的大三角帆船，但它至少在很大程度上改 325
进了基本的旧式横帆。

在古老的萨迦①传说中，“每日航程”为 100 英里，或略超过 4 节。显然，这是一个平均数字，因为 1893 年人们按照古科斯塔德船的样子建造了一艘船，它在 24 小时中的平均航程轻轻松松地超过了 11 节，以现代游艇的标准速度做比照，这个速度已经非常快了。这些来自欧洲北部的海员不知道磁罗盘的存在，但是所有证据似乎都表明，他们拥有某种可以用来确定太阳和星星高度的仪器（可能类似阿拉伯人的卡玛尔）。挖掘出土的一种穿孔板，也与在中世纪的测量木板类似。维京航海者记录了白天航行时的不同方向和距离，这些证据验证了前述“每日航程”的正确性。

从 9 世纪中叶至 10 世纪末期，维京人对地中海地区发起了大量袭击。当然，地中海最西端的地区因遭遇维京人的掠夺而损失最为惨重。844 年，维京人对塞维利亚发动猛攻并摧毁

① 13 世纪前后冰岛人和挪威人用文字记载下来的古代民间口传故事，主要讲述了古代斯堪的纳维亚人的冒险经历和英雄业绩。

了城市中古老的罗马城墙。虽然之前可能是欧洲北部的居民祈祷希望摆脱这些诺曼人，但此时阿拉伯人也感受到维京人难以对付，轮到阿拉伯人开始哭喊："愿真主惩罚他们!"西班牙的摩尔人似乎将维京人称为"al-majus"（即巫师或异教徒），盎格鲁－撒克逊的作家大概也是出于同一原因而称维京人为"异教徒"。

859年，一支维京远征军离开卢瓦尔河地区，突袭了北非和意大利。引用霍尔格·阿尔布曼的话说就是："在这次远征之后不久，我们听说在爱尔兰有黑人奴隶出售，这可能不是巧合。"第二年，他们突袭了比萨，似乎已经渗透到地中海东部地区，甚至可能已经抵达了亚历山大港。然而，西班牙的摩尔人发起了有效抵抗，在塞维利亚埃米尔的领导下，摩尔人建立了一支强大的战斗舰队，似乎阻止了诺曼人通过直布罗陀海峡在地中海地区发动更多的袭击。在接下来的一个世纪中，维京人不断地侵扰西班牙北部和今天葡萄牙的海岸地区。同时，除了在法国南部（在罗讷河三角洲的卡玛格等地）建立根据地之外，他们继续发动进攻，这进一步加剧了地中海西部和中部海域的不安全局势。

326 维京人也以出人意料的方式出现在了东方世界。这次他们不是经过公海，而是沿着伏尔加河和第聂伯河长长的河道顺流而下来到东方世界。这些维京人（有时候这个词是对所有来自斯堪的纳维亚半岛民族的通称）主要是来自今天的瑞典。与他们挪威和丹麦的"堂兄弟"不同，瑞典人没有向北部的公海地区进军，而是向欧洲内陆进发。他们沿着俄国和欧洲大陆上的大江大河向南推进，直到通过第聂伯河到达奥尔比亚港口，再通过伏尔加河到达里海。他们还可能经由顿河横穿俄国抵达了黑海。和其他的北欧移民相比，这些瑞典冒险家采取了截然不同的方式（两者追求的目的也不同）。他们主要是为了开展贸易。他们自己的货物包括动物皮毛和琥珀，他们急切地想交换东方世界的货物。因为他们必须横穿斯拉夫原始部落居住的数千英里的土地，所以他们按照古代迦太基人行军的方式向前推进。他们设立了贸易站，力求不去招惹当地人，并尽可能地像和平时期的商人那样从事贸易。然而，拜占庭皇帝渴望招募他们成为雇佣兵的这一事实证明了他们是优秀的战士。到了 11 世纪，他们变成了君士坦丁堡的皇家卫队。1034 年，有文献首次提到了“卫队”或“瓦兰吉卫队”（Varangian Guard）。从那时起，文献中经常会提及瑞典人积极参与经过俄国与其他外部地区所有贸易路线上的活动。由于他们出类拔萃的战斗能力和坚贞不屈的赤胆忠心，东罗马帝国的皇帝们很高兴让这些忠诚的北方勇士担任他们的私人侍卫。他们使用的主要武器是斧头，他们的指挥官被称为“Acolyte”，意为“斧头卫队队长”。11 世纪中叶，罗马皇帝罗曼努斯四世将其重组为一支特别军团，直到 13 世纪，它们在拜占庭历史上一直扮演着棱角鲜明且十分重要的角色。斧头是一种典型的北欧武器。在维京人和“卫队”出现之前，地中海地区极少有人见过斧头。拜占庭的历史学家利奥执事（Leo the Deacon）明确地指出了卫队成员的民族来源：“他们拥有亚麻色或略带红色的头发和蓝色的眼睛。他们长长的头发搭在脸颊上。他们下巴上蓄着胡须，并且还留着八字胡。他们永远不会在战斗中屈 327
服，宁肯自杀也不会投降。”几个世纪以来，这样一个精英军团一直保卫着拜占庭的统治者，来自欧洲北部异国他乡的北欧人保卫着讲希腊语的拜占庭帝国，守护着曾经如日中天的罗马帝国最后的领土和尊严。

因此，当北非海岸、西班牙、西西里岛和地中海中部已处于阿拉伯人的统治下（或即将被阿拉伯人统治）时，维京人突然出现在地中海的东部和西部。虽然哥特人、西哥特人、匈奴人和汪达尔人已经对地中海盆地产生了影响，但这是来自欧洲最北部的民族第一次真正对这片海域产生影响。可以根据如下事实来了解它们与地中海东端的接触程度：仅在瑞典就已经发现了 2 万多枚穆斯林钱币；现在威尼斯还留存着一个刻有古代北欧文字的大理石石狮，它是由位于雅典的瓦兰吉卫队成员雕刻而成的；在瑞典的赫尔戈（Helgo）发现了一尊 7 世纪在克什米尔雕刻的佛像。

在地中海西部盆地，诺曼入侵者主要以侵略者和掠夺者的身份出现，但是在东北部偏远的拜占庭和爱琴海地区，他们则以商人的身份出现。尽管仍有一些人为拜占庭皇帝服务，但他们最主要展现的还是作为商品运输者的能力，他们通过俄国和北欧的大江大河，首次成功地与黎凡特和地中海东部地区建立了联系。直到这时，地中海地区几乎完全没有受到北欧影响的文化和宗教才开始在那遥远的土地上传播开来。哲学家、宗教领袖、科学家、艺术家和手工艺者可以创造文化；而劫匪和商人却有助于促进世界不同地区之间的相互交流。

第二十七章　阿拉伯世纪

阿拉伯人新掌握的船舶驾驶技术和航海技能没过多久就展 328
示出了威力。823 年，阿拉伯人入侵克里特岛并征服了这座岛屿。这是对拜占庭人的一个沉重打击，因为这座位于爱琴海沿海地区的大岛此时变作了一把令人胆战心惊的弯刀，将其与地中海南部割裂开来。著名的哈里发哈伦·拉希德（Harun-al-Rashid）在其统治期间横扫整个小亚细亚地区，不断向北扩张，直到攻占了黑海海边的拜占庭城市赫拉克利亚（Heraclea），显然此时拜占庭人已经预见到将会丢掉克里特岛。阿拉伯人之所以会发动这次入侵，是因为拜占庭皇帝尼基弗鲁斯（Nicephorus）十分冒失地给哈里发哈伦·拉希德写了一封信，告知拉希德他不打算像之前那样为了确保南部边境线的安全而向其进贡。哈伦·拉希德的回信展示了伊斯兰世界在其霸权处于巅峰时代那种无与伦比的自信：“以至仁至慈的真主之名，众信士的长官哈伦·拉希德致罗马人的走狗尼基弗鲁斯。不信道的母亲所生的儿子，你的来信我已读过。我要你亲眼看到而不是用耳朵听到我的回复。”

拜占庭东部行省遭到的疯狂攻击提醒拜占庭皇帝，未来在与哈里发打交道时最好谨慎一些。正是在哈伦·拉希德的儿子统治期间，阿拉伯人再次发起攻击，这次他们夺走了克里特岛，削弱了拜占庭在爱琴海和小亚细亚的势力。一个半世纪以来，阿拉伯海军攻陷并洗劫了克里特岛（当时该岛被拜占庭人重新占领），以及当时还受拜占庭帝国海军保护的其他城市和岛屿。克里特岛不仅变成了海盗的巢穴，而且成为地中海规模最大的奴隶市场之一，那些倒霉的希腊本土人和岛民被运到了巴格达和亚历山大的宫殿和后宫之中。

329 如果说丢失克里特岛对拜占庭来说是一个沉重打击，那么接下来的事情就更让拜占庭雪上加霜。仅仅一年后，一位喜欢煽风点火的希腊军官邀请非洲的阿格拉布王朝派出一支军队来征服西西里岛。西西里岛永远都是战场，它的平原、山谷和高山战火弥漫，再次重现了数百年前的情形。这座岛屿再次引发了欧洲和非洲之间的冲突。在经历了希腊人和迦太基人、迦太基人和罗马人之间争斗的城市，人们开始埋怨它们的创建者为什么要在这座岛上最为重要的位置修建了这些城市。

搭载着入侵军队的阿拉伯舰队从苏塞出发，顺利抵达西西里岛。这再次证明控制海洋是对征服者的根本要求。马扎拉－德尔瓦洛坐落在西西里岛南部，它是位于西西里岛为数不多的河流上的小型港口，阿拉伯人征服了这个港口并将这里作为总部。非常奇怪的是，新到来的闪族人（即阿拉伯人）最先统治的区域就是西西里岛南部和西部地区，这里是之前迦太基人统治的地区。虽然战争初期锡拉库萨就被围困，但是它作为基督教的一个堡垒在西西里岛存续了 50 年之久。832 年，阿拉伯入侵者攻陷巴勒莫，取得首次大捷。这座城市注定要成为他们统治下的这座岛屿的首府，就像之前迦太基人将其作为首府一样。11 年后，墨西拿被攻陷，通往意大利的大门打开了。

如果不是穆斯林自身内部爆发冲突，整个西西里岛将会以更快的速度落入他们的手中。但是，由于来自非洲的入侵者与来自西班牙的入侵者之间分歧不断，穆斯林征服西西里岛的速度放缓。尽管如此，他们尚未征服整个岛屿的这一事实并不能阻止他们入侵意大利。正如约翰·格拉布爵士在《阿拉伯帝国》中所写的那样：“846 年 8 月，他们占领了奥斯蒂亚，兵临罗马城下。他们鸣金收兵，没有攻打这座城市，只是将台伯河对岸的圣彼得神庙夷为平地。一支阿拉伯军队占领了巴里，他们仅在阿普利亚行省就占领了不少于 24 座城堡。当阿巴斯王朝走向衰弱时，在西西里岛和意大利南部建立的阿拉伯定居点使穆斯林在 850 年对地中海制海权的控制比以往任何时代都更加彻底……”

9 世纪下半叶，阿拉伯人毫不犹豫地动用了这种权力。在 330
西班牙之外，他们还占领了利翁湾，在法国南部沿海建立了殖民地，并向罗讷河内陆挺进，直至阿尔勒地区。巴利阿里群岛成为他们在巴塞罗那外海游弋的战舰唾手可得的猎物。在地中海中部，来自非洲的穆斯林海盗震慑了撒丁岛和科西嘉岛的大片地区，让那里的人们惊惶不安。意大利西海岸和法国南海岸的港口极少能够幸免——热那亚、奇维塔韦基亚、尼斯和马赛均被攻陷。帝国在地中海中部和西部的最后一支海上力量覆亡。只有在亚得里亚海的部分海域、爱琴海北部和黑海还有证据表明，罗马人曾经统治了整片海域。几个世纪以来，东西方之间的冲突使地中海变成了战场。有时在一代人或超过一代人的时间里，某些地区会相对安定，但是后来又会以这样或那样的形式爆发战争。从古老的沿海港口向内陆的迁徙将继续上演，这种进程早在很久之前的汪达尔人发动袭击的时候就已经开始。

此时巴勒莫是西西里岛埃米尔（或国王）的首府所在地，

这座穆斯林城市存续的时间长达 230 年。随着 878 年锡拉库萨被攻陷，在西西里岛悠久且充满苦难的历史上，这座岛屿第一次完全被闪族人控制。在迦太基人折沙沉戟的地方，来自古时候由迦太基人统治的非洲地区的穆斯林、阿拉伯人以及皈依后的西班牙人在这里建成了一个伊斯兰国家。

即使在锡拉库萨被攻陷之后，仍有些地方在抵抗这座“鲜花之岛”的新主人。直至 10 世纪末，墨西拿附近的罗梅塔（Rametta）和公元前 4 世纪古希腊人建立的陶尔米纳一直在坚持抵抗阿拉伯人。爱德华·弗里曼在《不列颠百科全书》中写道：“在 138 年里，阿拉伯人做到了迦南人从未做到的事。整个岛屿全部归属于闪族人，即成为穆罕默德信徒的财产。然而，阿拉伯人在西西里岛的首次也是最长的统治仅持续了 73 年。1038 年，乔治·曼尼亚克斯（George Maniaces）在他首次担任指挥官期间，被东罗马帝国皇帝派回西西里岛去收复失地……用了 4 年的时间，基督徒们取得了胜利……城镇被一个个收复，先是墨西拿，然后是锡拉库萨，再之后是其他城
331 镇。重新收回失地的确切范围尚不确定；拜占庭人自称收复了整个岛屿。但是可以肯定的是，萨拉森人从未丢失帕诺尔莫斯。然而，王室的影响力导致所有成果付诸东流：曼尼亚克斯被召回；在米哈伊尔皇帝的继任者、他的姐夫斯蒂芬掌兵期间，萨拉森人夺回了他们失去的一切。唯独墨西拿坚决抵抗，但是其坚持的时间尚无定论。”

欧洲历史学家常常认为西西里岛被萨拉森人即穆斯林征服是一个巨大的灾难。然而，在地中海的历史上（也许最终在欧洲历史上），可以从某个不同的角度来看待这个问题。在穆斯林征服西西里岛时，西班牙和西西里岛都十分落后萧条：前

者是因北方蛮族接连不断地入侵而破败不堪，后者则是因为治理不善和拜占庭贪得无厌的税官而一蹶不振。从许多方面来看，穆斯林的征服使西班牙（地中海西部举足轻重的国家）以及西西里岛（地中海中部的重要岛屿）焕发了生机活力。在鞑靼人和土耳其人的入侵摧毁阿拉伯帝国腹地的那一刻，阿拉伯文化得以在遥远的地中海西部和这片海洋的中心位置生根发芽并繁荣发展起来。约翰·格拉布爵士写道："西班牙和西西里岛的门户慢慢打开，阿拉伯和东方国家积累下来的技术、研究成果和科学知识在大马士革和巴格达日渐成熟，然后从那里被带到凯鲁万（Qairawan）[①] 和科尔多瓦，他们传入欧洲的时刻正值它们在起源地被摧毁之时。"

尽管西西里岛正在成为一个伊斯兰教政权国家，但它对待希腊人、拉丁人和其他居民似乎并不是特别苛刻。相比于欧洲基督徒再次占据上风时对待穆斯林的态度，穆斯林对有着其他信仰的民众表现出了更高程度的宽容。大量的农民变成了奴隶，但令人怀疑的是，他们作为穆斯林农奴所处的境遇是否比在整个拜占庭、罗马、希腊或迦太基统治时期的情况更糟糕。值得注意的是，当诺曼人最终为争夺西西里岛而与阿拉伯人爆发冲突时，那些不说阿拉伯语的人仍然在口头和书面上都使用希腊语，因为阿拉伯人没有采取任何胁迫手段来强制这些人使用阿拉伯语。除此之外，阿拉伯人并没有将基督教赶尽杀绝。 332
不仅如此，在整个阿拉伯人统治的漫长时期内，西西里岛依然保留着教堂和修道院，而且它们可以拥有财产，可以传布自己的宗教并保持自己的生活方式。阿拉伯人先进的农业和灌溉技

① 突尼斯城市，位于突尼斯中部偏东，是伊斯兰教四大圣地之一。

术提高了西西里岛大部分地区的农业生产水平，而阿拉伯式建筑（从今天巴勒莫地区的许多建筑物仍可以看到这种风格）为这座岛屿带来了荣耀，几乎可以与古典希腊时期初期的繁荣阶段相提并论。西西里岛与西班牙一样，阿拉伯人的征服带来了许多好处。尽管经历过战争的数代欧洲人很难体会到这些好处，但是对于20世纪的观察者而言，这些好处是显而易见的。

阿拉伯人统治西西里岛的历史本身就是一个宏大的主题。与早期地中海命运起起伏伏的阶段一样，有时通过观察一个缩影来追踪事件的整体发展会更容易一些。马耳他群岛再次提供了一块恰到好处的“小幅画布”，以便我们来开展这项研究。像西西里岛一样，作为拜占庭帝国一部分的马耳他群岛曾于870年被阿拉伯人占领。与西西里岛一样，基督教会也得以在该群岛上幸存下来，尽管有证据表明基督教在当时已成为少数人信奉的宗教。当时马耳他人的语言仍是从腓尼基人那里继承而来的某种闪族方言，想必他们很快就采用了阿拉伯语。当然，阿拉伯语是在这些岛屿上留下最深刻印记的语言，尽管混合了意大利语、西班牙语、法语和英语，阿拉伯语仍然被保留至今。（西西里岛的情况也是一样的，尽管当地的方言以意大利语为基础，但是其中存在大量的阿拉伯语词。）

就像迦太基人称霸地中海中部地区的时代一样，马耳他的港口可以为在非洲腹地和西西里岛这个面积巨大的殖民地之间南北穿梭的船舶提供一处极佳的中转站，马耳他因此而受益匪浅。在阿拉伯人占领马耳他群岛的数个世纪之中，因为农业生产水平得到显著提高，马耳他也从中受益颇多。马耳他畜力水车（Maltese sienja）是一种经过改良的机械设备，用它可以从水井中提水来灌溉土地。新到来的统治者还从东方引进了柑橘类水果。古代世界的欧洲人并没有见过柠檬和橙子。似乎这两种水果都源于印度，并被阿拉伯人引进西西里岛、马耳他以及西班牙。棉花是另一种从东方引进的作物，阿拉伯人将其引进马耳他，这里的气候适宜棉花生长，棉花在之后的数个世纪中 333
成为这个小群岛经济作物的重要组成部分。阿拉伯人还引入了一种经过改进的计数系统，即现在人们所说的“阿拉伯数字”，但是它也可能起源于印度。所有这些都是新的统治者给这些岛屿（乃至整个地中海地区）带来的好处。至于不好的方面，欧洲人可能会坚持说，穆斯林的统治导致基督教会走向了衰弱。但是，必须再次指出，阿拉伯人从来没有故意限制教会和基督教的活动。毫无疑问，尽管皈依伊斯兰教的人会从他的穆斯林统治者那里得到好处，但是那些选择坚守信仰的基督徒从未受到迫害，而后来基督徒却对阿拉伯人和犹太人展开了迫害。尽管没有相关证据，但是很可能在马耳他、西班牙、西西里岛和巴利阿里群岛，犹太人都在社会生活中发挥了重要作用，因为阿拉伯人尊重并鼓励犹太人发挥他们的聪明才智。

从 870 年到 1091 年，历经两个多世纪的阿拉伯统治，这些岛屿似乎繁荣了起来。一位阿拉伯编年史学家［布莱恩·布卢埃（Brian Blouet）在《马耳他的故事》（*The Story of Malta*）一书中曾援引过］指出：“马耳他……物产丰饶，并得到真主的庇佑……人丁兴旺，城镇村庄一片繁华盛景，树木茂密，富产水果。”在这段时间，西西里岛和阿拉伯人统治的许多其他地区也是类似的情况。但是，正如公元前 6 世纪赫拉克利特所提到的那样，“万物流动”（Everything flows）。天道或天下万事没有恒定不变的。阿拉伯人引入地中海盆地的这股潮流也不可能一成不变。

在马耳他群岛的戈佐岛上发现了一块12世纪的阿拉伯墓碑，这块墓碑是为纪念哈桑（Hassan）去世的女儿迈木娜（Maimuna）而立的，哈桑是苏塞的阿里（Ali）的儿子。这块墓碑上的铭文似乎回荡着这片海洋永恒不变的声音：

> 问问自己，有没有永恒不变的东西，有没有在去世之时深感厌恶或诅咒的东西。
>
> 唉，死亡夺走了我短暂的生命；我的虔诚和谦逊都无法让我躲过它。我勤勤恳恳地工作，我所做的一切都成为过眼云烟。
>
> 啊，你在看我被这个被封起来的坟茔时，尘土已覆盖了我的眼睑和眼角。
>
> 在我的长榻上和我的住处，别无他物，只有泪水婆娑；当造我的主向我降临时又会发生什么？

334 这块墓碑现已被损毁。墓碑铭文以悲戚哀怨的疑问结尾。阿拉伯人的世纪也将逝去。但是，阿拉伯人对这片海洋以及周围所有土地上的生命和文化的贡献就像小迈木娜墓碑上的铭文一样构思精妙且意义深远。

第二十八章　诺曼人和阿拉伯人

的确，维京人先于阿拉伯人进入地中海，但最早对这片海 335
洋的社会和文明产生重大影响的斯堪的纳维亚民族却是诺曼人。“诺曼人”（Norman）这个名称本身不过是“北方人”（Northman）一词的软化形式，并且所有斯堪的纳维亚民族在一段时间内都被称为诺曼人。后来，它仅指那些在古高卢地区定居并在“诺曼底”殖民的北方入侵者。

他们当然与高卢人以及在当地定居的日耳曼民族的幸存者进行通婚。他们说法语，入乡随俗并皈依了基督教。但是，他们基本上仍属于斯堪的纳维亚民族，“诺玛蒂诺鲁姆式（Normatinorum）狂暴”（即北方民族的好战习性）是他们性格的基本特征。在法国这片较为舒适的土地上，仅仅经过几代人的定居生活并不能磨平这种性格。

维京人掠夺性袭击的本性促使他们驾着长船驶入塞纳河，直抵巴黎，这拉开了北方民族征服塞纳河谷三角洲全部肥沃土地的序幕。该地区气候较为恶劣，但适合这些诺曼人的身体素质和气质特征（诺曼底的首府鲁昂被称为“法兰西的富饶之地”并非毫无缘由）。他们占据了肥沃农田，一代代传承和耕种下来，然而这并没有平复他们血液中征战拼杀的冲动。利剑交锋的声音和长船船头的涌浪声吸引着他们冲向海洋并进一步扩张。

爱德华·弗里曼在《不列颠百科全书》中引用了同时代历史学家杰弗里·马拉特拉（Geoffrey Malaterra）对维京人性格的分析："他为我们勾勒出了诺曼人的形象，这个民族生性
336 狡猾，他们希望能够获得更多财富，不在乎他们自己的遗产，他们热切希望通过不断重复这种模式来获得更多的财富和统治权力，并且能够在奢侈和贪婪之间保持某种平衡；换言之，或许就像他们确实已经做到的那样，他们将两种看似背道而驰的秉性糅合在了一起。他还补充道，他们的酋长尤其渴望听到胜利的消息。而且，他们是一个善于阿谀奉承的民族，专精于口才研究，以至于他们中的男子都是演说家，要不是正义严格地约束着他们，这个民族就会成为一个彻底放纵的民族。他们忍受困苦、饥饿和寒冷，只要一有机会，他们就会去打猎和发动战争，他们享受策马驰骋、舞刀弄枪和身穿战衣的乐趣。他们特别喜欢模仿。严格说来，诺曼人几乎没有任何原创性发明，但是他们比任何民族都更渴望将其他民族为自己所用，为那些学富五车、身怀技艺和才华横溢的人提供食宿并与其建立友好的关系。这种令人钦佩的品质或许可以解释这样一个事实，即一个取得如此伟大成就的民族在征服了欧洲广袤的地区并定居之后，却从地球上消失得无影无踪。"

从气质上来说，诺曼人与阿拉伯人并没有什么不同，他们很快就与阿拉伯人爆发了冲突。他们虽然没有什么原创性的发明，但是非常聪明，知道如何进行吸收转化。他们是一群骁勇善战的士兵。他们也尊崇正义，但是需要严格的纪律约束才能信守正义，并且需要认识到正义确实得到了执行。考虑到这些因素，正如诺曼人将要证明的那样，他们可以纵横驰骋并且所向披靡。他们的优势在于他们的适应能力很强，这比任何其他

能力都重要。征服英格兰的这些人也深入参与到地中海事务中来，他们征服了西西里岛。此后，他们或者是他们的后代会将近东大部分的地区纳入自己的统治之下。

1057 年后不久，诺曼贵族罗伯特·吉斯卡尔（Robert Guiscard）和他的兄弟罗杰（Roger）抵达意大利南部，他们在精心策划后开始对该地区的穆斯林据点发动袭击。教皇的承诺让他们备受鼓舞：不论他们收复了哪些领土，他们都将成为卡拉布里亚大部分地区的领主。1060 年，罗伯特征服了雷焦和科森扎（Cosenza），并确立了几乎整个意大利南部地区统治者的地位，教皇尼古拉斯二世（Pope Nicholas Ⅱ）对此予以承认。兄弟二人及追随他们的诺曼人在与异教徒的战斗中被正 337
式承认为教皇的拥护者，此时他们开始对穆斯林占主体的西西里岛展开有计划的袭击。在卡拉布里亚取得胜利后的第二年，他们从雷焦横渡这条狭窄的海峡，攻占了墨西拿。这再一次明确了海上力量的重要性。如果穆斯林保持他们之前海军的绝对优势，那么诺曼人就不可能入侵西西里岛。

因此，正如爱德华·弗里曼所写的那样，诺曼人是“在十字军东征之前的‘十字军’。诺曼勇士很早之前就曾帮助西班牙的基督徒与伊比利亚半岛的萨拉森人作战，在西西里岛，他们战胜了同一个敌人并占领了这座伟大的地中海岛屿”。实际上，他们发出了将要爆发冲突的第一个警告，这场冲突，即宗教战争，在整个地中海持续了数个世纪之久。这是地中海历史上的一个全新的因素，因为在此之前爆发的所有战争都是为了征服和占有物质财富。阿拉伯人大规模的征服并不是为了传布伊斯兰教（尽管阿拉伯人发动的战争宣称安拉和他的先知是至高无上的）。拜占庭与阿拉伯之间的战争在很大程度上是源于边境安全问题。随着诺曼人的到来（尽管有时战争可能以宗教为借口），此时宗教差异成为战争的导火索，这也预示了在 20 世纪意识形态的差异会导致冲突。

围绕占领西西里岛的战争持续了 30 年之久。诺曼人攻陷墨西拿之后，卡塔尼亚成了下一个被诺曼人征服的城市。陶尔米纳再次爆发起义，尽管这次起义是在穆斯林总督的领导之下进行的；接着在 1071 年，巴勒莫被攻陷。锡拉库萨仍然是最后被攻陷的城市之一（1085 年被攻陷），在它漫长的历史上，它总是可以在遭到围困之时长久而顽强地坚持，这得益于它易守难攻的地理位置。岛上仅剩阿格里真托、卡斯特罗乔瓦尼（Castrogiovanni）、诺托（Noto）和其他一些城市未被征服，而当这些城市中的最后一个城市在 1090 年被攻陷后，整个西西里岛成了诺曼人统治的王国。吉斯卡尔兄弟罗伯特和罗杰，以及少数诺曼人的追随者完成了这项彪炳史册的壮举，这标志着西西里岛动荡不安和血腥残暴的历史终于告一段落。西西里岛
338 此时正成长为整个地中海地区最安定和最文明的国家之一。阿拉伯人留下的遗产，再加上新诺曼统治者的精明强干，西西里岛在建筑和文化领域方面实现了引人注目的融合，这一点是它独一无二的特质。

吉本曾指出：“历经 30 年的战争之后，拥有大伯爵头衔的罗杰取得了地中海中面积最大、最富饶的岛屿的统治权；而他在治理方面所表现出的自由和开明思想完全超越了他所处的时代和所受教育的局限。穆斯林仍旧可以自由地信奉他们自己的宗教并拥有财产。马扎拉－德尔瓦洛的一位伊斯兰哲学家兼医生为征服者大唱赞歌，他成了皇室的座上宾；他关于七个气候带的地理学专著被翻译成了拉丁文；罗杰兴致勃勃地认真阅

读了这本著作后认为，这个阿拉伯人撰写的著作的水平超越了希腊人托勒密撰写的著作。”

在那个时代，诺曼人罗杰是一个非比寻常的人物，他聪慧机敏，允许新王国内的阿拉伯人和希腊人追求自己的生活方式并发展他们自己的不同文明。这就使西西里岛在诺曼统治者的领导下团结成了一个整体，这一点可谓前无古人、后无来者。他允许伊斯兰教在整个岛屿内发展，穆斯林士兵心甘情愿地效忠他，并且成了军队的中坚力量。与此同时，希腊人按照东正教会的仪式继续保持着他们的信仰，而刚刚复职的天主教神职人员并没有给他们施加任何明显的压力。罗杰征服西西里岛的一项“副产品”就是对马耳他群岛的进攻。1090 年，他不费吹灰之力就占领了马耳他群岛。他此时不仅拥有地中海上最富饶的岛屿，而且拥有依附于它的马耳他群岛的大港口。诺曼人在地中海中部建立国家，这意味着穆斯林霸权在其位于地中海东部与西部的领土面临被侵占的威胁。尽管西班牙变成欧洲人的西班牙而不是穆斯林的西班牙还需要等待数个世纪之久，但是在意大利和西西里岛建立的诺曼王朝为此拉开了序幕。

穆斯林的统治确实在走向衰弱，历史潮流将在整个盆地出现逆转，并开始从西向东流动。阿拉伯人取得的辉煌的成就融入了地中海文化乃至欧洲文化，促使科学和艺术领域产生了许多新的思想和形式，这与地中海历史上发生的其他事件一样具
有重要的意义。但是，在东方，就像过去经常发生的那样，又 339
有一个新的势力如雷云闪电般横空出世。这股新势力摧毁了古老的阿拉伯帝国并以之为基础，然后与波斯人的作为如出一辙，他们横扫欧洲的各大门户。一群骁勇彪悍的游牧骑兵正从突厥斯坦的草原上奔驰而来。

就像阿拉伯人之前的许多民族一样，阿拉伯人利用其他民族来充实自己的军队。罗马人曾招募法兰克人和匈人作为雇佣兵，拜占庭人曾雇佣保加尔人和维京人。一个更为古老且国力羸弱的国家往往倾向于借助好战民族的力量（如果是处在发展的原始阶段）来延缓其走向衰败的进程。9 世纪，阿拉伯人开始如法炮制。正如约翰·格拉布爵士在《阿拉伯帝国》中所写的那样："833 年 8 月 9 日，在马蒙（Mamoon）离世的军帐中，他的兄弟穆塔西姆（Mutasim）被拥立为哈里发。他是哈伦·拉希德的第八个儿子，拉希德的三儿子也曾担任哈里发……自曼苏尔建成巴格达城，并且他所倚仗的呼罗珊禁卫军在此驻扎以来，已经有 70 个年头了。但是，在阿明（Ameen）与马蒙之间爆发惨烈的内战之后，呼罗珊人停止了按照传统向阿巴斯王朝纳贡。穆塔西姆认识到自己不得不去别处寻找忠诚于他的军队。他似乎不喜欢阿拉伯人，几乎完全依靠土耳其雇佣军。虽然军队中已经有大量的土耳其雇佣兵，但是穆塔西姆仍大大增加了他们的人数。他从远至乌许斯河（Oxus）[①] 的地区引进了尽可能多的士兵，直至建立起人数多达 1 万人的禁卫军。他为他们制作了精美的制服，其中一些人全身穿着丝绸制成的衣服，并且皮带和武器上都镶嵌着金银饰品。这些招募的土耳其人与之前的呼罗珊人截然不同，因为波斯人和阿拉伯人都是穆斯林并且文化水平较高。土耳其人则来自蛮族部落……"

在诺曼人开始向南横扫意大利的时候，像之前的许多雇佣军一样，土耳其人已经建立了自己的政权。一位名叫塞尔柱

---

① 即位于中亚地区的阿姆河。

（Seljuk）的土耳其酋长的儿孙和追随者不仅占领了呼罗珊和波斯，而且在1055年，图赫里勒·贝格（Togrul Beg）在巴格达宣布就任苏丹。这些“塞尔柱”土耳其人已经准备就绪并主动皈依了伊斯兰教。就像8世纪的阿拉伯人一样，他们也受到了先知一神教的影响。这些来自亚洲部落的人文化水平很低，胆量过人并且具备超强的耐力，他们改变了整个地中海东部地区的生活模式。他们虽然没有创造什么文化，而是继承了 340
波斯人和阿拉伯人的文化，但是将自身所向披靡的作战能力糅合进来。

在罗杰伯爵逐步吞并西西里岛的时期，东方的塞尔柱土耳其人奠定了帝国的基础。与阿拉伯人建立的帝国不同，塞尔柱土耳其人及其继任者奥斯曼人的帝国对地中海文明的贡献微乎其微。然而，他们强烈震慑了地中海周边的民族。土耳其人彻底让欧洲大国陷入恐慌，以至于他们曾有一两次机会可以统一欧洲。因此，与其说奥斯曼帝国提高了人们的生活质量，不如说它起到了一种刺激作用。土耳其人建立的帝国的日益壮大与诺曼人的逐渐发展在很大程度上是相互吻合的。1076年，土耳其人征服叙利亚和耶路撒冷（这里是吸引基督徒朝圣者的磁石）。占领耶路撒冷导致西方世界发动了一系列入侵战争，即十字军东征。

数个世纪以来，拜占庭一直在东方维持着曾经一统天下的罗马帝国的残余势力；然而，在耶路撒冷陷落的5年后，土耳其人对其发起了致命打击。虽然人们的历史常识中并没有曼齐刻尔特战役（Battle of Manzikert），但它仍然是对世界产生决定性影响的战役之一。

一直以来，小亚细亚行省是东罗马帝国的中流砥柱。小亚

细亚是君士坦丁堡财富的来源地，也是其最为骁勇善战的士兵
和许多最优秀的知识分子的故乡。在亚美尼亚凡湖（Lake
Van）附近爆发的曼齐刻尔特战役导致西方丧失了对小亚细亚
的控制。拜占庭皇帝罗曼努斯·戴奥真尼斯（Romanus
Diogenes）决心消除塞尔柱土耳其人的威胁，他率领约 6 万军
队挺进亚美尼亚。他们在曼齐刻尔特遭遇土耳其苏丹阿尔普·
阿尔斯兰（Alp Arslan）率领的 10 万大军。土耳其军队大部分
由持弓箭的骑兵组成，他们拒不与拜占庭人以及他们的盟军展
开常规性的战斗。从某些方面来说，他们的策略与征服者威廉
（William the Conqueror）几年前在黑斯廷斯击败盎格鲁－撒克
341 逊人的策略非常相似。他们用弓箭不停地向拜占庭军队射击，
但是直到拜占庭军队体力下降和士气低落之前，他们不与拜占
庭军队全面短兵相接。然后，当拜占庭人轻率地将军队的后方
暴露出来时，土耳其骑兵蜂拥而至，将整个拜占庭军队撕成碎
片，皇帝本人也变成了阶下囚。

对拜占庭帝国来说，曼齐刻尔特战役是一场灾难。尽管拜占庭帝国苦苦支撑帝国达四个世纪之久，但是从这一刻起，拜占庭帝国就已注定走向灭亡。此时整个小亚细亚地区和富饶的安纳托利亚行省均已被土耳其人占领。与西班牙摩尔人的征服不同，土耳其人的征服只是带来了苦难。土耳其人就像行军蚁一样，他们消灭敌人，掠夺财富，身后只留下“一块光秃秃的白骨”。

11 世纪是地中海地区的分裂时期。在地中海西部，文化底蕴深厚的穆斯林统治着西班牙南部的古老行省。在地中海中部，一个全新的北方元素——诺曼人横扫意大利，在西西里岛站稳了自己的脚跟。另外，在地中海东部，尚处于原始状态的

亚洲部落统治着阿拉伯人，尽管他们皈依了阿拉伯人的宗教，但是他们的文化与阿拉伯或波斯文化没有任何共通之处。土耳其人蜂拥而来占据了小亚细亚富饶的农田，并占领了爱琴海东部海岸线。几个世纪以来，拜占庭帝国一直是保护欧洲的盾牌，抵御了来自北方和东方的无数次入侵，但是此时它受到前所未有的威胁。如果不是拜占庭人的战舰和他们占据优势的技术手段，毫无疑问，拜占庭帝国早已覆灭。

第二十九章　十字军

342 诺曼人是一群具有拉丁文化背景的维京人，他们已经重新开启了北欧人在这一南部海域的行动。紧随他们驾驶长船的祖先的足迹，他们征服了阿普利亚、卡拉布里亚和西西里岛并在这些地方定居下来，从而巩固了他们参与地中海中央盆地事务的地位。他们不仅在这些领土上甚至在希腊本土与拜占庭人爆发了冲突。对拜占庭来说幸运的是，当它正遭受小亚细亚土耳其人的威胁，它的达尔马提亚海岸也受到诺曼男爵们的袭击，而且疲于应对北方蛮族的入侵时，1081 年，一位睿智聪敏的皇帝登基即位。

阿莱克修斯·科穆宁（Alexius Comnenus）出身于一个功勋卓著的军人家族，但他也是一位精明老练的政治家。他很早就意识到帝国存续下来的唯一希望就是避免双线作战，而且帝国不可能与土耳其人达成任何长久性的条约。因此，他寄希望于说服西方的强国，特别是那些实力强劲的诺曼人与他共同抵抗基督教世界的敌人。尽管东西方教会之间存在争议，但是出于圣战的目的，似乎可以合理地假定它们会暂时搁置这些分歧。

君士坦丁堡声称自己是基督教信仰的真正所在地，罗马教皇则坚决否认这一主张。如果说拜占庭皇帝想联合军队对付异教徒土耳其人（主要目的是夺回他在小亚细亚的失地），那么

发动第一次十字军东征的动力则来自教皇。没有一位诺曼男爵
会回应拜占庭人的呼吁，那些说着希腊语、从基督教分裂出去
的教会的信徒已经与他们的信众在达尔马提亚和意大利南部爆
发了冲突。但是，在 1091 年在法国北部召开的克莱蒙会议上， 343
教皇乌尔班二世提到所有基督徒之间的兄弟情谊，呼吁他们忘记彼此之间的分歧，团结起来将土耳其人和萨拉森人全部赶出圣地。最重要的是，数百年来欧洲人一直朝圣的耶路撒冷被攻陷，这促成了后来所传布的“平民十字军东征”的故事。教皇和诺曼底法国人的利益与拜占庭皇帝的利益是一致的，但是任何一方对于能得到多大程度的回应都心存怀疑。

教皇乌尔班二世在他著名的演讲中说：“当你们可以在睡梦中安然离世，为什么还要恐惧死亡？为了短暂生存的欲望而使灵魂处于危险的境地必定是一种精神错乱。因此，如果需要的话，我最亲爱的兄弟们，你们要为自己的兄弟献出生命。毁灭圣地里不信上帝的人，驱逐盗贼并将信仰找回来。不要让儿女情长束缚住你们的脚步，人首先要忠诚于上帝。不要让对故土的眷恋拖你们的后腿，因为从某种意义上说，基督徒是被放逐在全世界的，而从另一个方面来说，整个世界都是基督徒的故土。因此，我们所到之处就是我们的故土，我们的故土就是我们所到之处。”

他的慷慨陈词引发了一系列对地中海世界产生深远影响的事件。就地中海而言，这些事件是彻彻底底具备颠覆性质的。从来没有人提出过这样的想法：为宗教而战。曾经有过一些场合，例如，诺曼人征服西西里岛时，人们希望获得宗教的庇佑，从本质上讲，这不过是在攻城略地时的一种传统习俗；但是为了宗教理想而去建立一支军队并发动战争的想法在历史上

尚无先例。

迈锡尼人、腓尼基人、希腊人、波斯人、迦太基人、罗马人以及所有其他曾谋求取得这片海域霸权的民族基本上以抢夺财富为目的，只有犹太人在对抗罗马人时是为宗教而战的。但是，十字军东征是第一次真正的“宗教战争”。他们隐藏在内心的想法就像希伯来人认为自己是上帝拣选的民族一样，这些欧洲基督徒此时也以类似的眼光来打量自己。尽管犬儒主义常常在这些早期的十字军中盛行（在之后的十字军中也大量出
344 现），但事实仍然是，黎凡特地区发生的袭击穆斯林的事件是因宗教信仰而起。

丹尼斯·海（Denys Hay）在《黑暗时代》中提到教皇在克莱蒙发表的演讲“引发的广泛响应超出了乌尔班的预料，并且超出了拜占庭皇帝阿莱克修斯一世的初衷，他原本是请求这些西方强国来帮助他收复丢失的小亚细亚各行省。不仅大量的骑士加入了大部队，而且穷人们也做出了响应。贫穷已经与朝圣关联在了一起吗？难道不是天堂的耶路撒冷已与现实的耶路撒冷混为一谈了吗？”

“十字军精神”的本质就是这种理想与现实的混合物，这与地中海世界的思维程式相去甚远。拜占庭人在某一个时期曾经受益于十字军东征（但最终深受其苦），不过非常值得怀疑的是，拜占庭人是否了解促使这些法兰克人穿越他们的领土并进入东罗马帝国的复杂动机。此时穿越拜占庭领土的朝圣者和十字军同样对这些罗马帝国后裔继承人的犬儒主义思想感到困惑不安。

史蒂文·朗西曼（Steven Runciman）在《十字军东征史》（*A History of the Crusades*）中写道：“在整个 11 世纪，直到最

后的20年，旅行者源源不断地涌向东方，有时候他们成千上万地结伴而行，男女老幼，不同阶层的人们，在那个无所事事的时代，打点行装，踏上了历时一年或更长时间的旅程。他们会在君士坦丁堡稍做停留，欣赏这座宏伟瑰丽的城市，这个城市比他们所知道的任何西方城市大10倍，他们对城市中的文物肃然起敬……然后，他们起身前往巴勒斯坦、拿撒勒和塔伯山，之后抵达约旦、伯利恒以及耶路撒冷所有的圣地……但是，朝圣成功取决于两个条件：第一，巴勒斯坦的局势必须安定有序，以确保这些毫无防御能力的旅行者能够安全地活动和敬拜；第二，道路应该保持畅通，人们只需要较低的成本即可通行。前者需要伊斯兰世界能够维持和平与善政，后者则需要拜占庭的繁荣与仁慈。”

曼齐刻尔特战役是拜占庭历史上最具灾难性的事件，它一举摧毁了帝国的经济稳定；同时，它阻断了地中海西部通往圣地的传统朝圣之路。从这场对拜占庭人而言十分致命的失败 345
中，诺曼人和其他欧洲人看清了拜占庭人在道德和实力方面的脆弱，这引发了他们的蔑视。他们从中也找到了干涉东方事务的一个理由。经过隐士彼得（Peter the Hermit）和沃尔特·桑萨瓦尔（Walter Sans-Avoir，被称为“穷汉”）等具有远见卓识之人的努力，教皇乌尔班在克莱蒙会议上的演讲的吸引力也进一步增强。他们赋予这场远征最不可能融合在一起的特征：宗教的和世俗的，听从神启的和愤世嫉俗的。远征东方的人之中不仅有封建男爵、骑士和武装战士，还包括成千上万的农民，他们之中有男人、女人甚至孩子，他们因在欧洲陷入生活贫困而加入了十字军的队伍。毫无疑问，当报告送到阿莱克修斯·科穆宁皇帝那里时，让他震惊的不仅是十字军的数量，而且是这支素质参差不齐的十字军已经快要到达他帝国边界的事实。

1096 年夏天，两支主力部队抵达君士坦丁堡城下。他们横跨欧洲的行军过程混乱不堪，在这个过程中发生了不可计数的龌龊之事。他们行军的方式有点像蚂蚁大军，但是他们毫无纪律可言，他们途经的大多数城市将他们视为不受欢迎的客人。阿莱克修斯之前曾寻求援助，但他期望迎来的是一支具有战斗力的军队，而不是一群乌合之众，他不确定该如何应付这支“平民十字军”。然而，他确实尽力去履行了自己的义务，并向十字军提供了物资，希腊人则借给他们食物、马匹甚至衣物。但是，尽管许多十字军的成员是因为受到金色耶路撒冷的美梦鼓舞而加入十字军的，十字军中还是不可避免地混入了大量的流氓地痞。

拜占庭帝国的皇帝再也无法容忍他们的打劫和掠夺，于是派拜占庭舰队将他们送至博斯普鲁斯海峡。他将他们安置在尼科米底亚海湾[①]的赛博图斯（Cybotus）。此时，这支不成样子、军纪涣散的军队中的不同种族团体之间爆发了争吵。隐士彼得回到君士坦丁堡，试图从拜占庭皇帝那里得到更多的援助。同时，十字军洗劫了拜占庭统治的乡村地区，并开始将活动扩展到土耳其人正严阵以待的地区。经过几次小规模的冲突后，整个十字军中的大约 2 万名士兵参加了这次与异教徒展开的战
346 斗。结果早已注定。尽管许多人表现得英勇无畏，但迎接十字军的是铺天盖地的箭雨，当他们想要逃跑时，土耳其骑兵收割了他们的人头。这是一场彻头彻尾的屠杀行动，土耳其人占领

① 即现在的伊兹米特湾。

了十字军的营地，不论男女老少格杀勿论。他们只留下了数量不多的漂亮男孩和女孩，将其送到征服者的房中。拜占庭舰队营救了 3000 名幸存者，他们设法将自己藏在海边的一座城堡中，之后被送回君士坦丁堡。平民十字军的东征画上了句号。如果说它达到了任何目的，那么就是它提醒西欧人，仅凭信念是不够的。只有靠训练有素的双手挥舞利剑才能开辟出一条通往耶路撒冷的道路。

尽管十字军一直处于整个这段历史时期舞台的中央，但是就地中海本身而言，最重要的事件是海上力量格局发生的变化。在地中海东北部和爱琴海海域，拜占庭海军仍维持着霸主地位，这也为下一波十字军追求他们的目标提供了可能性。但是，地中海中部的形势最终彻底地发生了改变。随着诺曼人占领西西里岛以及在西西里岛和意大利南部建立了政权，这里修筑了坚固的防御工事，由此意大利海港重新焕发生机。数个世纪以来，除了拉韦纳之外，这些地区相对而言是无足轻重的，自西罗马帝国灭亡之后再未发挥重要作用。除了诺曼人统治了地中海中部海盆之外，960 年拜占庭人占领伊奥尼亚海东侧的克里特岛，这一事实增强了整个地区的稳定性。威尼斯、热那亚和比萨这三个城市的名字从相对默默无闻到逐渐声名鹊起，并且在地中海海军历史中发挥了越来越重要的作用。

1097 年第一次十字军东征（真正意义上经过精心组织的一次军事远征）的四支军队会师君士坦丁堡。第一支军队由布永的戈弗雷（Godfrey of Bouillon）指挥，士兵主要来自今天的比利时。第二支军队由意大利南部的征服者罗伯特·吉斯卡尔的长子指挥，士兵主要由诺曼人和意大利人组成。第三支军队由普罗旺斯人组成，由图卢兹伯爵（Count of Toulouse）指

347 挥。第四支军队由诺曼人组成，由征服者威廉的长子、诺曼底公爵罗贝尔指挥。尽管教皇乌尔班指出，有 30 万人参加了这次十字军东征，但其中大多数人是平民朝圣者。武装骑士和训练有素的步兵可能不到 3 万人。即便如此，这仍然是一场声势浩大的远征，自 1096 年年底到第二年春，这支十字军在君士坦丁堡集结并准备渡海前往小亚细亚。尽管东罗马皇帝急于需要这些诺曼人和法兰克人的帮助以收回拜占庭的失地，但他也开始怀疑自己引狼入室的做法究竟是否正确。他邀请了一个贪得无厌的客人进入自己的房间，而这个客人对主人并不总是客客气气的。尽管第一次十字军东征的战果可能超出了阿莱克修斯的预期，但是他实际上已经给帝国出了一个难题，而这一难题终究有一天会导致帝国的灭亡。

拜占庭舰队守护海峡两岸，在之后的整个行动中，他们定期向十字军提供补给，并运送攻城器械和其他物资，在攻占尼西亚后，军队取得首次大捷。尼西亚是一座著名的古城，它是北小亚细亚行省的首府，除了物质上的损失之外，攻陷尼西亚是对土耳其人自尊心的一个打击。十字军先前曾向阿莱克修斯·科穆宁发誓，他们会将他奉为最高统帅并将所有征服的土地交给他。在阿莱克修斯·科穆宁看来，占领尼西亚已经证明他借助西方野蛮国家的力量来实现在东方的平衡是正确的。接下来拜占庭占据了更多的优势。军队穿越小亚细亚向前进发，几乎收复了帝国之前曾经控制的所有沿海地区和大部分内陆的腹地。然而，面对意志坚韧且善于作战的土耳其士兵，他们每向前推进一步都十分困难。正如《法兰克史书》（*Gesta Francorum*）的作者所写的：“谁可以聪明到能够对土耳其人的技术、好战本性和英勇无畏展开批判的地步？实际上，他们声称只有法兰克人，并且他们有权利自称骑士。当然，如果他们坚持对基督的信仰，那么他们在力量、勇气和战争技术方面将无人能敌。”

“耶和华的战士”的理念与拜占庭思想是背道而驰的。拜占庭人从未认为战争是崇高的事情，他们一般认为基督徒应该 348
尽可能避免发动战争。他们宁愿进行谈判交涉而不是兵戎相见。实际上，占领尼西亚在很大程度上是拜占庭人与土耳其人谈判的结果。当十字军即将杀进城时，他们发现拜占庭的旗帜依然在他们的头顶上迎风飘扬。土耳其人宁愿与他们的宿敌纠缠争斗，也不愿向这些外来的民族卑躬屈膝。

长期以来，拜占庭的战略和政治理念认为，战争是政治手腕失败的结果。诺曼人的风格是直来直去，他们作为北方民族有着与生俱来的好战秉性，他们发现希腊人总是喜欢拐弯抹角、诡计多端，认为这归根到底就是阴险奸诈。另一方面，拜占庭人发现这些外邦人是他们手中可供利用的工具（或者一开始他们就是这样认为的），但又认为他们是腐败教会的信徒，并且没有文化和品位。对于十字军东征，吉本的评论可谓入木三分：“从宗教骑士精神和教皇统治中形成了一种新的精神；这触动了一根敏感的神经，而这种感觉传导至欧洲的心脏。”从某种程度上讲这是正确的，十字军东征确实是一种独特的现象。但是继承了古罗马东部帝国衣钵的希腊人发现他们很难理解这一点。的确，他们的皇帝曾恳请这些法兰克人施以援手，并确保东方的基督教文明免遭涂炭，但他们认为十字军是一支雇佣军（他们拿钱办事，事成之后就会离开）。然而，事实远非如此。对于诺曼男爵们来说，一旦他们自己在东方发现了广袤的土地，他们就会下定决心凭借自己的能力成为土地的领主。他们骁勇善战，其最终目的是拥有一片舒适安逸的土地并在此定居下来。与之前的雇佣军不同——尽管他们不认为自己是雇佣军——他们的目的不是在赢得战斗并在拿到钱财之后返回自己的故土。

毫无疑问，第一次十字军东征取得了巨大的成功。然而，这次成功是无法复制的。十字军横穿小亚细亚向南进军，他们此时攻入了遭受严重入侵的叙利亚和巴勒斯坦，在这些地区爆发的冲突持续了数个世纪之久。然而，他们彻底征服了
349 小亚细亚的重要地区，拜占庭帝国因此而延续了三个世纪的统治。就这个方面来说，阿莱克修斯·科穆宁确实证明了在他所统治的这座城市悠久的历史之中，他是能力最为卓著的皇帝之一。在拜占庭蒙受奇耻大辱的时刻，土耳其人实际上占领了博斯普鲁斯海峡海岸线对面的城市，阿莱克修斯设法弥补了曼齐刻尔特战役导致的大部分损失，此时基督教大军已经兵临耶路撒冷的所有城门。1098 年，十字军攻陷了中世纪世界的第三大城市安条克。第二年，耶路撒冷即圣城也被基督徒从伊斯兰教徒的手中夺了回来。

尽管十字军在占领该城市后的所作所为，以及在多次围城和骚扰行动中的所作所为的确应受到谴责，但是必须牢记一点，他们不仅是粗鲁残暴的士兵，而且是虔诚的基督徒，对他们来说穆斯林敌人是反基督者，都是邪恶之人。提尔的威廉描写了这些人第一次凝望自己的目标耶路撒冷时的样子，这一描写应该不是虚构的：“当听到呼喊出耶路撒冷这个名字时，他们开始哭泣并跪倒在地，通过种种不同的方式来感谢我们的主，感谢主给予他们的无限慈爱，让他们实现了自己朝圣的目标，他曾经深爱着这座圣城，他希望在那里拯救世界。人们看

到这些善良的人落下的眼泪、听到他们大声的号哭，都会被深深触动。他们向前奔跑，直到城市的所有塔楼和城墙清晰地映入眼帘。之后，他们举起手向天空祈祷，脱下鞋子，跪在地上，亲吻大地。”

第一次十字军东征导致的一个未曾预料到的结果就是意大利商船队迅速扩大。经历了数个世纪之后，第一次出现了欧洲帆船遍布古老的罗马故土和近东之间航线上的景象。之后的十字军东征只是验证了意大利海港的重要性。热那亚、威尼斯和比萨的财富和活力主要源自中欧与东方之间新出现的这种活动。十字军和朝圣者需要被运送到圣地，在黎凡特的新基督教领地和他们在欧洲的故土之间开始出现贸易活动。8 世纪和 9 世纪，阿拉伯人铺天盖地的征服浪潮在很大程度上打乱了某些活动。北欧人出现在黎凡特地区之后，法国、意大利和东方之 350
间再次出现了稳定的货物贸易、人员和思想交流。

残忍粗暴的诺曼男爵们在黎凡特的土地上建立的基督教王国注定不会长久，但是他们对自己统治之下领土的影响从未消失。然而，从长远来看，可以说十字军征服的最大受益方正是欧洲本身。就像在西班牙和西西里岛一样，在阿拉伯人征服之后，这里的农业和手工艺水平也得到了提高，所以此时这里生产了大量的奢侈品和艺术品（人们已经有很多个世纪未见到如此精美的玻璃制品），它们开始被销售到北欧国家。

我们注意到，从十字军东征时期开始，不仅在英国，而且在整个欧洲地区，家具和室内装饰都出现了变化。我们记住这一点是非常重要的，即十字军并不是代表反对东方野蛮民族的先进文化先驱，而浪漫主义作家往往想要让我们相信十字军就是先驱。事实恰恰相反。十字军开始向他们恨之入骨的敌人学习如何制作丝绸挂件装饰、如何使用饰品，以及如何改进金属制作工艺。所有这些都不可避免地通过家具制造商反映出来，室内装饰品和坐垫又回到了欧洲之前的样式，自罗马帝国灭亡之后，这种样式几乎已经在欧洲消失得无影无踪。

尽管通常用第一次、第二次、第三次等字眼来描述十字军东征，但是事实上这些定义仅适用于描述欧洲人进入近东地区的主要迁徙运动。十字军东征是一个连续性的过程，持续了数百年之久。历史学家们将那些成功或失败的东征冠以序数而使其变得庄重。然而，最好的方法是将整个时期（即从 1097 年的第一次十字军东征到 1464 年的最后一次十字军东征之间的这段时间）视为整支军队、私人武装团体以及个别的男爵和骑士不断从欧洲对近东地区发动猛烈进攻，并在那里与穆斯林酋长和统治者展开斗争的时期。有些人自己建立了王国和公国，例如安条克公国和耶路撒冷王国，而另一些人则在古代叙利亚的港口建立了面积较小的封建领地。地中海东部仍然矗立
351 着真正意义上的十字军东征遗迹，那是宏伟要塞的遗迹，这些要塞耸立在山顶，凝视着圣地的山谷。昆廷·休斯（Quentin Hughes）在《要塞》（*Fortress*）一书中写道：“由于人手不足，必须要选择在坚不可摧的地方修建要塞。这些要塞具备法式城堡的特征，它们有一个个同心圆式的防御工事，一个围着一个而且越垒越高，从而位于其后方和上方区域的火力可以覆盖外墙防御区域。”

如果说要塞是十字军东征留给地中海沿岸的主要遗产，那么十字军东征本身以及每年赶到圣地的朝圣者们则促进了造船业的迅速发展。自罗马帝国迈入鼎盛时期以来，意大利的大型港口从未像此时这样发展得如此迅速。威尼斯获得了贸易权，

在很多黎凡特的城市中出现了威尼斯区、教堂和市场。热那亚取得了辉煌成就，正是十字军东征为其奠定了基础。在十字军东征的世纪里，东西方之间出现的奇怪“联姻”使整个地中海地区从中受益匪浅。几百年来一直被扰乱的古代船运路线恢复了之前的生机活力。船舶设计得到了改进，典型的地中海地区桨帆船雄霸地中海，直到在 17 世纪最终演变为最完美的形态。

第三十章　圣约翰骑士团

352 7 世纪，征服埃及的伟大阿拉伯将军阿穆尔弥留之际躺在病床上，一个朋友问他：“您时常提到想找一个富有智慧的人，在他去世之前问问他是什么感觉。现在我想问您这个问题。”阿穆尔回答说：“我感觉到苍穹已经贴近大地，我在天地之间，透过针眼呼吸。”

他说的这些话似乎概括了阿拉伯大征服时期和欧洲文艺复兴这段时间内地中海的整个历史。从伊斯兰历先知元年即 622 年到 15 世纪中叶，地中海世界陷入了宗教狂热。令人感到奇怪的是，尽管地中海盆地周围的土地孕育了世界两大宗教，但是地中海的气质本身并不具备神秘的属性。在古代世界，因为人们崇拜的神灵和女神数量非常之多，遵守宗教仪式被认为是宗教崇拜的主要组成部分。他们没有因为认为宙斯的地位高于阿蒙，赫拉克勒斯胜过美刻尔，或者阿弗洛狄忒比伊什塔尔（Ishtar）更加美丽动人就与其他人兵戎相见。他们只是将不同神灵和女神相互对应起来，耸耸肩说：“他们几乎没有区别。如果我身在雅典，那么我会敬拜赫拉克勒斯；如果我身在提尔，那么我会敬拜美刻尔。”罗马人对迦太基人的宗教习俗嗤之以鼻，但是他们没有因为发现对巴力（Baal）① 的敬拜毫无吸引力，或者说不如敬拜朱庇特更灵验，就向迦太基人发动战

---

① 又译巴尔。

争。宗教不宽容源自东方世界，这是犹太教和基督教的“副产品”。欧洲的基督徒也从犹太民族以及其他民族那里继承了这种不宽容，但是西欧的基督徒在推行宗教不宽容方面表现得最为狂热。虽然拜占庭的东正教教会与穆斯林和野蛮民族之间 353
冲突不断，但宗教问题并不是爆发冲突的原因。他们呐喊着“十字架已征服敌军！”但是他们始终准备并愿意与敌人达成和解。后来，君士坦丁堡因为其穆斯林聚居区而引起了注意。罗马天主教徒拜访君士坦丁堡的众多因素之一就是拜占庭人甚至容忍这座城市中矗立着一座清真寺。

在当时，近东地区经过数个世纪的宗教战争，由此导致的最引人注意的事情就是出现了特种军队——十字军修会（Crusading Orders）。在这些修会之中，就像某些地中海岛屿的缩影一样，这个时期的主体部分已经被过度侵蚀，以至于它们代表了整个时代的特征。圣殿骑士团（或被称为“基督和所罗门圣殿的穷苦骑士团”，Poor Knights of Christ and the Temple of Solomon）、条顿骑士团和圣约翰骑士团是十字军东征过程中形成的三大十字军修会，它们的名称与这段历史有着千丝万缕的联系。然而，就地中海而言，圣约翰骑士团与地中海地区的联系最为深刻且持续时间最长。这一点尤其令人感兴趣，因为与地中海相关的骑士最终成了当时最出色的海军将士。他们掌握了高超的造船技术以及先进的导航技能，并且他们占据了地中海中两个区域的海岛并在岛上定居，他们的影响远远超出了他们人口所占的比例。

从圣约翰骑士团的历史中，我们至少可以获得某种程度的自信，确定东西方冲突在下一个400年的主要历史走向。在他们与东方的关系中，它们给东方带来的知识以及从东方学习的知识也解释了当时东西方之间的相互借鉴。他们与圣殿骑士团不同，后者只是一个军事修会（14 世纪初，出于罗马教皇和政治上的原因，圣殿骑士团遭到镇压）；并且他们与条顿骑士团也不同，从 13 世纪开始，条顿骑士团更多的是前往征服普鲁士地区并使其皈依，而不是在地中海地区活动。与其他地中海修会一样，圣约翰修会是在第一次十字军东征过程中组建的，但是它在这片海洋活动的历史长达 700 余年。在拿破仑战
354 争期间，该修会因遭到重创而灭亡。为了理解第一次十字军东征以来事态的发展，必须要对这个由士兵、基督徒、医务人员和贵族组成的著名“社团”的历史进行简要论述。

首先，他们是医务人员。他们是间接地来自一家临终安养院或医院，这是一所设在耶路撒冷的机构，目的是照顾生病的朝圣者。在第一次十字军东征期间，这家医院的负责人名为彼得·杰拉德（Peter Gerard），他在十字军攻城期间，向十字军提供的帮助让十字军对他十分感激。在耶路撒冷被攻陷之后（在大多数非基督教徒看来，其中充斥着欲望和暴力），医院获得了捐赠并取得了特权。这家医院以施洗者圣约翰的名字命名，起初是由本笃会修士管理，之后由奥古斯丁会修士管理，从这家医院中衍生出了伟大、荣耀的圣约翰骑士团军事修会。

杰拉德向教皇请愿，希望将该机构认定为一家宗教组织。大量得到其医治的骑士或其他加入该机构的骑士支持他提出的请愿，1113 年，教皇帕斯加尔（Pope Paschal）发布诏令并宣布该机构的财产受教皇保护。教皇帕斯加尔的继任者以及后来的其他教皇都认可该诏令。此时耶路撒冷的医院已处在教皇全部威严的保护之下，这在当时并不是一件无足轻重的事情，在

教皇鼓动之下发动的这场宗教战争中，十字军征服圣城似乎已经打上了教皇蒙上帝恩泽的印记。

杰拉德被认为是该修会的创始人，他于 1120 年去世，他的继任者雷蒙·杜·皮伊（Raymond du Puy）既是一位具有政治家风度的人，也是一个虔诚的信徒。杜·皮伊为这个新成立且相对无足轻重的修会打下了坚实的物质基础，并确立了该修会持续数个世纪之久的使命。因为他新吸纳的很多成员比起担任“男护工”来说更适合入伍从军，而且鉴于萨拉森人正加紧对新建成的基督徒据点和抵达圣地的路线发动袭击，所以雷蒙·杜·皮伊向教皇提出建议：希望他手下的男护工可以不仅仅承担医院护理员的职责。朝圣路线需要保护，他认为有许多人适合执行该任务。这是该修会承担军事任务的起始点，最终军事任务变成了修会的主业。然而，从其整个历史来看，即使 355
在其军事力量最强大的年代，医院骑士团仍然是一个从事护理工作的兄弟会，他们的大部分收入仍投入在护理病患以及提高手术和医药技术方面。

到了 12 世纪中叶，圣约翰骑士团已对其功能进行了整合，成了一个包括医务人员和士兵的奇怪混合体。罗德里克·卡瓦利耶罗（Roderick Cavaliero）在《最后的十字军》（*The Last of the Crusaders*）一书中写道：“只有那医院骑士团的成员有权携带八角十字架，它的四边象征着基督徒的美德——审慎、公义、坚韧和节制，八个角象征着上述美德所带来的福祉，白炽色象征骑士的圣洁。其成员都是年轻的修士和次一级的信徒，除非经教皇批准，他们一般穿着修士的服饰。然而，他是一个与众不同的修士。他并没有舍弃这个世界，他不是神父，而是凡人修士。他没有身穿独特的服饰，只是戴着十字架。他可以自由地环游世界，但与此同时，他发誓要保持清贫、操守和顺从。这是一个奇怪而充满艰辛的职业。”早期，骑士似乎确实在某种程度上调和了他们使命中的矛盾之处。在随后的几个世纪中，人们常常已经遗忘了他们曾经关于坚持操守和清贫的誓言。

圣约翰骑士团在1148年第二次十字军东征中扮演了重要角色，这次十字军东征在大马士革城下遭遇惨败。1153年，十字军占领阿什凯隆（Ascalon），这在一定程度上弥补了在大马士革的失败，在这个过程中，骑士团大团长（Grand Master）和他的骑士们扮演了重要角色。此后，骑士团在这个世纪里变得越来越富有。骑士团有多种收入来源，包括新加入者支付的费用和骑士的遗产税，后者是指一个骑士死后，他所有财产的五分之四将成为骑士团的财产（剩余五分之一可以由骑士个人通过立遗嘱进行处理）。此外，每占领一座城市或成功地偷袭穆斯林商队后就会获得战利品，骑士团的财产会进一步增加。圣约翰骑士团最初是耶路撒冷一家简陋的医院，最终它发展成一个规模庞大且实力强劲的国际性组织，他们的医院遍及欧洲的朝圣之路，并在欧洲各个国家拥有庞大规模的地产。它
356 的成员仍然主要来自法国，但是该骑士团逐渐实现了国际化，后划分为八个兵团（Langues），或称“军团”（Tongues），其成员包括在十字军东征活动中起主要作用的欧洲国家。这些兵团分别是奥弗涅、法兰西、普罗旺斯、阿拉贡、卡斯蒂利亚、英格兰、德意志和意大利兵团。由此，骑士们就成了国际联军最早的典范之一。由于他们不是效忠于其原籍国，而是效忠于其大团长和骑士团（在这个方面，它在某种程度上类似现在保护欧洲和地中海地区的北大西洋公约组织）。划分为国家兵团的

做法还起到了一种激发积极竞争精神的作用，确保在战斗时点燃每一个兵团的斗志，让他们力争比其他兵团作战更为英勇。

圣约翰骑士团在整个12世纪和13世纪的历史几乎反映了十字军东征的历史。在1162年至1169年之间，他们发动了一系列失败的远征，试图从穆斯林手中夺回埃及。圣殿骑士团与医院骑士团之间爆发了一系列丑闻纷争，无法针对共同的敌人采取重大协调一致的进攻，这导致在耶路撒冷建立的拉丁王国无法得到援助。基督徒早期取得成功在很大程度上是因为他们是与许多酋长国家战斗，这些酋长国家中没有一个是特别强大的国家，而且大多数国家互为仇敌。但是，当出现了一个出色的协调者时，很明显欧洲人在圣地的处境就岌岌可危了。交通线太过漫长，因为十字军依靠从威尼斯和热那亚过来的船只增援人员和物资。在那个通信不畅的时期，将信息传回北欧可能需要几周的时间。

1186年，杰出的埃及苏丹萨拉丁（Salatin）发动系统性的行动，企图征服法兰克王国。医院骑士团处在与他作战的最前线，但是1187年他们在提比里亚遭遇了惨败，当时大团长吉尔贝·德穆兰（Gilbert des Moulins）被箭雨射中丧命。更糟糕的是，在同年7月的哈丁战役中，萨拉丁彻底击溃十字军，大部分士兵被杀死或被俘。苏丹非常忌惮圣殿骑士团和医院骑士团的战斗能力，因此指示不要将他们留作囚犯，所有人均被 357
处死。之后，1187年10月，最严重的袭击来临，萨拉丁重新占领耶路撒冷。

苏丹取得的胜利导致欧洲的十字军重燃斗志。在之后采取的行动中（查理一世扮演了非常重要的角色），医院骑士团始终处于战斗的最前线。他们收复了重要城市阿卡（Acre），在接下来的几年中，他们几乎收复了所有沿海地区。然而，在随后的几十年中，欧洲人在圣地所遭受的困扰全部是医院骑士团的失误所导致的。他们一直与圣殿骑士团龃龉不断，东方世界宜人的气候、礼节和道德准则削弱了他们的实力。一直以来，那些新抵达圣地的骑士和其他人抱怨不断，之前已经到达圣地的骑士和骑士团成了那里穷奢极侈和纸醉金迷的生活的俘虏。已经老掉牙的操守与清贫义务被抛到九霄云外，长期居住在东方的骑士们身上习得了很多穆斯林的习惯和思维方式。刚从欧洲来到这里的年轻骑士不仅可能会对他们的生活方式感到震惊，而且会因为他们甚至与穆斯林邻居存在密切关系和相互串门而震惊不已。这些新来的骑士甚至会觉得圣地并没有光复基督教的世界。这些长期居住在东方的人（我们大脑中不可避免地会浮现与几个世纪之后英属印度情况的对比）有些轻蔑并伴着逗乐地嘲笑“这些刚从欧洲赶来”的骑士缺乏经验的滑稽动作：“他们不了解当地人，他们不知道情况。”

鞑靼蒙古人的入侵使那些持不同政见且四分五裂的基督徒群体感到震惊。耶路撒冷再度被攻陷，加沙被占领；1247 年，阿什凯隆宏伟的十字军城堡被攻陷。两年之后，医院骑士团参加了法国圣路易斯国王发起的灾难性的远征，这次远征最终在埃及的曼苏拉战役中遭遇惨败。尽管鞑靼人已经从圣地撤退，但是基督徒仍无法调和其内部的分歧，而在与周围的穆斯林强国休战之际，医院骑士团与圣殿骑士团之间的另一场纷争导致他们所处的整体局势恶化。

1260 年，埃及苏丹拜巴尔（Baybers）发动了一系列军事
358 行动，甚至取得了萨拉丁未曾取得的成就。拜巴尔将鞑靼人赶出自己的王国之后，也开始驱逐法兰克人。1268 年，安条克

失陷，宏伟的骑士堡（Krak des Chevaliers）被攻陷。这个骑士堡是圣约翰骑士团 13 世纪初在原来的耶路撒冷王国北部的黎波里的一个山顶上建造的，这处遗迹仍然是地中海历史在这一时期不可忽视的纪念碑之一。

人们为了收复圣地做出了更多的努力，特别是英格兰的爱德华王子，但他们仍然未能挽回这个拉丁王国以及圣约翰骑士团的最终命运。1291 年，当最后一个基督教据点阿卡落入穆斯林手中时，所有据点都已丢失，骑士团永远地撤出了圣地。骑士团成员先是前往塞浦路斯，之后在 1309 年，在教皇和热那亚人的煽动下，他们从拜占庭帝国的拉丁人海军上将手中夺取了罗得岛。（拉丁人如何在很大程度上控制了拜占庭帝国的故事将在适当的时候进行讲述。）

骑士们在罗得岛完善了他们修会的最终形式；后来他们又到了马耳他，直到 18 世纪末期，骑士们一直驻守在马耳他。然而，导致这一群十字军战士在地中海的历史上留下如此深刻烙印的一个重要因素在于他们的整体地位发生了变化，从而导致他们迁往罗得岛。在近两个世纪的时间内，他们一直是身处圣地的医务人员，是朝圣路线和在那里所建立的拉丁王国骁勇善战的战士。在罗得岛，他们的角色发生了巨大的变化：曾经，他们的身份首先是医务人员，然后才是士兵；但此时，他们首先是水手，其次才是医务人员。他们无法从陆地上对穆斯林发动战争，于是成了信仰基督教的海盗，他们突袭敌人的航运路线，并与闯入他们所在岛屿周围海域的敌舰展开激战。他们是基督教欧洲对抗东方最前线的堡垒，教皇正确地认识到位于小亚细亚海岸线附近的罗得岛的位置非常适合侵扰敌人的交通线。随着入侵的土耳其人对欧洲的威胁变得越来越大，罗得岛的重要性也日益提高。在奥斯曼土耳其人将整个古伊奥尼亚地区纳入他们王国的版图之后，在很长一段时间内，罗得岛对之后的土耳其苏丹来说就如同眼中钉、肉中刺一般。

在古典时代的鼎盛时期，罗得岛是爱琴海最重要的海上城
359 邦之一，但在那以后，它的光鲜亮丽渐渐褪色。后来，罗得岛人在罗马帝国海军中发挥了重要作用，拜占庭人也大量起用罗得岛水手，并且利用他们的造船技术和航海经验。罗得岛最宽处为 20 英里，长约 45 英里。因此，这座岛的面积足以满足圣约翰骑士团的大部分需求（尽管罗马教皇颁布了禁令，但是他们仍然与来自东方的土耳其人和穆斯林频繁贸易）。岛上有一座优良的港口，古时的战舰也曾从这里出发横扫东部海域。

骑士们在古典时代的城市原址上开始修建新的军港和家园，从那时起，在两个多世纪的时间内，他们一直骚扰穆斯林的航运活动，并成为土耳其人的死敌。罗得岛在西北偏西方向上大致被一条山脉分割开来，山脉的最高峰阿纳瓦罗山（Mount Anavaro）位于该岛正中央的位置。山脊的两侧是肥沃的平原和山谷，对岛上的经济起着举足轻重的作用。拜占庭人和萨拉森人在他们占领这座岛屿的不同时期都改善了农业生产。萨拉森人引进了高效的灌溉方法以及柑橘类水果。橄榄树遍布全岛，周边海域有着丰富的渔业资源。

在长期占领罗得岛期间，圣约翰骑士团在岛上修建的防御工事仍然是地中海东部值得引以为豪的成就之一。骑士们居住在城市北部名为“高镇”（Collachium，或称为“城堡”）的区域。每个单独的兵团正是驻扎在这里的小旅馆里，这里还有他们管理的大医院、军械库和大团长的宫殿。附近有一座名为曼兹拉基（Mandraki）的小型港口，在冬季的时候，战船会被拖

上岸；在夏季的几个月里，战船会并排停靠在港口中，随时准备像雄鹰一样扑向如同迁徙的肥胖候鸟一样的东方商人身上。罗得岛人天生就适应了地中海的生活，他们为他们的新统治者提供了制造精良的船舶和技艺高超的水手，而在陆地上纵横驰骋的骑士很快就证明他们的军事技能可以迅速使自身适应另一种外部条件。他们将证明自己是地中海有史以来最骁勇善战的海军战士。尽管罗得岛面积狭小，而且比起他们的土耳其敌人 360
来说，骑士们的人数相对较少，但是他们就像穆斯林世界的一个脓疮，直到 16 世纪才最终被逐出这座岛屿。

他们在海战中使用的桨帆船是对拜占庭单排桨战船进行改造后的战船。这是从希腊和罗马人使用的双层桨战舰演化而来的战船，但是被改进为在大帆船出现之前当时航速最快的战船。这种战船又长又窄，干舷面积狭小并且吃水较浅，外观被特地涂成灰色，专门用于夏季时在海洋上行驶，从 5 月一直到 9 月都可出海。由于这一历史时期的大多数商船（甚至是阿拉伯三角帆货船）是在夏季出海，他们的战船在冬季不适合出海这一点也就无足轻重了。

与 16 世纪骑士们将他们的基地转移至马耳他之后出现的战船相比，罗得岛桨帆船的体型较小，但是它们在本质上没有什么不同。罗得岛桨帆船的总长度可能超过 150 英尺，但是首尾垂线之间的长度小于或等于 120 英尺。像所有的桨帆船一样，这种船的动力也主要来自后背和手臂肌肉发达的桨手们。在罗得岛之外的早期行动中，当地的希腊人会提供桨手。之后，随着土耳其奴隶数量的增加，他们开始让被俘的敌人充当桨手（不久之后，整个地中海地区都采用这种方法）。反过来，他们又必须为奴隶建造在冬季和非出海期间的住所，为这些桨手提供住宿。在桨帆船上使用奴隶桨手的做法完全颠覆了地中海自古以来的传统，以前都是城邦的自由民驾驶自己城邦的船只。汪达尔人、维京人以及其他地中海的掠夺者也是使用自己的桨手和战士。基督徒和穆斯林之间的较量逐渐改变了这种模式。在土耳其人自己开始航海活动之后不久，他们和他们的欧洲强敌都大规模地使用俘虏来驾驶船舶。

361 虽然战船行驶速度确实变得更快了，但是船上的生活还远远算不上舒适，即便船上的长官的生活也是如此。很多年之后，法国海军军官巴拉斯·德·勒佩纳（Barras de la Penne）撰写了关于战舰生活的第一手资料。这可能相当准确地反映了圣约翰骑士团在罗得岛最后数年的岁月中他们桨帆船上的情况。“战舰上的很多奴隶没有足够的空间睡觉，因为他们 7 个人共用一条长凳，也就是说，这个空间大约是 10 英尺长、6 英尺宽；在船首的位置，可以看到 30 多个水手住在艏楼扶手下面的木板上［即船首的平台上］，这个长方形长 10 英尺长、宽 8 英尺。住在船尾的船长和管理人员的条件也好不到哪里去……船体部分和绳索嘎吱作响，水手们高声呐喊，战舰上奴隶们恐怖的谩骂诅咒以及木板的吱呀响声与铁链碰撞的声音交织在一起。就连风平浪静的时候也会感到不适，［因为］桨帆船上臭气熏天……”

撞锤仍然是主要的武器。尽管已经从拜占庭的希腊人那里获得了希腊火的秘方，并且当时骑士团和土耳其人都已经知道了这个秘方，但是看上去罗得岛桨帆船似乎仍然主要依靠古老的撞锤技术。14 世纪，在火药和枪支得到了广泛使用之后，桨帆船上配备了弓箭炮以及小型杀伤性枪炮，可以喷射出大量金属屑和石子。起初，罗得岛人利用弓箭攻击逼近的敌人，一旦将敌人的船只牢牢地锁起来之后，就开始上演肉搏战。骑士团的战斗激情和罗得岛水手的技能强强联合，使得这支小型舰队的效率远远高于他们的敌人。

吉本的点评带着挖苦的意味，但又在某种程度上是准确的：“骑士们视死如归，一心侍奉主。”然而，几个世纪以来，对于他们首先在罗得岛后来在马耳他的活动，欧洲人应当向他们表示极大的敬意。他们彻底并永久性地改变了这两座岛屿的面貌；在今天，任何人在到访这两座岛屿的时候都会立刻意识到圣约翰骑士团的巨大影响。在圣约翰骑士团的早期历史中，他们在圣地和近东地区持续活动了近两个世纪之久，他们展现出那个时代的十字军精神，除了要塞留下的废墟之外，这种精 362
神使法国与这些伊斯兰国家保持了长久的联系。来访的欧洲人通常仍被称为“法兰克人”，尽管法国的语言及其文化在之后的几个世纪里得到了广泛传播，但黎凡特地区仍然是其大本营之一。圣约翰骑士团在罗得岛修建的城堡对希腊爱琴海地区建筑风格的影响一直持续至今。

谈及圣约翰骑士团及其在罗得岛驻守的历史时，很难避开罗得岛的卡拉克大帆船（Great Carrack of Rhodes）：这种船几乎和罗得岛巨像一样非比寻常，曾经是古典世界的奇迹之一。1522 年，在土耳其人最终将圣约翰骑士团驱逐出罗得岛的不久之前，这里就建造了卡拉克大帆船。它是中世纪最出色的船舶之一，是圣约翰骑士团的旗舰。最后一位圣约翰骑士团的大团长维利耶·德·利勒－亚当（Villiers de l'Isle-Adam）将罗得岛交给胜利者苏丹苏莱曼一世之后，他和他的骑士们乘坐卡拉克大帆船离开了罗得岛。如果说桨帆船是骑士们在与其敌人战斗的漫长岁月中的主要武器，那么可以说，这种卡拉克大帆船则预示着长期以来帆船在这片陆间海的统治终结。

J. 塔弗（J. Taafe）在他的《耶路撒冷圣约翰骑士团的历史》（*History of the Order of Saint John of Jerusalem*）一书中对这种船舶进行了如下描述："在船体被戳了许多洞的情况下，这种船也不会沉没，在这一点上，它与我们的救生艇类似。当尼斯暴发瘟疫时［尼斯是卡拉克大帆船的建造地］，瘟疫导致的死亡率非常之高，以至于腐臭的气味都会让天上的飞鸟坠亡，但船上没有任何人感染瘟疫。这主要归功于工人大量使用炉火来制造所需的螺丝、钉子或其他铁制品……［它］有 8 块甲板或木板，这些空间被用作仓库和储物间，它可以在海上连续航行 6 个月而无须为获得给养而停靠陆地，甚至连淡水都不用补充。因为它一直可以提供充足且最为新鲜和干净的淡水；船员们也不必啃饼干，每天都可以烘烤美味的白面包，通过大量的手磨机碾磨谷物，宽大的烤箱可以一次烘烤 2000 个大面包。船上装有 6 层金属护板，其中 2 层在水下用青铜螺丝钉拧紧（青铜不会像铁一样生锈腐蚀），并且建造这种船舶的工艺如
363 此精湛，以至于它永远都不会沉没，人力无法使其沉入水底。宽敞的军械库可以容纳 500 人；自然不必多言，船上配备了各式各样的加农炮，其中有 50 门出奇地大。但是，最重要的是，这种大船的敏捷度和灵活性是其他船舶无法比拟的，而且船帆也非常容易操控；它几乎不用费力就能躲避礁石或调转航向，并且配备了所有航海方面的先进设备；更不用说士兵的数量，仅水手的数量就达 300 人。像其他战船一样，它配备了两艘各有 15 条长凳的桨帆船，一艘拖在船尾，另一艘载在船上；更不用说搭载在船上的其他各种大小不等的船只。其船舷确实非常坚固，尽管它经常参与作战，并且曾被大量

炮弹击中，但是没有任何炮弹能够击穿船体，甚至都没有击穿过该战船的保护层。”

这种造船史上的奇迹可以说是对圣约翰骑士团及其骑士的恰当注脚。他们经过长途跋涉，从他们位于法国、德国、西班牙、意大利和英国的领地来到气候炎热的圣地，参加在埃及、叙利亚和小亚细亚爆发的战斗，最后在爱琴海上的罗得岛留下了他们独特的印记（在当时看来似乎他们迎来了终结）。从某种意义上说，“他们的终点就是他们的起点”。他们的名字将与他们在下一个海岛上的家园紧密地联系在一起，以至于后来人们称他们为“马耳他骑士团”。然而，现在是时候看一下他们是如何占领爱琴海的这座岛屿的，从权利归属来看，这座岛屿本应属于拜占庭帝国。

第三十一章　拜占庭的灭亡

364　1309 年，圣约翰骑士团在教皇的纵容默许和热那亚人的支持帮助下占领了罗得岛，他们之所以能做到这一点，是因为古老的拜占庭帝国已经寿终正寝。新罗马的君士坦丁堡是君士坦丁大帝建立帝国的基石，它在近 900 年间维持了罗马帝国在欧洲东部和北部的边界。1204 年，一支十字军占领了君士坦丁堡，这支军队名义上是开赴埃及和圣地。这次军事行动对地中海的历史至关重要，它是西欧良心上最黑暗的污点之一。

1199 年，第四次东征的十字军从法国启程，在一名巡回传教士的鼓动下，一群法国骑士决定“参加十字军”并向圣地进发。他们立即将他们的想法告知了教皇英诺森三世。他在此前一年就任教皇，并在他加冕后立即宣布他希望发起新的十字军东征。在这一历史时期，古老的十字军精神在很大程度上已经烟消云散，但是英诺森希望恢复十字军的精神，这成为他毕生奋斗的主要目标。同时，他想重新获得教皇对十字军东征的控制权，因为十字军后来逐渐变得世俗化。在第四次十字军东征中，他的这一目的彻底落空，因为法国的骑士们和男爵们很快就打算以自己的方式来组织这次东征，甚至在目标选择上也是如此。他们的意图是入侵埃及，那里是阿拉伯人财富和权力的支柱，但此时由于内战和干旱而被削弱，因为在过去 5 年中尼罗河没有在三角洲地区泛滥。

由于十字军选定的领导人突然去世，十字军东征经过了一
段时间后重整旗鼓，但是到了 1202 年，发生了一件关乎整个 365
欧洲的重大事件：十字军与威尼斯这个海上重要城邦就军队运输问题完成了谈判。之前的十字军进军路线是经由君士坦丁堡，横穿博斯普鲁斯海峡，途经小亚细亚再到叙利亚，这条路线变得越来越危险，原因是土耳其人的活动日益增多，在第三次十字军东征中，土耳其人几乎全歼神圣罗马帝国腓特烈一世率领的一支德国大军。因此，走海上航线是切合实际的选择，尤其考虑到他们的目的是占领埃及，而占领埃及的第一个目标是占领亚历山大。在攻陷亚历山大后，十字军的领导人自信满满，认为在他们向南进入苏丹的领地时，亚历山大将会作为一个理想的基地，让他们能够补充人员和物资。他们之所以将运输工作委托给威尼斯，是因为威尼斯人拥有最强大的造船能力并向他们提供了当时可以接受的条件。

威尼斯总督恩里科·丹多洛（Enrico Dandolo）是一名头脑精明但奸诈阴险的贵族。与十字军东征相比，他更在意自己的城邦，而且如果能促进威尼斯共和国的贸易发展和国力增强，他会像乐于运送基督徒军队一样运送穆斯林军队。教皇英诺森三世意识到了这一点，从一开始就十分质疑选择威尼斯的决定。他担心威尼斯人会试图通过某种方式利用十字军来实现自己的目的。如果他知道威尼斯人甚至在十字军进入威尼斯并准备登船之前还在与埃及苏丹进行贸易谈判，那么他就有充分的理由提出质疑。埃及苏丹向威尼斯人提供了一大笔现金，并承诺将收益巨大的亚历山大贸易特许权授权他们，前提是十字军要从他的土地上消失。鉴于随后发生的事情（尽管没有书

面证据可确认双方签署了任何协议），几乎可以肯定的是，威尼斯总督和威尼斯理事会已决定在十字军在自己的土地上集结之前就将其转移到他处。

1202 年至 1203 年间，大部分十字军横穿欧洲，他们翻越阿尔卑斯山，再经过伦巴第向南抵达威尼斯。他们与威尼斯共和国达成的协议是威尼斯人将运送 4000 名骑士以及每名骑士所携带的战马、9000 名骑士扈从（squire）和 2 万名步兵，酬劳共计 86000 银马克[①]，威尼斯需要在一年内为他们提供运输
366 服务。但是，许多十字军战士不愿等待其他人，他们自己安排了单独的运输船，独自驶向阿卡；其他人则未能抵达。人数减少意味着他们的领导者需要承担总人数减少导致的募集资金的巨额缺口。威尼斯人一方则坚决要求必须支付原定的金额。正如他们所指出的那样，他们已经建造了约定数量的战船和商船，包括用于运输马匹的特殊工具，而且如果征战的十字军不需要如此庞大的船队，这并不是威尼斯人的过错。他们将时间、金钱和材料全花在了准备工作上，此时他们想把钱要回来。十字军领导人蒙特弗尔拉侯爵（Marquis of Montferrat）、维尔阿杜安伯爵（Comte de Villehardouin）、圣保罗伯爵（Count of Saint Paul）和佛兰德伯爵（Count of Flanders）陷入了困境。很多十字军战士已经花光了盘缠，十字军的领导人从威尼斯高利贷商人那里借了 5000 银马克，甚至将他们的私人胸甲和贵重物品抵押给威尼斯总督，即便如此，与约定的总金额相比，还差 34000 银马克。

威尼斯人不希望在他们这座优雅高贵的城市中收容太多这

---

① 中世纪欧洲使用的银质货币，一般 1 银马克约重 8 盎司。

些喧哗吵闹的法兰克人，而且无论如何都没有足够的地方来安置他们，所以大部分骑士和士兵在距离城市约 3 英里的圣尼古拉斯岛上安营扎寨。威尼斯总督对这种安排非常满意。他们在这座岛上时，只能通过船舶来获得给养，并且只有在总督认可的情况下才能去往岛上。他将十字军控制在自己的掌心之中，因为他们既然已经一路来到这里，就肯定无法回到自己的家园。实际上，他们中的许多人别无选择，因为他们已经身无分文，只能寄希望在洗劫亚历山大之后得到一些钱财。丹多洛此时召开了理事会会议。他认真地指出，威尼斯已经履行了合同约定；如果十字军不能履行自己的义务，那么威尼斯将完全有权不退还他们之前已经缴纳的钱款。他表示，向十字军提出条件会更有利可图，即要求他们为了支付未缴纳的款项而去“工作”。之后，在与十字军领导人会面时，他非常直白地表示：“从你们的使者首次提出使用船队开始，我就确保在我全部领土之上的所有工作的唯一目标就是为你们的十字军提供装备……但是，我的人民此时已经损失惨重，这就是为什么他们 367
和我也决心让你们偿还欠我们的钱。如果你们不这样做，那么让我告诉你们，在我们获得酬劳之前，你们不得离开这座海岛。除此之外，你们将找不到任何人能够提供给你们任何食物或水。”

随后不久，总督就坦白了自己的意图。如果十字军愿意帮助他攻占亚得里亚海的大港口扎拉（Zara，匈牙利国王从他那里夺走了扎拉，此时对亚得里亚海的威尼斯贸易造成了严重影响），那么他确信十字军会得到足够的货币、胸甲和其他贵重物品以偿还债务。在此之后，他自然会履行他的承诺，将十字军运送到埃及。

尽管许多十字军战士反对攻打在匈牙利基督教国王统治之下的这座城市的想法（有些人甚至在这时离开了这支远征军），但是他们的领导人和大部分士兵认为他们别无选择，只能接受这项要求。因此，1202 年深秋，参加第四次十字军东征的 480 艘船驶离威尼斯，进军扎拉。面对如此庞大的舰队和军队，扎拉城不可避免地在杀戮、暴力和抢劫中被攻陷了；甚至他们基督徒同胞的教会也没有幸免于难。听到这一消息，教皇立即做出反应，决定开除威尼斯人和十字军的教籍。

因为被开除教籍，十字军被迫在亚得里亚海海岸度过漫长的寒冬，并且由于攻占扎拉后的斩获未达到预期的一半，他们倍感失望，军队士气进一步低落。大量的十字军战士叛逃，一些骑士和士兵试图冲破封锁回到北方的故乡；而那些留下来的人很快就发现他们正在消耗他们所偷盗来的金钱和值钱的东西。结果，到了 1203 年春天，他们在方方面面的处境就像在威尼斯一样绝望，甚至有过之而无不及：他们对威尼斯人仍有欠款；他们在一个敌对的国家被切断了供给；他们只有在威尼斯舰队的协助下才能离开这里。这是总督一直都在等待的时刻，十字军的一位领导人蒙特弗尔拉侯爵博尼费斯帮助他实施了这个阴谋诡计。

368 拜占庭最近换了一位统治者，这在其错综复杂、阴谋不断的政治史上并不罕见：皇帝伊萨克二世被阿莱克修斯三世废黜。然而，阿莱克修斯的能力如此之平庸，以至于伊萨克的儿子从拜占庭逃了出来。他来到德意志，在那里向蒙特弗尔拉侯爵提议，十字军应该帮助他自己的父亲重登皇位。作为回报，他答应向十字军提供大笔资金，并提供拜占庭舰队和军队的协助。这个年轻人既提供了出兵的理由，又提供了征战的工具，因此第四次十字军东征不再将埃及作为远征的目标。

一份同时代的文献记录道，威尼斯总督丹多洛“看到［十字军］陷入困境，于是召开了一次会议并对他们说：‘尊敬的阁下们，在希腊有一个富裕的国家，那里有你们想要的一切。只要我们找到合理的借口，就可以进军希腊并拿到我们所需的东西，这对我来说是一个完美的解决方案。通过这样的方式，我们可以很容易地占领这些海外的土地。’”这些密谋者完美地排练了他们的对话。这时，蒙特弗尔拉侯爵站起来说：“尊敬的阁下们，我圣诞节期间一直住在德国皇帝的宫殿里。在那儿，我偶然遇到了一个年轻人，他是皇后的兄弟。这个年轻人是君士坦丁堡皇帝伊萨克的儿子，他父亲被自己的兄弟以叛国罪废黜了皇位。如果我们带上这个年轻人，那么我们就可以光明正大地踏上君士坦丁堡的领土，那里可以确保我们的物资和供给，因为他才是合法的皇帝。”

此时，这个舞台上演了历史上最为卑劣的行径之一：第四次十字军东征从对埃及的合法远征转向征服和攻占君士坦丁堡和拜占庭帝国。曾经“举着十字架”与穆斯林战斗并光复圣地的基督徒此时却要占领东部基督教世界的要塞并摧毁拜占庭的堡垒。而正是因为拜占庭在东边的护盾作用，欧洲各国才得以幸存下来并不断发展。

拜占庭与西方几乎从未和睦友好过。从诺曼人开始进入东
方帝国的古代领土——意大利南部和西西里岛开始，双方就爆 369
发了大量冲突。11 世纪末，阿莱克修斯·科穆宁认为，邀请他们帮助自己光复圣地，是找到了一种利用这些北方野蛮部族的战斗能力来实现自己野心的便宜之计。一个多世纪之后，人们可以看到，尽管他一度收复了拜占庭帝国的大部分失地，但

是也无意间引狼入室。东正教教会的拜占庭希腊人和罗马教会的拉丁人从未在宗教、知识、道德或军事方面成为好伙伴。相比穆斯林，许多诺曼人更讨厌拜占庭人，他们至少认为穆斯林是优秀的战士。（在随后的几个世纪中，最终其他盟友彼此讨厌的程度也超过了对他们共同敌人的讨厌程度。）

丹多洛总督和蒙特弗尔拉侯爵主张十字军此时应该占领拜占庭的领土，以确保获得充足的供给、财产和金钱，以支持他们继续进军，许多骑士并不反对这种主张。当然，只要他们能够谋生并可以额外获得一些战利品，那么很大一部分普通战士就不会过分在意将要征讨的人姓甚名谁。此时十字军在未遭遇任何反抗的情况下就占领了拜占庭的领土。威尼斯提供了舰队，尽管丹多洛总督已经 80 多岁了，但他还是随军前进。尽管他年事已高，但是在十字军第一次离开威尼斯之前，他已经“举起了十字架”。与其他十字军战士一样，他在占领扎拉后也被开除了教籍。虽然此时教皇已经宽恕了十字军（他已经了解他们是因受到勒索才发动袭击的），但是教皇的禁令对总督和威尼斯人仍然有效。不过，恩里科·丹多洛不太可能会遇到麻烦。

1203 年春天，军队从扎拉启程。军队曾在郁郁葱葱、像高高的尖塔一般耸立的科孚岛上短暂停留。科孚岛曾经是伯罗奔尼撒战争爆发的主要诱因，而此时它再一次见证了因为人们的无知和贪欲而大规模出动的战船和士兵。威尼斯的舰队由 450 多艘军舰、商船和运输船组成，当 7 月 5 日他们抛锚在博斯普鲁斯海峡另一端时，必然给君士坦丁堡城墙上的居民们留
370 下了令人畏惧的印象。维尔阿杜安伯爵在关于十字军东征的回忆录中写道：“在海峡东部，放眼望去全是战舰。这场景真是

太壮观了，让人终生难忘。”

在多位羸弱而腐败的皇帝统治期间，一直作为君士坦丁堡安全和帝国安全保障的拜占庭舰队的实力不断被削弱，直到此时几乎名存实亡。研究第四次十字军东征的希腊历史学家尼切塔斯（Nicetas）记载了拜占庭海军上将的情况：“他卖掉了船锚、船帆以及属于拜占庭海军的其他所有可以换成钱的东西。”毫无疑问，丹多洛总督知道舰队的这些状况，因为一直以来威尼斯商人都提供了出色的情报服务，并且君士坦丁堡有一整片威尼斯人聚居区。他当然知道，他不太可能会遭遇海军的抵抗，这必然推动他实施自己的计划。这座城市本身“躲藏”在其高大的城墙后方，城墙本可以抵御十字军，因为它曾经抵御了许多其他更强大军队的进犯。但是，一旦失去对海洋的控制，君士坦丁堡的陷落将是不可避免的。

在被围困期间，一条巨型铁链仍保护着金角湾的入口处，链条的一端固定在南侧的城墙上，另一端固定在北侧的防御工事加拉达塔（Tower of Galata）的锚机上。锁链通常会沉入水面，不会对进入或驶离的船只造成阻碍。但是，当这座城市遭到威胁时，这条锁链就会被拖出水面，这对任何向前行驶的军舰来说都是一道坚不可摧的防线。这种防卫方式已经使用了数个世纪之久，成功阻止了阿拉伯人和其他入侵的舰队进入金角湾。但是，塔楼和城墙的设计师从未考虑过拜占庭舰队实力太弱以至于无法抵抗敌人登陆行动的情况。因此，建造加拉达塔并不是为了解除围城之困，朝向金角湾的城墙没有马尔莫拉城墙坚固，因为它的设计者从未预想会有敌舰冲破锁链封锁的情况。

威尼斯人的船队负责运送第四次十字军东征的军队横渡博

斯普鲁斯海峡，1203 年 7 月 6 日，他们抵达加拉达塔附近，
371 几乎未遭遇抵抗。第二天，一支重装铠甲骑兵击溃了一支毫无战斗力的拜占庭骑兵，前者的训练、装甲和武器都是专门为这种战争而设计的。此后，经过短暂的抵抗，十字军和威尼斯人攻陷最重要的加拉达塔。他们熟悉锁链和锚机之类的港口防御设施，只用了几分钟就解开了那条巨型锁链。当锁链从塔上滑落，沉没在金角湾海底时，一直在等待这一刻的威尼斯战舰蜂拥而入，冲进了这片从未有敌舰出现过的水域。垂死挣扎的拜占庭战舰几乎没有进行反抗。“因此，他们俘获了希腊人的桨帆船以及港口中的所有其他船只。”

这是拜占庭帝国末日的开始。尽管城内外的进攻和反击又持续了 9 个月，但是君士坦丁堡及其帝国灭亡的命运在威尼斯人闯入金角湾的那一刻就已注定。1204 年 4 月 12 日，君士坦丁大帝建立的伟大城市在第四次十字军东征中陷落，十字军在整座城市里抢劫掠夺、恣意妄为，其残忍暴虐的行径堪比甚至超过占领耶路撒冷的早期十字军。当城墙被突破，入侵者攻入城门之内后，拜占庭人放下武器，希望入侵者能够按照一般战争规则那样豁免投降者。拜占庭人从未见过一支西方军队在一座投降的城市里如此野蛮暴虐。从十字军一方来说，他们从未洗劫过一座这样的城市。正如一个攻入君士坦丁堡的士兵记叙的那样：“人们发现那里的珍宝堆积如山，因为那里有之前许多皇帝尊贵的冠冕，还有金饰、珠宝、绣有金丝的服饰，以及大量皇室礼服和数不清的宝石。的确，那里遍地都是贵重的宝物，以至于人们几乎无法计算出在宫殿以及城市中许多其他地方搜罗到的黄金和白银等无数珍宝的价值。”此时，威尼斯人终于获得了全部的报酬，捞得盆满钵满。

这座城市里没有任何东西能在十字军的劫掠中幸免于难，甚至是最为宏伟的基督教教堂——圣索菲亚大教堂也一样。甚至为了掠夺黄金和白银，祭坛也被打碎，价值连城的圣像被从框架上撕下来，以便拿走上面镶嵌的宝石，框架本身也被熔 372
化。在接下来的几年中，西欧到处都是从君士坦丁堡带回来的战利品。教堂和私人宅邸中到处都可以看到来自博斯普鲁斯海峡旁的这座大城市中的珠宝、珐琅和艺术品。在君士坦丁堡陷落后，尼切塔斯踏上了流亡之路，他明确地记录了十字军的罪行："他们举着十字架，手摸着十字架和圣福音书宣誓，他们在途经基督徒的土地时会避免流血冲突，也不会左顾右盼。他们告诉我们，他们只会与萨拉森人战斗，他们只会让萨拉森人血流成河。他们在佩戴十字架时承诺会保持自己的圣洁，成为基督合格的战士。但是他们没有捍卫基督的坟墓所在地，而是激怒了基督的信徒。与阿拉伯人奴役拉丁人相比，他们奴役基督徒的情况更加惨不忍睹，至少阿拉伯人还尊重女性。"

此时君士坦丁堡和拜占庭帝国已经落入他们手中，关于十字军东征最初目标的讨论已经销声匿迹。那些获胜的贵族和他们的威尼斯合作伙伴正急于瓜分拜占庭人的领土，至于埃及、叙利亚和圣地本身早已被抛到九霄云外。教皇英诺森三世曾梦想有一支强大的十字军可以收复东方的土地，然而手持利剑的西方基督教徒砍杀东正教基督教徒，后者发出的尖叫声如同噩梦一般让英诺森的希望破灭。教皇可能曾希望两个教会联合起来之后可以使君士坦丁堡免遭洗劫，然而这是徒劳的。十字军攻陷君士坦丁堡时的不守规矩，以及其后瓜分拜占庭帝国的野蛮方式，导致希腊人对西方教会产生了厌恶之情，以至于到了20 世纪他们都讨厌罗马人。

觊觎拜占庭皇位的年轻人阿莱克修斯[①]为十字军东征提供了借口，但他在一场战斗中被拜占庭人杀害，结束了其短暂的统治。他的继任者同样很快就被十字军杀害。因此，下一位东罗马皇帝必然会是一个拉丁人：弗兰德伯爵鲍德温（Baldwin）登上了皇位。另一位远征军领袖蒙特弗尔拉侯爵博尼费斯在萨罗尼卡（Saronika）[②] 为自己开辟了一片广袤的土地。同时，
373 在整个希腊地区涌现出许多面积很小的拉丁封建公国。现在保留下来可以证明它们曾经存在过的证据只有十字军城堡，在希腊的很多地区还可以看到这些城堡，它们或是位于寂静的山谷之中，或是建在高地的岬角上。

最重要的是，正如丹多洛总督一直希望的那样，威尼斯从第四次十字军东征中获利颇丰。他高兴地说他从十字军那里得到了“整个罗马帝国四分之三的领土”，这也是他想要从十字军那里得到的东西。实际上，尽管鲍德温和博尼费斯在陆地上占领了大片领土，但是威尼斯获得了真正有利用价值的战利品，即所有可以为他们向东方发展提供垫脚石的主要港口和岛屿。由此，威尼斯获得了希腊沿海的伊奥尼亚群岛、马尔马拉海北侧的港口，以及伯罗奔尼撒半岛上他要求得到的所有港口、安德罗斯岛、埃维亚岛、纳克索斯岛、加里波利和阿德里亚堡[③]的内陆贸易中心。威尼斯人奋力一击摧毁了拜占庭这个他们长期以来在与东方贸易过程中遇到的最大对手，并占据了一条无价的生命线，这将使威尼斯比热那亚等其他竞争对手更具有优势。

---

① 即伊萨克二世的儿子。

② 即塞萨洛尼基。

③ 即埃迪尔内。

丹多洛总督奠定了威尼斯人财富的坚实基础。在随后的几个世纪中，他的同胞都盛赞他是威尼斯人最伟大的英雄之一。然而，地中海历史学家肯定不会将他视为威尼斯政权的伟大建筑师，而是将其视为一个破坏者，是他导致欧洲和基督教世界的整体结构产生了不可估量的损失。拉丁人统治下的君士坦丁堡王国并没有存续很长的时间。国家内部纷争不断，与国家敌对的平民虎视眈眈，只要受到攻击，这个国家必然就会轰然倒塌。历史学家格雷戈罗维乌斯（Gregorovius）为帝国写下的墓志铭最能说明这一情况："西欧十字军骑士、威尼斯人自私自利的贸易政策以及罗马教皇的等级观念共同导致其在历经了悲惨的境遇之后走向了灭亡……留下的痕迹无非是满地狼藉和无政府状态。拉丁人畸形的骑士国家是历史上最没有价值的一种现象。"

在君士坦丁堡被十字军征服仅仅 57 年之后，尼西亚帝国的希腊国王米哈伊尔八世·巴列奥略（Michael Palaeologus）夺回了君士坦丁堡。希腊王朝得以光复，罗马教会的宗教仪式被废除，希腊统治者再次回到圣索菲亚大教堂和君士坦丁古城。在此后将近 200 年的时间里，尽管一直受到威胁，但是东 374
罗马帝国神秘的遗迹仍然得以保留下来，并且在艺术和文化方面出现了令人赞叹的复兴。然而十字军和威尼斯人稳扎稳打，导致帝国丧失了大部分领土，以至于在敌对势力发起第一次大规模进攻之时，它注定会再次一败涂地。1453 年，奥斯曼帝国的土耳其人横扫君士坦丁堡，之后一直统治这一地区。而让西欧王国感到痛心疾首的是拜占庭帝国将永远不会在那里为他们遮风避雨。

如果说第四次十字军东征带来了使整个欧洲受益的"副

产品”，那么就是整个意大利、西西里岛和地中海其他地区涌现出大量的艺术品和移民艺术家。此前一般认为，文艺复兴运动在1453年土耳其人占领君士坦丁堡之后不久开始，但实际上文艺复兴早在此之前就已经拉开序幕。正如D. 塔尔博特·赖斯在《拜占庭时代的艺术》（*Art of the Byzantine Era*）一书中所说：“这确实是1204年第四次十字军东征之后大量涌入的拜占庭艺术品引发的，这是真正大规模模仿拜占庭艺术品时期的起始点，之后威尼斯才真正繁荣热闹起来，成为以拜占庭风格为基础制作金属制品、珐琅甚至石雕作品的中心，因此有时很难看出拜占庭原件和威尼斯复制品之间的差别……”

从现在可以看出，圣约翰骑士团驻扎在罗得岛只是拜占庭帝国灭亡的注脚。如果威尼斯人和第四次十字军东征的士兵在1204年没有出卖自己的事业和信仰，那么在原拜占庭统治的罗得岛上就不会出现拉丁裔十字军骑士团。但是有理由补充一点，如果拜占庭人守住了他们的第一道防线，即他们的舰队阵容严整，那么拉丁人就不可能征服他们的城市。1309年，教皇和热那亚人帮助圣约翰骑士团征服了罗得岛，这一事实的根源也是1204年的这次十字军东征。在那以后，威尼斯的最大商业竞争对手热那亚人竭尽全力阻止威尼斯人在爱琴海占据任何岛屿或贸易站。在地中海历史上的这段时间里，宗教差异被人们广泛地利用，这一切的根源就是贪婪。

第三十二章　海上共和国

第四次十字军东征的主要战果之一是成就了威尼斯在地中 375
海东部的霸权伟业。威尼斯通过从蒙特弗尔拉侯爵那里购买克里特岛而巩固了自己最近取得的战果，克里特岛距离蒙特弗尔拉侯爵位于萨罗尼卡的陆地领土如此遥远，以至于这个岛屿对他而言几乎没有任何用处。对于眼光长远的威尼斯人而言，克里特岛让他们拥有了一个可控制整个爱琴海的据点。穆斯林发现位于这片北部海域的克里特岛就如同架在他们喉咙上的一把利剑，而且克里特岛对于他们与埃及和黎凡特的贸易也十分重要，其北部的干尼亚和坎迪亚（即伊拉克利翁）拥有许多良港，其南部还有梅萨拉湾（Messara）和其他许多实用的锚地。

威尼斯此时对于控制了与东方开展贸易的所有主要路线感到心满意足，1208 年（在丹多洛背叛第四次十字军东征的 4 年之后）威尼斯与埃及苏丹签署了一项非常有利的协议。这使威尼斯在亚历山大的市场和交易特权远远超过了它的任何欧洲竞争对手。威尼斯在整个亚得里亚海、伊奥尼亚海、希腊诸岛、马尔马拉海、黑海以及君士坦丁堡和欧洲之间的贸易路线上占据了统治地位。此时，威尼斯控制了亚历山大和叙利亚，掌控了近东与欧洲之间的大部分贸易。“潟湖之城”威尼斯与地中海的姻缘可以追溯至 11 世纪，它确实是地中海的“情妇”，这一点可谓实至名归。正如 H. R. 福布斯·布朗（H.

R. Forbes Brown）在《不列颠百科全书》中所写的那样："威尼斯很快就崛起并成为一个欧洲大国。为了保护这些财产，威尼斯人学习法兰克人的封建制度，并将希腊诸岛的土地分封给国家中势力强大的家族，条件是他们必须为国家确保贸易路线
376 的通畅。第四次十字军东征促使的商业发展很快就在这座城市中表现出来，城市建筑的迅速拔地而起以及商业贵族制度的确立巩固最终引发了宪政改革——1296 年，威尼斯大议会（Maggior Consiglio）被废止，威尼斯沦为僵化的寡头政体。从外部来说，威尼斯的迅速崛起点燃了热那亚无法熄灭的仇恨之火，并导致威尼斯与热那亚旷日持久的战争……"

威尼斯是许多世纪以来地中海地区第一个伟大的寡头政权。今天的旅行者仍然可以一睹这里的风采，这就证明了在具有文化教养的人的控制之下，寡头政权可以取得比所有人都自由的民主政权更高的成就。有人可能会举出伯利克里执政时期的雅典来反驳这一观点，但是在公元前 5 世纪，雅典在很大程度上是贵族专政的产物，只不过它让普通的公民自我感觉仿佛生活在一个民主国家。

在威尼斯处于鼎盛时期的几个世纪里，这座城市也许比之前或之后的任何其他地中海城市都更接近古代的迦太基。威尼斯不愿发动战争，只有在其贸易路线受阻时才会通过战争解决问题。其政府由强大且有势力的商业家族把持，尽管发生过几次失败的革命尝试，但是其大多数公民逐渐意识到在这种体制的指引下，他们比在任何"更受欢迎"的政府形式下都生活得更舒心。威尼斯最关心的问题是贸易，而不是帝国、政治或宗教问题。就像最初的迦太基一样，威尼斯并不关心殖民地，而是关心合适的锚地和市场，在那里其船舶可以进行休整和维

修，商人可以做生意。的确，威尼斯拥有克里特岛和希腊大陆的大部分地区，但是它对扩张到内陆地区并不感兴趣。威尼斯人移民人口的出生率不断上升，但他们不是成为内陆地区的农民，而是成为从亚得里亚海到黎凡特海港的商店店主、商人和手工业者。

威尼斯在13世纪下半叶夺得海上霸权，这在很大程度上得益于他们对地中海桨帆船的基本形式进行了改进。威尼斯还建立了国家桨帆船体系，这与现代国有化工业体系十分相似。然而，威尼斯并没有犯如下错误，即让国家生产的桨帆船占据
垄断地位，或是取缔私营企业。威尼斯只是利用它们来促进威 378
尼斯的贸易发展，并为其在海外赢得更高的声誉。实际上，国有桨帆船是对私人桨帆船的一种刺激。有时，这些桨帆船似乎处于国家控制之下，而在其他时间，它们被租给私人承包商。通过利用国家国库资金建造的国有桨帆船要比多数在地中海海域从事贸易的桨帆船大得多、质量更好并且装备设施也更优良。

必须强调的是，这些名副其实的“巨型桨帆船”主要被用作“商船”。如果战事需要，它们的战斗力也非常强大，他们与圣约翰骑士团的桨帆战舰不同，威尼斯的国有桨帆船更像是可以快速行驶的武装商船。由于共和国贸易大部分是以东方的香料（这种昂贵的小型货物需要快速转运）为主，威尼斯发展建造大型桨帆船，而不是建造体型更大的卡拉克帆船。后者是热那亚商船的主要船型。热那亚人主要的贸易商品是大批量货物，如羊毛和谷物，因此他们自然更依赖速度较慢但体型较大的帆船。

从13世纪的最后10年前后到16世纪的这段时间里，巨

型桨帆船是地中海地区给人留下最深刻印象的船舶。卡拉克帆船的体型可能更大，载重也更大，但巨型桨帆船的辉煌成就是其他船型无可比拟的。它的船体比长桨帆船或战舰的船体更宽，船体平均长度将近 140 英尺，船的宽度为 20 英尺或更窄一些，船中深度约为 9 英尺。其船头和船尾并没有桨帆战舰那样精致，但是轮廓更柔和且更圆润。水线以上悬伸部分的长度并未达到极限长度，其结果就是这种船的载重量更大。尽管像所有其他桨帆船一样，它也依靠划桨行进，但巨型桨帆船本质上是一种帆船。其船桨主要在进出港口，或是风平浪静，又或是风向不固定的时候才会使用。巨型桨帆船通常有两根悬挂大三角帆的桅杆，不过有三根桅杆的船也并非闻所未闻，在一篇关于桨帆船结构的文献中，就有一幅插图展示威尼斯巨型桨帆船有三根悬挂大三角帆的桅杆。中世纪晚期和文艺复兴时期的桨帆船与它们经典的最初船型相比，具有的一大优势是：到了 14 世纪，其中线上安装了承轴的铰接式方向舵取代了旧式舵
379 桨。方向舵是北方民族的发明，最初是通过卡拉克帆船引入地中海的，但是很快桨帆船也使用了这种方向舵。

虽然 M. E. 马利特（M. E. Mallett）的《佛罗伦萨桨帆船》（*The Florentine Galleys*）中描写的是较晚时期的情况，但从中还是可以看到桨帆战舰和巨型桨帆船的比较：“这两种形式的桨帆船在船员规模方面非常相近。巨型桨帆船可能需要略微多一点的水手在更广阔的海域航行，而长桨帆船一般会搭载更多的作战人员。佛罗伦萨巨型桨帆船可搭载 200 ~ 220 人，其中约 150 名桨手和普通水手，其余 50 ~ 70 人是军官、高级水手和海军陆战队战士。同时代的威尼斯桨帆船约搭载 210 名船员，而热那亚长桨帆船则可搭载 176 名船员。

桨帆船的大部分战斗力是其数量庞大的船员，还会有始终配备武器的军官和海军陆战队战士，而且通常情况下水手甚至有时桨手也会配备武器。”

与圣约翰骑士团以及他们的土耳其死敌所使用的船舶不同，意大利的这些海洋城邦（至少在这段历史时期）的船舶仍由自由人驾驶：他们是来自各大港口以及当地渔村的专业水手和桨手。后来，当整个地中海陷入奥斯曼土耳其帝国和欧洲列强之间的战争时，越来越常见的情况是由被俘的穆斯林、犯罪的公民和债务人充当桨手。但是，只要有可能让自由民来驾驶一艘巨型桨帆船，那么意大利的这些海上共和国的船只就会比他们敌人的船只更高效。

导航方法的变化不大。一般而言，在地中海，不管怎样人们都习惯于进行“阶段式的航行”（port-hop），他们沿海岸从一个港口或锚点航行到另一个港口或锚点，这些地点之间的距离通常是比较固定的。采取这种航行方式，不仅是考虑到航行的便利性，也是因为人数众多的船员需要大量的给养，而当桨帆船装满货物后，剩下的空间就很少了。除了储存一定数量的面包、干饼干、咸肉和咸鱼作为必需品以外，人们习惯在每个新停靠的港口补充新鲜的食物。

相比桨帆战舰，巨型桨帆船极少会沿海岸航行，因为巨型桨帆船主要依靠风力而不是划桨行驶，因此它们往往是在开阔海域的航线上航行。此外，与军用桨帆船通常沿地中海历史上 380
所有早期战船的路线航行（从秋天到春天一直都停泊在海港中）不同，这些大型商用桨帆船会一直在海上航行。因为后来佛罗伦萨人频繁地利用这种船与英格兰开展羊毛贸易（他们几乎需要在全年所有季节穿越险象环生的比斯开湾），所以意大利的这些海上共和国所使用的桨帆船的航速明显要超过之前这片海域中任何船舶的航速。

1204 年之后，威尼斯人与东方的贸易发展迅速，他们率先将大量的巨型桨帆船投入使用。到该世纪末，他们拥有一支大约由 12 艘船组成的船队，定期往返于威尼斯、克里特岛、亚历山大、叙利亚，以及北方的君士坦丁堡和黑海地区。威尼斯出口羊毛和丝绸衣服，以及其发展迅速的玻璃和金属制造行业的大量产品。作为交换，威尼斯进口香料，香料是保存和烹制欧洲风味的食物不可或缺的东西（有些香料也被用作药物）。另外，他们还进口东方的丝绸和布匹、君士坦丁堡和黑海的皮草及其他原材料。后来，在从东方归来的商船上，奴隶成为货物清单上一种相当固定的“货物”，在威尼斯贵族的宅邸经常能见到黑人奴隶。

在意大利的海上共和国之间的纷争，尤其是威尼斯和热那亚之间的纷争中，体型狭长的桨帆战舰一直发挥着重要作用。这些桨帆战舰类似圣约翰骑士团使用的桨帆船，它们的船长通常超过 130 英尺，船宽为 15 英尺，船中最大深度约为 6 英尺。令人怀疑的是，在使用船桨划船的情况下，这种战舰的航速能否超过 4.5 节，哪怕只是在短时间内快速前进（例如快速撞击）时。但是，在顺风的条件下，这种吃水较深的船舶航速可达到这个速度的两到三倍。

从多方面来看，比萨、热那亚、威尼斯和佛罗伦萨之间战争的起因、后果和战争形式与很多个世纪之前希腊诸城邦之间的战争非常类似（意大利各海上共和国与希腊城邦极其相似）。如果有人将它们的名称更改为雅典、科林斯、克基拉和
381 锡拉库萨，那么 H. A. L. 费舍尔笔下的故事可能也会在公元

前 4 世纪发生：

> 尽管事实上［意大利］正在迅速巩固自身在手工艺和国际贸易方面的世界霸主地位，但是城邦之间的战争几乎从未间断。城邦之间因为教区界限、封地权利、通行费和市场而爆发战争，它们都想扩大自己在周边区域的统治，或是打击在其内部的长久以来的宿敌。
>
> 仅仅是相互毗邻就成为一个引发强烈和持久怨恨情绪的原因。如果佛罗伦萨在战争之中支持某一方的立场，那么比萨、锡耶纳和热那亚就肯定会支持另一方的立场。如果米兰参加了一个联盟，那么这个联盟内至少不会有克雷莫纳和帕维亚。只要开发科西嘉岛和撒丁岛的问题悬而未决，那么热那亚和比萨就依然会保持这种敌对的关系。

在比萨势力衰弱之后它在 14 世纪臣服于佛罗伦萨，威尼斯和热那亚之间爆发了大规模战争，将这片海洋搅得天翻地覆。自从十字军东征以来，他们在与东方的贸易方面就一直是竞争对手，第四次十字军转移攻击目标使威尼斯获得的利益大大超出了它的对手。然而，热那亚人知道威尼斯是如何依靠它在拜占庭取得的成功而促成这种繁荣的，1261 年热那亚人干净利落地扭转了威尼斯人占优势的局面，当时热那亚人协助希腊皇帝米哈伊尔八世·巴列奥略重登皇位，从而让丹多洛总督取得的成就付诸东流。当然，这使他们在这座光复的拜占庭城市中获得了“最惠国”的地位。热那亚人占领了位于金角湾北部的整个培拉地区，这里曾经矗立着举世闻名的加拉达塔。热那亚此时几乎彻底将威尼斯从具有重要意义的黑海贸易中成功淘汰出局。

只要威尼斯对自己与埃及、黎凡特之间的贸易活动仍感到满意，并且热那亚人在北部地区占据垄断地位，那么双方就不存在爆发冲突的理由。在整个世纪里，这两个城市尽量在意大利和地中海东部的海上航线上保持一定程度的和平共处。尽管他们的海军和商船队实力稍微有所差异，但是二者基本上处在同一水平，并且两个城市都处于繁荣和快速发展的时期。在这段时间，“最尊贵的热那亚共和国”（Genoa the Superb）和
382 “安宁的威尼斯共和国”（Venice the Serene Republic）拥有一种贵族似的尊严和自信的强大气势，尽管历经数个世纪的磨难艰辛，但是这种气势至今仍然存在。这两座城市也可能恰当地印证了那句古老的拉丁谚语：“只要让我成为富人，就算让我成为最十恶不赦之人都在所不惜。”

两个共和国之间发生的冲突必然是围绕东部贸易路线展开的。从 13 世纪末至 14 世纪，塞浦路斯成为冲突的中心，这与很多个世纪之前西西里岛的情形类似。在阿卡沦陷和拉丁王国灭亡之后，在拉丁人的眼中，塞浦路斯自然而然地具有了非常重要的地位。威尼斯和热那亚的舰船和军队围绕这片美丽的土地和古老的城市展开了拉锯式争夺。

1373 年，热那亚人占领了古代优良的港口——法马古斯塔港。在占领该港口的同时，他们还占领了乳香贸易中心，即爱琴海东部的重要岛屿——希俄斯岛，这极大地提高了他们在地中海东部的地位。但是，热那亚人势力最强大的区域还是地中海西部，因为他们占领了科西嘉岛，并且对撒丁岛虎视眈眈。（他们对撒丁岛的兴趣后来导致他们与阿拉贡的加泰罗尼亚人爆发了冲突，加泰罗尼亚成为继威尼斯和热那亚之后地中

海的第三个海上霸权。）

在 13 世纪的这个时间点，埃加迪群岛及该群岛和西西里岛西部特拉帕尼之间的海峡再次爆发海战，至少在一段时间内，这次海战决定了地中海的势力均衡。威尼斯船队在埃里切山和山羊群岛的狭窄水域遭遇热那亚人，并干净利落地将其击败，以至于拜占庭皇帝（他登上皇位是仰仗热那亚的势力）冷酷无情地抛弃了热那亚人，威尼斯人再度占据优势。因此，巨型桨帆船和卡拉克帆船在海上进行的拉锯战，体现了双方贸易利益的冲突，其结果就是刀剑交锋、鸣箭飞镞，以及长桨帆船撞锤撞击另一条战船船侧时木头碎裂的声音回荡在这片海域。

威尼斯人最终获胜的主要原因可能是十人议会（Council of Ten）统治的共和国拥有其竞争对手所不具备的政治稳定性。尽管威尼斯的地理位置不像热那亚那样安全性更高（热那亚面向大海，周围群山环抱），但是威尼斯人在某种程度 383
上拥有钢铁般的坚强意志，这种意志力曾经帮助罗马脱离了遭受对手打击的困境。尽管威尼斯的政府体制刻板且专制，但是足以在逆境中保存下来，并且其规模较小，可以迅速采取行动。十人议会在某些方面类似迦太基人的元老院：由于富商阶层的顶层成员在国家中占有最多的利益，因此他们被认为是行使国家权力的最合适人选。相比于威尼斯的强大实力和安定局面，热那亚的情况则截然不同。它一直处于多里亚、格里马尔迪、菲耶斯基和斯皮诺拉这四大贵族家族相互争夺的撕裂状态，他们的仇恨争斗和内战不断，几乎摧毁了整个国家的架构。

1339 年，为了模仿威尼斯，热那亚人选出了一位“总督”，也就是首席行政官，并取消了贵族担任任何政治职务的资格。但是贵族们富可敌国并且势力太过强大，以至于这根本没有吓倒他们。后来他们收买了不同平民家族的利益，其结果就是热那亚的总督变成了一个笑话——首席行政官自动成为支持他的贵族家族的傀儡。此外，热那亚的陆军和海军仍由贵族指挥，这一事实就意味着在公民政治之外，他们掌控着国家的真正权力。有时热那亚的公民渴望在饱受纷争的城市中保持安定，这时他们会投靠更强大的国家（例如法国或米兰），以便受到这些国家的保护。甚至这种自愿放弃自己自由的行为（他们常常在几个月内就会后悔）也没有带给他们这座繁荣的城市所需要的内部安定。热那亚在政治上的脆弱是导致其最终衰败的原因。

君士坦丁堡发生的一场宫廷政变引发了两国的最终决斗，在这场政变中，威尼斯人支持皇帝约翰五世·巴列奥略（John Palaiologos），而热那亚人则支持他的儿子。威尼斯和热那亚再次爆发战争，这次威尼斯人首先占据了上风，在第勒尼安海[①]的安提乌姆角（Cape Antium）击败了热那亚舰队。但是，在第二年，即 1379 年，威尼斯海军上将韦托尔·皮萨尼（Vettor
384 Pisani）被卢西亚诺·多里亚（Luciano Doria）彻底击败，热那亚舰队占领了基奥贾（Chioggia），这里是威尼斯潟湖的主要入口之一。他们立刻再次安营扎寨，围困威尼斯城，有一段时间看上去他们宿敌的最后失败似乎已成定局。围城是一个战略上的失误（如果立即发起攻击，那么威尼斯可能会被攻陷），这时皮萨尼海军上将被任命为新舰队的指挥官。

同时，黎凡特的威尼斯船队被紧急召回保卫共和国。围城

① 原文为亚得里亚海，疑有误。

的军队被包围，皮萨尼将热那亚人赶回了基奥贾，这次轮到他们被包围了。从黎凡特到来的船只彻底浇灭了热那亚人的希望之火，1379 年 6 月，他们的全部军队被迫投降。尽管在很长一段时间内热那亚人的商船、桨帆船和卡拉克帆船在地中海西部贸易中继续发挥重要作用，但是此时他们已丧失在地中海东部盆地大部分地区的利益和影响力。在接下来的一个世纪中，热那亚（至少是在政治层面）先后依附于其他国家，成了法国和米兰争夺的焦点。热那亚最鼎盛的时代已经一去不复返了。

虽然在当时看来威尼斯似乎取得了彻底的胜利，但是这种状态持续了不到半个世纪。甚至在威尼斯的鼎盛时期，它仍受到东方土耳其人势力不断扩张的威胁。在这两个伟大的海上共和国为争夺海上霸权而进行激烈斗争的时期，它们在无意中使奥斯曼帝国在它们争夺不休的那个地区中的势力不断扩张。捍卫东部帝国支离破碎的领土符合它们双方共同的利益，但是它们自我毁灭式的对抗加速了第四次十字军东征时的敌人的壮大。威尼斯和热那亚之间的战争以欧洲东方权力的彻底瓦解而告终，并最终导致奥斯曼土耳其人征服了拜占庭帝国及其领土。

第三十三章　东方和西方的胜利

385 到14世纪，阿拉伯地理学家阿布·菲达（Abulfeda）指出，君士坦丁堡已是奄奄一息；多个世纪以来，君士坦丁堡一直是欧洲最宏伟壮丽的首都，这座城市在整个中世纪因为被奉为近乎神话传说一般的“超凡之城”（Mickle-garth）而闻名于世。他评论道：“城墙之内有可供耕种的土地，还有许多被毁坏的房屋。”在土耳其人征服了君士坦丁堡50年之后，另一位旅行家冈萨雷斯·德·克拉维约（Gonzales de Clavijo）提到几乎所有宏伟的宫殿和教堂都变得一片荒凉，并补充道：“但是，很明显，君士坦丁堡必定曾经是世界上最伟大的城市之一。”十字军征服了这个国家，这座城市曾被拜占庭历史学家杜卡斯（Ducas）称为“全天下的心脏、西方的天堂”。

1453年，拜占庭帝国遭受了最后的致命一击。从此之后，整个欧洲都将穆罕默德二世（Mohammed Ⅱ）称为“征服者”，他长期以来就计划将这座古老的拜占庭首都作为自己国家的首都。他的父亲穆拉德二世（Murad Ⅱ）已经将科林斯、帕特雷和摩里亚（Morea）半岛[1]北部纳入了土耳其的版图，穆罕默德立下雄心壮志，希望获取整个希腊北部以完成他父亲的事业。他曾计划派遣一支规模庞大的奥斯曼帝国舰队攻打君

① 是中世纪和近代早期人们对伯罗奔尼撒半岛的称呼。

士坦丁堡，他肯定曾设想将金角湾的巨港作为司令部。土耳其人已经在摩里亚半岛与威尼斯人爆发冲突，穆罕默德知道为了将这个敌人赶出爱琴海和地中海东部，他必须专心致志增强海上力量。对君士坦丁堡的征服，部分原因是他渴望将这座具有如此重要地位的城市纳入自己的统治范围，另外还有出于长期战略方面的考量。

经过数月的准备，1453 年春天，土耳其人开始攻打君士
坦丁堡。最初，土耳其人的进攻被击退，一支热那亚舰队甚至
打破了奥斯曼舰队的封锁，得到了补给和增援。但是，守城方 386
没有足够的军队守卫这座城市的大部分城墙，甚至在最近几个
世纪，这些城墙已年久失修。此外，君士坦丁堡设计的城防系
统无法经受加农炮的轰击，奥斯曼苏丹为攻城专门制造了一些
大型武器。这是在攻打欧洲城市时首次使用炮击的战役之一，
它预示着战争进入了新时代，军事设施建筑师要对所有要塞和
城墙设计进行全面的重新评估。

5 月 29 日，土耳其人发动了最后的进攻，当时令人闻风丧胆的奥斯曼帝国精锐部队耶尼切里军团（Janissaries，又称“苏丹亲兵”）冲入了由加农炮炸开的城墙缺口。极具讽刺意味的是，拜占庭的最后一个皇帝名叫君士坦丁，这也是这座城市建立者的名字，拜占庭的末代皇帝在战斗中身亡。拜占庭帝国持续了约 1200 年，其历史波澜壮阔，其文化成就辉煌，此时它最终走向了灭亡。自从第四次十字军东征以来，它一直就只是昔日帝国的幻影，但即使在灭亡前的 200 年中，它仍然帮助欧洲免受土耳其人的侵害，并涌现出了许多著名的艺术和文学作品。

希腊人为地中海、欧洲和世界带来了三大文明：古典时代

的希腊文明、希腊化时期的希腊文明和拜占庭时期的希腊文明。他们取得的最终成就绝非无足轻重的。躲在拜占庭帝国这个庇护所的背后，欧洲在一定程度上能够从西罗马帝国灭亡的灾难中重新振兴。拜占庭至今仍影响着地中海的艺术和建筑。在过去的两个世纪中，这里相继出现了不可计数的艺术家和手工艺人，文艺复兴时期不断壮大的意大利城市重现生机。那些躲在拜占庭帝国身后的人对土耳其艺术和手工业的发展发挥了重要作用。矗立在整座城市中以及在奥斯曼帝国广袤领土上的大量清真寺都采用了圣索菲亚大教堂巨大的圆顶样式。

同时，正如斯蒂文·朗西曼在《君士坦丁堡的陷落，1453年》（*The Fall of Constantinople*, *1453*）一书中所说的那样："苏丹本人在傍晚时分进入这座城市。在精锐部队耶尼切里军团的保护下，大臣们陪同他缓缓地穿过街道，来到圣智教
387 堂（Church of the Holy Wisdom）[①]。在它的大门前，他下车后弯腰捧起一把泥土倒在头巾上，以此表示对神的敬畏。他走进教堂，沉默了片刻。然后，当他走向祭坛时，他看到一名土耳其士兵正要毁坏一块大理石铺成的地板。他生气地转过身来，告诉他允许抢夺但不允许破坏建筑。他为自己保留下了这些建筑。仍有一些希腊人蜷缩在角落里，土耳其人还没来得及捆绑并带走他们。他下令允许这些人平平安安地回家。接下来，一些祭司从祭坛后面的秘密通道走出来，祈求他的怜悯。他也将这些人毫发无损地送走。但是，他坚持认为，教堂应立即改建成清真寺。他带来的一名乌理玛（Ulema）[②]登上讲坛，说

① 即圣索菲亚大教堂。

② 伊斯兰教神学家和教法学家的统称。

‘万物非主，唯有真主’。然后，苏丹本人登上了祭坛，向无往不胜的真主表示顺从。”

从许多建筑物被毁坏的情况来看，过去两个世纪以来这座城市的衰落十分明显。巨大的柱子孤零零地矗立在苍穹之下，屋顶已经坍塌。野草从古老的大理石地板裂缝中冒了出来。征服者被拜占庭帝国首都深深的忧郁氛围所触动，据说他吟诵了波斯诗人萨迪的诗句：

> 现在，蜘蛛在恺撒的王宫里吐丝织网，
> 现在，猫头鹰在阿夫拉西阿卜城堡①里哀唱挽歌。

君士坦丁堡的陷落在整个欧洲引发了一波恐慌。早在苏丹向君士坦丁堡发起攻击很久之前，拜占庭皇帝就曾呼吁欧洲各国提供援助，但是由于它们之间处于对抗、仇恨和冲突之中，欧洲大陆的新兴国家几乎没有提供任何帮助。只有加泰罗尼亚人、热那亚人和威尼斯人在船只和人员方面倾其所有来抵抗土耳其的进攻，因为他们与东方的贸易和这个古老帝国的安全息息相关。君士坦丁堡的陷落对于所有人来说都是一种损失，除了这座城市本身。穆罕默德二世是一位睿智且有远见的政治家，也是一位伟大的军事领袖，他决定合理、高效地治理他的新首都。他没有因为基督徒的信仰而惩罚基督徒，而是宣布自己是希腊教会的保护者，并任命了一位新主教。尽管圣索菲 388
亚大教堂被改建成清真寺，但是其他许多教堂仍被允许继续

① Affaisiab，古代中亚地区的名城，位于今天乌兹别克斯坦的撒马尔罕，13世纪被蒙古人征服。

作为基督教的礼拜场所。穆罕默德通过这种方式表现出了他天性中的自由主义思想并恢复了东正教的尊严（即使是为了他自己的尊严），从而利用了希腊人对拉丁教会及其信徒的仇恨情绪。

同时，热那亚和威尼斯打算将与自己存在商业竞争关系的其他所有国家排除在外，因此他们很快与征服者达成了协议。这两个城市同意投靠穆罕默德二世，以换取他们之前获得的贸易特权以及他们对于此时所统治领土的控制权。穆罕默德愿意（至少是暂时性）授予他们这些特权。他的谋划极为深远，他不仅着眼于吞并整个希腊，而且最终意在征服东欧地区。

君士坦丁堡的陷落使奥斯曼帝国土耳其人可以将全部精力投入地中海海域，这又是一个骑马民族成功转型为海上强者的例子。长期处于垂死挣扎之中的君士坦丁堡变成了苏丹统治下的主要城市，这座城市被注入了新的生命力。贸易活动重新焕发活力，艺术和生产制造业蓬勃发展，取得胜利的土耳其人修建了许多宏伟的清真寺以及精致的私人住宅、仓栈、作坊、宫殿和集市来赞颂这座古都。从此时起，高门①（多少个世代的欧洲人都熟知这个名字）成为东方最伟大的城市，但是它嵌入欧洲，就像一把匕首般插入了欧洲地中海地区的心脏。

作用力会引发反作用力。在土耳其征服君士坦丁堡的很久之前，远在西端的赫拉克勒斯之柱以外的地区，葡萄牙的一位天才王子将要开展的一系列活动会改写世界历史。葡萄牙的亨利，即航海家亨利（Henry the Navigator）出生于1394年，他

---

① 又译奥斯曼朴特、庄严朴特等，是奥斯曼土耳其帝国制定政策的地方，这里指君士坦丁堡。

是若昂一世（葡萄牙阿维什王朝的建立者）和英格兰冈特的约翰[①]的女儿的第三个儿子。亨利是一位虔诚的基督徒，与圣约翰骑士团的信仰大致相同，但他是一个真正的独身主义者和禁欲主义者，很早就“举起十字架”，并决心尽其所能发动针对穆斯林的战争。土耳其人在地中海盆地另一端取得成功的消息只会让亨利下定决心确保摩尔人再也不能重新夺回葡萄牙，389
并使其丧失在离他自己国家最近的所有沿海地区的统治权力。他的父亲在与西班牙卡斯蒂利亚王国的战争中取得了胜利，并且成功地粉碎了摩尔人重回葡萄牙的企图，他们在 12 世纪被逐出这个王国。

航海家亨利的梦想是找到一条绕道非洲的航线，这样他自己的国家就可以与东方开展贸易，而不必依赖热那亚人和威尼斯人控制的间接路线。但是，在亨利王子生命的后期，因为土耳其人规模庞大的进攻行动，这一明智之举的性质大为改变，他起初只不过是为了自己国家利益着想。亨利，作为一名十字军战士的身份，以及他在航海和科学探索方面非比寻常的（对于当时的一位王子而言）贡献对地中海历史产生了巨大的影响。他手下船长的发现开辟了直接与东方开展贸易的航线，并导致这片古老海洋对其北部欧洲人的重要性大大降低。（在此后的时代，当他们沿大西洋向南驶向新世界、印度和远东时，他们很可能会绕过地中海。）但是，当葡萄牙王子亨利和其父亲共同准备攻占位于北非的城市和贸易站休达时，所有这一切都还是无人能够预知的未来。

1415 年，葡萄牙舰队和军队占领休达，这是地中海历史

---

① 英格兰国王爱德华三世的儿子。

上一个不同寻常的事件。这标志着葡萄牙作为一个独立于西班牙的国家首次入侵了几个世纪以来一直由穆斯林统治的土地。休达是第二根赫拉克勒斯之柱，即古老的阿比拉巨岩所在地，它与 14 英里外的海峡对岸的直布罗陀巨岩遥相呼应。尽管直布罗陀本身仍在摩尔人的控制之下，但是休达的位置更为重要，因为阿拉伯人一直是从这个凸出的非洲岬角向西班牙半岛发动进攻的。一个相对弱小的欧洲国家的军队可以在阿拉伯人的本国领土上登陆并占领其主要的城市之一，这一事实就清楚地表明阿拉伯人的实力正在衰弱。长期以来，阿拉伯人的桨帆船正是从休达出发，劫掠穿越海峡的商船；阿拉伯人的突袭团
390 伙也是从这里出发，前往西班牙、巴利阿里群岛、撒丁岛乃至遥远的西西里岛进行劫掠。早在 2000 多年以前，腓尼基人就已在休达建立了贸易站。他们将位于北非的这块凸出的岩石和位于直布罗陀像褶皱一样的山峰视为世界的两大支柱。休达和直布罗陀使他们联想到了提尔的美刻尔神庙中的柱子。在大多数情况下，这两个岬角是远古时代的标志。欧里庇得斯曾写道："柱子之外是人类未曾航行过的海洋，这里是海洋的尽头，海洋之主不允许水手们在紫色的海上航行。"

占领休达之后，葡萄牙人在地中海最西端的北非海岸建立了定居点。或许是意料之中的事情，他们此时试图建立一个北非帝国（实际上，如果他们拥有足够的人手对付周围的敌人，那么他们可能会很愿意这样做）。他们接下来的行动要归功于一个人天才般的智慧，他带领他们脱离了地中海盆地，开辟了世界范围内的海洋航线。在这时，远在地中海东北部的整个文明沦陷了，欧洲人朝向东方的一扇门关闭了，而在地中海的西部则打开了另一扇门。

关于亨利王子，同时代的历史学家组拉拉（Azurara）写道：“在占领休达之后，王子一直在海上与异教徒作战……［此外］他迫切地想知道在加那利群岛和博哈多尔角之外的情况。因为在当时还没有人进行过书面记载或通过任何人的回忆来了解海角之外的一切。”一直以来，人们认为位于非洲西海岸加那利群岛稍微往南一点的博哈多尔角是一处“无路可退”之地。的确，数个世纪以前的腓尼基人就曾环绕整个非洲大陆航行，但是相关知识早已佚失。不论怎样，直到奥斯曼帝国土耳其人威胁要切断中世纪的欧洲与东方的贸易和联系之前，还没有动力促使人们去发现浩瀚的大西洋南部险象环生的地区。为了继续从事对大西洋及航海的研究，亨利王子、他的顾问及其手下的航海家在当时都移居到了葡萄牙最南端的萨格里什角（Cape Sagres）。这里被波涛汹涌的海洋所包围，亨利王子一生 391
中的大部分时间就是在这里度过的。

在这一历史时期，阿拉伯人的地理和天文学知识要胜过他们的欧洲对手。甚至早在12世纪，西西里岛国王罗杰就曾称赞阿拉伯地理学家伊德里西的著作要远胜过任何欧洲人所撰写的同类著作。例如，伊德里西知道，在一望无尽的撒哈拉沙漠之外，塞内加尔河畔是一片肥沃的土地。它的名字叫作“比拉德加纳”（Bilad Ghana），意思是“财富之地”，并且他在约1150年为罗杰国王绘制的地图上就绘上了这片土地。阿拉伯人还通过陆路贸易路线与非洲内部建立了联系，并且他们从不认为人们在“黑暗大陆”突然走到尽头时会从世界的边缘跌落下去。另外，他们对非洲的大西洋沿岸一无所知，亨利王子对此饶有兴趣。他不认同旅行家伊本·赛义德（Ibn Said）的观点，即博哈多尔角南部的“昏暗之海”

（Sea of Obscurity）是世界的尽头。亨利王子传记的作者组拉拉指出，为了开展雄心勃勃的探险活动，亨利王子耗费巨资，因为“没有水手或商人愿意承担这样的费用，非常肯定的一点是，除了航行到那些已知的、有利可图的地方以外，没有人愿意去远航”。

在 40 年间，在犹太人和阿拉伯人地理学家和制图员的帮助下，亨利王子从葡萄牙开始远航，并逐渐向外拓展古代世界的边界。诚然，在他的一生中，他的梦想从未成为现实，但是他为随后的众多探索之旅奠定了基础。1419 年，亨利王子发现了马德拉群岛的两个主要小岛中较小的岛屿——圣港岛（Porto Santo），并于翌年发现了马德拉岛。加那利群岛早已为欧洲航海家所熟知，但是直到亨利王子的船只开始探访并系统性地利用这个群岛时，人们才对群岛开展了必要的开发活动。在 1431 年至 1444 年之间，人们发现（或者说重新发现）了亚速尔群岛并将其标记到地图上，因为腓尼基人似乎曾经使用过这个群岛，但是他们的知识再一次在很久以前就已佚失。1441 年，亨利王子的船队发现了伸入阿尔金湾（Arguim Bay）的布兰高角（Capo Blanco）；1446 年，葡萄牙人发现了孤悬海外、
392 无人居住的佛得角群岛。从那时起，亨利王子在招募葡萄牙人随他的船队探险时就极少遇到困难：他们在布兰高角以南的非洲西海岸发现了两种有利可图的商品——黄金和奴隶。在亨利王子于 1460 年去世之前，他已经踏入了航海大发现时代。先是他自己的祖国，接着是西班牙、法国、英格兰和荷兰，它们很快就从中获益匪浅。在寻找通往印度和其他东方国家的海上航线时，他还在无意间引出了两种未曾预料到的探险“副产品”：奴隶贸易和欧洲人对遥远国家的殖民。

亨利王子手下的船长们首次航行时驾驶的船只有两种类型。它们都源自地中海：三桅帆船（或称为卡拉克帆船）和巴利纳尔船（barinal，葡萄牙人对威尼斯桨帆船进行改装后的一种船）。这些船都不是特别适合沿西非海岸航行，因为巴利纳尔船集中了桨帆船的全部劣势，而且悬挂横帆的三桅帆船很难在盛行东北风时逆风返回地中海。正是由于担心这些东北“信风”（后来逐渐为人们所熟悉），人们才无法对非洲和大西洋展开探险活动。水手们坚定地认为，如果横帆帆船遇到这种风，那么他们将永远无法返回，但是船会一直向前航行，直到有一天到达世界的尽头并坠入昏暗之海。要想成功地在大西洋尤其是西非地区展开探险活动，他们需要一种轻便且吃水浅的船，这种船可以高速逆风行驶，因为这对船舶返程至关重要。这些需求促进了葡萄牙卡拉维尔帆船［caravel，英文中的“帆船”（carvel）一词就来源于此］的发展。

卡拉维尔帆船源于阿拉伯人，而它的总体结构应归功于大西洋沿岸葡萄牙渔民世世代代驾驶的小型海船。在 16 世纪早期的一幅葡萄牙画作上绘制了一艘可能与卡拉维尔帆船非常相似的船，亨利王子手下的航海家们就是驾驶着这种船开启了发现之旅。这种船有着优雅的船首，水线以上悬伸部分较长，船尾甲板上耸立着艉楼，艉楼上立着一根后桅。主桅位于船中心稍稍偏后的位置，这种船悬挂两张大三角帆。通常来说，这种帆船外形较小，吃水较浅，为了应对非洲海岸不断移动的沙洲，这种特征是非常重要的；卡拉维尔帆船一般指载重 100 吨 393
以下的船。后来，哥伦布专门用其指代载重大约为 40 吨的船舶。这种船采用橡木船架和龙骨，用松木板建造，后来在地中海地区特别是北非海岸得到了广泛使用。

尽管最初的卡拉维尔帆船载重极少会超过 100 吨，但是它们很快就被建造得更加复杂，尺寸也随之变得更大。15 世纪中叶，典型的卡拉维尔帆船可能长 60 ~ 90 英尺、宽 20 ~ 30 英尺，有时船上会安装三根甚至四根船桅。在这种情况下，前桅悬挂一张横帆，而其他桅杆均悬挂大三角帆。不久后人们就发现，如果主帆是大三角帆，则很难操控，尤其是在大西洋沿岸漫长的海域中航行时，因此用方形主帆替代了三角形主帆。后来人们就在前桅上悬挂大三角帆，同时悬挂后桅纵帆。这种类型的卡拉维尔帆船在地中海西部特别流行，并且在该地区至少使用了两个世纪之久。16 世纪织成的一副挂毯上的图案展示了 1535 年查理五世占领突尼斯的情形，图中有一艘大型卡拉维尔帆船，估计这艘船的载重量约为 400 吨。在地中海地区，主桅悬挂横帆、前桅悬挂大三角帆的帆船通常被称为“三桅帆船”（西班牙语为“xebeque”），这种船被用作军舰和快速货运船。

但是，航海家亨利最伟大的成就是在土耳其在地中海另一端成功切断欧洲传统贸易路线的那一刻，打开了通往东方的新大门。1486 年，亨利去世 26 年之后，巴尔托洛梅乌·迪亚士（Bartholomew Diaz）成功绕过好望角航行；1498 年，瓦斯科·达·伽马（Vasco Da Gama）经过不间断的航行，从里斯本抵达加尔各答。东西方的航线就此打开。甚至在此之前，1492 年，克里斯托弗·哥伦布（Christopher Columbus）出于同样的目的，抵达了他认为是“西印度群岛”的地方，但实际上他是发现了美洲大陆。顺便说一句，哥伦布娶了亨利王子手下一位船长的女儿为妻，从岳父那里继承了所有的航海图表、工具和日志，这一点极其重要。根据西班牙主教巴托洛梅·德·拉斯·卡萨斯（Bartolome de Las Casas）在他的《印度史》（*History of the Indies*）一书中的记载，哥伦布经常与葡萄牙人一起航行，“好像他曾经是其中的一员”，目的是学习他们的 394
导航方法。因此，已经去世的亨利王子为美洲的发现发挥了作用。

君士坦丁堡沦陷的7年之后，航海家亨利王子去世。基督教所蒙受的灾难给他带来了最深切的悲痛，他甚至想发动一次大规模的十字军东征，去拯救奥斯曼帝国的敌人（拜占庭帝国）。但是，这位葡萄牙王子已经引发的一系列事件的重要性远远超过奥斯曼帝国取得胜利这一事件。组拉拉对他的性格进行了最恰如其分的概括：“多少次，当太阳刚刚升起时，人们会发现他还坐在与前一天相同的地方，夙夜未眠，丝毫没有休息，不同国家的人围绕着他……你在哪里还能再找到一个与他拥有一样体魄的人，在战争时期能够承受重压，而在和平时期能够忍受极少休息的疲惫？我确实相信，如果能够发现一种可以代表他意志的形式，那么这种力量的形式将蕴藏在这位王子的容貌和身体之中。他不仅在某些方面表现出了自己的坚强意志，而且在各个方面都体现出了这种意志。还有什么力量能比一个人征服自我的力量更强大？”

18世纪的苏格兰诗人威廉·米克尔（William Mickle）将航海家亨利与另一个名气更大的征服者进行了比较：“与亨利王子从他在萨格里什岩石上住处的窗户望见的大海相比，亚历山大大帝在他的军队前面戴上桂冠又能算得了什么呢？”亨利开辟了世界航线，他使用的卡拉维尔帆船是多个世纪以来地中海造船经验和阿拉伯人大三角帆船的集大成者，这种船拉开了历史新纪元的序幕。

第三十四章　土耳其之海

395 随着欧洲国家的利益和活动越来越向美洲、印度和远东地区集中，地中海就如同变成了一潭死水。这种重要性的改变将是永久性的。甚至连意大利的文艺复兴以及后来在地中海海域爆发的多次战争也没有完全消除欧洲人发现从大西洋通往东方的航线所带来的影响。直到 19 世纪苏伊士运河开通后，地中海才恢复了早期的生机活力。如今，航海家的技术，造船厂的工艺，制造绳索、铁器、帆布的技术，船舶维护、海运保险以及港口和船坞建造技术（主要起源于地中海）传遍了整个海洋世界。

除了葡萄牙人航海活动的发现产生的影响外，由于土耳其人进行的活动，地中海即将发生巨变。尽管人们有时会将16～17 世纪的地中海称为“被遗忘的海洋”，但这只是代表了欧洲人的看法。地中海从未被“抛弃”。地中海依然承载着庞大的运输量，但其中很大一部分来自奥斯曼帝国。欧洲人可能更愿意忘记他们在一定程度上被“强壮鲁莽”的土耳其人从文明的摇篮中驱逐出去的那段时间，但是在这片海洋的历史上，土耳其人几乎扮演了与他们之前的阿拉伯人同样重要的角色。

奥斯曼土耳其帝国与阿拉伯帝国之间的巨大差异在于这两个民族的品性。阿拉伯人的文明很大部分是从波斯学来的，然
396 后在此基础上做出了自己的贡献，在数学科学方面尤其如此。

土耳其人只是吸收适合自己的东西，贡献极少。土耳其人骨子里一直是一个游牧民族，与欧洲格格不入，此时这个民族在欧洲建立了一个庞大的帝国。甚至土耳其人的帝国也是原始概念意义上的帝国。它被描述为一个“战无不胜的军事国家……建立在不断扩张的征服基础之上”。即使是最伟大的苏丹以及其最杰出的大臣似乎都对任何真正的政体形式不甚了解。他们只是认为土耳其注定会变成一个拥有奴隶的军事寡头政权，而地中海其他国家则被视为所需奴隶的提供方。毫无疑问，土耳其人具备高贵的品性，即使是因为土耳其人而遭受最多痛苦的欧洲人仍会尊重他们的品性。他们是勇敢的斗士，可以与世界上任何战士相媲美，或许比大多数战士还要优秀。他们有着崇高的尊严并富有幽默感。此外，他们纪律严明、意志坚定、坚韧不拔。但是，直到他们的帝国灭亡之时，他们从内心里都视自己为一个亚洲游牧民族，他们曾横扫欧洲和东方国家，而且随时都可以继续踏上征程。

早在 19 世纪末，查尔斯·艾略特爵士（Sir Charles Eliot）在《欧洲的土耳其》（*Turkey in Europe*）一书中描述了一位土耳其绅士——而不是农民——的住宅：“土耳其人的房屋外观似乎说明他们不打算将其作为一个永久性居所。一层通常是马厩和储物间。楼梯通常就是一把梯子，通向上面的楼层，这里往往是一条长长的通道，从该通道可以进入多个房间，入口处挂着门帘而不是可以关闭的房门。通道的木板上可能会有孔洞，屋椽上挂着蜘蛛网并且会有燕子筑巢。但是，这些房间内通常都非常洁净，不过，屋内空空荡荡，没有一件家具。……它给欧洲人留下的普遍印象就是一群旅行者入住了一个旧谷仓，他们会说：‘让我们把这个地方打扫干净，能够住进去就可以了；不必在它上面花费心思。我们可能一个星期后就会离开。'” 只要对上面的描写稍做修改，就是许多土耳其富贵人家的房屋情况，唯一可以证明财富或审美旨趣的证据可能就是挂在墙壁上或铺在光滑地板上的地毯。并且这些地毯在第二天就可能被卷起来放到马背上去，主人会骑着马到达新的地界。

397 正如汪达尔人和阿拉伯人之前曾展现出来的那样，游牧骑兵似乎常常能够很好地适应海洋。或许战马换成战船对生活质量不会造成太大的影响。骑兵和水手都需要韧性和耐力，并且二者所具备的某种气质会让人迸发出一种远游的欲望。当然，一旦土耳其人攻陷了君士坦丁堡，他们就很快表现出想要成为海洋之主的打算。作为君士坦丁堡和古代拜占庭帝国大部分领土的统治者，苏丹难以容忍在他统治的群岛中长时间存在如此之多的意大利飞地。此外，热那亚人和威尼斯人是 1453 年抗击土耳其人入侵的中流砥柱。尽管他暂时准备给予他们贸易特权和保留他们占有爱琴海这些岛屿的权利，但是不能期待他的继任者会永远奉行这项政策。

在苏丹征服拜占庭几年之后，还有另外一个原因促使他开始攻打爱琴海群岛。古老的拜占庭帝国已经土崩瓦解，加上在过去的几十年中舰队几乎已经彻底败落，这导致海盗日益猖獗，海盗人数不断增加。奥斯曼帝国的苏丹（被称为“臣民脖颈的拥有者”）在他自己的领土上遭到加泰罗尼亚、西西里和意大利海盗的袭击时一定会不高兴。此外，这些蛮横的拉丁人甚至胆敢将土耳其人当作奴隶并在热那亚和威尼斯集市上售卖。

最早感受到他手中利剑寒意的岛屿是莱斯沃斯岛，这座岛

的首府是米蒂利尼，岛上的其他港口和锚地（例如美丽的卡
洛尼海湾）有大量的欧洲海盗。1462 年，莱斯沃斯岛被土耳
其人攻占，根据苏丹的决定，把征服的土地分给士兵是他们
应得的奖励，苏丹在该岛上安置了大量耶尼切里和其他部队
的士兵。第二年，已经征服塞尔维亚的土耳其人袭击了波斯
尼亚。此时，轮到威尼斯向奥斯曼帝国宣战。现在我们回顾
历史时会觉得，威尼斯共和国向其宿敌发起挑战是英勇无畏
且具有高贵气质的举动。从某种程度上说确实如此，但威尼
斯除此之外也别无选择，它要为生存而战。尽管它曾呼吁其
他欧洲大国提供援助，但是没有一个国家愿意牵扯进来，它 398
们就像当年面对拜占庭帝国的呼救时一样无动于衷。此外，威
尼斯人牢牢控制了与东方的贸易，以致欧洲大部分地区将威尼
斯人视为眼中钉。

第一次土耳其－威尼斯战争持续了 15 年之久，最终威尼斯将内格罗蓬特（Negropont，即古老的埃维亚岛）以及摩里亚半岛的多个贸易站割让给土耳其人。威尼斯还必须同意因其与东方的贸易权而每年需向土耳其人纳贡。正是在这一时期，因为土耳其人与一个海上强国爆发战争，所以他们开始扩大自己的海军规模，并在爱琴海及其岛屿上获得了更多的利益。在这个古老的群岛上，土耳其人开始学习船舶驾驶和导航技术，就像希腊人在过去数百年中所做的一样。正是从这里开始，土耳其人最终拓展了他们在整个地中海活动的距离和范围，直到没有任何一个安全的港口可以抵挡他们的进攻。教皇本人甚至无法安睡，他害怕当他醒来的时候发现一群土耳其士兵和水手已经如潮水般涌入了罗马街头劫掠抢夺。

莱斯沃斯岛注定会在之后的土耳其海军扩张过程中发挥重

要的作用（即使这种作用是间接的）。苏丹在这座岛上新驻扎下来的耶尼切里军团中有一名士兵叫雅各布（Ya'Kub），他在岛上娶了一位希腊牧师的遗孀并生育了六个子女：四个男孩和两个女孩。其中两个男孩的名字分别叫奥鲁奇（Aruj）和赫兹尔（Khizr），土耳其在地中海的势力壮大在很大程度上仰赖此二人之力：一个奠定了阿尔及利亚王国的基础；另一个则担任了奥斯曼海军上将。

就像当时的许多岛民一样，他们职业生涯的初期就是在闲暇时频繁打劫沿海地区的贸易商。苏丹并不关心他的国民是否有意干扰威尼斯和热那亚的岛屿的贸易，不管怎样，他已在他认为恰当的时候提出了占领这些岛屿的要求。哥哥奥鲁奇在一次冒险行动中不幸与圣约翰骑士团的一艘大型桨帆船发生冲突，圣约翰骑士团从他们位于罗得岛的城堡出动，对所有穆斯林发动了猛烈攻击。奥鲁奇被俘并被绑在桨手长凳上，后来可
399 能在双方不定期交换俘虏的时候被土耳其赎回。这一经历丝毫没有摧毁他的意志，反而让他开始仇恨所有基督徒。在接下来的几年中，生活在拉丁人控制的爱琴海诸岛上的人们将他和他的弟弟赫兹尔称为“出类拔萃的水手”和“贪得无厌的海盗”。在1500年至1504年之间的某个时间点，兄弟二人驾驶两艘小型桨帆船启程前往北非。他们与突尼斯苏丹达成了一项协议：他们可以在苏丹统治下的突尼斯港口作业，作为回报，他们会将从地中海中部地区基督徒船上缴获的战利品和奴隶的十分之一交给苏丹。

自阿拉伯人征服北非以来，这里就混杂着苏丹国和酋长国等各种各样的国家，这种情况在当时尤其方便土耳其人发动类似战争一类的活动。1492年，西班牙国王征服并占领了西班

牙半岛上最后一个残存下来的穆斯林王国——格拉纳达（Granada），西班牙统治者所取得的胜利得到了普遍赞誉，人们认为这是基督教武装斗争的胜利。然而，它所产生的影响让地中海西部在此后几个世纪内一直动荡不堪。

斯坦利·莱恩-普尔（Stanley Lane-Poole）在《巴巴里海盗》（*The Barbary Corsairs*）一书中指出："当费迪南德（Ferdinand）和伊莎贝拉（Isabella）一起解决了西班牙摩尔人的遣返问题时，他们忘记了流亡者复仇的危险。格拉纳达沦陷后不久，成千上万绝望的摩尔人离开了曾经定居了700年之久的土地，他们不愿生活在西班牙的奴役之下，于是越过海峡前往非洲，在那里建立起多个坚固的要塞，诸如舍尔沙勒（Shershel）、奥兰等地，尤其是阿尔及尔，在此之前人们对这些地方几乎闻所未闻。流亡的摩尔人在新的安身之地安顿下来之后马上就将战火燃烧到了压迫他们的国家，他们比任何处于他们同样处境中的人都行动得更迅速。"

在这些摩尔移民来到北非之前，沿海地区的各伊斯兰国家与欧洲列强之间的关系一般都比较和睦并且相互通商。西班牙、法国、意大利的各王国与伊斯兰世界签署并遵守相关条约，双方之间存在大量的贸易往来。所有这一切都随之发生了改变，饱受苦难的摩尔人来到这片海岸之后，情况就出现了变化，他们急切地想要复仇，并尽可能地想要返回他们在格拉纳达王国的古老家园。与此同时，土耳其在地中海东部的势力得到极大的扩张，他们派出了年轻的土耳其人，如奥鲁奇和赫兹 400
尔，前往非洲去寻找财富。他们利用了北非穆斯林的情感，并将整个地中海中西部海盆变成一个战场。从此时开始，出现了一个新地名——巴巴里海岸（Barbary Coast），这个地方是因为侵扰欧洲商人、船长、沿海居民、渔民，甚至包括各国王子的海盗而得名的。

这对土耳其兄弟不断扩大他们从突尼斯到阿尔及尔海岸线上的势力和影响力，在这期间，他们对欧洲航运的袭击必定会引起关注。1504 年，他们取得了最早期也是最杰出的成就之一，即当时他们驾驶两艘小型土耳其帆船俘获了两艘大型意大利桨帆船，其中一艘船是罗马教皇的旗舰，这艘船是当时地中海地区船体最大且装备最精良的船。但这只是开始。不久之后，在大量的土耳其人、被驱逐出格拉纳达的摩尔人和基督徒叛徒的帮助下，他们将此前一片安宁的整个北非海岸变成了自汪达尔人以来对地中海地区贸易最严重的威胁。不仅地中海内部的贸易变得不安全，而且外部贸易（刚刚开辟的美洲和西班牙之间的生命线）也遭到了破坏。

到 16 世纪初，西班牙大帆船已经在美洲新大陆与西班牙半岛位于大西洋和地中海沿岸的本国港口之间定期航行。对于在摩洛哥海岸之外企图复仇的摩尔人而言，"优雅从容的西班牙大帆船"满载着来自当时尚未开发的世界的财富，似乎这些船就是他们口中的肥肉和天然的猎物。同时，在更偏东的地区，即巴利阿里群岛、撒丁岛和西西里岛以南，由奥鲁奇和赫兹尔率领的海盗在意大利海上共和国引发了某种恐慌。西班牙本土与驻扎在那不勒斯和西西里岛两个王国的西班牙军队之间长距离的交通航线受到了严重影响。

尽管西班牙修道院院长迭戈·德·阿埃多（Abbot Diego de Haedo）的著作《阿尔及尔通史》（*History of Algiers*）是在较晚的时代写成的，但是可以从这本书中找到关于巴巴里海盗的一些观点：

当基督徒和他们的桨帆船正在休整时，港口中的船舶响起了喇叭声，船员们轻松自在，日夜狂欢，他们开宴会，打扑克，玩骰子；海盗们肆无忌惮地穿越东部和西部 401
海域，毫无畏惧之心，恣意妄行、不受管束地在海上游荡。没错，他们像打野兔一样转来转去，四处出击。他们在这里抢劫了一艘载有印度金银货物的船，又在那里抢劫了另一艘载满佛兰德斯①货物的船；他们刚从一艘英格兰船上抢劫了货物，接下来又抢劫了葡萄牙人的船只。他们在这里劫走了一艘从威尼斯来的船，接着又登上了从西西里岛来的船只，过了不多久，他们又猛扑向从那不勒斯、里窝那或热那亚驶来的船只，这些船上装满了堆积如山的财富。在其他时候，他们会带上叛教者（在阿尔及尔有大量的基督教教徒，不仅如此，海盗船上的人一般都是叛教者，而这些人都非常熟悉基督教世界，甚至是对这片土地了如指掌），甚至是在中午以及其他任何他们愿意的时候，他们会跳上岸去，毫无畏惧，继续向前进发，然后进入这个国家，他们有十个、十二个、十五个或以上人数组成的小团队；可怜的基督徒还自认为处境是安全的，他们并没有意识到存在的危险，这令人惊讶不已。许多城镇、村庄和农场沦陷；不计其数的灵魂，男人、女人、儿童和嗷嗷待哺的婴儿被驱赶，变成了可怜的俘虏。这些人家园尽毁，命运悲惨，他们带着自己的贵重物品被赶到了船上，海盗的眼中满是笑意和满意的神情，他们慢悠悠地撤到船上。众所周知，他们通过这种方式彻底破坏并摧毁了

---

① 欧洲历史地名，包括今天的比利时、法国东北部和荷兰的部分地区。

撒丁岛、科西嘉岛、西西里岛、卡拉布里亚，以及邻近的那不勒斯、罗马、热那亚、巴利阿里群岛的所有岛屿和整个西班牙海岸。他们认为最后攻打西班牙是明智之举，因为这里是摩里斯科人（Moriscos）的居住地，后者比出生在巴巴里的摩尔人更狂热地信奉穆罕默德创立的宗教，他们欢迎这些海盗船来到这里并来慰劳海盗，将海盗们想知道的信息悉数告诉了他们。在这些海盗船离开所在地二三十天之后，他们就会满载财富而归，他们的船只上装满了俘虏，船上堆积如山的财宝几乎可以将船舶压沉到海底；只需经过极短的时间，海盗们在几乎不碰到任何麻烦的情况下就能够将那些贪婪的墨西哥人和贪心的秘鲁人付出辛劳和汗水才从地下深处挖出的矿物据为己有，那些渴望得到这些矿物的商人冒着显而易见的风
402 险将货物汇集在一处，来自东方或西方的成百上千的海盗想从他们手中夺走它们，这些商人面临着无法用语言描述的风险，疲惫不堪。他们用这种方式将这座匪贼之城中的大多数房屋和仓库塞满了金、银、珍珠、琥珀、香料、药材、丝绸、布料和天鹅绒等，从而使这座城市［阿尔及尔］成为世界上最富有的城市：这座城市如此奢华，以至于土耳其人将其称为他们的印度、墨西哥和秘鲁，这样的称呼并非毫无缘由的。

但这是后来才出现的场景，是奥鲁奇、赫兹尔及跟随他们的土耳其人的行动的最后产物。1518 年，奥鲁奇被杀身亡，当时西班牙人决心摆脱海盗的威胁，向阿尔及利亚派遣了一支部队并摧毁了大部分土耳其军队。但是，他们未能充分利用自

己的胜利战果，没有在整个海岸上驻扎西班牙军队，这导致奥鲁奇的弟弟赫兹尔在短时间内就卷土重来，土耳其人重新控制了几乎全部的海岸线。

在整个地中海地区，赫兹尔的名字如雷贯耳，可谓人尽皆知，穆斯林将他称为海雷丁（Kheir-ed-Din，即“信仰保护者”），他的基督教敌人则称他为巴巴罗萨（Barbarossa，即“红胡子”）。他精通七种语言，并不是一个目不识丁的海盗。他像他的哥哥一样勇敢和强壮，是一位出色的管理者、精通战术的海战军事家，并且是一位政治家，他与其所处时代的任何统治者相比都毫不逊色。

此时，他的名字“巴巴罗萨”在欧洲成了一个代名词，从1520年到1529年间，他成功地变成了从直布罗陀海峡到加贝斯湾之间几乎全部北非海岸的主人。1529年，他的副手艾丁·赖斯（Aydin Rais）大胜西班牙军。在巴利阿里群岛的一次战斗中，艾丁指挥船型较小的西班牙大帆船彻底击溃了西班牙八艘船体最大的桨帆战舰，包括西班牙地中海舰队的旗舰。他凯旋时将七艘战船作为战利品拖回了阿尔及尔。在此后的许多年里，地中海将成为西班牙和土耳其这两个敌对帝国之间的战场，但是在这个特定时刻，显然是土耳其人正逐渐占据上风。

当时在位的苏丹苏莱曼一世急切地希望能够征召有能力的
臣民来重建君士坦丁堡的船坞并提升奥斯曼海军的管理水平，403
这一点并不令人感到意外。苏莱曼一世在世之时被欧洲人称为“苏莱曼大帝”（the Magnificent），奥斯曼人则将其称为“立法者”（the Lawgiver），他是奥斯曼帝国最杰出的君主之一。他在世的时候，奥斯曼帝国处于权力鼎盛时期。他从父亲那里继承了一支强大的军队、一个组织完善的国家和一个财力充足的国库，并且他大量起用当时奥斯曼帝国内的卓越贤能之才。尽管他有时受到后宫钩心斗角的负面影响，但是总体上他选任的治理国家的官员都非常优秀。他在任苏丹期间，将亚丁、阿尔及尔（依靠巴巴罗萨的帮助）、巴格达、贝尔格莱德、布达佩斯、纳希切万（Nakshivan）①、罗得岛、埃里温（Rivan）②、大不里士（Tabriz）③ 和腾斯法（Temesvar）④ 均纳入奥斯曼帝国的疆域。然而，尽管他的军队此时在东方和欧洲的战场所向披靡，但是他对海军的状况并不满意。

杰出的热那亚海军上将安德烈亚·多里亚（Andrea Doria）出生在一个贵族家庭，他的家族里曾有多人担任热那亚的舰队司令、将军和行政官等职务，多里亚上将与西班牙国王查理五世结为同盟。这就意味着西班牙海军此时拥有了多里亚麾下的 12 艘桨帆战船，同时也可以利用多里亚出类拔萃的才干。例如，1532 年，多里亚对苏丹帝国在希腊的前哨阵地发动进攻，大获全胜。他占领了帕特雷重要的港口和贸易中心，以及护卫科林斯湾入口的两个堡垒。他还控制了科隆港口以及伯罗奔尼撒南部的麦西尼亚海湾，热那亚和西班牙军队驻守在这个海湾。

长期以来，苏莱曼一世的大维齐尔（Grand Vizier，即帝国宰相）易卜拉欣（Ibrahim）一直密切关注着巴巴罗萨，作为阿尔及尔的统治者，巴巴罗萨似乎已经将西部海盆变成了他

---

① 位于今天的阿塞拜疆境内。

② 位于今天的亚美尼亚境内。

③ 位于今天的伊朗境内。

④ 位于今天的罗马尼亚境内。

自己祖国的领土。易卜拉欣认为巴巴罗萨可以成为对付多里亚的工具。根据他的提议，1533 年春，巴巴罗萨被召至君士坦丁堡并觐见苏莱曼一世。

第二年，随同巴巴罗萨从阿尔及利亚前来的副手及其顾问彻底重修了君士坦丁堡的船坞。他们提升了土耳其舰队的船舶设计、人员配备、培训和管理方面的质量，并建立了一种在之 404
后许多年都可以很好地服务奥斯曼政府的模式。在与阿尔及尔的这位土耳其人首次会面后，大维齐尔认为自己的眼光没错，他致信苏丹并写道："我们将自己交给了一个真正熟悉海洋事务的人。我们应该立即任命他担任帕夏[1]、底万[2]成员和舰队总司令。"让·谢诺（Jean Chesneau）在此期间担任驻君士坦丁堡的法国外交秘书，他向他的国王弗朗索瓦一世（Francis Ⅰ）报告说："在［巴巴罗萨］上任之前，除了某些土耳其海盗外，土耳其人对海员的技术一无所知。当他们想要为一支舰队配备船员时，他们便前往希腊和安纳托利亚的山区，带回来一群牧羊人……并将他们编入战船，以及安排他们在其他类型的船舶上服务。这根本没有任何希望，因为他们不知道如何划船或如何成为一名水手，甚至都不知道在海上航行时如何直起身来。因此，土耳其人从未在海上有所行动。但是，巴巴罗萨立刻使得整个系统发生了改变。"海军上将朱里安·德·拉·格拉维埃后来评论道："他的改变如此之大，以至于几年后他们就赢得了战无不胜的美誉。"

可能就是在此期间，当时新的奥斯曼帝国舰队正在组建之

---

① 奥斯曼帝国高级行政官员的统称，一般包括总督、将军及其他高级官员。

② 奥斯曼帝国政府的议会机构。

中，与查理五世爆发冲突的弗朗索瓦一世决定对法国政策进行一次惊人的调整，即他统治的天主教国家与穆斯林统治的奥斯曼帝国结为盟友。如果皇帝可以利用安德烈亚·多里亚的战船和才能来协助他对抗法国，那么他也可以利用苏丹的战船和海军上将。巴巴罗萨本人将这个想法告诉了苏莱曼。他指出，对包括摩里斯科人、阿拉伯人、柏柏尔人或土耳其人在内的穆斯林而言，他们最大的敌人是查理五世。1533 年冬天，巴巴罗萨“利用他自身无可比拟的精力激励他的手下建造了 61 艘战船……并且由 84 艘战船组成的舰队能够在春天驶入大海……为了不耽误时间，他吃喝都一直在兵工厂里”。

对雷焦的大规模突然袭击是巴巴罗萨对查理五世发起的第一次袭击，就像经常出现的冲突场景一样，这座城市被土耳其舰队轻而易举地攻占了（但是这座城市甚至连伟大的汉尼拔都未能占领）。这是对意大利西海岸进行毁灭性攻击的开始，
405 城市和港口一片荒凉，随之而来的就是大量的俘虏被送至君士坦丁堡的奴隶市场。夏末，巴巴罗萨向南方进军，挺进独立的阿拉伯苏丹王国突尼斯，并为奥斯曼帝国的苏丹占领了这片土地。他打算将突尼斯与阿尔及利亚一并献给苏莱曼，使土耳其帝国的统治范围进一步扩大。

1534 年发生的事件展示了土耳其海军独霸地中海中部的地位，这些事件所产生的影响持续了很长一段时间。尽管查理五世的军队在第二年重新占领突尼斯，但是此时形势非常明朗，在地中海地区只有两大可以形成实际影响力的霸权，即西班牙和奥斯曼帝国。自从罗马帝国崩溃以来，地中海世界就没有存在过那么多的强权国家，因为到 16 世纪末，除了威尼斯和热那亚（两者势力都已大幅削弱）、法国南海岸和一些意大

利小城邦以外，整片海洋几乎就被这两大敌对势力平均瓜分。1534 年夏天，土耳其舰队像潮汐一样席卷意大利海岸，这标志着一个新时代的开始。

这些土耳其人取胜的消息导致整个欧洲王室和大臣们忧心不已。他们不仅仅在陆地上感受到了土耳其的威胁。巴巴罗萨的举动非常清楚地表明，土耳其人将从南部海域发起钳形攻势。当时穆斯林海盗的活动将商业保险费率抬升到了难以忍受的水平，此时这些费率又被进一步提高。因为埃及和叙利亚都已成为苏丹的领土，而且威尼斯与东方的贸易基本处于停滞状态，威尼斯为了不重蹈覆辙，不得不提高税收来重振其战船舰队。当时，西线贸易受影响还不算太严重的热那亚人已经看到了不祥之兆，他们也被迫加征税收，建造更多的桨帆战舰来保护自己的商用卡拉克大帆船。他们还得建造防御塔，以防土耳其人可能发动袭击。

现在位于海岸线上的许多城堡和塔楼可以追溯至 16 世纪
的这段时间。马耳他群岛、西西里岛、意大利、撒丁岛、科西 406
嘉岛、巴利阿里群岛海岸，以及西班牙地中海沿岸到处都是城堡和庇护所。诺曼·道格拉斯（Norman Douglas）在《古老的卡拉布里亚》（*Old Calabria*）一书中写道：“南部到处都是瞭望塔（Torre di Guardia），这不是个吉利的名称——人们从悬崖上瞭望海面，警惕着土耳其战船出现的情况。巴巴罗萨也留下了自己的印记。许多山丘、喷泉或城堡都是以他的名字命名的……”正是在这一时期，许多沿海城镇和渔村被废弃，因为居民们迁徙到了内陆村庄，定居在高海拔的山里。受到威胁的大片沿海地区变得人烟稀少，农业生产也出现萎缩。一直在西西里岛等岛屿的经济生活中扮演重要角色的沿海捕鱼业受到严重影响，因为渔民当然不愿涉险进入这片海域，因为他们极有可能最终被土耳其战船擒获。

海盗船的时代已然开启，在近两个世纪里，地中海一直是海盗的天堂。之所以出现这种情况，不仅是因为巴巴里海岸的土耳其人和摩里斯科人切断了海上贸易路线，而且因为大量欧洲人加入海盗队伍以致海盗数量大大增加。其中有些人是为了逃避他们所在国家的审判而流亡，其他一些人则是“变成了土耳其人”，皈依了穆斯林信仰，从而摆脱了奴隶身份。修道院长迭戈·德·阿埃多指出，在摩洛哥、阿尔及利亚和突尼斯等地区的战船中，许多船长是叛教的基督徒。巴巴罗萨的得力助手德拉古特（Dragut）后来继承了巴巴罗萨的事业，成为当时最伟大的穆斯林水手，他出生在安纳托利亚，父母是基督徒。另一个著名的海盗是锡南（Sinan），一个叛逆的犹太人，他的绰号是“士麦那的犹太人”。而能力超群的奥契亚里（Ochiali）船长是一个来自卡拉布里亚的意大利人。在北非海岸线以外活动的著名海盗中，有法国人、威尼斯人、热那亚人、西西里人、那不勒斯人、西班牙人、希腊人、科西嘉岛人、阿尔巴尼亚人和匈牙利人。事实上，这些人来自地中海沿岸的所有国家。

地中海并不安宁，再加上大西洋新航线的开通，导致几乎所有的古代港口都出现萎缩。只有西部的阿尔及尔和东北部的君士坦丁堡仍保持一定程度的繁荣。同时，拥有大西洋和地中
407 海港口的西班牙、法国和葡萄牙倾向于将大部分贸易船队以及海军安排在大西洋沿岸。在这片陆间海持续了数千年之久的权力争夺和贸易纷争，此时（至少其主战场）已经转移到了世界的大洋之中。

第三十五章　普雷韦扎—马耳他—勒班陀

1538 年春，奥斯曼帝国的海军力量对欧洲各国的威胁已 408
经变得非常明显。巴巴罗萨率领一支由 100 多艘战船组成的舰队向南挺进，横穿爱琴海。威尼斯此时正与土耳其人处在交战状态，因此这位苏丹的海军上将不可能放过被威尼斯人控制或保护的岛屿。奥斯曼帝国新组建的这支舰队最先攻击的是斯基亚索斯岛，它毗邻埃维亚岛最北端，扼守沃洛斯湾（Gulf of Volos）的门户。这座筑有防御工事的小镇并没有办法抵抗数量如此之多的战船和士兵，在不到一周的时间内就被攻陷。这座岛的新主人留下了一支卫戍部队，而后土耳其人将他们所能搜到的全部战利品和奴隶一并带走，继续向前进发。在斯基亚索斯岛上发生的一幕将会反复上演，不仅在土耳其人在这个春天席卷爱琴海的时期，而且在土耳其人之后横扫整个地中海的其他多个不同时期。丹多洛总督通过转移第四次十字军东征的进攻目标而为威尼斯确保了这些岛屿生命线的安全，然而它注定会在随后的几年内崩溃。那些没有直接战略重要地位的城邦仍由意大利人统治，代价就是要向苏丹纳贡。因此，在第一次春季大攻势中，巴巴罗萨攻占了斯基罗斯岛（Skyros），但严格说来，位于该岛南边的安德罗斯岛处于威尼斯人的保护范围之内，只是岛屿的统治家族需要向苏丹纳贡。接下来，巴巴罗萨尝试攻占克里特岛，但是发现康提亚城墙太过坚固，而他舰上的火炮有限，因此他继续进军，彻底摧毁了所有沿海渔村和小村庄。这次攻势导致 80 多个村庄变成一片荒凉之地，村庄里的年轻人沦为奴隶并被分派到舰船上充当桨手。

409 虽然我们可以称赞巴巴罗萨作为行政长官、海军上将和战斗勇士所取得的功绩——在这些方面他都做到了极致——但他也是奥斯曼帝国某一面的绝佳体现，这一面将会使这里变为史无前例最贫瘠的土地。他在爱琴海地区、意大利西部和其他地区发动的进攻残酷高效，体现了极强的战略能力，但基本上可以说只是一种破坏行为而已。他和他的继任者都未能在破坏一个旧世界的同时建立一个新世界；土耳其人就是一群像汪达尔人一样的征服者。他们攻陷了一片土地，使当地民众沦为奴隶，然后继续向前进发，只留下了一片废墟和荒凉。地中海东部变成了一片白骨堆积成的沙漠，不仅是因为他们强大的战斗力，而且因为他们的管理者很少或根本不关心他们所征服的土地，只要后者能够缴纳税款并且在需要的时候提供奴隶即可。阿拉伯人提升了他们征服的领土内的农业生产水平，引进了从东方学习来的先进农业和灌溉方法。但是，土耳其人并不是农民出身，他们对希腊和爱琴海群岛的唯一“贡献”就是带来了数量越来越多、无处不在的山羊，这些山羊简直就是树苗的杀手。

爱琴海群岛的衰落始于古典时代，当时的人们并不了解林木在自然界中发挥的作用，他们砍伐森林之后没有栽种新的树苗。然而，正是在土耳其人长达数个世纪的统治时期内，这些岛屿变成了目前光秃秃一片的样子。在引进山羊之后，这里就变成了一片不毛之地，并且如此一来，岛民们就几乎只能依赖养殖山羊来生存。这便导致了时至今天仍然存在的恶性循环。一旦山羊成为岛上经济的基础，就几乎没有希望通过重新造林来保护剩下的土壤。岛民们依靠山羊来获取羊肉、牛奶和羊毛，他们无法等待数十年以便树木成长起来、土壤得到改良以及收获某些有限的农产品。大量的爱琴海岛屿被风蚀得“瘦骨嶙峋”，它们是人类无知和愚蠢的受害者，而这却是巴巴罗萨胜利的象征。

1538 年春天，他在攻陷克里特岛之后得知，在亚得里亚海发现了一支规模庞大的敌军舰队正向南驶往伊奥尼亚群岛。科孚岛、伊萨基岛、桑特岛以及这片群岛中的其他岛屿是威尼斯与东方开展贸易活动的基础，在威尼斯经济中发挥了重要作用。巴巴罗萨希望为苏丹攻占这些岛屿，而有关这支庞大舰队 410
正向他驶来的消息丝毫没有阻止他。也许他曾希望他发起的攻势能引起这种反应，因为他已经召集了一个来自埃及的 20 艘战船组成的战舰中队来增强自己的战舰实力。毫无疑问，他在地中海西部取得的胜利及其在东部地区的所作所为已经促使与他交战的欧洲国家再一次联合起来。

自第四次十字军东征在科孚岛集结以来，或者说自公元前 31 年安东尼和克莉奥佩特拉败给屋大维率领的军队并逃离伊奥尼亚群岛以来，在夏季雾气弥漫的伊奥尼亚群岛再次聚集了当时世界上规模最大的舰队之一，它等待与巴巴罗萨开战。这支军队由来自威尼斯的 81 艘桨帆船和帆船、一支由 36 艘桨帆船组成的教皇海军舰队中队，以及来自西班牙的 30 艘桨帆船组成。这支军队的战船数量超过了巴巴罗萨指挥的舰队，但不久之后，在安德烈亚·多里亚的指挥下，又有 49 艘桨帆船和不少于 50 艘巨型帆船加入了这支舰队。查理五世皇帝下定决心毕其功于一役，彻底解决土耳其人在地中海地区的威胁，并恢复对整个欧洲的统治。如果他做到了这一点，那么地中海可能会变得更加安定和繁荣。

之后爆发的普雷韦扎战役具有独特的吸引力是基于两点原因。首先，海战爆发的地点就是屋大维的舰队与安东尼和克莉奥佩特拉的舰队爆发海战的地点。普雷韦扎是位于亚克兴角对岸的一个土耳其村庄，坐落在通向阿尔塔湾（Gulf of Arta）的海峡入口处，这个海湾在古典时代被称为阿姆夫拉基亚湾。这是伊奥尼亚海的一个大海湾，位于莱夫卡斯岛以北数英里的地方。阿尔塔湾东西宽 25 英里，南北长 10 英里。它可以容纳庞大的舰队，驻扎在海湾中的海军上将完全可以控制狭窄而曲折的入口。巴巴罗萨接到盟军舰队被伊奥尼亚人围困的消息后迅速向北驶去，并在多里亚和其他指挥官在科孚岛集结之前就已进入海湾。就像在岩石裂缝之中的章鱼一样，巴巴罗萨可以抢到他想要的东西；他只需要注意不要因为这个开放的避风港之外任何明显的“诱饵”而上钩。

411 多里亚采取计策，在普雷韦扎入口处安排了一长排战舰。巴巴罗萨对这一诱惑视而不见，多里亚被迫向南进发，诱使这个狡猾的对手移动。而巴巴罗萨无法放任如此庞大规模的敌军向苏丹统治下的希腊领土方向挺进，于是他命令舰队起锚、追赶敌军。庞大的奥斯曼帝国舰队沿亚克兴角航道蜿蜒行进，那里是屋大维成为世界之主的地方，这次栩栩如生地再现了之前发生的那些事件，似乎命运将要重演古老的戏剧。

虽然之后爆发的海战并不像屋大维的胜利那样具有决定性意义，但是这决定了未来几十年地中海历史的发展进程。尽管多里亚拥有数量上的优势，但巴巴罗萨在谋略方面略胜一筹：

他避开全面迎战载重更大（并拥有更多重型装备）的帆船，而满足于尽可能地袭击那些掉队的战船。在当天夜幕降临的时候，他共俘获了7艘战船。在与一支比自己的桨帆船舰队更为强大的舰队开战时，这个土耳其人展示了比他的意大利对手高明的地方，要不是因为在这次海战中某一特定阶段出现的伤亡，海雷丁可能会在不损失一艘船的情况下赢得胜利。

这位奥斯曼帝国海军上将惊慌失措的原因是“威尼斯大帆船”。这种战船有点像圣约翰骑士团所使用的著名的卡拉克大帆船，这种帆船配备的重型炮弹重量远远超过分舰队或桨帆船所携带炮弹的重量。这艘船的指挥官是当时最伟大的威尼斯海军将领之一——亚历山德罗·康达米耶罗（Alessandro Condalmiero）。在多里亚向南加速挺进的时候，这艘巨型战舰因为没有风而行驶缓慢，远远落在舰队其他战舰的后方。因此，毫无疑问，这是土耳其人在划动船桨追击敌人时所遭遇的第一艘敌舰。这艘体型庞大、配备重型武器的大帆船很快就显示出优势来，不管它的机动性如何，没有任何桨帆船可以与这种大型金属新型帆船抗衡。

> 所以，这艘黑色的巨型威尼斯大帆船停在海中，它的火炮手已然瞄准，慢燃引信，准备就绪，上甲板士兵在舷
> 墙下方待命。康达米耶罗还命令他的枪手们不要瞄准个别 412
> 目标射击来浪费他们的子弹，而是将枪支瞄准追上来的船只，通过跳弹效应攻击桨帆船，就像是小男孩在水上扔石头打水漂一样。他认为这种方法成功的可能性大于要求炮手将单颗炮弹集中射击特定船舶的可能性。他的判断被证明是正确的。当巴巴罗萨指挥的第一批桨帆船进入距离这

艘静止的大帆船数百码的范围时，大帆船上的所有火炮口如雷鸣般地喷射出火焰，导致巴巴罗萨的战船出现伤亡。直到蒸汽动力船只出现之前，这支新式海军在全世界的海战中所向披靡，帆船组成的海军舰队在普雷韦扎战役的第一次作战行动中通过在舷侧发动猛烈炮击就可以赢得胜利。自古典时代以来，一直都是机动性和最后的登船搏杀决定海战的胜利。但事实上，现在帆船可以建造得足够大，可以配备与岸上堡垒一样的重型军事装备，这全方位改变了海战。

［引自厄恩利·布拉德福德《苏丹的海军上将》（*The Sultan's Admiral*）一书］

尽管在对抗威尼斯大帆船的行动中遭受了损失，巴巴罗萨总体上取得了普雷韦扎战役的最后胜利。安德烈亚·多里亚失败的原因在于他指挥的是一支混合舰队，由靠船桨行进的桨帆船和依靠风力的大帆船组成。这意味着，当风力很小时，他的帆船航速会降低并成为一种负担；而当风力强劲时，桨帆船无法赶上帆船的航速。

1538 年 9 月 29 日晚，安德烈亚·多里亚率领舰队撤退，并命令向北前往科孚岛。第二天清晨黎明时分，土耳其人惊讶地发现，这支规模庞大并且从理论上来说十分强大的舰队已经撤退，让他们独自留在洒满阳光的战场之上。有一位评论家曾提到，巴巴罗萨晚年曾在众人的欢呼雷动之中讲述普雷韦扎战役的故事，他说安德烈亚·多里亚在夜幕掩护之下逃跑的时候，甚至熄灭了挂在船长所在战舰船尾的船长灯笼，以免被人发现。

奥斯曼帝国的舰队安静地驶回普雷韦扎，如果多里亚的撤退最终被证明只是一个诡计，那么他们要为多里亚再次发动突袭做好准备。一旦清楚地表明联合舰队在科孚岛发生分裂并返回其各自的国家时，巴巴罗萨就将此次战役的战报呈送给当时 413
在保加利亚的苏丹。送战报的骑兵接力途经奥斯曼帝国的希腊领土，然后到达保加利亚的扬博尔（Yambol）。苏莱曼大帝下令照亮这座城市，以此为胜利的标志，并亲自派人前往君士坦丁堡。他下令在城市中举行特别游行，向圣索菲亚大教堂和市内其他所有的清真寺致敬，以感谢真主赐予的伟大胜利。

巴巴罗萨获得了另外一个称号。此后，他被在苏丹统治的所有土地上的人们称为“海洋之王”。他曾使土耳其人成为北非大部分地区的主人；他在地中海中部和西部确立了统治地位；此时他又击败了欧洲人的海军主力，巩固了苏莱曼在希腊和黎凡特地区的统治地位。如果说 1538 ~ 1566 年苏莱曼治世的这段时间是奥斯曼帝国的鼎盛时期，那么这个土耳其海盗在成为海军上将后为此做出了卓越的贡献，他的新称号“海洋之王”可谓实至名归。普雷韦扎战役获胜 8 年之后，巴巴罗萨满载着盛誉和荣耀在他位于君士坦丁堡的宫殿中与世长辞。1546 年，土耳其编年史中有一段简短的记载：“海洋之王逝世。”

巴巴罗萨如流星般短暂的职业生涯标志着土耳其人统治地中海时代的开始。当然，西班牙人一直在挑战土耳其人，但是在普雷韦扎战役结束后的几年里，西班牙人为了将土耳其人赶出北非地区注定要损失两支舰队。如果普雷韦扎战役开启了奥斯曼帝国海军如洪流般汹涌的对外扩张，那么地中海历史中的下一个重大事件将成为奥斯曼帝国海军扩张达到顶峰的标志。

在巴巴罗萨取得大捷的16年前，苏丹苏莱曼在罗得岛取得大胜。他早已下定决心不再忍受占据整个群岛的圣约翰骑士团对他权力的冒犯。他的前任——征服者穆罕默德曾公开宣布，他将“先征服君士坦丁堡，再征服罗得岛”。他实现了第一个目标，但是未能征服罗得岛，而是征服了面积更大但战略
414 上并不那么重要的埃维亚岛，这一点他自己应该感到满足。驱逐地中海东部海域残存的最后一批十字军的任务留给了苏莱曼大帝。1522年6月26日，他派遣14万~20万名士兵登陆罗得岛，袭击了这座只有不到5000名士兵驻防的岛。尽管人数悬殊，但这次围城战几乎以失败告终，这并不是没有原因的：数个世纪以来，骑士们转战圣地、塞浦路斯和罗得岛，逐渐完善了防御技术。最终，在接近6个月的围城后，时年已经70岁的圣约翰骑士团大团长维利耶·德·利勒·亚当提出并获允了体面的投降。苏丹损失了将近一半的士兵，并且在很多情况下土耳其人几乎是被迫撤退的。因此，他同意允许骑士团的骑士以及依附于他们的人员一起乘坐他们的桨帆船从这座岛上不受干扰地驶离。1523年1月1日，大团长和他的骑士们永远地离开了经营两个世纪之久的这座富饶而肥沃的岛屿。据说苏丹在看到德·利勒·亚当登上卡拉克大帆船时说：“我强迫这个如此年迈的基督徒离开家园，并非没有一丝恻隐之心。”

在长达8年的时间里，圣约翰骑士团没有一个固定的基地，虽然大团长和理事会的其他高级成员在欧洲宫廷四处游说，希望这些国家的统治者能为他们提供另一个岛屿或陆地沿海地区可以布防的海角，这样他们就可以继续与穆斯林斗争下去。然而，当时的欧洲正值新出现的民族主义意识越来越强烈的时期，这个跨国家组织因为效忠于教皇而受到了一些怀疑。

十字军东征的时代结束了，欧洲统治者只关心自己国家的扩张，以至于对这个独立且由贵族组成的军事团体没有太大兴趣。最后，查理五世（他比当时其他任何国家的君主都更关注土耳其人的势力）将马耳他群岛和北非海岸上的的黎波里交给了骑士团，骑士团每年象征性地上交一只猎鹰。查理五世清楚地认识到骑士团的骑士将成为保护他在西西里岛和意大利南部重要财产的有效防御力量。

1530 年秋天，圣约翰骑士团抵达马耳他。他们立即着手建设防御城墙和塔楼，并根据他们在罗得岛上发展出来的模式 415
安排自己的生活。他们对查理五世的“馈赠”并不是特别满意，明显只是因为他们别无选择，所以才接受了这份“馈赠”。首先，马耳他几乎没有任何防御措施，这意味着他们必须在资金严重匮乏的情况下启动一项耗费巨资的建造计划。

其次，他们发现，与罗得岛相比，马耳他群岛光秃秃的，毫无吸引力。最后，他们对查理赠送给他们的的黎波里这份毫无诚意的“馈赠”颇为不满，为了获得新岛屿上的家园，他们不得不接受这件礼物。因为的黎波里是穆斯林控制的巴巴里海岸中心的一块基督教飞地，他们对自己能否成功地守卫这座城市持怀疑态度。1551 年，的黎波里落入让人闻风丧胆的德拉古特领导的土耳其军队手中，这对骑士团而言是一种解脱。

此时骑士团集中了全部的资金和军事力量，以便将马耳他岛变得像罗得岛一样坚不可摧。同时，他们的桨帆船遍布地中海中部和东部海域，并开始使穆斯林船主们感受到自己的存在。逐渐清楚的一点就是，从战略上来看，马耳他岛是对敌军进行骚扰的一个更好的基地。在他们居住在罗得岛的过去几十年中，因为罗得岛几乎被土耳其统治的岛屿所包围，而且土耳其船只早已学会对罗得岛敬而远之，所以这严重减损了骑士团攻击土耳其人的能力。但是，马耳他是袭击北非的极佳地点，自从巴巴罗萨的时代开始，北非就已经在很大程度上由土耳其控制。正如查理五世所设想的那样，该岛还是保护西西里岛和意大利的一处绝佳的前线哨所。骑士团的桨帆船很快就抢劫了海盗们的海盗船，使海盗们品尝到了他们长期以来施加给基督徒的苦果。

42 年之后，将圣约翰骑士团从罗得岛驱逐出去的苏莱曼已经 70 岁了，他决定将圣约翰骑士团也从马耳他驱逐出去。骑士团最近的活动对他的帝国造成了极大的损失，以至于包括德拉古特在内的顾问们一直请求他对付这些基督徒敌人。德拉古特说："在您把这一窝毒蛇用烟熏出来并杀死之前，您在任何地方做任何事情都不会顺利。"大清真寺的伊玛目提醒苏
416 丹，马耳他的地牢里满是土耳其俘虏，而真正的先知之子也被绑在袭击奥斯曼帝国海上航线的战船桨座上。伊玛目对苏莱曼哭诉道："只有您那把无人可敌的利剑才能斩断这些可怜人身上的锁链，这些可怜人的呼喊声直达天堂，折磨着安拉先知的耳朵……"

苏莱曼一生都在与基督徒战斗，他对情况已经了然于胸，因此早就意识到了马耳他群岛的地理和战略意义。尽管苏莱曼的一些顾问建议他对西班牙或西西里岛发动全面攻击，但是苏莱曼指出，一旦他以马耳他为他的舰队基地，他就可以在方便的时候从南方向欧洲发动进攻，而他的军队会从东方强力攻击匈牙利的心脏地带。他了解海战和陆战，并且正如他所说，他设想有一天，"伟大的领主或他的副手们，作为整个地中海的主人，就像万能的主一样，可以在那块让人欢喜的岩石上发号

施令，并俯瞰他的船舶抛下船锚，停靠在这个良港之中”。

1565 年，对马耳他的围攻开始了。奥斯曼土耳其派出一支由 4 万名士兵组成的军队，他们乘坐 200 多艘船横穿伊奥尼亚海。这支帝国舰队由 130 艘桨帆船，以及一些载有物资和弹药的大型帆船组成，另外还有数量不详的私人船只跟着这支舰队赶来，一旦狮子群离开了猎物，它们可能就会捡到漏。当时已经担任的黎波里苏丹的德拉古特领导的强大桨帆船战队和勇士也加入进来，整支军队和舰队的战斗力得到进一步加强。德拉古特十分受苏丹青睐，以至于苏丹命令他的将军穆斯塔法（Mustapha）和他的海军上将皮亚利（Piali）接受德拉古特向他们提出的任何有关围攻的建议。对圣约翰骑士团和马耳他居民来说，幸运的是德拉古特来迟一步，直到攻城开始之后他才抵达马耳他。土耳其指挥官们采取的战术有机可乘，骑士们在大团长让·帕里佐·德·拉·瓦莱特（Jean Parisot de la Valette）的带领下，仅仅依靠一个扼住格兰德港入口的堡垒就给土耳其人造成了惨重的损失。

这个堡垒以地中海水手的守护神圣埃尔莫（Saint Elmo）的名字命名，位于现在马耳他的首都瓦莱塔所处半岛的岛尖位置。骑士们在这处堡垒的英勇抵抗为他们、查理五世派来增援他们的西班牙士兵以及马耳他辅助部队争取到了额外的时间， 417
以便加强他们在格兰德港其他两个主要半岛上的阵地。在圣埃尔莫堡最终沦陷后，奥斯曼帝国军队将注意力转移到了森格莱阿（Senglea）和比尔古（Birgu，拉·瓦莱特的总部圣安吉洛堡的所在地）这两个地方，它们是骑士团真正的防御核心位置，那时已经是夏末时节。土耳其人在春天发起围攻，而事实上土耳其人在这里遇到的情况与在罗得岛遇到的情况不同，他们只能为他们的部队提供极少的给养，他们距离主要的供应来源地非常遥远。土耳其人过长的交通线在一定程度上导致他们的攻击力下降，因此马耳他免于像骑士团之前的海岛家园那样落到土耳其人的手中。

在围困圣埃尔莫堡期间，德拉古特被大炮击中身亡，更大的不幸降临到土耳其人头上。德拉古特曾将骑士团驱赶出了的黎波里，如果他还活着的话，他可能会在类似的地方取得类似的成功。从他抵达那一刻起，他就利用自己出类拔萃的才能改变了整个围城模式。圣埃尔莫堡最终陷落并被摧毁在很大程度上是因为德拉古特的部队和炮兵的部署。朱利安·德·拉·格拉维埃海军上将在《多里亚和巴巴罗萨》一书中曾提及德拉古特，他写道："德拉古特比巴巴罗萨更胜一筹。他是地中海的一幅活地图，他是科学与冒险的结合体。没有一条小河是他不知道的，没有一条航道是他未曾航行过的。他在找门道和想办法方面可谓独具匠心，当他周围的人都感到绝望时，尤其是在面临格外危险的情况时，他总会以出乎意料的方法逃出生天。作为一名无人能望其项背的领航员，他在海战方面可以说无人能敌，只有舍瓦利耶·罗梅加［Chevalier Romegas，圣约翰骑士团最伟大的海员之一，围困马耳他时他也在现场］可与之相提并论。他非常熟悉陆战，可以与查理五世和腓力二世最优秀的将领一较高下。他知道被囚禁的痛苦，在自己抓获的俘虏面前展示了人性的一面。他在每个领域都很杰出。没有人比他更适合拥有'国王'的尊号……"据传，在他去世几年之前，德拉古特曾预言他会死在马耳他群岛。他之前一直在攻击面积较小的戈佐岛，他的哥哥就是死在这座岛上的，据说他曾经说："我在这个岛上感受到了死亡之翼的阴影！终有一日，我也将死在骑士团的领土上。”

德拉古特的去世、险恶的地形、英勇程度令人难以置信的战士、部队暴发的疾病，这些都是击败庞大的奥斯曼帝国陆军和海军的因素。拉·瓦莱特大团长鼓舞和激发士气的领导才能和巧妙策略也对围攻的结果造成了影响，使防守一方在被围困了近 4 个月之后仍可坚守足够长的时间，从而确保西西里岛的援兵能来驰援他们。W. H. 普雷斯科特（W. H. Prescott）在他的著作《腓力二世统治史》（*History of the Reign of Philip Ⅱ*）中写道：“在苏莱曼持续时间之长且充满荣耀的统治时期，他的军队从未遭遇过像围攻马耳他失败这样的羞辱。先不用说准备海战的支出，他们还付出了巨大的生命代价……”大多数文献记载似乎认为土耳其人损失了 2 万 ~3 万名士兵，在当时这是一个天文数字，这还不包括在巴巴里海岸损失的海盗船只。在苏莱曼统治时期（奥斯曼帝国历史上最辉煌的时期之一），他遭到了两次不同规模的失败：一次是在 1529 年兵败维也纳城下，另一次而且是更大的一次是 1565 年兵败马耳他。围攻马耳他是奥斯曼帝国扩张高潮的标志。重要的一点在于，此后土耳其人再未真正尝试进入地中海西部。 418

英格兰女王伊丽莎白一世并不同情天主教徒或西班牙人，但在马耳他被围攻期间，她说：“如果土耳其人攻占了马耳他岛，我们将无法预测接下来其他基督教地区会面临怎样的危险。”围攻马耳他引发的一个主要结果就是欧洲大国开始重视马耳他群岛独特的战略位置。他们就像数个世纪之前的罗马人和迦太基人一样意识到，由于马耳他拥有宏伟的港口，这个地势低洼且由石灰岩构成的海岛成了任何想争得地中海霸权国家的必争之地。信奉基督教的列强对岛上英勇的抵抗极为钦佩，骑士团很快发现他们的财政状况得到了明显改善。被人忽视的时期已经过去，圣约翰骑士团此时发现他们的形象与岛屿有着如此不可分割的联系，以至于他们都将自己称为“马耳他骑士”。在大团长拉·瓦莱特在世时，一个以其名字命名的新的防御城市在岬角上建成，圣埃尔莫堡成了历史，这座新城占据了该岛的两个主要港口。马耳他的声望和传奇在之后几乎从未
419 消退，第二次世界大战期间对马耳他更大规模的围攻进一步提高了这种声誉。在整个地中海东部传唱的希腊民歌提醒着土耳其人，他们并不总是常胜将军：

> 马耳他的金山，
> 马耳他的银山，
> 马耳他的财宝，
> 我们从未从你这里掠走它们！
> 从来没有，
> 即便你柔软得如同是一颗葫芦，
> 即便你只有薄如洋葱皮的防护！
> 从它的城墙里传出来一个声音：
> “是我摧毁了土耳其人的战船，
> 还歼灭了君士坦丁堡和加拉达塔所有的卫士！”

1565 年围攻马耳他是检验奥斯曼军队是否真的如它看上去那样势不可当的时刻。土耳其和其他来自北非沿岸的穆斯林在长达数个世纪的时间里继续抢夺劫掠地中海西部的海上通道，但是主要的一波浪潮已经成为历史。对于苏莱曼苏丹而言，尽管他在大部分欧洲史书中鲜为人知，但是他在重新改组

教士阶层、改革和改良他统治之下的国家管理体制，以及改善他所统治的广阔领土之内基督教臣民的状况方面多有建树，他被视为土耳其人的“查士丁尼大帝”。尽管苏莱曼与他的强敌查理五世在个人才能方面平分秋色，但是苏莱曼比迫害摩尔人的查理和路德教要宽容得多，并且具有更宽广的胸襟，在处理宗教事务方面尤其如此。与查理五世的帝国在其去世后仅持续了一代人的时间就分崩离析不同，苏莱曼的帝国延续了近三个世纪。在这段时间，兵败马耳他、勒班陀海战和第三次具有重要意义的海战并不足以解除土耳其人对地中海东部及其周围土地的控制。

查理五世的私生子——奥地利的堂胡安（Don John of Austria）担任欧洲联军的最高指挥官，军队在勒班陀集结，包括一支热那亚人和威尼斯人的中队、西班牙的整个地中海舰队以及一支来自教皇国的中队。马耳他骑士团也派出了他们所有的桨帆船参战。这个联盟在很大程度上是由教皇庇护五世（Pius Ⅴ）本人在1570年组织的，其初衷是对突尼斯人向他 420
寻求帮助以抵抗土耳其人无休无止的掠夺做出回应。当皮亚利帕夏（曾在马耳他遭遇大败）统治下的土耳其人开始征服和占领威尼斯人在黎凡特地区最后一处重要的领地塞浦路斯时，最后的致命一击来临。教皇希望能够沉重打击这些基督教世界的恶敌，同时再次重申对欧洲大国的统治权，1571年，他使出浑身解数，让盟军同意对土耳其人发动大规模反击。因此，在当年夏末，盟军无敌舰队在古老的墨西拿城集结并横穿伊奥尼亚海。舰队中包括200多艘桨帆船、8艘巨型三桅战船（靠船桨和船帆提供动力）和一些体型较小的船只，总共约250艘船。同时，土耳其人有250艘桨帆船和大量体型较小的船只正严阵以待。他们以位于帕特雷海湾的狭窄地区为基地，占据了岬角上防守坚固的小镇港口，控制了海峡北岸地区。

1571 年 10 月 7 日，联盟军队与奥斯曼帝国舰队之间的战斗打响，这次战役在地中海历史上具有极其重要的地位。桨帆船曾经雄霸地中海的历史长达数千年之久，这次是它最后一次发挥主导作用。此后，正如康达米耶罗率领的威尼斯大帆船在普雷韦扎战役中所展示的那样，配备了重型装备的帆船决定了海战的结果。那一天必定成了很多民族的阴影，绕过狭窄的海峡，他们见证了自希腊与腓尼基、迦太基与罗马之间爆发的战争以来这些变化不大的船舶之间最后一次大海战。

尽管土耳其人拥有大量战船，并且占据有利的防御阵地，从而迫使联军将舰队部署在狭窄河口附近的北部岬角周围，但是他们未能利用好自己的优势。尽管另一个马耳他战役的幸存者奥契亚里帕夏击败了乔瓦尼·安德烈亚·多里亚（Giovanni Andrea Doria，他是安德烈亚·多里亚的侄孙），但是主要行动对战局起到了决定性作用。土耳其舰队在中心区域被彻底摧毁，奥斯曼帝国司令阿里帕夏的巨型桨帆船被俘获。奥地利的堂胡安在战报中写道："与［阿里·帕夏的］桨帆船进行的战
421 斗持续了整整一个小时。我们的军队两度接近土耳其人战船的主桅，但是又被这些穆斯林击退，我方士兵被迫回到我方战船的前部位置……但是一个半小时之后，上帝将胜利赐予了我们，帕夏和他的 500 名土耳其士兵被俘。他的旗帜和军旗被撤下，桅杆上升起了十字架。人们对堂胡安取得的胜利欢呼雀跃。"在这次战斗中，米格尔·德·塞万提斯（Miguel de Cervantes）就在西班牙战船"侯爵号"（*Marquesa*）上服役，后来他写出了《堂吉诃德》一书。除了胸部有两处枪伤外，

他的左手也受伤了，正如他在之后所提到的那样，这是“为了让右手赢得更大的荣耀”。

在勒班陀战役中，共有 50 艘土耳其战船沉没或被烧毁，他们的人员损失惨重，多达 2 万人丧生或被俘。盟军共损失 8000 人，16000 人受伤。战争导致的另一个结果是成千上万的基督徒从被击败的奥斯曼帝国舰队的桨座上得到解救。这是一个具有标志性的胜利，是有史以来对奥斯曼帝国最大的一次胜利。整个欧洲都欢欣鼓舞，因为似乎一夜之间最顽强敌人的势力被摧毁殆尽，也许是永远地被摧毁了。对于土耳其人而言，这确实是一个巨大的转折；并且事实确实如此，在勒班陀战役和围困马耳他战役以后，他们似乎已经放弃了利用海军入侵欧洲的任何想法。另一方面，正如莫里茨·布罗施（Moritz Brosch）在《剑桥现代史》中指出的那样：“勒班陀战役证明了基督徒武器的先进性，其结果则是证明了土耳其外交的优越性……分裂行为（但不是敌对行为）体现出了这一点，不仅三个盟国政府之间出现了分裂，而且不同国籍的船员之间也出现了分裂，他们团结一心赢得了胜利，却因战利品的分配而分崩离析。”

即便是当土耳其舰队倒在他们面前时，欧洲人也无法忘记相互之间的仇恨和积怨。教皇中队的指挥官马尔坎托尼奥·科隆纳（Marcantonio Colonna）甚至写道：“只有依靠奇迹和上帝至仁至爱，我们才有可能进行这样的战斗。但是，无处不在的贪婪和贪欲并没有导致我们在第二次战斗中相互对抗，这真是一个奇迹。”

奥地利的堂胡安赢得了勒班陀战役的胜利，这是基督教武 422
器的巨大成功，欧洲历史和诗歌中经常会大书特书地庆祝这次胜利。事实依旧是没有什么常胜将军，土耳其人的屈辱并未一直延续下去。这只是暂时的屈辱，一年之内，君士坦丁堡的大维齐尔就建造了 150 艘新战船。勒班陀战役的 3 年后，1574 年，落入西班牙之手的突尼斯被土耳其人重新占领。还是那个奥契亚里帕夏，他曾在勒班陀战役中熟练地解救了其指挥的舰队中队，此时他指挥着由 250 艘崭新的战船组成的舰队英勇无畏地驶向巴巴罗萨曾使用过的旧海军基地。奥斯曼帝国重新聚集的实力震惊了整个欧洲。正如法国驻君士坦丁堡大使在一封信中所写的那样："如果不是亲眼所见，我永远不可能相信这个君主制政府竟会如此强大。"勒班陀战役的胜利证明威尼斯只是做了一场美梦：它从未夺回塞浦路斯，最终整个岛屿成为奥斯曼帝国的一个组成部分。

从西罗马帝国灭亡到 1453 年君士坦丁堡被土耳其人攻陷，这一千年是历史上最为动荡不安的时期之一。在这些贫穷的世纪里，"民族大迁徙"摧毁了整个西欧，除了实现多民族的混血之外，几乎没有其他任何贡献。如果不是拜占庭帝国在地中海东部发挥了文明的影响力并阻止了来自北部和东部的侵略者的侵袭，那么这整个时期的欧洲似乎就会陷入野蛮原始的状态。虽然阿拉伯人的征服让欧洲人深感其痛，但是阿拉伯大征服仍然推动了欧洲的复兴进程。他们从东方带来了大量的新知识或被遗忘的知识（其中一些是希腊的遗产），不仅繁荣了西西里岛和西班牙，而且最终繁荣了所有地中海周边的国家。

一直以来，种族通婚是地中海遗产的一部分，这个海盆数千年来能够保持非同寻常的活力在很大程度上归因于种族融合。欧洲人、非洲人、亚洲人、波斯人和阿拉伯人都为地中海

文明的人类知识库贡献了他们的遗传结构及文化传承。有时
候，人们会将所有这些文化和混合物在 20 世纪的产物称为
“西欧”，这是对东方所做出的巨大贡献的侮辱。地理大发现 423
时代的确是属于西欧的时代，但是探险家和移民所具备知识的
众多来源被人忽视的情形并不罕见。欧洲人数千年来针对波斯
人、迦太基人、阿拉伯人和土耳其人的战争导致他们的历史学
家对东方心存偏见，这也是可以理解的。但是，此时整个地中
海地区而不是某一个区域所积累的智慧已经渗透到了全世界。

第四部

我将要离去，
因而我笃信自己和自己的双手。
浩瀚的海洋，
我的热那亚航船驶向蔚蓝深处。
一切都焕然一新，
时空停留在正午：
你的眼睛，
正可怕地凝视我，
是无限！

——节选自 R. J. 霍林代尔（R. J. Hollingdale）《尼采其人及其哲学》（*Nietzsche：The Man and His Philosophy*）

第三十六章　阳光之下的岛屿

从 16 世纪末开始，地中海一直沉睡了接近 200 年。在世 427
界经济的版图中，地中海已经退居次要的地位。各国已经转向其他地区进行扩张，西班牙和奥斯曼帝国两大强权为瓜分整个地中海盆地而争夺不休，这是地中海在人类历史上第一次失去在人类事务方面的中心位置。似乎在经历之前 3000 多年的风风雨雨后，筋疲力尽的海洋就像被过度垦殖的土地一样需要休养生息。

我们只需看一下日历就可以快速地知道在这片陆间海发生的事件与大西洋以外新发现的世界所发生的事件之间的差异。例如，1512 年，法国人被瑞士人驱逐出米兰；同年，抵达马六甲和香料群岛的葡萄牙商人经由远洋航线将第一批香料运回欧洲。1524 年，马赛被法国人和德国人包围；同年，皮萨罗（Pizarro）[①] 从巴拿马启航，前往南美海岸进行探险并在今天的厄瓜多尔登陆。1612 年，土耳其人从波兰手中夺回摩尔达维亚（Moldavia）[②]；同年，东印度公司在一系列航行中引入了

---

① 全名为弗朗西斯科・皮萨罗（Francisco Pizarro，1471/1476—1541），西班牙探险家。1524 年前往秘鲁进行第一次探险，后来为西班牙征服了秘鲁印加帝国。

② 东欧历史上的一个地理区域，其西部属于今天的罗马尼亚，东部属于今天的摩尔多瓦，北部和东南部分区域属于今天的乌克兰。16 世纪末，波兰控制了该地区，后来奥斯曼帝国又将其夺回。

股份制原则。1624 年，西班牙人从荷兰人手中夺取了布雷达（Breda）[①]；同年，弗吉尼亚成为英国王室的殖民地，荷兰人不再与西班牙人在本土爆发冲突，他们开始将目标放在中国台湾。另一方面，在文学、绘画艺术、建筑和数学方面，意大利文艺复兴的丰富遗产传遍欧洲。西班牙、法国和意大利为世界文明做出了杰出贡献，荷兰、英国和其他北欧国家很快就吸收了这些文明成果。但事实依然是，人类事务中权力
428 和利益的真正博弈已经从这片母亲之海转移到了世界上的大洋和遥远的大陆。

有人说“幸福的国度没有历史”，如果说历史至少在某种程度上抛弃了地中海，那么我们也许可以期待，在这段时间内，类似的说法可能也适用于地中海周边的国家。不幸的是，这在很大程度上是一个关于停滞不前和权威渐损的故事：这些曾经强大且闻名于世的国家中大多数的居民变成了生活贫困的农民。在意大利的城市中，虽然热那亚和威尼斯等衰弱的城市仍然在表面上呈现一片繁荣的景象，但是大多数地中海沿岸的居民需要经受考验，就像被修剪或被霜冻伤的树一样。

位于地中海西部的西班牙主要关注的是将帝国向外扩张，西班牙与法国、荷兰和英国这些后来者爆发了持续不断的战争。在地中海南部，大部分穆斯林王国被土耳其人占领，他们仍肆无忌惮地侵扰大西洋和地中海西部的交通线。在整个地中海东部，奥斯曼帝国就像一棵参天大树，它投下的树荫使这里的生命窒息。例如，1610 年，英国旅行家约翰·桑兹（John Sandys）曾这样描写亚历山大这座伟大的城市（土耳其人自

---

① 位于荷兰南部地区。

1517 年征服埃及以来一直统治着这座城市）：“这座女王之城和非洲大都会的情况是：如今这里放眼望去只剩一片废墟；这些令人不舒服的见证者见证了它已灰飞烟灭的壮美，诉说着城镇和人一样也会有垂垂暮年和走向灭亡的宿命……基督徒们抛弃的杂物堆积如山，高不可攀，以至于人们无法对这座城市进行精确测量；在这座城市之中，往往会发现（尤其是在下过一场大雨之后）宝石和徽章，上面精巧地刻着他们信奉的神灵和人物，但此时它们已经被砍得破破烂烂，如同毫无生气的赝品一般。”重要的一点是伟大的意大利雕塑家和金匠本韦努托·切利尼（Benvenuto Cellini）在此几年前曾撰写过回忆录，其中描述了他与其他人是如何在意大利挖掘出这些来自远古世界的珍宝，并为之支付了巨款。然而，与土耳其统治下的亚历山大市民不同，意大利人随后热衷于仿制这些作品，尽管他们往往也承认前人的品位和手工艺在他们自己的水平之上，但是在他们与这些先辈竞争的过程中，16 世纪涌现出许多伟大的艺术品瑰宝。

如果我们瞥一眼地中海盆地内的一些地位更重要的岛屿， 429
就可以判断出这片海洋的情况。在地中海西部，自腓尼基时代以来，驾驶商船的船员们一直在巴利阿里群岛进进出出，他们在享受繁荣盛世的同时（当时还未遭受来自巴巴里海岸的海盗的袭击），在思想上却是麻痹大意的。然而，13 世纪，神秘主义者、哲学家和诗人拉蒙·柳利（Ramón Lull）在他的散文作品 *Blanquerna* 中重申了柏拉图式的传统，并在像 *El Desconort* 这样的诗歌中融合了真挚的情感和如春天般的艳丽情调。柳利还在巴尔德莫萨（Valldemosa）建立了欧洲第一所东方语言学校。14 世纪，马略卡岛的加泰罗尼亚犹太人以其科学知识和制图能力而闻名于世，而航海家亨利正是从他们当中选出了萨格里什基地的几位专家和顾问。在这些人中，最杰出的数学家和制图师当属来自马略卡岛的亚伯拉罕·克雷斯克斯（Abraham Cresques）和他的儿子豪梅（Jaume）①。用来测量太阳和星星高度的星盘很可能是从马略卡岛传到了葡萄牙航海家的手中。这种繁荣的岛屿文化在阿拉伯大征服时期和阿拉贡统治的第一个世纪就已经蓬勃发展起来，如今却陷入绝境。直到18世纪，处在交战状态的英国人和法国人就这些岛屿的所有权爆发争议之后，它们才再次从若隐若现的状态中浮现。

科西嘉岛和撒丁岛位于巴利阿里群岛以东约200英里，它们就像精心打造的吊坠耳环，悬挂在热那亚湾中。它们的东侧是第勒尼安海，即伊特鲁里亚人的古老领地。这两个岛屿的状况惨不忍睹，它们备受占领它们的大国压榨，征税和压迫已经到达极限，以至于匪盗和仇杀日益猖獗。在它们的整个历史中，从古典时代到中世纪，再到此时的文艺复兴时期，它们的统治者都非常明显地忽略了它们，除非它们的人力资源、森林和金属矿产可供其所用。

至少从理论上来说，科西嘉岛处在热那亚共和国的统治之下，但实际上它是被一家实力强劲的商业公司即圣乔治银行（Banco di San Giorgio）统治。这家银行采用极端残酷的手段
430 来维持其权力，并以自私自利的方式来行使权力，目光短浅，以至于不断激起暴乱，而它只能采用更加残酷的手段来镇压暴乱。这家银行甚至忽视了加固海岸防御措施，以致巴巴里海盗将这座岛屿视为自己的一个行省，可以自由进出并肆意洗劫。

① 原书为Jaime。

大部分村庄和沿海城镇均被遗弃，居民撤退到多山的内陆地区，这导致沿海地带最肥沃的地区变成了疟疾肆虐的废弃之地。在意大利海上共和国的历史上，热那亚人表现得如此贪得无厌和目光短浅，以至于在威尼斯人占据这座岛屿期间，他们就如同这座岛的恩人一样。科西嘉岛的居民一直处在绝望的状态，直到 18 世纪中叶，塞缪尔·约翰逊的传记作者詹姆斯·博斯韦尔（James Boswell）受到爱国者帕斯夸里·迪·保利（Pasquale di Paoli）发动叛乱的触动，于是试图说服英国首相威廉·皮特（William Pitt）支持他们并干涉热那亚。（这里引用霍兰勋爵的话："我们不能愚蠢到因为博斯韦尔先生曾去过科西嘉岛就开战。"）1769 年，这座饱经沧桑的岛屿被法国攻陷，同年拿破仑·波拿巴在这座岛屿的沿海城市阿雅克肖（Ajaccio）出生。

撒丁岛是地中海第二大岛，这座岛屿曾经遭受的苦难与科西嘉岛不相上下。撒丁岛并不在历史的主流范围之内，它几乎从未受到文艺复兴的影响。实际上，相比科西嘉岛，撒丁岛几乎从未因为数百年来任何重大的文化变革而受益。腓尼基人吞并了他们所需要的所有海岸线地区，将当地的原住民撒丁人驱赶至山地。罗马人也是按照类似的路线占领了撒丁岛。正如 T. & B. 奥尔梅（T. & B. Holme）和 B. 吉拉尔代利（B. Ghirardelli）在《撒丁岛》一书中所描写的那样："［罗马］占领是野蛮残暴的，持续了将近 7 个世纪，在这数百年中，撒丁人遭到迫害和勒索，并且他们在其山地隐蔽点发动了游击战。"因此，撒丁岛的生活模式在很早之前就已固定下来，并在整个 16 ~ 18 世纪一直没有发生变化。这座岛屿此时已经变成了西班牙的附属城邦，到此赴任的西班牙总督们对他们的任命心怀不满，于是在三年的任期内会用尽一切方法来压

榨这座岛屿，以此纾解心中的不满情绪。就像科西嘉岛一样，撒丁岛沿海地区一直以来也遭受海盗的侵扰，这导致撒丁人进
431 一步向后方撤退至山地，不仅是为了躲避海盗，而且是为了躲避西班牙人的税官。大量肥沃的农业用地变成了沼泽地，岛上的人一直为疟疾所困，这种情况一直持续到第二次世界大战结束，当时通过二氯二苯三氯乙烷（俗称 DDT）才消灭了疟疾。

撒丁岛上的山脉闪着银光，灌木丛交错缠绕，珍禽异兽成群，这座风光旖旎的岛屿是地中海地区命运最为悲惨的岛屿。尽管西西里岛时常处在交战方的争夺之中，但即便是西西里岛都没有经历过撒丁岛所遭遇的苦难。至少西西里岛还因为占领它的国家的文化而享受到了益处。另一方面，人们在撒丁岛上开采锑、煤、铅、银和锌矿资源（因为西班牙一直占有这座岛屿，所以西班牙从中受益匪浅），而矿工几乎就被当作奴隶来对待。毫无疑问，这里的游击战战术与科西嘉岛相似，如果说有什么不同的话，那就是撒丁岛的复仇行动甚至更加暴力和持久。

20 世纪 50 年代，意大利民族学家调查了巴尔巴地亚（Barbagia）山区一直存在的贿赂和仇杀活动，并得出了一个惊人的发现，即这些撒丁人在 2000 年间一直在反抗政府的统治。尽管统治者用尽手段，但即使是罗马人也从未将巴尔巴地亚纳入国家统治的范围。在之后的几个世纪中，很多民族曾占领过这座岛屿，没有任何政权曾将岛上的居民变成向他们纳税的居民。（第二次世界大战后，意大利共和国曾企图惩治巴尔巴地亚人，但导致 32 名骑兵丧命。）这个偏远山区的居民不过是撒丁岛民族特色的一个极端例子。他们勇敢、骄傲且独立，就像对付其他国家一样，他们痛恨、鄙视并反抗西班牙

的统治。

尽管西西里岛的自然资源和农业条件比撒丁岛更优越，但也被西班牙戴上了同样的枷锁。二者的主要区别在于西西里岛总督发现在巴勒莫的首府以及该岛的耕种区域的环境与西班牙一样宜人。因此可以说，他们对这座岛屿的统治相对更加宽容，但所谓的宽容几乎不适用于农民，他们像几千年
来一样，与负重的牲口没有什么不同。混乱和内乱并不少见， 432
因为西西里人不愿向西班牙人纳税，就像他们不愿向拜占庭人缴税一样。

然而，西西里人和撒丁岛人之间确有差别。一方面，撒丁岛人顽强独立，但他们仍然是原始人，基本上不能算作文明人。另一方面，西西里人经过惊人的混血和文化融合过程，变成了一个老练而“历史悠久”的民族。他们被征服过，不过他们已经将征服者同化，而撒丁岛人只是退回了山地而已。西西里岛的农民见识了众多的外族霸主和种族，以至于对他们所有人都持一种愤世嫉俗的态度并且本能地进行抵抗。

在名为黑手党的组织中可以找到这种态度的最终形式。无论黑手党在之后的几个世纪中成为什么样的组织，它实际上源自一个自助组织，目的是保护西西里人免受外国统治者、腐败的警察和外居领主的残酷压榨。缄默法则（Omertà，西西里语中指代“男子”）即“男子气概的象征”，要求他们永远不得向合法的司法当局招供。毫无疑问，它早在黑手党诞生之前就已存在。在西班牙总督和行政长官的残酷统治下，西西里人学会了管理自己的“私人”司法体制。就像在撒丁岛一样，土匪和仇杀的传统早已存在。孤单的马多涅山脉（mountains of the Madonie）高高矗立着，这里挤满了逃避西班牙法律统治的

难民以及有组织的强盗团伙。在西西里岛和撒丁岛，大多数居民不会将土匪视为罪犯，因为土匪往往是因为占领这座岛屿的外国强权对他们做出了非正义的行为才落草为寇。无论是在新世界还是旧世界，西班牙殖民地都常常因其残酷和腐败而与其他殖民地显得与众不同。西西里岛也不例外……

马耳他群岛位于西西里岛南部，处于地中海东西两部分的分界线上，它与地中海中的其他大多数岛屿形成了鲜明对比。西面是不服从西班牙统治或西班牙管理不善的岛屿。东面是爱琴海诸岛，奥斯曼帝国在这里的统治比西班牙的殖民统治还要黑暗得多，只留下荒凉和绝望。然而在经历了 1565 年的围困之后，在圣约翰骑士团的统治之下，成就了这里几乎前所未有
433 的繁荣景象。布莱恩·布卢埃在《马耳他的故事》中写道："在接下来的两个半世纪里，圣约翰骑士团在修建防御工事、军械设施、新城、宫殿和别墅上耗费了巨资。这笔开支和维持骑士们的高生活水准所必需的开支使马耳他繁荣起来。在圣约翰骑士团统治期间，马耳他人的数量增加了五倍，发展出了新的贸易和产业，这些岛屿成为欧洲最繁荣的社区之一。"骑士团的战舰每年会定期前往穆斯林地区展开进攻性巡航。他们歼灭遭遇的海盗，满载战利品而归，并且往往会将被俘的土耳其商人安置在他们战船后面的船上。在这些世纪里，围绕格兰德港和岛屿其他关键点的防御工事覆盖范围如此之广，令人望而生畏，以至于土耳其人再也没有尝试去围困马耳他。瓦莱塔是一座遍布城堡的首都，它以大团长的名字命名，意为"瓦莱特最谦卑的城市"（La Valette Humillima Civitas Valettae），并因其财力雄厚和尊贵庄严而闻名于整个欧洲，它被称为"最令人自豪的城市"（Superbissima）。

圣约翰骑士团是最后一支十字军，他们天性好战且熟悉医护技术，也因在航海和造船方面的技能以及推动医学和外科领域的进步而闻名于整个欧洲。阿拉伯人引进马耳他群岛的棉花可以制成品质极好的船帆，马耳他船帆被誉为地中海地区最优质的船帆。马耳他岛的财富主要源自奴隶市场，因为在与穆斯林敌人展开无休无止的战争中，骑士团采取了阿尔及利亚人和土耳其人所采取的战术。奴隶被卖给热那亚和威尼斯的商人，岛上的繁荣景象也在很大程度上依靠奴隶劳动力。据估计，即便是到 18 世纪末，马耳他的奴隶人数大约为 2000 名。所有这一切都是通过海军力量来实现的，而 17 世纪的马耳他桨帆船和帆船可能是海上航速最快的船舶。在一份呈报给土耳其苏丹的报告中，就骑士团战舰和战斗素质得出了这样一个结论："他们的战舰与其他战舰不一样。它们舰上往往会配备大量视死如归的火枪手和骑士。一旦遭受他们的袭击，我方船舶要么 434
沉没要么被俘。"

骑士们按照其医疗卫生管理方法运营瓦莱塔的一家大医院，改良了外科手术方式和治疗病人的一般疗法，这是骑士团在地中海历史上的又一个重大贡献。不仅航海家和船长们会来到该岛接受制图、航海和海战战术方面的培训，欧洲各地的医生和实习医生也慕名来到这里的医院学习。所有这些都取决于舰队，正如保罗·卡萨尔（Paul Cassar）在他的《马耳他医学史》（*Medical History of Malta*）中所说的那样："只有在极少数情况下，海军才能暂时远离战争、稍做修整。然而，对海军医务人员来说，短暂且少有的休假并不是无所事事修养身心的时间，因为在当时的情况下，海军随时可能会被召回，向遭受突发灾害的某个邻国提供医疗援助。其中一次大规模的人道援助发生在1693年1月，当时地震摧毁了西西里岛的奥古斯塔市。尽管地震也给马耳他造成了巨大损失，但是骑士团政府立即派出5艘战船前往西西里营救当地的小镇居民。1783年，墨西拿和雷焦以及整个卡拉布里亚沿海地区遭受同样的灾害，骑士团迅速将救援幸存者所需的物资装船出发。神圣医院（Holy Infirmary）最好的外科医生登上战船，携带了20个装满药品的箱子、200张病床和大量的帐篷。骑士团为1200～1500名将要饿死的难民分发了食品，医疗队为患有疾病和受伤的人们提供治疗。”这些情节值得记载下来，尽管在欧洲历史上骑士团因为不断与土耳其人开战而闻名于世，但是骑士们从未忘记他们的初心。这个小群岛有能力向更强大的邻邦西西里岛和意大利派出救灾船、提供物资和药品，这也证明了它的繁荣程度。

在马耳他群岛以东500英里外，驶过地中海最荒凉和最危险的海域之后，就来到了克里特岛，这座岛屿就像一条破浪腾空的海豚。克里特岛的面积仅次于西西里岛、撒丁岛和塞浦路斯岛，这座鱼形的狭长海岛是地中海最大的岛屿之一，对这片
435 海洋文化的贡献仅次于西西里岛。米诺斯人（或克里特人）是第一个真正拥有制海权的民族。甚至在腓尼基人开始长途航行至地中海西端之前，克里特人就一直与远至巴利阿里群岛和西班牙的地区开展贸易活动。虽然他们的文明已经湮没无闻，被遗忘了许多个世纪（直到1893年阿瑟·埃文斯爵士的发掘之后才再次呈现在世人面前），但克里特文明影响了整个爱琴海地区，并为希腊人成功地创造希腊文明奠定了基础。人们忽视了其在古典时代的作用。16世纪，克里特岛是地中海东部少数几个属于威尼斯人的地区之一，并且在土耳

其人占领塞浦路斯之后，对威尼斯的经济具有前所未有的重要性。

坎迪亚（Kandia）城堡最初是由占领该岛的萨拉森人建造的，此时这里已经成为这座岛屿的行政中心和首都。威尼斯人统治时期可能是克里特岛历史上最繁荣的时期。威尼斯人鼓励在克里特岛和属于伊奥尼亚群岛的科孚岛、凯法利尼亚岛和桑特岛上发展农业生产，当地居民通过经商和船运而富裕起来。一直以来，威尼斯的行政管理人员的能力都非常强，他们建立了强大的防御体系，并沿袭了这座城市悠久的传统，修建了许多金碧辉煌的私人住宅和公共建筑。在这段时间，克里特岛的悲剧源自它位于西班牙和土耳其势力范围分界线的东侧。土耳其人可能已经接受他们无法征服马耳他的事实，但显然不准备接受克里特岛也是无法征服的事实。

虽然克里特人享受着比其他爱琴海岛民更繁荣的生活，但他们对威尼斯的统治并非心悦诚服。克里特人一直很难统治。像撒丁人一样，他们是一群饱经艰辛的山地居民，对自由充满向往。也许正是这种不妥协让步的特质和其他原因才导致他们在古典时代的名声如此之差。我们很难找到一句恭维克里特人的话。使徒保罗在给提多的书信中将他们形容为“常说谎话，乃是恶兽，又馋又懒”①。《苏达辞书》（*Suidas*）指出：“应千刀万剐的 3K，即克里特人（Kretans）、卡帕多西亚人（Kappadocians）和奇里乞亚人（Kilikians）。”而贺拉斯和普鲁塔克都引用了同一条希腊谚语：“当你与克里特人打交道时，你必须变成克里特人。”（也就是说，你要变成一个骗子。）像

① 《圣经·提多书》1：12。

经常被外邦强权占领的其他地中海面积较大岛屿上的居民一
436 样，克里特人无疑变成了弄虚作假的祖师爷。然而，正是他们的炽烈火爆且无法压制的性格使他们成为统治者的灾星。像西西里人一样，他们天生就不愿向外邦强权缴税。

这里时常会发生暴乱，多山的内陆地区到处可见难以驯服的强盗团伙。根据一项权威记载，1207 年至 1365 年间，这里共发生 14 次大暴乱。最后一次是持续三年的大规模暴动，许多威尼斯殖民者也揭竿而起反抗威尼斯共和国的统治。克里特人曾试图争取热那亚的支持，以对抗其对手。最后，为了反抗其统治者，克里特人甚至向土耳其人求助，这也说明了他们对威尼斯人的仇恨之深。

然而，直到 1645 年，土耳其人才将注意力转向克里特岛，派遣了由 5 万名士兵组成的一支军队登陆克里特岛，并迅速占领克里特岛西北角的干尼亚。但是他们对首府坎迪亚的围攻并未成功；事实证明，即便是土耳其人带着攻城的重型武器，威尼斯人建造的城墙也仍然固若金汤。土耳其人断断续续围攻这座城市长达 20 多年，这是有史以来持续时间最长的围城战役。最终，尽管威尼斯人发起了大规模的顽强抵抗并损失了约 3 万人，但这座城市还是在 1669 年被土耳其维齐尔艾哈迈德（Vizier Achmet）攻陷。威尼斯仅被允许在该岛北部沿海保留三个相对不重要的贸易站。几年之后，这些贸易站也被占领，整个克里特岛成为土耳其的一个行省。那些寻求奥斯曼帝国的援助以摆脱威尼斯人的克里特人，此时处于沉重的行政负担和奥斯曼土耳其残酷的军事统治之下。尽管许多克里特人“变成了土耳其人”并皈依伊斯兰教（由此能够确保他们自身在统治这座岛屿的政府人员中占据很大一部分的职位），但是并不能说他们在土耳其人的统治之下比之前更快乐幸福。克里特人天生鄙视外国人并与其战斗，他们的生活方式让人回想起希腊荷马时代的生活。

没有任何地方比这些地中海群岛的历史更清楚展示出环境对人类的影响。科西嘉岛、撒丁岛、西西里岛山区和克里特岛的居民展现了极其相似的特征。他们证实了居鲁士在很多个世 437
纪之前所说的话：“没有哪一块土地能够既出产极其优良的作物，又孕育出色的士兵。”山地涌现出大量伟大的斗士，但是统治海洋和海岸线的事实决定了岛屿霸主的归属。由于地中海岛屿多山且主要由石灰岩构成，通常最肥沃的土地位于沿海平原地区，因此这也意味着占据优势地位的海上霸权不仅将占有其所需的港口和港湾，而且将占有最适宜农耕的地区。

在地中海的东端，一度被威尼斯占领的塞浦路斯仍然被牢牢掌控在土耳其人手中（勒班陀战役在很大程度上是因为塞浦路斯才爆发的）。詹姆士·弗雷泽爵士在《金枝》中对爱神（大地母神的后裔）的居所进行了如下描述：“位于帕福斯旧城［Old Paphos，今天的库科里亚（Kuklia）］的阿弗洛狄忒神庙是古代世界最著名的神庙之一。根据希罗多德的记载，这座神庙是由来自阿什凯隆（Ascalon）的腓尼基殖民者建造的。但是，在腓尼基人到来之前，这里有可能供奉的是当地的生育女神，新来的腓尼基人将其奉为他们自己信奉的巴拉或阿施塔特，因为她与巴拉或阿施塔特十分相似。如果这两个女神结合形成一个象征伟大母性和生育的女神，那么我们就可以推断出很早之前对她的崇拜就已传遍了整个西亚。我们从女神雕像的形象及其宗教仪式的淫乱性质上也可以确认这一点，因为她的形象和那些仪式与其他亚洲地区的神灵如出一辙……”

很早之前，这位女神就从岛上的庙宇中消失了。她的神殿以及她的情人塔木兹（又名阿多尼斯）的神殿被东正教教堂、圣母玛利亚和她的圣子替代。然而，此时奥斯曼帝国却在这个生育女神的岛屿上强制推行一种全男性的宗教观念。在弥漫着树脂味的帕福斯、法马古斯塔和其他岛屿上，人们生活的聚居地中回荡着安拉和穆罕默德的名字。在这里，妇女们曾在母神圣殿里向陌生人卖淫，希腊教堂也曾举办庆祝活动，此时伊玛目的声音回荡在尖塔之间，强加给人们的信仰是“万物非主，唯有真主，穆罕默德是主的使者”。

第三十七章　荷兰人、英国人和海盗

像威尼斯大帆船和罗得岛卡拉克大帆船一类的船舶已经阐 438
明了船舶发展的方向，此时大型帆船、配备重型设备和装备精良的船舶越来越在地中海海域中占据了统治地位。出于某些原因，桨帆船和小型三桅帆船从未彻底被弃用：实际上，直到19世纪桨帆船仍被用于某些限定的场合，而巴巴里海盗在整个17～18世纪仍然最喜欢驾驶小型三桅帆船。小型三桅帆船属于桨帆船，并且装备了三根在大三角帆船上使用的桅杆，左舷一侧只有9支船桨。这是一种可以高速行驶的帆船，在风平浪静的情况下可以划船行驶。这种类型的船舶携带了相当多的重武器，通常会配备4门12磅火炮、6门6磅火炮和8门3磅火炮。西班牙人和法国人在地中海中将小型三桅帆船用作巡逻艇和侦察艇，这类似于20世纪的护卫舰或轻型驱逐舰。

1587年发生的事件明确无误地发出了桨帆船即将消失的信号，这一年弗朗西斯·德雷克爵士（Sir Francis Drake）驶入加的斯港，并在36小时内摧毁了载重总量达数千吨的敌舰，共俘获了6艘大型商船，他驶出港口时未遭受任何损失。他是在对方有桨帆船护卫的情况下取得这样战绩的，根据之前的理论，桨帆船可以在封闭的水域内将帆船彻底击溃。德雷克最终验证了普雷韦扎战役预留下的伏笔：一艘全副武装的帆船可以对付数艘桨帆船。当西班牙人的桨帆船与德雷克爵士的船只数次对峙时，它们要么被击退，要么在足够接近德雷克爵士的战船并发起撞击或登船之前就已经溃不成军。这著名的一幕代表了海战格局发生永久性变化的一刻，德雷克爵士笑称自己“烧掉了西班牙国王的胡子”。

439 第二年，即 1588 年，无敌舰队败给英格兰舰队证明了西班牙的海上力量遭到极大遏制。尽管西班牙的实力明显下降还需要很长时间，不过同样重要的是，英国人的成功完全是因为使用了帆船。舰队中虽然没有地中海式桨帆船，但是除了帆船外，还有大量中型帆桨船。就像 50 年前普雷韦扎战役时安德烈亚·多里亚的舰队一样，毫无疑问，这支由多种战船混合而成的舰队也妨碍了梅迪纳－西多尼亚公爵（Duke of Medina Sidonia）舰队的行进。因为荷兰人和英国人在船舶设计和海军战术上都已经胜过西班牙人这一事实，所以西班牙人的失败不能完全归咎于他们的保守。事实是，尽管这两个欧洲北部的国家能够集中力量建造适合在大西洋和北海航行的船舶，但是西班牙处于双线作战的不利形势。它不仅要保护自己庞大的海外帝国免受荷兰、法国和英国的不断蚕食，而且作为地中海大国，它必须建造专门用于在地中海作战的船只。西班牙的敌人们可以完全专注于一个目标，然而，西班牙还必须考虑对付巴巴里海盗和奥斯曼帝国的事情。

作为一个佛罗伦萨人，历史学家彼得罗·乌巴尔迪尼（Pietro Ubaldini）清楚地知道海军实力的重要性，他在一本关于无敌舰队历史的著作中说：“保卫英格兰海岸不受敌人入侵的全部重任，以及防止西班牙无敌舰队与帕尔马公爵联手的所有努力，最终就是不允许其舰队在这片海域的任何地方有片刻停留，这取决于英国军官的海战决策能力和技术掌握程度，皇家海军军官根据他们的军衔发号施令，职务在他们之下的人根据他们命令来操纵其战舰。他们充分利用了性能极佳且航速快的帆船，这些战舰舍弃了毫无用处的士兵，而是换成了火炮，因此他们随时都可以对敌人发动攻击，他们时刻都明白他们最适合做什么。”

这里的关键词是“性能极佳且航速快的帆船”，以及“舍弃了毫无用处的士兵，而是换成了火炮”。西班牙人和其他地中海海军强国将罗马人最早提出的海战概念延续到了 16 世纪末。也就是说，他们的舰船运载大量士兵，目的是在海上进行 440
一次像陆地上的战争。罗马人利用乌鸦吊桥战胜了迦太基人。西班牙人也想尽办法使他们的战舰能够与敌舰并排航行，同时用锚形铁钩将战舰固定在一起，自己的士兵冲上战舰展开拼杀。重要的一点在于罗马帝国和西班牙帝国都是陆上帝国。虽然西班牙人好斗，但是他们对海洋缺乏真正意义上的亲近感。英国人和荷兰人重现了古代水手和操纵灵敏的战舰胜过士兵和登船部队的情形。

英国人迅速地在这片陆间海贸易领域占据了一席之地，他们集中使用“圆船”（帆船的一种）的原因之一当然与气候条件有关。如果在地中海进行短距离的航行，使用桨帆船是没有问题的，但是它的船体形状并不适合沿着漫长的大西洋海岸线航行。在地中海，在很大程度上是因为夏季风平浪静，威尼斯巨型贸易桨帆船才具备了较高的经济价值。不过，北海、英吉利海峡或北大西洋地区适合这种船舶航行的天气条件很少出现，导致其不具有经济可行性。在北部海域操控一艘桨帆船的难度是导致英国、荷兰和斯堪的纳维亚人偏爱帆船的另外一个重要因素。与地中海周边的大国不同，他们与穆斯林平日并没有冲突，穆斯林依靠奴隶驾驶桨帆船，也提供了奴隶来源。地中海周边的所有国家早已对奴隶制习以为常，但是这些北方国家则不一样。在不同的历史时期，英国人只有少数船舶是由自由人和罪犯来驾驶的。即便如此，这些北方国家仍然缺少足够的志愿者或罪犯供他们仿照地中海的风格去打造规模庞大的桨帆船船队。

迈克尔·刘易斯（Michael Lewis）在《英国海军》（*The Navy of Britain*）一书中对“圆船”而不是桨帆船成为北方国家战舰和货船的原因做了进一步说明：“从经济角度来看，桨帆船并不具备实用性。在不需要作战的时候，这种船无法运送
441 货物。它注定总是位列政府账单的负债项目：它本质上就是一个烧钱玩意儿。现在所有英格兰国王都希望这些船舶能实现‘自给自足’，维护政府的统治，即可以依靠自己的收入维持日常运转［这与在地中海占主导地位的桨帆船截然不同］。在通常情况下，只有在爆发危机的时候，他们才会向臣民寻求帮助，而即便如此，这种帮助通常是以实物形式而不是现金……这一点非常重要，因为这意味着当他们需要这些船舶的时候，他们仅有一个来源——船舶的所有者，这些臣民当然是建造或拥有船舶的人，这些人靠船为生，他们是一群商人。这些人所拥有的船舶当然不是桨帆船，而是圆船。因为从商人的角度来讲，没有任何商人会建造一艘桨帆船来从事贸易活动。”

正是因为这些不同的因素，帆船才在欧洲北部获得了长足发展，并且因为欧洲人发现了火药并学会了利用火炮的新技能，所以帆船又转变为最高效的战船。虽然与称霸海洋达2000年之久的桨帆船相比，“风帆战列舰”（sailing ship-of-the-line）称霸海洋的时间没有超过300年，但是直到19世纪蒸汽

动力船问世之前，这种船一直独霸地中海地区。人们也很快了解到，即便是航速快的北非小型三桅帆船也很难追得上这些从北欧、荷兰、斯堪的纳维亚和英国新来的贸易商所使用的船舶。正如德雷克爵士在加的斯港所展示的那样，即便在风平浪静的情况下，根据以前的理论来看，这种船很容易成为被俘获的“猎物”；不过，它们船上配备了大量重型金属武器，以至于任何小型三桅帆船或桨帆船都无法与它们抗衡。无论是靠船帆还是船桨行驶的地中海船舶，都必须要按照轻质量的规格进行建造。无论是依靠盛夏的微风航行还是依靠桨手划桨航行，这些船舶必然要比为在北方的大风浪中行船所设计的帆船要轻一些。用橡木建造的英国风帆战列舰只需要大风一半的风力（half a gale）就可推动它向前行进，但是这种船非常坚固，因此可以经受大量子弹和炮弹的攻击。

随着大型帆船出现在地中海海域，一个古老的问题马上就出现了。在欧洲北部海域寒冷的海水中，藤壶和杂草对船体并没有构成太大的威胁，大概只需要每年将船舶拖上海岸清理一 442
次即可。然而，致命的蛀船虫是木头的天敌，这种蛀船虫在地中海温暖海水中的繁殖速度非常快。早在荷马时代，人们就定期对船舶水下部分涂上沥青来保护船只。不过，刷沥青只是一种暂时的保护措施，对于载重较小、容易停靠且易于清洁的船只而言，这种做法已经足够。圣约翰骑士团选择用铅壳包住船身来保护罗得岛卡拉克大帆船。这是西班牙人为保护他们的重要船舶而采用的方法。但是，铅的价格非常昂贵，普通军舰无力承担使用这种护套的费用，更不用说采用这种方法来保护商船。

早期航海家们在加勒比海暖水区也曾遇到过蛀船虫的问题，最早提出解决方案的航海家之一就是约翰·霍金斯爵士

(Sir John Hawkins)，他是伊丽莎白女王时期一位伟大的航海家、探险家，并曾担任皇家海军司库。霍金斯知道榆树是一种几乎不会生蛀船虫的木头，于是他用榆树板将女王麾下的战船包裹起来，榆树板覆盖住毛毡和焦油的内层并被钉在水下木板上。尽管藤壶和水草生长的问题在很长一段时间内都没有得到解决，但是他采用的方法被证明可以有效地防止蛀船虫。

18 世纪下半叶，随着霍金斯对防虫技术的改进，英国人开始用薄薄的铜板包裹住船体。铜不仅不容易被蠕虫啃噬，而且原本难以摆脱的藤壶和水下杂草很难攀附在金属上。直到 20 世纪出现了化学涂料（能够释放出杀死蠕虫、杂草、藤壶及类似动植物的物质）之前，包铜板一直是解决水下木材遭到虫蚀问题的手段，往返在不同码头之间的船舶需要采用这种方法来保护海水中长时间浸泡的船板。这些改进后保护木制船的方法对后来毁灭地中海世界的战争具有重要的意义，同时也为英国、斯堪的纳维亚和荷兰的商人提供了更好的保护，这些商人很快就接管了这片海域的大部分贸易。

朱利安·德·拉·格拉维埃海军上将在他的《现代海军起源》（*Origins of the Modern Navy*）一书中写道，现代海军历
443 史可以分为三个具有鲜明特征的阶段："第一阶段是西班牙针对荷兰、英格兰以及最后针对法国发动的连续性战争。在这些战争中，参战的大多数舰队都由载重量为 100 吨或 300 ~ 400 吨的战舰组成……第二个阶段是英格兰和荷兰之间争夺海上霸权的阶段……第三个阶段以路易十四建立海军为起点。现在，战术变得更加规范化并更具有纪律性，火炮也更为高效。真正意义上的海军炮兵开始出现，我们今天［即 1879 年］仍然非常熟悉这个兵种。现在海军帆船舰队重新找回了自己的存在

感。从现在开始，除了几乎无关紧要的细枝末节外，它基本没有发生变化。”在主要问题得到解决之后，从 17 世纪至 19 世纪，帆船基本没有出现变化。船舶变得越来越大，火炮也越来越大，导航方法也得到了改进。除此之外，在纳尔逊的旗舰“胜利号”（*Victory*）上，德雷克年代的船长几乎找不到觉得陌生的地方。

英国人与地中海之间的联系始于十字军东征期间，但是如今贸易比其他任何事物都更加容易地将这个最新崛起的北方国家吸引到这片陆间海来。汪达尔人是一个野蛮的游牧部落；维京人是一群有组织的海盗；诺曼人是一个正在扩张的民族，他们希望在地中海占据新的领地。然而，促使英国人及其对手荷兰人扩张的动机截然不同。他们与腓尼基人和迦太基人相似，他们没有通过扩张去寻找殖民地（至少在地中海区域），而是为了用自己的制成品交换其他国家的商品和原材料。

因为大多数商船均未配备武器，或者最多只配备了几门轻型加农炮，所以他们发现自己很难抵抗驾驶小型三桅帆船和桨帆船的阿尔及利亚海盗对他们蓄意发动的袭击。与其花钱将船舶改装成“装配武器的商船”（不管如何改装都将大大降低其载货能力），倒不如将钱财散给海盗，这已经成了一种惯例。这种做法一直持续到 19 世纪，阿尔及尔的很大一部分收入就是源自这种勒索。船运公司有他们自己应对海盗的方法，他们会携带特别通行证以表明已经向海盗“进贡”。几乎所有在地
中海开展贸易的航海国家都会向这些巴巴罗萨和德拉古特的后 444
代支付某种形式的“保护费”。如果没有足够的金钱，一般他们也会向海盗提供包括战争物资在内的“礼物”。这种情形让一位美国领事大为恼怒，他写道，只要英国和法国这两个主要

的海军强国对它们的商人向苏丹提供钱财的情况视而不见，这出闹剧就不可能结束。正如奥古斯丁·伯纳德（Augustin Bernard）在《不列颠百科全书》中所写的那样："300 多年来，阿尔及尔一直是海盗的老巢，是劫船者的集会地，对所有文明国家而言，阿尔及尔就是一种恐怖的存在，而长期以来这种罪恶没有得到惩罚，阿尔及尔更加胆大妄为。欧洲列强针对阿尔及利亚人的讨伐战争往往十分随意且准备不足。轰炸和封锁并没有产生持久的效果。"

护航制度，即由士兵护送商船的做法，源自地中海地区防备海盗的一种保护手段，并已经持续了一个多世纪。在拿破仑战争期间，英国人在所有贸易路线上都进行护航，保护它的船只免受法国人的侵扰。皇家海军在地中海的海上优势预示着一个新时代的到来，19 世纪初，英美两国成功对海盗的两个主要基地——阿尔及尔和的黎波里进行了打击，这为法国征服整个阿尔及利亚地区铺平了道路。诺曼·道格拉斯在《古老的卡拉布里亚》一书中的评论一针见血："格拉维埃海军上将所说的'高卢大捷'（Gallia Victrix）可谓恰如其分，虽然美国人可能会对此有些微词。事实上，欧洲和美国的武器都没有消灭这些'害虫'。要不是发明了蒸汽机，巴巴里海盗可能还在与我们纠缠不休。"

巴巴罗萨去世之后，他对北非海岸的影响力持续了 300 年之久，这就是地中海仍然处在萧条之中的一个原因。另一个原因是世界贸易大航线、新大陆的财富和幅员辽阔的海外土地吸引了各国国王和商人的注意力。在历史的长河中，地中海盆地对历史的影响持续了非常长的一段时间，此时法德战争和遥远的海洋决定了历史的走向。虽然地中海和北欧之间依然延续着

酒、糖、丝绸和香料贸易，但是相比此时大西洋“信风”航 445
线所带来的巨额财富，这些只不过是“涓涓细流”。地中海的一端在一定程度上被阿尔及尔人封死，另一端则被实力强大的奥斯曼帝国堵住，似乎这片陆间海已经成为历史上毫无用处的“阑尾”。

第三十八章　直布罗陀

446 在卡尔佩（Calpe）岬角上的光秃秃的石灰巨岩，即直布罗陀巨岩，如哨兵一般守卫着这个海上通道，控制着地中海的入口。它的“战友”矗立在距离直布罗陀巨岩 8.5 英里远的非洲海岸上，这是一块靠近休达的凸出地带，古人将这里称为“阿比拉”（Abyla），它就是第二根赫拉克勒斯之柱。“Calpe”和“Abyla”可能都是源自腓尼基语的变体词，它们的起源已经不可考。16 世纪和 17 世纪，休达和直布罗陀均在西班牙王室的统治之下，这意味着西班牙海军至少从理论上可以封锁整个地中海，能够阻止任何敌人从大西洋进入地中海。1415 年，航海家亨利占领休达；1580 年，腓力二世征服葡萄牙之后，休达成为西班牙王室的统治地区。1502 年，直布罗陀正式归属西班牙王国；16 世纪，这里成了一座令人望而生畏的堡垒。

从海上望去，直布罗陀巨岩形似狮子头，高近 1400 英尺，即使是那些厌倦尘世的旅行者也会对它留下难忘的印象。巨岩灰色的晶体岩岩顶处经常会飘着长长的流云——“黎凡特云”。之所以称其为“黎凡特云”，是因为从黎凡特吹来的风撞在岩石东侧陡峭的岩面上，从而形成灰白色且富含水汽的云彩。在英国人占领了这处巨岩后的数个世纪里，西班牙人说这种云彩“甚至也带来了黎凡特的气候”。

直布罗陀海峡地区主要盛行西风或东风。在冬季，来自大西洋的低压气团吹向这里，会带来阴沉灰暗的恶劣天气；在夏季，这里通常盛行东风，弥漫着从地中海吹来的温暖空气。

海军领航员这样描述这里的天气："在海峡地区，东风被 448
称为'黎凡特风'。在海峡以外，风会从东北方向和东南方向吹来，但是在地中海内部则会变成东风，并且风力在海峡最狭窄的地区会增大。它具备东风的所有明显特征，并会带来丰沛的水汽、大量的露珠、局部云或浓雾，有时还会出现降雨……在风力强劲时，岩石的背风处会形成剧烈的涡流，在相距仅约50码的地方，风时常会在相反方向形成持续一段时间的强风。随着这些涡流上下移动，并形成逆流，给行进中的船舶造成麻烦和危险。在风力达到3级或4级时，旗状云（当地称为'黎凡特云'或'黎凡特'）一般会从巨岩顶部向下风向延伸出1英里或更远的距离。"直布罗陀的居民对东风带来的高湿度空气的感觉就如同马耳他人和西西里人对从南方吹来的西洛可风的感觉一样。

巨岩的名字"直布罗陀"源于阿拉伯征服者塔里克·伊本·齐亚德（Tariq ibn-Ziyad）的名字。8世纪初，他率领一支小规模的军队横穿该海峡，并在赫雷斯（此后，这里因为是雪莉酒之乡而闻名于世）附近的安达卢西亚激战三天后大败哥特人。在阿拉伯语中，"Jebel"的意思是"山"，直布罗陀被称为"塔里克之山"（Jaribel al Tariq），是因为直布罗陀的征服者意识到其位置的重要性而在此修建了堡垒。这项工作耗时31年之久，其遗迹依然巍然矗立在这里。他的城堡留下了一座巨大的方形塔楼，人们称其为"摩尔人城堡"。

在大约600年后，直布罗陀被西班牙占领，之后又被摩尔人重新占领，最终在15世纪再次落入西班牙人的手中。除了塔里克塔楼外，没有任何地方能够体现出摩尔人曾占领直布罗陀达数百年之久。但是，多个世纪以来，这块巨岩所在地是腓尼基商人定期集会的场所，他们在灰暗阴郁的大西洋上与康沃尔锡矿的采矿人开展贸易，现在一切都已成为过眼烟云。尤利西斯在"大洋之河岸边"附近的某个地方挖出了一条海沟，洒上了祭酒，并献上了一只黑绵羊作为牺牲，"死者的灵魂从混沌之地蜂拥而至，聚集到他周围"。

449 A. C. 拉姆塞（A. C. Ramsay）和阿奇博尔德·盖基（Archibald Geikie）在《地质学会季刊》（*Quarterly Journal of the Geological Society*，1878）中对这个独具特色的天然堡垒所处的地理位置进行了描述："从北端悬崖底部到欧罗巴角的最大距离只有2.5米多一点，但这个岬角的宽度从最大值1550码逐渐减小，直布罗陀与拉卡莱塔湾之间在欧洲一侧的宽度为550码。巨岩从北侧峭壁处地势低矮且平坦的地面上拔地而起，岩石基部覆盖着横七竖八的碎岩石和角砾岩。这块陡峭的岩墙最高处……是高耸的石炮台（Rock Gun，海拔1349英尺）；从这里开始，海角的分水岭或者说这块凸起岩石的背脊呈弧形的尖锯齿状向南延伸，其控制点包括中部山（Middle hill，海拔1195英尺）、信号站（海拔1294英尺）以及高度超过这两者的阿拉梅达猴山（Monkey's Alameda，海拔1396英尺）和奥哈拉塔（O'Hara's tower，海拔1370英尺）。在其后侧，山脊被拦腰截断，在南侧与风车山和欧罗巴角所在的高地连在一处。从石炮台到奥哈拉塔，分水岭东面是一个陡峭的悬崖，大多数情况下极少有人会到这里来，并且悬崖几乎是直上直下……这里是一处低矮的沙质平地，平均海拔不超过10英尺，将巨岩与陆地连为一体。”这一处庞大的天然屏障又通过塔里克城堡得到了进一步加强，难怪巨岩一旦被西班牙人控制之后，他们便决定将其变成他们王国的重要据点。当然，他们在 16 世纪增建了由军事工程师丹尼尔·斯贝克（Daniel Speckle）设计的防御工事之后，凭借巨岩就可以抵御敌人发起的大多数袭击。

直到 1704 年，巨岩被英国人占据，当时的海军上将乔治·鲁克爵士（Admiral Sir George Rooke）在西班牙王位继承战争期间发动海上袭击夺取了直布罗陀。因为从理论上讲，不管怎样，鲁克爵士都是代表奥地利大公的利益而采取的行动，所以他本应该在被征服的堡垒上高高升起哈布斯堡的旗帜。但是，他的先见之明和积极主动令人钦佩，他升起了英国国旗，并将巨岩献给了他的统治者安妮女王。同样，英国政府非常精明，接受了这个天上掉下来的大馅饼。从那时起，直布罗陀就一直就掌握在英国人的手中。

在失去这座要塞后的一年内，西班牙与法国结盟，决心将其夺回。就像整个地中海历史上发生的其他诸多围城战役
一样，情况很快表明，只要被围困一方掌握了海上霸权，那 450
么他们就可以无限期地忍受围城之困。自从西班牙丧失主动权以来，英国已经成为最强大的海上霸主，而扼守住这块巨岩，确保他们之后将在很大程度上决定这片海洋的历史进程。尽管西班牙人为了使直布罗陀摆脱英国的控制而想尽其他各种方法，但他们还是被迫接受这群北方人在其祖国半岛南端存在的事实。

在所有直布罗陀围城战中，规模最大和时间最长的一次（这种围困方式可以与土耳其围困马耳他相提并论）发生在

1779 年，这次包围战持续了三年多。对于研究战争的人来说，其兴趣点在于双方在战争中使用了炮兵，这预示着现代炮兵和弹道学研究的时代即将来临。西班牙当时趁英国忙于应付美国独立革命之机进攻直布罗陀要塞。因此，英国看起来不太可能腾出战舰或士兵来维持这个要塞的稳固。最终这次包围战成就了一次经典，被围困的一方依靠无畏的勇气、高昂的士气以及富有创造力的天分抵抗理论上远比他们占据优势的敌人。在围困的过程中发生了一些具有戏剧性的事件：在指挥官法格船长（Captain Fagg）的指挥下，私掠战船“巴克号”（*Buck*）冲破西班牙军舰的防线闯入海港。海军上将乔治·罗德尼爵士击败了西班牙舰队，并在一切似乎将要溃败之际为港口提供了增援和补给品。（在他指挥的见习军官中就有威廉王子，即未来的英格兰国王威廉四世。）1780 年，包围战还在持续，西班牙军舰发动袭击，双方在海上多次交战，另一支英国增援中队抵达，驻军成功出击，英国人摧毁了西班牙在岩石登陆一侧建成的大部分包围工事。

这次包围战有一个有趣的特点，它说明距离现代意义上的“全面”战争仍然遥遥无期，英国总督将军乔治·埃利奥特爵士（General Sir George Elliott）和他的对手德·克里伦公爵（De Crillon）之间经常通信。在这次包围战的第三年，德·克里伦致信埃利奥特说：“阁下，请允许我为您的餐桌增加一些屈莱弗甜品①，您无疑需要它们，我知道您现在完全靠吃蔬菜
451 维生。如果您告诉我您喜欢什么种类的甜品，我将会非常乐意为

① 西方传统甜食，一般是在蛋糕上撒水果、蛋奶沙司、奶油，然后层层叠加做成。

您提供；我还要为您的随从增加少量的山鹑肉和一些冰块。”

埃利奥特将军写了回信，其中的语调有点让人回想起萨拉丁和他的欧洲敌人在数个世纪之前的信件，信里说：“非常感谢阁下慷慨提供的水果与禽肉。我必须承认，这导致我违反了在战争之初所做的一项决定，即不得进食与我的部下不同的食物。这里所有的东西都是公开出售的。只要买得起，任何人都可以买任何东西。因此，我再次请求您不要让我享受我不该享受的优待。我们的蔬菜储备非常充足。英国人习惯了种地，甚至干点农活也有助于在这里打发时间。”

尽管有这些守旧循规的礼节，但是包围战依然非常残酷。守军中坏血病①肆虐，双方炮击造成人员伤亡惨重。英国人完成了两项重大的技术进步。第一个是发明炮架，它使火炮可以大俯角进行炮击。这样炮手就可以向包围他们的船只开火，据称在 1400 码射程内的命中率高达 93%。第二个是改进铁制炮弹点火的方法，可以在不必过早点燃引线的前提下将其装入炮膛。利用燃烧的炮弹攻击木船本身并不是新鲜事，但是人们从未像此时这样有效地应用它。在直布罗陀保卫战中，它发挥了重要作用，因为它成功地击退了在 1782 年针对驻军发动的一次大规模海上袭击。

克里伦公爵已经为自己和他的下属做好了全部准备工作，他们确信这将是包围战的最后一役。他们专门建造了 10 艘战舰，认为这些战舰在现实中几乎不可能被击沉，他们的计划是将战舰抛锚固定在要塞岩石旁边，彻底粉碎敌人的防御体系。约翰·德林克沃特（John Drinkwater）在他的《直布罗陀包围

---

① 现称维生素 C 缺乏症。

战后期的历史》（*History of the Late Siege of Gibraltar*）中对这些船进行了描述："（船体外侧）增厚了6～7英尺，以增强防御力……新鲜木料被用铁螺栓、软木和生皮革固定在一起；船上配备重型金属枪炮，顶部设有让炮弹滑落的坡道，因而具有防弹功能……"这些战船应停靠在"城墙火炮射程的一半之
452 内"。当然，在将来这类战舰原本是很容易被击中的目标，完全无法抵抗爆破榴弹的攻击，但是我们必须记住，此时双方使用的都是实心炮弹。据估计，火炮战舰十分坚固，从巨岩处发射的炮弹无法砸穿战舰。9月13日，战斗打响，刚开始这些漂浮的炮台似乎就要攻下城堡，在这个过去三年所有的其他攻击均告失败的地方获得成功。然而，随后巨岩守军用炽热的炮弹开始精心谋划地慢射。在夜幕降临时，火炮战舰遭受重创，因为炽热的炮弹导致其防护罩着火。决斗持续了整整一晚，第二天中午，整个火炮舰队的战舰要么沉入海中，要么吃水线以上全被烧成灰烬。根据相关记载，在巨岩处配备的100门火炮共发射8300多发炮弹。

这次包围战持续了数月之久，但是进攻方已经无心恋战。第二年2月，双方签署和约，德·克里伦公爵承认他自身的能力无法战胜他的对手。第15次直布罗陀包围战宣告结束。此后，直布罗陀巨岩地区的历史再未起波澜。有传言说西班牙和法国将向直布罗陀发动袭击，但这些不过是捕风捉影的小道消息。英国人已经在赫拉克勒斯之柱建立了据点，而此时他们占领了地中海入口的这一事实本身就证明了他们的舰队控制了海洋。地中海的命运在很大程度上不是由发生在这片海域激烈的海战所决定的，而是由一次包围战所决定的，这是地中海历史上第一次出现这种情况。

不久之后，英国的霸主地位在拿破仑战争期间遭到了挑战，在那个时代，地中海再次见证了舰对舰海战、大型舰队交战以及庞大的舰队葬身大海的景象。在法国和英格兰及其盟国爆发的大规模战争中，直布罗陀的重要性日益凸显。英格兰确实要感谢乔治·鲁克爵士，因为鲁克爵士在拿破仑战争中发挥了至关重要的作用。英国皇家海军在占据了直布罗陀这个基地之后，在很大程度上就可以封锁地中海的入海口。

18～20世纪，直布罗陀的防御工事和隧道形状的廊道得到极大扩展，因此这块巨岩最终变成了一座几乎坚不可摧的堡垒。正如19世纪的美国游客H. M. 菲尔德（H. M. Field）在 453
他的《直布罗陀》一书中所描述的那样："在每一个可以架设火炮的地方都架设了一门火炮，火炮常常隐身在最僻静的角落里，藏身在天竺葵和开花的植物丛中。同时，大量的炮弹（有一些炮弹体积非常大）堆放在方便取用的地方，能够避开敌人的炮弹袭击，但随时都做好了发动攻击的准备。"

人们曾认为直布罗陀的巴巴里猕猴（Barbary Ape）并不是在海门断开、海水涌入地中海盆地时滞留在当地的猿类后裔。这块巨岩上并没有发现任何猿猴的化石残骸，现在人们推测这些猿猴是罗马人或摩尔人带来的。然而，在巨岩北端附近的一个洞穴中已经发现了这里曾生活着两种非洲哺乳动物——大象和犀牛的证据。除了引进的植物（英国人仍然像埃利奥特将军所处的时代那样醉心于园艺）外，这座奇怪的石山遗世独立、土地贫瘠，不利于地中海植物生长，这里只有石松和野橄榄。这两种植物可能早在第一批航海家在这块巨岩地区停靠以来就已经生长在这里，它们忧心忡忡地凝视着洋流汹涌地奔向世界的尽头。

第三十九章　风帆战列舰

454　地中海漫长的沉寂时代即将走向终结，它并没有躲过席卷欧洲的暴风骤雨。世界的未来在很大程度上再次取决于地中海这个包含多个民族的古老“驾驶舱”（cockpit）。在航海术语中，“驾驶舱”一词是指位于作战人员所在的最下层甲板后方的区域，即在行动中为伤员预留的区域。此时是作战人员和风帆战列舰席卷了从直布罗陀海峡到埃及和黎凡特的地中海地区。

从 1792 年到 1815 年，法国大革命和拿破仑战争波及欧洲、世界大洋以及地中海本身。正是在地中海地区，来自科西嘉岛的大人物在尼罗河河口战役中损失了整个舰队，致使入侵埃及的行动失败。在陆地上，法国人的革命热情曾一次又一次地将欧洲几乎所有国家搅得天翻地覆；而在海上，英法之间的冲突在很大程度上得到了平息。最后，尽管拿破仑兵败滑铁卢，其野心被压制下来，但是这两个国家的海战决定了两国之间的胜负，并确定了下一个世纪的发展进程。历史再次重演，就像迦太基和罗马之间长期的战争一样，这是“利维坦”（Leviathan）和“贝希摩斯”（Behemoth）[①] 之间的战争，这是陆地帝国和海洋帝国的对决，是商人和贸易商之国与凶悍的农

---

① 利维坦和贝希摩斯（又称比蒙巨兽）均为《圣经》中上帝创造的两种体形巨大的怪兽。

夫之国的战争。这一次只是因为英国人并没有像迦太基人那样忘记他们的存在取决于对海洋的掌控，所以有了不同的结局。拿破仑是一个军阀、立法者和政治家，他与古罗马人一样，十分厌恶海洋；从另一方面看，纳尔逊只有上岸后才会变得步履蹒跚。

比斯开湾中的战舰踏着涌浪颠簸起伏、劈波斩浪，高傲地 455
向前方驶去。战船要赶往地中海参战，它看起来就像海鸟一样优雅美丽，抱着必胜的信心。不管是法国人还是英国人，他们的战舰只是在一些无足轻重的地方存在差异，在战舰设计和人员配备方面法国人占得上风。尽管英国建造师的技艺精湛高超，但是往往会输给法国人；至于人员配备方面，法国人的做法当然更聪明些。法国人支付给他们的渔民一笔特定的费用，鼓励他们参加训练并作为“海军后备军”。另外，英国人仍然主要依靠“强迫”或强行征兵来操控海军上将马汉（Admiral Mahan）所提到的战舰，“这些战舰经历长途航行、饱经风吹雨打，‘伟大军团’永远不会看得上它们，但英国就是依靠这些战舰统治了世界”。

在地中海地区，“胜利号”（Victory）战舰成功解除直布罗陀之围并打赢了科西嘉岛巴斯蒂亚和卡尔维包围战之后，成为历史上最著名的战舰。因为从很多方面来说，“胜利号”是巨型风帆战列舰的典型代表，在蒸汽战舰出现之前，它一直雄霸地中海，关于这艘战舰以及舰上生活的描述可以帮助我们勾勒出 18 世纪末和 19 世纪初发生的历史事件的情况。1765 年，“胜利号”在肯特郡查塔姆老旧的单点码头下水，它是皇家海军第五艘以“胜利号”命名的战舰。第一艘“胜利号”曾是约翰·霍金斯爵士的旗舰，在 1588 年与无敌舰队爆发的海战中，这艘船见证了西班牙人的希望葬身于不列颠诸岛周围阴沉冰冷的海水之中。伊丽莎白女王时期的帆船载重只有800吨，但是新建造的“胜利号”（也是其他大型舰船的典型代表）设计载重为2000吨（但它的排水量估计接近3500吨）。

这艘船是由英国橡木和榆木建造而成的，后来萨克雷（Thackeray）写道：“‘胜利号’的骨架应当成为英国人崇拜的神圣圣物。”它的橡木船壳有2英尺多厚；它的船首柱由一棵巨大的橡树制成，建造这艘船所使用的大部分橡木来自树龄超过100年的橡树。“胜利号”的龙骨（长度超过150英尺）由柚木制成，柚木是世界上最坚硬、最抗蠕虫啃噬的木材之
456 一；榆木龙骨板会对船体形成二次保护。这艘船的紧固件包括长6英尺、直径2英寸的橡木钉（称为“木钉”）和铜螺栓。无论是从材料还是从结构重量来看，之前地中海造船厂都无法想象可以建造出这种船来。

船上人员数量超过850名。这艘船储备的水和食物足以在海上维持四个月，并且其携带的火药和弹药可供使用三年，但在出现重大军事行动时会出现不足。即便是罗得岛卡拉克大帆船与这些帆船时代的庞然大物相比也显得“小巫见大巫”。它们最显著的特点是携带大量重型金属武器，因为吸取了先前的炮战经验教训，众所周知，战舰侧舷的武器配备决定了战争结果，因而会决定帝国的命运。尽管像“胜利号”这样的战舰共有七层，但是因为它有三层炮台而被称为“三层甲板船”。位置较低的火炮甲板上配备有32磅的重炮，中层甲板配备24磅的火炮，上层甲板配备12磅的火炮，这样的舰船就是浮动的炮台，不仅可以与其他拥有同等武器装备的战舰交火，而且可以炸毁陆地上的要塞。

这种舰船的侧舷非常有名——在历史典籍和小说中都大量出现——并不意味着船体一侧的所有火炮会在同一时间开火射击。尽管这种舰船非常坚固，但是它们无法承受炮火齐发所导致的震动。“波状射击”（Ripple firing）是指利用侧舷攻击时火炮从前向后依次进行连续炮击。这种技术也预示着在后炮进行射击时，前炮炮弹已经上膛，准备连续炮击。上层火炮炮台会瞄准敌舰的桅杆和索具进行射击，而下层两个炮台则会射击敌舰侧舷，将其炸成碎片。这种军事行动有时会持续数小时（例如尼罗河河口战役），这是整个人类海战史上最血腥、最残忍的军事行动。

尽管“胜利号”在1765年就已下水，但一直是预备役，直到1778年成为海军上将奥古斯都·凯佩尔（Augustus Keppel）的旗舰后才完成了首次服役。那是在韦桑岛（Ushant）附近的一次战役，该战役引发了与法国人的战争。1771年，霍雷肖·纳尔逊（Horatio Nelson）还是一个12岁的男孩，他来到位于查塔姆自己叔叔的战舰“合理号”（*Raisonnable*）上服役；当时， 457
他可能看到了一艘尚未建造完工的一流战舰，其船尾处有用黄色字母标注的“胜利号”字样。34年之后，他于1805年10月21日在特拉法尔加角歼灭了法国和西班牙的联合舰队，让这艘战舰流芳百世。这场战斗虽然发生在地中海以外的地区，即通往地中海海门的途中，但是它决定了整个地中海地区的历史，并在“罗马治下的和平”之后第一次实现了这片海域真正的和平并持续了一个世纪之久。从一种不同的意义上来说，这次战役具有和萨拉米斯战役同等重要的意义。

关于在这段时间以及更早的时期操控地中海桨帆船人员的情况已经有大量的描写。英语中已经出现了“像划桨的奴隶”

(like a galley slave) 这样的短语，它表示人类几乎无法生存的境况，但是事实上风帆战列舰的水手仍然需要具备与巨型战舰水手同等的忍耐力。“木头船需要钢铁汉”，或者说一个老水手“每根手指都是一根穿索针，头发就是一团麻丝绞绳”，这样的描述没有半点夸张。

大批在皇家海军“胜利号”及其姊妹战舰上服役并参加战斗的海员是被“塞进”舰队的。根据《流浪法案》(The Vagrancy Act) 的规定，“所有声名狼藉的人”(这可能包括所有在酒馆中发现的人，更不用说在妓院中的人，甚至包括漫步在渔港街道上的人) 都必须服役。如果渔民、商船海员、运河或从事内陆水上运输的水手不幸被“拉壮丁”的人抓住，那么他们也会被强制要求服役。船运公司中有很大比例的人员会被强征入伍，这一事实就不可避免地意味着船上纪律必须要具备钢铁般的约束力。在萨拉米斯海战时，桨手是希腊的自由公民，尽管他们比金盔铁甲的“骑士”还要贫穷，但他们是自愿参战的。在拿破仑战争期间，在英国战舰上的英国公民大体上是衣衫褴褛、遭受虐待且不情愿服役的海员。有许多证据表明，大量北方海上民族的英勇气质混合形成了英国人复杂的基因结构，这些曾经在充满死亡威胁、战火四起的地中海海域上作战的“受压迫的人”证明他们是有史以来最悲惨的一群人。

458 我们可以从这一时期出版的《航海经济，或有关上次战争事件的艏楼回忆。被军官们礼貌地称为“丑脸海军杰克”的水手献给旧英格兰的水手》(*Nautical Economy, or Forecastle Recollections of Events during the last War. Dedicated to the Tars of Old England by a Sailor, politely called by the officers of the Navy Jack Nasty-Face*) 一书中的部分内容窥见水手的命运。即便考

虑到“杰克”是一个内心充满仇恨的人这一事实，我们也几乎不能否认其描述的真实性，因为这些描述得到了其他许多人的佐证。他写道：“在我曾服役的9艘帆船组成的舰队中，只有2名出色的船长（因为他们具有人道主义精神）。他们没有频繁且在不必要的情况下依靠水手长和他手中的鞭子来维持船上的秩序，而其他7名船长则不是这样；那么结果是什么呢？这两艘船在缩帆和卷帆方面强过我们，因为他们不会担惊受怕，他们知道如果没有确凿和公正的理由，他们就不会被惩罚……”

“杰克”继续描述了那些“屡经风暴的战舰”上普遍适用的纪律：“九尾鞭抽打在裸露的后背上，并且每抽打6次之后就会更换一名新的副水手长上来接着继续抽打，直到这名犯人被鞭打25次……［之后他就可能］被从这艘船转移到另外一艘船上，然后接受类似次数的鞭打，直到完成对他的惩罚为止……他的后背就像是腐烂的肝脏，每一次鞭打都会打掉已经凝结的血痂；副水手长瞪着像老鹰一样的眼睛注视着他们行刑，清楚地数着每一次抽打，鲜血同时会从他们的手里流下来：海军士兵会因为不同的违反纪律行为而遭受这种惩罚，尤其是那些强制服役的士兵在试图逃脱时会遭受这种惩罚。”人被当成机器一样在狂风中操纵“胜利号”的船帆，或是在军事行动中开炮射击——当这艘船的艏斜桁撑杆下方掀起绿色的海波，穿越比斯开湾的滚滚波涛并驶向特拉法尔加角时，这艘船从外面看来非常让人着迷。

必须要指出的是，纳尔逊本人是当时尝试改善水手生活环境的统帅之一。他很可能是“杰克”所说的能不依靠“水手长和他手中的鞭子”来维持战舰秩序的那两位船长之一。纳尔逊除了是一名天才的水手之外，还是一个敏感的人。正如德雷克之前对他的了解那样，纳尔逊知道海员比其他任何人都有权享有适当且合理的生活条件。因为他将自己麾下的船长们称
459 为“兄弟连”，这些船长们也效仿他，可以说他在改善英国海员的命运方面发挥了很大作用。

海员们的食物很简单：“早餐通常是由粗燕麦片和水熬成的燕麦粥。还有一些人会喝苏格兰咖啡，这种咖啡是将烤焦的面包在水中煮沸，然后加糖调味而成的。”中午时分，“这是一天中最愉快的时候……每个成年男子和男孩都可以喝一品脱饮料，即一小杯朗姆酒和水，其中还会加上柠檬酸，并加糖增加甜味”。主食包括咸牛肉或猪肉和豌豆布丁，晚餐“每人半品脱葡萄酒或一品脱牛油，外加饼干和奶酪（或黄油）”。船上的生活可能非常艰苦，纪律严苛，但是总体而言，与当时这个国家的劳苦大众相比，他们的饮食还是不错的。水手往往还有机会拿到一些奖金。

整艘船的存在目的就是经受炮击。海员们的生死就定格在火炮的瞄准、气味、开炮和轰隆声之中。一旦战斗打响之后，“胜利号”就会展示出它真实和顽强的一面。即便是海军上将相对高雅的住处的家具和用品，也会被搬到吃水线以下的中舱位置。下甲板是大多数船员睡觉和吃饭的地方，船员使用的吊床会被抬起并沿舷墙捆绑起来，用于防御飞落的碎片和敌方炮手射出的炮弹。（在战斗过程中，许多人是因为被炮弹炸开的甲板和船侧的木头碎片击中而伤亡的。）

炮手们会脱掉腰部以上的衣物，将手巾缠在额头和耳朵上，以防汗水流进眼睛并保护耳朵免受震耳欲聋的噪声伤害。他们赤着双脚参战，甲板上洒满海水以降低火灾的危险，并且

会铺上沙子以防水手滑倒。受致命伤的伤者和死者没有任何仪
式就会被扔到船外。在外科医生可以医治范围之内的伤者会被
抬到驾驶舱进行治疗。这个区域被涂成一片红色，因此伤者不
会注意到地面上到底有多少是自己的血液。当时还没有麻醉
药，主要手术是在病人昏迷或在得到允许的情况下让他大口地
喝白兰地或朗姆酒后完成的。外科医生助理在手术时一般会用 460
强壮的手臂抱住伤员。医生会用填塞船缝的高温沥青来密封截
肢的部位。火药、海盐和白兰地或朗姆酒是原始的防腐剂。

纳尔逊戎马一生，他自己在一次战斗中失去了一只手臂和一只眼睛，他享受的医治待遇和地位最卑微的普通水手所享受的医治待遇没有任何区别。这是一种艰苦的生活，这种生活砥砺了意志坚强的人，但是正如纳尔逊和其他许多人所证明的那样，他们没有对此漠不关心。一直以来，海上服役的水手会得到自己应有的报酬，许多水手心中还满是诗情画意的词句，然而他们粗糙的外表让这些看上去似乎就像谎言一样。正如海军上将爱德华·博斯科恩（Edward Boscawen）在给妻子的一封信中所写的那样："毫无疑问，我没有得到大地的果实，但是之后我却收获了大海的浪花。"

第四十章　法国人和英国人

461　法国大革命在法国催生出了一种不同寻常的活力，其所形成的推动力拓展了法国势力，这远远超出了法国最雄心勃勃的君主的梦想，地中海盆地周边多个国家注定会感受到这种活力。由于其地理位置，法国本身就是一个“双面神雅努斯”式的国家，其中“一张脸”面向北方和西方，“另一张脸”背靠它漫长的地中海海岸线面向南方和东方。从某些方面来说，法英战争与英西早期战争之间具有相似性。法国和西班牙都是两面濒海的国家。英格兰可以将精力主要集中在北部海域和遥远的大西洋海域，但是法国和西班牙始终拥有一支地中海舰队并专注于地中海事务。英法冲突的最大不同之处在于，席卷整个地中海的海战是由英国人而不是由另一个地中海大国挑起的，这与早在数个世纪之前奥斯曼土耳其与西班牙交战的情况是相同的。因此，英国人此时发现自己和敌人的处境几乎完全一样：他们不得不维持一支地中海舰队，以便从南部战线进攻和遏制法国人。后来，在英国人赢得了这场战争之后，这个遥远的北方岛国发现自己的处境非常诡异，即它变成了地中海地区的一个强国。

英国人与经历了大革命的法国之间的战争持续了许多年，因为英国虽然在海上实力强劲，但是陆军实力羸弱。战争爆发后的第二年，即 1793 年，地中海战场成为战争的焦点，当时年轻的英国海军舰长霍雷肖·纳尔逊已赋闲长达五年，此时接受了一项出海作战的新任务。他在给妻子的信中写道："海军部的长官对着我微笑，令我十分惊讶，就像他们对着我皱眉头 462
时一样。昨天，查塔姆勋爵为此前未向我提供战舰表达歉意，并表示如果我选择用一艘配备有 64 门火炮的战舰试手，那么只要战舰就位，我就可以上任；一旦他掌握了相应的权力，他就会任命我担任一艘配备 74 门火炮的战舰的舰长。所有这一切都预示着战争的烽烟已经燃起。我们开往布雷斯特的一艘军舰已经被炮弹击中……"纳尔逊被任命为"阿伽门农号"（*Agamemnon*）风帆战列舰舰长，该舰配备 64 门火炮，舰名带着非常浓厚的地中海色彩，在胡德勋爵（Lord Hood）的指挥下，这艘战舰被立即派往地中海。在法国保皇党的帮助下，英国舰队占领了重要港口和海军基地土伦，随后很快取得了战争的胜利。然而，英国人及其盟友很快就发现不可能维持对土伦的控制，法国革命军重新夺回土伦，年轻的炮兵拿破仑·波拿巴是法国革命军中一位杰出的军官。同年，纳尔逊在科西嘉岛卡尔维被围困期间，法国驻军发射的一枚炮弹落在他占领的一个弹药库附近，炸开的大量砂石和碎屑击中了他的面部并导致他的右眼失明。有人错误地认为他总是在这只受伤的眼睛上戴着眼罩，但实际上他的眼睛看上去完全正常。的确，纳尔逊有时会佩戴绿色眼罩，这是他专门为自己定做的，以此避免地中海刺眼和炫目的海水损伤他的左眼。

在这些年里，当他经过学习成为一名他后来所说的"老地中海人"的时候，他的职责与在法国海岸、科西嘉岛和撒丁岛附近或是西西里岛以西浩瀚海洋中的其他数十名舰长的职责是类似的。他们必须保护英国的船队，拦截违禁走私船只，偶尔会与敌人爆发冲突。但是，水手们的时间就消磨在海上漫长且令人沮丧的日子里，在温暖的海水中，船底变得越来越脏；在风平浪静的日子里，绳索和帆布在日光曝晒下经受摩擦和磨损，或是在遭遇这片地区突然出现的典型风暴天气时被吹走。在一次战斗中，纳尔逊指挥他配备 64 门火炮的“阿伽门农号”俘获了配备有 84 门火炮的法国巨型战舰“凯伊拉号”（*Ca Ira*），他在给妻子的一封信中表露了自己的想法：“我希
463 望成为一名海军上将并指挥英国舰队；很快我将掌握更多权力，或是销声匿迹：我的性格不适合采取温和迟缓的行动。”在谈及最近的战斗时，他继续写道：“我非常确信，如果我在 14 日就下达出击命令，要么我能够消灭整个法国舰队，取得更大的胜利，要么我将陷入狼狈不堪的困境。”

另一个不能接受“温和迟缓的行动”的人是一位来自科西嘉岛的伟人，他很快将拿起法国大革命的武器并着手在整个欧洲和东方世界实现法国大革命的目标。在 27 岁的时候，波拿巴已经成为一名将军，率领一支由 3 万名饥肠辘辘的士兵组成的军队进入意大利，他们除了心中被革命热情点燃的熊熊烈火和斗志之外一无所有。拿破仑引用汉尼拔在很多个世纪以前说过的话来激励他的士兵：“你们衣不蔽体，食不果腹……我将带领你们进入地球上最丰饶的平原。那些伟大的城市和富裕的行省将会向你们俯首称臣；我们将在那里找到尊严、荣耀和财富。”他的承诺很快就变成了现实，他被意大利民众视为摆脱奥地利统治的大救星。

所有欧洲国家都认同法国大革命的新思想。出于某些非常明显的原因，沙皇俄国却对此抱有敌意。英格兰担心一个统一的欧洲不仅可能威胁到它自身的安全，而且会损害它作为一个

海洋帝国的利益。在失去它在美洲的殖民地之后，英格兰最看重的就是印度，而拿破仑已经将眼光投向了印度。意大利毗邻地中海，地中海上有抵达埃及的航线，而在埃及，整个东方的财富都触手可及。

拿破仑的使命呈现了在他之前的法国伟大统治者们的所有
梦想。首先，他着眼于恢复古罗马帝国的荣光。整个地中海地
区，包括意大利、西班牙、埃及和黎凡特地区的毗邻国家均应
当统一于一个框架之内，接受法国的统治。这并不是一个愚不
可及的痴梦，也不是一个无法实现的妄想。英国人比其他任何
人都想阻止这个梦想成为现实，并且也希望阻止地中海地区自
从罗马帝国灭亡以来第一次实现统一。但是，拿破仑的目光甚
至已经超过了地中海盆地的范围。他将自己视为这个新帝国的
恺撒，而且他也梦想着成为一名像亚历山大大帝一样的统治
者。他的目光投向了统一的地中海之外的地区，就像伟大的马
其顿统治者一样，他将目光投向东方；并且正是他本性中的这 464
一点比其他任何方面都让英国人感到恐惧不安。如果拿破仑的
行动仅局限于欧洲，那么最终英国人可能（不管他们是何等
不情愿）会接受这个帝国成为一种既成事实。然而，他们无
法容忍法国给他们位于东方的伟大帝国造成的威胁。

意大利仿照法国模式建立多个共和国，即使是教皇也不得不放弃教皇国并允许在罗马建立一个共和国，不过拿破仑的目光注视着位于南部的群岛。他将这些群岛（就像古罗马时代一样）视为踏入东方的垫脚石。A. T. 马汉（A. T. Mahan）在他的《海权对法国大革命和第一帝国的影响》（*Influence of Sea Power upon the French Revolution and Empire*）一书中阐述了这段时间地中海诸岛的政治局势：“位于最东部的伊奥尼亚群

岛——从亚得里亚海的入口向南沿着希腊海岸分布的岛屿，一直从科孚岛到基西拉（Cerigo）——全都在威尼斯的统治之下。当波拿巴推进实施自己的策略并攻陷这个古老的共和国后，这些群岛被移交给了法国；随后，伊奥尼亚群岛在不同的统治者之间反复易手，直至 1863 年成为希腊的一部分。它成为那些被法国人攻击的君主的避难所，并且因为有肥沃的土地和繁华的港口，它在整个拿破仑时期都是大不列颠获取资源的地方。马耳他仍在圣约翰骑士团的统治之下……撒丁岛变成皮埃蒙特－撒丁王国的一部分，成为意大利对抗法国的前线，王国的首都是都灵，但撒丁岛是王室所在地。在那个段混乱时期，位于内陆的王室被驱逐，王室在这个面积巨大但落后的岛屿上找到了一个隐蔽的避难所……巴利阿里群岛被掌握在西班牙的手中……在面积更大的岛屿中，仅剩下科西嘉岛。这是法国于 1769 年从热那亚夺得的领土，这从一定程度上违背了科西嘉岛民众的意愿，他们原本希望能够获得独立。”

在此期间，显然英国政策的一部分就是让西西里岛一直处于波旁王朝的控制之下并且不受法国人的统治。这座岛屿不仅为皇家海军提供了许多优良的港口，而且像之前一样是重要的水果和谷物供应地。最重要的一点在于，西西里岛能够在这片敌人虎视眈眈的海域中为英国海军提供庇护。在此期间，盎格
465 鲁人和西西里人联手取得了两项微小但并非微不足道的成就，即酿造出一种新酒并发现了一种治疗水手坏血病的重要饮料。在这些年中，英国人与欧洲大陆葡萄酒供应商的联系时常会被切断，并且对于喜欢喝红葡萄酒的英国人来说，最糟糕的事情就是他们最爱的波尔图葡萄酒的供应被切断了，许多精明的葡萄酒商人已在西西里西岛西部地区定居。人们发现在对马尔萨

拉当地的葡萄品种进行适当强化培植之后，可以酿出味道极佳的饮品，尽管这种酒基本上不同于波特酒，但是它满足了英国人餐后的口味需求。（很多该科属的葡萄品种已经完全被同化，这些品种在该地区依然有种植。）利利巴厄姆古城和迦太基人的主要港口马尔萨拉此时见证了公元前 3 世纪以来规模最大的海军和商船运输场景。

坏血病是一种常见的水手营养缺乏症，这种疾病是因为水手无法从蔬菜和水果中获取足够的维生素 C，之前在地中海地区非常罕见。之所以罕见，是因为桨帆船和其他本地船只极少会进行长途航行，并且它们习惯停靠在常规港口补给面包、水果、葡萄和其他新鲜食品。大型风帆战列舰需要进行长途海上航行（有时候会持续多个月），这一特点意味着坏血病很快就变成了一个问题。众所周知，饮食中缺乏水果和蔬菜是造成这种疾病的原因。英国人很快发现西西里柠檬具有预防这种疾病的全部必要成分。他们将西西里岛的厚皮柠檬（spadaforese）以及个头较小的薄皮柠檬榨汁，然后在柠檬汁中添加 10% 的酒精（如果不添加酒精将无法保存）。之后在 1867 年，《英国商船法案》（British Merchant Shipping Act）规定，当船员在海上或在无法获得水果、蔬菜的国家时，每一船员每天应喝一盎司的这种饮品。然而，当时大多数果汁是用西印度柠檬（West Indian limes）榨成的；美国海员将喜欢喝柠檬汁的英国人称为“Limeys”即源自这一事实。然而，在拿破仑战争期间，西西里柠檬在很大程度上保证了在海上停留长达数周或数月的船员的身体健康。阿拉伯人占领该岛留下的有用遗产保住了与法国开战的英国人的性命；在 700 年前，诺曼人正是从法 466
国长驱直下，从阿拉伯人手中夺取了西西里岛。

当拿破仑攻占土壤肥沃且盛产水果的西西里岛的计划，受到悬挂着被日光曝晒后变白的船帆、船体为橡木制成且配备32磅火炮的英国皇家海军战舰的阻碍时，他就会进一步将眼光投向南面的马耳他，正如他之前的许多人看到的一样，利用这里优良的港口可以驻守地中海地区。然而，在他向这个方向进军数年之前，法国人在陆地上所向披靡，英国人只得竭尽全力在海上遏制他们。到1797年，至少在当时看来，英国人在地中海的地位明显已经岌岌可危。维持三支舰队（一支舰队在地中海；一支舰队以直布罗陀和葡萄牙为基地，葡萄牙也是当时英格兰唯一的盟友；第三支舰队位于通往海峡的西部通道）的压力已经超出了这座岛屿在人力、金钱和物质资源方面可以承受的范围。

海军上将约翰·杰维斯（John Jervis，即后来的圣文森特伯爵）着手安排将舰队撤退至直布罗陀，这里是英国的安全堡垒，而且是必须守住的最重要的堡垒，以便控制地中海的门户。这次撤退行动后不久，纳尔逊（当时已经是一名海军上将）在攻打加那利群岛的特内里费（Teneriffe）时失利，失去了右臂，当时他右手手肘以下部分被葡萄弹（grapeshot）[①] 炸掉。他确信自己的职业生涯已经终结，只有等待即将到来的退役时光，再也没法指挥英格兰的战舰攻打法国人了，对此他心中愤恨不平。奇怪的是，纳尔逊似乎并不讨厌他的西班牙对手。的确，他时常表示出对西班牙人的钦佩之情。但是，他讨厌法国人及代表法国人的一切事物，就他的保守性格而言，这

① 18世纪欧洲军队广泛使用的一种炮弹，炮弹中多为铁制圆形颗粒，类似葡萄，故称为“葡萄弹”。

似乎与法国人破坏了法律、秩序和礼仪相关。

此时，他在给他的总司令官圣文森特伯爵的信中写道："我成了朋友们的累赘，我对祖国已经毫无用处……当我没有了您的指挥，对这个世界而言，我已经死去了。因此，我将隐姓埋名，不再抛头露面。"圣文森特回信道："凡人不能随随便便成功。您和您的同僚表现出了最高程度的英勇顽强和坚韧毅力，你们理应取得成功，你们当之无愧。"当时，没有人想到英国会在一年之内重返地中海，更不用说在一年之内纳尔逊 467
将取得有史以来最大的胜利之一。

与此同时，拿破仑意识到法国舰队无法根据此前的计划针对英格兰发动大规模入侵。一直以来，大规模进攻这个骄傲自大的岛国是法兰西共和国的梦想，但是拿破仑非常明智，他知道必须要将其推迟。他最紧迫的目标是在东方发动进攻并威胁印度。为了实现这一目的，需要在地中海尽快集结一支庞大的舰队和军队。他向巴黎执政府解释说，他的目标是"进攻埃及，我将在那里建功立业并建立一块法国殖民地，这需要几个月的时间。随后，一旦让英格兰因为印度的安全而瑟瑟发抖，我就会回到巴黎，将敌人置于死地。在此期间，一切都不必担心。欧洲将会是一片歌舞升平的景象。我们不能进攻奥地利。英格兰忙于准备防御入侵，土耳其将欢迎驱逐马穆鲁克骑兵的行动……"

当时，拿破仑的这种乐观情绪似乎是有充分理由的。英国人已经撤出了地中海战区，他显然并不认为他们可以比离开时更迅速地返回地中海。然而，直布罗陀给了他们"钥匙"，尽管拿破仑是历史上最伟大的军事指挥官之一，但这再次说明他并不了解海军的用处。虽然他生在一座海岛上，但是他一直以来都不懂航海，只是一名陆军军人。值得注意的是，即使他的出生地阿雅克肖也是一处背靠大海、充满拉丁风情的地方，它面朝着内陆的一片片灌木林和莽莽群山。

1798 年大远征的目标非常不切实际。法国政府授权拿破仑进攻埃及，割断英国人与他们在东方领地之间的联系，并在横穿地中海的途中占领马耳他。最后，他计划在苏伊士地峡开凿一条运河，这样法国就可以进入红海，当然也可以到达更远的印度。拿破仑的野心远不止于此。他展望未来有一天在征服整个东方之后，他将横扫土耳其（他将号召土耳其境内的基督徒民众和他一道攻击土耳其），肢解奥斯曼帝国，并最终完
468 成对欧洲的包围。在法国的领导下，复兴的伟大“罗马帝国”将不仅包括曾经属于古罗马帝国的所有地中海地区，而且包括亚历山大大帝之前攻占的土地，以及大英帝国统治下的印度。不论对拿破仑做出何等评价，他当然不缺乏野心；但与他相比，即使是之前世界征服者的梦想也变得微不足道。

舰队和士兵逐渐开始在马赛、土伦、热那亚、奇维塔韦基亚及拿破仑的故乡科西嘉岛各大港口集结。3 万名步兵将踏上这次大冒险的征程，同时还有专业的工兵团以及 100 多门野战炮和攻城炮。拿破仑告诉他的海军上将弗朗索瓦·保罗·布吕埃斯（Francois Paul Brueys），他将于 5 月 1 日在土伦与后者会师。他要求布吕埃斯在战舰上为他提供舒适的卧榻，因为他不希望在整个航程中晕船。他坦诚地承认了自己的弱点。令人感到奇怪的是，他的伟大对手纳尔逊是另一个饱受晕船之苦的人，这对于一个在战舰上度过了大半人生的人来说有点反常。

这支舰队包括 13 艘巡逻舰、一些可进行炮击的炮舰、7

艘护卫舰和约 300 艘运输船。尽管这是一支强大的舰队，但是其运输船的数量与为保护它们而配备的战舰不成比例。如果纳尔逊或任何其他英国海军上将在海上与它们相遇，那么毫无疑问它们将会被全部歼灭。这支舰队与其他任何游弋在地中海舰队的不同之处在于，这支舰队不仅搭载了执行入侵计划的士兵，而且搭载了一个完整的智囊团队——将近 200 名法国最优秀的知识分子，以及书籍和科学仪器。他们的目的是将法国文化带到东方世界，并带回被局限在尼罗河河谷地区且欧洲人尚未知晓的知识。甚至连亚历山大大帝都没有打算特意在地中海盆地开展这种文化交流。必须要赞扬拿破仑的一点在于，他是历史上第一个意识到人类种族的文化也可以像花园中的植物那样进行异花授粉。

终于，5 月 19 日，远征军从土伦出发，他们幸运地躲开
了十分警觉的英国人。正如纳尔逊所说，“魔鬼有魔鬼的运 469
气”。6 月 9 日，大军即将抵达马耳他，拿破仑立即向马耳他发出通牒，要求允许他的舰队停靠格兰德港。长期以来，十字军东征的最后幸存者——圣约翰骑士团的势力不断衰弱，很多法籍骑士积极地与法国暗通款曲。尽管马耳他拥有出色的防御能力，如果在恰当的指挥下，本可以长期抵抗任何围攻，但是马耳他在三天之内就向法军投降。由此“马耳他的金山”，连同岛上用来抵抗奥斯曼土耳其进攻的护墙、堡垒、半月堡、骑士、壁垒、胸墙、壕沟及其内外壁、斜堤、防卫阵地的前凸地带（salient），在没有任何抵抗的情况下就落入法国人之手。曾经风风光光地离开罗得岛的骑士们被粗暴地从自己古老的家园中驱赶了出去。

拿破仑在马耳他岛上停留了一个星期，忙于按照法国大革

命的理念重新组织岛民们的生活。（正如后来所发生的事件所证明的那样，这些都与当地的情况格格不入。）当他于6月19日向埃及进发的时候，拿破仑用他乘坐的旗舰“东方号”（*L'Orient*）掠走了价值近100万英镑的战利品，这是数百年来马耳他宫殿和教堂积累下来的宝物。正如萨克雷在他的《从康希尔到开罗的旅程》（*A Journey from Cornhill to Cairo*）中所写的那样，法国人满怀着他们特有的革命热情“扯去了盾型徽章，……并且在他们扯掉士绅的纹章数年之后，马耳他和埃及的英雄们正忙于为自己设计纹章，疯狂地想被加封为法兰西帝国的男爵和伯爵”。

拿破仑坐在他的船舱中阅读了包括《古兰经》和库克船长航海记录在内的著作，他对此次远征的进展非常满意。与此同时，纳尔逊在抵达那不勒斯后听说了法军已经在马耳他登陆的消息。为了奋力追击法军，他和他指挥的风帆战列舰急忙南下，驶向西西里岛东海岸，他从一个经过此地的商人那里得知拿破仑已经离开马耳他岛，不知驶向何处。

纳尔逊非常准确地判断出这支庞大的法国舰队的目的地只可能是埃及，他命令他的舰队向亚历山大进发。仲夏时节，在地中海这片海域盛行的西北风吹着他的舰队一路顺风驶向东南方。在离开西西里岛6天之后，他于6月28日抵达亚历山大
470 港口。令他沮丧的是，据他所知没有人见到过法国人的战舰。A. T. 马汉在《海权对法国大革命和第一帝国的影响》中写道：“这种明显的误判出现在一个精力充沛且直觉很准的人身上，其原因首先主要是他缺少小型监视船；其次，对于波拿巴而言，他利用了一种简单且在海上足以发挥作用的计策，他不是直取目标，而是采用了间接方式。”

事实上，法国舰队选择了一条“狗腿路线”（dog's leg route）[①]，他们从马耳他向克里特岛进发，结果纳尔逊正从亚历山大折返回来，拿破仑当时就在他的西北方向300英里的克里特岛近海上。纳尔逊曾说，如果他牺牲了，那么他的心脏上会写着“缺乏护卫舰”的字样，此时纳尔逊犯了一个错误。他断定敌人要前往埃及，这是有道理的，但是他航行到了小亚细亚的海岸，然后又回到了克里特岛以南，而后又返回西西里岛。就像围网打鱼的渔民一样，他在地中海东部盆地周围撒网，但是在撒网时，他让敌人从他的前方逃脱了。拿破仑从北方长驱直入，他当时已经抵达亚历山大。

拿破仑攻入的这座城市已然今非昔比，与安东尼和克莉奥佩特拉曾你侬我侬并离开人世的那座令人骄傲的都城几乎没有相似之处。在听到英国人曾先于他抵达这里后，他立即指挥军队登陆。正如奥列弗·沃纳（Oliver Warner）在《纳尔逊的战役》（*Nelson's Battles*）一书中所写的那样：

> 波拿巴攻入这个国家时，这里唐突地呈现出一幅衰败的画面，这超出了骑士团衰落的情况。造成这种状况的主要原因与造成威尼斯衰败的原因如出一辙。经由埃及和地中海到达亚得里亚海，而后到达欧洲中心地区的远东贸易早已停止。这种衰退始于15世纪末，当时葡萄牙人通过好望角发现了通往印度和中国的海上航线，此后上述贸易就逐渐衰退。这种贸易本应被废除，但是因为这个国家统治阶层的贪婪而被保留下来。他们对货物运输征收了如此

① 即急转弯路线。

> 高的税收（即使在已证明出现了具备可行性的替代航线之后），以至于没有商人愿意从这里过境。
>
> 埃及在名义上受土耳其苏丹统治，但实际上由马穆鲁
> 471 克统治，这个军团在十字军东征后幸存下来，就如马耳他骑士团一样。“马穆鲁克”在阿拉伯语中是指奴仆或男性奴隶，而马穆鲁克人确实是从他们的故土高加索地区买来的奴隶，他们之后所表现出的忠诚是献给他们军团的［就像耶尼切里军团一样］。他们并没有与埃及人混居或通婚，这个国家真正的奴隶是那些辛勤劳作的农夫、佃农、贫穷且饱受剥削的民众，他们是整个国家经济的基础……

拿破仑在抵达亚历山大后的三周之内就在金字塔战役中同马穆鲁克军团交战并击败了他们。他提醒他的士兵们：“军士们，在那金字塔的绝顶之上，40 个世纪的历史正注视着你们。”这句话广为人知，他的胜利也同样如此：二者都是空洞的。正如过去经常被证明的那样，在地中海周围国家爆发的战争中，掌握制海权是至关重要的。

在到达西西里岛后，纳尔逊意识到他做出的第一次推测是正确的，拿破仑确实在埃及，而且他的到来“将使我们在印度的利益处于非常危险的境地”。他的舰队在著名的锡拉库萨旧港停靠了三天，历史上很多舰队十分熟悉这个港口，并且这个港口见证了大量充满绝望的冲突。纳尔逊临走时在给驻那不勒斯英国大使威廉·汉密尔顿爵士（Sir William Hamilton）的信中写道：“感谢您的尽心帮助，我们备足了食物和水；当然，要想喝到阿瑞塞莎之泉的泉水，我们必须得取得胜利。我

们将迎着第一缕清风启航，我确信在我返航的时候要么是头戴月桂花冠，要么是身上覆盖着柏树枝。”

8 月 1 日，英国舰队再次来到亚历山大港近海上。尽管他们并没有看到大型军舰，但他们发现这里到处都是法国的运输船队。海军上将布吕埃斯认为亚历山大港口的入口处并不安全，他沿海岸航行了 12 英里，在阿布基尔湾抛锚停靠。阿布基尔湾是一个巨大的沙质海湾，从西部的阿布基尔角延伸到东部的尼罗河罗塞塔河口，长度达 15 英里。法军在海湾西端、位于阿布基尔角外侧的阿布基尔岛背风处按照宽 V 形编队锚定。毫无疑问，海军上将布吕埃斯认为他的排兵布阵非常精妙，但是实际上这里存在一些疏忽。他的战舰之间间隔过宽，大约为 160 码，战舰只得在船头处下锚。因此，战舰会随风晃 472
动，这一事实意味着他的 V 形编队威力将大打折扣，除非风不断地从西南偏西方向吹来。事实证明，纳尔逊到达这里时，风是从西北偏北方向吹来的，战舰在顺风摇动，造成战舰队列出现了很大的空隙。也许布吕埃斯的舰队布阵十分随意，因为仅仅在两天前同样自负的拿破仑就曾写道：“英国人的全部动向表明他们在人数上处于劣势，他们满足于封锁马耳他并拦截对马耳他的补给。”

1798 年 8 月 1 日，下午约 2 点钟，英国人看见法国舰队停靠在阿布基尔湾的港湾中。这是纳尔逊一直在等待的时机，他立刻调转航向向法军靠近。布吕埃斯不敢相信英国人会在那一天发起进攻。因为法军的做法是经过仔细侦查、确定行动计划并等待在第二天发起进攻。那不是纳尔逊的行事方式，因为纳尔逊认为他和他的“兄弟连”在开赴攻击法军的途中有充分的时间侦查法军的布阵并制订他们的作战计划。在沿着地中海沿岸对法军进行漫长追击的过程中，纳尔逊十分焦躁不安，几乎夜不能寐，除了吃点快餐之外，基本没有吃其他的食物。此时，看到他野心勃勃追逐的目标就在等着他，并且他知道他的战舰需要几个小时的时间绕过阿布基尔角才可以发起攻击，他下令准备晚餐。

下午6点后不久，进攻开始。托马斯·福利舰长（Captain Thomas Foley）指挥前导舰“歌利亚号”（*Goliath*）驶入海湾，抵达法军舰队排在最前面的战舰所在的位置。福利经过训练的双眼很快就注意到因为法军战舰没有在船尾船首系泊，所以它们会随风摇晃。这使他能够从法军战舰和海岸之间的缝隙中横穿过去；如果布吕埃斯恰当地部署舰队，福利就无法像这样穿行。紧随其后的四艘战舰也驶向法军朝向陆地的一侧，一些法军被这一出乎意料的行动吓得目瞪口呆，以至于他们甚至都没有从侧舷对英军发起攻击。纳尔逊所在的“先锋号”（*Vanguard*）在夜幕降临时赶到，并从海岸一侧发起攻击；紧
473 随其后的两艘战舰很快也发起攻击。其结果是法国舰队发现它们在两侧受到夹击。

“热忱号”（*Zealous*）舰长塞缪尔·胡德（Captain Samuel Hood）讲述了他攻击法舰“勇士号”（*Le Guerrier*）的情形，描述了当时战线前后发生的事情，当时越来越多的英军战舰赶来并对他们的敌人发起攻击：

> 6点多一点，我在手枪射程内开始朝它的船头进行精心策划的炮击，这艘战舰的前桅在大约7分钟内就划过船舷跌入海中，当时太阳刚刚落入海平面；在我之后的战舰舰尾开炮之前，整支舰队已经取得胜利，当时只有“歌

> 利亚号”和“热忱号”参加了战斗。再过了10多分钟，它的主桅和后桅跌落下来；与“歌利亚号”和“无畏号”（*Audacious*）密切配合，将第二艘战舰的主桅摧毁，但是我无法让“勇士号”的指挥官在3小时内停止攻击，尽管我朝他炮击20次，并且看到这艘战舰已经完全被击溃，只剩一门尾炮不时向“歌利亚号”和“无畏号”开炮。
>
> 最后我厌倦了用这种方式进行炮击和杀敌，我指挥我的小艇登上敌舰，允许中尉……举起一盏灯，然后放下来以示他已投降。

战斗持续了一整夜。已做好夜间发动攻击准备的纳尔逊下令让他的战舰悬挂一横排灯笼，这样他们就可以轻松地辨识出彼此。然而，这位法国海军上将并没有料到会在天黑之后交战，没有做出这样的安排。当英军慢慢逐渐接近他舰队的两翼时，他似乎完全不了解发生了什么事情，英军集中火力将其歼灭。尽管布吕埃斯本人因为被一颗炮弹击中而失去了双腿，但是在被打断的下肢上绑上止血带后，他继续指挥他的旗舰“东方号”开炮射击，直至另一颗炮弹将他的身体炸成两截。同时，这艘注定将被摧毁的旗舰上开始起火，许多船员为了逃命，纷纷跳入海中。“东方号”舰长路易斯·德·卡萨比安卡（Louis de Casabianca）的儿子受伤，据说他拒绝离开儿子、弃舰逃命，费利西亚·赫门兹夫人（Mrs. Felicia Hemans）将这件事写成了一首流行甚广的诗歌《卡萨比安卡》：“这个男孩站在熊熊燃烧的甲板上……”英国海军中尉约翰·李（John Lee）在多年后写下了这次战斗的回忆录，其中写道：“卡萨比安卡的儿子失去了一条腿，与外科医生一起待在下面的船舱 474

里，但是卡萨比安卡无法舍弃这条战舰，哪怕是为了自己活命，他宁愿死在他儿子的身旁，也不愿离开受伤的儿子，他们一起葬身火海……”

10 点钟刚过，大火烧到了这艘法国旗舰的主弹药库，“东方号”被炸得粉碎，沉入海底，最远到亚历山大港都可以听得见爆炸声。爆炸声如此之大，以至于就像所有人都商量好了一样，所有战舰都停止了射击。战斗暂停了很短的时间。当战斗再次打响时，此时的战斗明显变成了一次清理行动。从本质上来说，法国舰队已经不复存在了。

到 8 月 2 日白天，除了几艘在夜幕掩护下逃脱的小船之外，在海面上仅剩下三艘法国战舰。其中一艘战舰搁浅并被舰上的船员纵火焚烧。其他两艘战舰则设法逃走，它们仅仅在两年之内就被俘获。多年以后，当拿破仑作为囚犯搭乘“柏勒罗丰号”（*Bellerophon*）战舰前往他最终的流放地圣赫勒拿岛（Saint Helena）[①] 监狱时，他对这艘战舰的舰长说：“一直以来，我所有的计划均被英国舰队挫败。”他有一本纳尔逊的自传［可能是骚塞（Southey）所著］，他的秘书将这本书读给他听。拿破仑清楚地认识到，这个人为挫败他的雄心壮志付出了比其他任何人都多的努力。

从某种意义上说，尼罗河河口战役比特拉法尔加战役的意义更为重大。这是拿破仑遭遇的第一次重大失败，并为整个欧洲注入了新的活力。从某种意义上说，它类似于第二次世界大战中的阿拉曼战役（Battle of El Alamcin）。这次战役表明看似

① 位于赤道以南的南大西洋，距离最近的陆地——非洲大陆西海岸约 1900 千米，属于英国的海外领土。

无敌的征服者和其他凡夫俗子一样都会遭遇失败。

纳尔逊在给圣文森特伯爵的信中写道："我的主啊，万能的上帝保佑国王陛下的军队在上一次与法国的战斗中大胜敌军，8 月 1 日太阳落山之时，我在尼罗河河口向敌人发起进攻。敌人排列成一条守卫海湾（浅滩湾）的坚固防线，两侧是无数的炮艇、四艘护卫舰，以及在他们前线的一座岛上部署的大量火炮和迫击炮；但是，没有人能够阻挡阁下您麾下的这支舰队，我有幸能够指挥这支舰队。正如您已清楚掌握的情况那样，他们纪律严明，舰长们判断准确，而且他们以及各个岗位上的官兵作战英勇顽强，这支舰队绝对是不可战胜的。"

英军胜利的消息像森林大火一样席卷了欧洲。从个人层面 475
来讲，在那个时代，人们的情绪比现在所受的约束更少，这个消息几乎剥夺了人们的理智。威廉·汉密尔顿爵士的妻子艾玛（很快与纳尔逊·尼尔森打得火热）重重地跌倒在地，以至于纳尔逊在几天后写道："她……还没有从严重的瘀伤中恢复过来。"甚至消息传回伦敦后，在英国海军部高耸的围墙之内，斯宾塞勋爵（Lord Spencer）听到这一消息后就昏倒在地。从政治层面上讲，尼罗河河口战役的主要结果就是形成了第二次反法同盟。经此一战，拿破仑攻入意大利的所有战果几乎被一扫而光，土耳其此时也作为反法同盟的一方参战。然而，这次战争所产生的最大影响在于，尽管与法国的战争在此后仍然持续了多年，但是此时英国人已经占据了地中海的统治地位。在这个地区，尽管英国人经常遭到挑战，甚至有时会遭遇挫折，但是直到 20 世纪下半叶在英国人自愿退出地中海地区之前，他们从未遭遇败绩。

第四十一章　拿破仑和纳尔逊

476 拿破仑登陆埃及并攻陷开罗，他的目光投向东方世界，他似乎并没有完全感受到尼罗河河口战役所带来的影响。他在陆战方面所向披靡，损失一支战舰舰队可能看上去只不过是为征服一个国家所付出的微小代价，这支舰队已经证明了在确保军队安全运输方面的重要性。法国人拥有大量的水手和充足的木材；法国人将建造另外十几艘或更多的战舰。同时，他需要占领埃及并对其进行整顿，并且在埃及之外还有印度等待去征服。然而，他的随从中有些人持更悲观的看法。

埃及陆军财务总管 M. 普西耶尔格（M. Poussielgue）在给他妻子的一封信（此信被英国军舰拦截）中表达了他的恐惧："［尼罗河河口战役］这致命一战毁灭了我们所有的希望：它使本已分配给我们的剩余部队无法前来支援我们；它让英军有余地去说服土耳其宫廷向我们宣战；它重新点燃了奥地利皇帝心中几乎早已熄灭的希望之火；它向俄国人敞开了地中海的大门，让他们在我们的边境线上安营扎寨；它导致我们丢失了意大利和我们在亚得里亚海周边占领的重要地区，这些是波拿巴之前获得的战果，最后它在瞬间就让我们所有的计划付诸东流，因为我们再也无法痴想在印度给英国人带来任何的不安情绪。除此之外，它还对埃及民众产生了影响，我们本来将其视为朋友和盟友，而现在他们成了我们的敌人，在我们被土耳其人包围的情况下，我们发现自己陷入了最艰难的防御战，并且没有丝毫优势可言。”

然而，拿破仑太过忙于眼前事务，他的性格过于乐观，不愿沉思细想。此时，既然土耳其已经与法国开战，那么他的第 477
一项工作重点就是向北进攻叙利亚。如果当前他从某种程度上已将攻打印度的想法抛在脑后，那么他又转而追逐他的另一个梦想——粉碎奥斯曼帝国，并从其东侧杀入欧洲。最初一切进展十分顺利，1799 年 3 月 7 日，法国人攻陷雅法。拿破仑迅速向北推进至阿卡。

这座著名的老城坐落在岩石海角上，俯瞰着以其名字命名的海湾，这里见证了地中海东部大部分历史。在圣经时代，这里被称为“Akko”，作为骨螺的产地而闻名于世，用骨螺可以提取著名的提尔紫色染料。这个城市位于沿海军事要道上，同时又是加利利和大马士革的天然港口，不可避免地成为多次围城战役的战场。公元前 1500 年，埃及君主图特摩斯三世（Thutmose Ⅲ）攻占阿卡，从此这座城市出现在了历史长河之中。随后，它处在提尔的统治之下，后来又成为波斯帝国的一部分。在古希腊时期，它更名为多利买（Ptolemais）。G. A. 史密斯在《圣经百科全书》（*Encyclopaedia Biblica*）中写道：“对于埃及、小亚细亚、希腊诸岛和本土、意大利来说，这处港口是叙利亚沿海最便捷的港口。截至《圣经·新约》结尾所述的这段时间，这座城市迎来了从海岸地区前来的伟大人物，迎来了在这里集结的庞大军队，迎来了冬季在这里安营扎寨的叙利亚内陆侵略者，也迎来了希腊人和犹太人之间充满仇恨的冲突。”后来，这里变成了一座阿拉伯城市，在第一次十字军东征中被攻陷，最后被萨拉丁占领。它被土耳其人攻陷之后，就如同死去了一般沉睡过去，其情形就像奥斯曼帝国统治下大多数古老名城一样。

拉尔夫·米勒（Ralph Miller）舰长描述了拿破仑围攻阿卡期间这座城市满目疮痍的情况，他当时被派至阿卡城监督防御作战："我发现除了朝向大海的炮眼以外，几乎所有的炮眼处都没有枪炮。城市多年以来积攒下的垃圾堆积如山，以至于从唯一能够守卫该城的枪炮处通向城门的道路都被堵塞了……"尽管如此，阿卡仍被证明是拿破仑职业生涯的转折点，当时西德尼·史密斯爵士（Sir Sidney Smith）负责守卫这座城市。后来拿破仑谈及他时说道："那个人让我想起了我的命运。"

西德尼·史密斯爵士负责指挥土耳其守军以及前来增援的
478 英国海军，正如纳尔逊已经在海上做到的那样，西德尼·史密斯爵士将证明法国人并非所向披靡。他守卫的阿卡城导致拿破仑损失了很大一部分军队，这预示着随后英军将会取得胜利。当时是炎热的夏季，法军在布满沼泽、疟疾横行的阿卡平原上安营扎寨，疾病导致法军损失惨重，也助了土耳其人和英国人一臂之力。

拿破仑不久前才在阿布基尔湾附近惨败，但现在他在这里打败了一支庞大的土耳其部队，取得了决定性胜利，从而在一定程度上挽回了他在阿卡城破败不堪、被阳光曝晒的城墙前的败绩。很快，这种情况就出现了变化，督政府将拿破仑召回法国处理国内日益严峻的局势，拿破仑乘坐仅剩的两艘护卫舰经由他的故乡科西嘉岛退回法国。拿破仑损失了一支舰队，兵败阿卡城，并且抛弃了自己的军队，不难想象这些事情会让他在祖国失去享受英雄般礼遇的资格。然而，事实是拿破仑本人仍然闪耀着无法掩盖的光芒。此外，君主制似乎很有可能会被恢复——除非出现能够保卫共和国的军事奇迹。作为五位督政官之一的埃曼纽尔·西耶斯（Emmanuel Sieyes）说道，“我正在寻找一把利剑”，他的话仿佛唤醒了东方世界的精灵一样，波拿巴重返法国。

整个 1799 年的冬天，纳尔逊主要居住在巴勒莫，他对汉密尔顿夫人卑微顺从的爱恋让自己丧失了体面。西西里岛古老首都放纵奢靡的生活和纸醉金迷的气氛导致“尼罗河河口战役的胜利者”纳尔逊做出了道德堕落的行为。幸运的是，这只不过是暂时的现象；纳尔逊只需要再次出海征战，他就可以在大海清新的空气中摇身一变，成为他那个时代最伟大的海军战士。但是，他在巴勒莫的那几个月必然成为他职业生涯之中最为人不齿的时期，因为他在政治上十分天真，阴险狡诈和阿谀奉承的宫廷随从干扰了他的判断。

汉密尔顿家族大部分时间住在城郊别墅里，现在这座别墅被称作“拉法沃丽塔”（La Favorita，意思为最喜爱的别墅），纳尔逊在西西里岛的生活用品被保存至今。在艾玛·汉密尔顿卧室的墙上悬挂着一面褪色的舰队信号旗，这是当时使用的信号旗的复制品。其中一组信号旗表示海军上将（纳尔逊）已出现在视野范围内。汉密尔顿夫人可以从她卧室的窗户抬头望 479
见佩莱格里诺山附近英国皇家海军的信号站，如果她的情人（纳尔逊）要返回住处，那么她可以在海港响起礼炮很久之前就知道他即将归来。斯宾塞勋爵说纳尔逊“在外国宫廷里并不活跃”，就好像说拿破仑善于海战一样不符合事实。

法国迈入了新世纪。1800 年 6 月 14 日，拿破仑取得马伦戈（Marengo）战役的胜利，再次成为意大利的统治者。同年

（这一年英国人诸事不顺，仅仅获得了以下战绩），英国人俘获在尼罗河河口战役中幸存的最后两艘法国战列舰“纪尧姆·退尔号”（*Le Guillaume Tell*）[①] 和“慷慨号”（*Le Généreux*），取得一场小胜。前者是在驶离马耳他后不久就被俘获的，后者是在驶往马耳他的途中被俘获的。“慷慨号”被俘获的经历尤其令人感兴趣，因为纳尔逊亲自将其俘获并在“闪电号”（*Foudroyant*）上悬挂了他的帅旗。当时船上的一名中尉形象地记录了这位伟大的海军上将战斗时的情形。奥列弗·沃纳在《纳尔逊的战役》一书中讲述了海军中尉 G. S. 帕森斯（G. S. Parsons）记录下的一个片段：

> 在雾气沉沉的茫茫大海中，经过几天的搜寻，纳尔逊听到了炮击的声音，他命令爱德华·贝里爵士（Sir Edward Berry）朝炮声方向前进。这位海军上将很快变得不耐烦起来，他亲自上阵指挥。
>
> 他对贝里爵士说：“‘闪电号’飞速前进！这可不行，爱德华爵士，它肯定是‘慷慨号’，我只靠自己的旗舰就可以让它缴械投降！爱德华爵士，我们必须并且应该赢了‘诺森伯兰号’（*Northumberland*）[这是另一艘参与追捕的英国军舰]！”
>
> 贝里爵士说：“勋爵大人，我会拼尽全力！……将水桶拿到桅杆支索这边来——将吊床取下来，所有人装弹——松开支索，拔开楔子，拉起船桅。下水，松船。”
>
> “闪电号”开始赶过来，慢慢占据了领先位置。“上

① 纪尧姆·退尔是威廉·退尔的法语名字。

将正挥动着他的残肢（他的上肢仅剩的部分），”帕森斯提醒道，“我建议你不要让锚索交叉了。”他是对的，纳尔逊突然向驾驶战舰的士官大喊起来。

“如果你再这样心不在焉，我会揍扁你，你这个混蛋！爱德华爵士，把你最好的舵手派来负责上风舵。”

瞭望员喊道：“战舰前方有一艘不明帆船。”

纳尔逊对帕森斯说：“年轻人，看看桅顶！什么？你 480
居然没带上望远镜，你真是个混蛋！立刻告诉我这是哪一艘战舰。”

“勋爵大人，这是一艘单桅纵帆战舰，或者是一艘护卫舰！”

“告诉我舰名。”

“‘成功号’（*Success*）”。

“向它发出信号，对逃跑的敌舰进行拦截。极有可能是32门小口径火炮对阵80门大口径火炮。”

“勋爵大人，‘成功号’位于‘慷慨号’的横交船位，并且正在朝它的左舷开火。法国人升起了法国三色旗和海军上将的旗帜。”

“太棒啦！‘成功号’继续朝它射击！”

“勋爵大人，它现在将船头转向下风向了，正在用右舷炮射击。勋爵大人，它快速追上了敌舰。”

这时“慷慨号”朝这艘护卫舰开火了。“每个人都被可能出现的后果吓呆了，”帕森斯说，“当浓烟散去时‘成功号’确实被打得面目全非，但它像一条斗牛犬一样，经受住了敌人的攻击。”

纳尔逊说道：“向‘成功号’发出信号，不要再继续

> 战斗。就这艘战舰的体量来说，它已经做得非常出色了。爱德华爵士，试着从低甲板朝敌军战舰发射一颗炮弹。”
>
> “朝它射击了。”
>
> “各就各位，准备战斗！沉着冷静地瞄准它的桅杆和帆桁开火。”
>
> 帕森斯继续写道：“‘慷慨号’这时朝我们开火，一颗炮弹掠过后桅支索帆，纳尔逊勋爵拍着一个年轻士兵的头，开玩笑地问他觉得这种‘音乐’怎么样，看到这位名士兵的脸上神色慌张，他就安慰这名士兵说，瑞典国王查理十二世（Charles Ⅻ of Sweden）在听到第一声炮响之后就落荒而逃了，但最后国王因为自己的英勇无畏而被称为‘大帝’。纳尔逊说：‘因此，我对你的未来有很高的期望。’”
>
> “这时‘诺森伯兰号’加入了战斗，”帕森斯继续写道，“在我们齐轰加农炮的轰隆声中，三色旗被降下来。”贝里登上这艘被俘获的战舰，接受了佩雷的佩剑，但是海军上将本人因为受伤已经奄奄一息……

在接下来的10年中，两个国家为了控制这片陆间海再次
481 爆发战争，与之类似的军事行动将地中海搅得天翻地覆，炮弹横飞，船桅和帆桁倒塌，士兵浴血奋战，不断有人命丧黄泉。与之前一样，一个世纪接着一个世纪，人们为控制这片海域、某些港口、地区和岛屿而点燃烽烟。这些地点就是地中海地区的焦点，再次轮到马耳他见证为控制它的港口而爆发的“巨人战役”。

在拿破仑开赴埃及途经马耳他时，他几乎未费一枪一弹就

将马耳他岛攻陷。克劳德·沃布瓦将军（General Claude Vaubois）[①] 麾下大约4000名士兵驻守马耳他岛，他们驻扎在瓦莱塔气势恢宏的防御设施后方，以确保皇家海军永远进入不了这片海域。但是，有着高涨的革命热情和为其帝国愿景而骄傲自豪的法国人并不是承担这项任务的最佳人选。起初，马耳他人渴望法国人能帮他们摆脱骑士团的统治，骑士团近年来不仅变得日益严苛，而且不再称职。

“自由、平等、博爱”是对全世界的人们都具有吸引力的字眼，如果法国人果真将这些理想带到了马耳他岛并将其变为现实，那么马耳他人很可能会对他们的新统治者感到称心如意。事实并非如此。除了最开始就洗劫了该国的国库和岛上的教堂之外（当旗舰“东方号”被炸毁时，所有赃物都沉入阿布基尔湾），法国人也开始征收重税。他们拒绝支付养恤金和兑现其他承诺；他们提高了官方典当行的利率；他们并没有改善岛民的生活，反而使他们的生活境遇每况愈下。岛民赶走了圆木国王，又来了个鹤国王。[②] 但是，像往常一样，马耳他人意识到他们还有另一种选择，在当时的情况下，这种选择就是英国人。让超级强国不断垂涎的小岛、港口或基地的居民们必须要学习如何权衡并做出相应的判断。纳尔逊在阿布基尔湾获胜的消息传来后，刚过了一周多，马耳他人就发动叛乱反抗法

---

① 全名为Claude-Henri Belgrand de Vaubois，通常译为贝尔格朗·德·沃布瓦。

② 源自《伊索寓言》中的一个故事。一群青蛙希望众神之王丘比特给他们分派一位国王，于是丘比特给了他们一根圆木当国王。过了一段时间，青蛙们觉得圆木国王过于呆板迟钝，于是又请求丘比特分派一位可以维持秩序的国王。结果，这次丘比特派了一位鹤国王来，还没等它们对新国王的到来表示欢迎，鹤就跳下水开始捉青蛙吃，青蛙们四散而逃。

国，这一点可谓不足为奇。

除了物质层面的考虑外，法国革命的无神论和洗劫岛上教
482 堂的肆无忌惮深深伤害了这个小群岛的居民，这些教堂是他们生活的中心。正如一位法国驻马耳他岛的领事曾经提到的那样："马耳他人内心深处有对宗教的信仰。马耳他人信奉宗教，他们忠实地履行宗教义务；马耳他人比其他人更热爱宗教，不仅是因为他们真正地信仰它，的确也因为他们自孩提时期就形成的宗教习惯。马耳他人会在内心发现与宗教仪式的一种关联性，就如其他人在公共场合与庆祝节日活动中建立的关联性一样。"

一直以来，位于地中海中心的马耳他岛和戈佐岛上的居民似乎非常需要来自宗教的慰藉。他们一直以来就意识到自身离群索居的状态，荷马在描写奥德修斯坐在卡吕普索岛岩石嶙峋的海岸上时就提到了这一点，奥德修斯"流泪的双眼望向贫瘠的大海"。19 世纪马耳他人对包含些许巴洛克风格的罗马天主教的信仰与 4000 年前他们的祖先对母神的信仰同样狂热。法国对待教会的态度，以及对占据岛上社会生活重要地位的罗马天主教会的攻击，是导致马耳他奋起反抗的主要因素。

此时，沃布瓦将军和他的军队被迫在瓦莱塔和格兰德港附近地区集中驻扎，因为整个乡村地区的人们都已拿起了武器，法国人在旧都姆迪纳（Mdina）的驻军遭到屠杀。从理论上讲，英国对海上航线的封锁应该在短短数月之内就能让法国人活活饿死，不过，当布雷斯特的法国舰队进入地中海的那一刻，英军就必须撤回封锁船。这可以让法国人补充大量的粮食和补给。然而，到了最后，在漫长的炎热夏季，被围困在瓦莱塔的法国人只得吃狗肉、猫肉甚至老鼠维生，夏季结束后，沃

布瓦将军就投降了。他和他的手下被允许离开该岛回到法国，马耳他差不多已经变成了英国的一处基地。尽管直到 1814 年《巴黎和约》才正式宣布对于该岛“不列颠国王陛下享有完全的权利和主权”，但此时皇家海军就已经可以单独使用这座岛屿上的港口设施了。

从很大程度上讲，因为马耳他岛，持续了 12 年的盎格
鲁 - 拿破仑战争烽烟再起。最初对这座海岛价值持怀疑态度的
英国人很快意识到它具备极高的战略重要性。拿破仑从未怀疑
过这一点，因为就在他与英国最终撕破脸皮之前，他曾对常驻 483
巴黎的英国大使说过：“和平或战争取决于马耳他。谈论荷兰
和瑞士是毫无意义的，它们只是次要的事情。就我方而言，我
已经兑现了我的承诺。我宁愿让您占领巴黎圣安东尼郊区
（Faubourg Saint Antoine），也不会让您占领马耳他。”他之所
以提到荷兰和瑞士，是因为英国同意，如果法国从这两个国家
撤出，那么英国就会在 10 年之内撤出马耳他。因此，这个小
岛是导致战火重燃的重要原因。多年之后，这场战争以拿破仑
的失败而告终。

至于纳尔逊一方，他宣称：“作为包围印度最重要的外围工作，它将对于我们在黎凡特乃至整个意大利南部的势力产生巨大影响。从这一点来说，我希望永远不要丢掉马耳他。”另一位英国海军上将基思勋爵（Lord Keith）在被问及他对地中海诸多岛屿和基地重要性的看法时，他指出：“该港口比我提到的所有其他港口［马翁（Mahon）[①]、厄尔巴岛、撒丁岛］都更重要，整个港口到处都是令人赞叹的防御工事，只要这座

① 位于梅诺卡岛（属于西班牙的巴利阿里群岛）东部的海港。

岛掌握在大不列颠王国手中，就没有敌人能够在岛上登陆，因为该岛无法为围困它的庞大军队提供给养，而且貌似精锐的舰队在围困这座岛屿时会被迫屈服……或是活活饿死。马耳他所有的军火库、医院和仓库等规模都十分庞大。海港比马翁的空间更大，入口也更宽敞。”

在这段不平凡的历史岁月之中，另一座海岛如昙花一现般出现在历史舞台上，它就是重峦叠嶂、丛林密布的厄尔巴岛。1814 年 5 月，已退位的法国皇帝乘坐英军护卫舰“无畏号”（*Undaunted*）驶入厄尔巴岛的主要港口和码头——费拉约港。不远处的海面上就是他的家乡科西嘉岛。重要的一点是，即使在此时此刻，拿破仑还提出乘坐一艘军舰后才启程的要求，或者至少要配备随从。他说他担心阿尔及利亚海盗。巴巴罗萨逝世数百年后，海盗活动仍然笼罩着这片海域，压在自亚历山大大帝以来最杰出斗士沮丧的肩头；回溯历史，拿破仑也许比其他伟大的指挥官更能媲美汉尼拔所取得的丰功伟绩。纳尔逊像
484 亚历山大一样，在他仍顶着成功的光环继续征战时去世。拿破仑的人生轨迹与汉尼拔如出一辙：他从敌人手中逃脱，东山再起并与敌人决一死战，却再次败北，最终在流放地去世。这两个人都是伟大的治国理政之才，也是令人景仰的将军，但是二人最终都以失败而告终。

第四十二章　战后风云

1805 年，纳尔逊离开人世。对维持地中海和平起主要作用的战役并不是在这片海域爆发的海战，而是在进入地中海的海上通道爆发的海战。实际上，特拉法尔加角距离萨格里什角（Cape Sagres）并不遥远。航海家亨利派出的第一批船舶打破了大西洋的魔咒。自 1815 年以来，拿破仑就一直在圣赫勒拿岛流亡，这里距离他出生的海域有数千英里之远。

“百日王朝”覆灭后，他投降并致信英格兰摄政王：“尊贵的殿下，因为遭到分裂我的国家的派系和欧洲列强的敌对迫害，我已经结束了我的政治生涯；我此时效仿地米斯托克利之前的做法，请求英国人民能够收容我。我将自己置于他们法律的保护之下，您作为我最强大、最果断且最宽容的对手，请求您——最尊贵的殿下能够给予我这种保护。”

拿破仑曾被天下人公开称为“人类之敌”（拉丁语为 hostis generis humani），他的这一请求实在是非同寻常。作为一个地中海人，拿破仑非常得体地自比成地米斯托克利，但这种自比荒谬至极。地米斯托克利在萨拉米斯拯救了希腊，使希腊免受波斯人的蹂躏。直到 20 世纪德国的那位统治者出现之前，拿破仑是欧洲历史上导致死亡人数最多的人。

如果说拿破仑带来了极大的消极影响，那么必须承认他也发挥了积极作用。在拿破仑就任第一执政（First Consul）后，当时法国处于无政府状态，是他恢复了国家的法律和秩序。他还实现了共和国稳健的财政，而他在《民法典》方面的改革
486 工作或许是他取得的最大成就。通过将罗马法和法国最优秀的传统法相结合，他指导受过专业培训的法学家并和他们一起对法律进行了编纂，将法律意识、逻辑意识以及历史意识融为一体。后来许多地中海国家沿袭或采用了这一法律体系。他带到埃及的知识分子做了大量工作，使欧洲了解了这片古老土地上的文明。埃及曾为地中海世界做出了巨大贡献，但是在漫长的土耳其统治时期几乎被西方世界全然遗忘，此时它名正言顺地被视为文明的发祥地之一。埃及学研究，以及法语在埃及和黎凡特地区的传播，是法国在东方世界做出的另外两项贡献，算是法国掠夺东方的一点“补偿”。19 世纪上半叶，埃及风格的家具、珠宝和很多手工艺品风靡整个欧洲。

作为拿破仑时代的另一个重要“副产品”，考古学从一个并不重要的研究门类转变成一门细致严肃的科学分支。在1806 ~ 1814 年法国统治那不勒斯期间，法国人对庞贝城遗迹进行了系统性的发掘，这处遗迹是古罗马世界的证据，这座城市突然消逝的生命被栩栩如生地呈现出来，对这一时期的手工艺品以及学者们对之前历史的推测都产生了革命性的影响。被掩埋的城市有酒吧、妓院、别墅、商店以及铺满鹅卵石的街道，古代世界的气息仿佛突然迎面袭来。人们重新阅读普林尼对这座城市如何被掩埋的描述后，庞贝城及其姊妹城赫库兰尼姆就栩栩如生地展现在面前，让人们了解到罗马帝国时代人们的生活场景。这里是地中海的世界，有羊男萨蒂尔（satyrs）和半人马（centaurs），有舞动的人羊怪法翁（faun）和阳具勃

起的西勒尼（Sileni）[①]，有美酒、橄榄以及绘着鹰眼的桨帆船，还有1000间画室和图书馆。

此时，伟大的征服者已经离去，而他的离去所引发的骚动在东西方都已平息下来，大海开始呈现一片崭新的风貌。英国凭借其在直布罗陀和马耳他的基地控制了所有主要的航运路线，由此成为地中海西部海盆的主宰者。在地中海东部海域，奥斯曼帝国的“死亡之手”仍控制着城市、港口和岛屿，但
是即使这里也将会发生翻天覆地的变化，因为被统治民族在很 487
大程度上受到大革命后的法国唤起的自由梦想的鼓舞，他们拿起武器，反抗统治者的统治。当时仍然处于大航海时代，但是蒸汽机时代即将到来，这片海洋很快就会被钢铁巨轮改变，这些钢铁巨轮有的采用蒸汽动力，有的采用船帆动力，它们带来了北方工业国家生产的产品。

欧洲和平时代带来的立竿见影的效果就是贸易得到极大拓展，地中海地区从中受益匪浅。多年以来，英国对法国的封锁扼杀了一个国家与另一个国家之间货物和人员的自由往来，而欧洲大陆持续不断的战争也同样阻碍了商业和文化的交流。但是，此时随着欧洲大陆重归和平，以及皇家海军控制了地中海，地中海进入了数个世纪以来从未有过的繁荣时期。

此前阻碍贸易路线正常运转的主要因素很快将会被清除。自16世纪以来，阿尔及尔王国一直阻碍欧洲人在地中海的运输业务发展；1830年，法国占领阿尔及尔王国。这不仅要归功于法国人的努力，而且归功于英国人甚至更多归功于美国人

① 与萨蒂尔类似的半人半兽的精灵，但与萨蒂尔不同的是，它并非半人半羊，而是半人半马的形象。

的努力。此时这个新崛起的国家已经进入地中海（地中海水手克里斯托弗·哥伦布最先发现了美洲大陆），美国对于向巴巴里海岸的海盗们纳贡已经忍无可忍。

数个世纪以来，阿尔及利亚海盗总是能够利用一个欧洲强国与另一个欧洲强国之间的两相争斗，他们在拿破仑战争期间故技重施。至少在尼罗河河口战役之后，尽管英国皇家海军已经在地中海确立了自己的霸主地位，但是为了自身的便利，他们与海盗们达成了约定。英国支付给阿尔及尔人金钱，从而省去了护卫舰和风帆战列舰被堵截的大量麻烦，但是这始终以法国人不能免于被骚扰为条件。美国人对整个局势的看法截然不同，并且由于他们此时与地中海国家存在大量的贸易往来，因此他们对扣押船舶或用金钱来保障安全通行的做法颇为不满。1803 年，爱德华·普雷布尔准将（Commodore Edward Preble）麾下的一支海军舰队被派往的黎波里，圣约翰骑士团曾经统治
488 这座古老的要塞，而德拉古特从骑士团手中夺走了这座城市。配备 36 门火炮的“费城号”（*Philadelphia*）护卫舰搁浅并被俘，第一次远征以失败而告终。然而，斯蒂芬·迪凯特中尉（Lieutenant Stephen Decatur）顶着要塞的枪林弹雨驶入黎波里港，烧毁了这艘护卫舰后驶出港口，并且未丢一兵一卒，美国人挽回了损失。两年后，一支美国海军舰队袭击了海盗的另一处贼巢——古昔兰尼加地区的德尔纳海港，并迫使其头领放弃关于悬挂美国国旗的船只缴纳费用的进一步要求。

1830 年，一支法国军队在北非登陆，阿尔及尔人很快就缴械投降，巴巴里海盗最终覆亡，法国在北非地区建立了殖民统治。但是，距离整个地区安定下来以及消除巴巴里海盗残部的威胁还需要几年的时间。诺曼·道格拉斯所说的话确实颇有

道理："要不是发明了蒸汽机，巴巴里海盗可能还在与我们纠缠不休。"300 年来，所有的海洋强国都向他们进贡，阿尔及尔凭借海盗的抢夺劫掠和欧洲国家为了它们商船的安全而向这座城市的统治者缴纳的"贡物"变成了世界上最富有的城市之一。

不能说英国人在看到他们最近的敌人法国在北非海岸建立殖民地会感到高兴，当时距他们在滑铁卢战场上最终消除法国人对他们利益的挑战才仅仅过去了 15 年。但是，这个北欧国家的目光转向了印度和东方（即它在世界另一端的殖民地）以及大西洋对岸的加拿大。对于这一时期的英国人来说，地中海地区主要是他们文化的储藏库、古典知识的来源地，以及年轻的绅士冒险家们"壮游"[①]（Grand Tour，目的是完成他们的学业）的地区。了解诗人贺拉斯、熟知意大利的建筑、品鉴葡萄酒以及具备贵族的某种风度，这些都是贵族们期望他们的儿子将这些从南方的海洋带回来的东西。然而，几个世纪以来，英国人已经吸收了如此之多的地中海文化，包括房屋和家具的设计、诗歌、科学和政治思想，以至于他们不可避免地深深地融入这个"母神"文明。他们可能会勉强接受法国在北 489
非海岸线上建立殖民地（与自己面积广阔的海外领土相比，这只是九牛一毛），但是他们无法抗拒"希腊"和"赫拉斯"（Hellas）这些词语对他们情感上的影响。

英国人参与的希腊独立战争可被描述为历史上第一次因为理想而卷入的战争。的确，理想主义促成了十字军东征——许

---

① 壮游是 18 世纪风靡欧洲尤其是英国中上等社会阶层的一种活动，年轻人一般会在成年之后游历欧洲各地，增长见识。

多参加十字军的人无疑不是为了获得任何物质上的利益，但十字军东征不是“民族”战争。十字军战士来自不同的国家，所有欧洲国家里参加十字军东征的人都认为自己参与了基督徒对异教徒穆斯林的战争。所有古代战争以及欧洲民族主义兴起之后的战争的动机完全是为了获取利益和物质财富。但是，英国人参加了希腊反抗奥斯曼帝国的起义，当然并不是希望占领希腊的领土。当然，就他们而言，诗歌是鼓舞他们参战的最重要因素。也许这是符合实际情况的，因为英国人在很大程度上是来自斯堪的纳维亚水手的后裔，他们的吟游诗人（像荷马一样）曾经用诗歌激励他们去战斗，或者在北欧漫长的夜晚在长橡树桌旁讲述他们祖先的征战事迹。

从很大程度上来说，浪漫主义革命的风潮源于法国大革命，英格兰的散文作家、诗人和画家在很大程度上受到了希腊和拉丁文学的熏陶，这种风潮又回到了其发源地。地中海在招手呼唤。拜伦一些作品的标题表明了这段时间英国文学对地中海的偏爱：《海盗》（*The Corsair*）、《科林斯之围》（*The Siege of Corinth*）、《萨达纳帕卢斯》（*Sardanapalus*）和《阿卑多斯的新娘》（*The Bride of Abydos*），甚至《唐璜》（*Don Juan*）本身也是如此，这首诗中描写年轻恋人“半裸着，彼此相爱，这是本能，带着希腊风韵”。19 世纪的英国诗人一遍又一遍地唤醒人们对地中海尤其是对希腊土地的情感。

> 希腊群岛啊，希腊群岛！
> 在这里，激情四射的萨福曾为爱情吟唱，
> 在这里，武功文治曾经何等灿烂辉煌，

在这里，提洛岛崛起，福玻斯①横空出世，
漫漫长夏，岛上流光似金， 490
除了太阳，一切皆已沉沦……
群山，注视着马拉松
而马拉松，眺望着大海……②

与拜伦一样，济慈（Keats）在他创作的所有诗歌中也寄情于古希腊人及其土地，但是与拜伦不同，济慈从未到过希腊。他在《致荷马》一诗中写道：

孑然一身，站在巨大的无知之中，
我听到了你，还有基克拉泽斯群岛，
像一个坐在海边的人，满怀渴望，
到那深海之处探访海豚和珊瑚礁。

雪莱也梦想这个曾经给其他欧洲文明做出巨大贡献的希腊能够重新复兴：

世界伟大的时代重现，
重新回到辉煌的时代，
大地就如同一条银蛇，
冬日的枯草生机焕发……

---

① 希腊神话中的太阳神，又名“阿波罗”。
② 出自拜伦《哀希腊》一诗。

高傲的阿尔戈号乘风破浪，
船上满载的是迟来的奖赏；
另一个俄耳甫斯再次吟唱，
爱情，忧伤，然后是死亡。
新生的尤利西斯啊，
再次离开卡吕普索，
回到他故乡的海岸。

当然，现实与梦想有着云泥之别。正如 H. A. L. 费舍尔所说："希腊人……大部分源自没有文字的斯拉夫人和阿尔巴尼亚人……他们说的是现代希腊语，这是一种希腊牧羊人和海员使用的希腊语，这种语言从土耳其语、拉丁语和斯拉夫语中随意借用词汇，并且包括爱琴海海员俚语中的不雅词汇。他们使用希腊字母；但是，如果说这对他们的解放者的教育产生了影响，那么就如同说荷马的诗作和埃斯库罗斯的悲剧是用中文写成的一样荒谬。"然而，这些现代希腊人与古希腊人有一个共同的特征，即他们充满激情，但是无法精诚合作。拜伦在希腊
491 写的信件让人读起来十分难受，因为它们的内容主要是关于希腊人无休止的争吵、来回绕弯子以及在金钱问题上肆无忌惮的欺诈偏私。当他在沼泽密布的迈索隆吉翁（Missolonghi）因发烧而去世的时候，他对希腊人的希望几乎完全破灭，他对希腊人真可谓是鞠躬尽瘁，死而后已。拜伦是为实现希腊自由而献身的烈士，这激发了国际社会对希腊人及其事业的热情。拜伦于 1824 年去世，在后来的盟国特别是英国皇家海军加入希腊独立战争之前，他的去世是整个希腊独立战争中最关键的事件。

三年之后，希腊西海岸爆发了一次海战，这次海战对该地区生活所产生的影响几乎可以与普莱韦扎战役产生的影响相提并论。经过这次海战，在巴巴罗萨建立奥斯曼海军霸权大约300年之后，自1453年君士坦丁堡陷落以来，一直存在的威胁终于消失了。1827年10月20日，一支由英、法、俄三国组成的联合舰队与一支土耳其和埃及组成的舰队爆发冲突，即纳瓦里诺海战（Battle of Navarino），这次战役在很大程度上促成了独立的新希腊王国的诞生。在这次战役中，奄奄一息的奥斯曼帝国遭受重创，从此一蹶不振。C. M. 伍德豪斯（C. M. Woodhouse）在《纳瓦里诺海战》一书中介绍了即将呈现的历史图景的时代背景："大国不希望希腊革命取得成功。拿破仑战争爆发后，和平解决争端的目的是恢复原状，而奥斯曼帝国就是'原状'的一部分。他们中的所有人，尤其是奥地利皇帝和俄国沙皇，最担心的就是在苏丹的统治分崩离析后，除他们之外的人会继承剩余的大部分领土。19世纪20年代末，众所周知，奥斯曼帝国早已被称为'欧洲病夫'，它之所以能存活下来，完全是因为欧洲大国的上述恐惧。希腊人指望作为基督教同胞的列强能够帮助他们抵抗穆斯林统治者，但这是徒劳的。只有与他们同样信仰东正教的俄国人提供了一些帮助，不过他们这样做的主要是为了控制希腊，使希腊成为他们在地中海的立足点。奥地利人公开反对希腊独立，普鲁士人也是如此，法国人和英国人也持同样的态度，除了亲希腊的民间团体 492
之外……"然而，在各种复杂的原因之中，一个重要原因就是许多受过良好教育的英国人普遍奉行亲希腊主义，其中就有外交大臣乔治·坎宁（George Canning），当时土耳其舰队在纳瓦里诺海战中实际上已全军覆没。

除了特拉法尔加战役和尼罗河河口战役外，这次海战是19世纪最具决定性意义的海战。它牢牢地确立了英国在地中海的霸权，因为参战战舰大部分是皇家海军军舰。此外，海军上将爱德华·科德林顿爵士（Sir Edward Codrington）与他之前的长官——前海军总司令纳尔逊勋爵的行事风格如出一辙，他也是一名杰出的海军军官。土耳其舰队则以极大的勇气和无畏的精神参战。从对战斗的描写中可以看出，就像在阅读有关古代战争的内容时经常读到的那样，如果人类仅仅在精力和耐力方面开展建设性的合作，不仅是地中海世界，而且整个世界可能早就如伊甸园一般了。

这是帆船时代地中海爆发的最后一次大战，一个匿名的英国水手撰写的回忆录（*Life on Board of War*，1829）生动地记述了这次战役，将其作为纳尔逊征战地中海的墓志铭可能极为妥当。

> 布洛克中尉（Lieuterant Broke）拔出佩剑，告诉我们没得到命令之前不得开火。他说："伙计们，把你们的火炮都瞄准了，每一炮都要向他们展示出英国人是如何打仗的！"当时他将帽子扔在甲板上，并命令我们朝土耳其人欢呼三声，我们拼尽全力大吼了三声。之后，他大声喊道"离开炮身"，并下令"开火！"随即，整列火炮齐发，重创与我们并肩行驶的土耳其上将的战舰侧舷……直到我们经受了敌舰五六轮的攻击之后，我在船上见到了第一个牺牲的士兵，他是一名海军陆战队队员。他就在我的旁边。我从他手中接过海绵后，转身就看见他在我的脚边，他的头与身体已经分离，就像是被用刀割断的一样。我的同伴

李（Lee）将尸体从火炮推车上拉开，并将其拖到后舷梯下面的中舱……由于中舱甲板的舱内纵桁总是放着一桶被称为“战斗水”的饮用水，一个位于甲板前部的军官在前往驾驶舱的途中走到船尾，希望能喝一杯水。他的右臂 493
被钉弹（langridge）射中，伤得十分严重，左臂也受了伤，以至于无法将水壶举到头部的高度。德·斯夸（De Squaw）射击时的动作流畅敏捷，让我对到了他这个年纪的人能够做到这种程度感到惊讶。他拿起水壶，拂去了木桶最上面的血和污垢，将其灌满水交给了这名军官；但是，当他将水壶递到受伤军官的嘴边时，他变成了一个残缺不全的尸身，因为他被葡萄弹击中，身体被炸成碎片……但是，当面临英国水手所处的危急情况时，没有人能比土耳其人更加镇定。乔治·芬尼（George Finney）将一个长相英俊、衣着得体的士兵拖到船上。他刚在船头位置坐下来，就拿出了一个便携式盒子，开始给烟斗装烟，装完之后，他从这个便携式盒子中拿出一根火柴点上烟，用一种令人不可思议的冷静方式从嘴里吞云吐雾……我要提到另外一件土耳其式镇定的事，尽管这件事不是发生在我们所在的战舰上，而是在别人经过充分证实之后告诉我的。法国护卫舰“阿尔库俄涅号”（*Alcyone*）上的船员抓到了一个土耳其人，从他的着装看，他像是一位海军高级军官。当他被带到船上时，他发现他的手臂骨折，需要截肢治疗；他像没有受伤一样轻松地沿着驾驶舱舷梯走下来，就如同他获得了护卫舰奖章一样神气十足。他指着骨折的胳膊向外科医生示意他希望将其截断。这时，外科医生不得不给他做手术，将他的残肢绑住并用绷带包扎好，

> 这个土耳其人跑到甲板上，然后跳入水中，游向自己的战舰，这艘战舰就在他之前被带上的那艘护卫舰的对面。人们看到他用一只手攀住船舷往上爬，但是他爬上这艘战舰没多久，这艘战舰就爆炸了……

作者在他记录的最后一部分描写了安置伤员的驾驶舱的情况：“令人窒息的呻吟，外科医生及其同事的身影，沾满鲜血的裸露的手臂和脸，周围到处都是死尸和奄奄一息的伤员，有些人处在死亡前最后的痛苦阶段，另一些人在截肢刀下鬼哭狼嚎，这里是令人恐惧的悲惨景象，与‘壮丽、自豪、荣耀之战的境况’① 形成了鲜明对比。”

494 地中海原是一片静谧优雅的海洋，自从第一艘桨帆战舰驶入地中海以来，地中海就被搅动得面目全非。纳瓦里诺战役在很大程度上帮助希腊恢复了独立，但在长期以来争夺这片古老土地和渔业资源丰富的海域之主的战争中，这只是其中的一次战役，并不是最后一次。然而，近一个世纪以来，地中海变得相对安宁。遥远的岛国为地中海带来了“大不列颠治下的和平”（Pax Britannica），这是自“罗马治下的和平”以来从未有过的时期。

---

① “pomp, pride, and circumstance of glorious war”，出自莎士比亚著名的悲剧《奥赛罗》。

第四十三章　群岛和英国人

英国出现在地中海的方式与其他曾掌握这片海域霸权的国 495
家略有不同。与其他许多国家一样，英国人最初是到地中海开展商贸活动。然而，正是因为面临对法作战的紧迫性，英国成为地中海地区的一个强国。在这方面，他们与迦太基人类似，迦太基担负起帝国的重任也并非自己的初衷，但这是保护其运输路线的唯一手段。诚然，当时的英国人已建成了一个世界帝国，但是他们并没有刻意寻求将帝国拓展至地中海地区。他们最初不愿牵扯进马耳他事务就表明了他们的一贯立场。这与他们对伊奥尼亚群岛的态度有些相似。

科孚岛、凯法利尼亚岛、桑特岛、伊萨基岛、基西拉岛、莱夫卡斯岛、帕克索斯岛，以及这些岛屿的众多附属小岛组成了伊奥尼亚群岛，群岛的希腊语名称为“Heptanesoi”，意思是“七座小岛”。自从 1204 年十字军征服君士坦丁堡以来，这些岛屿就一直在威尼斯的统治下，这座伟大的亚得里亚海城市对这些岛屿的影响力依然清晰可见。统治阶层讲意大利语，这里建立了罗马天主教会，没有人讲希腊语，除了农民阶层以外，后者仍坚持着古老的生活方式和文化，保守主义是所有地中海农民和渔民与生俱来的。在威尼斯的统治下，这些岛屿繁荣起来，科孚岛拥有树龄达数百年的橄榄，这里土壤肥沃的山谷仍然可以见到威尼斯人带来的先进畜牧业技术。（在科孚岛上，他们通过给予植树人特别奖励的方式鼓励人们植树。)

1797 年，威尼斯共和国灭亡，法国吞并了这些岛屿，但
496 是这种情况并没有持续很长时间。在随后动荡的 20 年里，俄国人、土耳其人、英国人和法国人对这些岛屿展开了争夺。之后，在 1815 年，根据《巴黎和约》的规定，它们成立伊奥尼亚群岛合众国（United States of the Ionian Islands)，成为英国的保护国。这个保护国一直存在了将近 50 年，直到 1864 年英国将其移交给希腊王国。英国总督对统治古老的克基拉（费埃克斯人的土地）以及奥德修斯的伊萨基王国并非没有兴趣。这些岛屿的故事是当时整个地中海地区的缩影。

德国哲学家黑格尔在提到英国人时写道，他们的“物质生存是建立在商业和工业基础之上的，英国人承担了在全世界传播文明的伟大使命，因为他们的商业精神驱使他们遍历四海五洲，创造新的需求，刺激产业发展，首要目标是在当地创造进行贸易的必要条件：使原住民放弃无法无天的暴力生活方式，知道尊重私有财产，友善礼貌地接待陌生人”。希腊人对这种态度感到陌生，他们对外国统治日渐不满，几乎不尊重财产权（自己的财产除外)，并且他们新获得的自由鼓舞着他们去争取彻底的独立。伊奥尼亚群岛并不安于一直作为英国人的保护国。虽然盎格鲁－撒克逊人和黎凡特人在性格上有共同之处，但是二者合在一处并非和谐无间的。

当时，柯克沃尔子爵（Viscount Kirkwall）曾访问这些岛屿，描写了一个名为纳皮尔的上校驻扎在科孚岛时的情形：“有一次，他听到阵阵尖叫声，后来才知道是一个有爵位的伊奥尼亚人正在打他的妻子，纳皮尔冲进屋去，拿起鞭子就抽打这个惊讶万分的丈夫，对他进行了严厉的个人惩罚，可以肯定

的是，上校随后会被送到这个被打的人那里任由他处分。但是，伊奥尼亚人对于西方在这些方面的进步一无所知，并且他们不会使用手枪，也不想了解对人开枪射击会完全盖过因受鞭刑所带来的耻辱。”

子爵本人对当地美食做了如下评价：“本地的烹调菜品多油并且使用大蒜。岛上种植的大蒜满足不了家庭食用的消耗
量。我确信，每年需要进口价值 2500 磅的大蒜来弥补这一缺 497
口。一直以来，当地菜品中都有大蒜，人们极少吃甜食，这给英国人留下了非常不快的印象。”1858 年，时任伊奥尼亚群岛特命高级专员威廉·格拉德斯通（William Gladstone）参观了英国王室名下这处古怪而又令人烦心的“资产”。“像在其他地方一样，他在帕克索斯岛向希腊教会的重要人物表达了最高的敬意。在科孚岛，他公开亲吻了大主教的手，并虔诚地接受了他的祝福，这激起了英国人的厌恶之情（也许是不愉快的情绪）……行事朴实的帕克索斯岛主教似乎也不了解特命高级专员会见教会贵宾时使用的礼节。格拉德斯通先生已经握住并恭敬地亲吻了主教的手，他俯身希望接受东正教的祝福礼。主教犹豫了一下，不知道格拉德斯通希望他做什么，他也没有想到信仰英国国教的格拉德斯通会接受他给出的祝福。然而，最后他意识到了这一点，并且向前弯腰，赶紧满足了这位英国王室代表奉承他的愿望。但是，不幸的是，此时此刻，格拉德斯通先生正纳闷这份祝福为何还没有到来，于是突然抬起头，正好撞在主教的下巴上。在如此庄重的场合中，（出现这种情况后）当地居民和现场的其他观众都难以维持严肃的场面……”

因此，在整个 19 世纪，这些穿着礼服大衣的英国贵族在

地中海沿岸极其不协调地来回迁居，后面跟着他们的妻儿以及拿着野餐篮和阳伞的仆人。除此之外，在雅典新建成的奇特宫殿里也可以看到他们。巴伐利亚国王的儿子奥索国王（King Otho）曾在这里出席会议，他检阅了佩戴蓝色下巴饰品的希腊埃夫佐内斯卫兵，卫队被命名为阿伽门农和奥德修斯之类的名字。但是，德国顾问一直对国王统治之下新臣民的欺诈和背叛行径感到不满。人们会注意到他们对卡普里岛上提比略别墅的废墟饶有兴趣（在拿破仑战争期间，它曾在短暂的一段时间内也被英国占领）。他们对巴勒莫、陶尔米纳和锡拉库萨非常熟悉。从这一时期开始，许多古代世界的城市开始修建酒店，其中包括布里斯托尔（Bristol）酒店、辉煌（Splendid）酒店、大不列颠（Grande Bretagne）酒店和阿尔比恩（Albion）酒店。①

498 除了他们的语言（此时至少在商业上）开始取代法语成为这片海洋的通用语言外，英国人还带来了其他的好处。人们开始普遍地感受到英国人工业革命所带来的惊人推动力，并且整个南欧也将开始复制这场革命。这里曾一直处在停滞状态，但是从北方吹来的强风掀起了激荡整片海洋的新潮流。无论这些新移民来到哪里，他们都会改善管道和供水设施，进行道路建设。例如，在面积狭小的帕克索斯岛（在这座岛上，格拉德斯通先生的事情一时成为笑谈），将水输送到港口的铁管上还刻有“V. R.”（即“维多利亚女王”）的字样。从直布罗陀和西西里岛到希腊、塞浦路斯和埃及，地中海地区大多数老旧的酒店和私人住宅厕所内安装的铸铁水箱

① 这些酒店是希腊乃至在整个欧洲都非常著名的酒店。

仍标注着伦敦和伯明翰地区的商号，以及诸如“大尼亚加拉”（The Great Niagara）的字样。因此，英国人重新将这些东西带回了地中海（这里的人们在很大程度上已经遗忘了这些东西），改善了这里的卫生和交通设施，而这些最先是由罗马人创造的。

但是，这些岛屿特别是多山地的凯法利尼亚岛经常会惹出麻烦。英国的保护国（即伊奥尼亚群岛合众国）成立后不久，就开始鼓动与希腊结成联盟。正是在凯法利尼亚岛上，拜伦在他的日记中写道：“我的公寓位于这个美丽的乡村之中，我站在窗户旁边，迷人明亮的月光透出静谧和清爽，映衬着岛屿、山脉和大海，远远地勾勒出位于海浪和天空这两抹蔚蓝之间摩卡色的轮廓，这足以让我沉下心来写作。”然而，这幅画面还有另外一个场景，拜伦对此了然于心，因为他也是在这座岛上写道：“他们［希腊人］最令人鄙夷的地方（用一种粗俗并且是唯一能够恰当地描述他们的表达方式）就是他们都是该死的骗子。自从在乐园中生活的夏娃以来，还从未有像这样睁眼说瞎话的人。”1864 年，英国人如释重负，归还了这些岛屿，尽管不是归还给了奥索国王。在经历了充满动荡的统治之后，奥索已经被罢黜王位，我们很难知道在其统治时期他的臣民厌恶这位君主的程度是否超过了他厌恶这些臣民的程度。来自石勒苏益格－荷尔斯泰因（Schleswig-Holstein）的新国王乔治一世（George Ⅰ）也发现，尽管希腊人的血统可能在几个世纪之中发生了变化，但 499
他们仍然是地中海地区最喜欢拉帮结派的民族。

在这个“大不列颠治下的和平”时代，马耳他比其他任何一个岛屿都适合作为这个时代的缩影。就像在圣约翰骑士团的鼎盛时期一样，马耳他再次成为地中海的焦点所在。在这里，伟大的英国地中海舰队很快就将帆船战舰换成了蒸汽动力战舰，下锚停靠在拉·瓦莱特建成的城市中那蜿蜒曲折的防御工事下方的海面上。海军陆战队从这里不断发起进攻和反攻，英格兰军火库的巨型新式防御炮开始取代之前早已过时但装饰色彩更浓的火炮。海军将官、诗人、画家、旅行者和社会上的贵妇们都来到这里——有些人是为了躲避英国寒冷的严冬，有些人是为了公务，有些人是为了前往东方的埃及和印度，还有一些人带着待嫁的女儿，即“去海外寻找富翁结婚的姑娘们”，后者吸引了那些年轻海军士兵和军官的目光。英国人与地中海在这个小小的石灰岩岛上产生交集，并且由于几乎“阿猫阿狗”都曾到过这里一次或两次，他们对这座海岛及其周围海域的一些评价是非常有意思的。

海军少将亚历山大·鲍尔爵士（Sir Alexander Ball）在从法国夺取该岛的过程中发挥了重要作用，他在1804年的夏天给自己物色了一个新的私人秘书——塞缪尔·泰勒·柯尔律治（Samuel Taylor Coleridge）。柯尔律治当时已经是一个吸食鸦片成瘾的瘾君子，他到这座充满阳光的小岛上来是为了寻找一种治疗他的疾病和戒除鸦片的疗法，但是他一无所获。不过，他确实与才华横溢的亚历山大·鲍尔建立了亲密的友谊，鲍尔欣赏柯尔律治的魅力和出色的口才。毫无疑问，这位诗人在马耳他度过的数月以及后来在那不勒斯和罗马度过的数月对他的性情和作品产生了重要影响。也许很重要的一点在于，柯尔律治在马耳他停留不久后就重新皈依了基督教。

拜伦勋爵作为地中海的“情人”肯定曾在多次出海旅行时到访过这座岛屿。正如他的本性那样，他在这座岛上很快就爱上了一个已婚妇女，后来拜伦叮嘱她不要忘记他：

……回想一下卡吕普索小岛， 500
沉浸在往日的岁月之中。

但是拜伦诗歌中一直富有讽刺精神，令人奇怪的是这位“尊贵的勋爵”并没有对他的同胞在此地驻军的氛围留下深刻的印象，而英军占领其他地中海地区的情况令人印象深刻。正如他在告别马耳他岛时所写的那样，他将马耳他称为一个“小型的军事温床”：

别了，优雅俏佳人！
别了，红衣桃花面！
别了，傲慢的气氛，
所有阔步行进的军人！

大约 20 年后，一个在地中海历史上取得更加辉煌成就的人抵达了这座岛屿。本杰明·迪斯雷利（Benjamin Disraeli）此时还是一个 26 岁的年轻人，自负、浮躁但又非常聪明。正是在这次地中海特别之旅中，他访问了西班牙、马耳他、阿尔巴尼亚、雅典、君士坦丁堡、埃及和巴勒斯坦，这极大地提升了他对该地区尤其是地中海东部海盆长久以来的兴趣。1878 年，经过巧妙的谈判，他与奥斯曼帝国达成了协议，英国由此占领并治理塞浦路斯。迪斯雷利的犹太血统吸引他来到了东方，他感到非常轻松舒适，在闪族人中找到了家的感觉。盎格鲁－撒克逊人僵硬的上嘴唇和冰冷的蓝眼睛并不符合他的本性，因此，他在闪族化的马耳他找到了一种舒适的氛围也就不足为奇了。像拜伦一样，他没有发现英国人驻守这里有什么让人感到舒适的地方。他的朋友威廉·梅雷迪斯（William Meredith）此次陪同他出访，通过他描写迪斯雷利在瓦莱塔的举止言行同样可以体会到他的感受："他穿着自己花花绿绿［majo，在西班牙语中指'花花公子'］的夹克衫和衬裤，搭配一条五颜六色的腰带，完成了一系列的访问。他在瓦莱塔期间就是穿着这种奇装异服'招摇过市'的，许多当地人跟在他的身后，正如他所说，这让所有的工作都彻底停滞……他的打扮当然对他产生了负面的影响：像风信子一样的长卷发、手指上的戒指、金链子以及最华丽的天鹅绒礼服。他的言谈也极
501 具冒犯性，他质疑每一个先前为人们所尊崇的观点，反对英军此前所认可的准则。更糟糕的是，他博闻强识，能够四两拨千斤般地应对那些胆大的士兵反驳他观点的言论。"

我们可以想象那些原本就面色红润的人在看到迪斯雷利时会更加脸红，正如迪斯雷利在给父亲写的一封信中所提到的那样，他自己"穿着一套希腊海盗式服装。一件血红色的衬衫，上面的银钉就像先令一样大，还有一条宽大的腰带织巾。身上别着手枪和匕首，头戴红色的帽子，脚穿红色的拖鞋，身穿蓝色条纹外套和裤子"。然而，即使在迪斯雷利青年时代穿着最花哨的时候，他仍然是一位敏锐的观察者。他在《亨丽埃塔神殿》（*Henriette Temple*）中写道："马耳他无疑是令人愉悦的一站。瓦莱塔城即便没有闻名遐迩的建筑，也可以与欧洲的任何首都相媲美。必须承认，尽管周围的地区比一块巨石要好一点，但是巴巴里、意大利和西西里岛附近仍然为那些追求享受大自然最美景致的爱好者提供了一处无穷无尽的宝藏。"

岛上的其他游客还包括沃尔特·斯科特爵士（Sir Walter Scott）和威廉·梅克比斯·萨克雷（William Makepeace Thackeray）。1831 年，斯科特到达岛上时已病入膏肓（他于第二年去世）。不仅关于斯科特，而且关于文学本身，当时的英国人都有一种强烈的预感，因此他们为斯科特安排了一艘护卫舰，保护他在地中海的巡游。斯科特热爱十字军东征和骑士精神，十字军最后的所在地即这座小岛的整体氛围给了他启发。他构想一部新小说并确实开始写作，将其作为威弗利系列小说的最后一部，小说的名字为《马耳他之围》，但是他在小说完成之前就去世了。他谈到瓦莱塔时说，“这个小镇真是梦想中的样子”，他在岛上的最后一天里走遍了这座小镇，“如果我做不到这一点，那么就很难得出这一点结论！”在他定居在岛上的朋友中，有一位杰出的古文物学家和文学家约翰·胡卡姆·弗里尔，他翻译的阿里斯托芬喜剧译本尚无人能够超越。

几年之后，东方太平洋航运公司（Orient and Pacific Line）的董事提供给萨克雷一张免费船票，他也来到了马耳他岛。他的札记唤起了人们对这座岛屿的兴趣，因为它提到了皇家海军的巨额开支以及与北方的新兴贸易活动提升了这里的繁荣程度。

> 我们抵达了瓦莱塔，这座港口入口处的风景是最令晕 502
> 船的旅行者感到庄严和愉快的风景之一。这个小海盆非常繁忙，其中有 100 艘船，巨型护卫舰就是“一座城市”；阳光下是悬挂着世界各国旗帜的船舶，商人们在装货，船员们在欢呼庆贺；繁忙的黑色蒸汽机船来回穿梭，在这里

> 加煤并对船体进行喷涂，它们不断地喷出蒸汽并发出嘶嘶的声音，冒着蒸汽进出港口；身材高瘦的士兵乘坐的驳船来回往返，长长的船桨就像翅膀一样在水面上闪烁。这里有数以百计的画舫，它们的船首高高昂起，安装着白色的遮阳篷……高耸的岩石围绕着这片繁忙的蓝色海域，在阳光下闪耀着，四周的防御工事就如同想象中的一般：右边是圣埃尔莫堡，上面悬挂着一面旗帜，还建有一座灯塔；对面的军用医院看上去就像宫殿一样。就其规模而言，整个城市是世界上最美观和最庄严的一座城市。
>
> 这座城市也不像其他许多外国城市那样，在认真观察之后会让人大失所望。街道上到处都是活力四射、长相养眼的人，穷人们看上去就像居住在漂亮的石头宫殿中的人一样，这种房子带有阳台和用大块石材雕刻并凸出来的窗户。这里光影交错，充斥着叫喊声和恶臭，到处都是水果店和小鱼摊。人们可以在这里看到穿着各民族服饰的人，听到他们交谈聊天的各种声音。这里有身穿猩红色衣服的士兵和身穿黑纱的妇女；有乞丐、船夫、腌鲱鱼和通心粉桶；有戴着大檐帽的牧师和胡子拉碴的托钵修士；还有烟草、葡萄、洋葱和阳光，以及商店招牌、瓶装波特酒的商店、圣徒雕像和小教堂。当一个外地人从水闸处登上那座著名的楼梯时，所有这一切都会让他眼花缭乱。这些场景让我感到一种从未有过的、令人感到愉悦的混乱和生动。

风景画画家爱德华·李尔（Edward Lear）是著名的“谐趣诗”作者，他曾当过维多利亚女王的水彩画老师，也是到过马耳他岛旅行的英国人之一，他将地中海尽可能多地展示给世人。他熟悉希腊，尤其是伊奥尼亚群岛。1863 年，在访问该群岛时，他在一封信中写道：“这里没有冬天，但是作为报复，这里发生了 43 次轻微地震。”他的《伊奥尼亚七岛风景》比其他任何画作都更准确地反映了这些群岛的风景。几年前，他也曾到过马耳他，而且后来又来过几次，他极具洞察力和同情心地描绘了这里朴实无华的风景。正如有一次他在给一个朋 503
友的信中所提到的那样：“我经常在巴拉卡角上绘画，每天画一幅画。我在瓦莱塔和森格莱阿漂亮的街道上漫步，这里宜人的气温和蓝天让人欢欣雀跃；在这里可以观看日落时的数千艘小船在海港往来经过，可以欣赏马耳他的生产活动和各行各业；令我感到惊奇的是他们的牧师一直不断地摇动铃铛，这对神灵而言应该是一种乐趣；我会用锡制的小桶一般的水壶喝不少爽口且口味清淡的啤酒……”

19 世纪，维多利亚时期的英格兰主导了当时世界上的大量事务，除非能了解地中海对英格兰文化所做出的贡献，否则就很难理解英格兰。皇家海军给这片海域带来了和平，商人以及其他人追随海军来到这里，为这里带来了贸易和繁荣。作为回报，南方的土地以及位于这些土地上的英国基地为这些新来的游客提供了橄榄、蜥蜴和炎热的气候。在古罗马时代，曾有“游客”到希腊“壮游”，但是从现代意义上讲，英国人是第一批游客。他们来到这里的缘由各不相同，但主要原因是他们所接受的古典教育，他们来到这片古老的“母亲之海”并从中汲取灵感，留下了可观的金钱和文化回报。在维多利亚时代的伟大作家中，只有少数人没有承认通过某种方式从这个南方世界获得了营养。丁尼生、阿诺德、勃朗宁、罗斯金，甚至奥斯卡·王尔德和欧内斯特·道森，他们的作品都充满了对荷马、维吉尔、但丁和卡图卢斯的缅怀之情。这些作品中还存在大量源自地中海土地的人物形象。

慵懒昏醉的空气围绕海岸飘荡，
像是在困倦的梦里，呼吸微微。
满月的圆脸升起来，映照山谷，
于是有人说道：“我们不再回家园。”
大家立即齐声唱道：“岛上的家乡，
在茫茫大海彼方，我们不愿再流浪。”

丁尼生的《食莲人》是唯一表达对地中海北部海盆地区怀旧情感的诗歌，“之前发生的所有故事”都源自这片土地。

第四十四章　维多利亚时代中期

在地中海漫长的夏季，海上一片风平浪静，这种情况最 504
让帆船船长和船员们感到懊恼沮丧。拿破仑战争期间撰写的航海日志和信件中有许多内容描述了封锁土伦的军队的气恼之情：他们看着帆桁无所事事地晃来晃去；当战船在浪头颠簸时，经过太阳曝晒的船帆会裂成碎片；当战船行驶碰到障碍时，绳索会因为摩擦而出现破损。早在很久之前，罗马人就发现除了运输诸如小麦之类的散装货物外，帆船并不十分适合在地中海上航行。在大风吹起的时候，桨帆船会升起辅助帆，对于战船以及少量或易腐烂货物的运输而言，这种方法确实更有效。

在当时世界上的远洋贸易航线上，风帆战列舰和同样依靠风力的商船，即靠帆行驶的大型货运船可以十分高效地航行，因为它们可以利用印度洋的季风或大西洋盛行的信风；但是除了夏季的爱琴海，地中海地区并没有这种常风。在烟灰色的伊奥尼亚海或西西里岛以西热浪翻滚的海面上，一艘依靠风帆行驶的帆船会完全停下来，停滞时间会持续一个星期以上，其间几乎没有风吹船帆的声音。这一地区需要的是一种依靠机械动力推进船舶行驶的有效形式，人们已经思考这个问题数个世纪之久。最终，随着19世纪船用蒸汽机的发明，人类马上就将改变整个海上航行模式。

为了解决如何在航海上利用蒸汽发动机的问题，法国人、美国人和英国人所做的贡献几乎旗鼓相当。早在 1788 年，威廉·赛明顿（William Symington）就建造了一艘由蒸汽机驱动
505 的小型明轮船，并在丹巴顿郡的一个湖上进行了航行。但是，1807 年美国人罗伯特·富尔顿（Robert Fulton）建造了著名的"克莱蒙特号"（*Clermont*）轮船并进行首航，蒸汽船首次在商业用途上取得了成功。19 世纪的前 30 年里涌现出大量此类船只。这些蒸汽船中就有"大西部号"（*Great Western*），这艘船是第一艘大西洋班轮，它的船体很大（排水量超过 1300 吨），并且在 14 天之内就能够横渡大西洋。

由于担心对方可能成为第一个将蒸汽战舰运用到战争中的国家，英法两国海军都备受这个问题的困扰。但是，早期的蒸汽机十分笨重，并且桨叶和桨叶箱占据了大部分船侧面积，从而限制了配备火炮的数量，这使船帆得以保留下来，至少军舰就是这种情况。直到发明了推水螺旋桨，或者更确切地说是，海事工程实现了推水螺旋桨的实际应用（锡拉库萨的阿基米德早在公元前 3 世纪就发明了推水螺旋桨）之后，蒸汽动力才真正成为一种有效的动力方式。1845 年，英国海军部在依靠蒸汽动力的"响尾蛇号"（*Rattler*）上安装了推水螺旋桨并进行了一系列试验，证明了它比桨轮船更加高效和优越。这是自从人类首次在海洋上进行探险以来整个海洋世界发生的最大转变。航海者在历史上取得的最高成就之一就是发明了应用在船用蒸汽发动机上的推水螺旋桨。从此时开始，军舰和商船都将会被彻底改变，而地中海将从这项发明中获得比世界上其他任何海域更多的益处。夏日的安宁将一去不复返，船长们将会对自己到达目的地的时间有前所未有的自信。

但是，在接下来地中海战场上爆发的战争中，绝大多数战船仍然是帆船。这是因为英国海军部与生俱来就具有保守主义，他们永远不会忘记在尼罗河河口战役和特拉法尔加战役中依靠帆船而取胜的故事。海军军官对机械及其所带来的一切（例如轮船的司炉和工程师）普遍有些厌恶。他们将风帆战列舰发展到了至臻至善的顶峰，不愿看到它被束之高阁。

迈克尔·刘易斯在《英国海军》一书中写道："在克里米亚战争中，我们的主要舰队仍是由挂着船帆的战舰组成的。例如，在1854年10月17日炮击塞瓦斯托波尔（Sevastopol）[①] 506
的英国风帆战列舰中，只有两艘战舰安装了推水螺旋桨。在这次行动中，任何一方都没有占到便宜。因为帆船需要依靠小桨叶和螺旋桨叶向前航行，经过很长的时间才能到达确定的位置，所以只能在很长的距离内与敌舰展开炮战，并且大量炮击只会对敌舰造成极小的损伤。但是，这两艘推水螺旋桨战船的行动更加迅速，人们对其更是刮目相看，并且它们可以在较小的范围内开火射击……在其他战斗中，安装了蒸汽机的小型战船的战斗效果极佳。例如，在1854年4月的敖德萨战役中，有五艘明轮船依靠蒸汽动力行驶，它们全力避开敌人炮弹的疯狂攻击，并且严重破坏了港口设施。也许战争中我们没有一种战舰大胜而归，因为战争已经来到了历史上的那个时刻，即进攻（以新的空壳炮为代表）暂时位居防守之前。但可以肯定的是，在战争结束后，所有的船舶必然都会安装蒸汽机。"

---

① 位于克里米亚半岛的港口。在克里米亚战争期间，双方曾在该港口爆发激战。

在克里米亚战争中，英国人和法国人发现他们竟然成了盟友。虽然引发克里米亚战争的原因是多方面的，但最基本的原因还是在于西欧列强下定决心将俄国人排除在地中海之外。尽管这次战争发生在地中海遥远的“阑尾”——黑海中，但实际上这次战争的焦点主要集中在必须守住的达达尼尔海峡、博斯普鲁斯海峡和君士坦丁堡上。俄国对地中海的兴趣可以追溯到俄国海军的创建者彼得大帝（1672—1725）统治时期，彼得大帝首先制定了向君士坦丁堡方向扩张的政策。沙皇尼古拉一世也曾觊觎过马耳他，而他的前任沙皇保罗一世在圣约翰骑士团被拿破仑击败之前曾资助过骑士团，骑士团流亡之后，沙皇保罗一世成了骑士团的大团长。

在克里米亚爆发的这场旷日持久的战争中，低下的效率、疾病和俄国寒冷的冬天给双方造成了巨大损失，从任何意义上说这都与地中海盆地的生活遥不可及。但是，这的确再次证明了海军实力的重要性。E. W. 谢泼德（E. W. Sheppard）和F. J. 胡德勒斯顿（F. J. Hudleston）在《不列颠百科全书》
507 中做出了如下总结：“就军事战术而言，通常认为克里米亚战争是值得记录的一次战争。虽然它也许只是英国历史上组织最差劲的一次战争，也是体现联军作战的困难与危险的典型案例；然而，从更广阔的视角来看，它可以顺理成章地被视为联军武器装备一次令人赞叹的亮相。因为军队是由不同国籍的士兵组成的，这支人数未超过20万的军队处于人员涣散且无法有效指挥的状态，但是他们仍能够踏上敌人的领土，而后者的每一种战争资源都比他们具有无与伦比的优越性；他们从敌人的手中夺取了一个坚固的堡垒，占领这个堡垒对于推进其确定的策略具有重要的作用；他们在战争中给敌人造成的损失相当于其自身实力的两倍以上。历史上再也没有哪一次战争以如此惊人的方式展示了海军力量的势力范围和效用……”

战争带来的好处之一是佛罗伦斯·南丁格尔（Florence Nightingale）发起的医院改革。这不仅对英格兰产生了影响，欧洲许多其他国家也仿效了她所做出的改进和提出的建议。克里米亚战争带来的另一项重大进步是电缆的使用。它刚开始是用来将信息从英法联军总部发回到它们的首都。这项新发明将通信的时间从 10 天缩短到 24 小时。后来，当对此进行商业化开发后，电缆结束了许多孤岛与世隔绝的状态，直到它被无线电取代之前，电缆成为将地中海的一端与另一端连接起来的最重要的发明。

克里米亚战争宣告了风帆战列舰时代的终结，尽管它一直被使用到 19 世纪末，但已逐渐被依靠蒸汽机和推水螺旋桨推进的军舰取代。船桨被船帆取代，船帆则被蒸汽机取代；到 19 世纪 70 年代，造船用的木材则被钢铁取代。然而，直到 20 世纪下半叶，地中海地区的许多小型商船仍是木质帆船。直到第二次世界大战后，高效的小型柴油发动机问世，帆船在商业上的应用才最终结束。但是它立即以成千上万艘休闲游艇的形式重新出现在世人面前，它们的主人发现，将船帆和柴油发动机组合起来之后，他们找到了一种解决地中海航行问题的理想方案。

在 19 世纪，军舰设计的另一个重大变化是，从用明火加 508
农炮发射实心炮弹发展成用膛线炮发射会爆炸的炮弹。这彻底改变了后来出现的海战，因为目标不再像纳尔逊时代那样“将战船与敌舰并排行驶”，而是可以与敌舰进行远程作战。1855 年，威廉·阿姆斯特朗爵士（Sir William Armstrong）制造出了具有革命性且射击速度更快的火炮，他成为后来所有海军火炮之父。这种大炮属于多膛线火炮，可以发射加长的炮弹，而炮衣则通过巧妙的技术进行了加固，从而极其耐用。另外一项主要进步是火炮采用后膛式炮弹，因此射速可以大大提高。尽管阿姆斯特朗炮直到 19 世纪 80 年代才在海战中得到应用，但它是 20 世纪世界大战期间在地中海使用的所有火炮的始祖。

当地中海的海面上诞生了这些先进技术时，地中海周边的陆地上也正在经历一场风云变幻。法国大革命的风暴留下的浪潮和波涛不仅对山峦起伏、橄榄绿和银色交错的希腊大地产生了影响；甚至在法国复辟失败之前，意大利就爆发了反抗占领意大利土地的外国人的起义。在北方，哈布斯堡家族（Hapsburgs）统治着大部分土地；而在南方，波旁王朝在那不勒斯和西西里岛王国的统治十分腐败，政府碌碌无为。拿破仑也许失败了，但是在他和他任命的官员统治意大利的那段时间，他给人们带来了短暂的安定和启蒙，这是自罗马帝国灭亡以来从未出现过的情况。

在地中海西部，拿破仑兵败西班牙半岛之后，另一个波旁王朝[①]复辟。从长远来看，西班牙和葡萄牙的海外帝国注定将走向衰亡，而随着它们的瓦解，它们母国的情况也进一步恶化。停滞、破产或半破产，革命和失败的革命、重回暴政，以及所有自我救赎并重现昨日荣光的令人感伤且毫无益处的挣扎，这些构成了接下来的一个世纪中伊比利亚半岛居民的模式。

① 指西班牙的波旁王朝。

就好像地中海西部这片广袤的大地从地中海之外的地区感
染了“疾病”，这种“疾病”在当地找不到治愈的方法。葡萄 509
牙率先打开了通往大西洋的大门，而西班牙则利用了这项原创“发明”，但西葡两国昏庸无为的政府和压抑天性的教会（以及他们的教育）导致他们无法满足瞬息万变的时代提出的要求。英格兰丧失了它位于美洲的殖民地，但是占领了其他地方的殖民地，并且作为工业革命的发起国家从中受益匪浅。葡萄牙和西班牙既缺乏手段和办法，也没有煤炭、钢铁，更没有科学发展的动力，因此无法在这个新兴的工业时代进行有效的竞争。似乎在穿越了赫拉克勒斯之柱并在海外建立了庞大的帝国之后，它们如今已经累得精疲力竭。

毫无疑问，地中海是一片可以适用尼采所提出的“万物轮回”理论的海洋：“万物永恒轮回，我们也在其中，我们业已存在过无数次了。万物，我们，都是一样。”《传道书》的作者是一个纯正的地中海人，他姓甚名谁已经无法查证，他在很久以前就清晰地认识到了这一点：“一代过去，一代又来，地却永远长存。日头出来，日头落下，急归所出之地。风往南刮，又向北转，不住地旋转，而且返回转行原道。江河都往海里流，海却不满；江河从何处流，仍归还何处……已有的事，后必再有；已行的事，后必再行。日光之下，并无新事。”[①]

在埃及，不可逆转的革命车轮已经见证阿尔巴尼亚人穆罕默德·阿里（Mehemet Ali）削弱了土耳其对这一重要行省的控制。推翻了马穆鲁克之后，他向世人展示出自己是一位理性开明的专制君主。他开始发展国家的棉花产业并着手征服苏丹

① 《圣经·传道书》1：4～7、9。

的领土，将他的古老国家带入新世纪的格局之中。纳瓦里诺战役最终让穆罕默德·阿里及其儿子易卜拉欣攻占希腊的梦想破灭。列强无法容忍埃及肢解并以自己为核心重建奥斯曼帝国这
510 一更加雄心勃勃的计划。“欧洲病夫”奥斯曼土耳其的状况足以警醒他们，但是他们并不想让东方出现一个强大的新帝国。最重要的是，英国不能容忍存在一个强大的伊斯兰国家让拿破仑未曾实现的梦想成为现实，并对印度构成威胁。然而，穆罕默德·阿里的另一个儿子——赛义德帕夏（Said Pasha）在统治埃及期间成功地实现了拿破仑未竟的梦想，即修建一条连接地中海与红海的运河。一旦运河开放之后，英国人很快就会意识到他们的最终目标必须是控制埃及，因为除非他们自己掌握着运河的钥匙，否则就无法确保这个新的“通往东方的门户”的畅通安全。印度再一次消失在地平线上，决定了英国在地中海内部所采取的行动和策略。

此前曾有一个水路系统通过尼罗河将地中海与红海连接在一起。亚里士多德、斯特拉波和普林尼都将第一条运河的建设归功于法老塞索斯特里斯（Pharaoh Sesostris），但从卡纳克神庙立柱的铭文来看，塞提一世（Seti Ⅰ）统治时期（公元前1313年至公元前1292年）确实存在一条连接红海与尼罗河的运河，而不是直接连接了红海与地中海。运河逐渐淤塞，直到公元前520年，波斯的大流士一世才重新挖通了运河。罗马帝国除了维护和修复早期挖通的运河之外，几乎没有做过任何事情。阿穆尔苏丹（征服埃及的伟大的阿拉伯人）修建了一条新运河，该运河将开罗与今天苏伊士附近的红海连接起来。这些早期的尝试都没有凿通苏伊士地峡本身，尽管古代的法老通过使用奴隶有可能修成这样的运河。但是，在埃及帝国时代以

及后来的阿拉伯时代，统治者关心的是埃及本身（尼罗河和开罗）与红海之间的联系。实际上，经过他们自己的领土将地中海和红海直接连接在一起是没有任何好处的，并且还会出现实实在在的危险。据说，有史以来第一个计划在地峡上开凿运河的人是著名的哈伦·拉希德（Harun-al-Rashid）[①]，据说因为考虑到拜占庭舰队可能会进攻该地区并袭击阿拉伯而搁置了该项目。且不说拿破仑烦心和忧虑的其他问题，他决定放弃修建这条运河的最主要原因是他的工程师 J. M. 勒佩尔（J. M. Lepère）认为地中海和红海的海平面存在接近 30 英尺的落差， 511
然而这是一个错误的结论。

在阅读了勒佩尔的回忆录之后，法国领事馆工作人员费迪南德·德·雷赛布（Ferdinand de Lesseps）认为该计划具备可行性。更先进的科学知识支持了他的结论。1854 年，苏伊士运河航运公司（Compagnie Universelle du Canal Maritime de Suez）成立，宣布要修建一条经过地峡的运河。毫无疑问，英国人从一开始就反对这一提议。这个地区正在开辟一条再次对印度构成威胁的新交通线，整个行动都在英国人的宿敌法国人的掌握之中。时任英国首相帕默斯顿勋爵（Lord Palmerston）竭尽全力阻止德·雷赛布获得任何支持。他坚持认为，无论如何这一计划都不具备可行性，它将损害英国的海上霸权，而且他不希望法国干涉东方事务。然而，德·雷赛布在赛义德帕夏的政府中有一个密友，赛义德帕夏于 1886 年正式向法国人做出让步。公司开始公开筹措资金，资本为

① 哈伦·拉希德（约 764—809），阿拉伯阿拔斯王朝第五任哈里发（786 ~ 809 年在位），是阿拉伯世界著名的君主，其在位期间是阿拔斯王朝的鼎盛时期之一。

2亿法郎，共发行40万股股份。在不到一个月的时间内，申购就超过30万股。法国要求购买大部分股份（20万股），而奥斯曼帝国则要求购买96000股。英国、奥地利、美国和俄国坚决拒绝购买任何股份。股份的剩余部分由赛义德帕夏所有。法国希望成为这家运河公司具有支配地位的股东，但后来的事实证明，埃及人控制的这部分股份就是法国梦想的“阿喀琉斯之踵”。

1859年4月25日，在赛义德帕夏命名的港口和城市[①]所在地附近掘开了第一铲沙土。与在地中海水域爆发的任何大战一样，这是地中海历史上的一个重大事件。这将赋予这一整片海洋新的生命活力，并确定其在下一个世纪的走向。在奥斯曼帝国统治时期，地中海东部海盆已经退化为一个静水湖，这里成为海洋大国避免牵扯进去的地区，而且它们确实也是这样做的。但是英国人一直反对修建的苏伊士运河最终为他们提供了一条通往印度的全新快速航线，并使这一整片陆间海的贸易变得活跃起来。

512 修建运河所引发的另外一个后果就是英国人开始参与埃及事务，这是帕默斯顿勋爵从一开始就对这一设想持怀疑态度的另外一个原因。纵观古今历史，似乎没有任何外部强权能够在不伤及自身的情况下处理埃及事务，尽管吉本所描述的“埃及人的迷信和固执”是指亚历山大建立伟大的亚历山大城时期的情况，但这种描述仍然是准确的。正如英国人在某个适当时候所发现的那样，现代埃及人也倾向于“放任自己的激情不受控制地爆发出来”。尽管一个国家的居民遗传

① 即现在的塞得港（Port Said）。

结构可能会因征服和再征服，以及与多个民族的通婚而极大地改变，但似乎气候和地理条件又会将居民重塑为他们最初的样子。就像希腊人一样，拉帮结派从古至今也都是埃及人本性中的一部分。

同时，尽管这一项目中充满了错综复杂的国际竞争和阴谋诡计，但是运河修建工作仍在缓慢推进。到 1862 年年初，连接开罗和苏伊士的甜水运河（sweet-water canal）已经修到了蒂姆萨湖（Lake Timsah）；同年年底，第一条运河航道也修到了同一地点。此时，英国与其他国家一起强烈抗议采用强迫劳动制度来修建运河；但事实并非是因为他们过于关心农民的状况，然而无论如何，农民此时的生活都比之前平时的生活更好一些。经过多次辩论，这一国际抗议导致该项目废除了这种强制劳动，这一结果可能拯救了整个项目，因为它需要引入现代机械和工程方法。在某个时期，公司濒临破产，从而威胁到了整个项目。1866 年，公司不得不向埃及政府出售德·雷赛布从他的朋友赛义德帕夏那里买来的大庄园。最后，项目总支出超过 4 亿法郎，是原始预算的两倍多。尽管如此，1869 年 11 月运河终于完工。在举行了正式的揭幕仪式之后，拿破仑三世的妻子、法国皇后尤金妮（Eugenie）乘坐皇家游艇顺着运河行驶，紧随其后的是 67 个其他国家的船只。运河从塞得港到苏伊士，全长 100 英里，但这使通向印度和远东的航线缩短了数千英里。具有讽刺意味的是，第一艘经过运河并缴纳费用的 513
商船是英国人的商船。

英国人很快就可以看出，尽管他们早期对该项目持反对态度，但他们是运河的最大受益方。在运河投入运营的第一年，共有 486 艘船通过运河，总吨位为 654915 吨，收入为 206373 英镑。这个数字在五年之内增长了两倍，显然，不久以后每年通过运河的船舶吨位将达数百万吨。正是在这时，时任英国首相本杰明·迪斯雷利留下了他职业生涯中最浓墨重彩的一笔。埃及的新统治者伊斯梅尔帕夏（Ismail Pasha）沉溺于东方的奢靡生活（其奢靡程度远远超出了迪斯雷利自己的奢侈生活），并且在短短几年内就使国家陷入破产状态。然而，当时伊斯梅尔拥有约 177000 股运河的股份。迪斯雷利非常清楚这一切，他以内阁的名义从罗斯柴尔德家族借款 400 万英镑，购买了伊斯梅尔持有的所有股票。议会毫不迟疑地批准了他这项大胆的行动（完全违反了议会准则）。迪斯雷利使英国拥有了运河公司近 50% 的股份。

三年之后，为了限制俄国在地中海的野心并维护运河的安全，迪斯雷利（此时他已经被封为比肯斯菲尔德勋爵）与土耳其达成协议，塞浦路斯因此在事实上成为英国占有的领土。他的一些反对者称他为“旧犹太人”，他确保了英国人在地中海上的一条生命线，即从地中海西部的门户直布罗陀到东部新的门户塞得港。俾斯麦很快就意识到了运河对英国的重要性及其对英国敌人的价值。他说：“它就像是给连接大英帝国脊柱与大脑的脖子套上的绳索。”

作为这一航线的海上交通与贸易往来的捍卫者和护卫者，英国此时占据了马耳他和塞浦路斯。迪斯雷利早年间曾被东方激发了想象力，当时他以“像风信子一样的长卷发”让马耳他的驻军瞠目结舌，而此时他让拜伦笔下的“红衣桃花面”成了这片古老海洋的主人。塞浦路斯曾被他称为“维纳斯的玫瑰王国”和“十字军的浪漫王国”，此时他将塞浦路斯献给

了女王和她的臣民。一个有趣的事实是，这位伟大的政治家的 514
父亲来自一个意大利犹太人家庭，而母亲则来自西班牙和葡萄牙犹太人的名门望族。因此，他自己的身体汇聚了地中海西部、中部和东部海盆的血液。迪斯雷利是英国历史上最伟大的首相之一，是一个纯粹意义上的地中海人。

第四十五章　大转型

515 由于工业时代的到来和轮船的出现，地中海的港口、城市甚至小渔港都发生了不可逆转的变化。几千年来几乎未曾变化的古老的造船和修理方法要去适应帆布和木材改成燃煤锅炉和钢铁的情况。像直布罗陀、马耳他和塞得港这样的大型煤炭补给站，在船舶从帆船变成蒸汽机船的过程中，它们的转型并没有太大的困难，因为皇家海军和英国资本使这种转型不仅是必要的，而且是相对容易完成的。位于潟湖上的威尼斯陷入停滞状态，尽管对于外国旅行者和审美学家来说这是让他们感到高兴的一件事，但是生活真正的变化发生在别处：土伦成为法国舰队的主要港口，热那亚因为其公民的商业能力而重新找回了一些往日的自豪感，马赛港商业繁荣，墨西拿时常发生地震，阿尔及尔处在新的法国统治者的统治之下，这些城市以及许多其他类似城市想方设法地适应新时代的要求。19 世纪是一个奇妙的拼接时代：这片海洋的某些地区在这个时代成为北部工业区的映像；另一些地区只是受到了部分影响；而剩下的地区则几乎保持不变，仍然处在与数个世纪之前相同的氛围和观念中。毕竟，在如此之多的种族、宗教和文化相互交融的地区，很难期待法国大革命和工业革命会彻底改变历经数个时代而形成的习惯。

意大利在过去的数个世纪里一直是地中海的心脏，无论是在外国的占领下，还是在分裂后形成的大量小公国的联合统治之下，法国人的催化剂——关于伟大的征服者宣讲的那些原则（尽管他并不总是将其付诸实践）的记忆——迅速在这些共和国中掀起了革命浪潮。受罗马共和国古典思想鼓舞的理想主义 516
者朱塞佩·马志尼（Giuseppe Mazzini）被称为“意大利共和国运动的圣人”可谓恰如其分。卡米洛·奔索·迪·加富尔（Camillo Benso di Cavour）是一位自由主义知识分子，他起初涉足新闻事业，创办了《复兴报》（*Il Risorgimento*），最终推动意大利统一的运动也被称为“复兴运动”。朱塞佩·加里波第（Giuseppe Garibaldi）是一位拜伦式的浪漫主义者，他与“千人军”一起在西西里岛登陆，其结果是这座备受争议的岛屿以及那不勒斯王国被归还给了意大利的新国王。这三个人与教皇庇护九世（Pope Pius Ⅸ）是这场旷日持久的斗争中的主要人物，这场斗争使意大利在历经多年之后（从 1820 年到 1870 年）终于实现了驱逐外国统治者的目标，而且狭长的亚平宁半岛在多个世纪以来第一次具有自己的身份。这四个人都是在意大利北部出生的，这也许并非毫无意义。其他唯一曾统一意大利的民族就是罗马人，他们也来自意大利北部。

在此期间，欧洲的自由运动激发了人们的热情，通过那些致力于自由事业和向自由事业致敬的人创作的无数政治演讲稿、书籍、传单和诗歌就可见一斑。在英格兰，人们永远都不会忘记拜伦参与希腊独立战争的回忆录，另一位浪漫主义诗人阿尔加侬·斯温伯恩（Algernon Swinburne）赞扬了欧洲大陆的抗争形式，这首诗尽管远非他最杰出的作品，但是能传递出当时的情感：

统治者的心病了，大祭司摸着他的头：
因为这是死人耳中听到的快节奏歌曲……
在喧嚣的日子和事务之中，风声在笑：
祭司们如谷壳般四散开来，统治者如芦苇般被折断。

不幸的是，革命只会由那些敢于犯错的人发动，尽管他们可以改善参与革命的民众的命运，但是他们不可避免地会引发另外一系列的问题，这些问题通常与此前的问题一样难以解决。19 世纪下半叶，欧洲各国民众相互融合，导致出现了新的民族国家，例如意大利和德国，这并不一定预示着一个和睦友善的时代将会来临。即便是包含着嘲讽的（cynical）意味，罗马人“分而治之”的天性（英国人在某种程度上继承了这种天性）也是一种有效的方式。但是“cynical”这个词不止
517 有一种用法，因为最初的犬儒哲学家（cynic philosopher）只是不赞成富裕、安逸和奢侈。根据其普遍认同的现代意义，“cynical”已被用来指代否认人类动机和行为中所蕴含的诚意的人。的确，马志尼、加富尔和加里波第（他们也有过错）就是“赤胆忠心”之人的例子。然而这类人的麻烦在于他们的活动经常被那些忠诚度较低的人利用。在地中海的历史上，有时现实主义者（有些人会称其为“犬儒主义者”）所遭受的伤害似乎要少于理想主义者遭受的伤害。这并不是意味着意大利的统一从任何意义上讲都是一件不应该发生的事情。然而，仅仅是发生了这样一个事实就导致了另外一系列的问题，这些问题直到 20 世纪 70 年代都还几乎没有得到解决。

法国人征服阿尔及利亚是这一时期的另外一个重大事件。就像意大利的转型一样，这次行动历时多年。尽管从 1830 年

起法国人就已经牢牢地控制了阿尔及尔，并且土耳其对这里的统治已经终结，但是法国人发现这绝不意味着阿尔及利亚本身变成了他们的领土。在这里，法国人与当地居民在每一寸土地上都存在争议。一段时间以来，法国人被迫将其占领范围限制在沿海的主要港口阿尔及尔、奥兰、贝贾亚（Bougie）和波恩（Bône）[①]。实际上，他们征服阿尔及利亚这个国家的方式与巴巴罗萨的方式如出一辙。法国人逐渐控制了这个地区。1838年，在法国指挥官的带领下，法国人占领了地位重要且富裕的君士坦丁行省，但是距离法国人牢牢地控制整个阿尔及利亚还有20年的时间。即便是在此之后，内陆地区的野蛮部落也时常爆发叛乱。阿尔及利亚的山地部落就像撒丁岛的巴尔巴地亚匪徒一样，他们从来没有真正承认过占领该国的任何帝国。罗马人、阿拉伯人和土耳其人发现，明智的做法是将这些崇尚自由的骑兵单独留在阴森的山林中，而不是尝试去征服他们。法国人招募了巴黎和其他主要城市的穷人和失业人员，将他们安置到北非地区，因此阿尔及利亚的大部分地区逐渐转变成了母国的附庸。最终，这块殖民地被宣布为法国的领土，并被划分 518
为多个省（department），这一地方行政单位与法国的国内省类似。最终，阿尔及利亚海盗被彻底肃清，复兴的阿尔及利亚再次为地中海的贸易和稳定做出了贡献。

1869年，突尼斯王国灭亡，法国人（在与英国人达成秘密和解的前提下）攻入迦太基人的古老故乡。对突尼斯的征服并非一帆风顺，但是到19世纪80年代，几乎所有突尼斯的领土都已在法国人的控制之下，突尼斯并未沦为法国的殖

① 即现在的安纳巴（Annaba）。

民地，而是成了法国的保护国。像阿尔及利亚一样，工业化和法国文化迅速使这片闻名于世的土地在地中海国家之中恢复了荣光。

19 世纪后半叶，地中海盆地自 2 世纪以来再次迎来了和平与繁荣的盛景。历经长达 1700 年的野蛮残暴、战火连绵、经济停滞和折磨煎熬的时代，人类才恢复了与海洋本身温润气候相调和的状态。

在地中海的东端，航运路线此时正慢慢消失在沙漠之中，轮船的烟囱、桅杆和轮船的上层构造与砂石、骆驼、穿长袍的农民以及古老的肮脏之地互不相容，彼此对立，另一场战争一触即发。这次的战争是围绕埃及的控制权而爆发的。埃及处于破产的状态（导致伊斯梅尔将其所持有的运河股份出售给了迪斯雷利），这不可避免地招致了一系列国际调查，而每一次调查都使埃及越来越被欧洲控制。英国和法国的债券持有人此时通过控制埃及人大量的收入来源而对埃及政治和经济的稳定产生了很大的影响力。到 1879 年，埃及实际上处在英国和法国双重控制体系之下，伊斯梅尔被迫退位，他的儿子被指定为他的继承人。两年之后，这一体系已运行得非常平稳，尽管这一体系不可避免地会引起埃及上层阶级的反抗，后者为了一己私利长期错误地管理埃及。因为对一个不幸之人的社会良知或人道关怀从未成为埃及哲学的组成部分。

埃及军官艾哈迈德·阿拉比（Ahmed Arabi）领导全国各
519 地起义的时机已经逐渐成熟。正如经常会出现的情况那样，这位领导人是一个诚实而虔诚的理想主义者，他无法忍受看到自己的国家在土耳其人的统治之下陷入一片混乱或被“法兰克人”（包括英国人和法国人）为了一己私利而统治。同样，这位领导者不过是其他实力更强大之人的工具，后者只是为了扩大自己的利益而利用他。在一段时间内，他们的计划取得了成功，而阿拉比设法让政府做出了一些让步。但是这种状况并没有持续很长的时间。1882 年 6 月，亚历山大爆发骚乱，许多欧洲人丧命。一个月之后，一位率领八个铁甲骑兵中队的英国海军上将要求阿拉比停止向该市的堡垒增加兵力。当他没有收到令人满意的答复时，这支部队向亚历山大开火，炸毁了其中两个堡垒并重创其他堡垒。然而，这座城市本身几乎没有受到任何影响，因为海军炮兵已经达到可以严格选定海岸目标进行轰击的水平。既然此时已经非常清楚，解决埃及问题的唯一方法就是派遣武装部队登陆，所以英国人邀请法国人与他们合作。法国人回绝了英国人，意大利人也回绝了英国人。两国都不愿意过于深入地参与其中。也许双方都希望如果英国人成功了，他们可以从中分一杯羹，同时在埃及人眼中保持着仁慈的中立姿态。

因此，1882 年 9 月，一支英国军队在埃及登陆。阿拉比兵败并被驱逐；英国人成了这个国家的统治者。他们的初衷并非如此，正如他们在给欧洲各国政府的一封照会中所解释的那样，他们认为他们的立场要求他们“有责任提供建议，以确保事态得到令人满意的平息，促进安定和发展”。

从此时起，在未来的 50 年内，英国人再次卷入埃及事务，这是一项费力不讨好的任务，而这一任务产生的原因仅仅是他们担心运河会威胁印度帝国。他们后来卷入了苏丹战争，又一直面临在尼罗河三角洲维持法律和秩序的永恒问题，以及极其复杂的重组和施政策略：所有这些都是埃及历史的组成部分，而不属于地中海历史。1960 年，E. M. 福斯特在以亚历山大

为主题的著作中总结道："它的未来像其他大型商业城市一样
520 充满不确定性。除了公共花园和博物馆以外，这座城市几乎没有承担过历史责任。图书馆迫切需要资金，美术馆也名不副实，与过去的纽带也被切断了……城市似乎确保了以棉花、洋葱和鸡蛋为基础的'物质繁荣'，但是在其他方面上几乎没有进展，也没有任何可以与索斯特拉特斯设计的法罗斯灯塔、忒奥克里托斯的田园诗（Idylls of Theocritus）以及普罗提诺（Plotinus）的《九章集》（*Enneads*）相媲美的作品。只有气候、北风和海洋才能像3000年前第一个访问者墨涅拉俄斯（Menelaus）在拉斯埃丁登陆的时候一样纯净。到了晚上，后发座（Berenice's Hair）仍然像天文学家科农（Conon）发现它时一样明亮。"

除了在20世纪的世界大战期间重新成为一个重要的海军基地外，亚历山大再次从这片海洋的风云变幻中淡出。在过去的50多年中，它自身的历史反映了埃及以及（不准确地说）大部分中东地区的历史。

寓言故事最恰如其分地阐释了地中海民族的心理，这个故事的作者是一个生活在亚历山大的希腊人，他可能是伊索的子孙之一。"一只青蛙蹲在埃及城市伊斯梅利亚附近甜水运河的沙滩边上，它正准备游泳时，听到身后传来一个声音。它转过身来，惊恐地发现一只蝎子正在对它讲话。蝎子说：'不要害怕，我只是想请您帮个忙。您是否愿意将我带到对岸？我的妻子和家人正在那里等着我。''我想我不能答应你，你只要到我的后背上来就会蜇死我'，青蛙说着就准备立即跳到水里。蝎子平静地说：'这不是很荒谬吗？因为如果我这样做，那么我也会和你一样被淹死。你是知道的，蝎子不会游泳。’青蛙若有所思地说：‘你说的倒是有道理。’青蛙是个热心肠，它说：‘好吧，你跳上来吧！’蝎子跳了上来，青蛙游向遥远的对岸。刚游过了一半，它惊恐地发现蝎子蜇了自己。毒液迅速发作。当它开始沉入水中时，它抬头看着它的这位乘客，哭喊道：‘你杀了我！现在我们都会被淹死！你为什么要这样做？这简直太荒谬了！’当河水就要漫过它们俩的时候，蝎子说：‘这当然是没有道理的，但我们现在是在 521
中东，你明白的！’”

苏伊士运河改变了地中海，这无疑是 19 世纪地中海历史上最重要的事件。1893 年科林斯运河开通，虽然这一事件的重要意义远不及苏伊士运河的开通，但非常有意思的是，它解决了一个古老的难题。科林斯岩石地峡非常狭窄，其最窄处不足 4 英里，通过这里可以从爱琴海横穿科林斯湾进入伊奥尼亚海。在古典时代，它曾经是世界上争议最多的地区之一，正是这道海洋之间的屏障使科林斯古城在航海方面具备了重要意义。希望避开希腊南端马塔潘角漫长且经常出现疾风暴雨的海岸线的船舶会在科林斯卸下重货，通过滚轮将货物运出地峡。科林斯收取转运费并且成为转口贸易的重要中心，利用自身的条件发展成为一座繁荣的制造业城市。

公元 66 年，罗马皇帝尼禄（Nero）[①] 在他欢欣雀跃的希腊文化之旅中曾计划在地峡中开凿出一条运河，而这项工程实际上在第二年就破土动工。然而，尼禄皇帝不久之后就去世了，他的去世，加上筹集物资困难，导致第一次尝试无疾而

① 罗马帝国的第五位皇帝，酷爱希腊文化和思想。公元 66 年他将政府交给大臣代管，离开罗马前往希腊游历，寻找文化之根。这一举动也从客观上导致罗马内部爆发叛乱，最后尼禄自杀身亡。

终。经过了近 2000 年之后，运河最终建成。即使在使用 19 世纪末机械设备的情况下，凿通运河也耗费了 12 年的时间，运河长 3 英里多一点，底部宽约 69 英尺，为吃水不超过 22 英尺的船只提供可通行的水道。小型客船、货船、渔船和沿海船舶也可以使用这条水道。但是，即使在最初开通运河时，运河深度也无法容纳更大吨位的船舶，并且随着船舶尺寸不断增大，它已经有些陈旧落伍了。经过这条运河，从亚得里亚海和希腊西海岸开往爱琴海和黑海港口的船只可以缩短航行距离。从西西里岛、意大利西海岸和法国南部出发的航线，无须经过这条运河，因为缩短的航行距离没有太大意义。例如，从墨西拿经过运河到比雷埃夫斯和伊斯坦布尔缩短的距离分别约为 20 英里和 80 英里。从运河中受益最多的人是那些希腊渔民、小游
522 艇船长和沿海的水手，他们现在用几个小时就能从岛屿星罗棋布的爱琴海抵达柔美朦胧的伊奥尼亚海。如果运河在古典时代就已修建成功，那么它将对海洋世界造成巨大的影响。如果桨帆船能够迅速地从一片海域抵达另一片海域，那么整个历史进程可能都会改变。

第四十六章　另一个世纪

除了改用烧煤的蒸汽动力船外（第一次世界大战后不久 523
煤炭就被石油燃料取代了），19 世纪地中海又发生了一次重要的革命。在海角和岬角上，在利帕里斯群岛（Lipataris）等岛屿陡峭的一侧或者马塔潘角等孤零零的岬角上，灯光开始为航船发布预警信息。就像在世界上主要运输路线通过的其他地区一样，整个地中海的新灯塔开始利用 19 世纪的技术产品提供有关岩石、浅滩或岬角的信息。

维多利亚时代优秀的建造者和技术人员将注意力转移到灯塔的建造和设计上，由此出现了一种全新的海上安全措施，它成为制图学、导航方法及仪器方面的进步的辅助手段。19 世纪航运业增长迅速（世界贸易突飞猛进地发展），加上现代船舶已经达到了全新的速度，使改进灯塔信息传递方法变得至关重要。之前，当桨帆船、大帆船、三桅军舰、风帆战列舰的航行速度只有几节时，陆地上就不必发出存在风险的远程警报。此时一切都已发生改变，即使仍在使用船帆的商船，例如横渡大西洋和太平洋的大型快船，行驶速度也可能高达 14 节。在以这样的速度航行时，尽早发布所有关于海岸线的危险信号是极其重要的。

即便是在过去，指示重要的海角或港口的必要性也促使人们修建灯塔。世界上第一座真正的灯塔可能就是宏伟的亚历山

524 大法罗斯灯塔。随后，罗马人凭借他们锲而不舍的精神在地中海的主要港口都建造了灯塔：罗马帝国的奥斯蒂亚港、西罗马帝国的第二首都拉韦纳、控制着罗马与南部大城市之间贸易路线的那不勒斯北部港口普泰奥利（Puteoli）[①]，以及紧扼著名的海峡、布局严整的墨西拿港——这仅仅是罗马人曾经建造过灯塔的几个地方。在地中海之外，加龙河（Garonne）河口以及英吉利海峡北侧的多佛和布洛涅（Boulogne）都建造了灯塔。腓尼基人在横穿比斯开湾前往遥远的“锡矿群岛”的航线起于拉科鲁尼亚（La Coruña），他们在这里建造了一座灯塔，后来在图拉真皇帝统治时期进行了维修。肯定还存在其他数百个未有记载的灯塔，因为在罗马帝国的黄金时代，大海被彻底地驯服，以至于商船在夜间可以不间断地卸货。在接下来的数个世纪，真正的黑暗降临；在这段时间，人们不愿让数不清的海盗知道他们的城市所在，一代又一代的海盗们搅扰得海路不得安宁。

乔治·R. 帕特南（George R. Putnam）在《不列颠百科全书》中对之后修建的一些灯塔做出了如下评论：“柯尔杜昂（Cordouan）灯塔位于吉伦特河河口，它建在海里的一块岩石上，是第一座海水环绕的灯塔并一直保存至今。在这同一块岩石上，之前曾经建造过两座灯塔，第一座灯塔是由路易一世（Louis le Debonnairc）于 805 年修建的，第二座灯塔是黑太子爱德华（Edward the Black Prince）修建的。现有的灯塔结构是 1584 年法国亨利三世[②]统治期间动工并于 1611 年建造完成。18 世纪末，这座文艺复兴时期的宏伟建筑的顶部被拆除……

---

① 即现在的波佐利。

② 原文为亨利二世。

[直到那时] 灯塔上的光是点燃的橡木发出的，之后很多年则一直是燃烧煤炭发出的光。一座位于拉科鲁尼亚的古老灯塔被称为赫拉克勒斯灯塔，这座灯塔应该是罗马时期建造的。热那亚的卡波灯塔（Torre del Capo）……始建于1139年，并于1326年首次投入使用……梅洛里亚灯塔（Pharos of Meloria）始建于1154年，经过数次重建，直到1290年最终被毁。”

所有这些早期的灯塔都存在严重的缺点，即它们用木材作燃料，后来又用煤炭作燃料。这些都难以令人满意，尤其是在下雨天以及刮大风的冬季更为糟糕。其中一些灯塔的维护费用 525
极高，据说每年需要消耗多达400吨煤（在那个运输困难的时代，这一数目不算小）。所有这些早期灯塔所发出的光都是灯塔顶部炉栅或小木屋里的火光。当时还没有可以适用的有效镜面来进行光反射，直到16世纪，人们才开始在点燃的油灯或大蜡烛后面放置反射镜。（一座灯塔需要24支蜡烛发光，其中5支蜡烛重达2磅。）在光源后面放置一个抛物面镜，这意味着射在其表面上的所有光线在发生反射时均与轴平行，从而会形成一条光束。这就是最初的灯塔，它从19世纪开始改变地中海的面貌。橄榄油、鲸鱼油以及动物脂肪通常被用作棉线灯芯油灯的燃料。19世纪它们逐渐被石蜡取代，后来大城市郊区开始使用煤气。当人们开始使用电灯照明时，最剧烈的转型到来，尽管这次转型仍旧仅限于大型港口，直到人们设计出小型的高功率发电机后才突破了这一局限。乙炔成为整个地中海地区许多小型或无人值守的站点使用的照明材料。

再次引用乔治·R. 帕特南所说的话，“[一个国家的海岸线] 有三道防线：第一道防线是强烈的海上灯光指示出来的重要‘登陆区域’，需要使用最亮的设备射出这道光束；辅助照明灯虽然不需要像第一道防线的照明灯发射的光那么强烈，但是这一道防线也非常重要，它在导航时可以指示船舶的转向点；最后一道防线就是港口灯，它将船舶引至安全的避风港……”在19世纪末和20世纪初，整个地中海地区都已经确立了这些规则。这些措施为水手提供了从未有过的全新安全保障。从亚历山大港到比雷埃夫斯，从帕特雷海湾到的里雅斯特，向南经过位于意大利“脚趾”部位的斯巴提芬托角（Cape Spartivento），绕过西西里岛南部的帕塞罗角，向西经过邦角半岛和突尼斯，远至乌云密布的直布罗陀巨岩，地中海戴上了一条由灯光组成的“项链”。法国南部海岸有许多港口和码头，它们闪耀着钻石般的光芒；而在意大利西部、科西嘉岛和撒丁岛，灯光则像暗色的天鹅绒缎带散发出来的光芒一
526 样璀璨。在几十年前，在整片海洋的沿海地区，以及这里的城镇、山村、道路和房屋都会有亮光照射出来。在出现这种情况时，靠近港口的导航员将不得不再次睁大眼睛仔细观察，这次并不是要发现陆地上闪光或黑暗的区域，而是要区分他正在寻找的导向灯和可能与之混淆的咖啡馆、饭店、旅馆和广告牌的灯光。

在这一过渡时期，随之而来的是一段持续近100年的相对和平时期。在这段时间之内，除了奥斯曼帝国控制的地区以外，地中海从法国大革命产生的解放思想和工业革命形成的其他更务实的思想中受益匪浅。

虽然地中海不是第一次世界大战的直接导火索，主要战役不是在这一区域爆发的，这次战争也不是在地中海结束的，但地中海盆地和它周围的土地确实是战争争夺的核心所在。巴尔干深陷泥潭的境况、奥斯曼帝国的持续衰弱，以及

德国人建立海外帝国的野心（与拿破仑的所作所为如出一辙，他们将目光投向埃及是意料之中的事情），所有这些都成为战争的起因。就如同克基拉是导致伯罗奔尼撒战争爆发的祸根一样，一次规模相对较小的事件成为欧洲大陆爆发战争的主要导火索。

与人私通的女王海伦是特洛伊战争的替罪羊，实际上这次战争的真正原因是争夺达达尼尔海峡和俄国谷物贸易的控制权，这个问题远远更为重要。同样，巴尔干这一相对不重要的地区引发了人类历史上最惨烈的战争。1914 年 6 月 28 日，奥地利的弗朗茨·斐迪南大公在一座并不知名的城市——波斯尼亚首都萨拉热窝被暗杀身亡，这与海伦与人私通产生的影响具有相似性。除了事件所涉及的个人以外，该事件本身并不太重要，但是它为庞大势力提供了撬动事态发展的杠杆。

本书不会像编年史般地记录两次世界大战的任何细节，虽然它们改变了欧洲和地中海的面貌，并且改变了世界上几乎所有国家的人们的整个生活方式，但这并不在本书讨论的框架范
围之内。要想对 20 世纪发生的事件有准确的认知，现在仍然 527
为时过早。现代历史学家因为与这些事件太过接近而必然存在劣势。一位当代的历史学家对事件、人物以及名望的归类与数个世纪之后人们进行的归类往往存在天壤之别。为了做到真正的客观，历史学家至少要与他研究的对象间隔一个世纪。例如，在整部地中海历史之中，人们很可能会认为汪达尔人盖塞里克或埃及征服者阿穆尔要比占领喀土穆的英国陆军元帅基钦纳（Kitchener）或墨索里尼的地位更加重要。

万物皆将逝去，国家、城市和个人的事迹往往会被转化或湮没在时代的泥沙之中。可能有比荷马更伟大的诗人，但是我

们不知道他们的作品。第欧根尼也许是比苏格拉底更重要的哲学家，但是他没有柏拉图这样的学生让他流芳万世。在大希腊时代，西巴里斯（Sybaris）[①] 是所有希腊城邦中最伟大的城邦。但是，它在英语中只不过留下了一个名字而已。人们已经发现了西巴里斯遗址，它位于地下 20 英尺的地方，并且可能永远都不会被人们发掘出来。另一方面，庞贝城是一个相对并不重要的罗马海滨度假胜地，现在它成了一座家喻户晓的城市，从那里挖掘出来的文物给欧洲人的家具和品位打上了永久性的印记。我们对过去的了解取决于命运和运气。但是，我们对最近发生事件的了解不可避免地取决于我们的个人生活状况或承继下来的偏见。英国人、法国人、德国人或美国人在谈及最近爆发的两次世界大战时能够如同谈论化学实验中试管内的某些反应一样平心静气吗？历史从来不是一门精确的科学，尽管有人假装认为它是精确的科学。它取决于有限且经常带有偏见的证据，而极少会频繁出现纠正这种偏见的要素。（如果是一个迦太基人来撰写罗马人的历史，那么其中会有极具价值的修正。）与掌管天文学和其他精确科学的乌拉尼亚（Urania）相比，掌管历史的缪斯女神克莱奥（Clio）与她掌管诗歌的姐妹有着更多的共同点。

在世纪之交的 1899 年，英国殖民大臣约瑟夫·张伯伦（Joseph Chamberlain）说：“我们与德意志帝国之间的联盟是
528 最天然的联盟。”他的陈述中有一些实质性的内容：英国人与德国人在血脉和语言方面有着基本的纽带，并且具备气质层面

---

① 又译锡巴里斯，位于意大利南部的古希腊殖民地，盛产谷物和美酒，在公元前 6 世纪达到鼎盛，是当时希腊最富庶的城邦之一。

的相似之处。然而，新近完成统一的德国人民并不这样认为，他们怀疑英国人证实了俾斯麦对他们发出的警告，即自由散漫的英国必将腐败。他们也从一种类似的方式认识到，一个腐朽的强国尝试求助于一个新兴且具有活力的民族，来捍卫这个帝国所取得的利益。

爱德华七世（Edward Ⅶ）对法国情有独钟，因此，在英国君主立宪制度的框架内，他尽其所能地将自己的国家与其宿敌推向《英法协约》的一方，这一点并不奇怪。德意志皇帝威廉二世钦佩英格兰在某些方面所具备的贵族气质，却也认为英格兰的其他品性几乎或根本没有任何可用之处。他不喜欢他这个大腹便便的舅舅①，但他对英国拥有庞大的海外资产羡慕不已。即使是20世纪人类异常复杂的事务（与那些促成古代帝国或城邦联合起来作战但表面上较为简单的网络相比，这次的参与方更多）也涉及个人因素。如果英国国王和德国皇帝彼此之间保持友好的关系，那么很可能第一次世界大战就不会爆发。

就地中海而言，相比在欧洲大陆上演的主戏，在地中海这个舞台上的所有战斗只是小节目而已。然而，远征达达尼尔海峡、萨罗尼卡和美索不达米亚的行动全部涉及运送成千上万的士兵横穿地中海的情况。尽管存在潜艇战的新威胁，但是英国及其盟友法国在运送大量人员和物资方面比在克里米亚战争期间做得更为成功。

1915年1月，协约国战时委员会制定达达尼尔海峡远征策略：“占领加里波利（Gallipoli）半岛，目标是攻陷君士坦

① 威廉二世是爱德华七世的外甥，威廉二世的母亲是维多利亚公主，与爱德华七世是兄妹。

丁堡。”可以准确地看出，德意志的土耳其盟军是同盟国潜在
的致命弱点。但是，协约国没有采取果断的决定和调动充足的
军队来实现合理的战略目标。在派遣增援部队前来支援海利斯
529 岬（Hellas Cape）登陆的先遣部队时，土耳其人凭借其内部交
通线的优势已经集结了足够的兵力，可以在滩头歼灭协约国军
队。1916 年 1 月，协约国做出撤军决定时，整个行动可以被
视为一次惨败。不过，如果协约国调集足够的兵力对刚开始发
动的攻击予以回击，那么就可能大大降低战争的损失。协约国
的海军力量再一次证明了他们自身具备极高的效率。所有部队
都从这个四面楚歌的半岛撤出，没有牺牲一人。然而，这次战
役本身导致仅英国就有 12 万名士兵丧生。

萨罗尼卡战役的主要目的是遏制德国在巴尔干地区的影响力并在一定程度上减轻塞尔维亚的压力，这场战役从 1915 年一直持续到 1918 年。最后，协约国获得了胜利，这是协约国在这次战争中赢得的第一个具有决定意义的军事胜利，但与此相反的一个事实是，三年来，大部分协约国部队一直被困在保护巴尔干半岛的深山之中。德国人说萨罗尼卡是他们“最大的拘留营”，这种说法具有一定程度的真实性。即便如此，1918 年德国的盟友保加利亚被推翻，由此引发了盟友接连投降；最终，同年 11 月 11 日德国自己也缴械投降。

地中海战场的主要军事行动发生在地中海东部海盆，这些军事行动的焦点无疑是埃及和苏伊士运河。1915 年，土耳其人尝试入侵埃及并以失败告终，但是这让英国人充分意识到了连接地中海和红海的那条狭窄水道的价值，英军拥有足够的兵力抵抗在这一方向出现的任何威胁。1916 年，他们发动攻势并向北进入巴勒斯坦。尽管最初遭遇了挫折，但巴勒斯坦远征

军还是胜利结束了此次行动：1917 年埃德蒙·艾伦比将军（General Edmund Allenby）率军占领了耶路撒冷。因为这是当年协约国取得的唯一胜利，有时人们过于夸大了占领这座城市的重要意义。但是，正如过去频繁出现的情形那样，耶路撒冷不仅仅是一座城市，对穆斯林和基督教徒而言，它还具有象征意义。无论是什么势力占据了这座城市，似乎都表示它们有获得胜利的高贵品质。另一方面，正如巴兹尔·利德尔·哈特（Basil Liddell Hart）爵士所言："作为一种道德上的成功，这一壮举是有价值的；但从战略上看，这似乎离目标相距甚远。 530
如果把土耳其描绘成一个弯腰驼背的老人，那么英军并未对其头部——君士坦丁堡发起进攻，之后也未对他的心脏——亚历山大勒塔（Alexandretta）发起攻击，而是选择从脚往上把他生吞下去，就像一条巨蟒拖着它长长的身躯横穿沙漠一般。"

在漫长的战争岁月中，欧洲大陆数以百万计的人在垂死挣扎，世界各大洋被搅动得地覆天翻：深海的炸药、轰鸣的鱼雷，以及被掀翻沉没的商船船首和船尾。而地中海地区基本上没有发生动荡。英法两国在这片海域的舰队和主要基地使他们占据了巨大的优势，这让地中海成为世界上最和平安定的地区之一。第一次世界大战期间，仿佛只有在夏日风暴来临的时候，塞浦路斯、西西里岛和撒丁岛等大型岛屿的地平线才会遭到侵扰。在法国统治下，北非海岸平静地沉睡了下去。在整个海盆的北部和东部，人潮往来如织。但是，在地中海地区，大量岛屿和港口的渔民在安全的地方撒下渔网，放下渔线，这与他们一个世纪以来的情况非常相似。

由于艾伦比将军率领的大部分英军撤至西线一带，对巴勒斯坦的最后一战被推迟了近 6 个月，他们最终在 1918 年秋天发动进攻。这场进攻行动经过了精心的谋划。大量步兵和骑兵被集中部署在地中海沿岸的土耳其前线，虽然土耳其人在兵力上占据2比1的优势，但是在艾伦比发动袭击的地方，他的部队却取得了4比1的优势。土耳其人和德国人折回至内陆东北部的丘陵地区。同时，协约国骑兵在沿海走廊向北疾驰，最后挥师东进，切断土耳其人的交通线并让他们无处可逃。这是世界上有史以来在这一地区使用骑兵的最出色的行动之一，其行动之迅速、决策之果断，使人想起了亚历山大大帝所取得的丰功伟绩。这也可能是历史上最后一次大规模的骑兵行动。

土耳其军队陷入困境，四面楚歌，很快就被围歼了，艾伦比挥师攻占大马士革和阿勒颇。1918年10月30日，即进攻
531 开始仅一个多月后，土耳其人投降，奥斯曼帝国走向终结。土耳其人在5个世纪里一直掌控着地中海东部的霸权，从此以后土耳其人将被局限在其位于小亚细亚的领土以及马尔马拉海以北相对面积较小的腹地（即欧洲的土耳其）。在地中海的历史上，自1453年君士坦丁堡被攻陷以来，从未发生过如此翻天覆地的变化。的确，在19世纪，希腊和埃及脱离了土耳其的控制，但是奥斯曼帝国延续了下来，在持续很长时间的帝国时代，它一次又一次地让整个欧洲感到恐惧难安；后来，它像一个巨大的阴影笼罩着曾经辉煌的东方国家。这个帝国的逝去令人感到痛心，但是正如以往任何中央政府崩溃时的情况一样，它的地位很快就会被新兴民族主义的暴力活动所取代。

土耳其的大败可能解决了黎凡特和近东地区的一些问题，但是很快就出现了其他问题。英国人迫切希望打败德国的盟友，并希望百分百确保自己印度生命线的安全，因此他们向阿

拉伯人寻求帮助，并向他们许诺了很多回报。正如T. E. 劳伦斯（在此次东部战役中发挥了重要作用）在《智慧七柱》（*Seven Pillars of Wisdom*）中所写的那样：“（对于个人抱负而言）接下来起作用的就是狭路相逢勇者胜：他们认为没有阿拉伯人的帮助，英格兰将无法承担攻陷土耳其领土所需付出的代价。大马士革陷落后，东线战争宣告结束，可能整个战争也走向了终结。”随后，劳伦斯很快就对英国政府的阿拉伯政策彻底失望。阿拉伯国家的土地过去因贸易路线而在地理上具有重要意义，而此时则具有更重要的意义。贫瘠土地下面蕴藏的石油让它们再次走到了历史舞台的最前端。

在帝国崩溃的动荡局势、新民族国家的建立、胜利者的欣喜若狂和利害得失的衡量计算之中，历史学家可能没有注意到一个微小的因素。1917 年 11 月，也就是战争结束的前一年，英国外交大臣阿瑟·詹姆斯·贝尔福（Arthur James Balfour）做出了庄严的承诺，并且促使英国去兑现这一承诺。此后这个宣言被称为“贝尔福宣言”，其承诺是“英王陛下的政府赞成 532
犹太人在巴勒斯坦建立一个民族国家，并会尽力促成此目标的实现。需要明确说明，此举不得损害已在巴勒斯坦的非犹太民族的公民和宗教权利……”

因此，为了在战争的艰难时刻赢得犹太世界的支持，英国承诺废除犹太人大流散（Diaspora）的政策。大英帝国的法令废除了罗马帝国驱散犹太人的法令。就像在他们之前的罗马人所做的那样，无论这一政策的利弊如何，英国人都会发现，干预地中海这个角落的事务就像与一只沙漠蝎子玩游戏一样危险。

第四十七章　和平与战火重燃

533 当尘埃落定、混乱归于平静时，透过慢慢变得清澈的海域可以看到这个世界上地震频发地区所发生的变化。在地中海西部，战争期间保持中立（尽管它偏向协约国）的西班牙迎来了一波接一波的国内危机。在地中海南部，大部分北非地区作为法国的殖民地日益繁荣起来。英国人的统治仍然横跨埃及和苏伊士运河，显然他们实现了自己的目标。但是，此时他们卷入了巴勒斯坦问题。根据新组建的国际联盟的授权，巴勒斯坦已经正式变成了英国的托管地。与此同时，已经沉睡了数个世纪的阿拉伯民族主义正日益成为骚乱的源泉。阿拉伯国家的石油资源对英国（以及其他国家）经济利益的重要性日益凸显，英国人越来越多地参与到这个“易爆”地区的事务之中，就像青蛙和蝎子的寓言一样，一个国家情愿被“淹死”，但前提是看到它的邻国和它一道“命丧黄泉”。

不过，最后一幕是在爱琴海上演的，这出戏剧已经上演了数个世纪之久。“小亚细亚问题”从未得到解决，即成千上万的希腊人生活在不属于自己祖国的古伊奥尼亚地区。在伊奥尼亚全部纳入希腊统治之下的时候，他们就曾居住在这个地方；在波斯人占领期间，他们也居住在这里；在亚历山大征服这里并将其从波斯人的统治之下解放出来后，他们建成了希腊世界中最强大的数个城邦；在罗马帝国以及拜占庭帝国的统治之下，他们也生活在这里；最终，在数百年之后，他们又一直是奥斯曼帝国的臣民。直到 1922 年，这个古老的问题终于通过残酷的方式得到了解决。

1919 年，在得到英国和法国政府的许可后，希腊总理埃 534
莱夫塞里奥斯·韦尼泽洛斯（Eleutherios Venizelos）率军登陆士麦那。结果，这导致了一场灾难。土耳其人战败，但是他们受到凯末尔·阿塔图尔克（Kemal Ataturk）的鼓舞并接受其领导，凯末尔是当时最伟大的土耳其战士，被称为“达达尼尔海峡的救世主”。这位铁腕人物来自安纳托利亚吃苦耐劳的农民阶层，具备赢得胜利的全部意志，以及一些早期苏丹们的外交手腕。他决心不仅要把希腊人赶出他的民族所在的核心区域，而且要改变他的人民。他认为，土耳其之所以遭受苦难，是因为它让自己陷入了欧洲的仇恨和竞争。他让自己的国家不再纠缠于欧洲强国的承诺；之后，他将对国家进行改革，使其成为一个复兴的现代强国。但是，他面临的第一个问题是将安纳托利亚从希腊人手中解救出来。

在随后爆发的战争中，希腊人刚开始打了一些胜仗，之后不幸便接踵而至——一切都如之前一样，政治动荡和尔虞我诈而使这种不幸不断加剧。韦尼泽洛斯下台，亲德国的君士坦丁国王返回希腊。很快，他命令他的军队继续在安纳托利亚进一步发起轻率冒进的冒险行动，希腊军队遭遇大败。更糟糕的是，1922 年 8 月 26 日，希腊人被彻底击溃，慌不择路地退至海岸地区。土耳其人紧追不舍，这使人联想到 15～16 世纪他们进军士麦那的恐怖方式。

希腊人在占领这座城市期间的行径非常残暴，但是此时他们终于明白奥斯曼土耳其人往日的暴戾在历经如此之长的时间后也未曾改变。士麦那被摧毁。亚美尼亚地区的一场大火将整个城市烧成一堆瓦砾，用今天新闻报道的话来说就是“生命损失无法计算”。盟军军舰搭救了 100 万四处逃命的基督徒，军舰横穿爱琴海后将他们送到希腊本土和希腊诸岛。伊奥尼亚的梦想破灭了，取而代之的是凯末尔·阿塔图尔克在伊奥尼亚烽烟四起的战场上赢得的胜利。凯末尔奋发图强，使国家摆脱落后的面貌并改变这个到了 20 世纪民众仍不识字的国家。正如他本人所说，他在与那些对他的一些改革持怀疑态度的新国民议会议员辩论时指出：“主权是通过武力、强权和暴力获得
535 的。奥斯曼的子孙们正是凭借暴力才获得了统治土耳其这个国家的权力，并维持了 6 个多世纪。”

同时，希腊人以及他们的欧洲盟友面临着一个巨大的难题：如何吸纳和重新安置超过 100 万的移民。一个叫欧内斯特·海明威（Ernest Hemingway）的年轻记者在 1922 年 10 月 20 日出版的《多伦多每日星报》（*Toronto Daily Star*）中描述了希腊人从色雷斯逃亡的经历：“在那不见尽头的队伍之中，东色雷斯的基督教徒们摩肩接踵，涌向马其顿。在阿德里亚堡横渡马里查河（Maritza River）的庞大队伍长达 20 英里。奶牛、小公牛和浑身泥泞的水牛拉着的大车组成了一条长 20 英里的车队，疲惫不堪的男人、女人和孩子在雨中漫无目的地前行……他们所能做到的就是一直往前走。他们身上鲜亮的农民服饰被雨水淋湿，拖拉在地上。鸡在牛车上跳来跳去。在溪流阻断队伍的地方，小牛正舔着拉车的老牛。一个老人弯着腰赶着一头小猪，他拿着一把镰刀和一把枪，一只鸡绑在他的镰刀上。一个丈夫将其中一辆手推车铺上毯子，为一名妇女挡雨。她是唯一发出声音的人。她的小女儿惊恐地看着她并开始哭

泣。这支队伍还在继续前进。”

令人痛心的是，报道中反映的这种情况可能已经在这片海域的历史上重复了数千遍之多。此类事件导致的直接影响就是让观察者感到惊愕万分。然而，仅仅过了13年之后，即1935年，H. A. L. 费舍尔在《欧洲史》中冷静客观地写道：“自士麦那沉船的事件之后，出现了一个陌生而充满希望的东方。希腊和土耳其这两个君主制国家灭亡，其中一个是由外国扶植并大约存续了90年之久的国家，另一个是国祚悠长的奥斯曼民族的国家。凭借来自亚洲移民的勤劳工作，希腊变得比以前更富有、更强大且人口更多。穆斯塔法·凯末尔新建立的土耳其共和国的特点是国家权力高度集中。”土耳其仍然是一个共和制国家，不过希腊恢复了君主制：尽管当时的希腊君主再次踏上流亡之路，但希腊仍在军事寡头的统治之下。

在第二次世界大战之前的几年里，位于地中海西端的西班牙滑向19世纪美国内战以来最激烈的内战深渊，呈现出一片凄惨的景象；而意大利却开始整理它古老的盔甲，蠢蠢欲动。 536
第一批新独裁者登上了欧洲的舞台。贝尼托·墨索里尼为他的国家做了很多事（后来因对德国的阿道夫·希特勒俯首帖耳而失去了这一切），在墨索里尼的祖国和整个地中海地区，他这样的煽动分子屡见不鲜。他和希特勒是政治和经济环境混乱的产物，最终导致整个欧洲烽火连天。然而，尽管他们在当时不过是“克里昂”式的人物，但他们背后依靠的是现代工业和军事装备。

墨索里尼介入阿比西尼亚（Abyssinia）事务是愚蠢的一步棋；但是他试图重建罗马人曾经在北非建立的意大利殖民地的努力也不是毫无收获。这是为解决意大利人口过多的问题而迈出的一步，而且如果没有爆发战争，那么意大利南部和西西里岛身强体壮的农民可能会向沙漠推进得比他们实际做到的还要远。他的港口重建（主要是为新的意大利舰队而设计的），以及他在荒废的意大利南部和西西里岛的道路重建和市政建设计划也对这些地区的人们多有裨益，即便他这样做的很大一部分目的是实现自己权势的扩张。尽管从很多方面来看，墨索里尼对地中海的影响都是灾难性的，但也并非完全没有价值。他对那不勒斯以南的意大利大部分地区问题的认识是明智的。在随后的几年里，在其观点的启发下，人们首次合理地看待这一地区，以前许多意大利北方人一直认为那里生活的都是野蛮人，并且还自以为高人一等地说："那不勒斯以南都属于非洲。"

然而，早在 1923 年，欧内斯特·海明威就指出，墨索里尼并不是真正的"领袖"（Il Duce）[①]，无法拯救他的人民并使罗马霸权重回地中海。他在 1923 年 1 月 27 日的《多伦多每日星报》上写道："接下来，看看他那黑衬衫和白裤子。即便是从历史角度来看，一个穿着白裤子和黑衬衫的男人也是有问题的。"他继续说："法西斯独裁者宣布他将接受新闻界的采访。大家来了，我们所有人挤进那个房间。墨索里尼坐在他的办公桌旁看书。他的脸被扭曲成了那个著名的皱眉头形象。他将要
537 成为一名独裁者……我轻手轻脚地来到他身后，看看他正在如痴如醉地读什么书。这是一本法英词典，还拿颠倒了。"

法西斯党是一个集权政党，"fascist"源自罗马首席法官所持的"束棒"（fasces）或"木棍"，象征着国家权力。意大

① "Il Duce"是墨索里尼自封的称号，意思为"领袖"。

利自由主义是参与19世纪意大利复兴运动的英雄们的产物，它很快被扼杀掉。为了证明他自我标榜的“罗马复兴”，墨索里尼对意大利海军进行了扩编。至少从表面上看，他建立了强大的舰队，包括新的战舰、巡洋舰、驱逐舰和潜艇。相比于大多数停靠在马耳他、直布罗陀和亚历山大港口的英国战舰，它们的速度更快，也更现代化，这是自拿破仑战争时代以来，英国海军在地中海地区的霸权受到的第一个真正的挑战。然而，意大利一个巨大的弱点在于墨索里尼没有本国的燃料来源，而墨索里尼也许可以在他的同胞面前进行掩饰，但是这躲不过外部头脑清醒的观察员的眼睛。首先，意大利没有煤炭；其次，即便此时的战舰都使用燃油，这一事实也无济于事，因为意大利也没有石油。如果与英国爆发战争，意大利从东方的石油进口将会被自动切断。如果纳尔逊心头上写着“缺少护卫舰”，那么人们很快就会发现意大利海军上将心头上写的是“缺少燃油”。

在两次世界大战之间麻烦不断的20年间（罗伯特·格雷夫斯恰当地将其称为“悠长周末”），地中海地区陷入了动荡不安。法国舰队经常在土伦及其北非的基地开展演习；意大利舰队在南至的黎波里的整个地中海中部海域展示自己的新威力；而英国地中海舰队则在亚历山大港、马耳他和直布罗陀之间往返巡逻。在此期间，活跃在地中海的军舰数量及其破坏力都超过了以往的任何时代。

墨索里尼自豪地将地中海称为“我们的海”（Mare Nostrum），他在提醒他的听众，整片海洋将再次处于罗马人的控制之下，法西斯主义的意图是重建另外一个古老的霸权——罗马帝国。正如他的盟友阿道夫·希特勒在1940年意大利参

战之前所指出的那样："这场战争的结果也将决定意大利的未来。如果您的国家没有丝毫野心，仅仅想在未来永远作为一个
538 欧洲国家而存在，那么我就是犯了错。但是，如果从历史、地缘政治和道德的角度来考虑为意大利人民提供保障，或者根据您国家人民的权利来考虑这一未来，那么今天与德国作战的人也将成为您的敌人。"

无论如何，只有在德国人的支持下，意大利才能取胜。引用 A. J. P. 泰勒名为《超人》（"The Supermen"）的文章中的话："意大利……的势力取决于他人，这被人指责为'豺狼外交'（jackal diplomacy）。墨索里尼的犹豫不决和玩弄花招并不是……怀疑导致的结果，而是一个英雄对现实生活的局限产生的不满，事实上，墨索里尼是一名草根英雄。他虽然自负高傲，但是仍然意识到意大利只能通过与希特勒并肩战斗才能'狐假虎威'：对于那些西方外交官所做出的徒劳无用的误判，即认为意大利将取代俄国在反希特勒联盟中的位置，他从未纠结过（这是英国外交部一厢情愿的想法），他也从未接受像意大利外交官齐亚诺（Ciano）等人野心勃勃的想法，即对德国人敷衍了事，并在大国中间虚张声势。"实际上，墨索里尼是典型的拉丁资产阶级，他被灌输了地中海实用主义的思想，但运用它的能力还欠火候。他的灾难以及意大利的灾难都是因为意大利卷入了希特勒宏大的梦想。一旦与德国上了同一辆战车，他便无法解放自己和他的国家。

欧洲的病态（很快将因美国大萧条这一经济灾难而加速恶化）加速了狂热危机的发展，而地中海本身及其岛屿和海岸线却被一种全新但相对令人愉悦的情况所改变。那就是旅游业的出现。此时，中产阶级（主要来自英国、美国和其他富

裕国家）发现了地中海气候的宜人之处——阳光、海水、葡萄酒和美食，还有令人惊叹不已的艺术和考古遗迹。在地中海西部的巴利阿里群岛、克里特岛、塞浦路斯、埃及和黎凡特（特别是圣地），出现了一种新型的“入侵者”——一个愿意为自己得到的东西（指上文中的阳光、海水等）而支付金钱的人。

新来的游客从逻辑上说是 18 世纪“壮游”之人的延伸，紧接“壮游”之后来到这里的是维多利亚时代的上层资产阶级（haute bourgeoisie）。除了佛罗伦萨、威尼斯、雅典和罗马这些有自己特色的重要文化中心外，在许多地方，人们根据自 539
己的经济条件，要么住在自己建造的夏季别墅里，要么租房或住在新建成的旅馆中。自 19 世纪以来，人们访问这里的频率就一直在上升。例如，在爱德华七世时期，富豪们最喜欢的地方是陶尔米纳（德国一位喜好男色的男爵在那里拍摄了大量当地年轻人的裸体照片，这些照片仍然挂在香烟商店里）。卡普里岛及它“纵情声色”的特点一直以来都拥有狂热的崇拜者，人们认为是提比略留下了这个特色，但这实际上是喜欢传播谣言的苏维托尼乌斯（Suetonius）的说法。法国整个南部地区弥漫着葡萄酒和松树的香气，成为人们经常光顾的一处芬芳之地。

很久之前，欧洲的画家和作家就在地中海发现了许多乐趣，它们令人兴奋但相对便宜，催生了许多画作和书籍，而且他们发现自己在与更富裕但相对缺乏审美观念的游客展开经济上的竞争。拜伦、济慈和雪莱笔下的地中海，以及法国印象派画家、马蒂斯和毕加索（Picasso）等现代画家此时正吸引着来自世界各地的商人。同时，由于航空旅行昂贵且尚处在最初阶段，来到这里的人仍主要是那些有能力负担长期暑假、旅馆、别墅和私人汽车费用的人。美国人斯科特·菲茨杰拉德（Scott Fitzgerald）的小说《夜色温柔》（*Tender Is the Night*）可能比任何人都更好地抓住了这一时期的风貌。这是一个变成了游乐场的地中海。许多追求海滨乐趣的人几乎并不了解，这里一直以来都不仅仅是成年人的夏季游戏场所。另外一部小说，即英国作家西里尔·康诺利（Cyril Connolly）创作的《潮水潭》（*The Rock Pool*）反映了两次世界大战期间地中海在这一方面带给人们的感触，与世界政治势力作用之下它所处的残酷现实相去甚远。

> 因为宿醉，内勒醒来已经很晚了……阳光透过紫色的九重葛照射进来。他蹒跚着走到海边……他睁开双眼，天空和沙滩变成了灰色，就像是一幅照片，他的手轻触着微小的水晶石，女人们棕色的腿在木栈道上走过，但他无法抬头去欣赏。他想，“你现在看到的我，处在生命最高雅的陶醉状态”，他将慵懒的身体缓慢地推入大海，直到他的背部、双腿最后是臀部漂浮起来。海上一片风平浪静。
> 540 整个朱安雷宾（Juan-les-Pins）[①] 浅滩都散发着气味，漂浮着油脂，在距离此处 100 英尺之外地方，才是纯正的咸涩海水。

需要提醒人们注意的是，在此期间，在微笑慈祥的面孔下，这片“双面神雅努斯”式的海洋还有另外一面——战争冰冷的一面，从这一时期意大利和德国出版的无数书籍中都可

① 位于法国东南部的地中海度假胜地。

以找到这张面孔。其中一本书就是胡梅尔·E. 西韦特（Hummel E. Siewert）的著作《地中海》（其出版地和日期都很重要：米兰，1938），这本书提出了一种在当时具有普遍性的理论解释，即意大利注定将统治地中海。“根据地中海人民的意愿，通过确认他们的民族独立，这片海域的‘英国插曲’已经画上句号，他们在很长一段时间内将地中海盆地纳入了他们帝国交通线的安全体系。”时间证明，只要英国人保持对印度的兴趣，他们就必须在很长一段时间内考虑维持自己在地中海的基地。西韦特提出疑问，在这个出现了飞机的新时代，马耳他是否还具有什么进一步的价值；他还根据地图指出该岛处于西西里基地意大利空军可以轻松进行轰炸的范围之内。然而，马耳他仍具有价值；确实，如果从马耳他海岸发起进攻，在很大程度上会使意大利屈服。

与第一次世界大战不同的是，第二次世界大战的欧洲战场主要是地中海盆地。这是因为随着 1940 年法国的沦陷，地中海成为英德两国相互争夺的唯一区域。这也是意大利直接参战的区域，而且一旦意大利决定与希特勒并肩作战，墨索里尼就有希望在这里轻松摘得胜利果实。从 1940 年 6 月意大利参战到 1943 年 5 月轴心国成员突尼斯最终投降，这场争夺地中海控制权的战争持续了将近三年的时间。尽管在此之后，还有登陆西西里岛和意大利战役，但是盟军对这片海洋的控制再未受到挑战。尽管德国潜艇仍然偶尔会给盟军造成损失，但是英国及他们在美洲的盟国仍然可以在不遭受损失的情况下运送大量的人员和物资。

这是一次地中海战争史上非常著名的行动，从“光辉号” 541
（*Illustrious*）航空母舰上起飞的皇家海军战机袭击了塔兰托南

部的意大利战舰基地。天黑以后，21 架携带鱼雷的轰炸机对 5 艘战舰、9 艘巡洋舰以及多艘驱逐舰和辅助设施进行了袭击。这次行动取得了巨大的成功。飞机低空掠过战舰，然后投下了鱼雷；尽管遭遇密集的防空火力，英国仅损失了两架飞机。在这短暂的黑暗时刻里，意大利人的海军优势被摧毁，士气遭受了无法估量的打击。他们的两艘战舰在数月内都无法航行，而第三艘战舰则彻底被摧毁。唐纳德·麦金泰尔（Donald Macintyre）舰长在《地中海战役》（*The Battle for the Mediterranean*）中写道：

> 1940 年 11 月 12 日黎明时分，塔兰托港口的情况引起了人们的注意，人们见证了海军战舰时代的终结。在五个月里，两支敌对的战斗舰队在地中海海域中相遇，一支舰队虽然实力强大但不愿冒险采取行动，而另一支舰队则无法与对方抗衡。双方都无法充分施展海上实力。意大利人一直无法阻止英国人将海上物资运送到马耳他；而英国人则无法切断意大利人从意大利到北非的供应线。
>
> 现在英国舰队的实力已经占据上风。意大利人只有两艘战舰，而坎宁安麾下的舰队则有五艘战舰。

塔兰托战役与德雷克 1587 年在加的斯采取的行动具有同等重要的意义。尽管战舰在接下来的战争中将继续在地中海和太平洋发挥作用，但是搭载鱼雷的飞机在几分钟之内就能改变海上势力均衡。（塔兰托战役是日本发动珍珠港袭击时的参考案例之一，而后来偷袭珍珠港导致美国参战。）自 20 世纪初以来，配备 15 英寸口径大炮的巨型装甲战舰一直统治着这片海洋，此时它与风帆战列舰、大帆船、三桅军舰和桨帆船一道被放进了海军博物馆。

从 1940 年至 1944 年，地中海之前从未有过如此多的地区被卷入战争。在墨索里尼未能成功入侵希腊以及兵败非洲导致德国卷入这场战争之后，几乎没有任何一个海湾、岛屿或港口 542
不曾感受到战争带来的影响。例如，被意大利占领的罗得岛遭到英国海军的炮击，后来甚至像科斯岛和莱罗斯岛这些名不见经传的岛屿也都对驱逐舰的冲撞声、德国俯冲轰炸机的呼啸声、深水炸弹的雷鸣声，以及船只倾覆沉没时如同死亡叹息般的气泡声习以为常。从黎凡特到阿尔及利亚，战事处于胶着状态。除了沿海贸易商以外鲜有人知的德尔纳（Derna）、马特鲁港（Mersa Matruh）和图卜鲁格（Tobruk）等地名都登上了世界头条。在经历了一次大规模空袭之后，尽管德国人成功占领了克里特岛，但是德国伞兵遭受重创。英国在攻打希腊和克里特岛时，他们自己的舰艇遭到空袭，损失惨重，以至于再次陷入防守状态。亚历山大一直以来就是新闻焦点，因为它已成了英国的主要基地——一段时间以来，因为潜艇的威胁，马耳他一直处于动荡状态。正是在亚历山大，意大利人在一次微型潜艇发起的攻击中导致两艘英国战列舰瘫痪，并在很大程度上报了兵败塔兰托的一箭之仇。虽然空军表明它比军舰的防御火力更具优势，但尚未有事实证明凭借空军力量就足以打赢在地中海的战争。归根结底，进攻部队及其武器、储备物资和军用物资仍然必须通过海上运输。

尽管有些时候英国人差点就要被驱逐出地中海，但在 1941 ~1942 年最糟糕的几个月里，他们还是顽强地利用微弱的优势坚持了下来。对于他们的计划甚至生存而言，最重要的是保住了马耳他，正如 1565 年那样，马耳他再次在世界事务中发挥了与其面积不成正比的重要性。英国只依靠马耳他就可以对敌人的运输路线发动最有效的攻击，因为它向南可以摧毁意大利与北非主要战区之间的运输线。英国潜艇负责攻击德国和意大利送往北非的数十万吨船运物资。如果马耳他失陷，毫无疑问，在补给线完备的情况下，德国将军埃尔温·隆美尔（Erwin Rommel）将成功占领开罗、埃及和苏伊士运河。如果说这个石灰岩小岛曾是16世纪欧洲命运的转折点，那么在第二次世界大战中也是如此。

人们时常会听到船队从直布罗陀和亚历山大冲破重围抵达
543 那座陷入困境的小岛的故事，而且只要人们被勾起了关于古代战争的记忆，这种故事就会一直存在。然而，在德国空军（German Luftwaffe）和意大利空军（Regia Aeronautica）用尽浑身解数袭击瓦莱塔固若金汤的堡垒的那几个月中，马耳他人以及要塞驻守部队的士兵、水手和海军陆战队的生活却鲜为人知。在19世纪中叶，英国将军惠特沃思·波特（Whitworth Porter）在他的《马耳他骑士团史》（*History of the Knights of Malta*）中以先知般的远见指出："如今，英国人的心脏和英国人的利剑护卫着那些曾闪耀着圣约翰骑士团舰旗的城墙；如果需要牺牲，那么全世界都会发现英国人的鲜血可以像水一般倾泻而出，去捍卫经欧洲人一致同意由英国人来守卫的这座岩岛。"

以下节选自第二次马耳他包围战期间在"奥罗拉号"（*Aurora*）巡洋舰上服役的前皇家海军陆战队成员所写的一封书信，我们从中可以了解到那时的一些情况。

我于1941年10月初第一次来到马耳他，当时在"奥罗拉号"上的皇家海军陆战队服役。与我们一起来的还有我们的姊妹舰“佩涅洛佩号”（*Penelope*），后来该舰被U型潜艇在安齐奥（Anzio）外海击沉；另外，还有两艘大型驱逐舰——“莱夫利号”（*Lively*）和“兰斯号”（*Lance*）（这两艘舰均被击沉）。这四艘战舰组成了“K”舰队。在前三个星期的星期六，我们于夜间尾随意大利护卫舰，但都在星期日无功而返。但是，第三个星期六晚上终于有不一样的经历了。我们出发时十分匆忙，实际上有些人仍在岸上，“佩涅洛佩号”的舰长在他的战舰穿过水栅［这是海港入口处安置的网架，用于防范潜艇和鱼雷］时才乘坐快艇赶上来登船。我们航行到大约凌晨1点，当我们正准备空手而归的时候，一个桥上的瞭望员发现了战舰：有两支意大利护卫舰队正在集结。我们隐匿在月光下，悄悄靠近它们，并在4000码外开火。从那时直到凌晨2点30分，这里变成了一个射击场。我们击沉了10艘商船、3艘驱逐舰，并烧毁了另外一艘驱逐舰，第二天我们的潜艇将这艘驱逐舰击沉。我们回到马耳他这片欢乐的海洋，因为马耳他人从一些人那里知道我们的行动取得了成功，而且他们在最前面排成一排，站满了所有站台，挥手欢呼……［后来，在的黎波里附近的一次巡逻中，他的船闯入了一处雷区。］我自己所在的“奥罗拉号”配备 544
的港口扫雷器碰到了一个水雷，水雷爆炸并将船底炸出了一个大洞。我们以大约4节的速度且在船身倾斜40度的情况下返回马耳他，停到了干船坞，所以圣诞节那天我们来到了码头……俄国战线在冬季已经停战，德国空军从那里撤出了大批斯图卡俯冲轰炸机（Stukas）、容克Ju－88轰炸机（Junkers 88）和战斗机，它们将西西里岛作为基

> 地，所以从那以后直到 1942 年 4 月初离开时，我们再也没有单独离开过那个船坞。这个地方就像一个战场，在那四个半月中，我们收到了近 540 次空袭警报。我自己负责的点位是皇家海军双 4 英寸口径火炮，我几乎见证了这里发生的所有情况。当然，我现在很少提及，但是我认为您永远不会忘记某些事。我们是仅有的几艘必须开火射击并进入干船坞参与齐射式攻击的战船之一：炸弹的呼啸声、爆炸的雷鸣声，以及落在瓦莱塔、斯利马、弗洛里亚纳和科拉迪诺的灰尘，这里绝对是地狱，我经常觉得我们的幸运星一定持续地闪闪发光，因为我们船坞的弹药箱周围全都被炸弹轰炸过……有一天，我不得不上岸去治牙，牙医刚把针扎进我的嘴里，让我的下巴不能动弹，警报就响了起来。我们下到一个掩体中，枪炮声、炸弹爆炸声、灰尘和震动接踵而来。你知道吗？牙科手术无法进行了。炸弹炸毁了外面院子里的建筑，所以又过了三个月，我才在英国把牙拔出来。

战争中的每一个重大事件都可能留下无数封这样的信件，这些信展现了战争的疯狂和人类的勇气。1944 年维苏威火山大喷发，就在盟军登陆那不勒斯不久后。地中海有史以来从来没有发生过如此重大的自然灾害，仿佛海神波塞冬还记得他的其他古老职责，于是点燃了维苏威火山。一团典型的松树状烟云出现在火山上空，充满灰烬的伞状云团中伴着闪电。这甚至比人类战争的残暴更为骇人。在这座山脚下，被轰炸过的那不勒斯城满目疮痍，雾气蒸腾，天气极其闷热，这与那座曾像珍珠一样闪耀在海湾边的优雅之城无法同日而语。

在过去的这些年里，海军上将安德鲁·布朗·坎宁安（Andrew Browne Cunningham）是自纳尔逊以来在这片海域战绩最为出色的海军军官。战争初期，坎宁安在希腊南部海域的 545
一次夜战中取得胜利（即马塔潘角战役），击沉了三艘意大利重型巡洋舰，而他这一方没有遭受任何损失。后来，尽管敌国空军和潜艇竭尽全力对其进行围剿，但正是坎宁安率领他遭受严重打击的残部继续英勇作战，仍通过位于亚历山大的基地确保了海上交通线的畅通。他在《一名水手的奥德赛》（*A Sailor's Odyssey*）一书中用自己的语言描述了这一切是如何终结的："［1943年］9月11日，我飞往马耳他与意大利塔兰托分舰队的指挥官、海军上将达·扎拉（da Zara）会面，向他宣读关于意大利舰队投降和处置安排的命令。马耳他一片喜气洋洋，人们欣喜若狂，许多街道上都悬挂上了国旗。被轰炸后的森格莱阿一片断壁残垣，因为它与造船厂相邻，所以成为空袭的主要目标之一，这里的教区神父在讲坛上宣布了意大利缴械投降的消息。他是一个不畏艰险的人，在空袭最严重的时候，他平静地在大街上走来走去，口中念诵着他应当承担的职责，给他的民众以勇气和安慰。就在那天，即9月11日，我向海军部发回了一封电报：'很高兴通知您，尊敬的阁下，意大利战舰现已在马耳他堡垒要塞的炮台下方抛锚投降。'"

尽管欧洲战事还持续了数月，但是就地中海战场而言，这场战役已经宣告结束。遭受重创的北非城市，以及希腊、克里特岛、西西里岛和意大利变成了废墟遍地的乡村，还有那些被坦克蹂躏的土地，所有这些都证明这是一场史无前例的灾难。从地中海的一端到另一端，在可以到达陆地的所有航线中，水雷就像海洋中的海胆一样密密麻麻地布满了这片海域。上百万吨的商船和战舰的残骸躺在几英寻深的海底，钢铁的锈迹遍布每一个海角和岬角，它们在蓝色的海水中慢慢地分解。与这些残骸一起埋葬在海底的还有人类的皑皑白骨，它们来自普天下几乎所有的种族。1945 年 5 月 8 日，德国人无条件投降。在某个地方，永恒的罗马超越了现实中喧嚣的城市显现在人们眼前，城里的人家门户紧闭，蓄着胡须的“双面神雅努斯”被遮盖了起来。这片海洋再次回归和平。

第四十八章　时间和海洋

今天，帆船几乎已经从地中海销声匿迹了。即便是在西西 546
里岛西部沿海地区，除了那些游艇驾驶员（如果他们聪明的话，那么他们会给有黑手党背景的守夜人一些钱财）驾驶的绕岛环游帆船，以及那些考察海岸边被毁坏的神庙的帆船外，人们极少会看到帆船。以前腓尼基人曾在特拉帕尼和马尔萨拉之间的海域往来穿梭，现在在这里活动的是沿海贸易商和配备了重型柴油机的渔船，他们不再像古代那样仅限于从 5 月到 9 月的适航季节才出海捕鱼。人们只有在地中海西部和东部地区还能看到商用帆船的影子。一些西班牙纵帆船仍在使用船帆，但这种船帆只是引擎的辅助设备。在爱琴海地区，在盛行美尔丹风的时候，地中海轻帆船的确会使用船帆行船，在岛屿之间往来穿梭。

经历了长达 20 年的战争蹂躏后，这片海洋和它的岛屿，以及邻近的海岸地区展现了一片回归繁荣的可喜迹象。尽管北非地区、西班牙、西西里岛、意大利南部、希腊和土耳其的部分地区仍属于世界上经济不景气的地区，但是地中海许多地区的生活水平高过以往任何时代。20 世纪 40 年代遭受轰炸、炮击和熏烧的城市和港口从灰烬中恢复生机，新建筑拔地而起；建筑之间的新建公路被数百万辆汽车堵得水泄不通。不幸的是，大多数现代公寓、酒店和别墅通常是采用国际标准修建的建筑，称其为“Cosmo-Cola”（一个模子生产出来的可乐）可谓恰如其分。崭新的货船和邮轮重新航行在古老的贸易路线上，墨西拿海峡曾因斯库拉和卡律布迪斯的存在而让英雄们心生恐惧、脸色苍白，现在每小时都会有高速水翼艇载着乘客和货物往来穿梭，轰鸣声打破了这里的宁静。

547 埃加迪群岛既不具备重要的地理位置，又孤悬海外、位置偏远，因而成为地中海上其他众多海岛和默默无闻的海岸地区的象征。即便是这些岛屿也与外界建立起了联系：水翼船横穿海峡，在水面上划出一条白色的水带。奥德修斯曾在这个海峡嘲弄过盲人波吕斐摩斯。法维尼亚纳岛上有出租车，有一个潜水体育俱乐部，在法拉格里昂角（Faraglione Point）上有一家现代酒店，可以为夏季游客提供住宿，后者在这片海洋的复兴中起到了重要作用。晚上，在不到 20 年前还是用油灯照明的咖啡馆中，人们通过电视了解这片水域之外充满新鲜事物的大千世界，电视屏幕上幽暗的光线投射在他们棕色的面颊上。突突作响的小摩托车行驶在岛上狭窄的公路上，人们不耐烦地按着喇叭，驱赶着羊毛凌乱的山羊和绵羊。然而，渔民们仍在用古老的方法编制捕捞金枪鱼的渔网，并在港口岸壁周边满是尘土的地方安放诱捕龙虾的虾笼和捕鱼笼。马雷蒂莫岛就像古董一样与世隔绝，但即使是在这里，荒凉海滩上的小码头也有渡轮定期抵达。在圣山上的岩墓中，骨灰盒里安放着那些未能抵达地中海西部锡矿的腓尼基水手的骨灰。傍晚时分，太阳落到地平线以下，一般这个时候就没有什么车辆了。公元前 243 年，汉尼拔的父亲哈斯德鲁巴在距离这里以西 680 英里处建立了新迦太基，没有任何迹象表明此后这里发生了任何变化。这座山隐藏了太多的秘密。岛民所说的方言也是一个秘密，从意大利北部来到这里的游客几乎无法听懂这种方言。

除了现在修建了一个可容纳水翼船的混凝土码头，并且村庄后面修建了几栋别墅之外（这里有来自北欧、穿着短泳衣的度假者，在当地这种穿着是非常敏感的），勒瓦佐岛的情况几乎没有发生变化。洞窟内发现的彩绘秘密已经蜚声国内外，人们经常会请乡村邮政所所长为游客们做向导，前去一睹史前艺术的风采。

还有一个巨大的洞窟被认为可以与埃里切山波吕斐摩斯洞窟相媲美，而在村民们看来，因为一家电影公司在拍摄奥德修斯航海纪录片时来此处取材，所以这处洞窟才具备了这样的地位。日出之时，枝丫稀疏、芳香四溢的灌木丛上的露珠闪烁着光辉，或者月出之时，石灰岩峭壁上会闪耀着银色的光芒，在《造船人》（*Man the Boatbuilder*）剧组在这些水域涉险拍摄之前，这座岛屿重新回到了默默无闻的时期。 548

静寂的深宵！谁在这里？①

虽然有很多事情没有发生变化，但自第二次世界大战结束以来，这片海洋周边地区的政治体制已经发生了翻天覆地的变化。西班牙在20世纪最成功的独裁者的统治之下保持着安定的局面。无论西班牙所在的半岛未来如何发展，可以预见作为西班牙腥风血雨的内战的胜利者，弗朗西斯科·佛朗哥将军（General Francisco Franco）将是他那个时代最精明的政治家之一。在希特勒和墨索里尼的帮助下，他设法避免使自己的国家卷入之后爆发的世界大战。随后，他利用了美国的援助（因为美国人担心西班牙会加入共产主义阵营），还享受到了地中

① 这是莎士比亚著名的喜剧《仲夏夜之梦》中的台词。

海带来的新福利，即国际旅游业。西班牙的日照、葡萄酒、长长的沙滩、落后的历史发展状况和相对便宜的消费价格每年都会吸引数百万来自英国、斯堪的纳维亚半岛的国家、德国和法国新出现的经济富足的人。佛朗哥将军是轴心国的第三个潜在合作伙伴，但他小心翼翼地避免听信轴心国对他做出的许多天花乱坠的许诺。当另外两个独裁者在熊熊烈火和孤寂悲凉中轰然倒台之时，他在外围注视着他们。无论他在改善民生方面有哪些失败，他仍然有功于他的祖国。

北非发生了翻天覆地的变化。20 世纪 60 年代，英法两国的势力几乎被彻底瓦解，因为法国在第二次世界大战期间惨遭失败后丧失了所有实际的影响力，而英国人为取得胜利付出了惨重的经济代价，以至于英法两国如今已沦为二流国家。在同意印度次大陆独立之后，英国再未像 19 世纪和 20 世纪初那样使用如此重要的驻军基地。失去印度之后，位于地中海的舰队基地对英国这个欧洲北部的岛国有什么意义呢？与许多其他控制地中海的大国明显不同的是，英国人在最近精疲力竭的战争过程中丧失了问鼎霸权的意愿。

奥斯伯特·西特韦尔爵士（Sir Osbert Sitwell）在《邻屋的笑声》（*Laughter in the Next Room*）一书中总结了他们在第
549 二次世界大战结束时的心境。他描述了当时的情绪氛围：“在这个时刻，在每一个西方国家，民族特征虽然处于消解的过程中，但也在短时间内得到强调。英格兰人并没有用‘轰然倒塌’或‘低声啜泣’① 来庆祝世界的终结，而是用他们古老的

① 这句话源自艾略特著名的诗篇《空心人》：“这就是世界终结的方式，不是轰然倒塌，而是轻声啜泣。”

传统，即大选来庆祝世界的终结。然而，他们的变化是显而易见的。他们已经丧失了之前的活力和坚韧，变得怯懦胆小，经受不住惨淡的苦难，因一些微不足道的成就沾沾自喜。他们经历了长期的战争才赢得了胜利，其代价就是全民产生了顽固的英雄主义思想。现在他们衣衫褴褛地祈求这个帝国——他们从事海盗劫掠的祖先打碎了其他国家建立起来的帝国——能够将他们从随后的混乱状态之中解救出来，只要能够保留一点点脱水蛋粉或复配蛋粉、一周可以品尝一次的茶粉，以及给孩子们的香蕉……”根据新的规则，那些清晰明确或有预见性的观点变成了对爱国主义的背叛。一种全新的民主愚弄行为就是让受过良好教育的人去称颂那虚无的美德：之前统治者的面孔已经发生了改变、弱化并丧失了力量，而对鸡毛蒜皮的琐事的嫉妒渗透人们的家庭。（“她的人造黄油比我多四分之一盎司；我不在乎我有多少，但是不能有人比我多!”）英国现在变成了与斯堪的纳维亚半岛国家一样的社会福利国家。这些北欧民族自古与生俱来的活力如今转向对自己的关爱和关怀，这些在他们是新崛起和富有进取心的民族时从未表现得如此明显。他们掀起的巨浪曾经拍打过这些古老的海岸，但它们已经消失得无影无踪。其他的浪潮将取而代之。

老牌殖民帝国的衰弱不可避免地导致民族主义抬头。阿拉伯国家（其中许多国家此时已经因石油而暴富）不再愿意接受英国和法国在近东地区施行的“分而治之”旧政策。埃及由军事独裁统治者统治，苏伊士运河被国有化。在 1956 年英法对埃及事务进行至关重要但结果令人沮丧的干预之后，这两个国家的影响力进一步下降。迪斯雷利等人曾筹划和争取的一切几乎在一夜之间全部化作泡影。具有象征意义的是，塞得港的费迪南德·德·雷赛布的雕像被埃及暴民推倒在地。塞浦路斯在与英国人爆发了血雨腥风的战斗之后，脱离英国并实现了独立，随后立即就陷入了国内希腊人和土耳其人之间的
550 内战。这座美丽的岛屿有漫长的海滩、散发着浓郁树脂味的高山、肥沃的平原和安逸的老城区，但似乎它的命运注定充满着悲惨苦涩。

到 1960 年，整个北非海岸线地区已分裂成数个独立的伊斯兰国家；虽然各个国家彼此之间时常爆发冲突，但是由于对之前统治者的极度厌恶，它们团结在了一起。在第二次世界大战之前，法国人认为自己已经征服了阿尔及利亚，并使形势安定下来，然而一场充满血腥的冲突爆发之后，局势发生了翻天覆地的变化，法国总统夏尔·戴高乐（Charles de Gaulle）只好做出了撤出阿尔及利亚的政治决断，这才得以让事态平息。随着摩洛哥、阿尔及利亚、突尼斯、利比亚和埃及这些伊斯兰国家独立，出现了大量关于泛阿拉伯主义（Pan-Arabism）复兴的声音。似乎这片海域的洋流即将再次逆转方向。自从被土耳其人征服以来，阿拉伯人的影响力被忽视了，现在阿拉伯人可能会再次影响地中海世界。

1948 年 5 月 14 日，以色列这个新国家的成立是第二次世界大战后最重大的事件。这些年来，英国人的意志已变得薄弱，他们手足无措，丢弃了自己的使命，撤回了贝尔福勋爵 31 年前发布的宣言，这是犹太民族大流散以来首个支持犹太人建立一个国家的宣言。在之后的几年中，犹太人只有通过不断对周围阿拉伯国家发起战争才能保持他们的控制力。1967 年 6 月，他们在一场闪电战中击败了埃及人，事态发展到了高潮，在有史以来就战火弥漫的地中海地区，几乎没有一场战争可以与之相

提并论。

就在这次战争爆发的当日，最后一位英国地中海舰队总司令离开了马耳他。英国长期以来参与地中海事务的历史走向了终结。随着英国霸权和影响力在全球范围内逐渐衰弱，不管是出于不可抗力还是有意为之，英国丧失了所有殖民地，英国成为地中海霸权国家的长长名单中的一员。确实，这些国家曾经在地中海历史上占有重要地位。在之前的一个世纪之中，英国人在地中海投入了大量海军兵力和财力，地中海出现了自罗马帝国时代以来世人从未见证的一段和平时期。

尽管以色列人在对抗阿拉伯人方面取得了成功，但这个新 551
国家的未来仍然在很大程度上取决于全球势力的博弈。虽然阿拉伯国家彼此之间存在巨大的分歧，但是他们在痛恨以色列方面拧成了一股绳。此外，他们不再是贫穷和落后的游牧民族，因为他们中大量的民族经历了奥斯曼帝国数个世纪之久的统治。因为石油带给他们的收入，很多人变得非常富有。此外（在始终存在勒索和诈骗的东方世界），这些财富中的一部分被用于改善医疗和教育。这些终究有一天会将他们迄今仍处在原始且不识字水平的民众提升至一个更高的水平。

公平地讲，以“六日战争”（犹太人只用了“六日”就将埃及人赶回了苏伊士运河）而闻名的 1967 年阿以冲突，注定会对地中海历史产生巨大影响，这种影响甚至会超过第二次世界大战的影响。它导致了两个震惊世界的大事件，并且这些事件在当时是无法预见的，即苏伊士运河的长期关闭，以及苏联作为主要海上强国进入该地区。在两次世界大战期间，英国封锁运河限制敌舰进入，并试图利用运河来严格控制中立国，但是它从未像此时这样被埃及人彻底封锁。埃及人拒绝在以色列人退回他们之前的边界前重新开放运河。然而，因为以色列不愿在未获得领土承认之前放弃自己已经到手的利益，所以运河很可能会被关闭数年之久。由此，埃及将丧失自己最重要的一个收入来源，埃及之所以能够维持这种有损失的政策，完全只是因为埃及的一些石油资源丰富的邻国暂时愿意出资弥补这项亏空。苏伊士运河的关闭对整个地中海地区而言是一个沉重的打击，因为地中海再次成为世界贸易的“阑尾”，而不再是“主动脉”。

在运河第二次关闭时，世界各地的运油船的所有者们被激怒了（第一次发生在 1956 年英法干涉埃及期间），他们决心不再等待运河的重新开放，并开始建造巨大的“超级运油船”。这些运油船会绕过好望角，将数十万加仑产自波斯湾的原油运送至欧洲和美洲。不管怎样，因为这些运油船对运河来
552 说全都是过于庞大的庞然大物，因此即使运河重新开放，运河能否恢复之前的重要性也值得怀疑。这让地中海的许多港口和码头遭受了巨大的经济损失，因为它们相当大的一部分收入源自“过路”船舶的维修费和保养费。尽管此时独立后的印度已不是英国人重点关注的目标，但是英国人长期以来一直担心的事情终于发生了：在通往东方的这条航运路线上到处是敌对势力。不过，新的运油船，以及现代商船的提速和更高的载重能力，让世界贸易远远没有像人们预想的那样严重中断。埃及人的不负责任和整个地区的不安全状态意味着船东们会得出一个结论，即无论将来发生什么，他们要像苏伊士运河不存在一样开展他们的贸易。因此，这片海域恢复至德·雷赛布梦想实现之前的状态。

1967 年阿以战争爆发之后，苏联舰队几乎在第一时间就

驶入地中海。苏联对该地区垂涎已久，这本身并不是新鲜事。早在 17 世纪，彼得大帝就曾宣称："我不是在寻找土地，我是在寻找水。"此时，英国人已经几乎从地中海销声匿迹，主要的海上强国是美国，苏联开始对其发起挑战。同时，因为苏联积极参与近东事务（例如，支持埃及人反对美国人支持的以色列人），所以他们需要自己的行动基地。因此，在 20 世纪下半叶，地中海东部海盆的情况变得比以往任何时候都更为动荡不安。两个超级强国在棋盘格似的海域上玩起了危险游戏，并且视这种游戏为家常便饭。

当双方的军舰和潜水艇互相监视，或在远离陆地视线的地方进行军事演习时，沿海地区的居民就会经历一次入侵，这与这里的人们在漫长的历史长河中经历的入侵完全不同。然而，在两次世界大战期间，一些旅游胜地每年都有来自国外富裕的贵族或有钱的中产阶级游客，而廉价航空旅行的新时代几乎使大众旅游业在这片海域遍地开花。从西班牙的海岸线到撒丁岛、西西里岛、克里特岛和塞浦路斯，甚至到像米克诺斯岛这样偏远的希腊海岛，夏天时都会有数百万游客蜂拥而来。他们 553
不再像之前那样被称为"旅行者"，而是被称为"游客"，这表明他们只不过是在这些欧洲南部的土地上短暂旅行或度假。例如，仅西班牙每年就接待上百万英国游客，旅游业很快就成为西班牙经济的主要产业。法国、意大利和希腊同样因北欧工业国家和美国度假游客的消费能力而受益匪浅。西德人最喜欢晒太阳。他们输掉了战争，但是至少在经济上赢得了和平。此时，令他们有些惊讶的是，他们竟然不费一枪一炮就可以占领地中海。在意大利和希腊的海岸上，用相距遥远的德国的语言命名的别墅如雨后春笋般拔地而起。

旅游热潮对这片陆间海的生活模式产生了巨大的影响。尽管这笔收入为那些迄今仍处于萧条状态的地区带来了全新的繁荣景象，但并不是任何地方都可以“点石成金”。经历了多个世纪而保留下来的风俗习惯和习性传统为许多岛屿或乡村的生活提供了便利，但在这些新访客的冲击之下，这种文化正趋于衰落。他们度假的心情，再加上所谓的“宽容”社会的道德观念，常常使他们的行为方式变得连他们自己的故乡都无法容忍。（罗得岛的一个渔夫打开一个铂金烟盒，说道：“现在附近到处都是瑞典富婆，我夏天再不出去钓鱼了！”在西西里岛，用来描述一个作风堕落的妇女的俚语是“una Inglesa”，即“英国女人”的意思。）喷气式飞机、报纸、电视、自动点唱机和晶体管收音机改变了过去的生活方式，几乎与过去征服这里的民族或海盗袭击的影响可以相提并论。这片海域正在迅速实现国际化。在这个过程中，它丢掉了很多自身的特色。

截至此时，北非国家的旅游业仍未发展起来，这些国家的政治动荡，加上因殖民地历史而形成的反欧洲主义，导致它们对外国游客没有任何吸引力。仅以亚历山大为例，在之前埃及处于英国统治之下时，这个城市再次成为地中海地区最国际
554 化、最富激情的城市之一，但此时它却像以前在阿拉伯人和土耳其人的统治下一样，沦落为一个破旧不堪的港口城市，在现代性的“华丽”外表下可以清晰地看出它古时候的“瘦骨嶙峋”。苏联的船舶替代了英国或法国的舰队在港口游弋，绕着它们的航标休闲地转来转去。这个新崛起的、保护别国的大国正在发现，介入埃及和近东事务将会不可避免地引火烧身。在地中海的另一端，曾经因海盗活动而一度繁荣，之后又因与法

国的关系而再次繁荣起来的阿尔及利亚因为暴乱而一蹶不振，它成功取得独立并且丝毫没有妥协之意。新出现的国家被称为“新兴国家”（emergent nations），实际上它们是被“淹没”的国家。只有靠他们之前的宗主国提供的财政补贴或能够从中获利的贸易协定，或是投入苏联的怀抱，才能让很多这种国家避免陷入无政府状态。苏联不是出于慈爱，甚至没有半点的遮掩，他们这样做是认为这些国家有利于他们实现对欧洲的包围。

地中海的门户中只有直布罗陀仍效忠英国。直布罗陀的民众不愿与西班牙人往来，因为他们可以清楚地看到他们的生活水平要远远高于一墙之隔的邻居。日渐衰老的西班牙独裁者佛朗哥将军愚弄民众，吏治腐败，最终给直布罗陀人带来了沉重的经济压力，但是他们仍然不愿放弃自己的繁荣或自由。实际上，除了情感上的影响外，英国对它的旧殖民地已经不再有任何真正的兴趣。但是，正义促使英国人支持直布罗陀民众的诉求。同时，在纽约的联合国总部，许多新兴国家敦促英国恢复直布罗陀与西班牙的联盟，直布罗陀居民坚决拒绝这一提议。因此，这种愚蠢的事情充斥着整个 20 世纪下半叶，与国际联盟时期颇为类似。这个民主论坛要求给予刚刚独立的马耳他（拥有 33 万人口）与意大利、西班牙或法国同等的投票权，甚至雅典的克里昂都可能会对这种民主论坛苦笑不已。

时间，海洋，还有指引人的点点星光，
巨大的阴谋让我们变成了现在的模样。

维多利亚时代的诗人威廉·沃森（William Watson）写下 555

的这些话也完全适用于地中海地区的居民。无时不在的冲突塑造了他们，让他们形成了火爆的脾气，并且引生出一种宿命论或顺从感，这常常会激怒来自其他国家的游客。他们好像在长达几个世纪的动荡中学会了适应，无论发生什么，车轮总会再次转动起来。“已有的事，后必再有。已行的事，后必再行。日光之下并无新事。”①

T. S. 艾略特（T. S. Eliot）的诗中映射出一群地中海昔日诗人朦胧的身影：

腓尼基人弗莱巴斯②，
已经离世两个礼拜，
海鸥的啼鸣，
深海的涌浪，
生意的盈亏，
全部已忘记。
一股洋流从那海底涌起，
悄无声息剔净他的尸骨。
在他随波起起落落之际，
他将暮年和青年都经历，
卷入那漩涡之内。
异邦人，犹太人，

① 《圣经·传道书》1：9。

② 弗莱巴斯是艾略特笔下一个贪得无厌、追求物质欲望的腓尼基水手，他年轻时曾与一个姑娘陷入爱河，但是后来将姑娘抛弃，最终在追逐自己欲望的过程中葬身大海。这段诗句所描绘的就是弗莱巴斯死后的悲惨情形和对人们提出的警示，提醒人们韶华易逝，追逐欲望必然被欲望之海吞噬。

唉，当你们转动舵轮迎风而望的时候，
请想想弗莱巴斯，
他曾和你们一样英俊潇洒、高大伟岸。

没有人可以预测未来。因为当下的历史还在书写过程之中，难以捉摸；在我们获取的信息范围内，只有过往才是已知的。即使面对过往，有时一个直觉抵得上一百个事实的价值。正如济慈所写的那样："想象力可以比作亚当的梦——他醒来后发现梦境变成了现实。"想象力的"X 射线"仍然可以透过经历了数百年的"复绘"、数千年的旧漆喷涂，以及那些冷漠的修复者之手修复过的画像来展示地中海曾经的风貌。真正的困难在于这里有大量的杰出作品，而不只有一幅作品。巴洛克风格覆盖了古典风格，基督教主题覆盖了异教徒主题，色情主题覆盖了哲学主题，宏大的战斗场景图覆盖了精美的田园风格小画像。除了成功，这里还有许多失败。那些感情冷漠的画家已经涂抹了人们渴望看到的作品，但是我们再也无法对它们进行解读。

地中海及其周边地区偶尔也会显露自己的真面目。或许解 556
读它们最简单的方法就是独自一人驾驶帆船出海去体验，因为狂风和巨浪之间的静谧会提高人们的敏感程度。之后，人就会变成一种媒介，使感官意识达到一种想要达到的悬滞状态，并且调整到在世界的嘈杂声或谣言中通常无法收听到的波段。这幅画像可能是帝国的一个片段，或是一艘沉船，或是刚刚形成的一座海岛，它们会逐渐浮出水面。它们就像锦鲤一样游来游去，这是生命的本能，这时可以看到闪闪发光的最细小的鳞片；但在突然起风或起浪之后，所有一切再次变得模糊不清。

在这一刻，如果一个人仔细倾听，就有可能听到大海的呢喃。在北非一眼望不到边的沙滩上，在亚得里亚海被遗弃和遗忘的、背后就是古城遗址的海湾里，或者在弥漫着松香气、无人问津的小港中，地中海的所有浪花都在说着“是的!”

参考文献

Admiralty Pilot (*Mediterranean*), Volumes I–IV. London, Her Majesty's Stationery Office, 1953.

Aeschylus, *The Persians*. Quoted passage translated by Ernle Bradford.

Arbman, Holger, *The Vikings*. New York, Frederick A. Praeger, 1961.

Aristophanes, *Knights*, translated by John Hookham Frere. London, 1840.

Arnold, Matthew, *The Portable Matthew Arnold*. New York, The Viking Press, 1949.

Arrian, *The Life of Alexander the Great*, translated by Aubrey de Sélincourt. Harmondsworth, Middlesex, Penguin Books, 1958.

Barrow, R. H., *The Romans*. London, Cassell, 1949.

Bathe, B. W., *Ship Models*. London, Her Majesty's Stationery Office (Science Museum Booklet), 1963.

Baynes, N. H., and Moss, H. St. L. B., *Byzantium*. Oxford, Clarendon Press (paperback edition), 1961.

Blakeney, E. H., *A Smaller Classical Dictionary*. London, J. M. Dent (Everyman's Library), 1916.

Blouet, Brian, *The Story of Malta*. London, Faber & Faber, 1967.

Boardman, John, *The Greeks Overseas*. Harmondsworth, Middlesex, Penguin Books, 1964.

Bradford, Ernle, *Companion Guide to the Greek Islands*. London, Collins, 1963.

——— *The Great Siege*. New York, Harcourt, Brace & World, 1961.

——— *The Journeying Moon*. London, Jarrolds, 1958.

——— *The Sultan's Admiral*. New York, Harcourt, Brace & World, 1968.

——— *Ulysses Found*. New York, Harcourt, Brace & World, 1963.

——— *The Wind Commands Me*. New York, Harcourt, Brace & World, 1965.

——— *A Wind from the North*. New York, Harcourt, Brace & World, 1960.

Browning, Robert, *The Ring and the Book*. New York, W. W. Norton (The Norton Library), 1961.

Burn, A. R., *Alexander the Great and the Hellenistic Empire*. London, Hodder & Stoughton for English Universities Press, 1947.

——— *History of Greece*. Harmondsworth, Middlesex, Penguin Books, 1966.

——— *Persia and the Greeks*. New York, St. Martin's Press, 1962.

Byron, Lord, *Selected Poetry*. New York, Random House (Modern Library), 1954.

The Cambridge Ancient History. London, Cambridge University Press, 1923–1939.

The Cambridge Medieval History. London, Cambridge University Press, 1911–1936.

The Cambridge Modern History. London, Cambridge University Press, 1934.

Camoens, Luis de, *Lusiads*, translated by William Julius Mickle. London, 1775.

Cassar, Paul, *Medical History of Malta*. London, Wellcome Historical Medical Library, 1964.

Cavafy, C. P., "The God Abandons Antony," translated by George Valassopoulo, in E. M. Forster, *Alexandria*. New York, Doubleday (Anchor Books), 1961.

Cavaliero, R., *The Last of the Crusaders*. London, Hollis and Carter, 1960.

Cheyne, Thomas K. (editor), *Encyclopedia Biblica*. London, A. and C. Black, 1899–1903.

Childe, Gordon, *What Happened in History*. Harmondsworth, Middlesex, Penguin Books, 1942.

Connolly, Cyril, *The Rock Pool*. New York, Charles Scribner's, 1936.

Cunningham of Hyndhope, Viscount, *A Sailor's Odyssey*. New York, E. P. Dutton, 1951.

Currey, Edward Hamilton *Sea Wolves of the Mediterranean*. London, 1910.

Demosthenes, *The Olynthiacs*, Book III. Quoted passage translated by Ernle Bradford.

Dickinson, G. Lowes, *The Greek View of Life*. New York, Collier, 1961.

Douglas, Norman, *Old Calabria*. New York, Dodd Mead, 1928.

Drinkwater, John, *A History of the Late Siege of Gibraltar*, London, 1785.

Eliot, Sir Charles, *Turkey in Europe*. New York, Barnes & Noble, 1965 (first published in 1900).

Eliot, T. S., "The Waste Land" in *Collected Poems 1909–1962*. New York, Harcourt, Brace & World, 1963.

Encyclopaedia Britannica, eleventh and fourteenth editions.

Evans, J. D., *Malta*. New York, Frederick A. Praeger, 1959.

Field, H. M., *Gibraltar*. New York, Charles Scribner's, 1889.

Finley, M. I., *The Ancient Greeks*. Harmondsworth, Middlesex, Penguin Books, 1963.

Fisher, H. A. L., *A History of Europe*. Boston, Houghton Mifflin, 1935.

Flaubert, Gustave, *Salammbô*. London, J. M. Dent (Everyman's Library), 1931.

Forster, E. M., *Alexandria*. New York, Doubleday (Anchor Books), 1961.

Frazer, Sir James, *The Golden Bough*. New York, Macmillan, 1922.

Freeman, Edward A., *The History and Conquests of the Saracens*. London, Macmillan, 1877.

Gardiner, Dorothy, *The Great Betrayal*. New York, Doubleday, 1949.

Gibbon, Edward, *Decline and Fall of the Roman Empire*. London, J. M. Dent (Everyman's Library), 1910.

Glubb, Sir John, *The Course of Empire: The Arabs and Their Successors.* London, Hodder & Stoughton, 1965.
——— *The Empire of the Arabs.* London, Hodder & Stoughton, 1963.
——— *The Great Arab Conquests.* London, Hodder & Stoughton, 1963.
Gordon, R. K., *Anglo-Saxon Poetry.* London, J. M. Dent (Everyman's Library), 1926.
Grant, Michael, *Ancient History.* London, Methuen, 1952.
Graves, Robert, *Collected Poems.* New York, Doubleday, 1955.
Gravière, Jurien de la, *Origins of the Modern Navy.* Quoted passage translated by Ernle Bradford.
Harden, Donald, *The Phoenicians.* New York, Frederick A. Praeger, 1962.
Hemingway, Ernest, *By-Line.* New York, Charles Scribner's, 1967.
Herodotus, *The Histories,* translated by Aubrey de Sélincourt. Harmondsworth, Middlesex, Penguin Books, 1954.
Hollingdale, R. J., *Nietzsche: The Man and His Philosophy.* Baton Rouge, Louisiana State University Press, 1965.
Holme, T. & B., and Ghirardelli, B., *Sardinia.* London, Jonathan Cape, 1967.
Homer, *The Odyssey,* translated by E. V. Rieu. Harmondsworth, Middlesex, Penguin Books, 1946.
Housman, A. E., *Collected Poems.* New York, Holt, Rinehart & Winston, 1965.
Hughes, Quentin, *Fortress.* London, Lund Humphries, 1969.
"Jack Nasty-Face," *Nautical Economy, or Forecastle Recollections of Events during the last War. Dedicated to the Tars of Old England by a Sailor, politely called by the officers of the Navy Jack Nasty-Face.* London, 1815 (?).
Juvenal, *Sixteen Satires,* translated by Peter Green. Harmondsworth, Middlesex, Penguin Books, 1967.
Keats, John, *The Selected Poetry of Keats.* New York, The New American Library (Signet Classics), 1966.
The Koran, various translations.
Lampedusa, Guiseppe di, *The Leopard.* New York, Pantheon Books, 1960.
Lane-Poole, Stanley, *The Story of the Barbary Corsairs.* New York, G. P. Putnam's, 1890.
Lawrence, D. H., *Etruscan Places.* New York, The Viking Press (Compass Books), 1957.
Lawrence, T. E., *Seven Pillars of Wisdom.* Harmondsworth, Middlesex, Penguin Books, 1962.
Lewis, Michael, *The Navy of Britain.* London, George Allen & Unwin, 1948.
Lieder, P. R., Lovett, R. M., and Root, R. K., *British Poetry and Prose.* Boston, Houghton Mifflin, 1950.
Lucan, *Pharsalia.* Quoted passage translated by Ernle Bradford.
Luke, Sir Harry, *Malta.* London, George G. Harrap, 1949.
McGuffie, T. H., *The Siege of Gibraltar.* London, Batsford, 1965.

Macintyre, Donald, *The Battle for the Mediterranean*. New York, W. W. Norton, 1965.

Mahan, Captain A. T., *Influence of Sea Power upon the French Revolution and Empire*. London, Sampson Low, Marston, 1892.

Newbigin, Marion I., *The Mediterranean Lands*. London, Christophers, 1924.

Ovid, *Fasti*, Book III. Quoted passage translated by Ernle Bradford.

Parkes, James, *A History of the Jewish People*. London, Weidenfeld and Nicolson, 1962.

Pears, Sir E., *The Fall of Constantinople, Being the Story of the Fourth Crusade*. London, Longmans Green, 1885.

Petronius, *Satyricon*, translated by Jack Lindsay. London, Paul Elek, 1960.

Pliny, *Natural History*, translated by H. Rackham. Cambridge, Massachusetts, Harvard University Press (Loeb Classical Library), 1938.

——— *Works*, translated by William Melmoth. London, 1746.

Plutarch, *Lives*. New York, Random House (Modern Library), 1932.

——— *Opera Moralia*. Quoted passage translated by Ernle Bradford.

Polunin, Oleg, and Huxley, Anthony, *Flowers of the Mediterranean*. Boston, Houghton Mifflin, 1966.

Pomponius Mela, *De Situ Orbis*. Quoted passage translated by Ernle Bradford.

Prescott, W. H., *History of the Reign of Philip II*. Boston, Phillips Sampson, 1855.

Ramsay, A. C., and Geikie, Sir Archibald, "Gibraltar", in *Quarterly Journal of the Geological Society*, London, 1878 (p. 505).

Rawson, Geoffrey (editor), *Letters from Lord Nelson*. London, Staples Press, 1949.

Rice, David Talbot, *Art of the Byzantine Era*. New York, Frederick A. Praeger, 1963.

——— (editor), *The Dark Ages*. London, Thames & Hudson, 1965.

Runciman, Sir Steven, *The Fall of Constantinople*. London, Cambridge University Press, 1965.

——— *A History of the Crusades*. London, Cambridge University Press, 1951.

Sherrard, Philip, *Constantinople*. London, Oxford University Press, 1965.

Siewert, Hummel E., *Il Mediterraneo*. Milan, 1938. Quoted passage translated by Ernle Bradford.

Singer, C. J., *et al.* (editors), *A History of Technology*, Volume I. London, Oxford University Press, 1954.

Sitwell, Sir Osbert, *Laughter in the Next Room*. Boston, Little Brown, 1948.

Smollett, Tobias, *Travels through France and Italy*. London, John Lehmann, 1949.

Smyth, Captain William Henry, *Sicily and Its Islands*. London, John Murray, 1824.

Swinburne, Algernon Charles, *Poems*. New York, Harper, 1904.
Taafe, J., *History of the Holy, Military, Sovereign Order of St. John of Jerusalem*. London, 1852.
Tacitus, *Annals*, Book III. Quoted passage translated by Ernle Bradford.
Tarn, Sir William, *Hellenistic Civilisation*. London, Edward Arnold, 1952.
Taylor, E. G. R., *The Haven-Finding Art*. London, Hollis and Carter, 1956.
Thackeray, William Makepeace, *Sketch Books: Notes of a Journey from Cornhill to Grand Cairo*. New York, Harper, 1898.
Thiel, Johannes Hendrik, *Studies on the History of Roman Sea-Power in Republican Times*. New York, Hafner, 1946.
Thucydides, *History of the Peloponnesian War*, translated by Benjamin Jowett. London, Oxford University Press.
Torr, Cecil, *Ancient Ships*. London, Cambridge University Press, 1894.
Trump, D. H., *Malta's Archaeology*. (In preparation.)
Vergil, *Aeneid*. Quoted passage translated by Ernle Bradford.
——— *Georgics*, Book I. Quoted passage translated by Ernle Bradford.
Villehardouin, Comte de, *La Conquête de Constantinople*. Quoted passage translated by Ernle Bradford.
Warner, Oliver, *Nelson's Battles*. New York, Macmillan, 1965.
Wilde, Oscar, "Theocritus", in *Selected Poems of Oscar Wilde*. London, Methuen, 1911.
Williams, Oscar (editor), *Mentor Book of Major British Poets*. New York, New American Library, 1963.
Woodhouse, C. M., *The Battle of Navarino*. London, Hodder and Stoughton, 1965.
Zahl, Paul, "Fishing in the Whirlpool of Charybdis", in *National Geographic Magazine*, Washington D.C., November 1953, pp. 579–618.

索 引

图书在版编目(CIP)数据

地中海的画像：从文明的起源到两次世界大战/（英）厄恩利·布拉德福德（Ernle Bradford）著；杨春景译. --北京：社会科学文献出版社，2021.6

书名原文：Mediterranean：Portrait of A Sea

ISBN 978-7-5201-8058-0

Ⅰ.①地… Ⅱ.①厄… ②杨… Ⅲ.①地中海区-历史 Ⅳ.①K10

中国版本图书馆 CIP 数据核字（2021）第 041270 号

审图号：GS（2021）2328 号

地中海的画像：从文明的起源到两次世界大战

著　　者／［英］厄恩利·布拉德福德（Ernle Bradford）
译　　者／杨春景

出 版 人／王利民
组稿编辑／董风云
责任编辑／沈　艺

出　　版／社会科学文献出版社·甲骨文工作室（分社）（010）59366527
地址：北京市北三环中路甲 29 号院华龙大厦　邮编：100029
网址：www.ssap.com.cn
发　　行／市场营销中心（010）59367081　59367083
印　　装／天津千鹤文化传播有限公司

规　　格／开　本：889mm×1194mm　1/32
印　张：22.375　插　页：0.75　字　数：502 千字
版　　次／2021 年 6 月第 1 版　2021 年 6 月第 1 次印刷
书　　号／ISBN 978-7-5201-8058-0
著作权合同登记号／图字 01-2019-1966 号
定　　价／128.00 元